方尖碑
OBELISK

探知新视界

苏美尔文明

拱玉书 著

译林出版社

图书在版编目（CIP）数据

苏美尔文明 / 拱玉书著. -- 南京：译林出版社，
2024.10. -- ISBN 978-7-5753-0304-0
Ⅰ．K124
中国国家版本馆CIP数据核字第2024FG1624号

苏美尔文明　拱玉书／著

责任编辑　荆文翰　王　蕾
特约编辑　茅心雨　朱懿悦
装帧设计　iggy　廖文韬
校　　对　王　敏　梅　娟
责任印制　董　虎

出版发行　译林出版社
地　　址　南京市湖南路1号A楼
邮　　箱　yilin@yilin.com
网　　址　www.yilin.com
市场热线　025-86633278
排　　版　南京展望文化发展有限公司
印　　刷　南京爱德印刷有限公司
开　　本　652毫米×960毫米　1/16
印　　张　39
插　　页　4
版　　次　2024年10月第1版
印　　次　2024年10月第1次印刷
书　　号　ISBN 978-7-5753-0304-0
定　　价　118.00元

版权所有·侵权必究
译林版图书若有印装错误可向出版社调换。质量热线：025-83658316

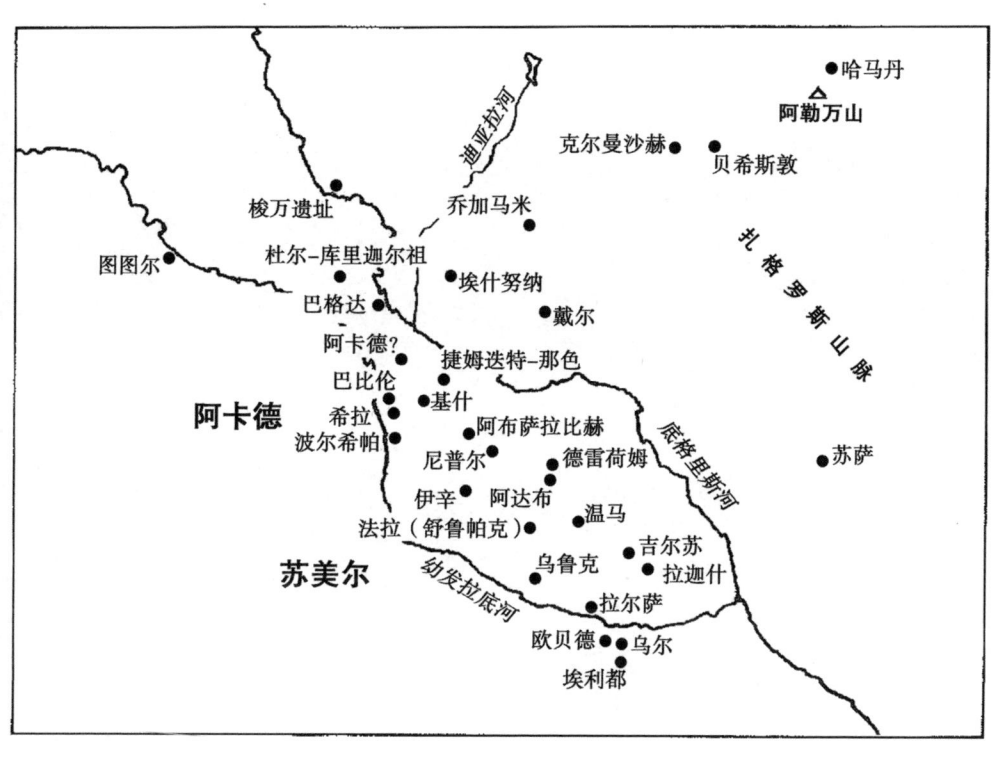

目录

前 言 ··· 001

第一章　西方古代经典与《圣经·旧约》 ··· 001

西方古代经典　| 001

《圣经·旧约》　| 030

第二章　消逝文明的早期探索者 ··· 039

德拉·瓦莱——第一个让欧洲见到楔形文字的人　| 040

尼布尔——第一个准确临摹波斯波利斯铭文的人　| 043

格罗特芬——天才的解读家　| 044

里奇——从古物搜集向田野发掘过渡时期的代表人物　| 051

博塔——拉开西亚考古发掘序幕的人　| 055

罗林森——英国亚述学之父　　　|　062

　　莱亚德——英国西亚考古学之父　　|　068

　　史密斯——第一个发现"洪水故事"的人　|　076

　　德·萨尔泽克——第一个发掘苏美尔城市遗址的人　|　082

第三章　消逝文明的再现 ················· 090

　　"土丘"（遗址丘）　|　090

　　埃利都——最早的苏美尔城市　|　095

　　乌鲁克——吉尔伽美什统治的城邦　|　111

　　舒鲁帕克——"挪亚"的故乡　|　123

　　乌尔——苏美尔文明巅峰　|　139

　　尼普尔——苏美尔人的圣地　|　159

第四章　走进复活的苏美尔文明 ················ 167

　　文明灯塔——乌鲁克早期文明　|　167

　　大动干戈——早王朝时期　|　207

　　分久必合——阿卡德帝国　|　245

　　蛮族入侵——古提人的统治　|　267

　　时祀尽敬——拉迦什第二王朝　|　270

　　盛极而衰——乌尔第三王朝　|　288

第五章　历史始于苏美尔 ···················· 307

　　共商国事：最早的民主　　| 308

　　仲裁纠纷：最早的史著　　| 321

　　学以明眸：最早的学校　　| 341

　　保护弱小：最早的社会改革　　| 398

　　建立正义：最早的成文法　　| 409

第六章　苏美尔文学 ························ 434

　　《卢伽尔班达I》　　| 440

　　《卢伽尔班达II》　　| 465

　　《恩美卡与恩苏克什达纳》　　| 486

第七章　苏美尔文明的三大标志 ················ 505

　　楔形文字　　| 505

　　滚印　　| 538

　　塔庙　　| 550

第八章　苏美尔问题 ························ 556

　　问题的提出　　| 556

哈雷威引起的论战　| 558

考古材料释义　| 561

新方法和新发现　| 565

附录　苏美尔文明年代表 ⋯⋯⋯⋯⋯⋯⋯⋯⋯⋯⋯ 570

图片来源 ⋯⋯⋯⋯⋯⋯⋯⋯⋯⋯⋯⋯ 572

缩写与参考文献 ⋯⋯⋯⋯⋯⋯⋯⋯⋯⋯⋯ 576

前　言

"历史始于苏美尔"是20世纪50年代之后在西方世界历史研究领域比较流行的说法。"历史始于苏美尔"不是说苏美尔是人类文明唯一的发源地，人类文明是多元的，也是多源的。但无可否认，苏美尔文明发生得比较早，成熟得也比较早，在公元前3200年至前1800年这一千多年里，苏美尔文明是全球范围内最先进的文明，它在人文领域达到的高度是任何其他文明都无法企及的。公元前3千纪，尼罗河流域、印度河流域、中国的长江流域和黄河流域都产生了比较发达的文明，这些文明各有千秋，甚至在某些方面独领风骚，但总体而言，苏美尔文明一枝独秀，在多方面引领当时的世界，对后世产生了深远影响。

"历史始于苏美尔"源自20世纪50年代美国亚述学家克莱默（S. N. Kramer）出版的同名专著。《历史始于苏美尔》（1959年版）是一部兼具普及性和学术性的著作，书中呈现了由苏美尔人创造的人类历史上有文字记载的27项"最早"或"第一"，即首先由苏美尔人创造的27项文明成就，或首先出现在人类社会中的文化现象。在1981年的第三版中，作者又追加12项"最早"，把全书涉及的"最早"增至39项。然而，即使是39项，也远远不是苏美尔人创造的"最早"中的全部。如果把苏美尔文明中的"最早"列个清单，这个清单会很长。

"苏美尔"可能就是苏美尔人对他们自己家园的称呼。在苏美尔语文献中，"苏美尔"写作 KI.EN.GI，古巴比伦时期出现 KI.EN.GI = *māt Šumerim* 或 KUR *Šumeri*[1]（"苏美尔国"或"苏美尔之地"）这样的苏美尔语−阿卡德语对应翻译。KI.EN.GI 对应 *Šumeru*，这有两种可能：1. KI.EN.GI 在苏美尔语中本来就读作 šumer，就像 UD.NUN.KI 读作 Adab（阿达布）、SU.KUR.RU.KI 读作 Šuruppak（舒鲁帕克）以及 UD.KIB.NUN.KI 读作 Sippar（西帕尔）一样；2. *Šumeru* 是塞姆人对苏美尔人居住地的称呼。前一种可能性更大，因为在苏美尔语中，用复合字书写地名的例子很常见。不论"苏美尔"是苏美尔人的概念，还是巴比伦人的概念，它都是个古代概念。苏美尔人退出政治舞台（约公元前1800年）后逐渐被遗忘，到了古希腊时期，西方人已经不知道历史上还存在苏美尔和苏美尔人。希伯来《圣经》也没有提到苏美尔人，只偶尔提到"示拿"（Shinar）[2]地。有人认为"示拿地"指的就是"苏美尔"，在发音上也是"苏美尔"的谐音。但根据《圣经》中的描述"他（指宁录）国的起头是巴别、以力、亚甲、甲尼，都在示拿地"[3]判断，"示拿地"不可能是苏美尔，如果是，也是希伯来人心中的"苏美尔"，而不是苏美尔人心中的"苏美尔"，因为苏美尔人的苏美尔不可能包括巴比伦（巴别）、阿卡德（亚甲）和巴格达（甲尼？）。从苏美尔文献中可以看到，"苏美尔"大致指古代城市尼普尔以南、包括尼普尔在内的整个两河流域南部地区，即今天的伊拉克东南部幼发拉底河和底格里斯河下游地区。

早期的西亚考古学家都把注意力集中在了亚述帝国的几个古都遗址

---

[1] Kraus 1970，第36页；Steible 1993。
[2] 如《圣经·创世记》10.10和11.2。
[3] 《圣经·创世记》10.10。

上，挖出来的东西自然大部分属于亚述帝国时期，包括建筑、艺术作品、器物以及文字材料等。由于亚述古都的发掘持续获得重大收获，以亚述历史、文化、宗教、政治、经济、文学、艺术、语言、文字、法律、医学、巫术、天文学等为研究对象的亚述学便应运而生。亚述学诞生（1857年）前后，绝大多数人都以为楔形文字书写的语言就是阿卡德语（巴比伦语和亚述语属于阿卡德语的两种方言）。然而，个别学者敏锐地感觉到，有些楔形文字文献不是用阿卡德语书写的，而是用一种有别于阿卡德语的未知语言书写的。经过一段时间的争论，真相终于大白：除阿卡德语外，楔形文字背后还有另外一种语言——苏美尔语。当年有学者建议把这种语言叫作"苏美尔语"时，遭到一些学者的强烈反对。时间证明，把这种语言叫作"苏美尔语"是正确的，虽然苏美尔人并不把他们的语言叫"苏美尔语"[①]，而叫"土著语"（eme-gi$_7$）。随着苏美尔语的成功解读，苏美尔文明逐渐得到重构，远远早于亚述文明的苏美尔文明逐渐浮现在世人面前，以苏美尔文明为研究对象的学科——苏美尔学（Sumerology）——也逐渐形成。

苏美尔学是亚述学（Assyriology）的"副产品"，从属于亚述学，或者说，亚述学包括苏美尔学。亚述和苏美尔都是两河流域的具体地区，按常理，以具体地域名称命名的学科应该只限于研究相关区域的相关问题，但亚述学不然，亚述学已经成为研究整个两河流域文明的学问，上自公元前3200年前后开始的乌鲁克早期文明（自文字诞生开始），下至公元1世纪最后一块楔形文字泥版的书写时间，整个公元前的最后三千余年都属于亚述学的研究范畴。

亚述学是伴随西亚考古发掘而发展起来的一门学问，是应解读出土文献之需而产生的。如果一定要为亚述学安排一个诞生之年，那应该是

[①] "苏美尔语"用苏美尔语表达应该是 eme KI.EN.GI 或 eme Šu-me-ra，但任何文献都没有这种搭配，所以，可以肯定，苏美尔人并不把他们自己的语言叫作苏美尔语。

1857年，因为这一年在英国的学术界发生了一件关乎"亚述学"存亡的事件。在英国科学家、后来亦成为东方学家的塔尔波特（W. H. F. Talbot）的倡议下，英国皇家亚洲学会（Royal Asiatic Society）于1857年邀请了四位通过自学自悟而能够解读楔形文字铭文的学者参加了一场解读楔形文字铭文的"会试"。四位学者中包括提出倡议的塔尔波特，其他三位分别是英国的罗林森（H. C. Rawlinsen）、爱尔兰的欣克斯（E. Hincks）以及法国的奥佩尔（J. Oppert）。英国皇家亚洲学会要求他们分别独立解读出土不久、尚未公布的一篇用楔形文字书写的亚述铭文，即提格拉特帕拉萨尔一世（Tiglatpilesar I）铭文。提格拉特帕拉萨尔一世是亚述国王（公元前1114—前1076在位），他的这篇铭文刻写在一个棱形泥柱上，因此该泥柱也被称为"提格拉特帕拉萨尔棱柱"。英国皇家亚洲学会要求他们在规定时间内完成翻译，并将各自的译文密封邮寄到皇家亚洲学会。收到密封的译文后，英国皇家亚洲学会召开专门会议，邀请了许多当时的著名学者和社会名流，当场开封，对四人的解读结果进行验证，发现解读结果基本一致，认定解读成功。这一事件对亚述学有重大意义，可以作为亚述学诞生的标志。

当英、法、德以及后来也加入西亚考古行列的美国考古学家如火如荼地在西亚地区进行考古发掘时，中国人也在密切关注他们的发掘活动，并及时把考古新发现和相关研究成果介绍给国人。最早的介绍文章出现在晚清，在接下来的民国时期，介绍性文章更加频繁地出现在各种报纸杂志上。

早在1880年，《万国公报》就刊载了一篇题为《巴比伦古诗》的短文[1]，没有署名，不知何人所作。文中提到西方考古学家在尼尼微发现了

---

[1] 这里和下面将提到的晚清与民国时期的报纸杂志文章，皆由尹凌副教授和于佩宏先生搜集整理。对晚清至民国期间发表在报纸杂志等出版物上的关于西方考古学家和亚述学家研究成果的梳理与介绍，见尹凌的文章《亚述学在中国的发展》。该文属于北京大学外国语学院重大项目"东方学学术史"的一部分，不久将会正式发表。

王室图书馆，该文称之为"尼尼微皇帝书库"，并说"库内存有许多古书"。这个"皇帝书库"即现在所说的"亚述巴尼拔图书馆"。这个图书馆收藏了近三万块泥版，1872年，当时负责英国国家博物馆泥版整理的史密斯（G. Smith）在亚述巴尼拔图书馆出土的泥版中发现了属于《吉尔伽美什史诗》组成部分的"洪水泥版"，并以此为契机于1876年出版了《迦勒底人的创世记》（The Chaldean Account of Genesis），史密斯在书中对这个图书馆做了详细描述，《巴比伦古诗》的信息来源应该就是史密斯的这部著作。《巴比伦古诗》中还提到，那时的巴比伦人信奉多神，"地上神共六百位，天上神三百位，俱分上中下三等，管理万事"。这个信息来源于《巴比伦创世神话》，史密斯在《迦勒底人的创世记》中对这个创世神话的基本内容也做了详细的介绍，更说明"巴比伦古诗"与史密斯的著作有关联。《巴比伦古诗》还写道："巴比伦古诗分为十二则，以星之十二官为第次。"这里的"十二则"疑指《吉尔伽美什史诗》的十二块泥版，当年有人认为《吉尔伽美什史诗》的十二块泥版与黄道十二宫吻合。《迦勒底人的创世记》的主要内容就是介绍《吉尔伽美什史诗》，可以肯定，《巴比伦古诗》作者的信息来源就是《迦勒底人的创世记》。史密斯的这部著作于1876年出版，1880年就被介绍到了国内。那时是清朝末年，社会动荡不安，人们更关心的似乎不是西方的学术动态，而是那些古老而离奇的故事。《巴比伦古诗》的作者对自己介绍的内容似懂非懂，可能无法想象"库内存有许多古书"中的"古书"是什么样的书，把它们想象成了"线装书"也未必。然而，无论作者介绍这些信息是出于什么目的，无论文章中存在哪些问题，从学术发展史的角度审视，这种介绍都具有非凡的意义。

法国考古学家摩尔根（M. de Morgan）于1901年至1902年主持发掘伊朗境内的苏萨（Susa）遗址时，发现了汉穆拉比法典石碑，这在西方世界引起极大关注。西方学者的研究马上跟进，仅1902年至1903年间就出版了好几部专著①,但中国人跟进的速度也一点不差。1903年,蒋观云先后在《新民丛报》上连发三篇文章,对发现法典的经过和法典的内容做了介绍和评述。他把汉穆拉比译为"加摩拉比",在介绍"加摩拉比"法典时说,这部法典是世界上最早的法典。他还介绍了一些具体法律条文并发表了一些评论,说法典的内容涉及刑法、财产法、亲属法、继承法和奴隶制等,认为法典中关于农业、商业的具体规定非常详细,说明古巴比伦时期的农业和商业都很发达。蒋观云先生显然紧密跟踪西方的学术动态,并迅速把西方学者的最新研究成果介绍到国内。1903年的中国尚处在清朝末年,社会在发生深刻变革,革命活动频繁,文化上和思想上也非常活跃,蒋观云的文章应该是那个时期文化氛围的具体体现。

1914年《大陆报》(英文版)转载《泰晤士报》的一篇书评,评鲍尔(C. J. Ball)的新作《汉语与苏美尔语》。②《大陆报》全文转载,说明《大陆报》认可这篇书评,所以才向国人推荐。鲍尔是英国汉学家和最权威的《圣经》研究专家③,大概凭借对汉语的了解而发现苏美尔语与汉语词汇有"巨大相似性"(great similarity)④,同时认为楔形文字与汉字也有相似之处,于是写了《汉语与苏美尔语》。他在书中比较了1 100个苏美尔语和汉语中发音相同或相近而意义也相同或相近的词汇,认为苏美尔人和中国人作为同一种族的两个血缘部落在公元前4000年以前可能在中亚高原这一带居住,后来分道扬镳,一个奔东,一个奔西。⑤至于汉字,鲍尔自然认为,出现较晚的汉字是从世界上最早的文字体系——苏美尔文字——中派生出来的。为了证明二者的关系,书后面还附了一个文字比较表,比较了120个汉字和苏美尔文字。写书评的人(没有署名)认为,即使是外

---

① Vincent 1904,第737页。
② Ball 1913。
③ Budge 1925,第188页。
④ Ball 1913,第1页。
⑤ 同上,第x页,注释1。

行人，也能一眼看出二者的相似性。最后，写书评的人给予鲍尔的新作以高度评价，认为他的新作是"划时代"之作。毫无疑问，这个评价高了。事实证明，鲍尔的研究并未开启新时代，在学术界也没有产生多大影响。依我看，原因主要有以下两个。第一，原始资料不够原始，也就是说，鲍尔先生比较的两种文字，汉字和楔形文字，都不是原生态的文字，而是距原生态相去很远的简化字。他的汉字字例都采自《说文解字》，不涉及甲骨文，这也很自然，因为那时虽然发现了甲骨文，《铁云藏龟》也已问世，但那时的甲骨文基本无人可以识读，鲍尔先生不可能利用甲骨文说事。楔形文字字例都采自法国亚述学家蒂罗-当让（F. Thureau-Dangin）编写的《楔形文字的起源》[①]，这本书的主体是字表，收录了563个字，都不早于早王朝Ⅱ期，具体地说不早于公元前2700年。这当然不是鲍尔的错，而是时代的限制，那时，最早的楔形文字——乌鲁克早期文字——尚未被发现。资料的局限性决定了鲍尔研究的价值。第二，被比较的东西没有可比性，仅举一例，可见一斑。苏美尔语里的"神"读作dingir（或diĝir），字形是一颗"星"（✳），以星代"神"。从造字方法观之，✳是象形字，象星，但不表"星"，而表"神"。鲍尔拿这个字与汉字"帝"做比较，认为二者同源，不但字形同源，发音也同源，而汉字和楔形文字相比，楔形文字是"原型"（prototype）。[②]这种比较流于表面，比较肤浅，甚至牵强附会。就字形而言，二者完全不同，楔形文字的"神"（✳）是象形字，象星，代表"神"，也代表"天"。在苏美尔人的宇宙观中，天是神界，大神们都在天上。星是天的标志性存在之一，以星代天和以星代神都恰到好处。[③]汉字"帝"是形声字，"从𠆢朿声"，与楔形文字的✳

---

① Thureau-Dangin 1898。
② 鲍尔列了一个"古文形式与苏美尔同类或原型比较一览表"（Ball 1913，第151页之后），包括108个字，楔形文字的"神"和汉字"帝"在这个表中位列17。
③ 当然，对人类而言，日和月是最重要的天体，为什么不用它们或它们中的一个代表"神"？这个问题涉及造字理念、造字原则以及造字者的宇宙观等问题，需要另行研究。

没有可比性。就字义而言，汉字的"帝"是"王天下之号也"，指统治天下的王，与苏美尔语中的"神"和"天"根本不是一个概念，可谓天差地别。就字音而言，苏美尔语的dingir（或diĝir）也很难和汉字"帝"（ti, de, di-k）[①]联系起来。总之，鲍尔的《汉语与苏美尔语》是一次失败的尝试。鲍尔生活的年代，正是"泛巴比伦主义"盛行的年代，"泛巴比伦主义"把世界各地区的古代文明之源头都追溯到巴比伦，那个时代认知中的"巴比伦"就是美索不达米亚。"泛巴比伦主义"在中国文明起源问题上的表现就是中国文明西来说，代表人物是拉古贝利（A. E. J. B. Terrien de Lacouperie），鲍尔的《汉语与苏美尔语》就是在这样的学术背景下产生的，他的这部著作是对泛巴比伦思潮中的中国文明西来说的背书，是对这种说法的一次推波助澜。

从上述几个例子中可以看到，从晚清到民国，介绍西亚地区的重大考古发现和亚述学领域取得重大研究成果的文章和报道始终没有间断，那时的中国知识分子阶层对西方的学术动态持续关注，并不断把西方人的研究成果和重大发现介绍给国人，但他们的介绍都只停留在介绍和报道层面，始终没有中国人真正研究亚述学，他们似乎把亚述学视为只有西方人才值得拥有的学问，只隔岸观火，似乎根本就没想到可以自己下场。

新中国成立后，中国的世界史研究出现了崭新的局面，开始有更多学者关注西亚古代文明在世界文明史中的地位，参与介绍和研究西亚古代史的人多了起来。[②]20世纪五六十年代，林志纯先生把全部精力都投入世界古代史研究和学科建设中，培养出新中国第一批世界古代史专业人才，包括西亚古代史方面的专业人才，从而把中国世界古代史研究推进到有规模、成体系地译介国外学术成果，同时进行自主研究的阶段。改革开放

---

① Ball 1913（"古文形式与苏美尔同类或原型比较一览表"，第17号字）。
② 新中国成立后的西亚古代史研究状况已有人做了比较详细的介绍（见国洪更、陈德正2005），这里不再具体介绍。

后，东北师范大学成为中国世界古代史的研究重镇，在那里实现了世界古代文明研究领域中国与世界的双向接轨，在那里首次系统性地实施了送出去、请进来的学科建设策略，于是，在那里诞生了中国亚述学，这是与世界接轨又必定带有中国特色的亚述学。如果把新中国成立以后，直到20世纪80年代中国亚述学的诞生视为一项伟大的文化建设工程的话，林志纯先生就是这个工程的总设计师。

如今，中国的亚述学已有近四十年的历史，专业研究者遍及祖国大江南北，专题研究、学术论文和译著也如雨后春笋，但到目前为止还没有一部中国学者撰写的美索不达米亚文明史。本人本有志向一试，奈何力不从心，功力不够，时间也不允许，只好截取美索不达米亚文明的一部分作为研究和书写对象，于是便有了现在的这本《苏美尔文明》。苏美尔文明上下约一千四百年，留下的物质遗存和各类文献浩如烟海，其中蕴含的文化和思想博大精深，奥妙无穷，不可能在一本书中得到完整呈现。所以，本书呈现的不是苏美尔文明的全部，而是其最具特色和最有代表性的部分，以此带您跨越时空，为您打开一扇进入久远深邃、绚丽多彩的古代文明的大门。

第一章
西方古代经典与《圣经·旧约》

西方古代经典

在近代西亚古物学和考古学产生以前，人们了解西亚历史和文化的途径主要有两个，一个是古希腊和古罗马时代作家的作品，一个是希伯来经典《圣经·旧约》。古希腊和古罗马作家用希腊语和拉丁语撰写的著作中多有涉及西亚不同民族和不同国家历史文化之处，《旧约》中也多处讲到亚述和巴比伦的历史与文化。亚述学、赫梯学和西亚考古学，甚至包括埃及学的诞生过程，实际上就是西方近代研究古代东方的学者不断脱离西方古代经典（包括《旧约》）中的有关古代东方历史文化的叙述，转而求索这一区域古代历史真实的过程。亚述学诞生以前，人们主要靠西方古代经典来重构西亚历史和文化；亚述学诞生以后，西方古代经典成为人们用来与新发现的考古材料（包括文献）对号入座的参照。毋庸置疑，西方古代经典作为了解西亚地区古代历史文化的史料价值由于西亚考古学和亚述学的诞生而有所降低，但它们仍是古代西亚历史文化研究领域重要的参考资料。对于亚述学和西亚考古学而言，西方古代经典不仅仅是参考，常常也是补充。

对古代西亚历史与文化有所涉及的西方古代经典著作主要是历史著作，文学作品和科学论著有时对此也有所涉及。在所有涉及西亚地区古代历史与文化的作者中，最重要的是希罗多德（Herodotus，约公元前484—约前425），他之后有编年史作家赫拉尼科斯（Hallanicus，公元前480—约前395），亲历两河流域指挥作战的色诺芬（Xenophon，约公元前430—约前354），受雇于波斯王室的医生克特西亚斯（Ctesias），随同亚历山大东征的克利塔科斯（Cleitarchus）、托勒密（Ptolemaios）、亚里士多德的侄儿和学生加利斯色尼斯（Callisthenes），以及阿利斯托布尔（Aristobul of Cassandreia）、阿里安（Arrian）、大马士革的尼古拉（Nikolaos）等等，他们的著作有的直接流传下来，有的在古代就已佚失，靠后人的引用得以保留部分内容，有的则完全消失，只在其他人的著作中留下名称而已。下面有选择地简要介绍一些相关内容。

希罗多德的《历史》（即《希腊波斯战争史》）是西方第一部历史著作，他也因此被古罗马作家西塞罗誉为"历史之父"。他是希腊古典作家中第一个把地中海南部的北非和地中海东部的西亚历史文化介绍给西方的人。

《历史》用爱奥尼亚方言撰写，共九卷。前五卷（至Ⅴ 28）叙述希腊各地区及西亚、北非各民族的历史文化、风土人情和山川河流。第五卷之后（Ⅴ 28以后），叙述希波战争的详细经过，止于公元前478年。该书"史料丰富，载录古代世界二十余国及地区概况，犹如一部小型'百科全书'。全书叙事流畅，文笔生动，颇具文学价值。作者虽迷信天命，有浓厚的宗教思想，且疏于考证，但此书仍不失为西亚、北非及希腊地区之'通志'，是今人研究世界上古史的重要史书"[1]。可以肯定，希罗多德笔

---

[1] 《世界历史词典》，上海辞书出版社，1985年，第326页。

下的历史不尽可信①，一些学者认为希罗多德是通过实地考察而获得的资料②，而另有一些学者认为希罗多德从未到过他描述的地方③。

关于希罗多德著《历史》的目的，一说是为了追溯希波战争的历史根源，一说是为了以赫卡泰厄斯（Hecataeus，约公元前550—前478）的著述方式撰写一部全球通史。④

《历史》叙述巴比伦尼亚的主要部分集中在第一卷的第178至200节（Ⅰ：178—200），其他有关章节分别是Ⅰ：103—106、Ⅱ：141、Ⅲ：150—160、Ⅳ：1、Ⅳ：11—13等。

希罗多德的《历史》内容非常丰富，几乎包罗万象，但并没有明显的体例，他似乎走到哪里就记到哪里，听到什么就记载什么，因而显得杂乱无章。书中充满脍炙人口、引人入胜的故事和趣闻，往往让人不忍释卷，感觉不是在读史，而是在读小说。这样的《历史》难以让人将其作为信史看待，同时又让人觉得这位文采飞扬的历史学家的所记所言也不是不可能。以他的巴比伦见闻为例，即使对专攻西亚古代历史文化的学者而言，有些记载也让人难以置信，但又无法证伪。当然，绝大多数记载都是可以证实和证伪的。譬如，他说：巴比伦人"没有医生"（Ⅰ：197），这显然是个不正确的结论，因为巴比伦人不但有医生，而且医学和医疗传统都很悠久。"医生"（苏美尔语：a-zu，或a-zu₅）一词已经见于公元前2500年前后的楔文文献，公元前2100年至前2000年间的楔文文献显示，那时已经有医生在行医看病。⑤很难想象，到希罗多德时代（公元前5世

---

① 见Wilhelm 1990。
② 如《历史》的汉译者王以铸先生，王以铸1997，第ii—iii页；持同样观点的西方学者很多，见Saggs 1975，第332页；亦见Nesselrath 1999，第193、198以及203页。
③ 塞斯（A. H. Sayce）于1883年编辑出版希罗多德的《历史》时，全面否定了希罗多德，把这位"历史之父"视为"谎言之父"（Father of Lies）。塞斯甚至认为，希罗多德"应因从未去过他描述的地区而被定罪"，转引自Drews 1973，第179页，注释116；亦见拱玉书1998。
④ Sayce 1975，第332页。
⑤ Biggs 1990，第623页。

纪）医生反而都消失了。

美索不达米亚的医疗活动还可在下面的两个故事中略见一斑。在一篇用阿卡德语书写的、被现代学者称为《尼普尔穷人》[①]的文学作品中，受到尼普尔（Nippur）市长侮辱、发誓对市长实施三次报复的平民吉米尔-宁努尔塔（Gimil-Ninurta）装扮成医生，找理发师剃掉了头发（说明医生有固定的发式），在身上涂上烟灰（大概为了表明自己长期从业，不是新手，以增加获得信任的概率），结果骗过了市长，获得为市长疗伤的机会，成功实施了第二次报复（第115—134行；第一次和第三次采取的是其他报复形式）。尼普尔市长和他的家仆对这个假医生、真仇人丝毫没有设防，说明江湖医生在当时很普遍。虽然目前已知的这篇文学作品的抄本属于公元前7世纪，但很多迹象（包括一些用词和选择尼普尔作为故事发生的地点）表明，这篇文学作品可能创作于古巴比伦时期，即公元前1800年至前1600年间，最晚也不晚于中巴比伦时期，即公元前1600年至前1100年间。

还有一篇被现代学者称为《文盲医生在尼普尔》[②]的文学作品也涉及求医治病。这篇作品也是用阿卡德语书写的，是一个超短篇滑稽故事，也可以说是一件奇闻逸事。目前发现的抄本属于新巴比伦时期（公元前625—前539），出土于乌鲁克（Uruk），原创时间不晚于凯喜特时期，即不晚于公元前1200年。故事的主角之一叫宁努尔塔-帕齐达特（Ninurta-pāqidāt），是尼普尔人，被狗咬伤后，去伊辛（Isin）求医治病。伊辛是位于苏美尔地区（现代伊拉克南部）的一座古老城市，是美索不达米亚文明（包括苏美尔文明和之后的巴比伦文明）的"医学"和医疗中心，是治愈女神古拉（Gula，见图1-1）的主要崇拜地（很多城市都有古拉神神庙）。从尼普尔到伊辛的直线距离是35公里。到伊辛求医意味着到医术最

[①] 音译、英文翻译以及注释见Gurney 1956。研究见Gurney 1972；Cooper 1975；Jason 1979。
[②] *The Tale of the Illiterate Doctor in Nippur*。英文翻译与研究见Reiner 1986；音译、翻译与研究见George 1993，第63—75页。乔治更正了此前研究者的一些误读，对故事的诠释也与此前不同。

图1-1 治愈女神古拉与犬

好的地方找医术最高明的医生治病。宁努尔塔-帕齐达特来到伊辛，找到了"巫术"高明的阿美尔-芭芭（Amēl-Baba），此人是治愈神古拉神庙的大祭司，这位大祭司没有用任何药物，只是念了一通咒语就把病治好了。病人为了感谢他，邀请他到自己的家乡尼普尔做客，并准备付给他丰厚的报酬，还要好吃好喝招待他。宁努尔塔-帕齐达特并未把自己的详细住址直接告诉这位大祭司，而是告诉他到尼普尔后，会发现在某某大街有个叫什么名字的妇女，她每天都在那里买菜，问她便知详细。这位大祭司到了尼普尔，果然找到了那个买菜的妇女，但由于语言不通，产生了误会，结果被赶出了尼普尔，不但没有讨到报酬，还遭到一顿羞辱。这后半部分的情节与我们这里关注的求医治病的内容无关，之前的狗伤人，慕名求医（这里的医生是个祭司），祭司治病，为此应该获得报酬，这些是我们所关注的内容，因为这说明，希罗多德所说的巴比伦人"没有医生"是不符合事实的。

在美索不达米亚文化中，向来存在两种"医师"，一种叫 asû（阿卡德语），相当于"医生"；一种叫 āšipu（阿卡德语），相当于"巫师"。医生和巫师对病因的理解是完全不同的，医生认为疾病源于自然，而巫师认为疾病源于超自然，是由神、鬼或恶魔的"手"导致的。由于对病因的判断不同，采取的治疗方式也自然不同。[①]医生一般采用药物或手术治病，在治病的过程中，往往还要查阅"医疗手册"，以便对症下药，而巫师的治病方式一般是念咒驱魔。伊辛的阿美尔-芭芭是个高级祭司，大概也是个有名的大"巫"，所以，即使尼普尔的患者也慕名而至。

这两个故事恰好反映了两种不同的"医师"（医生和巫师）的两种不同的治病方式，第一个故事中的吉米尔-宁努尔塔把自己打扮成外科医生，随身带着医疗器具。他不是真医生，但真医生也不过如此，他是那些用药物或通过身体干预为患者治病的医生的缩影，而伊辛的大祭司阿美尔-芭芭是念咒驱魔的巫师的缩影。很显然，对当时的古代先民而言，两种治疗方式都能收到治愈的效果，他们对两种治病方式都坚信不疑。医生能做到的，巫师也能做到。

早在苏美尔法典（不晚于公元前1800年）中，就有对医生劳动报酬的具体规定。[②]《汉穆拉比法典》中更有多条法条涉及医生，明确规定了医生的劳动报酬和误治或治疗致死必须承担的后果，报酬和后果因病人的社会地位不同而不同。《汉穆拉比法典》第206条规定：即使是非故意伤了某人，也要承担医疗费用。第215条规定：医生用青铜刀手术成功，应得固定数量的报酬。第218条规定：医生用青铜刀手术失败，导致患者死亡或眼睛失明，这个医生的手将被砍掉。[③]涉及医生的条款远不止这

---

① 关于这个问题的经典研究，见 Ritter 1965。
② Roth 1997, 第37页。
③ 涉及医生的条款见 Roth 1997, 第122页, §206; 第123页, §215、§218。汉译见杨炽 1992, 法条206、215以及218。

些。可见，对巴比伦人"没有医生"的这种说法可以用很多证据来反驳，但对希罗多德接下来描述的巴比伦人的风俗，现代学者却无法判定真伪。希罗多德说："除去我刚才所称赞的那个风俗之外，下面一个在我看来要算是他们的风俗中最贤明的了。他们没有医生（这个结论我们在前面批驳了）。然而当一个人生病的时候，这个病人便被带到市场上去。这样，曾经和病人得过同样病的，或是看过别人得过同样病的那些行人便来到病人面前，慰问他和告诉他治疗的方法，他们把或是曾经治好了自己的病或是他们知道治好别人的病的办法推荐给他。谁也不许一言不发地从病人身旁走过，而不去问他所得的是怎样的病。"① 目前发现的楔文文献中都见不到这样的记载。

色诺芬是古希腊历史学家，苏格拉底的学生。他的《远征记》② 不但记述了他率领一万名希腊雇佣军参加波斯王子小居鲁士反对其兄阿塔薛西斯二世（公元前404—前359在位）的库那克萨之战（公元前401年），还记述了他在小亚细亚、叙利亚、美索不达米亚和亚美尼亚的见闻，是今人研究这些地区历史、民俗和地理的重要史料。他的著述很多，与西亚有关的还有《居鲁士的教育》（Cyropaedia）。

与色诺芬几乎同时，还有一位希腊作家，叫克特西亚斯。他是尼多斯（又译克尼多）人，家里世代为医，他本人也是医生，自公元前405年起给波斯王室当御医。他不但给王子公主治病，还为政治上十分活跃的太后帕丽撒提斯（Parysatis）治病。他是以什么身份和由于什么原因到波斯的都不详。据色诺芬《远征记》（Ⅰ 8: 26）记载，他参加了库那克萨战役，当然是站在"大王"阿塔薛西斯二世一边。公元前398年，他成为波斯王与雅典统帅科侬（Conon）的联络员。此后不久，他返回故乡。由于曾为波斯人效劳，他受到斯巴达人控告。此后情况不详。

---

① 希罗多德I: 197（王以铸 1997）。
② 汉译本见崔金戎（译）2019。

克特西亚斯著《波斯志》，共二十三卷，其中一至三卷为亚述史，四至六卷为米底史，其余为波斯史，止于公元前398年。原著失传，片段散见于狄奥多鲁斯（Diodorus，公元前90—前21）、大马士革的尼古拉（Nikolaos，约公元前64—?）和福提斯（Photius，公元820—891）等人的著作。克特西亚斯被誉为"历史文学的创始人之一"[1]，他的著作是古典时代以及其后的几百年里人们了解西亚历史的重要史料。他声称查阅了王室记录[2]，但他的历史极不可靠。

希罗多德、色诺芬、克特西亚斯以及其他记载过两河流域历史文化、风土人情的西方古典时代及后来的作家，不论其信息是通过自己考察获得的，还是通过二手或三手获得的，记载的都是"所见"和"所闻"，都是正在发生的或发生不久的事情，而且为他们提供信息的人可能多数是普通百姓，而不是有学问的人，如学有专长的书吏或祭司。所以，他们笔下的历史对我们现代学者而言是有价值的历史，而对当时的读者而言，他们的著作应该更像是游记。

到了贝洛索斯（Berossus或Berosos）那里，情况发生了变化。贝洛索斯生于希腊古典时代（生年在公元前350年至前340年间[3]，卒年不详，至少活到65岁到75岁），他的《巴比伦尼亚志》也是移居希腊后用希腊语撰写的，他也因此位列希腊化时期的历史学家之列。但他毕竟不是希腊人，而是巴比伦人，曾担任巴比伦埃桑吉拉（Esaĝila）神庙的最高祭司，

---

[1] Röllig 1983，第254页。
[2] Hornblower/Spawforth 2003，第412页。
[3] 关于他出生的年代，没有确切的记载。根据施纳贝尔的推算，他应出生于公元前350年至前340年之间，见Schnabel 1923，第6页。"贝洛索斯"这个希腊语名字译自巴比伦语，但巴比伦语的原型是什么，学术界至今仍有争议，有人认为"Berosos"源自巴比伦语的 $Bēl$-$rē'ûšunu$ "神是他们的牧人"，而不是 $Bēl$-$rē'ûšu$ "神是他的牧人"，见van der Spek 2008，第277页以及同页注释2；亦见Haubold 2010，第3页，注释1。也有学者认为，Berossos源自巴比伦语的 $bēl$-$uṣuršu$ "主啊，请保佑他！"见Beaulieu 2007，第119页。有人根据塞琉古时期的楔形文字文献判断，贝洛索斯曾于公元前258至前253年间担任巴比伦埃桑吉拉神庙的最高祭司（$šatammu$），见van der Spek 2000。果真如此，他就不可能是亚历山大的同时代人。关于贝洛索斯，还有许多问题悬而未解。

他依据的资料是楔文文献，这就决定了他的著作具有特殊价值。《巴比伦尼亚志》原版没有流传下来，目前见到的《巴比伦尼亚志》是通过后来某些作家的引用而流传下来的，不完整，很多内容甚至可能被引用者异化，因此可信度大打折扣。尽管如此，这部通过二手甚至三手流传下来的"转手货"的原作者毕竟是可靠的，而自20世纪60年代以来发现的大批塞琉古时期的楔文文献也证明，《巴比伦尼亚志》中的很多记载与楔文文献高度一致，这说明，贝洛索斯所本的资料是保存到当时的楔文文献，而引用者的引用也没有完全脱离原著。

《巴比伦尼亚志》共三卷。在第一卷中，作者首先介绍了自己，说他生活在亚历山大时代，在著《巴比伦尼亚志》之前，做了很多翻译工作，翻译了很多珍藏在巴比伦的"书"，应该指楔文泥版。而后描述了巴比伦尼亚的自然环境，接下来讲到文明的起源，其中包括巴比伦创世神话，讲到大神贝尔（Bel，即马尔杜克）把塔拉特（Thalath）①劈成两半，一半做天，一半做地。还讲到神如何造人，基本秉承了传统的巴比伦神话传统，认为人是神用泥造的，泥中掺和了神血，而神血是智慧的象征，所以，人生来就是有智慧的物种。除创世神话，第一卷中还包括欧阿涅斯②教化愚

图1-2　鱼人，人披鱼皮，莱亚德根据卡尔胡（今尼姆鲁德）新亚述时期的石雕绘画

---

① 即提阿马特（Tiamat，阿卡德语 *tiāmtu* "海"）。
② "欧阿涅斯"（Oannes）源自苏美尔语的 u_4-an-na "天之光"或"天之风暴"，相当于巴比伦神话传统中洪水前"七圣"（*apkallū*）之首阿达帕（Adapa），见 Hallo 1996，第234页。

第一章　西方古代经典与《圣经·旧约》　　009

民、引导巴比伦人走向文明的故事：欧阿涅斯是个半鱼半人而又非鱼非人的混合生物[1]，他白天从埃利特里亚海（the Erythraean Sea[2]）来到巴比伦，教巴比伦人书写、制器、立法、务农、测量和建筑等等，晚上又回到大海深处。当时，巴比伦人尚未开化，其生活方式与禽兽无异。由于欧阿涅斯的教导，巴比伦人才摆脱愚昧，走向文明。这个故事反映了贝洛索斯的文明起源观，这也许代表了希腊化时代人们对地中海以东的，那时已经不见夕阳只见余晖的古老东方文明如何起源的看法。

贝洛索斯在第一卷中还介绍了巴比伦人的"月球说"：1. 月亮是个球体；2. 月球的一半发光而另一半呈蓝色；3. 月球有三种运动，即（1）与宇宙一起纵向运动，（2）像其他行星一样横向运动，（3）自转，月球自转一周就是一个朔望月；4. 月相是月球自转时人们看到发光的那一半发生变化的结果；5. 月食是月球发光的那一半面向大地时被大地阴影遮蔽的结果。

贝洛索斯生活的希腊化时期，巴比伦《创世神话》（古代名称：*Enūma eliš*）仍在流传。前面提到的贝尔杀塔拉特造天地，所依据的楔文资料就是《创世神话》。这是一部长篇叙事诗，有些学者称之为史诗，由七块泥版组成，第五块泥版讲到大神贝尔造月神（月球）并规定月相和月的运行轨道的情况。《创世神话》这样描述道：

> 他（贝尔神）创造了楠纳（月神），把夜托付给他。
> 他（贝尔神）让他（月神）成为夜明珠，以此来确定白天。
> 他（贝尔神）月复一月地给他戴上王冠，从未停止。
> （贝尔神说：）月初要照耀大地，
> 用角发出耀眼的光芒，以固定每天的呼唤。
> 第七天，月珥将是一半大小，

---

[1] 贝洛索斯称之为"野兽"，见Burstein 1978，第13页。
[2] 此处指波斯湾，同上，第13页。

逢望日，即月之中，要恰好相反。
当沙马什（太阳）在地平线上看到你时，
适当地收敛退缩。
第二十九天，靠近沙马什的轨道。
第三十天，与沙马什合相。①

20世纪70年代，已故国学大师饶宗颐先生曾在法国跟著名的亚述学家博特罗（J. Bottéro）学习亚述学，"承其启迪，因着手翻译开辟史诗"。饶先生的"开辟史诗"指的就是巴比伦《创世神话》。饶先生的翻译于1998年出版，取名《近东开辟史诗》，译文别具一格，让人耳目一新。姑且把饶先生翻译的关于贝尔神造月的这段译文摘录于此，以飨读者：

生月之辉，夜以寄焉。
司夕之神，昼以形焉。
月作冠冕，周有停息。
"因月而动，升地上兮。
有光生角，指六之日兮。
至于第七日，冠珥之半兮。
值月之望，位反居月之半。
追日迫及之兮，至于天之底下。
减其晕珥，光乃后退。
至于消失，因日之故。
迨于卅日兮，乃复与日相对。"②

---

① 《创世神话》第五块泥版，第12—22行。音译、翻译与研究见Kammerer/Metzler 2012; Lambert 2013。
② 饶宗颐 1998，第45—46页。关于饶宗颐的这本译著所涉及的翻译问题，见拱玉书 2014，第87—101页。

图 1-3 巴比伦生肖日历

贝洛索斯认为月球本身发光的说法显然来自巴比伦《创世神话》，至于其他论述，所本何典，不得而知。

第二卷逐一介绍巴比伦尼亚的历代国王和事件，包括：1. 洪水前的远古十王，2. 洪水故事，3. 洪水之后的八十六个王，4. 有史以来的各个朝代，直到那波那萨尔（Nabonassar，公元前747—前734在位，阿卡德语Nabû-nāṣir，贝洛索斯著作中的Nabonasoros）。贝洛索斯笔下的洪水前的远古十王与《苏美尔王表》(见图1-4)记载的洪水前八王基本相符①,不但国王的名字形式基本相同,就是天文数字般的统治年代也大致吻合。以十王之首阿洛罗斯(Aloros)为例,贝洛索斯说他统治了"10 soroi",1 soroi(苏美尔语的 šár/sár)是3 600,10 soroi是36 000。贝洛索斯的这个数字显然是把希腊人的十进制和苏美尔人的六十进制结合起来且取其整数的结果,相当于说"大约36 000年"。《苏美尔王表》中与之相对应的洪水前八王之首阿鲁里姆(Alulim)的统治时长是28 000年,从绝对数字看,二者相去甚远。但从神话角度考虑,在一个以3 600为计算单位的计算方式来估算传说中的远古先王们动辄统治几万年的神话记年体系中,这个时间差也不算很大。

图1-4 《苏美尔王表》

第三卷叙述那波那萨尔之后的历史,直到古波斯时期的薛西斯一世(Xerxes I,公元前485—前465在位)以及他之后的其他国王(没有提到名字),其中讲到辛纳赫里布(Sennachrib,亚述国王,公元前704—前681在位)与希腊人进行的战争以及尼布甲尼撒二世(Nebuchadnezzar II,

---

① 如:贝洛索斯所说的洪水前第一位国王Aloros,相当于《苏美尔王表》中的洪水前第一"国"(或"城")埃利都的第一"王"(lugal)阿鲁里姆(A-lulim < á-lu-lim "鹿角王"),见Jacobsen 1939a,第70—71页以及注释6。

巴比伦国王，公元前604—前562在位）的建筑功绩，包括神庙、城墙和空中花园。根据贝洛索斯的说法，尼布甲尼撒二世"建造并布置了所谓的空中花园，他设置了高高的石阶，使其看起来与种植各种树木的山非常相似。他这样做是因为生长在米底的妻子渴望有一个山区环境"[①]。

贝洛索斯描述的空中花园是希腊化时期盛行的"世界七大奇迹"排行榜中的第一奇迹。贝洛索斯写《巴比伦尼亚志》时，还没有"世界七大奇迹"的说法，这种说法是贝洛索斯之后的公元前3世纪末到前2世纪初才出现的。从"世界七大奇迹"的说法问世开始，两千多年来无人对贝洛索斯描述的空中花园产生过怀疑，直到20世纪90年代，情况发生了变化。英国亚述学家达利（S. Dalley）于1993[②]年和1994[③]年接连发文，对贝洛索斯的空中花园提出质疑，认为贝洛索斯（或后来引用贝洛索斯的作家）所说的空中花园不是由巴比伦王尼布甲尼撒二世所建，而是由亚述王辛纳赫里布所建的；其位置也不在巴比伦，而在当时的亚述帝国首都尼尼微（Nineveh）。达利的主要理由是：1. 尼布甲尼撒二世留下很多楔文铭文，有的铭文大谈他自己的建筑成就，却没有任何铭文提到"空中花园"；2. 很多希腊古典时代和希腊化时代的作家都对西方世界详细介绍过巴比伦，这些人中不乏亲自考察过巴比伦之人，如希罗多德和色诺芬，但他们都没有提到"空中花园"，狄奥多鲁斯提到了"空中花园"，但引用的是克特西亚斯，而克特西亚斯是非常不可靠的；3. 希腊化时期的希腊作家常把亚述和巴比伦文化中的概念搞混，被混淆的概念包括"尼布甲尼撒和辛纳赫里布""巴比伦和尼尼微""巴比伦尼亚和亚述""底格里斯河和幼发拉底河"等等[④]；4. 德国考古学家对巴比伦遗址进行了长期发掘，却没有

---

① Burstein 1978，第27页2a、2b。
② Dalley 1993。
③ Dalley 1994，第45—58页。
④ Dalley 2013，第107页以下；Bichler/Rollinger 2004，第196—197页。

图1-5 亚述宫殿浮雕中展示的花园。达利认为这是亚述巴尼拔宫殿中展示的、由辛纳赫里布建造的"空中花园"图

图1-6 亚述宫殿浮雕中展示的花园（同上图）。有人认为这个花园图属于亚述王埃萨尔哈敦（Esarhaddon，公元前681—前669在位）时期，展示的是横跨尼尼微东北部山谷的高架渠

发现类似"空中花园"的建筑；5. 亚述王辛纳赫里布时期的一些铭文提到他在尼尼微修建了花园，并用"阿基米德螺旋泵"（Archimedes screw）[1]把河水抽到高处来浇灌花园；6. 亚述王亚述巴尼拔（Assurbanipal）时期的宫殿建筑浮雕中有一个花园图，达利认为这个花园图就是亚述巴尼拔的祖父辛纳赫里布建立的"空中花园"。[2]

达利对贝洛索斯所说的"空中花园"的质疑有些学者接受[3]，有些学者反对。反对者逐一对达利的观点进行了反驳[4]，他们提供的最有力的反驳证据是尼布甲尼撒二世涉及宫殿建筑的铭文。达利反复使用的论证方法之一是"无声论据"（argumentum e silentio），其中的逻辑是没有提到就是没有。因为尼布甲尼撒二世没有提到"空中花园"，所以"空中花园"不存在。针对这一点，反对者提供了文献证据，认为尼布甲尼撒二世铭文的"我建造了一座吉古纳提姆（gigunâtim）风格的大库姆（kummu rabâ），与山类似，作我的王宫"一句中，"吉古纳提姆风格的大库姆"指的就是"空中花园"[5]，因为这是一个与尼布甲尼撒二世王宫毗连的、有台阶的高大建筑，台阶两侧植有树木，绿荫遮天蔽日。针对达利的"无声论据"，反对者也列举了一些可以用来证明某作家或某文献不提某事/物不代表该事/物不存在的实例，并指出，文献一般都是有主题的，文献记载一般都会有取舍，挂一漏万是常有的事。[6]达利并没有因为同行的批评而改变自己的观点，她于2013年出版了专著，取名《巴比伦的空中花园之谜》[7]，更加坚定地维护自己的观点。最近，德国莱比锡大学亚述学教授

---

[1] Dalley 1994，第53页。
[2] 达利的具体理由见Dalley 1994，第45—58页；吴宇虹于1997年发文，详细介绍了达利的观点，见吴宇虹1997。
[3] 如Foster 2004。她认为"空中花园"在尼尼微，但具体位置与达利的观点略有不同。
[4] Bichler/Rollinger 2004; Rollinger 2010。
[5] Bichler/Rollinger 2004，第204—205页。
[6] 同上，第203页。
[7] Dalley 2013。本书已出中文版，题为《空中花园：追踪一座扑朔迷离的世界奇迹》。

施特雷克（M. Streck）就这个有争议的话题再度发文[①]，提供了更多的楔文文献证据来证明尼布甲尼撒二世铭文中的"吉古纳提姆风格的大库姆"指的是"空中花园"。为了进一步证明自己的观点，他还把楔文铭文中的花园描述与贝洛索斯的花园描述进行了对比。关于"空中花园"的争论仍将继续。

贝洛索斯曾在巴比伦担任贝尔-马尔杜克神庙的祭司，所以，有学者认为，他著《巴比伦尼亚志》的主要目的是宣扬巴比伦中心论。[②]他把亚历山大视为将巴比伦人从波斯人统治下解救出来的救世主，而对波斯人的统治持否定态度。不论他的名字"贝洛索斯"（Berosos 或 Berossus）应该如何解释，$B\bar{e}l$-$r\bar{e}'\hat{u}\check{s}unu$ "神是他们的牧人"也好，$b\bar{e}l$-$u\d{s}ur\check{s}u$ "主啊，请保佑他！"也罢，希腊语形式都应该是 Belosos。之所以成了 Berosos，是因为古波斯语常把巴比伦语（阿卡德语）中的"l"译为"r"，也就是说，他的名字是受到波斯语影响才变成目前见到的形式的。贝洛索斯从不提自己的名字受到古波斯语影响这一事实，目的就是故意回避波斯文化对自己的影响。

贝洛索斯的著作没有完整流传下来，只是散见于几位后世作家的描述和引述。在引用过贝洛索斯的作家中，亚历山大·波利希斯托（Alexander Polyhistor，大约生于公元前100年）是唯一读过贝洛索斯原著的作家[③]，他也是所有引述贝洛索斯作品的作家中最可靠的一位。

亚历山大·波利希斯托是米利都的希腊人，在苏拉统治时被作为战奴掳往罗马，后被卖为家奴，最后被释放。他死于火灾，逝世时年纪已很大。他的著作很多，大都是地理历史著作，与美索不达米亚历史相

[①] Streck 2019。
[②] 贝洛索斯的"巴比伦中心论"多处都有反映，如洪水前的远古十王中的第一王和第二王本是埃利都的"国王"，而贝洛索斯却把他们说成是巴比伦王。又如，在苏美尔洪水故事中，逃过洪水劫难的吉乌苏德拉（Ziusudra）的家乡是舒鲁帕克，而贝洛索斯却把它变成了巴比伦。
[③] Lehmann-Haupt 1938，第4页。

关的部分都援引自贝洛索斯的著作。他的引文也没有以本来面貌流传于世，而是散见于其后的其他人的著作。转引亚历山大·波利希斯托的作家主要有约塞夫·弗拉维（Josephus Flavius，公元37—98）、伪阿波洛多（Pseudo-Appolodor，公元1世纪）和阿比德努斯（Abydenus，公元2世纪，他也是最后一位修古代西亚史的希腊作家），以及基督教史学家攸西比厄斯（Eusebius，约260—340）。攸西比厄斯在其《编年史》中较为详细地转引了亚历山大·波利希斯托援引贝洛索斯的部分，是所有转引亚历山大·波利希斯托著作的作家中最详细的一位。直接引用过贝洛索斯著作的古代作家还有波塞多尼乌斯（Poseidonius，公元前135—前50，主要引用了有关天文学部分）和尤巴（Juba，公元前50—公元20）。波塞多尼乌斯又被古罗马哲学家西塞罗（Cicero，公元前106—前43）和罗马统治时期西西里的历史学家狄奥多鲁斯等人引用。贝洛索斯的著作就这样被辗转引用而保存下来一些。

洪水故事是《巴比伦尼亚志》第二卷讲述的主要内容，据目前所知，保存较好的版本有两个，一个是波利希斯托版，另一个是阿比德努斯版。前面讲到，亚历山大·波利希斯托是唯一读过贝洛索斯原著的作家[①]，也是所有引述贝洛索斯作品的作家中最重要的一位。根据他的转述，贝洛索斯的洪水故事包括以下内容[②]：

克罗诺司（Kronos/Cronos）[③]（神）出现在希苏特罗司（Xisouthros）[④]的梦中，告诉他一场灭绝人类的洪水将在8月[⑤]15日爆发，让他把所有泥版，包括上、中、下，都埋藏起来，埋在日神之城西帕尔（Sippar）；还

[①] Lehmann-Haupt 1938，第4页。
[②] 关于波利希斯托转述的洪水故事，英文翻译见Lambert 1969，第135—136页；德文与希腊文对照版，见Schnabel 1923，第264—266页。下面转述的是大致内容，不是逐字逐句的翻译。
[③] 相当于智慧神恩基（阿卡德语埃阿），Schnabel 1923，第175页。克罗诺司的角色相当于恩基/埃阿（Enki/Ea），但他们的名字在语言学上没有关联。
[④] 故事主人公的苏美尔语名字是"吉乌苏德拉"，"希苏特罗司"是这个名字的希腊语形式。
[⑤] 马其顿历的8月（Daisios）相当于巴比伦历的2月（Ayyārum），即公历的4月21日至5月20日。

让他造一船，带上亲人和密友，备好足够的吃喝，带上（一些）飞禽走兽逃生。如果有人问去哪里，就说"去见神，去为人类祈福"。希苏特罗司按照神的指引造了一船，长5斯塔德（约等于1 000码），宽2斯塔德（约等于400码）。造船完毕，一切准备妥当，他和妻儿及密友便登上了船，之后洪水来临。洪水回落后，希苏特罗司放出几只鸟，它们因为没有食物，也无处落脚，又回到船上。几天后，他又放出另外一些鸟，它们也回到船上，但爪子上带着泥。当这些鸟第三次被放出去后，它们没有再回到船上。希苏特罗司意识到洪水已退，陆地浮出，于是在船侧凿开一洞，看到船已在一座山上搁浅。他与妻子、女儿以及舵手一起走出船舱，他匍匐在地，设坛祭神，为神进献了牺牲。此后，他和与他一起下船的人便不见了踪影。发现希苏特罗司和与他一起下船的那些人没有回到船上，没有下船的那些人才从船里走出来。他们到处寻找，并大声呼喊希苏特罗司的名字。但是，希苏特罗司自此再也没有出现在他们面前。这时，从空中传来声音，告诉他们崇拜神是他们的义务，同时告诉他们，因为希苏特罗司对神非常敬畏，神已带他去了神的住地，他的妻子、女儿和舵手享受了同样的荣誉。这个声音此时还命令他们返回巴比伦，因为他们命中注定要这样做，回到西帕尔城，挖出埋在那里的泥版，将它们交给人类。在空中说话的人还告诉他们，他们现在所在的地方是亚美尼亚。他们听得明白，为神进献了牺牲，而后徒步返回巴比伦。直到现在[①]，那只搁浅的船仍然可以在亚美尼亚的戈迪山（Gordyaean Mountains）见到，仍有部分残留。一些人到那里刮下船板上的沥青用来治病和防病。那些返回家园的人最终到达巴比伦，在西帕尔城挖出泥版文书，建了许多城邑和神庙，也重建了巴比伦。

　　这是波利希斯托转述的洪水故事，阿比德努斯版的洪水故事与波利

[①] 即波利希斯托生活的年代。

希斯托版类似，但要比波利希斯托版简要得多①，在此不赘述。

毫无疑问，随着贝洛索斯的《巴比伦尼亚志》原版的失传，许多不为人知的真实历史和精彩故事也一同消失在历史的黑暗中，包括洪水故事。波利希斯托的引用绝不是逐字逐句的翻译，而是有所取舍的转述，很可能是点到为止式的"瘦身"。而阿比德努斯转述的洪水故事更加简要，依托的蓝本显然是波利希斯托版的洪水故事，而且做了大幅度删减。

贝洛索斯的原版洪水故事应该非常精彩，应该有血有肉，应该充满激情，应该讲到神为什么发洪水，恩基（或埃阿）为什么要拯救人类等等，尤其是对洪水淹没世界、人类遭受灭顶之灾的惨烈过程，贝洛索斯不会无动于衷地用一句话一带而过（波利希斯托版只用了一句话就说完了洪水肆虐的全过程："当洪水来临，而后有所消退时，希苏特罗司就……"）。贝洛索斯是如何描述发洪水和洪水肆虐过程的，后人只能驰骋想象，但像波利希斯托讲述的那样简单，实在不可想象。可以肯定，贝洛索斯和波利希斯托对洪水故事的感觉是不一样的。

在美索不达米亚文明中，"洪水"不但是个故事，也是个重要概念，同时是个时间坐标，公元前21世纪产生的《苏美尔王表》和《拉迦什王表》②都把"洪水席卷（大地）后"（egir a-ma-ru ba-ùr-ra-ta）作为时间坐标来划分历史阶段，表明苏美尔人把"洪水席卷（大地）"视为重大历史事件。在文学层面，虽然用苏美尔语书写的洪水故事出现在古巴比伦早期（约公元前1700年），但这绝非是该故事的发端，而是该故事的流传形式的改变，即由此前的口头文学转化为文本文学。作为口头民间文学的洪水故事发端于何时，今人已经无法考证。从口头文学到公元前18世纪的文本化，即用已经不再是官方语言的苏美尔语把这个口头流传的故事记录下来，到阿卡德语版的《阿特拉哈西斯》，再到至今尚未发现的古巴比伦

---

① 英文翻译见Lambert 1969，第136页。
② 这两个王表中的"洪水席卷（大地）后"是这种说法的最早文献证据，见Wilcke 1999，第139页。

版《吉尔伽美什史诗》中的洪水故事,再到十二块泥版《吉尔伽美什史诗》中的洪水故事,再到贝洛索斯时代,洪水故事流传了几千年。洪水故事在每个古代美索不达米亚人心里都打下了深深的烙印,对贝洛索斯这样的大学问家而言,洪水作为概念和洪水作为故事应该都是刻骨铭心的。他对洪水的描述绝不可能像波利希斯托转述的那样轻描淡写。

从目前已知的几个洪水故事版本可知,发洪水是个非常复杂的过程,需要很多神一起参与,需要分工合作。[①]波利希斯托显然对这些内容不感兴趣,他感兴趣的是洪水退去后,船主人三次放鸟探陆的情节,所以,他仅用一句话就讲完了洪水的发生和退去,而对船主人三次放鸟试探水情却做了较详细的描述。他的取舍原则很清楚,情节生动的,取之,否则,舍之。放鸟探陆这样的情节在任何时代的文学中都属于富于想象、独一无二、引人入胜的精彩故事,故取之。而发洪水的过程(以《吉尔伽美什史诗》为例)涉及很多神,包括阿达德(^{d}Adad)、阿达德的司椅官(guzalû)舒拉特(^{d}Šullat)和哈尼什(^{d}Haniš)、埃拉伽尔(^{d}Errakal)、宁努尔塔(^{d}Ninurta)、阿努纳吉(^{d}Anunnaki),这些神名不但对我们今人来说十分拗口,对古希腊人而言,这些古怪的名字可能也是钩章棘句、诘屈聱牙。如果贝洛索斯对这些神不加以解释,波利希斯托应该也会云里雾里,不知所云,对这样的描述,他当然舍之。

尽管波利希斯托仅仅概要地、按照自己的好恶对贝洛索斯著作中的洪水故事做了取舍,我们还是能够从中见到一些贝洛索斯特色。

特色一,埋泥版和挖泥版。在此前的任何版本中都没有这个情节,苏美尔洪水故事残缺严重,至少在残留的诗文中看不出有任何埋泥版和挖泥版的蛛丝马迹。可以肯定,埋泥版和挖泥版是贝洛索斯增加的内容。那么,他为什么要增加这方面的内容?要搞清楚这个问题,首先要考察一下

---

① 见《吉尔伽美什史诗》第十一块泥版,第97—108行,拱玉书2021,第235—236页。

贝洛索斯是在什么语境中叙述洪水故事的。洪水故事是《巴比伦尼亚志》第二卷的主要内容，该卷包括四方面内容：1. 洪水前十王，2. 洪水，3. 洪水后八十六王以及4. 洪水后的各王朝，直到巴比伦的那波那萨尔。[①] 学术界早有共识，认为贝洛索斯第二卷所据原始材料之一是《苏美尔王表》。[②]《苏美尔王表》以"洪水肆虐后"为分水岭，把历史分为两个部分，即洪水前和洪水后。贝洛索斯的王表也以"洪水"为分水岭，把巴比伦王系分为洪水前和洪水后，与《苏美尔王表》不同的是，贝洛索斯用的不是"洪水肆虐后"这样的表述来对整个洪水浩劫一言以蔽之，而是讲了个宏大而生动的故事，即洪水故事，内容除了包括目前已知的几个版本的洪水故事的基本内容外，他还用心良苦地添加了埋泥版和挖泥版的内容。虽然洪水故事描述的是人类历史上最大的浩劫，也是人类遭受的最大灾难，是一场大悲剧，可悲剧中没有悲伤。洪水肆虐，遍地漂尸，霎时一切化为乌有，但那是遥远的过去，没人会感到惋惜，只会感到震撼，而文学震撼实际上是一种文学享受。任何读者都会屏住呼吸，目不转睛地一口气把这个跌宕起伏、扣人心弦的故事读完，听众更会听得瞠目结舌，读完或听完故事的人，一时都仍会沉浸在故事的情境中：那遥不可及的奇妙世界，人变成神的美丽传说，从远古到当下，说不定此人还在神界过着长生不老的生活，种种美妙遐想，令人回味无穷。这么好的故事，贝洛索斯怎肯舍弃！但洪水故事毕竟是神话，最终结果是人类灭绝，仅一人或一家获救，获救后的人没有继续繁衍，而是成了神，远离了人间。把这样的故事穿插在王表中间，岂不是混淆现实与传说！人类既然灭绝了，又何来接下来的八十六王以及王朝更迭？这岂不是自相矛盾！大概为了解决这个矛盾，贝洛索斯增加了埋泥版和挖泥版的内容。埋泥版是为使人类文明得以延续而采取的未雨绸缪措施，而挖泥版是这一措施之有效

---

① Lehmann-Haupt 1938, 第4页。
② Lang 2013, 第50页以及注释24。

性的验证。保存泥版等于保存知识，而知识是在长期的生活实践中获得的，有了这些泥版，人类文明就不必再次从头开始。这样，洪水肆虐后，人类文明继续在原来的基础上向前发展，王系继续延续，王朝继续更迭，就顺理成章了，神话又回到了现实，既解决了洪水灭世和继续发展的矛盾，又赋予本来属于神话的洪水故事更多真实性和现实性。他用这样的方式使洪水故事立刻变得不那么遥远和虚幻，不那么事不关己，而是与每个人都息息相关，因为每个人都会觉得自己就是那些泥版挖掘者的后代。可见，埋泥版和挖泥版应该是精心设计的，是贝洛索斯的独创。为了使埋泥版和挖泥版真正奏效，贝洛索斯版的洪水故事势必具备第二个特色。

特色二，明确交代所有洪水幸存者的最终去向：国王带少数人消失，实际上是被神带走，去了神界，获得了永生，其他人返回巴比伦，挖出泥版，重建文明。由于苏美尔洪水泥版残损严重，吉乌苏德拉逃生时，是否带了其他人，不详。在《吉尔伽美什史诗》中，乌塔纳皮什提不但带了"家眷与亲戚"（kala kimtija u salātija），还带了各行各业的工匠（mārī ummānī kališu）[1]，但洪水退去，乌塔纳皮什提和妻子获得永生，其他人的命运如何，《吉尔伽美什史诗》只字未提。贝洛索斯必须改变这种状况，在他的版本中（根据波利希斯托的转述），吉乌苏德拉不但带了家眷，还带了密友，这一点与《吉尔伽美什史诗》类似。然而，洪水退去后，出现了极具戏剧性的一幕，吉乌苏德拉和妻子、女儿及船夫一起下了船，设坛祭神，之后就不见了踪影，悄然消失了。其余所有人在茫然不知所措之时，神从天上直接向他们喊话，把发生在吉乌苏德拉等人身上的事告诉他们，并指引他们重返巴比伦，这些人按照神的指引，重返巴比伦，完成了重建文明的伟大使命。这个过程可归纳为突然消失、隔空喊话和重建文明。让一部分人突然消失解决了必须有人获得永生的问题，因为如果

---

[1] George 2003, 第708页, 第85—86行; 拱玉书 2021, 第233页。

没有人获得永生，洪水故事的魅力就会大打折扣，更何况其他两个版本中的洪水幸存者都获得了永生，永生已成为洪水故事的最大亮点。然而，不能让所有洪水幸存者都获得永生，那样的话，文明将无法延续。所以，让一部分人消失是必然的和必要的，突然消失是描述获得永生过程最简便和最神秘的方式。时间越晚近，方式越神秘，这符合神话的发展规律。一部分人消失，必然引起另一部分人的恐慌，何况洪水曾肆虐多时，世界已然面目全非，幸存者不知身处何处，更不知何去何从。绝望之际，神出手相救，隔空喊话，这种方式既神秘，又及时，更现实，用神秘的方式解决了现实问题。有了这个前提，挖出泥版、重建文明才得以实现，世上的王权继续存续才顺理成章。贝洛索斯成功地将神话与史料巧妙结合，无缝衔接，反映了他尽可能多地为西方世界展示巴比伦文化精华的愿望，也体现了他作为曾经的巴比伦神庙祭司对神的敬畏，同时也体现了神对人类文明的发展起决定性作用的思想。[1]

罗马帝国时期的埃利安（Aelianus，公元165/170—230/235）[2]著有《动物本性》，书中讲了一则趣闻，这则趣闻与吉尔伽美什有关。埃利安这样写道："爱人类也是动物的特点。例如，一只鹰养育了一个婴儿。我想把整个故事讲出来，以便它能证明我的陈述。当逊赫洛斯（Seuechoros）统治巴比伦人时，迦勒底人说他女儿的儿子将把王国从外祖父手中夺走。他对此感到震惊，如果我可以说得滑稽点儿的话，他对这个女孩来说，成了一个阿克里西俄斯（Acrisius），因为他非常努力地守护着她。但是，在他不知道的情况下——命运比巴比伦人更强大——这个女孩和一个地位低贱的人怀了孕，并生了一个孩子。看守她的人怕国王知道，便把孩子从卫城扔了下来，就是从那个女孩被监禁的地方。巧了，一只鹰很快就看到了坠落的孩子，在孩子落地之前，它俯冲到孩子下面，用背接住了孩子。

---

[1] 关于贝洛索斯描述的洪水故事及相关解读，见拱玉书2021，第xxx—xxxvi页。
[2] 关于他的生卒年代有不同说法，这里给出的年代据Hornblower/Spawforth 2003，第18页。

鹰把孩子带到一个果园，小心翼翼地把孩子放下。看到这个漂亮的孩子，园丁很喜欢，就抚养了他。他的名字叫吉尔伽摩司（Gilgamos），（后来成为）巴比伦人的统治者。"①

有人认为，埃利安讲的这个关于吉尔伽美什出身的故事源自朱巴（Juba，公元前1世纪），而朱巴的资料来源于贝洛索斯。②贝洛索斯的原著中是否有相关论述，我们不得而知，更不知朱巴是如何描述的，可以肯定的是埃利安的故事绝非凭空臆造，但与事实又相去甚远。这里的逊赫洛斯就是乌鲁克第一王朝的第二位国王恩美卡（Enmerkar）③，恩美卡之后还有卢伽尔班达（Lugalbanda）和杜牧兹（Dumuzi）两位国王，之后才是吉尔伽美什（Gilgameš）。④在文学作品中，吉尔伽美什常被视为卢伽尔班达和宁荪的后代。卢伽尔班达是国王，宁荪是女神，把吉尔伽美什说成是人神结合的后代，大概是为了证明他"三分之二神、三分之一人"⑤的来历。这是文学叙事的需要，不足为信。根据《苏美尔王表》的说法，吉尔伽美什的生父是lîl-lá⑥，有人释之为"蠢人"，有人释之为"风"，无论如何解释，这个"蠢人"或"风"都指向了埃利安讲述的故事中的那个神秘的、地位低贱的人。可见，埃利安的故事是有依据的，有楔文文献的踪迹，但更多的是演绎，在这个演绎的故事中能和古代两河流域联系在一起的是"巴比伦人"和"迦勒底人"。

在西方的古典时代和希腊化时代，"阿契卡尔格言"流传很广。20世纪初，一批用阿拉米语书写的纸草文献在埃及的埃勒凡泰（Elephantine）被发现，文献类型包括书信、法律文书和文学作品，其中最重要的文学

---

① 根据克雷的英译（Clay 1922，第48页，注释15）翻译。其他与此处的译文不尽相同的译文，见George 2007，第457页；Burstein 1978，第29—30页。
② Schnabel 1923，第28、171页。
③ Burstein 1978，第29页，注释121。
④ Jacobsen 1939a，第88—89页。
⑤ 《吉尔伽美什史诗》第一块泥版，第48行，拱玉书 2021，第9页。
⑥ Jacobsen 1939，第90页。

作品就是"阿契卡尔格言"。①

阿契卡尔（Achiqar/Aḥīqar）曾是亚述国王辛纳赫里布的重臣，埃萨尔哈敦统治时期，其子（或侄子）纳丁（Nadin）接替了他的职位，据说是国王念他年迈功高，允许他把职位传给儿子。可是，其子不但不报答父亲的恩德，反而在国王面前诬陷其父。国王盛怒之下，遣刽子手纳布苏米斯坤（Nabusumiskun）去诛杀阿契卡尔。当阿契卡尔在花园中散步时，刽子手们一拥而上，把阿契卡尔围住。由于阿契卡尔曾救过纳布苏米斯坤的命，为了报答救命之恩，纳布苏米斯坤放过了阿契卡尔，而杀了一个阉人作为替罪羊。后来的情节由于纸草残缺而不详。根据后世作家的评注，阿契卡尔后来又得到国王的信任，其子受到惩罚。②

在"阿契卡尔格言"中，保留了很多极富教育意义并脍炙人口的"格言"，如"不要开弓射杀义人，免得他的神出来帮他，把箭回射给你"③，伤人可能会伤己的寓意很明显。再如"骗子的脖子会被割断，就像一个订婚前就失了身的女孩，就像一个作恶的男人"④，这里既有风俗展现，也有道德说教。"别那么甜蜜，否则别人会把你吞下去！别那么苦涩，否则别人会把你吐出来"⑤，这明显是在提倡中庸之道，主张做人要不卑不亢，行为恰到好处。

阿契卡尔的故事和格言流传至今的有不同语言的版本。原版是用什么语言书写的？阿拉米语，还是阿卡德语？这是个有争议的问题。流传至今的最早版本是用阿拉米语书写的，没有阿卡德语版传世，或许根本就不存在阿卡德语版。

---

① 关于阿契卡尔的故事和格言，详见Kottsieper 1991。
② 关于阿契卡尔的身世和遭遇，有不同版本，这里介绍的是其中之一。
③ Kottsieper 1991，第328页（v.1）。
④ 同上，第329页（v.9）。
⑤ 同上，第330页（v.7）。

据说德谟克利特（Demokritos，公元前460—前370）的"智慧说"的根据就是阿契卡尔的一篇碑铭。了解阿契卡尔故事和格言的古典作家还有以弗所的米南德（Menandros，公元前342—前291）、亚里士多德的学生特奥弗拉斯特（Theophrastus，公元前371—前287）以及斯特拉波（Strabo，公元前64—公元23）。

阿契卡尔的故事（实为自传）中反复出现亚述国王辛纳赫里布、埃萨尔哈敦以及其他亚述人的名字，这些名字把阿契卡尔、阿契卡尔的格言以及格言中反映的智慧与亚述文明紧密联系在一起，使消失的文明仍在人们的记忆中回荡余波。

在希腊古典时代，人们常常把天文学、数学和其他"自然科学"以至于"迦勒底巫术"的发源地都追溯到巴比伦尼亚和亚述。这时出现了许多研究"巴比伦科学"的学者或受益于"巴比伦科学"的科学家。

其中较著名的有曾预言发生在公元前585年5月28日那次日食[①]的米利都的泰勒斯（Thales，约公元前624—前546），据说，他的计算方法是从巴比伦学来的。

泰勒斯的学生阿那克西曼德（Anaximandros或Anaximander，约公元前611—前546）曾绘制天体图和地形图，发明日晷。他的天文知识也建立在"巴比伦科学"的基础上。[②]

阿那克西曼德的弟子阿那克西米尼（Anaximenes，约公元前585—前528）进一步发展了阿那克西曼德的理论。

毕达哥拉斯（Pythagoras，约公元前580—前500）虽然到过埃及，但他却以"迦勒底人的学生"著称于当时。

尼多斯的攸多克罗斯（Eudoxos，约公元前391—前338）考察埃及多年，获得丰富的天文数据，进一步发展了巴比伦的天文计算方法。

[①] 希罗多德《历史》I：74（王以铸1997）。
[②] 希罗多德《历史》II：109（王以铸1997）。

第一章　西方古代经典与《圣经·旧约》

图1-7 古巴比伦时期（约公元前1800年）的数学泥版，那时，人们已经知道勾^2+股^2=弦^2，但没有形成公式或定理，这个桂冠被两千多年以后的毕达哥拉斯夺去，成了毕达哥拉斯定理，即勾股定理

卡里波斯（Callipos，约公元前4世纪在世，攸多克罗斯同时代人）也是著名的"巴比伦学者"。

被誉为"西方天文学之父"的希帕库斯（Hiparchos，亦译伊巴谷，约公元前190—前125）同样是著名的"巴比伦学者"，但他了解和掌握巴比伦天文学的方式和渠道不详。早他约一个世纪的贝洛索斯在科斯岛建立了天文学校[①]，而希帕库斯所在的罗得斯岛距科斯岛很近，所以，希帕库斯与贝洛索斯的学生是可能有直接交往的。希帕库斯在天文学领域有多种发现，其中有"岁差"（回归年短于恒星年的现象）的发现。德国亚述学家雷曼-豪普特（C. F. Lehmann-Haupt）认为，"岁差"的发现不应归功于希帕库斯，而应归功于生活在公元前4世纪的西帕尔的基底努（Kidinnu，

---

① Röllig 1975, 第416页。

希腊语为Cidenas），因为早在公元前379年他就在署了自己名字的楔文泥版中叙述了"岁差"现象。①

公元前1世纪的基米诺斯（Geminos）仍然熟悉"巴比伦月球说"。

一些不见于楔形文字文献的巴比伦尼亚天文学家的名字反而以希腊语形式保留下来，如Naburanios（巴比伦语应为Naburi'anni）等。

希腊人在学习引进巴比伦天文学的同时，也学习引进了巴比伦数学和几何学。第一个引进巴比伦数学和几何学的人是米利都的泰勒斯。他很快就超越了巴比伦人，把许多算式用"定律"的方式固定下来。公元前2世纪的数学家希普西克利（Hypsikles）把圆分为360度，这也是受巴比伦数学的影响而得到的结果。②到公元前1世纪的基米诺斯时，希腊人的水平远远超出了巴比伦人。

美索不达米亚的地理情况主要反映在斯特拉波③（公元前64—公元21）的《地理学》里（第11—16卷）。生活于奥古斯都时代（公元前27—公元14）的伊西多（Isidor，原本是美索不达米亚人）也描述过帕提亚（安息）帝国。老普林尼

图1-8 新巴比伦时期（约公元前7/6世纪）的世界地图，当时人们认为世界是个圆盘，周围是"苦海"

---

① Lehmann-Haupt 1938，第17页。
② Röllig 1971，第646页。
③ 就其语言和所受教育而言，他是个希腊人；就人种而言，他是个亚洲人；在骨子里他是个罗马人。Brackman 1981，第11页。

（Plinius，公元23—79）的《自然史》（亦译《博物志》）和公元2世纪的托勒密·克罗丢（Ptolemaios Claudius）的著作中保留了大量有关美索不达米亚的地理情况。

《圣经·旧约》

希伯来人的《旧约》（《塔纳赫》）是近代西亚考古开始以前世人了解古代美索不达米亚历史文化的主要史料之一。不过，《旧约》中涉及的相关历史，基本上是新亚述和新巴比伦帝国及古波斯帝国向外扩张领土、征服和压迫其他民族过程中的一些片段，只是那些与犹太历史有关的部分。虽然这些历史记载在相关考古材料出土以前非常可贵，但它们远远不能反映这一地区的历史全貌。

《旧约》中与巴比伦密切相关的叙事很多，其中最著名的是建造巴别塔的故事。《创世记》第11章第1—9节[1]描述道：

> 那时，天下人的口音言语都是一样。他们往东边迁移的时候，在示拿地遇见一片平原，就住在那里。他们彼此商量说："来吧，我们要作砖，把砖烧透了。"他们就拿砖当石头，又拿石漆当灰泥。他们说："来吧，我们要建造一座城和一座塔，塔顶通天，为要传扬我们的名，免得我们分散在全地上。"耶和华降临，要看看世人所建造的城和塔。耶和华说："看哪，他们成为一样的人民，都是一样的言语，如今既作起这事来，以后他们所要作的事就没有不成就的

---

[1] 《圣经》，中英对照，简化字现代标点和合本，中国基督教三自爱国运动委员会/中国基督教协会。

了。我们下去,在那里变乱他们的口音,使他们的言语彼此不通。"于是,耶和华使他们从那里分散在全地上,他们就停工不造那城了。因为耶和华在那里变乱天下人的言语,使众人分散在全地上,所以那城名叫巴别。

这里所说的"巴别"(Babel)就是巴比伦,大概因为读音与希伯来语的balal("变乱")相近,或因为耶和华在这里变乱了人们的语言,当时的希伯来人便将"巴比伦"解释成了"变乱",这也恰好符合这个故事要表达的思想,即耶和华把语言变乱,使人无法交流,于是人们便各奔东西,成为后来遍布世界各地的不同民族。尽管这种解释可以解决"巴比伦"(巴别)与"变乱"之间的关系问题,但还有一个疑问存在,即希伯来人说的"巴别塔"是否就是指巴比伦这座城市的塔庙(即阿卡德人所说的ziqqurratum)?不一定,因为在美索不达米亚,这样的塔庙遍地皆是,一个城市一座塔庙,有的城市甚至有两座塔庙。所以,问题又来了,希伯来人是因为"变乱"一词与"巴比伦"读音相近才把人们建造的塔称为"巴别塔",还是他们认为,人们就是按照巴比伦塔庙原型建造的这座塔,所以才称之为"巴别塔"?而"巴别"听起来像"变乱",于是便有了"变乱"这样的民俗词源解释?这些都是问题,目前都没有确切答案。

近代以来,很多欧洲探险家、古物学家以及有学问的游人都到过"东方"游历,其中不少人在游记中都把残存至今的波尔希帕(Borsippa,今之比尔斯-尼姆鲁德[Birs Nimrūd])塔庙错当成巴比伦塔庙,即《圣经》中的"巴别塔"。甚至史密斯和罗林森也认为波尔希帕的塔庙就是《圣经》中的巴别塔。[①]1902年,德国考古学家在科尔德威(R. Kohldewey)的主持下,对波尔希帕进行了发掘,发掘结果表明,欧洲

---

① Smith 1876,第163页。

图1-9 波尔希帕塔庙遗存，曾一度被认为是《圣经·创世记》中的"巴别塔"

人的游记中所谓的"巴别塔"不是巴比伦塔庙，而是波尔希帕塔庙（见图1-9）。波尔希帕地处巴比伦南部，距巴比伦大约30公里，也算是巴比伦的近邻，游人之错，错得也不算太远。

早在1876年出版的《迦勒底人的创世记》中，史密斯就发现了一块泥版，其中有道："无论大小，他都混淆了他们的语言。"[1] 这里的"他"指某神，史密斯倾向于认为，这块泥版的内容涉及建塔（指巴别塔）的故事，但只涉及其中的一部分。[2] 由于泥版残缺严重，史密斯不想进一步推测。

时隔半个多世纪之后的1943年，克莱默发表《人类的黄金时代：一个苏美尔版的〈创世记〉XI.1》[3]，标题明确表明了作者的观点：《圣经》中的"巴别塔"有苏美尔原型，而这个苏美尔原型就是苏美尔史诗《恩美卡与阿拉塔王》中的"努帝穆德咒"。在1943年的这篇文章中，克莱默

---

[1] "[small] and great he confounded their speech"，Smith 1876，第160页。
[2] Smith 1876，第160页。
[3] Kramer 1943。

把《恩美卡与阿拉塔王》叫作《恩美卡史诗》，1952年克莱默发表其编辑版时①，又把这部史诗命名为《恩美卡与阿拉塔王》，这个名称一直沿用至今。像大多数苏美尔文学作品一样，现在流行的名称，如《伊楠娜与恩基》《吉尔伽美什与阿伽》等等，都是今之学者赋予它们的名称，它们的古代名称（一篇作品的首行，或首行的头几个单词或词组）一般都鲜为人知。《恩美卡与阿拉塔王》的古代名称是"城市……野牛"②。克莱默发文时，"努帝穆德咒"（即《恩美卡与阿拉塔王》第136—155行）尚处于严重残缺状态，尽管如此，克莱默还是敏锐地感觉到，"我们在此第一次看到了苏美尔版的《创世纪》11：1—9的'巴别塔'的故事"③。后来，这个所谓的"努帝穆德咒"得到完全复原，全部内容如下：

> 那时，无蛇，无蝎，
>
> 无鬣狗，无狮子，
>
> 无狗，无狼，
>
> 无恐惧，无惊慌，
>
> 人类没有对手方。
>
> 那时，舒布尔国、哈马兹国，
>
> 讲两种语言的苏美尔，拥有王权道的泱泱大国，
>
> 尽善尽美的阿卡德，
>
> 和平安定的阿摩利特，

---

① Kramer 1952。
② Kramer 1942，第16页第48行（古巴比伦时期的尼普尔文学目录，藏于宾西法尼亚大学博物馆）以及第18页第25行（古巴比伦时期的文学目录，藏于卢浮宫博物馆）。uru-gud-ḫuš（"城市……野牛"）是该史诗首行的头三个单词（城–牛–野），也是该史诗的标题。克莱默发表关于文学目录的文章时（1942年），还不知道uru-gud-ḫuš是《恩美卡与阿拉塔王》的古代名称。
③ Kramer 1942，第192页。

第一章　西方古代经典与《圣经·旧约》

> 普天之下，康乐之民，
>
> 对恩利尔，都把一种语言说。
>
> 那时，王相争，君相争，主相争，①
>
> 恩基，（因有）王相争，君相争，主相争，
>
> （因有）相争之王，相争之君，相争之主，
>
> 恩基，富有一切（知识），拥有正确话语，
>
> 掌管智慧，洞察寰宇，
>
> 智冠众神，
>
> 埃利都之王，因智慧而光芒四溢，
>
> 彻底改变了（人们）的口中语，
>
> （此前）人类语言实为一。②

　　这段诗文是乌鲁克王恩美卡派使者前往阿拉塔前对使者说的一段话，国王让使者"把努帝穆德咒念给他来听"，从恩美卡的话中我们得知，这段话叫"努帝穆德咒"（nam-šub ᵈnu-dím-mud-da）。③ 从内容上看，这段话与这部史诗的情节似乎没有任何关联，非常像引自其他什么作品的一段话。根据雅各布森的推测，这段话，即所谓的"努帝穆德咒"，应该属于某个独立的神话④，史诗作者出于某种我们无法理解的理由，把它移花接木到史诗中。这就是说，今之学者不知这段诗文之于这部史诗在哪方面存在关联性，却一眼就发现了它与希伯来《圣经》的关联性。其中最明显的关联点是：苏美尔人和希伯来人都认为人类曾经都讲一种语言，而多种不

---

① 这里先后提到三个概念"王"（en）、"君"（nun）和"主"（lugal），西方学者往往用"lord"来翻译"en"，用"prince"来翻译"nun"，用"king"来翻译"lugal"。不论是这里的汉译，还是西方学者的英译，都不能准确反映原文。
② 《恩美卡与阿拉塔王》第136—155行。汉译以及其他相关信息，见拱玉书2006。这里的译文与拱玉书2006多有不同。
③ 《恩美卡与阿拉塔王》第135行，见拱玉书2006，第326页。
④ Jacobsen 1987, 第288—289页，注释25。

同语言的产生是神出于某种目的进行干预的结果。干预的目的各不相同,在此不一一详述。

"流放巴比伦"(或"巴比伦之囚")是犹太史上的重大事件和灾难,因此,《旧约》对此有比较详细的记载:

> 那时,巴比伦王尼布甲尼撒的军兵上到耶路撒冷,围困城。当他军兵围困城的时候,巴比伦王尼布甲尼撒就亲自来了。犹大王约雅斤和他母亲、臣仆、首领、太监一同出城,投降巴比伦王,巴比伦王便拿住他。那时,是巴比伦王第八年。巴比伦王将耶和华殿和王宫里的宝物都拿去了,将以色列王所罗门所造耶和华殿里的金器都毁坏了……又将耶路撒冷的众民和众首领,并所有大能的勇士共一万人,连一切木匠、铁匠都掳了去,除了国中极贫穷的人以外,没有剩下的。并将约雅斤和王母、后妃、太监,与国中的大官,都从耶路撒冷掳到巴比伦去了,又将一切勇士七千人和木匠、铁匠一千人,都是能上阵的勇士,全掳到巴比伦去了。①

《旧约》继续记道:

> 西底家背叛巴比伦王。他作王第九年十月初十日,巴比伦王尼布甲尼撒率领全军来攻击耶路撒冷,对城安营,四围筑垒攻城……直到西底家王十一年……城里有大饥荒,甚至百姓都没有粮食。城被攻破……迦勒底人就拿住王……在西底家眼前杀了他的众子,并且剜了西底家的眼睛,用铜链锁着他,带到巴比伦去。②

---

① 《列王纪》下,24: 10—16。
② 同上,25: 1—7。

新巴比伦国王尼布甲尼撒二世曾两次率军攻陷耶路撒冷，第一次在公元前597年，把犹大王约雅斤和贵族工匠一起俘往巴比伦。第二次在公元前586年，把西底家和幸存余众俘往巴比伦。上述两段经文讲的就是这两次历史事件。直到波斯的居鲁士（Cyrus，公元前559—前530在位）统治时期，被流放到巴比伦的犹太人才得以重返家园。[①]"巴比伦王尼布甲尼撒从前掳到巴比伦之犹大省的人，现在他们的子孙从被掳到之地回耶路撒冷和犹大，各归本城。"[②]1879年，英国考古学家拉萨姆（Hormuzd Rassam，1826—1910）在巴比伦发现了居鲁士圆筒铭文（见图1-10）[③]，铭文记载了居鲁士于公元前539年和平占领巴比伦及占领巴比伦后实施一系列怀柔政策的情况，其中有道："我召集了他们所有的人，把他们送回了他们自己的居住地。"[④]在这些被允许返回家园的人中应该包括当年被尼布甲尼撒掳到巴比伦的犹太人，这一随着近代考古发掘再现于世的古代文献印证了《旧约》的记载。

图1-10　居鲁士圆筒铭文

[①]《以斯拉记》1—2章。

[②]《以斯拉记》2：1。

[③] 有人把这个铭文的第18—21行刻到两块马骨化石上，不知何时，流入中国，现存故宫博物院。马骨铭文由吴宇虹解读，见Wu 1986；吴宇虹 1987；施安昌 1987。

[④] Finkel 2013，第7页，第32行。

希伯来《圣经》中直接与美索不达米亚有关的章节还有多处，多次提到巴比伦、尼尼微、亚述等两河流域的城市和地区。亚述国王和巴比伦国王对以色列和犹大发动的战争，给那里的人民带来过深重灾难，对其历史产生过重大影响，希伯来人的历史经典自然要对这些事件有所记载。《圣经》中提到的亚述国王和巴比伦国王有许多，如提格拉特帕拉萨尔三世（Tiglatpileser III，公元前744—前727在位）、萨尔曼纳萨尔五世（Salmanassar V，公元前726—前722在位）、萨尔贡二世（Sargon II，公元前721—前705在位）、辛纳赫里布和尼布甲尼撒二世。犹太人对亚述国王和巴比伦国王在自己的国土上攻城略地、奴役其居民的暴行，时刻怀恨在心，无时不伺机反抗，并期盼这些压迫者有朝一日受到惩罚。所以，《圣经》多处描述犹太人对尼尼微和巴比伦的诅咒与怨恨，在得知"巴比

图1-11　火烧巴比伦，16世纪德国木刻。按照《启示录》(18)描述的情景而作，犹太人眼中的巴比伦灭亡时刻

伦倾倒了，倾倒了！他一切雕刻的神像都打碎于地"①的消息时，他们的喜悦之情溢于言表。在描述尼尼微遭到报应而彻底毁灭时，《圣经》更是大着笔墨，把亚述人的罪恶以及压迫者终遭报应的惨相描绘得栩栩如生②，犹太人终于深舒了一口气，但对亚述人而言，这是灭顶之灾，万劫不复。

---

① 《以赛亚书》21: 9;《启示录》18。
② 《那鸿书》1—3章。

第二章

消逝文明的早期探索者

由于种种原因，给人类文明带来第一缕曙光、为人类文明做出了巨大贡献的苏美尔文明，以及继承和发展了苏美尔文明的巴比伦文明和亚述文明，都先后消亡，逐渐被遗忘，最后几乎完全淡出了人们的记忆，成为消逝的文明。在物质方面，这些古老文明只留下一些残垣断壁（如塔庙遗迹），让后人对遥远的过去充满迷茫的好奇和想象。但幸运的是，生活在距巴比伦帝国和亚述帝国覆灭的时间不算太远的，甚至仍然能够深切感受到巴比伦文明和亚述文明之荡漾余波的犹太历史学家和希腊古典时代以及希腊化时期的一些作家，以不同方式，从不同角度，对这些消逝的古代文明有所记载，为后世保存了一些古老、模糊而神奇的记忆。正是这些寥寥无几、所剩无多的物质残迹和屈指可数且往往语焉不详的文字记载，唤起了欧洲中世纪，特别是欧洲近代那些热衷于寻古探幽的人的好奇心，他们按照古代经典的指引，纷纷踏上地中海东边这片神奇的土地，沿波探源，开启了古老文明的追踪之旅。

早在12世纪，犹太拉比本杰明（Benjamin of Tudela）就来到西方人眼中的东方访古探秘，在1160年至1173年间，他游历了美索不达米亚、阿拉伯半岛和埃及，大约于1173年经亚述和巴比伦尼亚到达波斯，后又东行，几乎到达中国边界。他到过尼尼微和巴比伦，也像其他同时代以及许多后来的欧洲游人一样，认为比尔斯-尼姆鲁德（古代的波尔希帕）的塔庙就是《旧约》中的巴别塔，或称"通天塔"。本杰明的游记作于1178年，1543年希伯来文版问世，1575年拉丁文版问世。①

继本杰明之后，许多欧洲学者、探险家和古物学家都到过两河流域，他们有的作游记，有的搜集古物，有的既作游记，又搜集古物，不断地把西亚地区古代遗存情况反馈给欧洲，同时也不断地把这个地区的古代文物带到欧洲。这不但激发了更多欧洲人对西亚古物、古迹产生兴趣，还最终把欧洲的考古学家吸引到了西亚地区，更使许多欧洲学者终身致力于古代东方的研究。他们是消逝文明的探索者，也是古代东方文明研究的先驱。没有他们的努力，就没有今天的西亚考古学、亚述学和赫梯学；没有他们的探索，消逝的文明也许仍被掩埋；没有他们的智慧，重见天日的泥版就不会开口讲述那些被遗忘的辉煌历史和精彩神奇的古老传说。

德拉·瓦莱——第一个让欧洲见到楔形文字的人

从欧洲的中世纪到近现代，消逝文明的探索者多如星辰，其中有几颗特别璀璨。按照出现的先后，第一个就应该是彼得罗·德拉·瓦莱（Pietro della Valle，1586—1652）。

德拉·瓦莱是意大利人，是古董商和学者。1616年至1621年间，他游历了西亚，据说到过巴比伦（1620）、乌尔和比尔斯-尼姆鲁德等地，

---

① Pallis 1956，第41页，注释1。

也曾经经波斯到过印度。他不但熟悉《旧约》，更熟悉希腊古代经典。所以，他很快就会把他见到的古迹与《圣经》或古典作家的某些叙述联系起来。他仔细地考察了巴比伦塔庙遗址，并把它与斯特拉波描述的贝鲁斯（Belus）陵墓联系在一起。他在游记或书信中没有提到比尔斯-尼姆鲁德的塔庙，所以，他是否真的到过比尔斯-尼姆鲁德，值得怀疑。他搜集了一些刻有楔形文字的砖，托人带给他的意大利朋友。他在游历东方期间，与其身在欧洲的朋友有很多通信，这些书信于1658年至1663年间陆续发表。在1621年写给朋友的一封信中，他随意在波斯波利斯的古波斯铭文中抄写了五个古波斯楔形文字符号（见图2-1），这封信于1658年在罗马发表，欧洲人第一次在他的信中见到了楔形文字。

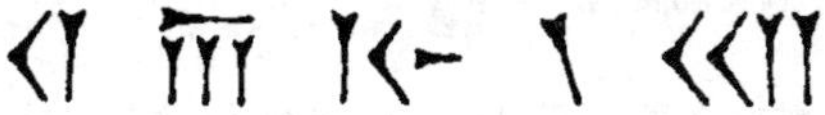

图2-1　德拉·瓦莱在给朋友的书信中抄写的楔形文字，也是欧洲刊物上首次刊载的楔形文字

他在其《游记》[①]（见图2-2）中还首次做了解读的尝试，根据组成文字的楔形笔画的走向，他猜测这种文字是从左向右书写的。他的这个正确猜测可被视为人们在漫长的楔形文字解读道路上迈出的第一步，是正确的第一步。不过，他从未提到他在巴比伦搜集的刻字砖上的楔形文字，这颇有些令人不解。他很可能没有把刻字砖上的文字视为文字，而是当成了一种装饰图案。

他也是最早在西亚进行"发掘"的人。1616年，他手持一把鹤嘴锄在没有任何人帮助的情况下对巴比伦遗址进行了"发掘"。第二个对美索不达米亚古代遗址进行发掘的人是法国的博尚（J. Beauchamps），地点也

[①] 具体出版信息，见Pallis 1956，第42页，注释5；亦见Budge 1925，第15页。他的《游记》于1674年被译成德文，题目是 *Reissbeschreibung in unterschiedliche Theile der Welt*。

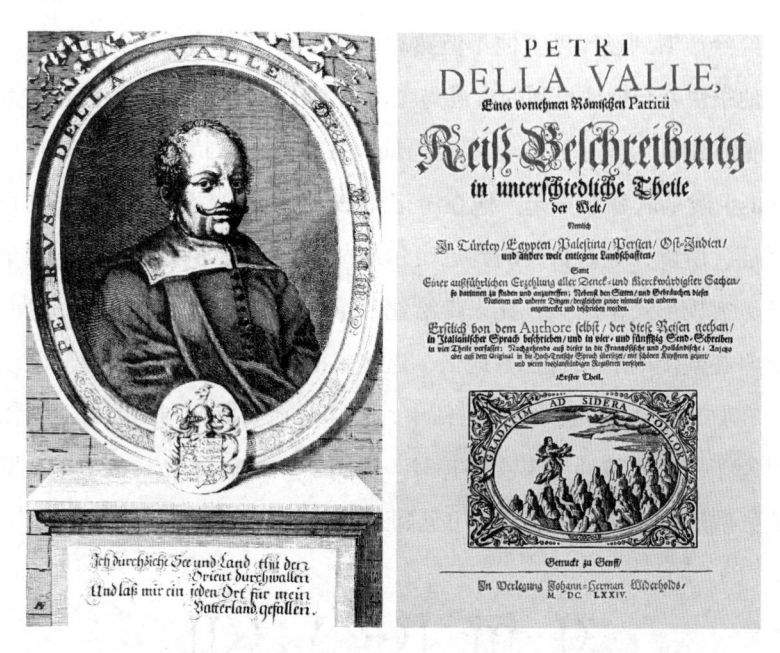

图2-2 德拉·瓦莱的《游记》于1674年被译成德文,这是德文版的封面

是巴比伦遗址,时间在1784年。这样算来,德拉·瓦莱的发掘比博尚的发掘早一百六十多年。第三个对美索不达米亚古代遗址进行发掘的人是英国驻巴格达总领事里奇(J. Rich),时间在1811年,这位领事雇用了十个当地人跟随他一起发掘,有了组队发掘的意味。他们三人的发掘虽然发生于不同历史时期,但都有一个共同的特点,那就是随地乱掘,随时更换发掘地点,以寻求珍贵文物(以自己的判断为标准)为唯一目的。他们的"发掘"标志着从以搜集地表文物为主的古物学向以挖掘地下遗存为主的考古学的过渡,在这三人中,德拉·瓦莱在时间上最早,所以说,德拉·瓦莱开了"掘地取物"的先河,有人称他是"美索不达米亚的第一位欧洲发掘者"[1]。

---

[1] Pallis 1956,第48页。

尼布尔——第一个准确临摹波斯波利斯铭文的人

卡斯滕·尼布尔（Karsten Niebuhr，1733—1815）出生于德国北部城市汉诺威。[①]他于1761年参加丹麦国王弗雷德里克五世派遣的阿拉伯探险队，因此得以于1761年至1767年间考察美索不达米亚、波斯、阿拉伯半岛和埃及。这支阿拉伯探险队由五个成员组成，但由于种种原因，其他四人都在旅途中（分别于1762、1763和1764年）死于非命，尼布尔成了唯一的幸存者。他之所以能幸免于一死，不辱王命，终于完成考察使命，主要得益于精通阿拉伯语。他每到一处，入乡随俗，着当地衣装，食当地食物，对当地生活能很快适应。1765年，在其他同伴都相继离世后，他继续进行考察，独自来到波斯波利斯，在此逗留三周，绘制了遗址图，标明各建筑的相对位置。他利用大部分时间临摹了大量楔形文字铭文。后来，他选择了十一篇铭文，发表在他的《阿拉伯及其邻近国家游记》[②]里。他临摹的铭文准确、完整，都经受住了时间的考验，正因为如此，它们才成为格罗特芬成功解读古波斯语铭文的一把钥匙。

尼布尔是第一个对楔形文字的解读做出了突出贡献的人，这样评价他不仅是因为他在其《阿拉伯及其邻近国家游记》中发表了准确、完整的铭文，为后人成功解读古波斯语铭文提供了必要资料[③]，还因为他通过自己的努力为后来的解读者提供了许多通向成功之路的宝贵线索。他发现，

[①] 另说出生于荷尔斯泰因（Holstein），Budge 1925，第21页。
[②] *Reisebeschreibung nach Arabien und andern umliegenden Ländern*，1774—1778，Kopenhagen（共三卷）；法文版 *Voyage en Arabie*，Amsterdam，1780。
[③] 英国著名学者认为，"随着1780年其《游记》的发表，科学的解读工作才开始"，Budge 1925，第39页。

波斯波利斯的铭文都用三种不同"字母"书写，书写方向都是从左向右。他还编制了古波斯"字母"表，包括42个字母，其中32个正确，但当时他并不知道这些"字母"的读音。英国著名亚述学家巴兹对尼布尔的贡献给予了高度评价，他说："如果他（指尼布尔）不发表他临摹的铭文，不发表他那富于启发性的评论，楔形文字的解读至少要推迟到两三代人以后。"①

19世纪初，许多欧洲人读了尼布尔的《阿拉伯及其邻近国家游记》后都产生了考察古波斯遗址的愿望，并把愿望付诸行动，其中有莫里埃（J. Morier）、欧塞利（Sir G. Ouseley）、凯尔·波特（R. Ker Porter）、白金汉（J. S. Buckingham）和里奇等，这些人都对西亚古物学和考古学做出了突出贡献，其中，里奇尤为突出。

格罗特芬——天才的解读家

格罗特芬（G. F. Grotefend，1775—1853）是第一个部分成功解读古波斯语楔形文字铭文的人，为同时代和后来的学者进一步深入解读这类铭文，进而为解读用楔形文字书写的阿卡德语铭文和埃兰语铭文奠定了基础。他在19世纪初的欧洲人文学术领域占有重要地位。

他解读楔形文字铭文时是德国哥廷根的一名中学教师，此前从未涉足东方学。据说，他的一个朋友听说他在解读楔形文字铭文时甚至嘲笑他不自量力。然而，他成功了。

1802年7月，这位年仅27岁的中学教师的脑海里酝酿着一个异想天

---

① Budge 1925, 第39页。

图2-3　格罗特芬肖像

开的念头，认为自己能够解读到那时为止一直令欧洲学者们大伤脑筋，因而被一些人称为"天书"的楔形文字铭文，并想以此与一个朋友赌个输赢。他的这位在哥廷根王家图书馆工作的朋友为他提供了他所需要的一切材料，其中最重要的是尼布尔的《阿拉伯及其邻近国家游记》，而这本书中的铭文B和G就成了打开楔文迷宫的钥匙。

在格罗特芬之前，学术界已就楔形文字铭文达成了几点共识：1. 楔形文字的行文从左至右；2. 经常出现的斜楔◣有顿字作用，是隔字符号；3. 第一种文字所用的符号最少，可能是一种字母文字；4. 这些铭文出自阿契美尼德王朝的首都波斯波利斯；5. 铭文的内容可能与阿契美尼德王朝的国王有关。

格罗特芬先是了解了前人的进展，而后便开始把精力集中到尼布尔临摹的铭文B上。他首先注意到了一组反复出现的七个符号：⟪𒀭𒌍𒅗𒌋𒅎𒅗，这组符号在短短的三行内就反复出现了四次。在法国阿拉伯学家德·萨西（A. I. Silvestre de Sacy，1758—1838）1793年发

图2-4　18世纪卡斯滕·尼布尔临摹的古波斯语铭文，即尼布尔《阿拉伯及其邻近国家游记》中的铭文B①

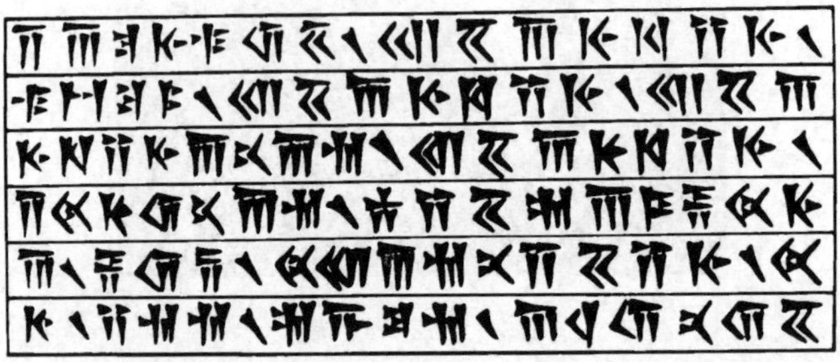

图2-5　尼布尔《阿拉伯及其邻近国家游记》中的铭文B，20世纪抄本。与上面的铭文抄本比较可知，尼布尔的抄本非常精确

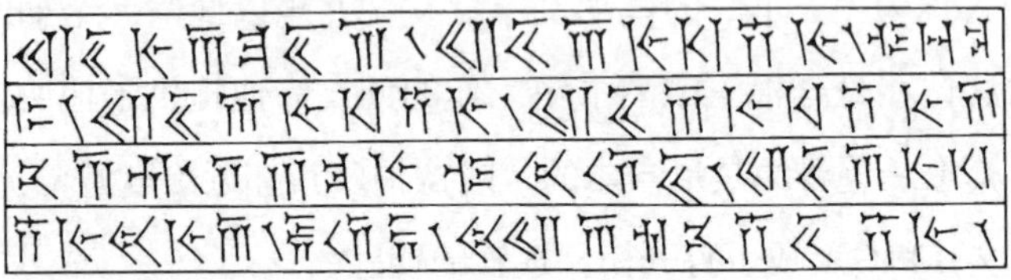

图2-6　尼布尔临摹的古波斯语铭文，即尼布尔《阿拉伯及其邻近国家游记》中的铭文G②

---

① 这篇古波斯语铭文刻在波斯波利斯宫殿的门廊墙壁上，下面是大流士浮雕像。铭文的内容是：
   (1) da-a-ra-ya-va-u-ša: xa-ša-a-ya-θa-i-ya: 大流士，
   (2) va-za-ra-ka: xa-ša-a-ya-θa-i-ya: xa-ša-a- 大王，王
   (3) ya-θa-i-ya-a-na-a-ma: xa-ša-a-ya-θa-i-ya: 中王，万国之王，
   (4) da-ha-ya-u-na-a-ma: vi-i-ša-ta-a-sa-pa-ha-ya- 叙司塔司佩斯之子，
   (5) a: pa-u-ça: ha-xa-a-ma-na-i-ša-i-ya: ha- 之子，阿契美尼德氏，
   (6) ya: i-ma-ma: ta-ca-ra-ma: a-ku-u-na-u-ša　该宫殿的建造者。(Walker 1989, 第50页)
② 这篇古波斯语铭文刻在波斯波利斯宫殿的门廊墙壁上，下面是薛西斯浮雕像。铭文的内容是：
   (1) xa-ša-ya-a-ra-ša-a: xa-ša-a-ya-θa-i-ya: va-za-ra- 薛西斯，大王，
   (2) ka: xa-ša-a-ya-θa-i-ya: xa-ša-a-ya-θa-i-ya-a- 王中王，
   (3) na-a-ma: da-a-ra-ya-va-ha-u-ša: xa-ša-a-ya-θa- 大流士王
   (4) i-ya-ha-ya-a: pa-u-ça: ha-xa-a-ma-na-i-ša-i-ya 之子，阿契美尼德氏。(Walker 1989, 第50页)

表的中古波斯语铭文的启发下[①]，他把这组符号断定为"王"字，这就是说，在短短的三行内，"王"就出现了四次。他继续推测，第一个"王"之前的那组符号（即 𒁹 𒀭 𒁹 𒆗 𒁹 𒀭 𒁹）必然是某王的名字，而第二个"王"与第三个"王"应该是"王中王"中的两个"王"，第四个"王"就是"万国"或"万民"之王了。就这样，格罗特芬在尚不知任何字母如何发音的情况下，已经正确地猜出了铭文B的大意，即"某人（国王的名字），（大）王，王中王，万国之王"。当然，至此，距楔形文字铭文的成功解读还相去甚远，但解读工作已进入正确轨道。

接下来，他把铭文B与铭文G进行了对比。在比较中发现，铭文B的第一组符号（𒁹 𒀭 𒁹 𒆗 𒁹 𒀭 𒁹）在铭文G的第三行（多一个符号[②]）又出现了。他根据萨珊王朝铭文常见的行文格式"某王名字，大王，王中王，某王之子，某王之孙"断定，铭文B上的国王是铭文G上的国王（第一组符号）的父亲。他正确地认为，铭文B和铭文G是两个国王的铭文，二者一个为父，一个为子，而且名字的长度都一样，都由七个符号组成。这两个国王是谁？首先他想到，这两个自称"王中王，万国之王"的国王一定是阿契美尼德王朝鼎盛时期的国王，这就把范围缩小到了薛西斯以前。其次，这两个国王为父子，这就再次把范围缩小到居鲁士和冈比西斯（Cambyses）、大流士（Darius）和薛西斯（Xerxes）两对父子身上。最后，在选择二者时，他排除了居鲁士和冈比西斯，因为居鲁士和冈比西斯的名字不但长短不一样，且以同一字母开头，而楔形文字铭文中的两个名字以不同符号开头。于是，他选中了大流士和薛西斯父子，再次猜中。铭文B的另一个对解读至关重要的专有名词就是大流士父亲的名字。大流士父亲的名字对熟悉希腊古典作家的人来说并不陌生，因为在《历史》

[①] Budge 1925，第41页。
[②] 铭文B的形式是da-a-ra-ya-wa-u-š，而铭文G的形式是da-a-ra-ya-wa-ha-u-š，多出一个ha，这个ha是"属格"标记。Kent 1950，第190页。

中，希罗多德已借薛西斯之口把阿契美尼德王朝的谱系交代得清清楚楚。薛西斯说："假如我不向雅典人亲自进行报复，那我就不是阿凯美涅斯的儿子、铁伊司佩斯的儿子、冈比西斯的儿子、居鲁士的儿子、铁伊司佩斯的儿子、阿里阿拉姆涅斯的儿子、阿尔撒美斯的儿子、叙司塔司佩斯的儿子、大流士的儿子了。"①格罗特芬断定，大流士的父亲叙司塔司佩斯一定也出现在了铭文中。但哪组符号是叙司塔司佩斯呢？他是这样来确定的：第一步，断定铭文G中出现在"大流士王"后面的一组符号为"儿子"（ ），即"大流士之子"；第二步，铭文B中出现在"儿子"之前的那组符号就应是"叙司塔司佩斯"，即"叙司塔司佩斯之子"，他又猜中了。至此，他在不知任何符号如何发音的情况下正确地推断出七组符号代表的七个名词，其中有专有名词"大流士"、"薛西斯"和"叙司塔司佩斯"，普通名词"王"、"国"以及"（儿）子"。先来总结一下格罗特芬的第一步猜测：

	"大流士"
	"薛西斯"
	"叙司塔司佩斯"
	"王"
	"国"
	"儿子"

接下来要做的就是找到这些名词的正确发音。这时，格罗特芬要参照的是希腊语、希伯来语和琐罗亚斯德教经典《阿维斯陀》中的"大流士"和"薛西斯"等专有名词的拼写形式，因为这些专有名词在这些经典

---

① 希罗多德《历史》VII: 11；王以铸 1997，第472页。

中都有，有的还反复出现。"大流士"的希腊语形式是Dareiaues，而希伯来语的形式是Daryaweš。格罗特芬认为希伯来语的Daryaweš应更接近古波斯语形式。他参照希腊语、希伯来语和中古波斯语中的相应形式，给一系列专有名词和普通名词配上了相应的发音。

格罗特芬解读的"大流士"：

（1）d　a　r　h　e　u　sh

（2）da-a - ra-ya-va -u - ša①

格罗特芬解读的"薛西斯"：

（1）kh　sh　h　　e　　r　sh　e②

（2）xa - ša-ya - a - ra-ša-a

格罗特芬解读的"叙司塔司佩斯"：

（1）g　o　sh　t　a　s　p③

（2）vi - i - ša - ta - a - sa-pa

格罗特芬解读的"王"：

（1）kh　sh　e　h　？　？　h④

（2）xa - ša - a - ya - θa - i - ya

格罗特芬就是通过这种仔细的观察、认真的思考、天才的猜测、合情的推理，部分地成功解读了古波斯语铭文。他的解读不尽正确，最大的

---

① （1）为格罗特芬配给的音值，（2）为现在公认的发音与书写形式，下同。格罗特芬的解读，Walker 1987，第48页。
② Walker 1987，第48页。
③ 同上，第49页。
④ 同上。

失误是认为古波斯语使用的36个表音符号除几个元音外都是辅音，也就是字母。后来的研究证明，古波斯语使用的36个符号中，除a、i、u这3个元音外，其余都是音节符号，或既表音节又表字母的符号，如xa、ša、ya、θa等，此外，还有5个表意符号。格罗特芬正确地解读了36个表音符号中的12个（他把ša解读为sh，把ra解读为r等等，都应该视为正确解读），正好是全部表音（音素和音节）符号的三分之一，从数量上看并不算多。但他为人们找到了一个攻破坚不可摧的堡垒的突破口，为人们找到了一把开启迷宫的钥匙，其意义是深远的和划时代的。

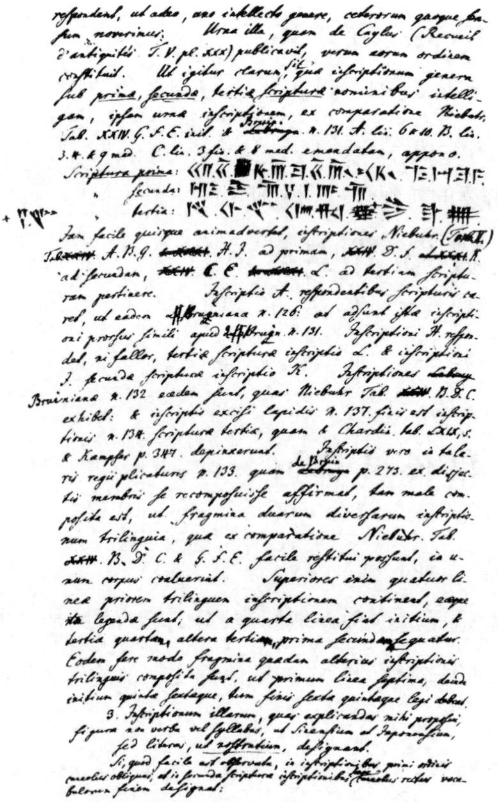

图2-7　格罗特芬解读古波斯楔形文字铭文手稿，1802年用拉丁语撰写（Borger 1975，第162页）。鲍格尔（R. Borger）先生称格罗特芬的这篇文章为"楔文研究的出生证，亚述学的开端"

里奇——从古物搜集向田野发掘过渡时期的代表人物

19世纪初，许多欧洲人在读了尼布尔的《阿拉伯及其邻近国家游记》后都产生了到波斯访古的愿望，并把愿望付诸行动，在这些人中，里奇尤为突出。

里奇（Claudius James Rich，1787—1821）于1787年出生于法国，在英国度过童年。他很年轻时就到了孟买，服务于东印度公司。他喜欢学习各种语言，也非常具有语言天赋。他学习了拉丁语、希腊语、希伯来语、阿拉伯语、阿拉米语、波斯语和汉语。他还利用工作之便到过土耳其和意大利，从而学会了土耳其语和意大利语。他于20岁就任英国驻巴格达总领事，未满24岁又开始兼任东印度公司驻巴格达代表。上任的头几年，他对帕夏史产生了浓厚兴趣，因此在巴格达及其附近地区搜集帕夏史材料。

1811年，也就是在他来到巴格达任职几年后，他听说法国的博尚曾在巴比伦遗址发现过重要文物。在这个消息的吸引下，他于1811年专程来到巴比伦遗址进行考察，顺路还购买了一个玄武岩界碑，现存英国国家博物馆（又称大英博物馆）。他雇用了十个当地人，对巴比伦遗址进行发掘，结果收获甚微。之后，他放弃巴比伦，来到比尔斯-尼姆鲁德，仔细测量了当时被许多人视为《圣经》中的巴别塔的比尔斯-尼姆鲁德塔庙。他一度认为这个塔庙不是巴别塔，因为他认为巴别塔应在幼发拉底河对岸的巴比伦，但后来又不十分肯定。他没有想到，亚历山大大帝曾下令铲平巴比伦塔庙，为的是铲平之后重建，但这位雄心勃勃的君王志大命短，随着他的去世，重建计划也化为泡影。后来，地基砖也被当地阿拉伯人

图2-8　巴比伦塔庙遗址，地基砖已被当地人掘为己用，当年巍峨的塔庙，如今已成为荒芜的深沟。摄于1973年

挖掘一空，用为私宅建筑材料。

自1811年后，里奇再没有在巴比伦尼亚进行任何"发掘"，而是把注意力转向亚述地区。他四次到摩苏尔考察，当地居民告诉他，他们在隔岸的库雍基克（Kuyunjik，即尼尼微遗址）挖砖时，曾发现大型石板雕像，有的为人像，有的为兽像。他们认为，不论是人是兽，通通都是魔鬼。作为善良的穆斯林，他们当然不能允许这些魔鬼存在。所以，他们先毁坏雕像，然后把石板烧成石灰，用于建筑。里奇在库雍基克进行了"试掘"，发现了许多陶片、古砖和楔形文字泥版。

1802年，德国的格罗特芬部分成功地解读了古波斯的楔形文字，引起轰动。里奇确信格罗特芬的解读结果正确，因此，他把见到的所有铭文都复制了一份送给格罗特芬，有时是他自己亲自送去，有时则派他的助手贝利诺（K. Bellino，1791—1820）送去。里奇有很多著述，有的是他在世时出版的，有的是去世后出版的，有关于文献的，也有描述遗址

图2-9 巴比伦塔庙模型。亚历山大大帝之后,巴比伦塔庙已不复存在。希罗多德对巴比伦塔庙做过详细描述。发掘巴比伦遗址的德国考古学家根据残存至今的巴比伦塔庙地基,对该塔庙的原貌做过推测性描述。这个模型就是根据希腊古典作家和现代考古学家的描述制作的,不一定真实反映塔庙原貌

的,特别是巴比伦遗址和尼尼微遗址,他的著述在欧洲大陆和英国都有广泛读者。正是他的这些著述激发了法国人的考古兴趣,促使法国政府在摩苏尔设立副领事职位,派博塔前去任职,由此拉开了法国人发掘尼尼微的序幕。英国的考古先驱莱亚德被派往西亚发掘尼尼微和尼姆鲁德,也与里奇的著述有关。[1]

1820年,里奇的得力助手贝利诺死于摩苏尔[2],贝利诺的英年早逝对里奇来说是个沉痛打击。此后,里奇放弃美索不达米亚研究,转向波斯。次年,他来到波斯,遍访古迹,临摹铭文。同年,在考察波斯后回巴格达的归途中,他不顾个人安危,照顾霍乱病患者,遂染霍乱,死于伊朗

---

[1] Budge 1925,第29页。
[2] 同上,第27页;但巴兹再次提到贝利诺之死时,又说贝利诺被遣往阿勒万山临摹铭文,尚未到达就死于哈马丹,同上,第32页。

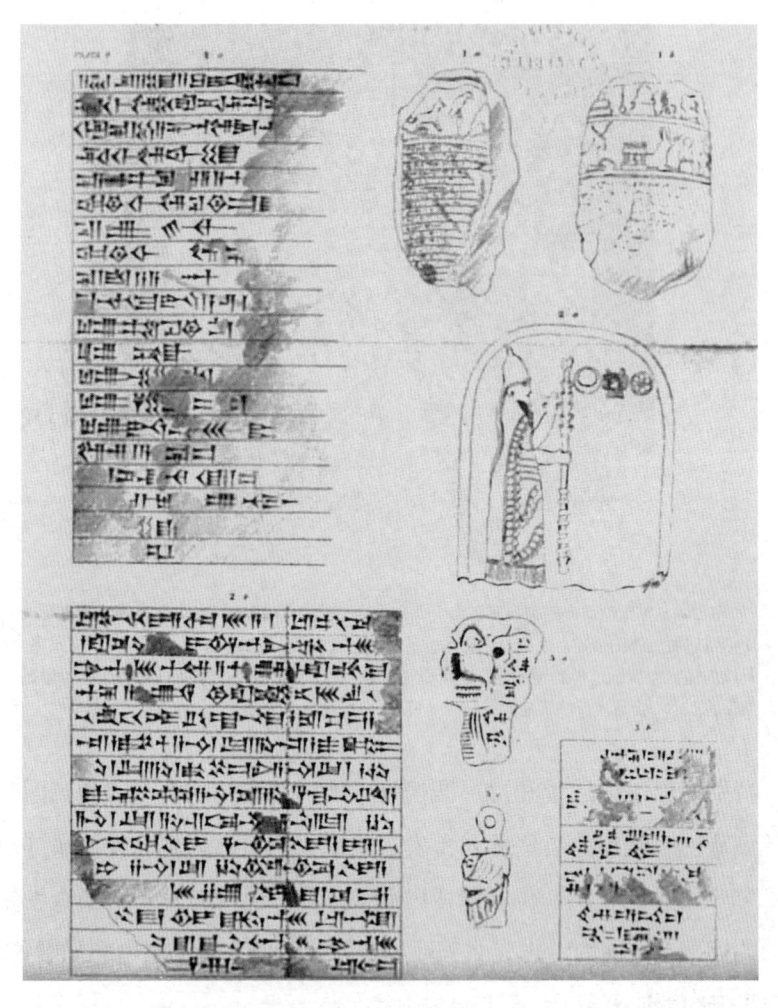

图2-10 里奇于1818年发表的《第二部巴比伦回忆录》中的一页，展示了巴比伦楔形文字文献和巴比伦艺术

的设拉子。他去世后，他的遗孀陆续编辑出版了他尚未发表的考察报告和游记。[1]

里奇到处搜集和购买古物，包括一些较大的文物，而后将之分别运往伦敦和格拉茨（奥地利）。他搜集的大部分文物都是从居住在巴比伦遗

---

[1] 如 A Narrative of a Journey to the Site of Babylon in 1811, London, 1839。

址附近的当地居民手里购买的,而当地居民显然受了博尚的影响而开始对文物的价值有所认识,并开始收藏文物、待价而沽。1825年,英国国家博物馆从他的遗孀手里购买了部分文物,其中有四个烧过的铭文圆柱、三十二块泥版、十三块刻字砖和一块较大的铭文界碑以及其他物件,这些文物成为英国国家博物馆的重要组成部分,为英国国家博物馆奠定了西亚古物收藏的基础。[①]

博塔——拉开西亚考古发掘序幕的人

里奇是从古物搜集向田野发掘过渡时期的代表人物,他的成就主要体现在三个方面,一是搜集文物,为英国国家博物馆的巴比伦-亚述收藏奠定了基础;二是及时发表游记或回忆录式著述,激发了更多欧洲人对古老东方产生更大兴趣;三是实地发掘,但他的发掘规模小、随意性大、持续的时间短、发现的东西不多,而且他的发掘不是自觉的、有组织的、有计划的考古行为。而博塔(Paul-Emile Botta,1802—1870)与里奇不同,他是在认真学习了里奇的考察报告后,在法国著名东方学家莫尔(M. J. Mohl,1806—1876)的直接引导下,自觉地、有计划地、有组织地进行发掘的,而且规模很大,发现的文物也很多,不但发现了古代遗物,还发现了古代遗址。不仅如此,他的发掘还直接把英国考古学家引到了两河流域,从而使历史悠久的西亚古物学转化为西亚考古学。

莫尔是法国西亚考古的真正推动者。莫尔读过里奇的考察报告,确信里奇"发掘"的库雍基克就是尼尼微遗址,并相信那里埋藏着奇珍异

[①] Oates/Oates 1976,第28页。

宝，非常值得发掘。莫尔还于1840年专程到伦敦来研究东印度公司收集的刻有楔形文字的砖，这就更增强了他的上述信念。在他的影响下，法国政府决定往摩苏尔派一名副领事，专门为国家搜集古物。这个副领事就是博塔。他于1842年5月25日走马上任，因此，有人把这一天视为亚述研究史上"具有历史意义的一天"[①]。

法国在摩苏尔设置的这个副领事职位没有造就出政治家，而是造就了一位西亚"考古学家"。像早期许多著名的考古学家一样，博塔的成功在很大程度上要归功于时代，在那个时代，只要决定去西亚发掘，不成功都难。好运是那个时代给予考古学家的恩赐，包括莱亚德在内的一系列成功的考古学家都是那个时代的宠儿，那是个挖宝的时代，谁发现了"宝贝"，谁就成功了一大半。

博塔是那个时代的幸运儿。他的学问不在考古领域，也不在与考古相关的历史领域。他本是个医生，且喜欢自然科学。他在埃及的亚历山大里亚当过法国领事，在埃及期间他到处搜集昆虫标本，用盒子把它们收藏起来。回国时，开罗警方怀疑盒子里装的是禁物，要求打开这些盒子，结果，他们看到的是用大头针固定在盒子中的12 000只昆虫标本。博塔也是个成功的外交家，善于利用社会关系。他的外交经验和沟通能力是他后来成为著名考古学家的先决条件。

来摩苏尔上任前，莫尔再三嘱咐不要停留于搜集，必须挖掘，地下一定埋藏着伟大文明。博塔来到摩苏尔后，本打算先发掘纳比-优尼斯（Nebī Junus，尼尼微遗址的一部分），遭到帕夏拒绝。于是转而发掘库雍基克（自1842年12月至1843年2月），其结果令他十分失望，因为没有发现什么重要文物。可见，那时考古发掘的目的在于获得文物，尤其是大型文物，没有发现大型文物就是失败，就会令人沮丧。

[①] Rogers 1915，第160页。

图2-11　法国考古队发掘豪尔萨巴德遗址（1852—1853），由普拉斯拍摄

　　1843年，在当地居民的指引下，博塔来到距库雍基克约10公里的豪尔萨巴德（Khorsabad）发掘。豪尔萨巴德是亚述国王萨尔贡二世统治时期建立的新都，古代名称是杜尔-沙鲁金（Dūr Sharrukīn，意为"沙鲁金堡"，见图2-11、2-12）。据当地居民讲，他们对泥版、刻字砖和刻有浮雕的石板早已司空见惯，他们祖祖辈辈都把这种东西作为建筑材料。博塔在那里见到的情景果然与其所闻相差无几，开挖之后，更是不断出现奇迹，出土浮雕石板、刻有楔形文字的泥版不计其数，更有巨大的人面飞牛石雕等大型艺术品。博塔以为他发现了尼尼微，兴奋激动的心情久

久难以平静，在1843年4月5日写给莫尔的信中，他激动地说："尼尼微找到了。"（"Ninive était retrouvée."）[①] 不久后，他放弃了库雍基克——真正的尼尼微遗址——把人马全部调到豪尔萨巴德，把尼尼微留给了正在积极准备参与挖掘的英国人。博塔把豪尔萨巴德误认作尼尼微，与尼尼微失之交臂，但这并没有影响他的运气，因为豪尔萨巴德对任何考古学家来说都是一块宝地，其价值一点也不输于尼尼微，如今的法国卢浮宫博物馆里充满了出土于豪尔萨巴德的文物，包括4米多高的人面飞牛（见图2-13）和接近5米高的"吉尔伽美什浮雕像"（见图2-14）。

图2-12　博塔发掘豪尔萨巴德

起初，博塔的发掘经费是由朋友提供的。后来，他的发现在法国引起轰动，法国政府开始慷慨解囊，出资3 000法郎，为发掘工作解决了资金问题。但博塔面临的困难还很多，其中两个最棘手，一是不适应那里的气候，二是当地居民对发掘工作进行种种阻挠，因为有些当地人认为

[①] M. J. Mohl, *Lettres de M.Botta sur les Decouvertes a Khorsabad*, Paris 1845；英译本 *Letters on the Discoveries at Niniveh* 于1850年在伦敦出版。

图2-13 豪尔萨巴德出土的"人面飞牛"石雕，高4.20米，藏于卢浮宫博物馆。在宫殿两边设立"镇兽"的传统在古代两河流域的文化中源远流长。在公元前2000年前后成文的苏美尔文学作品《伊楠娜与恩基》中，恩基让仆神在"狮（门）前"（igi-pirig-gá-ka）①招待伊楠娜。可见，在门的两边设镇兽的传统至少可追溯到公元前22至前21世纪的乌尔第三王朝时期

图2-14 抱狮英雄，雪花石膏浮雕，高4.7米，藏于卢浮宫博物馆。长期以来，学者们常把这个浮雕塑造的人物与吉尔伽美什联系在一起。在无证可依的情况下，这个高大的形象让人产生无限遐想。如果这个英雄形象让人联想到历史上的哪位君王的话，那一定是吉尔伽美什。史密斯于1876年出版《迦勒底人的创世记》时，把这个抱狮英雄设为封面人物。可见，史密斯是第一个把这个浮雕人物与吉尔伽美什联系在一起的人

博塔是在寻找一种"秘诀"，而按照这个秘诀的指引就可以找到宝藏；另一些人则认为博塔是在寻找古代地契，以便证明所有土地都曾经是欧洲人的，欧洲人将来有权收复失地。这些说法传到帕夏的耳中后，帕夏先

---

① Farber-Flügge 1973，第20页，Tf. I ii 11; ETCSL 1.3.1: *Inana and Enki*, Seg. C. 11。

第二章 消逝文明的早期探索者 059

是派了卫兵来监视发掘，夺走了所有出土的金属器，声称其目的是为了检验它们是不是金器。后来又命令博塔在发掘地点为他建一座临时住房，专供他来视察时休息之用。再后来（1843年10月），干脆让土耳其政府下了禁止发掘令，发掘工作被迫停止。直到1844年5月，在法国驻君士坦丁堡大使的努力下，发掘工作才得以继续进行。

当时，豪尔萨巴德遗址丘上仍有人居住。为了全面发掘豪尔萨巴德遗址，博塔出钱把居住在遗址上的村民搬迁到周围平地。他雇用了三百名当地居民参加发掘，他本人临摹铭文，弗朗丹（E. N. Flandin, 1809—1889）负责绘制图表。1845年，发掘工作顺利告一段落。他于1845年满载而归，凯旋巴黎，顿时成为法国和全世界瞩目的人物。在发掘期间，他就不断把"战利品"运回巴黎，有一次还发生了翻船事故，致使在地下掩埋了近三千年的文物，在刚刚重见天日后就又永远沉入底格里斯河。

从1843年开始，博塔发表了一系列著述，其中有《通信：尼尼微之发现》[1]和《尼尼微丰碑》[2]等，引起世界关注，更推动了西亚考古发掘的进一步发展。

图2-15　豪尔萨巴德遗址，弗朗丹绘制

---

[1] P. É. Botta, *Lettres sur ses découvertes à Ninive*, Paris, 1843—184.
[2] P. É. Botta, *Monuments de Ninive*, Paris, 1849—1850. 图文并茂，洋洋五大卷。

1852年至1853年，在普拉斯①的主持下，法国考古学家对豪尔萨巴德进行了第二次发掘，再次获得大批文物。1855年，八个大木排满载豪尔萨巴德出土的文物，顺流而下，几天后安全到达巴格达，而后又经巴士拉运往法国（见图2-16）。普拉斯用木排运送文物，是效法当年亚述人建造宫殿时运输巨型石方采用的方法（见图2-17）。实践证明，亚述人发明的这种运输方式是彼时彼地最安全和最有效的运输方式。

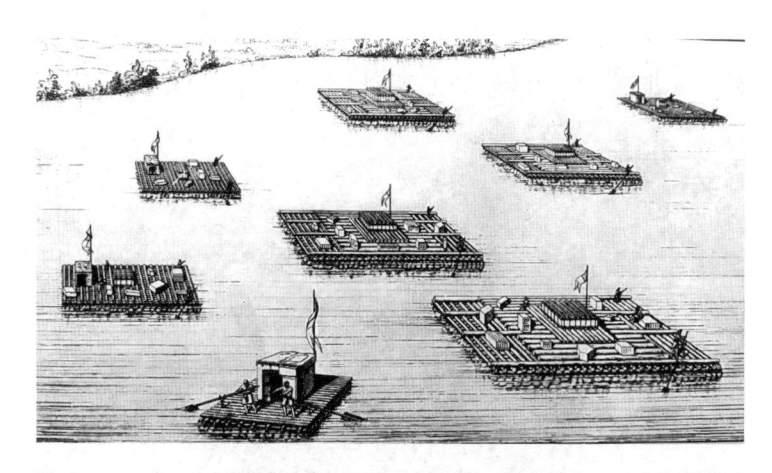

图2-16　1855年，八个木排满载豪尔萨巴德出土的文物，顺流而下，几天后到达巴格达

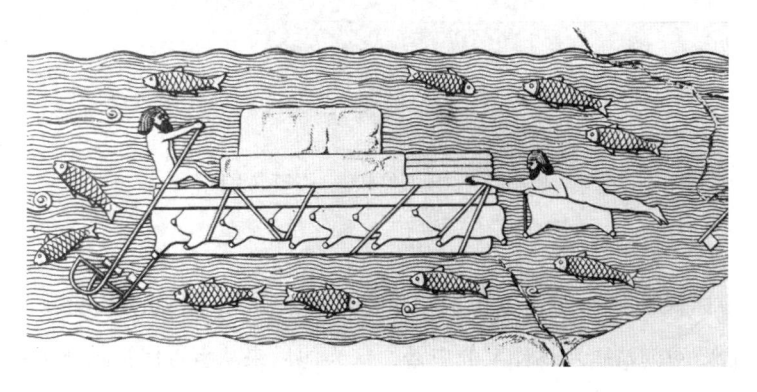

图2-17　亚述人用木排运输巨大的方石。普拉斯于1867年出版的《尼尼微与亚述》中的插图，普拉斯按照亚述浮雕画制

---

① 普拉斯（V. Place, 1822—1875），博塔的继任者，法国驻摩苏尔副领事。

罗林森——英国亚述学之父

与格罗特芬不同，罗林森（Sir H. C. Rawlinson，1810—1895）[①]作为天才的解读家、优秀的学者和杰出的政治家，其贡献是多方面的。但使他青史留名的不是他的政绩，而是他的学术贡献。

图2-18 罗林森肖像木刻，无名氏作于1873年

罗林森于1810年出生在牛津郡的查德灵顿庄园（Chadlington Park），从小酷爱阅读希腊罗马作家的史著，这为他后来从事古代文献解读和研究工作奠定了基础。他身强体健，热爱运动，这为他后来成为第一个攀登悬

---

① Budge 1925, 第30页图片说明及第119页。

崖临摹贝希斯敦铭文的人准备了良好的身体素质。他16岁就受东印度公司之雇来到印度，在印度学习了波斯语、阿拉伯语和印地语，而且把这些语言掌握得如此之好，以至于第二年（1828年）就成为孟买第一近卫步兵团的翻译和军需官。在这期间，他成为一名出色的波斯问题专家和学者，能大段地用波斯语背诵波斯诗文，后来他常常是波斯王室的嘉宾。

他在孟买第一近卫步兵团服役五年后，于1833年成为英国情报局的特工人员。1835年，他被派往波斯，任克尔曼沙赫省最高统治者的军事顾问。他于同年4月走马上任，尚在路途中，就听说阿勒万山（Alvand/Elvend）①的山坡上有楔形文字铭文，即所谓的阿勒万山铭文。他于是驱马前往，并临摹了铭文。他后来根据这个铭文首先解读了"大流士"和"薛西斯"两个人名，为他后来解读古波斯时期的铭文找到了一个良好的起点。

到达克尔曼沙赫以后，罗林森始闻贝希斯敦铭文和浮雕一事。贝希斯敦岩石大约位于克尔曼沙赫以西30公里处，这样的距离对罗林森这位出色的骑手来说并不遥远。1835年夏，罗林森屡次到贝希斯敦观察和临摹铭文。据说，他没有利用绳索和梯子等任何辅助工具，赤手攀上悬崖，成为两千多年来第一个攀登上贝希斯敦悬崖的人。那时，他对德国格罗特芬部分地成功解读了古波斯语楔形文字铭文的进展情况一无所知。1836年，罗林森才从英国常驻巴格达代表泰勒（C. Taylor）那里得知格罗特芬解读古波斯语铭文的情况。

他的临摹工作持续到1837年底，截至那时，他临摹了200行古波斯语铭文。1838年，他来到巴格达，在此停留一年，潜心研究他临摹的铭文。1839年，第一次阿富汗战争（1839—1842）爆发。1840年，罗林森被任命为驻坎大哈（Kandahar）的政治代表。1842年5月19日，他率领

---

① 《阿维斯陀》中的"Aurant"，希腊古典作家笔下的"Orontes"。

图2-19 贝希斯敦铭文,用巴比伦语、埃兰语和古波斯语三种语言和文字刻写,记载了大流士一世平定叛王的经过。浮雕位于铭文中间,形象高大者是大流士,脚踩高默达,面对其他叛王;众人之上是阿胡拉·玛兹达神

一支波斯骑兵部队参加了发生在坎大哈郊外的战斗,大获全胜。年底,他抵达印度,拒绝了埃伦巴勒勋爵提供的极具吸引力的职位,告别戎马生涯,回到巴格达,把精力全部投入楔形文字的解读和研究工作中。这时,英国常驻巴格达代表泰勒告老还乡。于是,自1843年起,罗林森接替泰勒任英国常驻巴格达代表,为他从事研究工作提供了极大方便。1844年,他拜一位帕西(Parsi)为师,开始学习阿维斯陀语和梵语,积极为解读工作做准备。

1844年夏初,他又开始临摹贝希斯敦铭文,终于完成古波斯语和埃兰语(罗林森当时称之为斯基泰[①]语)铭文的临摹工作。但由于巴比伦语铭文所在位置没有壁架,因而无法借助梯子攀登,所以他仍然没有能够临摹到巴比伦语铭文的主体部分。

1847年,他再次来到贝希斯敦,目的是临摹巴比伦语铭文的主体部

---

① Scythic,汉语译名有多种(如斯基泰、西徐亚等),不统一。

图2-20 遥望贝希斯敦铭文。帕斯卡·科斯特（Pascal Coste）的《波斯之旅，1839—1842》中的插图

分。这时，他只有一种选择，那就是站在地面利用望远镜来临摹铭文。后来，一个库尔德青年攀上悬崖，成功地为罗林森拓制了贝希斯敦铭文中的巴比伦语铭文的主体部分。①

为了给解读工作准备更多的知识储备，他于1847年又开始继续深入学习希伯来语和古叙利亚语。到1849年，他基本完成了《贝希斯敦铭文》的解读工作，返回伦敦。1850年初，他两次在英国皇家亚洲学会宣读解读巴比伦语（即阿卡德语）②铭文的结果。到那时为止，他解读了近80个专有名词和500多个单词，发现了150个符号的读音。他的全部解读结果于1852年发表。至此，阿卡德语已经被成功解读，但还有许多细节有待进一步研究。巴比伦语（阿卡德语）铭文在古波斯时期的三种语言文字对照的铭文中通常被称为"第三种"铭文。罗林森对解读阿卡德语做出了突出贡献，但他解读阿卡德语的详细过程今人已经无法得知。英国国家博物馆迄今仍收藏着罗林森当年的一些笔记，其中有他反复修正某些符号读音的记录，但只有更改读音的结果，没有说明更改的原因，后人想详细了解楔形文字解读的过程，已然不可能，这是莫大的遗憾。

让几千年前的古代文献开口说话，这是何等伟大的功绩！如果把罗林森的解读成果交给媒体去炒作，相信罗林森的名字会很快轰动世界，罗林森的朋友也有劝他这样做的，可罗林森没有这样做。罗林森不但没有宣扬自己，反而谦逊地说自己知道的毕竟很少。他的这种钩深索隐、锲而不舍，同时又淡泊名利、低调为人的做法至今仍可奉为楷模。

罗林森的贡献不仅体现在古代语言和文献的解读上，还体现在其他许多方面。

---

① 罗林森攀岩临摹铭文和库尔德青年拓制铭文的细节，见1852年发表在《考古学》杂志上的罗林森回忆录（*Archaeologia* 34 [1852]，第74页以下）。
② 罗林森解读的铭文不限于巴比伦语铭文，也包括亚述语铭文。

1851年，莱亚德告别西亚考古生涯，回国从政。于是，英国国家博物馆把西亚考古的主持任务委托给了罗林森。从此，这位文字解读家和外交官又担负起主持考古发掘的任务。1851年，在大作①付梓之前，他又匆匆返回巴格达，主持那里的考古工作。

在1851年至1855年的三年多时间里，罗林森主持发掘了十多个遗址。1855年2月，他辞掉驻巴格达总领事和发掘工作总负责人的职务，返回伦敦，潜心研究已经出土的文献。他每天都到博物馆从事研究。后来，他的行政职务越来越多，1859年至1860年出任英国驻波斯特命全权公使，1865年至1868年为下议院议员，1868年起被选为印度委员会成员，1876年起成为英国国家博物馆受托管理人之一。这些年间，他不时被政府部门作为印度、波斯和俄国问题专家请去出谋献策。这意味着他从事亚述学研究的时间越来越少，一些本来打算自己做的事情不得不交给助手去做。因此，他主持出版的、具有划时代意义的楔形文字文献集，即《西亚楔形文字铭文》(*The Cuneiform Inscriptions of Western Asia*) 具体工作的重担就落到了他的助手们的肩上。这套大型文献集于1861年开始，到1884年止，共出了五卷。第一、二卷由诺里斯（E. Norris）协助完成②，第三卷和第四卷由史密斯协助完成③，第五卷由平切斯（Th. G. Pinches）协助完成④。这套文集的出版为全世界的亚述学家提供了极其丰富的原始资料，极大地推动了亚述学的发展。

---

① *Memoir on the Babylonian and Assyrian Inscriptions*，载于 *Journal of the Asiatic Society* XIV (1951)。
② H. C. Rawlinson and E. Norris, *The Cuneiform Inscriptions of Western Asia I: A Selection from the Historical Inscriptions of Chaldaea, Assyria, and Babylonia*, London, 1861. 第二卷：*The Cuneiform Inscriptions of Western Asia II: A Selection from the Miscellaneous Inscriptions of Assyria*, London, 1866。
③ H. C. Rawlinson and G.Smith, *The Cuneiform Inscriptions of Western Asia III: A Selection from the Miscellaneous Inscriptions of As-syria*, London, 1870. 第四卷：*The Cuneiform Inscriptions of Western Asia IV: A Selection from the Miscellaneous Inscriptions of Assyria*, London, 1875。
④ H. C. Rawlinson and T. G. Pinches, *The Cuneiform Inscriptions of Western Asia V: A Selection from the Miscellaneous Inscriptions of Assyria and Babylonia*, London, 1880/1884。1909年再版。

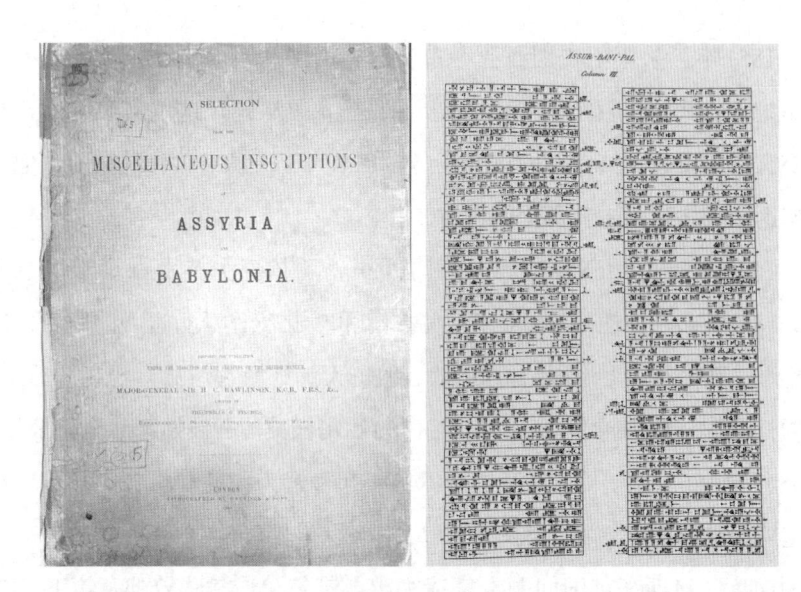

图2-21 2005年，在波恩大学东方学系许青格（H. Schützinger）教授的引荐下，德国波恩大学东方学系赠送北京大学外国语学院东语系东方文化教研室一批图书，共400余册，其中有1909年出版的《西亚楔形文字铭文》第五卷，此书为超大开本图书

归纳起来，罗林森的学术贡献主要体现在四个方面：1. 临摹铭文（主要是贝希斯敦铭文）；2. 解读文献（主要是古波斯语和阿卡德语楔形文字文献）；3. 主持考古发掘；4. 主持出版大型楔形文字文集。他的一生是从戎马到学术，而学术与政治生涯又紧密结合的一生，他的最大贡献是他的学术贡献，他也因此被尊为英国"亚述学之父"。

莱亚德——英国西亚考古学之父

法国人的成功发掘（发现大量文物）使英国人受到刺激，同时也激发一些英国的有志之士产生强烈的考古热情。莱亚德就是在这样的背景下脱颖而出的。

莱亚德的全名为奥斯丁·亨利·莱亚德（Austen Henry Layard，1817—1896），后人称其为考古学家、近东考古学的创建者、艺术史专家和外交家。

图 2-22　油画，1885 年的莱亚德

莱亚德于 1817 年 3 月 5 日出生于巴黎，在意大利的佛罗伦萨长大，并在那里学习绘画和意大利历史与艺术。后来学习法律，周游欧洲。他从小酷爱《一千零一夜》，对游历东方早就梦寐以求。自从读了英国人里奇"发掘"巴比伦和尼尼微的相关著述后，对东方更加好奇。再加上天生的好动和开拓性的性格，1839 年他便离开对他来说寂寞得不能容忍的伦敦，准备到锡兰去当律师。他取道陆地[①]，沿路访古。他于 1840 年 5 月到达伊

[①] 由于那时苏伊士运河还没有开通，所以英国人到东亚或南亚时，一般都横渡地中海，从叙利亚登陆，然后由幼发拉底河顺流而下至波斯湾。Pallis 1956，第 54 页。

拉克的摩苏尔，然后南下考察巴比伦遗址和泰西封遗址。1840年6月，他来到波斯考察贝希斯敦，然后又考察南部的苏萨等地。这期间，莱亚德已放弃去锡兰作律师的打算，准备投身于西亚考古发掘。他到处争取资金，但收获甚微。

1842年，巴格达的英国长驻代表派他到君士坦丁堡（伊斯坦布尔）完成一项外交使命，在途中，他结识了法国驻摩苏尔副领事博塔。博塔发掘豪尔萨巴德的收获，使他再也抑制不住自己的参与激情。于是，他屡次劝说英国驻土耳其大使坎宁（S. Canning），请求坎宁为他争取发掘执照。坎宁开始时有些犹豫，后来还是从土耳其政府那里为他获得发掘执照，并

图2-23　莱亚德水彩画，1843年在君士坦丁堡，身着波斯服

为莱亚德提供了一笔启动经费：60英镑①，这笔钱在当时来说也少得可怜。所以，莱亚德不得不继续在朋友中筹款，以补不足。由于是以坎宁的名义申请的发掘执照，所以，名义上是坎宁在进行发掘，而莱亚德是受雇于坎宁，为他执行考古任务的。

1845年10月，莱亚德从君士坦丁堡出发，骑马南下。当他到达摩苏尔时，发现法国的普拉斯正在发掘库雍基克。于是，他也停留在此，并开始在这里进行发掘。由于普拉斯已经得到该遗址的发掘权，所以他对莱亚德的行为极为不满，提出强烈抗议。统治摩苏尔地区的帕夏也对莱亚德进行了种种威胁和阻挠，但莱亚德不甘示弱，一边抗争，一边继续发掘。从此，英、法两国在库雍基克的发掘权和所有权问题上陷入长期纠纷。普莱斯在遗址的一侧发掘，莱亚德在另一侧发掘。不久，他们都放弃了这里的发掘。普拉斯放弃发掘是由于他认为这个遗址没有发掘前途，莱亚德放弃这里的发掘则是由于他急于发掘尼姆鲁德。两人都与真正的尼尼微遗址失之交臂。

尼姆鲁德的古代名称叫卡尔胡（Kalḫū），位于摩苏尔以南35公里处。莱亚德选择这个遗址大概有三个原因：一是由于他熟悉里奇对尼姆鲁德遗址的描述，认为这个遗址有发掘价值；二是他于1840年和1842年曾两次亲自考察过尼姆鲁德遗址，目睹了这个遗址的发掘潜力；三是他错误地认为，尼姆鲁德遗址就是古代的尼尼微②，最后一个原因可能是决定性的，他显然想做尼尼微的发现者。

1845年11月底，莱亚德到达尼姆鲁德，开始在那里发掘。他用非常低的价格雇用六个当地劳力，没过几天就发掘出大量浮雕石板、巨大的人面飞牛石雕和其他文物。起初，他的发掘受到当地官员的阻挠，他不得不

---

① Rogers 1915，第178页。后来，莱亚德用公款偿还了这笔钱。
② 里奇认为，尼姆鲁德就是色诺芬（Xenophon, Anabasis III, 4, §7）笔下的拉里撒（Larissa）。现在我们知道，尼姆鲁德就是《旧约·创世记》（10.11）中的迦拉（Kalah），史学界多译为卡拉赫。

图 2-24　尼姆鲁德的宁努尔塔神庙水彩画，描绘的是莱亚德当年的发掘现场

再次向坎宁求援，让坎宁为他从土耳其政府那里办理"特殊许可证"，以排除这些阻挠。坎宁很快满足了他的要求。这一事实表明，政治势力的参与是西亚早期考古史的一个显著特点。

1846 年 1 月，莱亚德又回到摩苏尔。这时，曾阻挠他发掘库雍基克的帕夏已经受到奥斯曼政府的惩罚。他抓住这个良机，又开始对库雍基克进行发掘。与此同时，为了验证他的"许可证"的效力，他还在附近的许多遗址进行了探测性发掘，都没有重要发现。

从 1846 年开始，他把主要精力用于发掘库雍基克，把主持尼姆鲁德发掘的任务交给了罗斯（J. Ross）。1847 年，莱亚德临时返回伦敦，把尼姆鲁德发掘的主持工作交给了拉萨姆，把库雍基克发掘的主持工作交给了拉萨姆的兄长（Ch. Rassam，英国驻摩苏尔副领事）。1849 年，莱亚德返回摩苏尔，集中发掘库雍基克，直到 1851 年。在这近三年的时间里，

图 2-25　莱亚德在尼尼微遗址发掘现场

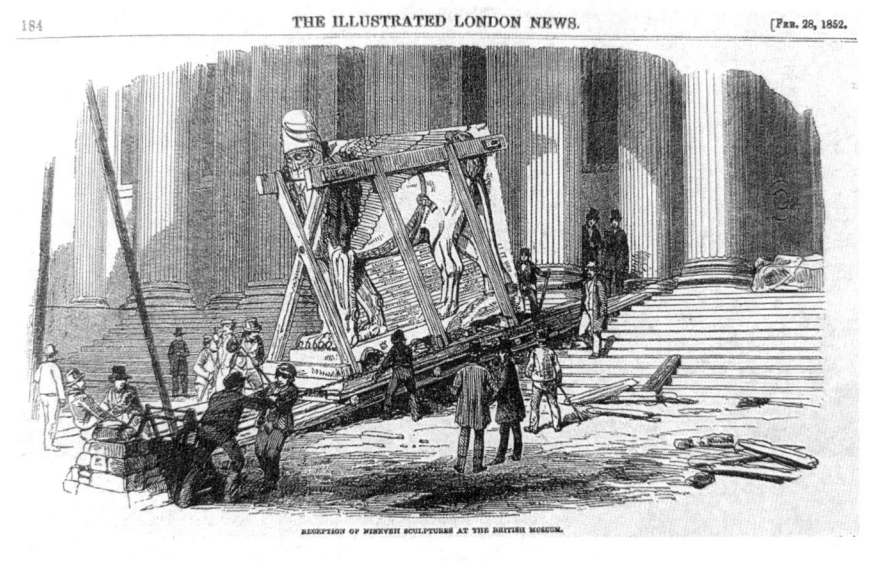

图 2-26　1852年的《伦敦画报》，英国国家博物馆接收尼姆鲁德出土的"人面飞狮"的场景

图 2-27　尼姆鲁德出土的"人面飞牛",出土时的搬运现场

图 2-28　把尼姆鲁德出土的"人面飞牛"运离遗址

莱亚德和拉萨姆在库雍基克清理了71个房间遗址、27座饰以巨大人面飞牛石雕或人面飞狮石雕的宫门，出土的浅浮雕石板加起来有9 880英尺之长。

这期间（1849—1851），他曾骑马遍访两河流域南部遗址，目的是为了查明哪个遗址还可能出土浮雕石板或类似人面飞牛石雕一样的大型艺术品。1850年，他来到巴比伦遗址，发掘了遗址北部的一部分，发现一些帕提亚（安息）时期的棺葬和其他遗存，但因没有达到预期目的而放弃了。随后，他又试掘了其他一些遗址，都没有发现他想要发现的东西。他甚至认为南部的土丘不值得发掘。这个错误结论让他与巴比伦遗址失之交臂。这种情况也曾经发生在当年的里奇身上，里奇曾站在古代基什（Kiš）的遗址丘上，却不知脚下就是古代名城，埋藏着取之不尽的宝藏。

莱亚德于1851年告别考古生涯，永远离开了亚述，返回伦敦，开始从政。后来他成为英国驻奥斯曼帝国大使（1877—1880），在任期间，作为考古学家，他对英国的西亚考古学的发展做出了特殊贡献。

莱亚德发现的文物都被英国国家博物馆收藏，尤其是他发现的亚述浮雕石板，迄今仍是英国国家博物馆亚述文物收藏的主体和亮点。

图2-29　亚述浮雕石板中的一个场面，尼姆鲁德出土，可见攻城器、弓箭手、云梯等

史密斯——第一个发现"洪水故事"的人

西亚考古发掘的再度兴起与《西亚楔形文字铭文》的出版有直接关联。1872年,史密斯(1840—1876)在为该书整理和临摹泥版时,发现一块泥版残片的内容讲的是"洪水故事",与《旧约》中的"挪亚方舟"如出一辙。这意味着《旧约》中的"洪水故事"不是希伯来人的原创,而是从更早的、使用楔形文字的人那里继承或化用来的,这也意味着希伯来文化与楔形文字代表的文化有密切联系,甚至在很多方面受到楔形文字文化的影响。这个结论后来得到很多证据证明,无疑是正确的,如今的我们对这样的结论早已习以为常,且深信不疑。但在当时,这样的结论却是颠覆性的,是对《圣经》权威性的挑战。谁敢想象在"挪亚方舟"之前还有"洪水故事"?谁若敢想象,那无异于疯了,而史密斯发现"洪水故事"的那一刻,真的激动得"疯了"。"他说:'在被遗忘两千多年后,我是第一个读它(指洪水传奇)的人。'他把泥版放在桌子上,兴奋地跳起来,在房间里跑来跑去,令在场的人惊讶不已的是,他开始脱衣服!"[1] 史密斯的这一发现立即引起罗林森和其他学者的高度重视。1872年12月3日,在罗林森的安排下,"英国《圣经》考古学会"邀请史密斯作了题为"迦勒底人的洪水故事"[2]的讲演,许多英国知名学者和社会名流都出席了史密斯的讲演会。史密斯的报告使出席会议的听众激动不已。于是,会议当即通过一项敦促英国政府和英国国家博物馆立即恢复发掘尼尼微

---

[1] Budge 1925,第153页。
[2] 第二年发表,即 G. Smith, "Chaldean Account of the Deluge", *Transactions of the Society of Biblical Archaeology* 2 (1873),第213—234页。

图 2-30　乔治·史密斯

图 2-31　史密斯发现的"洪水泥版",属于《吉尔伽美什史诗》第十一块泥版(抄本 J_1, K.3375),14.6厘米×13.3厘米,出土于"亚述巴尼拔图书馆",现存英国国家博物馆

遗址的决议。其具体目的之一是寻找"洪水泥版"的残缺部分。这样，停滞了近二十年的西亚考古在一种新动力的驱使下又重新开始了。

在五十天后的1873年1月23日，史密斯就肩负着英国国家博物馆的考古使命从伦敦出发了。之所以如此之快，是由于资金问题很快得到了解决，《每日电讯》的老板，一个既有经济头脑和经济实力，又热衷于文化事业的人，出资1 000畿尼（guineas），作为发掘费用，条件是史密斯必须亲自参加这次发掘，并为《每日电讯》提供游记和发掘报道。当时，史密斯是英国国家博物馆的雇员。英国国家博物馆愿意接受《每日电讯》的慷慨资助和合理的附加条件，准了史密斯半年假。

1873年3月2日，史密斯到达摩苏尔。那时，发掘执照还没有下来，所以摩苏尔的帕夏不允许史密斯对尼尼微进行发掘。他只好南下，来到巴比伦遗址和比尔斯-尼姆鲁德考察，顺路购买了一批契约泥版。4月2日，他回到摩苏尔，由于帕夏仍然不允许他发掘尼尼微，他只好去发掘英国的老根据地尼姆鲁德，发掘持续一个月之久。5月7日，他终于开始发掘尼尼微遗址。一周之后，奇迹就出现了：他果然发现了"洪水泥版"的残缺部分（含第一栏中的17行）。[1] 史密斯在泥版出土后就能当场读懂泥版的大致内容，这不论在当时还是现在都是非常难能可贵的。史密斯发现"洪水泥版"的奇迹和他聪明绝顶的才智一直被传为美谈。他于6月初结束发掘，7月19日返回伦敦。不过，他回到伦敦时两手空空，因为他携带的泥版在土耳其的亚历山大勒塔（伊斯肯德伦）被扣留，后经英国政府交涉，泥版才被放行，最终成为英国国家博物馆的又一笔宝贵财产。

史密斯的发掘执照是《每日电讯》申请来的，有效期只有一年。为了充分利用这个执照，英国国家博物馆决定再次派史密斯前往西亚，继续发掘尼尼微遗址。这一次，英国国家博物馆自己出资，《每日电讯》把

---

[1] Budge 1925, 第114页。

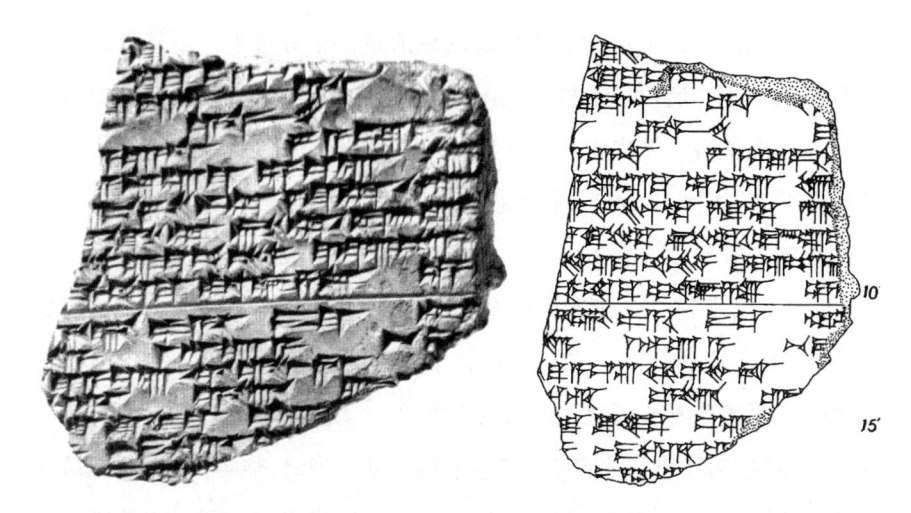

图 2-32　史密斯发现的洪水泥版不仅限于《吉尔伽美什史诗》第十一块泥版。这块泥版残片是由乔治·史密斯于1873年在尼尼微发现的，内容也与洪水有关，但不属于《吉尔伽美什史诗》，而属于另外一篇叫《阿特拉哈西斯》（Atrahasīs）的文学作品。这块泥版（残片）是公元前7世纪新亚述时期的抄本。实物现存英国国家博物馆

执照转让给了英国国家博物馆，并愿意无条件地提供一切可能的帮助。于是，史密斯于1873年11月25日又踏上征程，次年1月1日到达摩苏尔。他立即投入工作，集中发掘尼尼微遗址，结果又发现了几百块泥版（包括残片）。3月，执照到期，史密斯被迫停止发掘。摩苏尔的帕夏以君士坦丁堡奥斯曼帝国博物馆的名义要求他留下所有泥版的副本。秉性天真、诚实、不懂社交、不会讨价还价的史密斯乖乖地交出了许多泥版。帕夏的要求本来不算过分，但事实证明，他是醉翁之意不在酒，他根本不是为自己的国家争取文物，而是在敲诈勒索，想把一些泥版从史密斯手中拿来，再让他出钱买回去。但是史密斯没有买。结果，这些泥版下落不明，奥斯曼帝国博物馆一块也没有得到。这些泥版的流失给亚述学造成了不可弥补的损失。

史密斯两次前往西亚发掘尼尼微遗址，不但从地下挖掘出大量泥版，还从不同人手中购买了大批泥版，极大地丰富了古代文明研究的原始材

第二章　消逝文明的早期探索者　　079

料，同时也说明，尼尼微等遗址的发掘前景仍十分可观。罗林森充分认识到了这一点，所以，他敦促英国国家博物馆再次向土耳其政府申请发掘执照，准备再次派史密斯前往发掘。这份执照姗姗来迟，直到1876年才申请下来。因此，发掘工作不得不暂停了一年多。

史密斯在这一年多的待命出征的时间里，白天在英国国家博物馆为《西亚楔形文字铭文》第四卷临摹泥版，工作之余著书立说。在他的努力下，《西亚楔形文字铭文》第四卷于1875年问世。同年，他还出版了自著的《亚述发现》[1]、《迦勒底人的创世记》[2]、《亚述名年正典》[3]以及《亚述》[4]。这些著述也是史密斯传奇色彩的见证。当时，他年仅35岁，正是风华正茂之时，能力和智慧超类绝伦。然而，谁也没有想到，这是他生命中最后的冲刺，厄运和死神已近在咫尺。

史密斯发掘心切，在发掘执照还没有批下来之前，就迫不及待地踏上了征程。1875年10月，他到达君士坦丁堡。经过种种努力，发掘执照终于在1876年3月批了下来。

他在去君士坦丁堡的旅途中，结识了一位名叫埃尼伯格（Eneberg）的亚述学家，一个芬兰人，此时受瑞典政府派遣，正前往巴比伦和尼尼微遗址进行考察。史密斯与埃尼伯格惺惺相惜，志同道合，很快结为莫逆之交。埃尼伯格也在君士坦丁堡停留下来，陪伴史密斯等待发掘执照。执照批下来之后，他二人便结伴上路，朝阿勒颇进发。当时，那里不但正流行着霍乱，还进行着部落战争。奥斯曼政府有令，此地因战争和流行病成为禁地，非公莫入。但是，他二人无视禁令，决意前行。此时，他二人既无法找到可以与之为伍的商队，也无法找到愿意陪他们一同前往的

---

[1] *Assyrian Discoveries*, London, 1875.
[2] *Chaldean Account of Genesis*, London, 1876.
[3] *The Assyrian Eponym Canon*, London, 1875.
[4] *Assyria*, London, 1875.

个人，只能相互结伴上路。①在路途中，他们还考察了一些遗址，包括卡尔赫米什。这两个人都是满怀激情的学者，都极易激动和冲动，又不习惯应付艰难的旅途生活，再加上语言障碍（史密斯的阿拉伯语水平有限，而埃尼伯格的阿拉伯语是《古兰经》阿拉伯语，几乎无济于事），两人在路途中历尽了艰辛。不久，埃尼伯格就病倒了。两人身边都没有带药，史密斯无能为力，只能看着他的同伴病情一天天恶化，最后眼睁睁地看着他死去。脆弱的史密斯逃过了这一劫。

史密斯于1876年7月到达摩苏尔。他本想继续发掘尼尼微遗址，可是，由于那里正在发生地区间的居民冲突，再加之天气炎热，他根本雇不到民工。这样，他的发掘计划就彻底搁浅了。十分失望的他不得不空手而归。顶着烈日，冒着酷暑，忍着饥饿，艰难跋涉，快到阿勒颇时，他得了痢疾，终于病倒。后来他被送到英国驻阿勒颇领事馆，但为时已晚，抢救无效，溘然辞世，年仅36岁。

史密斯的逝世是亚述学的重大损失，也是19世纪人文科学领域不可弥补的损失。在短暂的一生中，史密斯的学术贡献是巨大的，主要体现在以下几个方面：1. 对英国国家博物馆收藏的泥版进行修复和分类；2. 协助罗林森出版《西亚楔形文字铭文》；3. 亲赴尼尼微等遗址实地发掘；4. 为英国国家博物馆获得大量泥版，有的通过发掘获得，有的通过购买获得，英国国家博物馆收藏的、由史密斯获得的泥版都有特殊收藏号，"Sm"代表"Smith"，"D. T."代表"The Daily Telegraph"（《每日电讯》），带这种馆藏号的泥版不计其数；5. 发表多篇论文，出版多部专著。史密斯最令人瞩目的成就是发现"洪水故事"和解读《吉尔伽美什史诗》。1875年之前，他已发现并解读了十二块泥版的《吉尔伽美什史诗》中的第五、第六、第九、

---

① 不与商队结伴而行是非常危险的，当年塔韦尼埃曾与一支由600头骆驼组成的商队结伴同行，而埃尔德雷德曾与一支由4 000头骆驼组成的商队一起从阿勒颇来到巴格达，仅这段路一般就需要走25到30天。Lloyd 1955，第35页。

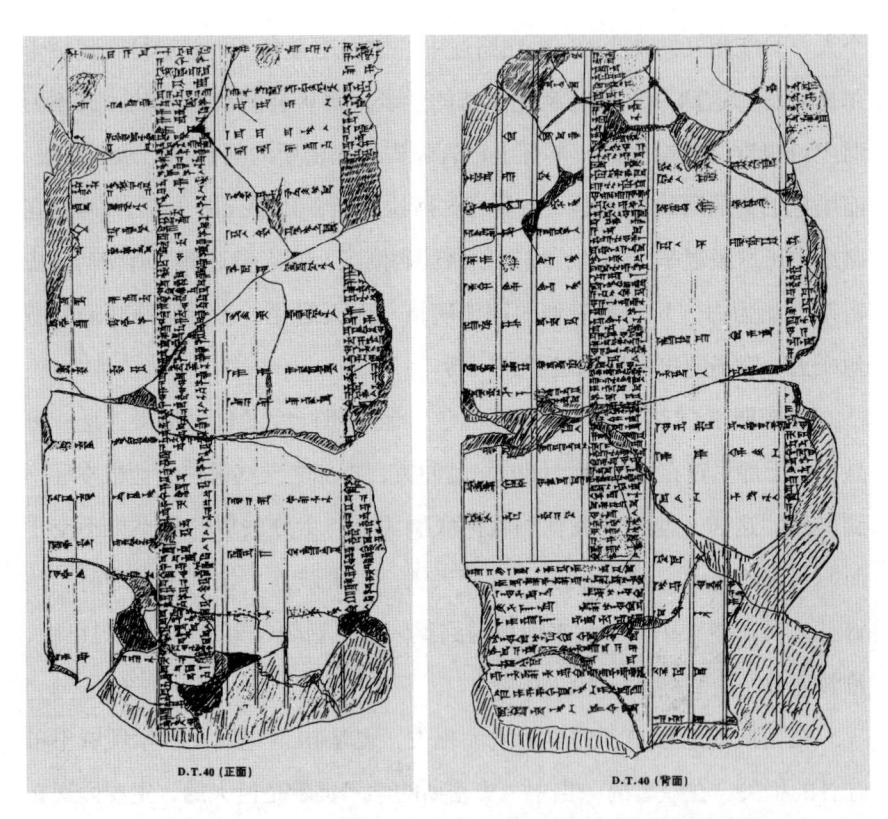

图2-33　史密斯获得的泥版，藏于英国国家博物馆，馆藏号D.T.40，新亚述时期的辞书文献，属于四栏类型，第一栏为苏美尔语发音，第二栏为苏美尔表意字（被解释的字），第三栏为阿卡德语化的苏美尔语说文，第四栏为阿卡德语字义。抄本首见CT 11（1900），图版29。这里展示的抄本是本书作者于1998年在英国国家博物馆依照泥版摹写的

第十、第十一以及第十二块泥版的部分抄本（残片），奠定了正确解读《吉尔伽美什史诗》的基础。史密斯用勤奋和天赋书写了短暂而精彩的人生。

德·萨尔泽克——第一个发掘苏美尔城市遗址的人

按照时间顺序，再考虑政治、文化、宗教、语言等因素，古代美索

不达米亚文明大体上可以分为苏美尔文明（包括古阿卡德王朝或阿卡德帝国）、巴比伦文明、亚述文明以及古波斯-希腊化时期的巴比伦文明。巴比伦文明又可分为三期，即古巴比伦时期、中巴比伦时期和新巴比伦时期。同样，亚述文明可分为古亚述时期、中亚述时期和新亚述时期。古代美索不达米亚文明从产生到消亡，上下三千余年，错综复杂，绝非用几个带有地域色彩的名词就可以一言蔽之，但搭建一个时间框架，找到几个关键点，就可以方便叙述。

具有一定规模的早期考古发掘都发生在古代的亚述地区，基本都集中在现代城市摩苏尔附近的几个亚述古都，出土的文物基本都属于新亚述时期。这也是当年把研究美索不达米亚历史、文化、语言、文字……的学问叫作"亚述学"的原因。前面介绍了几位考古学家，他们发掘的遗址都曾经是亚述古都，顾名思义，"亚述古都"在地域上都属于古代亚述地区，都在现代都市巴格达以北，都没有涉及巴比伦尼亚地区。只有里奇对巴比伦的短暂发掘涉及巴比伦尼亚地区，但他的发掘不具规模，算不上正规考古，充其量是大规模西亚考古的前奏。作为城市的巴比伦和亚述都是由操阿卡德语（属于东塞姆语，宗教研究领域多译作闪语）的巴比伦人和亚述人建立的，是巴比伦文明和亚述文明的代表，而巴比伦文明和亚述文明是整个美索不达米亚文明的中段和末段。在亚述文明的典型遗址被彻底发掘、出土文物（包括楔形文字泥版）得到充分研究、亚述学已经建立（1857年）的19世纪70年代，更早的苏美尔文明尚在地下深处静静地等待重见光明之日，"苏美尔"在阿卡德语文献中若隐若现，尚未得到确认。1877年，苏美尔文明终于迎来一位法国官员，这位官员很快成为苏美尔文明的再现者，也因此成为著名的考古学家。这个人就是德·萨尔泽克（M. de Sarzec，1837—1901）。

1877年，德·萨尔泽克被法国政府任命为巴士拉副领事。巴士拉是伊拉克南部大城市，位于底格里斯河和幼发拉底河交汇后形成的阿拉伯河西岸，在古代属于巴比伦尼亚地区。德·萨尔泽克一上任，就利用职务之便开始调查巴比伦尼亚的古代遗址，评估哪个遗址值得发掘。在当地人的指引下，他来到铁罗（Tello）[①]，那里有许多石雕半埋半露，一看就是古代重镇、考古宝地。他决定在此发掘，并立即动手，把奥斯曼政府的"许可"与"不可"完全置于脑后。[②]他的第一季发掘工作持续了三个月（3月到6月），发现了大量文物。1878年，他又在更大的一个遗址丘发掘了五个月（2月到6月），然后满载而归，把出土文物转卖给了卢浮宫博物馆。[③]后来，他发现的文物在巴黎展出，引起极大轰动。此时，他求助于政府，通过法国外交部从奥斯曼政府获得发掘执照，法国政府也为他拨了专款。于是，他又回到铁罗，并从1880年1月起，大张旗鼓地对这一遗址进行大规模发掘。他在当年和第二年的两季发掘中发现了一批拉迦什统治者古地亚（Gudea）的雕像和其他文物。从1881年到1891年的十年间，他对铁罗的17座遗址丘进行了发掘。出土的文物几乎囊括了迄今所知的所有出土于拉迦什的重要文物，如安纳吐姆鹫碑、古地亚坐像和大量泥版文献。这些文物如今仍是卢浮宫博物馆古代西亚文物收藏的重要组成部分。德·萨尔泽克的发掘不仅在法国，也在整个欧洲引起了轰动，其原因不仅在于出土文物的数量和质量，还在于这处遗址出土的文物与此前在任何遗址发现的文物都不同，除艺术品的风格不同外，更重要的是泥版文献和石刻铭文使用的不是阿卡德语，而是与阿卡德语完全不同的另一种语言。当时的学术界对这种语言的名称存在很大争议，有多种不同建议，其中包括奥佩尔（Jules Oppert，1825—1905）的建议，奥佩尔称之为"苏美尔语"，这个名称沿用至今。

---

① 古代的吉尔苏（Girsu）。铁罗占地100多公顷，遗址丘高出地面15米。
② 英国考古学家劳埃德说："他没有申请许可主要是怕惊动拉萨姆。另外，当时的巴比伦尼亚南部正处于独立状态。" Lloyd 1955，第192页。
③ Budge 1925，第198页。

必须指出，德·萨尔泽克没有刻意寻找苏美尔人，那时，人们尚不知人类历史上有过苏美尔人和苏美尔文明，只知道在阿卡德语文献中可以看到一种与阿卡德语不同的语言，而对如何称呼这种语言尚不能确定，更不知这种语言的任何细节。希伯来人的《旧约》中没有提到苏美尔或苏美尔人，西方的古代经典也没有提到。由此可知，苏美尔或苏美尔人至少在希罗多德时代（公元前5世纪）已在绝大多数人的记忆中消失，仅在巴比伦或乌鲁克这样历史悠久的城市中，在仍在传承楔形文字书写传统的极其有限的书吏中，也许苏美尔仍是个活着的概念。有证据表明，公元前4世纪的贝洛索斯仍在参考《苏美尔王表》撰写他的《巴比伦尼亚志》，而在乌鲁克，苏美尔文学一直传承到塞琉古时期。

德·萨尔泽克对铁罗的发掘，无意中创造了一个新时代，一个揭示苏美尔文明的时代。此前的发掘都集中在亚述地区，从德·萨尔泽克起，大规模发掘中心转到了巴比伦尼亚地区。亚述地区的遗址代表新亚述时期的文明，而巴比伦尼亚的遗址体现的文明有较晚的新巴比伦时期的文明，

图2-34　德·萨尔泽克与考古队成员在发掘现场

图 2-35　铁罗发掘现场

但更多的遗址都是苏美尔文明的遗存，而且建城时期都比较早，坐落在这里的古老城市有埃利都、乌鲁克、乌尔、拉迦什、舒鲁帕克、基什等等，这些遗址的发掘工作开始得相对较晚，因此不在本章的讨论之内。

德·萨尔泽克的发掘还称不上科学发掘，而是像博塔和莱亚德一样，都属于挖宝式发掘，特点是不注重地层关系，以获得实物为最终目的。但由于出土的文物非同小可，不但德·萨尔泽克因此成为西亚考古史上最著名的考古学家之一，法国的东方学家也因此再次在国际学术界扮演重要角色。有人称赞铁罗的发掘不但"开创了法国考古研究的新时代"[1]，而且"揭开了人类历史的一个新时代"[2]。

这是首次大批出土苏美尔语文献和苏美尔人创造的艺术品，使苏美尔人建立的、早已从历史舞台上和人们的记忆中消失了的王朝——拉迦

---

[1] Rogers 1915，第 296 页。
[2] 同上，第 297 页。

什（Lagaš）第一王朝（约公元前2520—前2350）和拉迦什第二王朝（约公元前2200—前2100）又活生生地再现于人们面前。从这个意义上讲，德·萨尔泽克的发掘是划时代的。有了铁罗出土的材料才有了后来的苏美尔学。法国考古学家对铁罗的发掘断断续续一直持续到1933年，1903年至1909年由克罗斯（G. Cros）主持，1929年至1931年由德·热努亚克（H. de Genouillac）主持，1931年至1933年由帕罗（A. Parrot）主持。法国的卢浮宫博物馆散发着浓重的铁罗文物气息。

铁罗与拉迦什是两个独立的遗址，但不论在古代还是在当今，这两个名称都不能分割。拉迦什既是一个地点，也是一个包括几个不同区域的

图2-36 古地亚坐像，玄武岩，膝盖上放着神庙建筑图、量尺和笔。藏于卢浮宫博物馆

图2-37 《古地亚圆筒铭文A》，高61厘米，直径32厘米，厚2.9厘米。目前已知最长的苏美尔文学作品，约成文于公元前2250年。铁罗出土，藏于卢浮宫博物馆

第二章 消逝文明的早期探索者　｜　087

地区名称。拉迦什和吉尔苏是构成（大）拉迦什的主要部分。大拉迦什先以拉迦什为都，在乌鲁卡基那（Urukagina）时期（约公元前2350年），国土遭到他国侵蚀，拉迦什的版图缩减，这时吉尔苏成为国都。国王的名称也由"拉迦什王"变为"吉尔苏王"。但在接下来的阿卡德时期的王室铭文中，拉迦什的统治者都被称为"拉迦什王"。拉迦什第二王朝（约公元前2300—前2200）的国王也都自称"拉迦什王"，而他们的铭文都出土于吉尔苏。可见，在古代文献中，除一个短暂的历史时期（乌鲁卡基那统治时期）外，拉迦什始终是拉迦什国的标准名称。在如今的学术界亦如此，拉迦什通常指包括很多地区的拉迦什国，譬如，德国亚述学家法肯斯坦（A. Falkenstein）称其专著为《拉迦什古地亚语语法》[①]，而他研究的古地亚铭文都出土于吉尔苏。

从考古方面看，拉迦什要比吉尔苏逊色得多。1887年，德国考古学家科尔德威代表皇家普鲁士博物馆对铁罗附近的一个遗址丘进行了发掘，后来得到证实，这个遗址丘就是古代的拉迦什，阿拉伯人称之为阿尔-希巴（Al-Hibā），位于铁罗东南，距之约25公里。科尔德威就是后来率领德国考古队发掘巴比伦遗址（1899—1914）的那位著名考古学家，巴比伦使他一举成名。但此时发掘阿尔-希巴的科尔德威却没么幸运。从占地面积看，阿尔-希巴属于特大型遗址，占地约700公顷，这里埋藏着丰富的宝藏。但科尔德威遇到的主要是墓葬，所以他竟把阿尔-希巴误认为墓地。半个多世纪后，有人又对阿尔-希巴进行了考古调查（1953年和1965年）。从1968年开始，美国考古学家汉森（D. P. Hansen）为纽约大学艺术系和大都会艺术博物馆主持了对阿尔-希巴的发掘，发掘工作先后进行了五次：第一次是1968—1969年，第二次是1970—1971年，第三次是1972—1973年，第四次是1975—1976年[②]，最后一次是1990年，前四

---

① Falkenstein 1949。
② Biggs 1976; Crawford 1977。

次由克劳福德（V. Crawford）主持，最后一次由汉森主持。发掘地点主要集中在两个神庙区，一个是巴迦拉（Bagara）的宁吉尔苏（Ningirsu）神庙，另一个是伊布迦尔（Ibgal）的伊楠娜（Inanna）神庙。虽然拉迦什出土的文物也不少，但与吉尔苏出土的文物相比，可谓只有一星半点。但拉迦什的发掘在时间上比较晚，在方法上更科学，注重建筑年代和地层关系，学术贡献还是很大的。

第三章
消逝文明的再现

"土丘"（遗址丘）

就物质形态而言，可以说苏美尔文明是由泥塑造的。这个文明的中心地带位于冲积平原，缺石少木，却不缺泥，而这最不缺的东西还得到了充分利用，其价值得到了充分发挥。于是我们看到，苏美尔人的物质生活高度依赖泥，方方面面都离不开泥。提到苏美尔文明，人们马上会联想到泥版，进而联想到书写在泥版上的楔形文字。最早的容器是用泥制造的陶器，最早的造型艺术品是泥人或泥兽等，最早的"计算器"是用泥捏制的陶筹，最早用印章印封的东西是保存陶筹的泥球或封泥，最早的书写材料是泥版，最早的建筑材料是土坯，土坯焙烤之后成为烧砖——宝贵的建筑材料——最后掩埋苏美尔城市的还是泥。苏美尔人的城市发展过程往往就是逐渐被生活垃圾和不断翻新的土坯房旧土掩埋的过程。这种持续不断、反反复复的以新压旧的结果是，居址地表不断升高，逐渐形成"土丘"。作为生活居址的"土丘"升高到一定程度就会由于不再适合居住而被放弃，或由于战争而被迫放弃，其结果都是新的遗址丘的产生。

图 3-1　波尔希帕（现在的比尔斯-尼姆鲁德）

到过两河流域的欧洲近代旅游家、古物学家以及欧洲近代的西亚考古学家都亲眼看到，举目皆是遗址丘。

在西文的相关著作中常可见到 Tell Hassuna、Tell Abū Ṣalābīkh、Tepe Gawra、Sultantepe 或 Çatal Hüyük 这样的古代遗址名称。其中的"Tell"、"Tepe"和"Hüyük"都是"丘"的意思，"Tell（或 Tall，复数 Tellūl，或 Tullūl）"是阿拉伯语，"Tepe"是土耳其语，但很多伊朗境内的遗址名称也使用这个词，"Hüyük（或 Höyük）"也是土耳其语。

图 3-2　巴比伦遗址丘版画，1679 年根据陪同德拉·瓦莱游历"东方"的画家尤卡辛（Johannes Eucassin）的画作雕刻

第三章　消逝文明的再现　　091

由于缺少石头和建筑木材，泥在很大程度上扮演了石头和木材的角色，成为两河流域的主要建筑材料。用泥盖的房屋寿命有限，即使在没有战争或其他意外破坏的情况下也要代代翻修，把旧房铲平，在原来的位置上再造新居。如果遇有战争或自然灾害，这种"新陈代谢"的周期就更短了。每翻修一次，地面就要增高一些，有时坍塌层会达到原来房屋高度的三分之一。水涨船高，人们一代又一代、一个世纪又一个世纪地居住在同一个地方，住地也就逐渐拔地而起，最后竟然形成了"丘"。这样的生活"丘"，其平面可能是圆形，也可能是椭圆形或方形，但不论什么形状，它们都有一个共同特点，那就是下大上小，向上收缩。这就与人口的增长形成了矛盾：一方面居住面积在逐渐缩小，而另一方面人口却在不断增长。解决这个矛盾的方法有以下几种：或完全放弃旧地，在其他地方重新开辟新的居住点；或走下来，在"丘"的下面重新开辟新的居住地；或部分居民仍然居住在"丘"上，部分移居"丘"下，形成"老城"和"新城"两个部分。

图3-3 尼尼微遗址

河流改道是迫使人们完全放弃旧家园的重要原因之一。在靠人工灌溉才能维持农业生产的美索不达米亚南部地区，河水如同生命，是不可或缺的。所以，河流一旦改道，人们就不得不放弃家园，人随水走，逐水而居。在不存在河流改道和人口增长问题的情况下，人们也不能在一座生活"丘"上永久居住下去，因为这座生活"丘"终有一天会小得或高得无法居住。

1840年，英国年轻律师、后来成为英国西亚考古先驱和外交家的莱亚德来到两河北部，准备在现代城市摩苏尔以西的一个叫阿法尔（Tell Afar）的小镇过夜。"傍晚，我爬上山丘，来到城堡……从墙上放眼望去，我可以看到一片一望无边的平原缓缓向幼发拉底河西岸延伸过去，最后消失在朦胧中。古代村镇遗址四面八方平地而起，太阳落山时，我数了数遗址丘，多达一百多座，它们长长的黑影在平原上交错。它们是亚述文明和亚述繁荣昌盛的见证。"[1]莱亚德所见到的遗址数目可能没有夸张，但他把见到的所有遗址都说成是亚述繁荣昌盛的见证却不尽正确，因为许多遗址的历史可追溯到公元前5000年。斯特拉波在他的《地理学》中也谈到"在这整个地区到处都可以看到山丘"[2]。从20世纪30年代末开始，伊拉克考古工作人员对伊拉克境内的遗址进行了普查，到1949年为止，已经在地图上标明了5 000个遗址（大多数是高出地面的土丘）的准确位置。[3]

遗址丘是古老文明的见证，每座遗址丘里都有一部波澜壮阔的历史。如果把整个美索不达米亚比作一座历史博物馆，那么，每座遗址丘都是其中的一间展厅。考古学家们何尝不想把每座遗址丘都打开，让黑暗中的宝藏重见光明，但由于种种原因，他们还远没有做到这一步。然而，在过去

---

[1] Lloyd 1963，第15页。
[2] 转引自 Brackman 1981，第11页。
[3] Lloyd 1963，第99页。

图3-4 阿法尔,当年的莱亚德就是站在这里极目远望而见到百余座遗址丘的

图3-5 伊拉克北部城市埃尔比尔(Erbil),现代城市建筑在古代遗址上,迄今至少有八千年的居住历史

的一百八十多年里(从1843年博塔发掘豪尔萨巴德算起),各国考古学家发掘的遗址不可胜数,重见天日的文物更是琳琅满目,不计其数。下面,择几处有代表性的遗址,略加近观。

埃利都——最早的苏美尔城市

在苏美尔人眼里，埃利都（Eridu）是世界上最早的城市，是"洪水"前就已经存在的五座城市之一，且是五城之首。《苏美尔王表》开篇便道："当王权自天而降时，王权在埃利都。"[1] 在《苏美尔洪水故事》中，埃利都也名列洪水前的五城之首。[2] 埃利都的考古发掘表明，这里是苏美尔人最早的定居地之一，最早的建筑层可追溯到公元前4500年前后。可见，苏美尔人把埃利都视为最早的城市，在一定程度上也得到了现代考古学的支持。

埃利都是古代名称，就其读音而言，Eridu(g)似乎可以解释为"好城"（eri"城" + dùg"好"）。但埃利都的书写形式并不是"城+好"，而是表意字NUN（ ，或写作 ），这个字的基本含义是"王、王子、高贵"。此字是象形字，但所象何物不详。至于为什么把这个字作为"埃利都"的书写符号，这可能与埃利都的守护神恩基（Enki）有关，恩基常被称为NUN[3]，用这个字作为埃利都的书写形式就是以神代城的方式，与用尼普尔的守护神恩利尔书写尼普尔（EN.LÍL^{ki}）是同一种方式。阿拉伯人把埃利都遗址叫作阿布-沙赫兰（Abu Shahrein）。埃利都距邻邦乌尔20多公里，位于乌尔西南。现在的遗址距海岸线约250公里，而在公元前3000年前后，埃利都比现在更靠近海岸线。[4] 从1854年开始

---

[1] nam-lugal an-ta e$_{11}$-da-a-ba/Eridu^{ki} nam-lugal-la，Jacobsen 1939a，第70页。
[2] Kramer 1983，第118页第ii栏第93行；ETCSL (http://etcsl.orinst.ox.ac.uk/) 1.7.4: *The Flood Story*, Seg. B. 11。
[3] Green 1975，第78页。
[4] Pallis 1956，第2页。

就有人到这里做考古调查，1946年至1949年，在伊拉克文物总局的领导下，英国考古学家劳埃德（Seton Lloyd）和伊拉克考古学家萨法尔（Fuad Safar）主持了这里的发掘，但直到1981年才正式发表考古结果。① 考古学家把埃利都神庙遗址分为18个考古层，XVIII—VI层属于欧贝德时期，V—I层属于乌鲁克时期，最早的居住层属于"埃利都"时期，绝对年代在公元前5000年前后，而最晚的居住层属于古波斯时期。② 埃利都是阿拉伯半岛东部地区与两河流域南部联系的枢纽，在乌鲁克时期，埃利都已经不是以居住为主的城市，而成为区域性的宗教中心。③ 埃利都的宗教、文化与后来的乌鲁克文化一脉相承，中间没有任何"干扰因素"④。埃

图3-6 埃利都，不同时期的神庙建筑，1946年至1949年的发掘现场。最上面是乌尔娜玛（Urnamma，约公元前2100年）建造的塔庙，下面依次是不同时期的16个神庙遗址，最早的属于欧贝德时期，约公元前4000年，下面还有更早的居住层

---

① Safar 1981。
② 同上，第31页。
③ Green 1975，第47、48页。
④ Oates 1960，第46页。

图3-7 埃利都遗址丘

利都人属于两河流域南部最早的居民。[①]他们来自何方？对这个问题，考古学和文献都不能提供确凿证据。

埃利都位于美索不达米亚冲积平原的南部，是苏美尔智慧神和地下甜水神恩基（阿卡德语：埃阿）的崇拜地，恩基神庙"埃阿布祖"（é-abzu）就建在这里。一个半世纪以前，当考古学家来到埃利都时，他们看到的是在荒芜的平原上静默了两千余年的土丘，但考古学家知道这意味着什么。

1854年，当法国考古学家普拉斯忙于发掘美索不达米亚北部亚述古都杜尔-沙鲁金，英国考古学家拉萨姆和洛夫特斯（W. K. Loftus）忙于发掘卡尔胡和尼尼微时，英国的泰勒受英国国家博物馆委托来到美索不达米亚南部进行探察和发掘。但泰勒与埃利都无缘，土丘中的重要文物都

---

① Oates 1960，第47页。

躲过了他的发掘工具。

在后来的半个多世纪里,埃利都又成为无人问津之地。直到第一次世界大战之后,英国国家博物馆才又卷土重来:1918年,汤普森(R. C. Thompson)受英国国家博物馆的委托来到这里主持发掘;次年,霍尔(H. R. Hall)又受英国国家博物馆委托来到这里主持发掘。每人分别只主持了一季发掘工作,这里的考古发掘就再次停止。第二次世界大战以后,伊拉克的考古队伍很快在英国人的扶持下建立起来。这样,在英国考古学家的直接参与和指导下,伊拉克考古学家于1946年到1949年间对埃利都进行了较大规模的发掘。

伊拉克考古学家在埃利都发掘的最大收获是建立了著名的"埃利都神庙序列":18个建筑层和一个30厘米厚的垃圾层(XIX)。在第VII层的地面和第VI层的室内平台周围,考古学家发现了大量鱼骨。他们认为,这些鱼是人们为恩基进献的牺牲。

20世纪60年代初,英国考古学家奥茨(J. Oates)根据埃利都神庙序列和埃利都出土的陶器,确立了欧贝德文化与埃利都文化之间的关系[①]:

地层

XIX—XV = "埃利都"时期

XIV—XII = "哈吉-穆罕默德"时期

XII—VIII = "欧贝德"时期

VII—VI = "欧贝德"晚期

奥茨认为,这四个阶段一脉相承,延续性非常明显,如果"欧贝德"晚期属于苏美尔文化,那么,没有任何理由把此前的"欧贝德"时期视

[①] Oates 1960,第33页。

图 3-8 埃利都塔庙复原图

为非苏美尔文化。因此,埃利都的神庙序列为苏美尔人的来源问题提供了有力的考古证据:苏美尔人是两河流域的原始居民,埃利都文化是苏美尔人创造的。"目前,据我们所知,埃利都文化不是从任何一种其他文化衍生出来的。"①奥茨所说的"目前"指20世纪60年代。如今,又过了一个甲子,情况还是一如从前。

埃利都遗址的最高点是埃利都塔庙所处的位置。这座塔庙由乌尔第三王朝的创始人乌尔娜玛(公元前2112—前2095在位)始建,至其孙辈、乌尔第三王朝的第三代王阿马尔辛(公元前2046—前2038在位)统治时期才竣工。塔庙的核心部分使用的建筑材料是土坯,外层使用的是烧砖,用沥青作灰泥把它们连接在一起。塔庙的地基为长61.8米、宽46.5米的长方形。20世纪40年代发掘时,残存塔庙的高度为9.5米,原始高度不详。在这里,考古学家还发现了一些上面印有拉尔萨(Larsa)国王努尔-阿达得(Nur-Adad,公元前1895—前1850在位)建筑铭文的铭文砖,说

---

① Oates 1960,第47页。从第44页开始,奥茨从多方面(包括神庙制式、建筑装饰、神庙制式和装饰等反映的宗教仪式、陶器等)论述了埃利都文化与乌鲁克文化之间的延续性。

图3-9 埃利都出土的小泥塑，头部像某种爬行动物，约公元前4000年，高14厘米，藏于巴格达博物馆

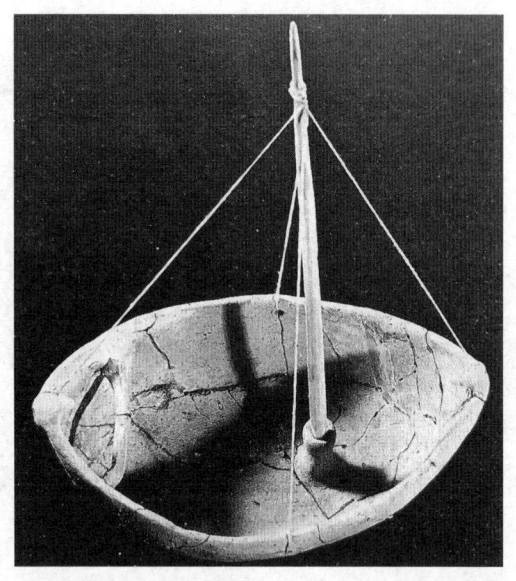

图3-10 埃利都帆船模型，出土于欧贝德时期的墓葬，公元前4000年，长26厘米，说明那时已经有"海员"

明他对这座塔庙进行过修复。考古学家还在这里发现了一块带有新巴比伦王尼布甲尼撒二世名字的铭文砖，可能这位把犹太人俘往巴比伦的征服者也曾经修复过埃利都塔庙。①

在苏美尔文学中，埃利都不仅是最古老的城市，也是苏美尔世界最南边的城市。②不仅如此，埃利都在苏美尔人眼中，还是苏美尔文明的源头。本书第一章中讲到贝洛索斯的《巴比伦尼亚志》，其中第一卷中有欧

---

① 关于埃利都塔庙的详细描述，见Safar 1981，第60—66页。
② é zag-ga dù-a me-galam-ma túm-ma "建在（天）边之神庙（指埃利都的阿布祖神庙），拥有艺道"（ETCSL.1.1.4: *Enki's Journey to Nibru*, 52）；恩美铁纳（Enmetena或Entemena，约公元前2400年）的一篇铭文写道：^{giš}gígir kur-dub-^{d}Nin-gír-sú-ka ^{ba}ḫar-ra-an-eridu^{ki}-ka GAM$_4$.GAM-bi/ní-bi kur-šà-ga/mu-na-dím "他（恩美铁纳）为他（指卢伽尔埃姆什拉［^{d}Lugal-é-mùš-ra］神）制作了一辆战车，（名之曰）'在通往埃利都的路上，为宁吉尔苏神攻城略地者，其嘎嘎（gamgam）鸟之恐怖进入敌国心脏者'"，Enmetena El.9.5.4 ii 8—10, Frayne 2008，第204页。这里的埃利都等于南部的最远边界，恩美铁纳在此表达的意图是征服拉迦什以南的所有国家。

阿涅斯引导巴比伦人走向文明的描述。在贝洛索斯那里，欧阿涅斯是个半鱼半人的混合生物，他白天从埃利特里亚海来到巴比伦，教巴比伦人书写、制器、立法、务农、测量和建筑等等，晚上又回到大海深处。"欧阿涅斯"是苏美尔语的"天之光"或"天之风暴"的"希腊化"，也就是说，苏美尔语的u₄-an-na，在贝洛索斯的希腊语著作中变成了Oannes。贝洛索斯是巴比伦人，是深谙巴比伦文化的祭司，他的《巴比伦尼亚志》是严肃可靠的历史巨著，其中很多细节都可以得到近代以来出土的泥版文献的验证，而关于欧阿涅斯等洪水前诸位圣人的传说，更可以在楔文文献中找到依据。在楔文文献中，关于"七圣"的说法非止一种，其中一种认为，"七圣"都是埃利都人，第一圣是阿达帕，也就是贝洛索斯"七圣"中的欧阿涅斯。关于阿达帕的传奇故事，亚述学家早就有所了解[1]，认为阿达帕传奇是从中巴比伦时期才开始流行的神话故事，因为最早的一个版本出土于阿玛尔纳，属于公元前14世纪。但20世纪80年代，伊拉克考古学家在迪亚拉地区的哈达德遗址（Tell Haddād）发现了苏美尔语的《阿达帕传奇》。这个发现不但把《阿达帕传奇》的年代上提了几个世纪，还在语言方面刷新了人们的认知：《阿达帕传奇》不仅有阿卡德语版，还有苏美尔语版！[2] 这个发现很重要，因为这表明，《阿达帕传奇》可能是苏美尔人的创造[3]，或苏美尔人固有的传说，而这个传奇故事，无论其主题是什么[4]，恰好也涉及埃利都如何走向文明的问题：埃利都在神的帮

---

[1] Jensen 1928。
[2] 苏美尔语版《阿达帕传奇》的研究、音译与法文翻译，见Cavigneaux 2014；阿卡德语版汉译，见赵彬宇2021，第271—274页。
[3] 卡维尼奥（A. Cavigneaux）是第一个发表苏美尔语版《阿达帕传奇》专论的学者，他认为苏美尔语《阿达帕传奇》不像是苏美尔语原创，因为该作品带有明显的阿卡德语烙印。见Cavigneaux 2014，第36页。
[4] 关于《阿达帕传奇》的主题众说纷纭，有人认为，该传奇属于说明性神话，意在解释人类如何错失永生机会；有人认为，该神话意在表明神的控制欲，他们不想让人类摆脱自己的控制，而是要永远为自己提供生存保障；还有人认为，通过念咒就可以折断南风的翅膀，意在宣扬语言的威力。凡此种种，详见赵彬宇2021，第263页。

助和指引下率先进入文明。这与贝洛索斯讲述的欧阿涅斯引导巴比伦人走向文明的故事具有同样的神韵。毫无疑问，贝洛索斯著作中的文明起源观与《阿达帕传奇》展示的文明起源观如出一辙。

《阿达帕传奇》是苏美尔人视埃利都为苏美尔文明发源地的文学表达，而接下来要论及的《伊楠娜与恩基》反映的是苏美尔人的文明传播观：代表苏美尔最高文明成就的乌鲁克文明来源于埃利都，乌鲁克文明是埃利都文明传播的结果。

图3-11 苏美尔语版《阿达帕传奇》，20世纪80年代出土于伊拉克境内的哈达德遗址，即古代的美图兰（Meturan），正面两栏，背面两栏，每栏50行左右

《伊楠娜与恩基》是现代学者对这部作品的称呼，古代名称不详。该作品用苏美尔语书写，成文于乌尔第三王朝时期，即公元前2100年至前2000年间，或更早。这是一篇非常重要的文学作品，更是一篇难得的宗教文献，想象极其丰富，内容非常精彩，也具有很强的故事性。但迄今为止，只发现两块相对完整的泥版，其中一块（PBS I/1）残缺一半，另一块泥版（PBS V/25）也有多处残损，除此之外，还发现几块几乎于事无补的残片。[①]这种情况很不正常，因为一篇比较好的文学作品通常都会有很多抄本。今之学者习惯以某作品的抄本多少来论其重要性或普及性。

---

① 关于这部作品的版本，见Farber-Flügge 1973，第1—4页。

按照这个标准,《伊楠娜与恩基》势必属于不入流的作品,但实际情况应该不是这样。

这部作品的长度大约在400行左右,由于残缺严重,具体行数不能确定。作品的主角是苏美尔宗教世界中的两个大神,一个是伊楠娜,一个是恩基。苏美尔人的宗教属于多神教,每个神都有自己的神格。伊楠娜又名伊什妲(阿卡德语),是战神,同时也是爱神,是苏美尔宗教中最重要的女神。不同的神学传统对她的出身有不同说法,或称她为安(天神)的女儿,或楠纳(月神)的女儿,或恩利尔(风神)的女儿,或恩基(智慧神)的女儿。在这部作品中,伊楠娜是恩基的女儿,在这里,这个身份是她的唯一身份,战神和爱神的神格在此都毫不相干。恩基是埃利都的主神,伊楠娜是乌鲁克的主神,两个主神之间的关系预示了两座城市之间的关系:二城如二神,在辈分上一长一幼,在发展次序上一先一后。这似乎是精心构建的,因为把这层关系嵌入文明传播的框架恰到好处。

但苏美尔人的文明传播观主要不是靠这层关系来体现的,而是通过一个想象丰富、情节生动、内涵深刻的故事来体现的。故事的内容可以简要概括如下:伊楠娜决定到埃利都去,准备给父神恩基"献上甜言蜜语"①,甜得"像雪松的甜油"②。作品没有交代伊楠娜这样做的目的,或许交代目的的地方残缺了,但根据后来的故事情节可知,伊楠娜到埃利都的目的是获取恩基拥有的ME。ME这个概念非常复杂,既抽象,又具体,无处不在,无所不包,是人类文明成就的总和,在很多方面与中华文明中的"道"相似,用"道"来翻译苏美尔人的ME,有时会恰到好处,极其传神,有时则不然,说明二者既有相同之处,又不完全相同。③伊楠娜到埃利都后,受到恩基的款待。二神开怀畅饮,斗酒取

---

① mí du$_5$-mu-na-ab-dug$_4$ (ETCSL 1.3.1: *Inana and Enki*, Seg. A, 25); Farber-Flügge 1973, 第19页, 第25行。
② ^{giš}erin ì zé-ba-gin$_7$ (ETCSL 1.3.1: *Inana and Enki*, Seg. B, 4)。
③ 关于苏美尔人的ME, 详见拱玉书 2017。

乐。接下来泥版残缺约35行，内容不详，应该包括伊楠娜向恩基索求ME的情节，是用甜言蜜语哄骗，还是用恶言恶语威胁，由于文献此处残缺，今人不得而知。从其他涉及伊楠娜有求于其他神的文献可知，伊楠娜对其他神有所求时，往往使用威胁手段，比如在《吉尔伽美什与天牛》中，伊楠娜遭到吉尔伽美什的侮辱，上天向安神（天神）索要天牛，在遭到拒绝时，伊楠娜威胁道："我要大喊，使我的声音响彻天地！"[1]伊楠娜此言一出，安神立刻把天牛给了伊楠娜。再如，在阿卡德语的《伊什妲入冥界》中，当伊什妲来到冥界门口，要求守门人开门时，她发出了一连串威胁，包括打碎界门和门闩，让死人复活，使死人多于活人等等。[2]从这两个例子中我们看到，伊楠娜动辄以威胁手段来达到自己的目的。但在《伊楠娜与恩基》中，伊楠娜使用的可能不是威胁手段，而是劝酒，即通过把恩基灌醉的手段来达到目的。残文过后，恩基已经喝得酩酊大醉，正在把自己拥有的ME送给伊楠娜，一边送，一边嘴里还"叨咕"着ME的具体名称。就这样，恩基如数家珍般地一一说出了ME的名称，共110种，悉数送给了伊楠娜。伊楠娜把这些ME装上"天船"（má an-na），趁恩基酒劲未过，仍迷离恍惚之际，带着ME踏上归程。恩基醒酒后，方知伊楠娜已经带着ME乘船离去，他赶紧派人追赶，但为时已晚。伊楠娜成功将ME运到乌鲁克，乌鲁克万人空巷，举行庆祝活动。

恩基把ME送给（šúm）伊楠娜时，不是一口气把110种ME都和盘托出，而是分批次送的，共送16批次，每次数量不等（5至6种居多，最后一次包括16种）。为叙述方便，我们在此把每批次所送的ME按照文献中出现的先后顺序分别称为"第1组""第2组"等，共16组，110种。[3]

---

[1] ĝe$_{26}$-e gù ba-dé-e-en an ki-šè a-ba-da-te (ETCSL 1.8.1.2: *Gilgameš and the Bull of Heaven*, Seg. B, 51).
[2] 汉译见拱玉书1995，第59页；英译见Lapinkivi 2010，第29页。
[3] 完整的ME表以及每组包括的具体ME，见拱玉书2017，第108—110页。

这110种ME就是学术界所说的"ME表"。我们来近观几组，看看ME是什么，ME表包括什么。

第1组，包括5种ME（即ME表中的1—5）：

1. "恩权"（nam-en）
2. "拉伽尔职位"（nam-lagal）
3. "神性"（nam-dingir）
4. "大王冠"（aga-zid-maḫ）
5. "御座"（ᵍⁱˢgu-za nam-lugal）

"恩"（en）指苏美尔早期国家的统治者（国王），"恩"往往也是一个国家的最高祭司。所以，在后期的辞书文献中，"恩"作为职业名称既可以指"国王"①，也可以指"祭司"。②但此处的"恩权"指"王权"，不是指祭祀权，因为接下来的"拉伽尔职位"代表的是国王的祭祀权，而位列第三的"神性"或"神权"则指国王的另外一种属性——神性。接下来的两个ME，"大王冠"和"御座"，都是王者用物，或可称之为王器，无须解读。很显然，第1组ME都与国王有关，有精神层面的（"王权""祭祀权""神性/权"），也有物质层面的（"王冠""御座"），既有抽象概念，也有具体实物。

第2组，包括6种ME（即ME表中的6—11）：

6. "大杖"（gidru-maḫ）

---

① en = bēlum, Sᵇ I 325, Hallock/Landsberger 1955 (MSL 3)，第125页；nam-en-na = bēlūtum, The Canonical Series lú = ša I 82, Civil 1969 (MSL 12)，第95页。
② en = ēnum, Erimhuš V 13, Cavigneaux 1985 (MSL 17)，第67页；Nabnītu IV 252, Finkel 1982 (MSL 16)，第86页。

7. "驭马缰"（éšgiri）

8. "牧羊杖"（šibir）

9. "长袍"（túg-maḫ）

10. "牧羊权"（nam-sipad）

11. "卢伽尔权"（nam-lugal）

这组ME也都与国王相关，第6至9种是第1组ME的继续，都是王器。第10至11种又转入抽象概念，表达的仍是王者的属性，与第1组的"恩权"属于同一范畴。

至此，ME表中出现了三个表达王权属性的概念，即"恩权"、"牧羊权"以及"卢伽尔权"。这三个概念表达的都是"王权"，其中的主体"恩"、"卢伽尔"（lugal）和"牧人"（sipad）指的都是"王"。除这三个概念外，在苏美尔语中，表达"王权"的概念还有"恩西"（nam-énsi）和"纳姆埃什达"（namešda，或nám-éšda①）。"纳姆埃什达"仅见于《人表》②，不见于任何其他文献。《人表》的最早版本形成于公元前3200年前后，说明这个称呼出现得最早，但很快就被放弃了，原因不详。其他几个表示"王"和"王权"的概念在苏美尔语文献中一直沿用。从公元前2400年前后的文献开始，常可见某王同时拥有"恩权"和"卢伽尔权"的情况。③"恩权"与"卢伽尔权"连用时，"恩权"总是在先，这个排序不是随意的，而是真实历史的反映。在目前已知的文献中，"恩"出现的时间远远早于"卢伽尔"出现的时间。"恩"属于乌鲁克早期文字中的第

---

① 乌鲁克《人表》（《百工表》）中的第一人，或第一职业（Englund/Nissen 1993，第14页，Lú 1），namešda在后来的辞书文献中被释为"王"（šarru, The Canonical Series Lú = ša I 26, MSL 12，第93页）。
② 完整的楔文《人表》，见 Englund 1993，第17页。
③ 如：u_4 ^{d}En-líl/gù-zi e-na-dé-a nam-en-nam-lugal-da/e-na-da-tab-ba-a/unug^{ki}-ga nam-en mu-ak-ke$_4$ urim$_5^{ki}$-ma nam-lugal mu-ak-ke$_4$ "当恩利尔充满善意地呼唤他，把恩权和卢伽尔权为他合并在一起时，他用恩权统治乌鲁克，用卢伽尔权统治乌尔"，Lugal-kiĝine-dudu 1 4—14，Frayne 2008，第414页。

一批文字（乌鲁克Ⅳ时期），但这时的"恩"是否与"王"同义，尚不能完全肯定。根据雅各布森的研究，"恩"发端于早期聚落，充当神的人间代理，保证经济活动正常开展，使社会生活有序进行。可见，"恩"的职能主要限于宗教、经济和管理方面。发生战争时，需要民选一位强壮的年轻人，率民抗敌，"卢伽尔"由此诞生。由于战事频发，"卢伽尔"的权力越来越大，最后取代"恩"而成为王，总揽城邦大权，集军事、宗教、司法和行政权利于一身。[①]不过，这只是一种解释，或可说是一种比较合理的推测，不能完全得到证实。可以肯定的是，"恩"比"卢伽尔"早，从起源的角度观之，"恩"发源于祀，而"卢伽尔"发源于戎。在地域分布方面，以"恩"为王的城市（国家）主要有乌鲁克和受到乌鲁克影响的周边地区，如叙利亚境内的埃布拉（Ebla）和马里（Mari）以及伊朗境内的埃兰（Elam）。以"卢伽尔"为王的城市（国家）比较普遍，有些城市（国家）的统治者被称为"恩西"（énsi）。

从以上两组ME可见，ME表中的"组"是同类归纳思维方式的结果，一组或两组代表一类，而每类包括的具体事、物或（抽象）概念也不是该类的全部，而是选择性的[②]，但选择的原则我们无从得知。

第3组，包括5种ME（即ME表中的12—16）：

12."埃吉尔吉德职位"（nam-ègir-zid）
13."宁丁格尔职位"（nam-nin-dingir）
14."伊希布职位"（nam-išib）
15."卢玛赫职位"（nam-lú-maḫ）
16."古杜克职位"（nam-gudug）

[①] Jacobsen 1991，第118页。
[②] 已见于早王朝时期文献的"恩西权"就没有被列入ME表。

这组ME包括5个祭司职位，其中的13至16常常出现在其他文献中，有时同时出现，顺序稍有变化，有时两三个一起出现。这表明，在苏美尔文化中，这些祭司职位已经成为祭司类职位的代表或典型。这里的5个祭司职位展现的就是这类职位的典型。在以神为中心的苏美尔社会，神职人员形形色色，但大致可分为三类，即仪式型祭司、预言型祭司和驱邪型祭司。[1]这里提到的祭司都属于第一类，但不是这类祭司的全部。

第12组，包括8种ME（即ME表中的66—73）：

66."木工工艺"（nam-nagar）
67."铜匠工艺"（nam-tibira）
68."书写工艺"（nam-dub-sar）
69."金属工艺"（nam-simug）
70."制革工艺"（nam-ašgab）
71."漂洗工艺"（nam-ázlag）
72."建筑工艺"（nam-šidim）
73."编席工艺"（nam-ad-KID）

这组ME包括8种手工艺，或手工技术，因此，也可将这里的ME依次称为"制木术""制铜术""书写术"等。这些"工艺"都是苏美尔人在科学技术领域取得的成就。但这里强调的不是人，而是术，都是抽象概念。把这些同类概念放在一组，说明苏美尔人的分类法与今人的分类法并无区别。与今不同的是，苏美尔人将"书写术"视为一种手艺。如果"书写术"是手艺，"书吏"自然成了书匠。有时"书吏"相当于当今的"博士"，一般都是饱学之士，多数入仕为官。

---

[1] 即伦格尔所说的"Kultpriester"、"Wahrsager"和"Beschwörungspriester"，Renger 1967, 第113页。

ME表的情况大致如此。苏美尔人没有对ME做任何界定，但ME表本身已经告诉我们ME是什么：是苏美尔人取得的主要文明成就，包括物质方面的成就和精神方面的成就。或者说，这个ME表等同于人类文明要素表。要问人类文明由哪些要素构成，请看此表。这大概就是苏美尔人编写此表的目的。而《伊楠娜与恩基》向世人展示的不仅仅是人类文明由哪些要素组成，更重要的是，它还向世人展示了乌鲁克文明的来源。也就是说，这部作品以讲故事的形式表达了乌尔第三王朝时期的苏美尔人的文明传播观：乌鲁克文明来源于埃利都。

为什么是埃利都和乌鲁克？前面已经谈到，有很多文献证据可以证明，苏美尔人认为，埃利都是人类历史上最早的城市或城市国家，考古学也证明，埃利都是两河流域南部最早的居址之一，是苏美尔人最早的宗教中心。文献材料和考古材料[①]不谋而合，相互印证，说明了苏美尔人对埃利都的认知。为什么是乌鲁克？因为乌鲁克是苏美尔早期文明的代表，这里不但是楔形文字的发源地（最早的楔文文献产生于公元前3200年前后），在其他方面，如建筑、艺术、经济管理体制和社会分工方面，也于公元前3200年至前3000年间率先进入高度发达阶段。在乌尔第三王朝的苏美尔人眼里，乌鲁克时期（指乌鲁克第一王朝，大约存在于公元前3000年至前2800年前后）相当于孔子所说的中国历史上的"大道之行""三代之英"的盛世。乌尔第三王朝的统治者认为，他们与这个遥远而辉煌的乌鲁克第一王朝属于一脉，这应该不是攀一个古代强国为亲以便为自己的现政权提供法理依据，而可能是事实。无论如何，乌尔第三王朝和之后的伊辛-拉尔萨时期的文学作品，对乌鲁克第一王朝的君王都赞美有加，且不时地表现出一种追根溯源的欲望，譬如火是怎么来的，文字是在什么情况下发明

[①] 本书所说的考古材料指通过考古发掘获得的古代文物，两河流域的各种文献材料基本都是考古发掘所得，也属于考古材料。本书常用"考古材料"和"文献材料"，将二者分开，意在强调文献类材料的存在及其重要性。

的，而《伊楠娜与恩基》关注的正是整个乌鲁克文明的来源。

苏美尔人的这种文明传播观对后来的巴比伦人产生了影响，这种影响在《吉尔伽美什史诗》中可见一斑。吉尔伽美什是乌鲁克第一王朝的第五代国王，统治年代在公元前2900年至前2800年间。关于吉尔伽美什的传奇故事最早口传于民间，到乌尔第三王朝时期，一些传奇故事形成文本，即苏美尔语文本，如《吉尔伽美什与胡瓦瓦》《吉尔伽美什与天牛》《吉尔伽美什、恩启都与冥界》等，在这些故事中没有任何文明传播观的痕迹。到了古巴比伦时期，有人根据苏美尔语的吉尔伽美什传奇故事，用阿卡德语（这个时期的阿卡德语也被称为古巴比伦语）编写了连贯的、长篇的《吉尔伽美什史诗》，插入很多苏美尔语版吉尔伽美什传奇故事中原本没有的内容，但仍未见有文明传播观，至少在目前发现的抄本中没有文明传播观的痕迹。到了中巴比伦后期的公元前1200年前后，一个名叫辛雷奇乌尼尼（Sîn-lēqi-unninni）的人在古巴比伦版《吉尔伽美什史诗》的基础上，对这部作品的语言进行了加工，对个别情节做了调整，对部分内容做了增删，从而创作了一部新版的《吉尔伽美什史诗》，学术界称之为标准版《吉尔伽美什史诗》。这个版本中最引人瞩目的增文是引子，古巴比伦版没有引子，开篇就是"他超越万王"（šūtur eli šārri），因此，这也成为古巴比伦版《吉尔伽美什史诗》的原本标题。标准版作者增加了28行的引子，正是在这个引子中，巴比伦人的文明传播观得到体现。标准版的引子在赞美乌鲁克城墙时，这样写道：

> 他修建了羊圈乌鲁克的城墙，
> 包括圣埃安纳，神圣的藏宝库房。
> 瞧那围墙，它像一道紫红色的光，
> 瞧那胸墙，无人能够照样模仿！
> 登上那阶梯，它们古来有之，

走近埃安纳，那是伊什妲的住地，

后世的任何君与民，都无法与之匹敌。

登上乌鲁克城墙，绕墙转一转。

仔细瞧瞧那台基，好好看看那些砖，

瞧瞧其砖是否炉火所炼，

看看其基石是否七贤所奠。①

上文介绍《阿达帕传奇》时已经讲到"七贤"（"七圣"），那里的"七贤"与苏美尔文明起源观有关，而此处的"七贤"关乎文明传播。"七贤"（abgal-imin）是苏美尔人神话传统中的概念，应该属于"埃利都神学"的一部分②，已见于阿卡德王朝创始人萨尔贡（Sargon，公元前2334—前2297在位）女儿编著的《神庙颂》③。苏美尔语版的《阿达帕传奇》的发现进一步证明，"七贤"属于苏美尔文明创造的精神财富。公元前13世纪的巴比伦人竟然认为古代乌鲁克城墙是由埃利都的"七贤"奠定的基础，说明苏美尔人的文明传播观，即通过故事而表达的"乌鲁克文明是埃利都文明传播之结果"的观点，在苏美尔语不再是口头交际语言之后，仍保存在巴比伦人的记忆中，且在公元前13世纪，有学者用上述方式将之再现于文字。

乌鲁克——吉尔伽美什统治的城邦

在苏美尔语文献中，"乌鲁克"读作"乌努克"（Unug），这个地名不

---

① 《吉尔伽美什史诗》第一块泥版，第11—20行，拱玉书2021，第7页。
② 关于"埃利都神学"，见Hallo 1996，第232页。
③ TH No. 10, 139, Sjöberg 1969，第25页。

是苏美尔语，而是苏美尔人移居这里后采用的当地原有名称。阿卡德语文献称"乌努克"为"乌鲁克"。"乌鲁克"在《旧约》中被称作"以力"（Erech），现代阿拉伯人把乌鲁克遗址称为"瓦尔卡"（Warka）。该遗址地处伊拉克南部，距现代城市塞马沃（Samawa）约15公里。在这里，早在公元前4千纪就有巍峨雄伟的神庙矗立，而到了塞琉古时期（公元前312—前64），这里仍有人用楔形文字记载着天文现象。

在两河流域的历史长河中，国王的数量不可胜数，古代就举世闻名者不在少数，譬如吉尔伽美什、萨尔贡、乌尔娜玛（过去一直译作乌尔纳姆或乌尔纳木）、汉穆拉比、亚述巴尼拔、尼布甲尼撒等等。在中国的世界历史爱好者中，巴比伦王汉穆拉比的知名度应该一直是最高的，因为1938年就有人把《汉穆拉比法典》全文翻译成了汉语①，且以不同形式不断重印。改革开放不久的1992年，中国第一位亚述学博士杨炽翻译出版了《汉穆拉比法典》全文②，拉丁转写与汉译对照，语言通俗准确，在业内享有很好的口碑，在社会上也有一定影响。除汉穆拉比外，中国人比较熟悉的美索不达米亚古代君王应该是吉尔伽美什。20世纪80年代初，赵乐甡先生翻译出版了《吉尔伽美什史诗》③，基本是根据日本学者矢岛文夫的译本转译的。矢岛文夫的译本发表于20世纪60年代，那时，学术界对《吉尔伽美什史诗》的理解还存在很多问题，其中一个很突出的问题是，有些泥版残片在史诗中还没有找到正确位置，所以，史诗显得断断续续，严重影响阅读体验。尽管如此，赵乐甡先生的译本还是一再重印，可见读者和学者对这部人类历史上最早的史诗有多么大的需求。④2021年，

---

① 民国时期，沈大銈先生翻译了《汉穆拉比法典》，1938年由商务印书馆发行，当时译者把这部法典译为《罕穆剌俾法典》。
② 杨炽译：《汉穆拉比法典》，高等教育出版社，1992年。
③ 赵乐甡译著：《世界第一部史诗——吉尔伽美什》，辽宁人民出版社，1981年。
④ 关于中国学术界对《吉尔伽美什史诗》的研究和译介，特别是赵乐甡译本在文学界产生的影响，见魏丽明 2007。

两部与吉尔伽美什相关的著作面世，一部是 2021 年 1 月出版的拙译《吉尔伽美什史诗》[1]，另一部是欧阳晓莉教授撰写的《英雄与神祇——〈吉尔伽美什史诗〉研读》[2]。这两部著作的面世更让吉尔伽美什在国内的学术界和文学爱好者中火了起来。欧阳晓莉的研究参考了国外学者的相关研究成果，但汉译采纳的基本是赵乐甡的译本，足见赵译本影响很大，功劳也很大。

《吉尔伽美什史诗》受到古今中外[3]读者的喜爱不是没有原因的。这部史诗不但故事生动有趣，情节起伏跌宕，环环相扣，引人入胜，而且语言脍炙人口，甚至可谓妙语连珠。更重要的是，其中还包含着一个故事中的故事：洪水故事。这个精彩绝伦的故事本与吉尔伽美什没有关系，但作者把这个故事巧妙地融入史诗中，且衔接得天衣无缝，使之成为史诗的重要组成部分，同时也成为最精彩的部分，于是乎，这部原本关乎友情和英雄主义的作品，骤然升级为关乎人性和人类命运的旷世杰作。这部杰作古代就世世传抄，代代吟诵，如今仍令人拍案称奇，爱不释手。

吉尔伽美什是个真实的历史人物，根据《苏美尔王表》的记载，他是乌鲁克第一王朝第五代国王，生活在公元前 2800 年前后。《苏美尔王表》并未记载吉尔伽美什的任何功绩，只说他是"库拉巴之王"[4]，"其父是利拉（líl-lá）"[5]。除《苏美尔王表》外，还有提及吉尔伽美什的历史文献，但数量非常有限。据《吐玛尔铭文》记载，他像许多取得地区霸权的

---

[1] 拱玉书 2021。
[2] 欧阳晓莉 2021。
[3] 有人可能会问：言今人爱之可以理解，何以知道古人亦爱之？判断标准是抄本的多寡，若某作品抄本多，且抄本不限于一时，不限于一地，就基本可以肯定，该作品优秀，受当时的人喜爱。《吉尔伽美什史诗》抄本极多，覆盖地域极广，抄本跨越的时间极长，这些足以说明这部史诗当年的分量。
[4] 库拉巴是乌鲁克的组成部分。
[5] líl-lá 如何解释？学术界有争议，有人解作"恶魔"，有人释为"蠢货"。Jacobsen 1939a，第 90—91 页，注释 131。

图3-12 吉尔伽美什与恩启都战天牛，赤陶浮雕，公元前18至前17世纪，出土地不详，高9.5厘米，宽13.8厘米，厚2厘米。实物藏于柏林近东博物馆。《吉尔伽美什史诗》第六块泥版第141—143行这样写道："恩启都绕到天牛的后位，他抓住它那粗壮的牛尾，用脚踩住了它的后腿。"

霸主一样，曾修复尼普尔的恩利尔神庙。[①]拉尔萨国王里姆辛（Rīmsîn，公元前1822—前1763在位）统治时期，一个叫阿纳姆（Anam）的乌鲁克王曾修复乌鲁克城墙，并在铭文中明确写道：我修复的城墙是"吉尔伽美什建造的古城墙"[②]。从《吉尔伽美什与阿伽》[③]中可以看到，吉尔伽美什也是带领乌鲁克人成功抵御强权入侵、使乌鲁克人免遭奴役的人。从历史文献中看不到吉尔伽美什有什么可歌可泣之处，在后来的苏美尔文学作品中，他也和祖父辈国王恩美卡一样[④]，是几部文学作品中的主人公，斗天牛，降胡瓦瓦，战胜基什王阿伽，如此而已，没有什么惊天动地的

---

① 《吐玛尔铭文》简介和汉译，见吴宇虹（执笔）1982，第230—233页。
② níg-dím-dím-ma-libir-ra ^{d}bil$_4$-ga-mèš-ke$_4$，Frayne 1990，第474页，第5—8行。
③ 林志纯（日知）先生是第一个把《吉尔伽美什与阿伽》翻译成汉语的人，汉译见林志纯 1961，第301—306页。
④ 恩美卡是乌鲁克第一王朝第二代王，吉尔伽美什是第五代王，二者的关系目前尚无法确定。罗马帝国时期的一个民间故事把吉尔伽美什视为恩美卡之外孙，似有一定道理，可备一说。

伟业。到了巴比伦人那里，吉尔伽美什的形象骤然得到提升，从一个普通人变成了三分之二神、三分之一人的神人，从一个勤勉尽责、身执耒锤以为民先的贤王，变成了一个欺压百姓、横行霸道的暴君；在神的干预下，又从暴君变为民族英雄，最后从民族英雄变成重友情、爱生命且为改变人类命运勇于冒险的人类英雄。是什么因素促使苏美尔文学中的吉尔伽美什形象在巴比伦文学中发生了如此大的转变？这个问题值得进一步研究。

乌鲁克第一王朝第二代王恩美卡、第三代王卢伽尔班达以及第五代王吉尔伽美什都是后来的苏美尔叙事诗（有些学者称它们是"史诗"）歌颂的对象，他们也都是文学作品中能见到的最早的乌鲁克君王。然而，乌鲁克遗址的考古发掘表明，高度发达的乌鲁克文明，尤其是乌鲁克III层（约公元前3000年）之前的文明与这些君王没有关系，因为乌鲁克早期文明产生的年代早于这些君王的生活年代。可以肯定，创造乌鲁克早期文明的人形形色色，《人表》中提到的百余种从事不同职业的人，经济文献中体现的各种管理人员和劳动者，都是乌鲁克文明的创作者。随着学术界对早期文献研究的深入，我们可以期待对乌鲁克早期文明的创造者会有更多了解，或可揭开我们心里的疑惑：公元前3200年前后就出现了比较成熟的文字，虽然当时的文字以记载经济活动为主，但书吏们毕竟有余力来编写大量的名物表，除《人表》外，还有《树木表》《容器表》《鱼表》《金属表》等等，为什么谁都没有时间关注当时的统治者或领导者？这些人即使没有建立王朝，也应该是文化圣人，应该像中华文化中的伏羲、神农、黄帝等文化圣人一样，在集体记忆中留下痕迹。我们不禁要问：这些人去哪儿了？！

乌鲁克早期文明的发展高度首先表现在文字上。大约在公元前3200年前后，乌鲁克人就发明了文字，这个时期相当于考古层"乌鲁克IVa层"，最早的文字材料出土于这个考古层。文字是在很短的时间内由一个或几个文化精英发明创造的，不是长期演化的结果。就楔形文字而言，乌鲁克IV层出土了很多泥版，乌鲁克III层出土的泥版数量更多，说明文字一旦被创造出来，便会很快发展。乌鲁克IV层和乌鲁克III层的文字几乎没有区别，IV层的小泥版多一些，III层的大泥版（相对而言）多一些，这只是泥版承载的信息量的增加，与文字成熟度没有关系，文字诞生时就是成熟的，想表达什么就可以表达什么，完全可以满足造字者或用字者的需要。如果一块泥版上只书写了五个字（包括数字）："2/羊/庙/神/伊楠娜"（见图3-13），这是成熟的文字，还是不成熟的文字？对现代学者而言，这块泥版的信息量不完整，因为没有出现动词，因此，现代学者无法确定是"把两头羊交给伊楠娜神庙"，还是"把两头羊从伊楠娜神庙取走"，然而，这是现代学者的问题，不是当年读者（神庙管理人员）的问题，对当年的神庙管理人员而言，这些信息足够完整，不用动词，是因为没有必要，与文字的成熟或不成熟没有关系。至于文字本身的形式、形态和繁简，几百年都没有太大变化，乌鲁克时期是什么样，几百年后的早王朝时期基本还是什么样。后来，文字逐渐趋于简化和规范化，这是文字使用者为适应书写速度和满足在有限的泥版空间尽量书写更多文字的需求而操弄的变化，与文字本身的成熟或不成熟无关。什么是成熟文字，什么是不成熟文字，这本身就是伪命题。凡是文字——这里指表意字——必有形、音、义，缺一不可，否则就不是文字。文字的简化是文字在使用的过程中为适应新情况而发生的外在变化，与文字的性质和成熟度没有关系。

苏美尔人对楔形文字如何起源的问题有自己的看法。前面提到的

图3-13 "2/羊/庙/神/伊楠娜"

苏美尔人的文明传播观中也包含着一种文字起源观：伊楠娜从埃利都带到乌鲁克的110种ME中，有一种叫"书写术"或"书写工艺"（nam-dub-sar），这种"书写术"是从埃利都"运"到乌鲁克的，从文明传播的视角观之，"书写术"是从埃利都传播到乌鲁克的。这是苏美尔人的文字由传播而起源的观点，ME是神固有的，因此，这种观点属于文字神造观。关于文字起源，苏美尔人还有一种不同的观点，认为楔形文字是乌鲁克第一王朝第二代王恩美卡发明的，这个观点反映在歌颂恩美卡的史诗《恩美卡与阿拉塔王》中。据史诗描述，乌鲁克王恩美卡派使者到位于伊朗境内的阿拉塔国传话，对阿拉塔王有所要求，同时还对他进行要挟。阿拉塔王不甘示弱，反而对恩美卡提出一些要求作为成交的前提。因此，使者作为传话的工具往返于乌鲁克和阿拉塔之间。但终有一天，使者的记忆到达极限，再无法凭记忆传递越来越多的复杂信息。在这种情况下，恩美卡发明了文字，把文字写在泥版上。"就在那一日，就在那一天，事情发生如这般。"①这个故事体现了苏美尔人的英雄造字观。

图3-14　乌鲁克（IVa层）出土的早期泥版

---

① 《恩美卡与阿拉塔王》第505行。全诗翻译和研究见拱玉书2006。关于楔文起源，亦见拱玉书2007。

除文字外，乌鲁克早期文明的发展高度还体现在建筑方面。乌鲁克位于两河流域平原的南部，那里的建筑材料主要是自然风干的土坯（libittum），一般不用炉火烧。比较重要的建筑才使用烧砖（agurrum）。因此，苏美尔人的建筑没有完好保存至今的，今天能见到的建筑残留大多数都深深掩埋在地下，只有少数原本高大的建筑仍在地表上以断壁颓垣的姿态显示着过去的辉煌（见图3-15、3-16）。

1912年11月，德国东方学会开始对乌鲁克遗址进行发掘。从1912年算起，到德国东方学会成立100周年时的1998年为止，在近一个世纪的时间里，德国考古学家在乌鲁克发掘了40次。发掘结果表明，乌鲁克最初由两个部分组成，一部分叫库拉巴（Kullab，或Kullaba），一部分叫埃安纳（Eanna，"天之屋"），两个区域以河为界，分别有自己的神庙，库拉巴地区以安努（Anu）神庙[①]为中心，埃安纳以伊楠娜神庙为中心。考古发掘表明，库拉巴地区的神庙要早于埃安纳地区的神庙，最早的建筑层可追溯到欧贝德时期，即公元前4000年前后，而埃安纳地区的伊楠娜神庙要稍晚一点，即便如此，在公元前3500年前后，埃安纳地区已经出现大型建筑群。建筑普遍采用壁龛式立面，饰以壁柱，壁柱再用锥形泥钉作镶嵌式装饰，利用泥钉头的不同颜色，拼出不同的图案（见图3-17、3-18）。

公元前4千纪末，库拉巴和埃安纳合二为一，成为乌鲁克。公元前3千纪初，乌鲁克开始有城墙，长约10公里，合围的面积大约9平方公里。20世纪初德国考古学家来到乌鲁克进行考古时，他们看到的是荒漠中的三座荒丘和一条城墙残迹，像一条半埋在地下、只有起伏不平的脊背隐约可见的巨蟒僵卧在一望无际的荒野中。昔日坐落在幼发拉底河岸边的乌鲁克如今距幼发拉底河约20公里。

[①] 因后来的阿卡德语文献如此称呼这座神庙，学术界也约定俗成地一直沿用这个称呼，理应用苏美尔语称之为"安神庙"。

图3-15 乌鲁克的埃安纳神庙,1912年至1913年,德国考古学家在这里发掘,这是发掘前的状态。该神庙的前身始建于公元前3000年前后,乌尔第三王朝时期重建,留存至今的遗迹是乌尔第三王朝的建筑

图3-16 乌鲁克的埃安纳神庙,发掘中的状态

第三章 消逝文明的再现 119

图3-17　乌鲁克的销钉马赛克建筑

图3-18　乌鲁克时期的彩色销钉建筑

考古学家1912年见到的城墙遗迹可能就是《吉尔伽美什史诗》中描述的城墙,考古学家测定的年代,即公元前3千纪初,也与吉尔伽美什的生存年代基本吻合。前面讲到,有历史铭文可以证明吉尔伽美什曾经修筑城墙[①],但铭文没有明确说明被称为"吉尔伽美什古城墙"的城墙由吉尔伽美什始建还是扩建。据《吉尔伽美什史诗》中的相关描述可知,吉尔伽美什引以为傲的城墙当时就是古建筑,"其砖是炉火所炼,其石是七贤所奠","登上那阶梯,它们古来有之"。可见,吉尔伽美什给千里迢迢随他一起来到乌鲁克的"远古"船夫乌尔沙纳比展示的雄伟建筑来自"七贤","古来有之",吉尔伽美什引以为傲的不仅是城墙之雄伟,更是城墙之古老。当然,为了获得更好的文学效果,文学作品中不可避免地存在

图3-19 乌鲁克城墙遗存,20世纪30年代,德国考古学家在遗存最高处挖了一个探沟,对城墙进行了研究

---

① Frayne 1990, 第474页, 第5—8行。

渲染。所以，文学作品不可都信，但又不能都不信。把文学作品与历史铭文结合起来，可以得到一个基本的判断：吉尔伽美什之前已经有城墙，吉尔伽美什对古城墙进行了修复或扩建。

公元前4千纪就巍峨矗立的库拉巴地区的"素庙"，稍晚一些（乌鲁克IVa时期）的埃安纳地区的建筑群，包括长方形黏土砖（Riemchen）建筑、嵌石神庙、圆柱大厅、大庭院、神庙C、神庙D、宫殿E，都是乌鲁克早期文明建筑成就的见证。这些大型建筑都是公共建筑，表明当时已经出现组织力相当强的统治阶层或"国家"机器，否则，很难想象会出现这样的大型建筑群。最早的文字也诞生于这个时期，伴随文字一起出土的还有很多精美的艺术品，如滚印、乌鲁克石膏瓶、国王猎狮碑、祭司王浮雕碑、乌鲁克妇女头像、高浮雕长嘴壶等，都达到了"炉火纯青"的地步。有些艺术品出土于乌鲁克III层，但并不一定是这个时期的作品，制作年

图3-20　乌鲁克妇女头像，白色大理石，高20.1厘米，公元前4千纪末，藏于伊拉克国家博物馆

图3-21　高浮雕长嘴壶，狮捕牛，高20.3厘米，公元前4千纪末，藏于伊拉克国家博物馆

代可能更早。总之，乌鲁克文明是实至名归、当之无愧的"高度发达的文明"。

舒鲁帕克——"挪亚"的故乡

对吉尔伽美什，乌塔纳皮什这样语：
"吉尔伽美什啊，我来给你揭示这个秘密，
我来告诉你这个天机：
舒鲁帕克是座城，那座城邑你熟悉。
幼发拉底河岸边，它就坐落在那里。
那座城市甚古老，神在那里曾安息。
一天大神共商议，发场洪水淹大地。……"①

19世纪以前，灭世洪水一直是希伯来人的"专利"，是耶和华铲除人类罪恶的终极手段。不论信仰如何，读了这个故事的人都会感到震撼，都会对希伯来人的想象力感到惊叹，对神的威力更加敬畏。然而，1872年，情况发生了反转。这一年，英国国家博物馆的年轻馆员史密斯像往常一样在阅读整理英国国家博物馆收藏的泥版时，读到一块泥版，他越读越激动，最后在阅览室里狂奔起来，当着其他同事的面脱光了自己身上的衣服。这无疑是由于过分激动而导致的躁狂症。何以如此？原因就是他在泥版中发现了几乎和希伯来《圣经》中的挪亚方舟的洪水故事如出一辙，甚至一模一样的洪水故事，只是主人公不是挪亚，而是乌塔纳皮什

---

① 《吉尔伽美什史诗》第十一块泥版，第8—14行，拱玉书2021，第229页。

而已。史密斯心里清楚，他已经成为一名伟大的发现者，果然，此后他很快成为震惊世界的传奇人物。这就是楔文文献中的洪水故事发现的过程，史密斯解读的泥版属于《吉尔伽美什史诗》①系列的第十一块泥版。从此，洪水故事不再是希伯来人的专利，而成为西亚地区上古先民的古老传说。洪水故事是哪个民族的原创？这个问题至今仍无法确定，可以肯定的是，最早用文字把这个传说记录下来的人是苏美尔人（见图3-22、3-23）。

洪水故事有不同语言的版本，主要是苏美尔语版和阿卡德语（亦称巴比伦语，巴比伦语是阿卡德语的南部方言）版，故事情节大同小异，有繁有简，说明不同版本有共同的故事来源。造成差别的原因应该是在不同版本的形成过程中，不同的古代书吏出于不同的需求对故事进行了一定程度的改编和发挥，但万变不离其宗，主要的元素都没有变。

目前已知的苏美尔语版的洪水故事书写在一块六栏泥版上，由美国宾夕法尼亚大学考古队于1893年至1896年发掘尼普尔时发现，一直收藏在宾夕法尼亚大学博物馆。这块泥版是古代残片，残留部分属于完整泥版的下部，大约占整个泥版的三分之一。1914年，珀贝尔（A. Poebel）发表该泥版的摹本，同时发表这篇文献的音译、翻译和研究②，为后来的研究奠定了基础。

苏美尔洪水故事的主要内容包括：1. 神造人、造动物（残缺）；2. 神决定消灭人类（残缺）；3. 母神宁图（Nintu）阻止消灭人类（"我的造物"）；4. 母神帮助人类建立文明，包括城市、神庙、灌溉系统、礼仪

---

① 当时史密斯把书写吉尔伽美什的三个楔形文字（GIŠ.GÍN.MAŠ）读作"Izdubar"，虽然读音不正确，但符号识别完全正确。楔文的一个显著特点是一字多音，在没有古代字表或双语文献参照的情况下，专有名词或复合字的读音很难确定。
② Poebel 1914，第9—70页。

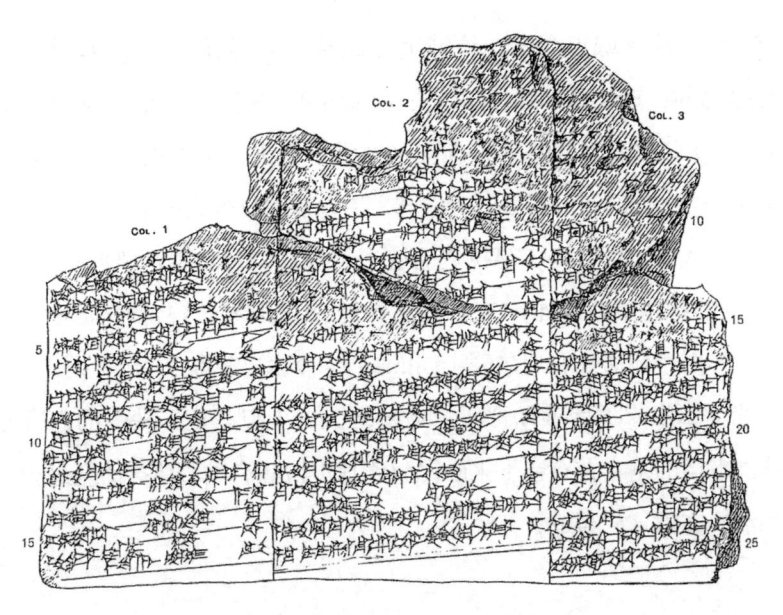

图3-22 苏美尔洪水泥版,正面(PBS V 1)

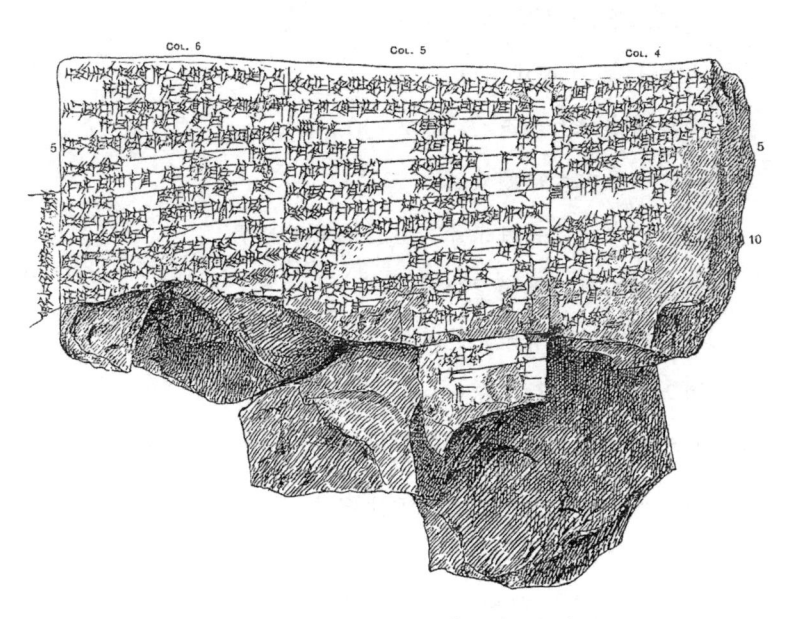

图3-23 苏美尔洪水泥版,背面(PBS V 1)

等；5. 某大神给城市命名，给城市分配神，提到五城，分别是埃利都、巴德提比拉（Bad-tibira）、拉拉克（Larak）、西帕尔（亦可译为金比尔[Zimbir]）以及舒鲁帕克；6. 神决定发洪水消灭人类（残缺）；7. 既是国王又是祭司的吉乌苏德拉求神谕；8. 吉乌苏德拉得到神谕：神决定发洪水，消灭人类；9. 吉乌苏德拉造船逃生（残缺）；10. 洪水肆虐七天七夜；11. 吉乌苏德拉杀牲祭神；12. 神相互指责？（残缺）；13. 吉乌苏德拉获得永生，神安排他居住在迪尔蒙（Dilmun），今之巴林岛。

  苏美尔洪水泥版残缺严重，遗憾之大，无以言表，缺失的内容无法弥补。幸运的是，在存留下来的泥版残片中恰巧有洪水肆虐的全过程，关于洪水，文献这样写道：

> 狂风怒号，暴雨滂沱，
> 洪流滚滚，（万物具殁。）
> 七天七夜，（风止雨过。）
> 滔滔洪水把大地淹没，
> 狂风巨浪把大船颠簸。
> 尔后，太阳才冉冉东升，为天地带来光明。
> 吉乌苏德拉，把船凿个洞，
> 英雄的太阳带着光芒进入船中。
> 国王吉乌苏德拉，
> 面对太阳神，匍匐在地甚虔诚。
> 国王杀了牛，再用许多绵羊作牺牲。[1]

---

[1] 汉译见拱玉书 2022，第112—113页；英译见ETCSL (http://etcsl.orinst.ox.ac.uk/) 1.7.4: *The Flood Story*, Segment D: 1—11; Lambert 1969，第142—144页，第v栏，第201—211行; Jacobsen 1981，第524页，注释15。

由此可知，苏美尔语的洪水故事是提纲挈领式的故事，与《吉尔伽美什史诗》第十一块泥版中描述的洪水故事[①]和《阿特拉哈西斯》中描述的洪水故事[②]相比，苏美尔洪水故事省略了很多细节。创作这部作品的书吏，或书写这篇文献的书吏，似乎不是在讲故事，更不用说用生动的语言、通过添枝加叶的方式来为故事增彩，而是在尽量用三言两语来扼要地记载一个事件。但由于泥版残缺严重，目前对这篇文献的性质尚无法准确判断。

我们这里关注的重点不是文献的性质，也不是洪水本身，而是洪水发生的地点。几个不同的洪水版本都把地点指向了舒鲁帕克，最明确地指出这一点的是标准版《吉尔伽美什史诗》。[③]

舒鲁帕克（Šuruppak 或 Šuruppag，写作 SU.KUR.RU^{ki}）即今之法拉（Fāra），地处古代城市尼普尔东南约45公里，大约位于尼普尔和乌鲁克之间。古代的舒鲁帕克坐落在幼发拉底河边，正如《吉尔伽美什史诗》所描述的那样："幼发拉底河岸边，它就坐落在那里。"[④]后来，河流改道，人去田荒，留给考古学家的只是一条干涸的河道和一座低平的土丘。这座土丘占地面积虽然多达220公顷，但最高点不超过10米，而大部分只高出地面2米左右，平常无奇，对见过无数土丘遗址的考古学家来说，这座被当地阿拉伯人称为法拉的土丘没有多大吸引力，因为在通常情况下，土丘的高度和大小与文明的延续时间和辉煌程度成正比，土丘越高越大，意味着埋葬的古代文明就越久远，文明延续的时间就越长，但这个遗址的发掘表明，凡事总有例外。

早在1850年，英国考古学家洛夫特斯（W. K. Loftus）就曾来到这里

[①] 完整的故事汉译见拱玉书 2021，第229—238页。
[②] 《阿特拉哈西斯》第三块泥版，Lambert 1969，第88—103页。
[③] 《吉尔伽美什史诗》第十一块泥版第11行，拱玉书 2021，第229页。
[④] 《吉尔伽美什史诗》第十一块泥版第12行，拱玉书 2021，第229页。

考察，1885年，美国人瓦尔德（W. H. Ward）也来到这里进行过考察。但他们没有认识到这座低平的土丘的历史地位和发掘价值，所以，他们的考察都不了了之。宾夕法尼亚大学的希普莱西特（H. Hilprecht）教授于1900年也来到这里考察，他独具慧眼，认为这个遗址非常具有发掘价值。1901年，当他来到巴比伦遗址考察时，向正在那里主持发掘的科尔德威指出了法拉遗址的重要性。同年，当他访问柏林时，他又向德国东方学会提出了发掘法拉的建议。

德国东方学会采纳了他的建议，派正在发掘巴比伦的科尔德威同时发掘法拉。科尔德威派安德烈（W. Andrae）到现场主持发掘，发掘工作持续进行了八个月（1902年6月至1903年3月）。正是在这次发掘中，出土了一枚泥钉（见图3-24），出土后不久，即1903年，德国亚述学家德利

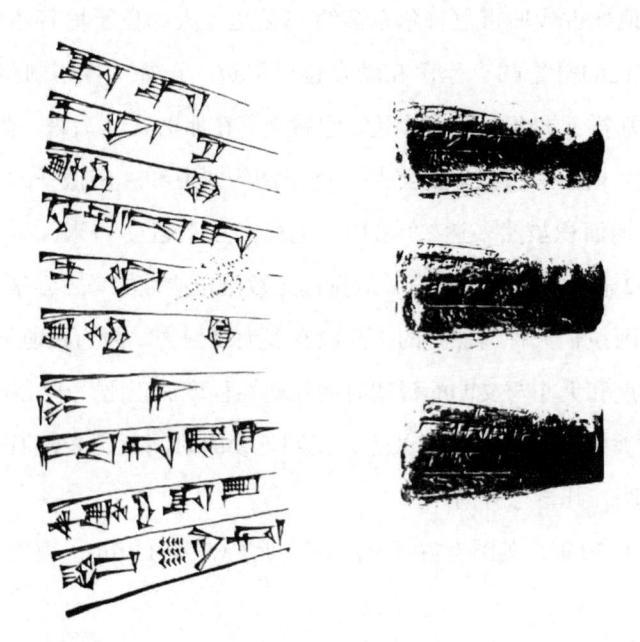

图3-24 舒鲁帕克出土的泥钉，属于乌尔第三王朝时期，铭文写道："（为）达达，舒鲁帕克之王，其子哈拉阿达，舒鲁帕克之王，在苏德城门建造了一面支撑墙。"[1]

---

[1] 最新音译与德语翻译见Krebernik 1998，第238页。

奇（F. Delitzsch）就正确地解读了泥钉铭文，认为其中的SU.KUR.RU.KI（四个符号都是可以独立成字的符号）就是"舒鲁帕克"的书写形式，读作"Šuruppak"。① 此前，人们对舒鲁帕克并不陌生，这个地名出现在《吉尔伽美什史诗》的第十一块泥版中，史密斯早在1872年就成功解读了这块泥版，并把舒鲁帕克叫作"方舟城"（the ark city）②，因为方舟是在这里做的，洪水也是在这里发起的。但舒鲁帕克在哪里？无人知晓。法拉遗址的发掘和泥钉铭文的解读把传说中的舒鲁帕克与具体遗址联系起来，从此，舒鲁帕克从传说走进了现实。

1931年，宾夕法尼亚大学再度发掘法拉遗址，这次发掘持续了三个月。德国考古学家和美国考古学家发掘的建筑遗存有民宅、官邸、宫殿、神庙、档案室、庭院和墓室，发现大量泥版、陶器、滚印和金属器。泥版文献的种类很多，包括经济文献、法律文献（主要是购房和购地合同）、数学文献、辞书文献（包括《人表》和《神表》）以及文学文献（主要是谚语），泥版数量总计近千。这里出土的文献通常被称为"法拉文献"，属于早王朝时期的"古朴文献"居多，也有乌尔第三王朝时期的文献。但"法拉文献"已基本成为一个法拉出土的古朴文献的代名词。早王朝时期的舒鲁帕克文献常提到乌鲁克、尼普尔、阿达布（Adab）、拉迦什以及温马（Umma，现在多音译为Giša），有学者把包括舒鲁帕克在内的这六个城市叫作"六城邦"（hexapolis）③。这六个城邦关系紧密，当时结成了某种联盟，大概率是经济联盟，有人认为之所以结盟是因为这些城邦有"共同的水文地理联系"④。这种说法有一定道理，因为与之没有"水纹地理"联系的城市，如埃利都、乌尔和拉尔萨，都不在"六城邦"中，而这几

---

① Wilhelm 1998，第30页。
② Smith 1876，第169页。
③ Streck 2011，第335页；Pomponio 1994。
④ "... aus gemeinsamer hydrogeographischer Verbundenheit", Steible 1993，第26页。

第三章 消逝文明的再现 | 129

图3-25 舒鲁帕克出土的《神表》

图3-26 舒鲁帕克出土的《人表》，约公元前2500年，是乌鲁克《人表》的传承，用早王朝时期的字体书写

个未结盟的城市在当时都是非常重要的城市。

法拉遗址的考古发掘表明，舒鲁帕克始建于公元前3000年前后，相当于乌鲁克Ⅲ时期，属于这个时期的文化堆积层厚约2米，大部分地表遗物属于早王朝Ⅱ—Ⅲa期（约公元前2600—前2400）。乌尔第三王朝时，这座城市是重要城市之一，此后不久被放弃，原因不详，有学者认为是河流改道所致。[1]

不论从考古发掘揭示的古代物质遗存着眼，还是从出土的泥版文献判断，舒鲁帕克都不算很"古老"，相对而言，其"古老"程度远远比不上乌鲁克和乌尔。但苏美尔人却不这样看。在《苏美尔王表》中，舒鲁帕克是洪水前就已经存在的五城之一。前面已经讲到，洪水前的五城分别是埃利都、巴德提比拉、拉拉克、西帕尔以及舒鲁帕克，舒鲁帕克排在五城的最后，洪水就发生在舒鲁帕克王乌巴尔图图（Ubar-Tutu）统治时期，更准确地说，洪水发生在乌巴尔图图统治的第18 600年[2]，也就是说，洪水发生时，乌巴尔图图已经统治了18 600年。

《苏美尔王表》并没有对洪水作详细描述，只是说在乌巴尔图图统治时，"洪水席卷（大地）"（a-ma-ru ba-ùr），仅这轻描淡写的一句就把几乎灭绝人类的洪水说完了，接着就是"洪水席卷（大地）后"（egir a-ma-ru ba-ùr-ra-ta）[3]和"当王权再度自天而降时，王权在基什"[4]。洪水之后，苏美尔文明继续延续，整个两河流域南部，城邦林立，相互攻伐，争夺霸权。像其他洪水前五城一样，舒鲁帕克再没有出现在《苏美尔王表》中。洪水前的五城再没有出现在《苏美尔王表》洪水后的叙事中，这符合其本身的叙事逻辑，因为洪水毁灭了一切，"洪水席卷（大地）后"，洪水之

---

[1] Wilhelm 1998，第31页；Martin 1988，第14页。
[2] 《苏美尔王表》中五城的具体情况，见Jacobsen 1939a，第70—77页。
[3] 同上，第76页，第39—40行。
[4] 同上，第41—42行。

前的城市自然不复存在，但这个逻辑不是历史事实。考古发掘表明，埃利都、舒鲁帕克和西帕尔在洪水后继续存在，舒鲁帕克在乌尔第三王朝之后被放弃，但埃利都和西帕尔始终是苏美尔文明和后来的巴比伦尼亚文明中的重要成员，西帕尔在迦勒底王朝时期的尼布甲尼撒二世统治时曾再度兴盛。

在目前发现的各种《苏美尔王表》版本中，一块由私人收藏的泥版残片年代最早，属于乌尔第三王朝时期，是第二代王舒尔吉（Šulgi，公元前2093—前2046在位）统治时期编纂的。① 从这块泥版残片中残存的一些"古风"判断，这个王表的编纂可能始于阿卡德王朝②，到了乌鲁克王乌图黑伽尔（Utuhegal，公元前2116—前2110在位）统治时期，有人又追加了一些新的内容，而在乌尔第三王朝时期，王表再度增加内容，成为目前见到的这块泥版残片上书写的王表的样子。③ 这个早期版的《苏美尔王表》以"当王权从天而降，基什是（诸国之）王。在基什，吉什乌尔（是统治者），王2 160年"开始④，首行首词是"王权"（nam-lugal），所以，这个王表在古代就叫作《王权》。⑤ 把《王权》与稍晚一些的、伊辛时期编纂的、书写在长方形四面体上的《苏美尔王表》进行对比可知，二者虽然一脉相承，但细节上的区别还是很大的，而最大的区别是一个有洪水，一个没有洪水。《王权》中没有洪水，自然也就没有洪水前的任何城邦和任何国王，整个内容大致相当于伊辛时期的《苏美尔王表》洪水后的部分。这说明，伊辛时期的《苏美尔王表》洪水前的五城八王是这

---

① Steinkeller 2003，第269、281页。
② 同上，第268、282页；Marchesi 2010，第233页。
③ Steinkeller 2003，第283页。
④ nam-lugal an-ta e$_{11}$-da-ba/Kiš^{ki} lugal-àm/Kiš^{ki}-a GIŠ.ÙR-e/mu 600×3+60×6 i-na, Steinkeller 2003，第269页，obv.i 1—4。
⑤ Marchesi 2010，第231页。苏美尔人把一篇文献（尤其是文学文献）的第一行中的第一个单词或词组视为该文献的名称，且留下了很多被现代学者称为"文学目录"的文献。这种首行首词（或词组）的文献命名方式相当于中国文学史上取篇首二字为题的做法。

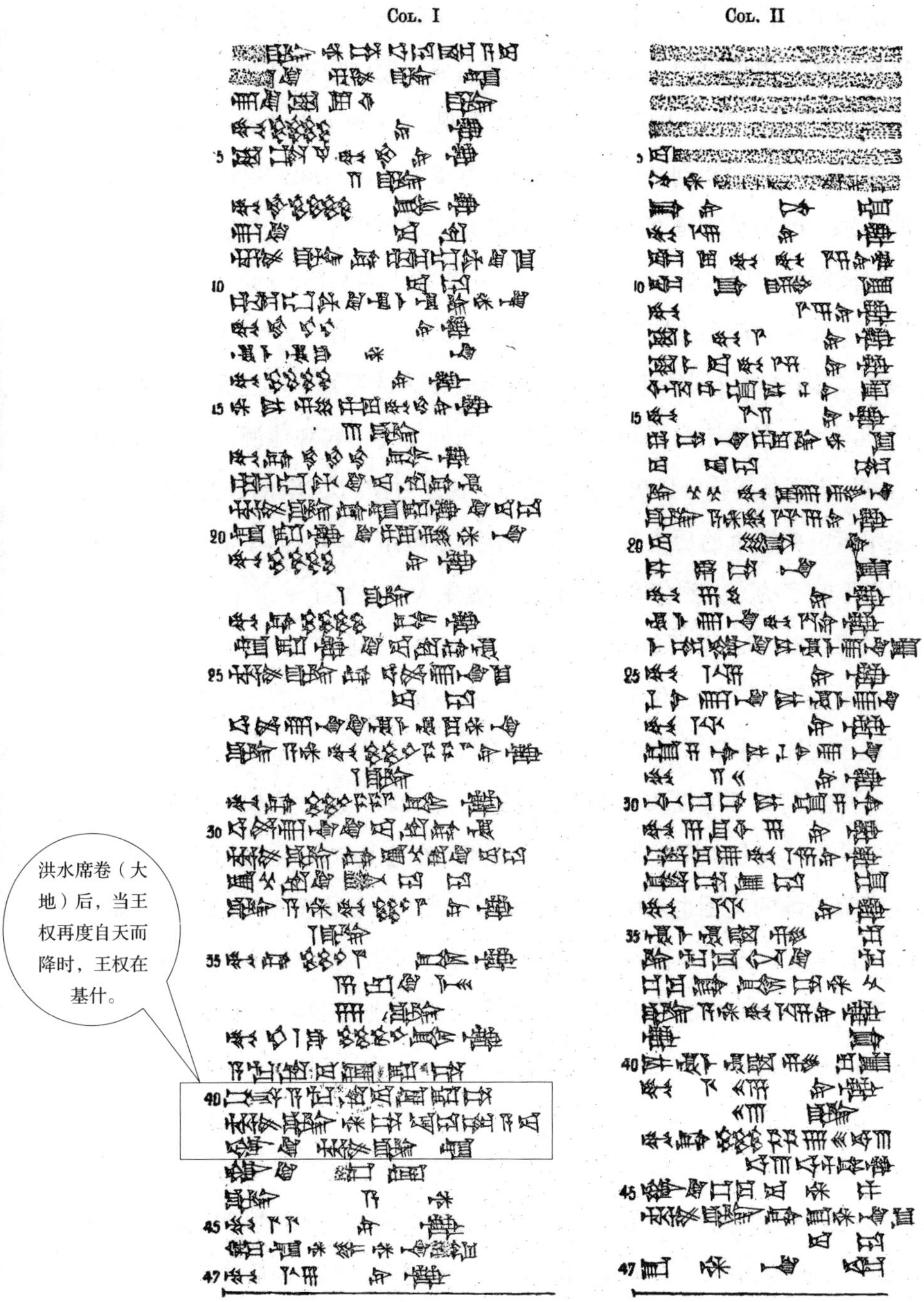

洪水席卷（大地）后，当王权再度自天而降时，王权在基什。

图 3-27 《苏美尔王表》

个时期追加的。那么，我们势必要问一个问题：为什么要追加洪水前的这些内容？也许原因不止一个，但最主要的原因应该只有一个，那就是为彰显带有民族意识的苏美尔人的历史观。《王权》把波澜壮阔的两河流域文明之源头追溯到基什，这不符合苏美尔人的认知，更违背苏美尔人的情感，因为基什是塞姆人建立的城邦，可以想象，苏美尔人对这样的历史溯源是难以接受的。苏美尔人的历史始于埃利都，历经五城八王后，终结于任何人都无法抗拒的洪水，洪水过后，拥有"王权"（相当于"霸权"）的国家才轮到基什，这才符合苏美尔人的逻辑，才能满足伊辛时期的苏美尔人在民族意识和民族情感方面的需要。客观地说，苏美尔人的这种历史观基本符合历史事实。显然，伊辛时期的苏美尔人的记忆中，仍保留着一些遥远的历史真实。这一点不难理解，因为苏美尔人毕竟是发明楔形文字的人，到伊辛王朝时，苏美尔人已经有了千余年的书写传统，他们的历史记忆绝不限于口头传承，更多的是来自文献。公元前4世纪的贝洛索斯撰写《巴比伦尼亚志》时，所据的文献中就有《苏美尔王表》，而且一定是文本形式的《苏美尔王表》。

洪水前的五城以埃利都为首，这一点可以理解，把埃利都视为世界第一城的苏美尔语文献不在少数，埃利都在苏美尔人心中具有特殊地位。埃利都遗址的发掘也表明，文献中的埃利都与通过考古再现的埃利都基本可以匹配。至于其他四城（巴德提比拉、拉拉克、西帕尔、舒鲁帕克）被列入洪水前五城的原因，今人难知一二。但把舒鲁帕克排在五城最后，并将其视为洪水发起之地，即"方舟城"（史密斯的说法），似乎有一定的踪迹可寻。

踪迹之一：这里的考古发掘表明，虽然舒鲁帕克最早的居住层不超过公元前3000年，但它在早王朝时期已经成为苏美尔地区的大城市，这里出土的大量泥版、印章和器物等多属于这个时期，泥版中除经济文献和法律文献外，还有文学文献和辞书文献，说明舒鲁帕克是个有文化传统的城市。乌尔第三王朝之后，大概由于受到河流改道的影响，此城逐渐被放弃。《苏美尔王表》正是在乌尔第三王朝灭亡后不久产生的，王表止于伊辛王朝的末代君王辛马吉尔[①]（Sîn-māgir，公元前1827—前1817在位），说明王表产生的年代应该在辛马吉尔统治期间或之后不久，这时的舒鲁帕克已经是荒草萋萋、野花飘零的废址荒丘，生活在风雨飘摇的伊辛王朝末年的书吏，对这个昔日之大邑、眼下之废墟也许有"行迈靡靡，中心摇摇"式的伤感，这种大邑荒丘的事实和由此产生的伤感也许是书写王表的书吏选择舒鲁帕克作为洪水前最后一座城市的原因之一。

踪迹之二：根据目前已知的材料判断，法拉时期是苏美尔文学创作的第一个高峰[②]，年代在公元前2600年前后。[③]古巴比伦时期抄写的许多经典文学作品，其源头都可以追溯到法拉时期。在这类作品中，最经典的例子是被今之学者称为《舒鲁帕克教谕》的文学作品。[④]按照当今学者的分类，这部作品属于智慧文学类[⑤]，可以理解为苏美尔语版的《弟子规》，或更准确地说，苏美尔语版的《圣人训》。就目前所知，该作品最早的版本出土于阿布萨拉比赫[⑥]，年代在公元前2600年前后。阿达布出土了一个稍晚一点的抄本[⑦]，古巴比伦时期的抄本最多，多达几十种，多数出自尼普尔，也有来自乌尔和基什等地的抄本，亚述（Assur）遗址还出土了中

[①] Jacobsen 1939a，第127页。

[②] Biggs 1966，第82页。

[③] Alster 1976，第113页。

[④] 这部作品的古代名称可能是该作品的首行首短语 u₄-ri-a "在那日"，也可能是 u₄-ri-a u₄-sud₄-ta ri-a "在那日，在那遥远之日"。但是，以这样的叙述方式开始的作品不止一篇，所以，文学目录中的相关条目具体指哪篇作品不能确定，指《舒鲁帕克教谕》是一种可能性。此外，还有一篇文学目录这样写道：u₄-ri-a Šuruppak^ki，这个条目指《舒鲁帕克教谕》应该不成问题。关于该作品的名称，详见Alster 2005，第103页。

[⑤] 关于该作品的研究历史与现状，见李红燕2015。

[⑥] Biggs 1974，No.256，图版111—112（抄本），图版113—114（照片）；Civil 1985，第282—283页（抄本）；Alster 1974，第11—20页（音译和英文翻译）；Alster 2005，第176—196页（音译、翻译、注释）。

[⑦] Alster 2005，图版28（照片）；Luckenbill 1930，第29页，文献55（抄本），第30页，文献56（抄本）；Alster 1974，第21—25页（音译、翻译、注释）；Alster 2005，第195—203页（音译、翻译、注释）。

巴比伦时期的阿卡德语版《舒鲁帕克教谕》。①

在阿布萨拉比赫和阿达布出土的《舒鲁帕克教谕》中，舒鲁帕克是唯一的人物，是一个能看透事物本质的智者，他给儿子讲述人生哲理、做事原则，具体到什么可以做，如何做，以及什么不可以做。整篇文献都是智者舒鲁帕克的讲述，讲述的对象是"其子"（dumu-ni），但儿子的名字始终没有出现，舒鲁帕克本人是何许人也没有交代。在古巴比伦版本中，情况发生了较大变化。今之学者把这个时期的《舒鲁帕克教谕》称为"经典版"，其特点是丰富了训诫的内容，增加了程式化的开场白（"在那日，在那遥远之日；在那夜，在那遥远之夜……"），还追加了智者的身份和儿子的名字。这最后一点是我们这里关注的重点。经典版第7至8行写道："舒鲁帕克，乌巴尔图图之子，训其子吉乌苏德拉。"②这一语道明了三代人的关系：乌巴尔图图——舒鲁帕克——吉乌苏德拉。根据伊辛时期的《苏美尔王表》的说法，洪水前最后一城是舒鲁帕克，统治者叫乌巴尔图图，在他统治的第18 600年，洪水来袭，结束了一切。另外一个王表抄本（WB 62）略有不同，根据这个抄本的记载，洪水前有十王，最后三位是乌巴尔图图、舒鲁帕克和吉乌苏德拉③，这与经典版《舒鲁帕克教谕》不谋而合（也许二者间有借鉴性关联）。还有一个比较晚的王表抄本（K 11624）称吉乌苏德拉是乌巴尔图图之子，即乌巴尔图图—吉乌苏德拉④，中间没有舒鲁帕克，这又与贝洛索斯记载的洪水前十王不谋而合⑤。在《吉尔伽美什史诗》中，智慧神埃阿托梦给舒鲁帕克王乌塔纳皮什提，说："舒鲁帕克人啊，乌巴尔图图之子，快把房屋毁掉，速将船只

---

① Lambert 1960, 第95页（音译和英文翻译），图版30（抄本）; Alster 1974, 第121页（音译）。
② šuruppak^{ki}-e dumu ubar-tu-tu-ke$_4$/zi-u$_4$-sud-rá dumu-ni-ra na na-mu-un-ri-ri, Alster 1974, 第34页; Alster 2005, 第57页。
③ Langdon 1923, 第3页。Langdon的Aradgin（第九王）是"舒鲁帕克"的误读; Jacobsen 1939a, 第75页, 注释32。
④ Jacobsen 1939a, 第76页, 注释34。
⑤ 贝洛索斯所记洪水前十王, 见Schnabel 1923, 第262页。

建造。"①阿卡德语史诗中的"乌塔纳皮什提"是苏美尔语"吉乌苏德拉"的直译，大意是"永生"。可见，《吉尔伽美什史诗》采纳的是乌巴尔图图——吉乌苏德拉的说法。在前面提到的苏美尔洪水故事中，逃过洪水劫难的人是吉乌苏德拉，他的身份是国王和祭司，现存的泥版残片中没有讲到吉乌苏德拉是哪国国王，但残存的泥版中恰好有洪水前五城，最后一城是舒鲁帕克，所以，吉乌苏德拉应该是舒鲁帕克国王。

总之，不同文献对乌巴尔图图、舒鲁帕克、吉乌苏德拉三人的关系有不同说法，一种说法是三人为祖孙三代，另一种说法是乌巴尔图图和吉乌苏德拉为父子。对于发洪水的时间，也有不同说法，一种说法是洪水发生在乌巴尔图图统治期间，另一种说法是发生在吉乌苏德拉统治期间。这种分歧说明，洪水故事起于民间口头传说，而且在口传版本中已经存在上述分歧，在口头传说向文本过渡时（从乌尔第三王朝开始），这种分歧就自然而然反映在文本里。至于洪水发起的地点，各种版本的洪水故事却保持了高度一致。《苏美尔王表》没有明确说明洪水发起的地点，只说发生在舒鲁帕克王乌巴尔图图统治期间，但这无疑暗示了洪水发起的地点是舒鲁帕克。苏美尔洪水故事是否提到了洪水发起的地点，由于泥版残缺严重而不能确定，但洪水前有五城，最后一城是舒鲁帕克，经历洪水的国王是吉乌苏德拉，这种叙事方式本身就带着一种吉乌苏德拉是舒鲁帕克国王，而洪水发起的地点是舒鲁帕克的逻辑。标准版《吉尔伽美什史诗》更是毫不含糊地认为洪水是从舒鲁帕克发起的。把这一切与《舒鲁帕克教谕》联系起来，从中似乎可以看到，从早王朝时期就开始以文本形式流传的《舒鲁帕克教谕》与后来的洪水故事有一定关联，这种关联的关键就是"舒鲁帕克"。在最早的阿布萨拉比赫出土的《舒鲁帕克教谕》中，"舒鲁帕克"写作SU.KUR.RU，其中没有表示地点的限定符KI，

---

① 《吉尔伽美什史诗》第十块泥版，第23—24行，拱玉书2021，第231页。

因此，在这里，"舒鲁帕克"在形式上可以是人名，也可以是地名，但在内容上看一定是人（名），且是一位远古圣贤，《舒鲁帕克教谕》就是这位远古圣贤的《圣人训》。此时的《舒鲁帕克教谕》并没有一定要把主人公舒鲁帕克与城市舒鲁帕克联系在一起，这篇文献也不一定是舒鲁帕克人写的，目前发现的最早的版本也不是出自舒鲁帕克，而是出自阿布萨拉比赫。大约比这个最早的版本晚一个世纪左右的、出土于阿达布的抄本在"舒鲁帕克"后追加了表示地点的限定符KI，即SU.KUR.RU.KI，把人名"舒鲁帕克"与城市舒鲁帕克联系起来。从此以后，几乎所有后来的版本都像阿达布版一样，在"舒鲁帕克"的名字中加上了限定符KI，这就把人名"舒鲁帕克"变成了表示出身的"舒鲁帕克人"①。当古代书吏把关于洪水的口头传说写成文本时，要么让这场宇宙洪水发生在平坦的"大地"（$mātum$）②，要么让它发生在有古老文化传统的地方，如果是后者，圣人舒鲁帕克的家乡舒鲁帕克自然就会成为首选。

踪迹之三：在《吉尔伽美什史诗》中，躲过洪水劫难、获得永生的乌塔纳皮什提告诉吉尔伽美什，舒鲁帕克是个古老的城市，众神曾在那里安息，洪水就是从那里发起的。③为什么众神与舒鲁帕克有这么深的渊源？真正的原因，我们已经无法得知。如果稍稍驰骋一下想象，可把两种情况纳入考虑范围。其一，舒鲁帕克的主神苏德（ᵈSud）④。苏德是女神妮撒芭（Nisaba）之女，成为恩利尔的妻子后，改名为宁利尔（Ninlil）。⑤

---

① 有人认为，人名"舒鲁帕克"源自"舒鲁帕克人"（... dumu Šuruppak），见Jacobsen 1939a，第76页，注释32。这是一种观点，不是定论。
② 《阿特拉哈西斯》是一篇涉及洪水的文献，包括发洪水的原因和发洪水的全过程，但文献中基本没有具体的时间概念和具体的地理概念，甚至不交代主要人物阿特拉哈西斯是哪一方的统治者，神发洪水淹的是哪片"大地"。这样处理等于把洪水当作发生在遥远过去的宇宙事件和人类事件，更能引起读者共鸣，因为每一个人都可以是参与者。
③ 《吉尔伽美什史诗》第十一块泥版，第8—14行，拱玉书2021，第229页。
④ "苏德"的书写形式与"舒鲁帕克"相同，都是SU.KUR.RU，读作"sùd"，Lambert 1969，第140页，第97行。
⑤ 关于恩利尔娶苏德为妻的故事，见Civil 1984。

宁利尔的夫神恩利尔是决定发洪水灭绝人类的神，文本洪水故事的编辑者把恩利尔发洪水的地点安排在神妻统治的城市舒鲁帕克，这大概更可以突出恩利尔做消灭人类的决定时的决绝。其二，舒鲁帕克出土了很多《神表》[1]，其中最大的一块《神表》泥版记载了560个神[2]。在出土于乌鲁克的最早的一批文献中，辞书文献很多，有《人表》《金属表》《容器表》等，但没有《神表》，说明汇编《神表》的传统发端于舒鲁帕克。舒鲁帕克是不是早期苏美尔文明中某种意义上的"宗教中心"，即像后来的尼普尔一样，取得霸主地位的统治者来此地建立神庙，或来这里膜拜某一神灵，这个无法确定。可以肯定的是，舒鲁帕克一定在宗教方面享有某种特殊地位，这里或许是当时的"神学中心"。搜集、编纂神的名称，按地位的高低把它们排列起来，或把有相同成分的神名集中起来，这是神学思维和行为，是把宗教行为升华到宗教义理研究的开端，这无疑是神学的滥觞，无论对于东方神学，还是西方神学来说。在稍晚于舒鲁帕克文献的阿布萨拉比赫文献中，也有很多《神表》。[3] 讲到这里，难免不让人对后人说的"那座城市甚古老，神在那里曾安息"与舒鲁帕克出土的《神表》和这里的"神学中心"地位产生联想。

乌尔——苏美尔文明巅峰

乌尔（Ur）对很多熟悉希伯来《圣经》的人来说并不陌生，因为乌

---

[1] Deimel 1923, 第1—9号文献都是神表。
[2] Krebernik 1986, 第163页。这块泥版是VAT 12760, 见Deimel 1923, 图版2—3（泥版照片）。
[3] Biggs 1974, 第83页（Lists of Gods）。阿布萨拉比赫《神表》基本都是独立编纂的《神表》，不是舒鲁帕克《神表》的抄本，但编纂《神表》的做法显然是继承舒鲁帕克人的。从舒鲁帕克《神表》算起，编纂《神表》的传统延续了两千余年，直到新巴比伦时期。关于神表的总体情况，见Lambert 1969/2。

尔是犹太人和阿拉伯人共同尊奉的始祖亚伯拉罕的家乡。[1]亚伯拉罕的生活年代大致相当于乌尔第三王朝时期,若如《圣经》所言,亚伯拉罕活了175岁[2]的话,那他就见证了乌尔第三王朝的兴衰。顾名思义,乌尔第三王朝是苏美尔人建立的第三个以乌尔为都的王朝。此前有乌尔第二王朝,第二王朝之前还有乌尔第一王朝。这个序列来源于《苏美尔王表》,亚述学家把《苏美尔王表》中第一个取得霸主地位的乌尔政权称作乌尔第一王朝,第二、第三依此类推。"王朝"是现代学者使用的概念,不是古代概念。

乌尔是古代名称,阿拉伯人把乌尔遗址叫作穆克吉尔(Tell el-Muqejjir),位于伊拉克南部城市纳西里耶西南约20公里处,古代的乌尔濒临幼发拉底河,现在的遗址距幼发拉底河约10公里。早在1854年,英国驻巴士拉副领事泰勒便受英国国家博物馆的委托对美索不达米亚南部的一些遗址进行了发掘,其中就包括乌尔遗址。他的发掘集中在乌尔塔庙的四周,发现了一个泥柱铭文,铭文中不但较详细地记述了塔庙的建造历史,而且多次出现"乌尔"。泰勒认为此乌尔就是《圣经》中所说的"迦勒底人的乌尔",他的这个结论基本属于推测,不能证实,也无法证伪,所以,我们也像多数人一样,姑且信之。泰勒之后,乌尔发掘断断续续,成果有限。直到20世纪30年代英国考古学家伍利(C. L. Woolley,1880—1960)来到这里进行考古发掘,情况才发生彻底改变。

乌尔一直是英国人专属的发掘领地,但由于资金缺乏,英国国家博物馆决定这次与美国宾夕法尼亚大学联合发掘。于是,1922年英国国家博物馆和宾夕法尼亚大学组织了一支联合考古队,开始了一次他们自己也没有想到会青史留名的考古发掘。从1922年开始到1934年结束,发掘持续了12年之久,主持联合考古发掘的伍利也因此一举成名。

---

[1] 《圣经·创世记》11: 31;《圣经·尼希米记》9: 7。汉译《圣经》一般译作"吾珥"。
[2] 《圣经·创世记》25: 7。

伍利从1907年起就开始参与考古发掘工作[1]，到他主持乌尔发掘时已是富有实践经验的"一流发掘者"[2]。这次联合发掘也非常成功，不仅极大地丰富了伊拉克、英国和美国宾西法尼亚大学的博物馆，还使19世纪末到20世纪初由德国人首先创建的科学考古学得到继承和发展。在12年的发掘中，他的团队一共清理了1 850个墓穴[3]，绝大多数墓穴的年代都属早王朝后期（约公元前2650—前2400），也有阿卡德时期和乌尔第三王朝时期的墓葬，很多墓葬在古代就被盗一空，或所剩无几，但也有相当多的墓基本保持完好，其中有丰富的随葬品。从规模和随葬品的丰富程度判断，有些墓应该是王陵。大多数墓主人的名字已不可考，只有少数例外。

女王普阿妣（Puabi）之墓（第800号墓）就是这样的例外，墓主人的身份得以确认是因出土的墓葬中有带"女王普阿妣"（见图3-28）伴文的青金石滚印。这个墓由两部分组成，一部分是主墓室，另一部分是"陪葬坑"。陪葬坑中的陪葬品有竖琴（见图3-29、3-30）、由两头驴拉的雪橇车、2.25米×1.10米（高度不详）的衣柜以及各种金银器皿。更出乎意料的是，这个"陪葬坑"里竟然有二十几个陪葬的人，竖琴前有十个妇女陪葬，距竖琴最近的陪葬者的指骨紧贴琴弦，说明临死之前还在演奏。其他九个殉葬妇女在竖琴前面对面排列，右边六人，左边三人，每人都戴有很多首饰，其他陪葬者中有御夫和负责女王服饰的仆人（或官员）。女王浑身佩戴珠宝，可谓翠绕珠围，琳琅满目（见图3-31）。

另一个可以确定墓主人身份的墓是麦斯卡拉姆都克（Meskalamdug）之墓，即第755号墓。这个墓很普通，墓室不大，只有2.50米长，1.50米宽，没有附属的陪葬坑，也没有陪葬的人，但陪葬品特别丰富，其中有刻有"麦斯卡拉姆都克"（写作Mes-kalam-dùg）名字的金器三件、金容器

---

[1] Woolley 1955，第15、23页。
[2] 这是贝尔女士（Getrude Bell）对他的评价，转引自Oates/Oates1976，第51页。
[3] Woolley 1934/1，第32页。

图 3-28　女王普阿妣（乌尔王陵第 800 号墓）滚印印纹，伴有文字"普阿妣，女王"（Pù-abi nin）

图 3-29　正在清理的竖琴，女王普阿妣墓（乌尔王陵第 800 号墓）

图3-30 竖琴复原图,出土于女王普阿妣墓

图3-31 女王普阿妣首饰复原图,她还佩戴着许多其他装饰品,多得不胜枚举

第三章 消逝文明的再现

图3-32　刻有"麦斯卡拉姆都克"名字的金器，乌尔王陵第755号墓出土

图3-33　刻有"麦斯卡拉姆都克"名字的金器，乌尔王陵第755号墓出土

图3-34　金盔，乌尔王陵第755号墓出土

两件（见图3-32、3-33）、金灯一盏。所以，可以确定，墓主人叫麦斯卡拉姆都克。在随葬品中还有金匕首和金盔（见图3-34），形式上是武器，而实际功能应该是祭器，相当于中华文化中的礼器，用于某种宗教仪式，而非战场。此外还有双刃斧、月牙斧和长矛等等。虽然没有人陪葬，但从陪葬品的丰富程度和陪葬品本身的质量和用途判断，麦斯卡拉姆都克的身份应该是国王。第1054号墓出土了一个滚印，上面刻有文字"麦斯

卡拉姆都克，王"（Mes-kalam-dùg lugal）[1]，这更是个可以证明麦斯卡拉姆都克是国王的证据。

从同期或几乎同期的王陵陪葬情况判断，当时有一种习俗，即国王或王后的仆从要为主人陪葬。为国王或王后陪葬的人数从几个到七八十个不等。[2]既然麦斯卡拉姆都克是国王，为什么没有人陪葬？为了更好地理解这个问题，我们先来看一个陪葬人数最多的乌尔王陵，即被称为"大死亡坑"的第1237号墓。很多王陵都由主墓室和陪葬坑组成，考古学家伍利把陪葬坑叫作"死亡坑"（death-pit）。为了显示与普通的死亡坑之不同，伍利把第1237号墓叫作"大死亡坑"。这个陪葬坑所属的主墓室在古代就被盗一空，就连建造墓室的石头都一起被盗走，以至于考古学家发现这个死亡坑时，以为原本就没有主墓室。[3]这个死亡坑中埋葬了74个陪葬的人，其中有6个男性，身上都带着刀或斧，其余68人都是女性[4]，她们被密集排成5列，密集到有的相互叠压在一起。男性每人都随身带一件武器，女性每人随身至少戴一件首饰，或金或银，金首饰居多。随葬品中有4架里尔琴（见图3-35）。[5]

可以肯定，这个"大死亡坑"所属的墓主人一定是一位国王，遗憾的是，主墓室被盗，这位国王是谁成了千古之谜。

被伍利称作"王陵"（The King's Grave）的第789号墓的情况基本相同，陪葬坑基本保持完好，但主墓室被盗，东西所剩无几。由于主墓室被盗，无法确认墓主人身份。从墓的规模和陪葬的情况可以确定，墓主人一定是一位国王，所以伍利称之为"王陵"。"王陵"的陪葬品十分丰富，

---

[1] Woolley 1934/2，第40页。
[2] Woolley 1934/1，第33页。
[3] 同上，第114页。
[4] 同上，第116页。
[5] 伍利称之为里尔琴（lyre），西方学者也基本都这样称呼这种乐器。苏美尔人的各种乐器名称中有balaĝ，大概指的就是这种乐器，形式不止一种，第1237号墓出土的这种更像箜篌。

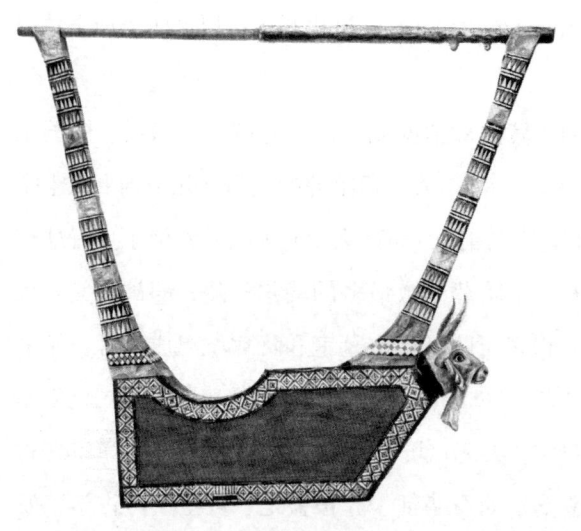

图3-35 "大死亡坑"（乌尔王陵第1237号墓）出土的"里尔琴"之一，高1.2米

图3-36 "大死亡坑"（乌尔王陵第1237号墓）出土的"困在灌木丛中的公羊"，高50厘米

但最大的特点是陪葬的人数众多，一共有63人陪葬，仅次于"大死亡坑"的陪葬人数74人。陪葬者中有6个士兵，他们手持长矛（见图3-38），矛头上都有一个相同的符号，伍利认为，那个符号是公牛小腿的象形符号，是国王卫队的标志。[1]这只是一种推测，这个符号本身像什么？刻在矛头上代表什么？是不是早期的文字？这些问题都没有明确答案。作为主持乌尔发掘的考古学家，伍利的直觉是值得参考的，但不是定论。除国王的卫队外，还有几个陪葬者的身份大致可以确定，其中可能有1个饲养员和2个御夫，紧靠主墓室南外壁的十几个陪葬者都是女性，她们的身份不明，但可以想象，其中一定有为王室提供娱乐的伶人，因为陪葬品中有2架里尔琴（见图3-39）。

可见，仆人为主人（国王或王后）陪葬是当时的主流丧葬文化。回

---

[1] Woolley 1934/1，第64页。

图3-37 "死亡坑"（乌尔王陵第789号墓）人殉复原图，人和物都处于发现时的位置

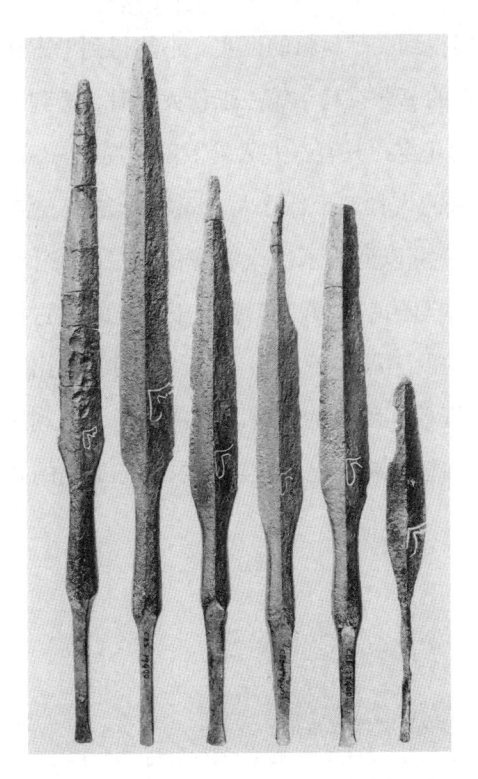

图3-38 出土于"王陵"（第789号墓）的长矛头（U. 10825-8），上面刻有同样的符号，形似"牛腿"，意义不详，伍利认为，这个符号是国王卫队的标记

图3-39 出土于"王陵"（第789号墓）的里尔琴（U. 10556），风箱部分

第三章 消逝文明的再现　　147

到之前的问题，麦斯卡拉姆都克身为国王，却为什么没有人陪葬？主持乌尔发掘的伍利首先做出了一个判断，认为这个墓中出土的许多女性佩戴的首饰可能是首饰主人的替代物，也就是说，这标志着由用人陪葬改变为用首饰代替人陪葬的习俗的改变。①正当许多学者附和他的这个观点的时候，伍利自己却对这个观点产生了怀疑，原因在于他后来在发掘乌尔第三王朝时期的王陵时发现了人殉的痕迹，所以他认为没有理由相信这个古老习俗到麦斯卡拉姆都克那里就断绝了。以此为据，伍利认为，带着最后的首饰和乐器随国王（或王后）一起到另一个世界是一种特权，而非厄运。②如果乌尔第三王朝时期的王陵真的发现了活人殉葬的事实，伍利的这个观点也许是成立的。问题在于，伍利说的乌尔第三王朝时期的王陵既不能得到考古材料的证实，也不能得到文献材料的证实。不能得到考古材料的证实是因为乌尔第三王朝时期的墓葬在乌尔第三王朝灭亡时，遭到了入侵者埃兰人的破坏，墓室被洗劫一空，只有一些人骨散落在周围③，而且不能确定这些遭洗劫后遗留下来的人骨属于什么人。既然被洗劫一空，自然没有任何在原位置发现的铭文可以证明墓主人的身份。④20世纪80年代，美国考古学家莫雷对伍利撰写的乌尔第三王朝"王陵"的考古报告进行了重新评估，对伍利著作中的一些结论提出了质疑，同时提出乌尔第三王朝的几个重要国王到底埋葬在哪里的问题。莫雷认为，伍利所说的乌尔第三王朝的"王陵"也许根本就不是王陵，乌尔第三王朝的几

---

① Woolley 1934/1，第40页。
② 同上，第40—42页。
③ Moorey 1984，第3页。
④ 阿玛尔辛（Amar-Sin，伍利误读为Bur-Sin）"王陵"第2间（Chamber 2）出土了一个灰白色大理石瓶（Woolley 1974，第29页），上面刻有一篇完整的铭文，即后来常被称为"乌尔娜玛47号"（Ur-Nammu 47）的铭文，抄本见Sollberger 1965，图版IV，第21号文献；音译和英译见Frayne 1997，第82—83页（Ur-Nammu E3/2.1.1.47）。但莫雷（P. R. S. Moorey）认为，这篇文献的出土环境属于"第二手环境"（Moorey 1984，第5页），言外之意是不能以此证明墓主人的身份。

个国王[①]的墓地也许根本就不在乌尔，或者说，乌尔只是可能性之一，他们也可能葬在乌鲁克宫殿下面，甚至葬在尼普尔。[②]可见，为什么麦斯卡拉姆都克墓葬只有陪葬品而没有陪葬人的问题，至今没有得到合理解释，但可以肯定，麦斯卡拉姆都克的葬礼是特例，同时代的主流王室丧葬文化是既陪物，又陪人。随着时间的推移，这种主流丧葬文化也逐渐向陪物不陪人的方向转化，也许麦斯卡拉姆都克就是移风易俗的倡导者，他的墓葬也许是践行自己的改革理念（即废除人殉制）的结果。到了乌尔第三王朝时期，人殉的丧葬文化已经基本消失，个别人也许还遵从古制（如果像伍利观察的那样，有的被盗的墓葬中遗留的人骨不是同一个人，而这意味着有人陪葬的话），迫使（？）家仆或家庭成员陪葬，那也只是已经消亡殆尽的古老习俗的遗风而已。

乌尔第三王朝是苏美尔文明史上最强盛的帝国，用乌尔第三王朝来称呼这个跨地域的大国是一种亚述学传统，即按照《苏美尔王表》记载的乌尔统治者取得地区霸权的先后顺序，亚述学家分别称乌尔政权为乌尔第一王朝、乌尔第二王朝和乌尔第三王朝。乌尔第一王朝和第二王朝时期的乌尔曾是地区霸主，而乌尔第三王朝时期的乌尔与前朝有本质区别，因为这时乌尔政权已经是中央集权的、国土范围远远超出乌尔本身的帝国。乌尔第三王朝历经五王，享国108年（公元前2112—前2004）。乌尔娜玛（Ur-^{d}Namma）是乌尔第三王朝的创建者，是两河流域历史上第一个"苏美尔和阿卡德之王"，在位18年，取得的成就很多，如今仍然可以见到的物化成就是乌尔塔庙，精神领域的成就是《乌尔娜玛法典》，这部法典是目前已知的人类历史上第一部成文法，对后来的《里皮特伊什妲法典》、《埃什努纳法典》、《汉穆拉比法典》以及《中亚述法典》等都有重大影响，这些楔文法典也对希伯来人的《摩西法典》产生了重大影响。在乌

[①] 当然不包括末王伊比辛（Ibbi-Sin），因为他被埃兰人俘往埃兰，最终死于埃兰。
[②] Moorey 1984，第18页。

尔娜玛之子舒尔吉统治时期，乌尔臻于极盛，由中央政府管辖的"行省"多达40个，版图几乎囊括西到地中海、东至现在伊朗的东部地区、南抵波斯湾、北达亚述北部的广大地区。从出土的数以十几万计的经济文献可以推知，这个时期实行了一整套行之有效的管理体制，如行省向中央政府纳贡、全国实施统一的度量衡制等等。在苏美尔文明史上，乌尔第三王朝是个空前盛世、强大帝国，在很多方面都代表了苏美尔文明之巅峰。对帝国的缔造者乌尔娜玛和把帝国推向巅峰的舒尔吉，苏美尔人在文学作品中给予了高度赞美，但没有一篇文献讲到他们死后葬在何处。即使是专门描述乌尔娜玛葬礼的《乌尔娜玛之死》也没有透露一点关于乌尔娜玛墓地的信息。古巴比伦之前的楔文文献对国王的墓地都讳莫如深，只有后来的少数文献偶尔提到某王被葬在何处。《王朝编年史》就是这样的文献之一，这篇文献对国王葬在何处给予了特别关注。这部编年史没有完整保存下来，如今只发现了一些残片，保存下来的内容十分有限。就已知的内容而言，《王朝编年史》分为两个部分，即洪水前和洪水后，止于迦勒底王朝。在洪水后的部分，编年史作者大概（因为残缺而不能确定）对每个榜上有名的国王都给出了统治年代和死后安葬的地方。[1]在残文里，安葬国王的地方有三处，一个是"萨尔贡宫"（é-gal Šarru-kīn）[2]，另一个是"卡尔-马尔杜克宫"（é-gal Kār-Marduk）[3]，第三个是"比特-哈什马尔沼泽"（ina raqqati ša Bīt-ᵐHaš-mar）[4]。这三个地方表面上很具体，而实际上却很模糊，对当今学者而言更是莫名其妙。有学者推测，"萨尔贡宫"中的萨尔贡应该指阿卡德时期的萨尔贡，即公元前2300年前后建立阿卡德王朝（或帝国）的萨尔贡[5]，这是唯一可以具体化的信息，但"萨尔贡

---

[1] 关于《王朝编年史》的介绍、音译以及英文翻译，见Grayson 2000，第40—42、139—144页。
[2] 同上，第142页，v 4；第143页，v 14。
[3] 同上，第143页，v 9。
[4] 同上，v 6。
[5] 同上，第235页。

宫"在哪里，没有人知道，对其他两个地方，即"卡尔-马尔杜克宫"和"比特-哈什马尔沼泽"，人们更是一无所知。估计古人也不知道这三个地方的具体位置，阿卡德的萨尔贡与亚述时期葬在"萨尔贡宫"中的国王在时间上相隔至少1300年，所以，"萨尔贡宫"对古人而言也无异于"迷宫"。可以肯定，编年史作者给出的国王埋葬地点不是真正的墓地，而是指某国王死后得到了什么样的葬礼规格，是"萨尔贡宫"的规格，还是其他两个规格。这个例子可以进一步证明，古人避讳言及国王的墓地。伍利发掘的乌尔王陵大部分被盗，可以想见，避免被盗可能是不言君王墓地的主要原因。正因为文献不言君王墓地，当今的考古学家对古代君王之墓鲜有发现，乌鲁克第一王朝诸王（包括吉尔伽美什）之墓、乌尔楠舍（Ur-^{d}Nanše）建立的拉迦什第一王朝诸王之墓、沙鲁金（Šurru-kīn，即萨尔贡）建立的阿卡德王朝诸王之墓、古地亚所属的拉迦什第二王朝诸王之墓、乌尔第三王朝诸王之墓……迄今皆属未知。除文献不言君王墓是目前很少发现君王墓的原因之一外，可能还有另外一个不容忽视的原因，那就是，为了预防墓葬被盗，很多君王可能实施了河底葬。根据《吉尔伽美什之死》的描述[①]，吉尔伽美什实施的就是河底葬，若实际情况果如文学作品描述的那样，就不能排除后世君王在葬礼和葬法方面效法先王的可能性。

　　文献不言逝者葬在何处，但对葬礼，尤其对属于葬礼组成部分的陪葬品的描述却毫不吝啬。苏美尔语文学作品《吉尔伽美什之死》和《乌尔娜玛之死》以及阿卡德语的《吉尔伽美什史诗》中都有大段的对陪葬品的描述。在这些作品中，带着陪葬品一起到另一个世界的人分别是吉尔伽美什、乌尔娜玛和恩启都，前两者是不同时代的君王，而恩启都虽然不是

---

① ETCSL 1.8.1.3: *The Death of Gilgameš*, A version from Nibru, Segment H; A version from Me-Turan, Segment H。美图兰（Me-Turan）版的截流造墓部分保存相对完好；英文翻译亦见 Veldhuis 2001，第145页，第239—260行。

君王，却胜似君王，他为吉尔伽美什而来（由神创造），年轻力壮之时又替吉尔伽美什而死，吉尔伽美什为他举行了隆重的葬礼，包括祭献各种陪葬品。吉尔伽美什死后享受的陪葬品中既有物，也有人（人殉）。乌尔娜玛的陪葬品中似乎也包括人，但由于文献此处有残缺而不能绝对肯定，如果有，可能也只有一两个人。恩启都的陪葬品中不包括人。

先来看陪葬品，以《乌尔娜玛之死》为例。乌尔娜玛来到冥界之后，要为各种神灵呈现"冥界礼"（nidba kur-ra, 85[①]），这些献给神灵的礼物都是乌尔娜玛的陪葬品。为冥界最高神涅伽尔（Nergal）献上的礼物包括：

最好的公牛（gud-du₇, 87）
最好的小牛（máš-du₇, 87）
肥羊（udu-niga, 87）
权杖（^{giš}mítum, 88）
大弓箭（^{giš}pan-gal, 88）
箭袋（é-mar-uru₅, 88）
箭头（^{giš}gag-pan, 88）
制作精良的带齿匕首（gír-zú-galam, 88）
挎在腰部的花皮包（^{kuš}lu-úb gùn-a íb-ba gál-la-ba, 89）

献给吉尔伽美什[②]的礼物包括：

[①] 指 ETCSL 2.4.1.1, *The Death of Ur-Namma*, A version from Nippur，第85行。下面括号中的阿拉伯数字都代表这篇作品的不同行数。
[②] 吉尔伽美什死后，做了"冥界的统治者"（šagina kur-ra），ETCSL 1.8.1.3: *The Death of Gilgameš*, A version from Me-Turan, Segment F，第39行。

长矛（ ᵍⁱšgíd-da，92）

鞍钩皮包（ ᵏᵘšlu-úb dag-si ak-a，92）

天之狮头权杖（i-mi-tum pirig an-na，92）

立地盾牌（ ᵏᵘšgur$_{21}$ ùr ki ús-sa，93）

"英雄臂"（á nam-ur-sag-gá，93）

艾丽什吉佳尔喜爱的战斧（za-ha-da níg ki ág ᵈEreš-ki-gal-la，94）

献给冥界女王艾丽什吉佳尔（ ᵈEreš-ki-gal）的礼物包括：

装满……油的制作精良的"沙干"碗（X KÉŠ-da ì ba-ni-in-dé-a bur-šagan šu du$_7$-a，97）

厚重的衣服（túg dugud，98）

长毛外衣（ ᵗᵘ́ᵍsuluhu，98）

女王帕拉长袍（ ᵗᵘ́ᵍpàla nam-nin-a，98）

具有冥道的……（... SAR dalla me kur-ra，99）

献给伊楠娜女神的丈夫杜牧兹的礼物包括：

……羊（udu ... 102）

青金石手柄的金权杖（gidru kug-sig$_{17}$ nam-en-na šu za-gìn-šè ... 103）

献给催命神纳姆塔尔（Namtar）的礼物包括：

绝佳珠宝（gi$_{16}$-sa šu du$_7$-a，106）

驳船形金戒指（har kug-sig$_{17}$ má-gur$_8$，106）

纯玉髓项链（na4gug-kug，107）

献给纳姆塔尔之妻胡什比桑格（Hušbisag）的礼物包括：

青金石把手的箱子（dub-<šen> šu za-gìn，110）
所有冥界用物（níg-nam irigal-a-ke₄，110）
有青金石装饰的银发夹（giškirid kug na4za-gìn šu tag-ga，111）
妇女款梳篦（gišga-ríg nam-munus-a，111）

献给宁吉什吉达（Ningišzida）的礼物包括：

车轮……金的战车（gišníg-šu umbin X-bi kug-sig₁₇-ta gùn-a，114）
……纯种驴（anše KI anšenisku ... 115）
花腿驴（anše úr gùn-gùn，116）
牧人（sipad，117）
牧人（munsubₓ [PA.USAN]，117）

献给迪姆皮枚库克（Dimpimekug 或 Dimpikug[①]）的礼物包括：

挂在别针上的青金石滚印（na4kišib za-gìn ba-da-ra ì-lá-a，120）
野牛头金银别针（tu-di-da kug-sig₁₇ kug-babbar sag-bi alim-ma，121）

[①] 文献言此人是宁吉什吉达身边的人（zag-ga-na gub-bu，《乌尔娜玛之死》第122行），克莱默认为此人是宁吉什吉达的"扈从"（squire），Kramer 1967，第111页。

献给宁吉什吉达之妻、冥界书吏宁阿吉姆雅（Ninazimua）的礼物包括：

雪花石膏大智者头饰（^{túg}sagšu geštúg-mah lú-zu giš-nu$_{11}$-gal，123）
书写工具……笔（gi-dub-ba zag bar-ra níg-nam-dub-sar-ra，124）
青金石丈量绳（éš-ganá za-gìn，125）
芦苇丈量竿（gi 1 ninda，125）

这就是乌尔娜玛在冥界必须取悦的九位神灵和为他们进献的礼物。第一位是冥王涅伽尔，他在冥界的地位最高，把他排在首位符合逻辑。然而，按照地位排列，第二位应该是冥界女王艾丽什吉佳尔，但我们在这个位置看到的却不是她，而是吉尔伽美什，这说明吉尔伽美什在乌尔第三王朝统治者的眼里有特殊地位。冥界女王排在了第三位，在吉尔伽美什之后，接下来是杜牧兹、纳姆塔尔、胡什比桑格、宁吉什吉达、迪姆皮枚库克以及宁阿吉姆雅。冥界神很多，有些神可以跨界。为什么乌尔娜玛仅仅为这些神献上了礼物？排序的先后意味着什么？进献的具体"礼物"与接受"礼物"的神灵有什么关联？这些问题都有待进一步研究。

这里提到的冥界礼（陪葬品）与早王朝时期的乌尔王陵出土的陪葬品大有可比之处，权杖、匕首、长矛、珠宝、首饰等等，甚至还有动物和人。这里罗列出来的冥界礼不是全部，第110行讲到乌尔娜玛为纳姆塔尔之妻胡什比桑格献上了一只带青金石把手的箱子，箱子里有所有冥界用物。这不禁让人联想到伍利在乌尔王陵发现的"衣柜"：20 世纪 30 至 40 年代伍利发掘乌尔王陵时，在女王普阿妣之墓（第 800 号墓）中发现一个大箱子，伍利称之为"衣柜"，长 2.25 米，宽 1.10 米，高度不详[①]，原因是

---

① Woolley 1934/1，第 80 页。

伍利发现"衣柜"时，木质箱已经完全腐烂，只在地上留下了一些扭曲的印记。[1] 普阿妣的"衣柜"里装的是什么，考古学家已经无从得知。现在，乌尔娜玛献给胡什比桑格的"箱子"为乌尔王陵发现的"衣柜"提供了一个参照，二者的功能显然一致，都是陪葬品，一个是女王的陪葬品，有实物为证，一个是冥界女神的陪葬品，有文献为证。遗憾的是，实物已经在几千年的岁月侵蚀中化为乌有。幸运的是，刻在泥版上的文献如今依然如故，明确说明箱子里面装的是"冥界"（irigal）所需的"所有"（níg-nam）。"所有"包括哪些东西？文献没有具体说明，我们无法从文献中得知，却可以从乌尔王陵出土的"衣柜"中得到一些启示，"衣柜"中的东西之所以化为乌有，说明里面装的可能是有机物，或纺织品，应该属于女王或女神的服装或铺盖之类。

至于文献中的人殉，当年的伍利曾发感慨，大意是说考古学已证明，苏美尔人在葬礼中大张旗鼓地实施人殉制，而苏美尔文献对此却保持了沉默，没有一篇苏美尔语文献讲到人殉。[2] 1944年，克莱默发表文章，公布了他刚刚解读的苏美尔语文学作品《吉尔伽美什之死》，并对伍利的问题给予了回应：苏美尔文献中不是没有人殉制的描述，而是有，至少有一篇，这篇文献就是《吉尔伽美什之死》。[3] 克莱默发表《吉尔伽美什之死》后，关于这篇文献或文学名篇的研究和翻译很多，兹不一一。

根据《吉尔伽美什之死》的描述，吉尔伽美什死后，陪葬的人中有（按照文献的叙事顺序）：

他的爱妻（dam ki áĝ-ĝá-ni, 1[4]）

---

[1] Woolley 1934/1, 第80页。
[2] 同上，第38、39页。
[3] Kramer 1944, 第6页。
[4] 阿拉伯数字代表作品中的行数，即ETCSL 1.8.1.3: *The Death of Gilgameš*, Another version from Nibru, 第1行。人殉部分，亦见Cavigneaux 2000, 第22页, Face 1—7; Veldhuis 2001, 第145页, N_3 1—7。

他的爱子（dumu ki áĝ-ĝá-ni，1）

他所爱的正妻（dam-tam ki áĝ-ĝá-ni，2）

他所爱的妾（dam-bàn-da ki áĝ-ĝá-ni，2）

他喜爱的乐师（nar ki áĝ-ĝá-ni，3）

他喜爱的侍酒官（sagi ki áĝ-ĝá-ni，3）

他喜爱的理发师（kindagal ki áĝ-ĝá-ni，4）

他喜爱的……（ĜAR ... 4）

他的宠臣（ĝìri-sig$_{10}$-ga-ni，5）

除陪葬的人外，文献接着提到"他喜爱的东西"（níĝ šu dug$_4$-ga ki áĝ-ĝá-ni，6）。

目前已知的《吉尔伽美什之死》的抄本都属于古巴比伦时期，原创应该是乌尔第三王朝时期。乌尔第三王朝时期是否彻底废除了人殉制？对这个问题还不能给出最后的结论，因为毕竟伍利发现的所谓乌尔第三王朝时期的"王陵"是不是王陵还有很大争议。在无法确定或没有发现乌尔第三王朝的"王陵"之前，一切结论都不能基于考古证据做出。但《乌尔娜玛之死》显示，乌尔第三王朝时期可能还有一点人殉制的余波（可能有两个与"战车"有关的"牧人"陪葬），人殉制已经基本废除，家庭成员不再陪葬，文献中显示的绝无仅有的两个陪葬者（如果解读正确的话）是从事特殊职业的人，让他们陪葬可能是为了满足特殊需求。文献显示，乌尔娜玛的妻妾儿女都没有陪葬，相反，死去的、已经进入另一个世界生活的乌尔娜玛却因自己不能再关爱妻子而感到悲伤。文献这样描述身在冥界的乌尔娜玛：

他再也无法用拥抱给妻子带来欢喜，

再也不能把孩子放在膝上爱惜，

将永远无法看到尚未长大的小妹妹的美丽！

我的王潸然泪下，心里充满悲戚。①

这与《吉尔伽美什之死》中描述的情况形成了鲜明对比：吉尔伽美什把他所爱的妻妾、儿女、近臣一起带到了另一个世界，而且特别强调"宠爱、喜爱"（ki … áĝ），似乎这是一个标准，没有达到这个标准就没有资格陪葬，在此，陪葬似乎是一种荣耀和恩赐。而乌尔娜玛不但没有妻妾儿女陪葬，反而因自己不能再照顾他们而感到悲伤和内疚。这是多么大的反差！但这可能不是君王本身的道德和修养问题，而是时代价值观和人生观的问题。观念决定行为，吉尔伽美什时代的来世观决定了吉尔伽美什的埋葬方式，乌尔娜玛时代的来世观决定了乌尔娜玛的埋葬方式。

乌尔第三王朝和吉尔伽美什所处的时代相隔约七八百年。乌尔第三王朝时期的人描述吉尔伽美什时代的葬礼是一种对古老习俗的追述。考古学证明，这种古老习俗并未得到传承，至少早王朝时期的"王陵"中体现的大规模和普遍实施的人殉制在后来的墓葬中没有发现②，更没有任何苏美尔语文献讲到与文献产生时代同代的人殉习俗。乌尔第三王朝时期的人如何详知对他们来说已经是几百年前的古代葬礼？也许人殉制被废除了，但古老的人殉制随着吉尔伽美什的传奇故事一直在流传。乌尔王陵的考古发现表明，文学作品中描述的吉尔伽美什葬礼与伍利发掘的乌尔王陵体现的葬礼非常吻合，说明文学作品在很大程度上是基于事实的，历史学要认真对待文学作品中的历史。

---

① dam-a-ni úr-ra-na a-la nu-mu-un-gi$_4$-a-ni/dumu-ni dùb-ba-na li-bí-in-peš-a-ni/nin$_9$ di$_4$-di$_4$ nu-mu-un-bùlug-bùlug-e-ne hi-li nu-mu-un-til-a-ni/lugal-gu$_{10}$ šag$_4$-ga-ni im-si ér gig [...] （ETCSL 2.4.1.1, *The Death of Ur-Namma*, A version from Nippur, 第151—154行）。

② 但必须承认，迄今为止，除乌尔王陵外，可以得到确认的古代君王的墓葬很少，新亚述时期有一些，古巴比伦之前的都没有。

尼普尔——苏美尔人的圣地

尼普尔是古代城市名称，当地的阿拉伯人把尼普尔遗址叫作努法尔（Nuffar），地处现代城市迪瓦尼耶东北，与之相距约45公里，与位于其东北方向的巴比伦遗址相距约85公里。从乌尔第三王朝时期开始，国王们在铭文中常常自称是"苏美尔和阿卡德之王"。在楔形文字文献中，苏美尔（ki-en-gi）和阿卡德（ki-uri）都没有明确的地理范围界定，现代学者一般把尼普尔作为苏美尔和阿卡德的分界线，视尼普尔以南（包括尼普尔）的地区为苏美尔，视尼普尔以北（不包括尼普尔）、现代城市巴格达以南的两河流域地区为阿卡德。

"尼普尔"的苏美尔语名称叫"尼布鲁"（Nibru），写作EN.LÍL.KI，即恩利尔+表示地点的限定符。恩利尔是尼普尔的主神，因此，当需要用文字表达"尼普尔"时，书吏没有专门为"尼普尔"造一个新字，而是选择了与书写恩利尔（EN.LÍL）神同样的书写方式来书写这座城市的名称。这样，EN.LÍL就产生了两种用法，一是用作"恩利尔"的书写形式，二是用作"尼普尔"的书写形式。同样的书写形式既用来表城，又用来表神，这不可避免地会给阅读造成辨识困难，但苏美尔人早就为这种情况想好了应对的方法，那就是用限定符来进行区分，把神的限定符（DINGIR）加在"恩利尔"前（即DINGIR.EN.LÍL）时，读作/enlil/，按现在的学术习惯音译为 ᵈen-líl，或 ᵈEn-líl[①]，指恩利尔神；而把表示地点/

---

① 神名前上提半位的d是拉丁语deus"神"的缩写，西方学者用它作为苏美尔语中神的限定符。苏美尔语的dingir"神"恰好也是以d开头，所以，d既可被视为deus的缩写，也可被视为dingir的缩写，对文献的理解都不会产生影响。需要说明的是，其他限定符都以完整的形式出现，都不用缩略形式，如：树木、容器和金属（器）的限定符分别是giš、dug和urudu。苏美尔书写体系中的限定符有两种，一种是前置限定符，一种是后置限定符。

地域/地方的限定符KI加在"恩利尔"后面（即EN.LÍL.KI）时，读作/nibru/，按现在的学术习惯音译为nibru^{ki}，或Nibru^{ki}，指尼布鲁（尼普尔）这座城市。

恩利尔神原本是苏美尔人崇拜的神，还是塞姆人崇拜的神？学术界对此有不同观点。EN.LÍL完全可以按照苏美尔语的读音和语义解释为"风之主"或"风王"[①]，但也有一些学者认为，早期文献，尤其是埃布拉文献中的 *i-li-lu*（即恩利尔）表明，恩利尔原本不是苏美尔人的神，而是塞姆人崇拜的神。[②]这后一种观点似乎更可信，更符合尼普尔有两个主神的事实，宁努尔塔应该是尼普尔原本的主神，恩利尔是后来引入的神，塞姆语的"恩利尔"（*i-li-lu*）可释为"神之神"（*il-ilī*）[③]，苏美尔人把恩利尔引入后，他便成为"众神之父"（ab-ba-dingir-dingir-ré-ne[④]）。因此，恩利尔后来居上，成为尼普尔最重要的神，宁努尔塔的地位下降，降到了子神的地位。

早在1851年，英国考古学家莱亚德就在尼普尔进行过发掘。据他讲，当地人把尼普尔的塔庙遗址叫作"宾特阿米尔"（Bint il-Amir），即"酋长之女"，并说里面埋了一艘金船。[⑤]莱亚德后来被尊为英国西亚考古学之父，但就他的发掘方式、方法和发掘目而言，他更像个挖宝者。他之所以发掘尼普尔，可能是因为受到当地人金船传说的吸引，两周之后他就因为几无所获而放弃了发掘。

19世纪中期，英国考古学家正在集中精力发掘亚述古都，法国考古学家在忙于发掘铁罗（吉尔苏），无人问津尼普尔。到了19世纪80年代，两河流域的考古战场又来了一位参与者，这就是美国。1884年，由

[①] Jacobsen 1989，第270页。
[②] Michalowski 1998，第241页，注释8；Steinkeller 1999，第114页，注释36。
[③] Steinkeller 1999，第114页，注释36。
[④] Frayne 2008，第195页（En-metena E1.9.5.1 i 3）。
[⑤] Layard 1985，第473页。

沃德（H. Ward）、斯特雷特（J. R. S. Sterrett）和海涅斯（J. H. Haynes）组成的美国考察团对两河流域的古代遗址进行了考察。由于两河流域北部的亚述地区已被英法两国考古学家抢占了先机，他们便把考察的重点放到了两河流域南部。根据这次考察结果，宾夕法尼亚大学决定发掘努法尔，当时尚不知努法尔就是古代的尼普尔。

宾夕法尼亚大学于1888年开始对尼普尔进行发掘，持续到1900年。这次发掘成果显著，不但发现了数以万计的泥版，还发现了各种陶器、陶塑、陶范、陶制玩具、浮雕、石制武器、石制用具、金银首饰、青铜器、铁器、戳印、滚印以及宝石等等。考古学家把出土泥版最多的地方叫作"泥版山"（Tablet Hill）或"文书区"（Scribal Quarter），而把塔庙所在的区域叫作"宗教区"（Religious Quarter）。不言而喻，泥版几乎都出土于"泥版山"。[①]1893年至1896年间，海涅斯继续留在尼普尔发掘，累计发现21 000多块泥版。

图3-40　尼普尔遗址出土的乌尔娜玛铜像，藏于伊拉克国家博物馆

从1948年起，宾夕法尼亚大学和芝加哥大学东方研究院对尼普尔进行了联合发掘，由麦考恩（D. E. McCown）主持，断断续续持续到1952

---

① 关于尼普尔的发掘史及相关论著，见Gibson 2000。

图3-41 尼普尔的伊楠娜神庙发掘现场，1960—1961。从遗址丘的上面向下挖，最下面的建筑层年代最早，约公元前3300年，相当于当时的地面

年。①1953年，宾西法尼亚大学退出发掘，美国东方学会开始与芝加哥大学合作，对尼普尔进行了多次发掘，直到1990年。接下来的中东地区战火不断，伊拉克境内的正规发掘几乎都停了下来。随之而来的是猖獗的盗掘，伊拉克境内的很多遗址都遭到盗掘者的破坏，包括尼普尔遗址。

在苏美尔文明中，尼普尔的地位非常特殊。大概由于这里的主神是恩利尔，而恩利尔又是"众神之父"，至少从早王朝时期开始，这里就成为苏美尔统治者的"圣地"，取得霸主地位的国王都要到这里对恩利尔敬拜一番，求得恩利尔的认可，为自己的王权增加合法性和权威性。这个"圣地"与普通百姓的宗教信仰和生死存亡无关，这里是统治者表演的舞台，但从来没有人在这里称王，从而在这里建立一个世袭王朝。这令人费解。有文献显示，阿卡德王朝的纳拉姆辛（Narām-Sîn，公元前2259—前2223在位）统治时期，尼普尔的统治者（énsi）恩利尔尼祖（Enlil-nizu）参与了反对纳拉姆辛的叛乱。②乌尔第三王朝时期，也有尼普尔统治者自称是乌尔统治者舒尔吉之仆人③的文献证据，说明尼普尔的统治者是由中央政府（如阿卡德王朝和乌尔第三王朝）任命的，这个职位可能也不能世袭。

根据一篇被学界称为《吐玛尔铭文》④的苏美尔语文献记载，第一个来到尼普尔为恩利尔建造神庙的人是基什王恩美巴拉格西（Enmebaragesi，统治年代为约公元前2800年）。据《苏美尔王表》记载，"洪水席卷（大地）后，当王权再度自天而降时，王权在基什"⑤，这就是现代学者所说的"基什第一王朝"。那时，基什是美索不达米亚南部诸城邦中的强者，是霸主，甚至有迹象表明基什是"苏美尔城邦联盟"的盟

---

① 发掘结果见McCown/Haines 1967。
② Frayne 1993，第84页。
③ Frayne 1997，第210页（Šulgi E3/2.1.2.2022）。
④ Sollberger 1962，第42页；ETCSL 2.1.3: *The History of the Tummal*；汉译见吴宇虹（执笔）1982。
⑤ Jacobsen 1939a，第76—77页。

主。到恩美巴拉格西统治基什时，基什已历经21王，恩美巴拉格西是这个王朝的第22王，他远征埃兰，并从那里带回了战利品[①]，这说明直到那时，基什仍然强大。恩美巴拉格西到尼普尔为恩利尔建造神庙，而且这种做法得到后来许多统治者的效法，说明他统治下的基什对两河流域南部仍有很大影响力。其子阿伽（Aga或Agga）甚至挥师南下，围攻乌鲁克，说明基什有发动战争的实力。但这次远征以失败告终，基什王阿伽被乌鲁克人俘获。大概就是这次战斗结束了基什的霸主地位。[②]《吉尔伽美什与阿伽》详细描述了这个历史事件，与《苏美尔王表》的相关记载形成呼应。根据《苏美尔王表》的记载，阿伽是基什第一王朝最后一位国王，在他统治时期，"基什被打败，其王权被转到埃安纳"[③]，埃安纳是乌鲁克的一部分，在此代表乌鲁克。结束基什霸主地位的人是吉尔伽美什，根据《苏美尔王表》的说法，吉尔伽美什是乌鲁克第一王朝的第五位国王，并不是这个王朝的建立者。吉尔伽美什之前的乌鲁克国王也都很强大，尤其是他祖父辈的恩美卡更是雄才大略，能运筹帷幄之中，决胜于千里之外，不战而屈人之兵，他也曾亲自率军远征隔着"七重大山"的阿拉塔（Aratta），其实力和雄心可见一斑。到了吉尔伽美什统治时期，乌鲁克已经强大到足以让当时的霸主基什感到不安的程度。大概正是为了打压乌鲁克的发展势头，遏制乌鲁克的崛起，基什王阿伽才主动发动了战争，率领大军南下围攻乌鲁克，结果一败涂地，自己反成为乌鲁克的俘虏。然而，吉尔伽美什并未加害阿伽，而是让他安全返回了自己的家园。这是强者的宽容，还是另有原因？如今已经不得而知。可以肯定的是，基什第一王朝从此失去霸主地位，取而代之的是乌鲁克，也就是说，乌鲁克到吉

[①] 《苏美尔王表》第ii栏，第36—37行；Jacobsen 1939a，第72—85页。
[②] 《吉尔伽美什与阿伽》描述了阿伽远征乌鲁克、被乌鲁克王吉尔伽美什俘获的详细过程。关于《吉尔伽美什与阿伽》，见Cooper 1981；Katz 1993；Wilcke 1998；ETCSL 1.8.1.1: *Gilgameš and Aga*。
[③] Jacobsen 1939，第84—85页。

尔伽美什统治时期取得了地区性霸主地位。根据《吐玛尔铭文》的记载，吉尔伽美什是继恩美巴拉格西之后，第二个到尼普尔为恩利尔建立神庙的霸主[1]，这个记载与《吉尔伽美什与阿伽》中描述的历史事件若合一契：结束基什霸主地位的人是吉尔伽美什，而不是《苏美尔王表》所说的乌鲁克第一王朝的创始人麦斯江伽舍尔（Meskiaĝgašher）；吉尔伽美什是继基什王恩美巴拉格西之后第二个到尼普尔为恩利尔建立神庙的人，而不是像《吐玛尔铭文》的多数版本所说的那样，第二个到尼普尔为恩利尔建立神庙的人是乌尔国王麦斯安尼帕达（Mes-anne-padda）。

阿卡德王朝的创始人萨尔贡是《苏美尔王表》中描述的与苏美尔诸城邦争夺"王权"的国王之一，他也曾经夺得"王权"，但《吐玛尔铭文》中没有提到萨尔贡，原因不详。萨尔贡是讲阿卡德语的塞姆人，如果以语言划分民族，他与讲苏美尔语的苏美尔人不属于同族，但这大概不是《吐玛尔铭文》没有提到他的原因。除语言外，同属一个文化圈的阿卡德人和苏美尔人在宗教信仰、风俗习惯、政治体制等方面几乎没有什么区别，至少没有什么大的差异。苏美尔人尊崇的主神也都同样受到阿卡德人的崇拜。恩利尔自然也是萨尔贡尊崇的神，他不但自称是"恩利尔的统治者"（énsi-gal ^{d}En-líl）[2]（为恩利尔而统治），还曾经"为恩利尔而净化（elēlu）了尼普尔"[3]，在打败并俘获乌鲁克王卢伽尔扎格西（Lugalzaggesi）后，没有就地把他杀掉，而是给他戴上枷锁，把他押送到尼普尔。[4] 铭文没有交代萨尔贡这样做的目的，也没有交代把卢伽尔扎格西带到尼普尔后做了什么。也许对当时的读者而言，把卢伽尔扎格西带到尼普尔的目的是

---

[1] 《吐玛尔铭文》有多个抄本，在绝大多数抄本中，吉尔伽美什都是第三个到尼普尔建立神庙的统治者，只有个别抄本把吉尔伽美什列在第二位。虽然如此，索尔贝里耶（E. Sollberger）认为把吉尔伽美什列在第二位更符合历史真实，因为这个排序与《苏美尔王表》的顺序一致，也可以得到其他证据的支持，见 Sollberger 1962，第40—41页。索尔贝里耶的说法有理有据，是学术界普遍认同的观点。

[2] 如 Sargon E2.1.1.1: 10—11; Frayne 1993, 第10页。

[3] Sargon E2.1.1.6: 25—29; Frayne 1993, 第20页。

[4] Sargon E2.1.1.1: 23—31; Frayne 1993, 第10页; Sargon E2.1.1.2: 25—34; Frayne 1993, 第14页。

无须交代的，这位被俘国王的命运也是不言而喻的。

无独有偶，《吉尔伽美什与胡瓦瓦》提供了一个类似的案例。这是一部文学作品，成文年代不早于乌尔第三王朝，至少晚于萨尔贡征服卢伽尔扎格西的年代两个多世纪，但其中的主人公吉尔伽美什的生活年代却要早于萨尔贡五六个世纪。根据《吉尔伽美什与胡瓦瓦》（版本 A）的描述，吉尔伽美什通过欺骗和利诱手段俘获胡瓦瓦，并在恩启都的坚持下最终杀了胡瓦瓦，之后提着胡瓦瓦的头颅来到尼普尔，跪伏在恩利尔面前。恩利尔先是对吉尔伽美什杀胡瓦瓦的行为大为震惊，而后对他的鲁莽行为大加责备，最后对胡瓦瓦的头颅做了处理，把胡瓦瓦的七种"光"（me-lem$_4$）分别给了"田地"（a-šag$_4$）、"河流"（íd-da）、"芦苇丛"（ĝiš-gi）、"狮子"（ur-maḫ）、"宫殿"（é-gal）、"森林"（tir-tir）以及"（囚徒之神）努恩伽尔"（^{d}nun-gal）。[1] 虽然《吉尔伽美什与胡瓦瓦》是文学作品，但其中的故事原型也许就是真实的历史，文学源于生活，古今中外莫不如此。一个国王取得霸主地位后，要到尼普尔为恩利尔建造神庙（或者说，到尼普尔为恩利尔建立神庙是取得霸主地位的标志），杀了重要人物后，要到尼普尔听候恩利尔的最后裁决。有了这样的参照，萨尔贡把俘获的乌鲁克国王卢伽尔扎格西带到尼普尔的目的就比较清楚了：让恩利尔做出最后裁决。可惜此事没有后续，卢伽尔扎格西的命运如何不得而知。

---

[1] 关于《吉尔伽美什与胡瓦瓦》的研究与翻译，见 Edzard 1990；英文翻译，ETCSL 1.8.1.5: *Gilgameš and Ḫuwawa* (Version A)。

第四章
走进复活的苏美尔文明

文明灯塔——乌鲁克早期文明

公元前3200至前3000年间，美索不达米亚南部的苏美尔地区进入人类文明史上的新阶段，学术界通常称之为"早期高度文明"。[①]它犹如黎明曙光，不但照亮了苏美尔，也照亮了周边地区。这个"早期高度文明"有几个重要标志：发明了文字，且将文字广泛用于记录经济活动和当时已知的各种自然物和人造物的名称，包括各种职业；出现复杂的社会分层和劳动分工；出现大型建筑群和大型造型艺术，包括宫殿和神庙及其装饰；广泛使用滚印。创造这个文明的人是苏美尔人。

公元前4千纪的最后几个世纪在历史学和考古学上被称作"乌鲁克时期"，分为两个阶段，即乌鲁克晚期（乌鲁克Ⅳ时期，约公元前3200—前3100，取名于乌鲁克遗址）和捷姆迭特-那色时期（Jemdet Nasr，约公元前3100—前3000，取名于捷姆迭特-那色遗址，该遗址地处巴格达以

---

① Nissen 1988，第65页。

乌鲁克

埃安纳IVa层
乌鲁克 晚期

长方砖建筑
石钉镶嵌神庙
圆柱大厅
神庙C
大院
神庙D
宫殿E
50米

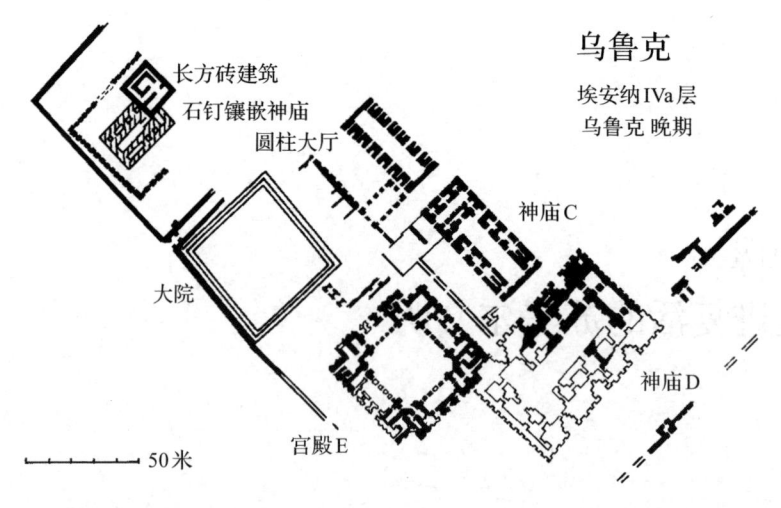

图4-1　埃安纳城区建筑群，乌鲁克IVa时期。乌鲁克的早期楔文文献都出土于埃安纳区，最早的文献属于乌鲁克IVa时期

南约100公里处，古代名称不详），捷姆迭特-那色时期相当于乌鲁克III时期。① 之所以用考古遗址和考古文化来命名这个时期，是因为此时尚无"历史"（成文史）可言。既然已经有文字，又为何没有成文史？这是因为苏美尔人的文字不是为记史而发明的，目前发现的最早的一批文献都是经济文献和辞书文献，这时还没有出现历史文献。经济文献所记信息也十分有限，一般只记录数字和物品的名称。辞书文献分门别类地记录自然物和人造物的名称，不做任何解释说明。这些文献在一定程度上反映了当时的生产力发展水平，却对了解当时的"上层建筑"几乎毫无帮助。因此，再现这个时期的历史主要靠考古学，文献学只能发挥一定的辅助作用。

乌鲁克的发掘主要是在埃安纳及其周边地区进行的。在这里，考古学家发掘出大型建筑群遗址。其中最早的"石灰石神庙"属乌鲁克V时期，而大部遗存属乌鲁克VIa—III时期，其中有考古学家所说的神庙C、

---

① 关于乌鲁克早期文明时期的定年，见Green/Nissen 1987, 第21—51页（作者Nissen）。

168　苏美尔文明

图4-2 埃安纳地区出土的石钉镶嵌神庙，乌鲁克Ⅳ时期，发现时的状态

神庙D、宫殿E、圆柱大厅、大院、石钉镶嵌神庙、长方砖建筑。"宫殿""神庙"之类的称呼，都是沿用早期考古学家的说法，这样的概念不一定准确，因为这些建筑的功能及其相互之间的关系并不十分清楚，也就是说，没有足够的证据证明每个具体建筑的具体用途。但这样的称呼已经约定俗成，我们这里也姑且沿用之。这里出土了大量文物和文献，其中的经济文献（有学者称之为管理文献）记载的经济活动几乎都与神庙有关。由此观之，这里可能是国家的管理中心和宗教中心，所以，把这里的大型建筑视为王宫和神庙是有一定道理的。乌鲁克的"神庙"与稍早的埃利都神庙结构大体相同，中间是大厅，大厅两边各有一排侧房。不同之处在于大厅的形式，乌鲁克的"神庙"大厅不是长方形，而呈T形。据说，乌鲁克时期的这种对称建筑对建筑技术要求很高。

乌鲁克的"神庙"建筑用的石灰石，是从乌鲁克以西60至70公里的地下石灰石内围层采集的，采石、运输以及建筑施工本身需用大量劳力。据估计，建造安努塔庙这样的建筑，1 500人每天做工10小时，5年

第四章 走进复活的苏美尔文明 169

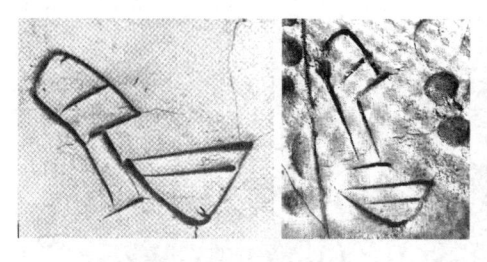

图4-3 苏美尔语动词"吃"（gu₇），是由"（人）头"（SAG）和"面包/食物"（NINDA）组成的复合字。"面包/食物"这个字也许是斜面碗的正视象形字。上述两种形式取自乌鲁克Ⅲ时期的文献，这时，复合字的组成部分位置不固定，说明复合字组成部分的"（字）义"最重要，由位置产生的形并不重要

图4-4 斜面碗

才能完成。[1]石钉镶嵌神庙的装饰也要花费很多时间和劳力。这批非农业劳动大军从国库领取口粮。这个时期大量生产的所谓"斜面碗"[2]可能就是用来发放口粮的量器。楔形文字的"吃"字是由SAG"（人）头"和NINDA"面包/食物"（字形是一个斜面碗）组成的，可被视为"斜面碗"曾被作为发放口粮的量器的文献佐证。"斜面碗"在许多遗址都大量出土，大小都基本相同，显然有个统一的规格，从中似乎可看到最早的统一量器。

最早的滚印出土于埃安纳第Ⅵ层，比"王宫""神庙"建筑还要早。滚印从一开始就是用来宣示所有权的，是私有观念的体现，与经济发展程度密切相关。滚印印面上的图案一般是阴纹，印出来的图案是浮雕式的阳纹。图案大体上可分为两类：一类是形象图案，通常形象地描绘人物、动物和植物等；一类是抽象图案。乌鲁克的印章图案多为形象图案，捷姆迭特-那色的印章图案多为抽象图案。形象图案印章属于上层官员用物，抽象图案印章属于下层官员用物的说法没有足够的根据。认为形象图

---

[1] Nissen 1988，第95页。

[2] bevel-rimmed bowls，有时写作bevelled-rim bowls，德语称之为Glockentopf。

图4-5 "穿网裙的国王"在举行一种宗教仪式,站在船上,向伊楠娜祭坛祈祷。现代滚印印迹,滚印质料:青金石,高4.3厘米,直径3.5厘米,出土于乌鲁克

图4-6 "穿网裙的国王",现代滚印印迹,滚印质料:大理石,高5.4厘米,直径4.5厘米,1915年德国考古学家在乌鲁克附近购得

案印章是私章,而抽象图案印章是公章[①],也仅仅是猜测而已。仅乌鲁克就出土了2 000多个印在泥版上的阳纹印迹(带印纹的干泥或泥版),但很少发现印章。印章去了哪里?这个问题至今仍没有答案。

在形象图案印章描述祭祀场面的图案里,往往有一人物,处在图案的中心,大概在主持某种仪式。这个人可能就是乌鲁克IV—III时期的统治者。因为印章上没有文字,所以无法确定印章上的人物的具体身份。在一个"打杀俘虏"(打杀的不见得就是俘虏!)的场面中,一个人打杀"俘虏",另一个人执矛旁观。此人的衣冠与上面提到的那个主持宗教仪式的人的衣冠相同。这些印章上的核心人物可能都是一个人,或处在同一地位的人,即国王。国家形成初期的国王既是最高祭司,同时也是最高的

[①] Nissen 1988,第78页。

图4-7 出土于乌鲁克遗址的"祭司王"石雕像，高18厘米，灰色雪花石膏，约公元前3200年，藏于伊拉克国家博物馆

世俗领袖，一身兼二职，所以，他通常被现代学者称为"祭司王"。

大型建筑出现后不久就产生了文字（乌鲁克Ⅳa时期）。虽然苏美尔人创造的文字被称为楔形文字，现在多采用"原始楔形文字"称呼之，但初创时期的文字并非楔形，而是线形，或象形，看从哪个角度观察。早期文献（乌鲁克Ⅳa—Ⅲ时期）大都是记载经济活动的经济文献，有时也被称为管理文献。这些文献基本都出土于埃安纳区，说明埃安纳不仅是当时的宗教中心，也是管理中心。这批早期文献都不是在原地（原始存放地）发现的。最初存放于何处？如何存放？是否像后来某些遗址显示的那样，或把泥版放在木架上存放，或放在陶器里存放？目前还不得而知。从新石器时代就开始被用于记数的陶筹与文字的起源有一定关联[1]，文字的产生

---

[1] Schmand-Besserat 1992。

标志着陶筹已不能适应经济发展的需要，标志着生产力已经发展到非有文字不可的程度，更标志着人类思维的一次飞跃。学术界历来有文字是国家诞生的标志之一的说法，但就楔形文字而言，它的产生并不标志着国家的诞生，因为种种迹象表明，楔形文字是在国家形成之后才产生的。在文字产生之前，滚印、陶筹和数字泥版可能发挥着后来文字发挥的作用。

苏美尔人发明文字的目的不是为了记载具有明确时间节点的历史大事，也不是为了记载日常的祭祀或占卜活动，而是为了记载日复一日、年复一年、充满各种数字、几乎程式化的经济活动：收入与支出。后来的苏美尔史诗《恩美卡与阿拉塔王》把楔形文字的发明说成是乌鲁克王恩美卡一人的功绩，把发明楔形文字的目的描绘成恩美卡向他国国王传递威胁性信息，显然不符合历史事实。这种说法应该是乌鲁克人为达到鼓吹自身文化优势之目的而编织的故事，充其量是后世对楔形文字起源的一种想象，而不是文字起源的真实写照。研究表明，楔形文字的起源与陶筹有关，造字思想的产生可能受到陶筹记数和存储信息功能的启发。[①]鉴于文字与陶筹之间的关系，再加上早期文献大多数是经济文献的事实，可以肯定，楔形文字是为记载经济活动而发明的，是在经济生活的迫切需要中产生的，最初也不是用来（完全）表达语言的，而是用来表达语言中的主要成分（数词和名词）的，具有明显的助记性质。

属于乌鲁克IVa—III时期的原始楔形文字文献大部分出土于乌鲁克（发掘所得5 000余块泥版，少部分属于乌鲁克IVa时期，大多数属于乌鲁克III时期）[②]，其次是捷姆迭特-那色（共出土240块泥版[③]，属于乌鲁克III时期），还有一些属于这个时期的泥版出土于其他遗址：乌凯尔（Tell Uqair）4块，属于乌鲁克III时期；阿斯马尔（Tell Asmar，即古代埃什努

---

① 拱玉书1997，第65页。
② Englund 1993，第5页。
③ 说法不一，伯罗斯（Burrows 1935）发表的乌尔古朴文献就多达373块泥版。

图4-8 乌鲁克出土的经济文献，私人收藏，年代属于乌鲁克Ⅲ时期，内容涉及大麦，或交易，或配给，或存储，因为没有出现动词，所以此处涉及的行为无法确定。具体信息包括大麦总数、"37个月"、负责人库希姆（Kušim）等

纳）2块，亦属于乌鲁克Ⅲ时期；海法吉（Khafaje）1块数字泥版，属于乌鲁克Ⅳ时期。[1] 这说明乌鲁克文字产生后很快就传播到了周边地区。

在乌鲁克出土的早期文献中，经济文献占总数的85%，辞书文献（756块残片）约占15%。[2] 这时的辞书文献都是把同类概念归纳在一起的"表"，目前共发现15个这样的"表"，包括《人表》《容器表》《树木表》等。这些"表"可能是供学生使用的教科书，也可能是当时的"学术"著作。

最能反映社会分工和社会等级的文献是15个表中的《人表》（见图4-9），其中反映的苏美尔社会的复杂性更是超乎想象，是同时代的其他文明难以企及的，至少没有任何同时期的其他文明用文字记载了这个时期的

---

[1] Nissen 1986a，第316—322页。

[2] Englund 1993，第5、9页。

图4-9 《人表》(或可称为《百工表》),乌鲁克出土,有很多抄本,最早的抄本属于乌鲁克IVa时期,即约公元前3200年,大多数属于乌鲁克III时期,由德国考古学家发现,藏于德国柏林近东博物馆。《人表》记载了百余种职业,反映了高度细化的社会分工。其中很多职业名称至今尚未成功解读。根据已经解读的部分可以推知,"人表"排序的依据是社会地位,由高至低排列,全表以"国王"(namešda)开始。《人表》传抄了两千余年,各地各时代的抄本很多。这是最早的抄本之一,残缺严重,背面完全破损

社会分层情况。乌鲁克IV—III时期(公元前3200—前3000)出土的《人表》残片多达176块[①],也有185块泥版一说,大多数残缺严重,有的只剩下几个字。所以,很难确定当时有多少抄本。可以肯定地说,抄本有很多,说明作为"教科书"或作为学术典范的《人表》诞生后就被大量复制和传抄。约公元前2600年前后,《人表》就传到了乌尔,约公元前2500年前后传到了阿布萨拉比赫(Abū Ṣalābīh),约公元前2400年前后传到了

---

① 176块《人表》残片摹本见Englund 1993,图版1-24。

位于叙利亚境内的古国埃布拉，约公元前1500年前后传到小亚细亚的赫梯人那里，而在巴比伦尼亚和亚述，《人表》和在《人表》基础上发展出来的各种与人有关的词汇表一直传承到新亚述时期（约公元前1000—前625）。

《人表》是亚述学家根据后来的辞书系列 lú=ša[①] 命名的，后来的《人表》内容得到大幅度扩充，既包括政府官员的头衔、宗教头衔，也包括各种状态和各种类型的人，如"富人""穷人""强人"等。

乌鲁克时期的《人表》罗列了120多种人（或职业）。遗憾的是，截至目前，《人表》还不能完全解读。就目前理解的程度看，《人表》中的职业名称是按等级排列的，国王职位（nám-ešda）排在第一位，之后是次于王的各种官职，而后是再次一等的职业，依此类推。相关的职业名称被排列在一起，其中重要者在先，次要者次之，再次要者再次之。为更好而直观地了解《人表》，我们可以看一下《人表》第一栏的前十行，或《人表》罗列的排行前十的职业：

1.	nám-ešda	王
2.	nám-lagar$_x$	祭司
3.	nám-di	法官
4.	nám-umuš	顾问（谋士）
5.	nám-uru	市长（知府？）
6.	nám-erin	元帅（都督）
7.	gal-šubur	猪倌长
8.	nám-apin	司犁
9.	nám-še	司麦
10.	nám-pa-rad	？

[①] 关于这个辞书系列，见 Civil 1969（MSL 12）。

除国王职位外，《人表》中还有主管祭祀的职位（nám-lagar$_x$〔ḪÚB〕[①]）、主管诉讼的职位（nám-di[②]）、主管城市的职位（nám-uru）、主管军队的职位（nám-erin）、主管农耕的职位（nám-apin）以及"顾问"（nám-umuš[③]）等。如果套用现代概念，这些职业名称大致相当于"宗教部长""司法部长""市长""国防部长""农业部长"等。由于早期文字还没有得到完全破译，破译的部分也不过是建立在后来字义基础上的推理，而文字是发展的，字义是会随着时间的推移和使用者的不同发生变化的，所以，上述解释还有很多商讨空间，远远不是定论。

从《人表》排行前十的职业名称中可见一个明显的外在特征，即十个名称中九个带nám-，似乎苏美尔语的职业名称多数都由nám-构成，其实不然，在接下来的百余个职业名称中都没有再出现nám-。研究表明，nám是人类历史上第一个被书写下来的名词性前缀，具有使具象名词变成抽象名词的功能，相当于英语中的-ship、-ness和-hood等名词后缀。[④]的确，由nám-（后来被nam-取代）构成的抽象名词在苏美尔语中非常常见，而《人表》中的nám-是这个前缀在文献中的"首秀"。nám-（或nam-）原则上可以置于任何名词、形容词或动名词前，把具象的概念变为抽象概念，把抽象概念变得更加抽象。在《人表》中，nám只出现九次，而且都出现在前十个重要的职业名称中，这表明，nám的用法并非始终如一，而是经历了一个发展过程：起初只和一定的名词搭配，后来才发展为可以与任何名词性词汇（包括形容词和动名词）搭配。

在《人表》中，与nám搭配的都是比较重要的职业，其中最重要的是第一职业nám-ešda"王"。nám-ešda只见于该"人表"，不见于其他类

[①] Wilcke 2007，第19页。
[②] 有不同解释：nám-sá"顾问"，Wilcke 2007，第19页；nám-di"判决"，Schrakamp 2010，第144页。
[③] Wilcke 2007，第19页。
[④] 详见拱玉书2023。

型的任何文献。如果没有中巴比伦时期的一篇辞书文献和新巴比伦时期的辞书注疏文献，亚述学家不可能知道nám-ešda的词义。[①]与《人表》同时期的经济文献中常见"恩"（en）、"卢伽尔"（lugal）和"努恩"（nun），这几个概念在后来的文献中都有"（国）王"的含义，特别是"恩"和"卢伽尔"，还有稍后的"恩西"[②]，更是"王"的常见形式。然而，这些概念都没有出现在乌鲁克《人表》中。可以肯定，在乌鲁克出土的早期文献中，"恩"、"卢伽尔"和"努恩"这些概念应该也具有同样的含义。既然如此，为什么这些概念没有被收入"人表"？对这个问题，也许nám-可以为我们提供一些启发：以nám-为前缀的职业名称都不是具体职业名称，而是指一类职业，"王"（nám-ešda）指王类，其中含盖"恩"和"卢伽尔"，甚至可能也包括"努恩"，有了这个概括性名称，其他的具体名称便不必再次出现。这也许是"王"的具体名称只见于经济文献，而不见于《人表》的原因，这在一定程度上也可以解释nám-ešda只见于《人表》，而不见于经济文献的原因。

《人表》反映的是一个等级分明、经济相当发达的阶级社会。乌鲁克Ⅳ—Ⅲ时期的经济发展水平和社会组织的复杂程度不是短时间内就可以达到的。乌鲁克Ⅳ时期的经济发展水平和社会组织的复杂程度究竟如何，目前还不能详知。随着古朴文字解读的进展，"人表"以及其他文字材料还会为人们更深入地了解乌鲁克的早期国家形态和社会结构提供更多的证据。

乌鲁克时期的造型艺术已经达到很高水平，前面提到的"祭司王"、"乌鲁克妇女头像"、"长嘴壶"、"乌鲁克石膏瓶"（见图4-13）、"国王猎狮碑"（见图4-10）等，都是这个时期的代表作。

[①] 根据提格拉特帕拉萨尔一世时期的一篇辞书文献和新巴比伦时期（公元前6世纪）的一些辞书注疏文献，ŠITA.GIŠ可读作ešda，意为"王"（šarru）。见Ea II, 36, Civil 1979, 第248页（MSL 14）。
[②] Jacobsen 1991。

图4-10 国王猎狮碑,玄武岩,高78厘米,公元前4千纪末

乌鲁克时期的陶器也发生了转型,这时素陶居多,而且用陶轮大批生产。陶轮的使用引起了制陶业内部的进一步分工。考古学家在乌鲁克还发现了一个工场。[①]这里有两条U形地沟,沟的两边排列着椭圆形的小坑。沟和坑都有明显的高温的痕迹,在刚刚发现时,还都有灰迹。遗憾的是,没有证据可以表明这里需要高温的原因。高温使人想到熔炼金属,也使人联想到乌鲁克文献中的《金属表》(见图4-11)。无论这里做的是什么工,都可以从这里看到劳动力高度集中和劳动者分工合作的一幕。

两河流域的南部是冲积平原,缺少建筑石料、木材和金属,因此,贸易十分重要。乌鲁克古朴文献中常提到距苏美尔很远的阿拉塔和迪尔

[①] Nissen 1988,第81—82页。

第四章 走进复活的苏美尔文明

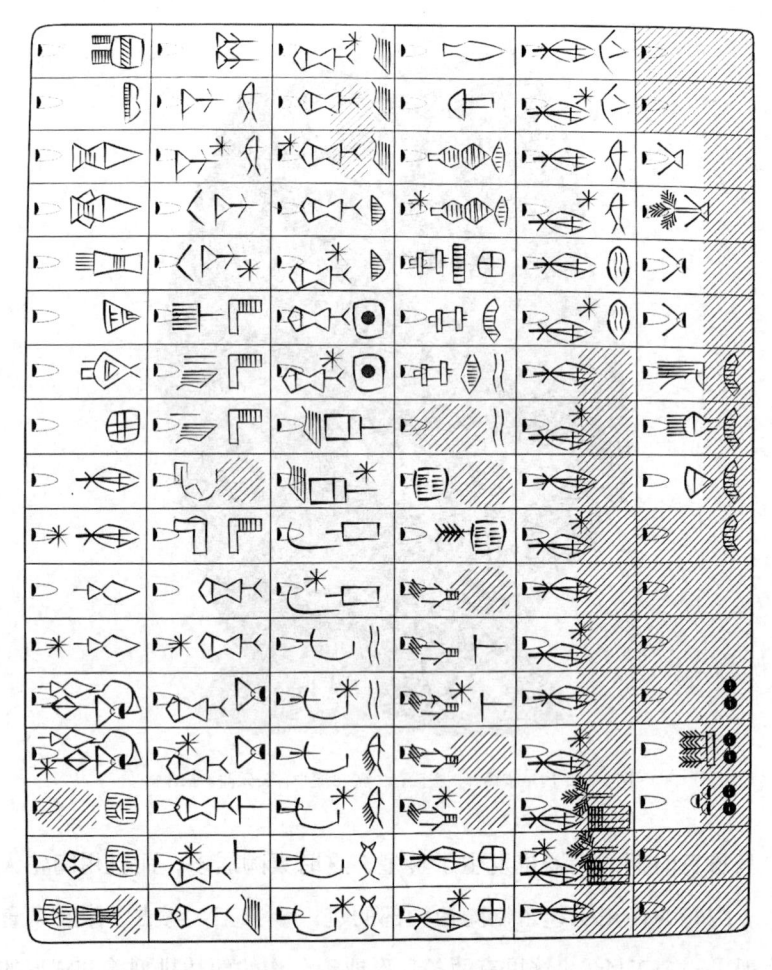

图4-11 《金属表》，乌鲁克遗址出土55块《金属表》的泥版残片，其中3块属于乌鲁克Ⅳ时期，其他都属于乌鲁克Ⅲ时期。金属表包括金属容器、武器和工具等，共列出102种

蒙两个地方，表明苏美尔人与波斯湾地区的迪尔蒙（现在的巴林岛）和苏美尔东面、远隔"七重大山"的阿拉塔有贸易往来。如果像后来的苏美尔史诗《恩美卡与阿拉塔王》描绘的那样，乌鲁克王恩美卡派使者到阿拉塔，要求阿拉塔王为乌鲁克提供建筑材料，并以武力威胁之，那么，这时的远程贸易可能是不平等的。由此可见，现在有些国家奉行的实力外交政策早在公元前3000年代初就在苏美尔人那里实际实施了。

乌鲁克古朴文献中没有提到苏萨、安善，甚至没有提到埃兰，而其他考古材料证明，埃兰地区的发展与乌鲁克文化有密切关系，作为量器的斜面碗、陶筹、滚印、书写术、书写材料以及书写方式都是从苏美尔引进的。可见，目前已知的文献材料没有完全反映出乌鲁克早期文化的传播范围。

除与较远的地区进行贸易外，巴比伦尼亚内部的各城之间也互有往来。乌鲁克古朴文献还提到巴比伦尼亚北部的基什（7次）和埃什努纳（Ešnunna，1次），南部的阿达布（16次）、拉尔萨（3次）、温马（8次）、舒鲁帕克（31次）、乌尔（17次）、扎巴拉（Zabala，31次）[①]，但没有提到尼普尔、西帕尔和拉迦什。尽管文献中没有提到，但可以肯定，拉迦什、尼普尔和西帕尔与乌鲁克和其他周边城市都有不同形式的联系，这些城市都是当时的大城市，都属于乌鲁克（即苏美尔）文化圈。

从乌鲁克的大型建筑、滚印、文字以及其他材料中，可以对苏美尔早期国家，特别是早期国家的社会分层略见一斑。这个国家以乌鲁克城市为中心，东北两面，村社星罗棋布。[②]埃安纳的大型建筑群是乌鲁克的管理中心和宗教中心之所在。在文字产生之前，这个国家可能凭滚印、陶筹等手段来管理经济。国家建立后，越来越复杂的管理体制，特别是经济管理中农产品的收入与支出，需要更先进的储藏和传递信息的手段，于是文字便应运而生。这个国家与许多较远的地区有贸易往来，用农产品和手工艺品换取本地缺少的物品。这个国家的农业十分发达，使一大批人可以从农业劳动中解放出来从事其他劳动，这使大型建筑的建造成为可能，也使大型工场劳动成为可能。文字刚刚诞生就出现了《人表》，虽然最早的《人表》（乌鲁克IVa时期）记载了多少种人（或职业）不详，但可以肯定，稍晚一点的（乌鲁克III时期）包括一百二十几种人（职业）

[①] Nissen 1986，第332页。

[②] Nissen 1988，第68页。

的《人表》与最早的《人表》不会有太大区别，这表明，一个劳动分工细致、等级高低有序的复杂社会在文字产生之前已经形成。《人表》中的第一人，或《职业表》中的第一职业"王"表明，国家是这个复杂社会安全存在和正常运行的保证。

按照马克思主义的社会演进论，乌鲁克的早期国家应该是奴隶制国家，那时的苏美尔社会应该是奴隶社会。然而，乌鲁克早期文明时期的经济文献几乎都与农产品（如大麦）、农副产品（如面粉）或食品类（如啤酒）的接收与分配（支出）有关，有些文献也涉及劳力和劳动报酬分配，从中看不出劳动者的身份和人与人之间的关系，更有一些文献至今仍无法解读，所以，到目前为止，没有足够的考古和文献证据来证明乌鲁克早期国家属于什么性质的国家。不少西方学者对两河流域文明中的奴隶制做过研究，2010年，美国芝加哥大学东方学院还举行过以奴隶和农奴为议题的研讨会。[1]由于材料所限，关于奴隶和奴隶制的研究很少涉及乌鲁克早期文明时期，只有苏联学者魏曼（A. A. Vajman）的研究涉及乌鲁克早期文明时期的奴隶[2]，但他的研究也只限于涉及奴隶的词汇，不涉及奴隶地位和他们与社会发展的关系。有些相关研究涉及早王朝时期，而多数研究都集中在乌尔第三王朝时期和古巴比伦时期的奴隶和"农奴"的问题上，因为这两个时期的相关文献较多，尤其是《乌尔娜玛法典》和《汉穆拉比法典》中的涉奴条款为研究奴隶问题提供了可靠依据。

在众多研究奴隶问题的学者中，美国学者盖尔布（I. J. Gelb）和苏联学者贾可诺夫（I. M. Diakonoff）可谓代表人物，他们都发表了大量关于两河流域文明中的奴隶制和农奴制的文章[3]，也都对两河流域文明中的奴隶和"农奴"有全面和深入研究，都对这两个阶层有概括性表述。贾可诺

---

[1] Culbertson 2011。
[2] Vajman 1989。
[3] 如：Diakonoff 1972; Diakonoff 1974; Diakonoff 1987; Gelb 1972; Gelb 1973; Gelb 1976; Gelb 1982。

夫认为，根据参与生产和占有生产资料的情况，可把两河流域的上古社会居民划分为三个阶级：一是在生产资料中共享财产权，但不参与任何生产过程的阶级；二是为自己的利益分享生产资料的财产权并参与生产过程的阶级；三是不占有任何生产资料并且为了他人的利益而参与生产过程的阶级。这最后一个阶级包括动产奴隶、父权制奴隶、债务奴隶和其他准奴隶，也包括"黑劳士"（helots），他们也属于广义上的奴隶。古代世界唯一真正的非奴隶劳动是"自由"农民，即"城镇居民"在自己（即社区）土地上的劳动。其余的劳动都是某种形式的奴隶劳动。[1]不难看出，贾可诺夫认为奴隶是苏美尔社会和后来的巴比伦社会的主要生产力。他是马克思主义者，他的结论必然符合马克思主义的社会发展规律。盖尔布的观点与贾可诺夫的观点有所不同。根据盖尔布的研究，古代美索不达米亚的主要生产力不是奴隶，而是半自由的劳动者，这些人部分或全职受雇于国家、神庙和大型土地所有者，他们通常同时担任政府官员。完全不自由的奴隶劳动主要限于家务，他们只是少数的外族人，而生产劳动的主力是半自由的被压迫者。他还对马克思主义者的观点进行了反驳，认为他们提出的半自由民的劳动代表了古代希腊和罗马类型的完全动产奴隶制是不正确的，马克思主义者将"父权制奴隶制"（patriarchal slavery）一词用于这一阶层是"用词不当"（misnomer）。[2]因负债而失去部分自由的债奴享有一定民权[3]，他们也属于半自由的劳动者。

根据盖尔布的研究，古代美索不达米亚的奴隶通常来自外国，是其主人的动产。一般来说，他们没有家庭生活，虽然可能有自己的财产可供支配，但他们没有自己的生产资料。他们以卑微的家庭身份居住在城镇

---

[1] Diakonoff 1987, 第3页。
[2] Gelb 1972, 第83页。
[3] 同上，第85页。

主人的家庭，从事服务性劳动。"奴隶在国家的生产中不起任何作用。"[1] 盖尔布认为，半自由的"农奴"才是国家的主要生产力。[2]

盖尔布用表格形式总结了完全没有自由的奴隶和半自由的"农奴"的特点和他们之间的差异[3]：

		奴隶（slaves）	农奴（serfs）
1	专用词	arád, géme, sag 等	guruš, géme, érin 等
2	专用名	尚无研究	尚无研究
3	父名	无	有
4	家庭生活	无	有
5	职业	无	有
6	族裔	外国	本地
7	来源	劫掠	贫困阶级
8	可售性	是	否
9	标记/烙印	是	否
10	固定性	是	是（限于农民）
11	生计	有	有（受雇时）
12	劳动地点	城市	乡村
13	住宿	有	有（受雇时）
14	利用	家庭服务	生产
15	服务期限	全日	非全日或全日
16	生产资料	无	有
17	解放	du_8, ama-ar-gi_4	šu-bar

---

[1] "Slaves play no role in the productive effort of the country." Gelb 1972, 第88页。
[2] "Serfs represent the major productive force of the country." 同上。
[3] 同上，第87页，图表III。

续　表

		奴隶（slaves）	农奴（serfs）
18	法律权利	很少	很多
19	数量	很少	很多
20	其他	—	—

贾可诺夫把这个表中的20个特点浓缩为18个，顺序做了调整，表述略有不同，内容上有所不同。[1]贾可诺夫（1974）的文章重复发表多次，内容没有变化。李铁匠先生根据1973年《古史通报》第四期上的文章将其译成中文，译文发表在1982年的《世界古代史研究》上。[2]

根据盖尔布的观察，两河流域文明中的依赖性劳动主要有五个来源：1. 臣服民族；2. 国外掠夺来的奴隶；3. 家庭出生的奴隶；4. 本土贫困阶级，5. 外国战俘。[3]第一种情况很少见；第二种情况指被绑架而后被卖为奴隶的外族人，这些人是真正的动产奴隶，也是家庭服务的主要来源；第三种情况非常少见；第四种情况最常见，这部分人是主要的生产力；第五种情况是战俘，他们完全任凭胜利者摆布。不同的经济发展阶段，对战俘的处理方式不同：在原始的生存经济中，即在部落或半部落的社会中，战俘通常会被杀掉；在半发达、盈余有限的经济体中，战俘常被用于劳动，他们常被做上标记（如烙印）；在发达的剩余经济体中，战俘会成为终身奴隶，但这样的情况只发生在古代希腊和罗马等地，古代美索不达米亚没有这种情况。[4]

盖尔布和贾可诺夫以及其他研究古代两河流域奴隶制的学者所据的、

---

[1] Diakonoff 1974，第58—59页。
[2] 李铁匠 1982；表格部分见第141页以下。
[3] Gelb 1972，第84页。
[4] 同上，第84—86页。

能够在某种程度上证明生产关系的材料都不早于公元前2500年，利用的文献材料主要是乌尔第三王朝时期和古巴比伦时期及其以降的材料，其结论几乎都是没有时间限定的概论，都是一般规律、泛泛而谈。对乌鲁克早期文明而言，他们对奴隶和"农奴"的概论式描述只可以作为参考，不能被视为也同样适合于乌鲁克早期文明时期的结论。公元前2500年前后的情况与乌鲁克早期文明时期的情况一定有很大不同。那时，两河流域南部的文明社会已有几百年，甚至上千年的发展历史（乌鲁克可能早在公元前3400年前后就进入了早期国家阶段）。在上千年的时间里，即使是比较稳定的农业社会也会发生各种各样的变化，甚至是巨变。一般来说，经济发展水平越低，国家机器越不完善，使用奴隶的可能性就越小。

根据乌鲁克出土的早期文献判断，在乌鲁克早期文明时期应该有奴隶，"男奴"（ÌR）和"女奴"（GÉME）在这个时期的经济文献中已经很常见。"男奴"和"女奴"都是复合字，而且都是结构相同的会意字：

	乌鲁克IV	乌鲁克III	会　　意
女奴（GÉME,GE$_{12}$）			MUNUS（女人）+KUR（山/外国） = 来自山区/外国的女人
男奴（ÌR,ÁRAD）			ARAD（男人）+KUR（山/外国） = 来自山区/外国的男人

这两个复合字在早王朝时期及其以后的文献中都是常见的"奴隶"书写方式，在一篇公元前1千纪的辞书文献中，不但GÉME（MUNUS.KUR）被释为"女奴"（*amtum*）[1]，MUNUS（或SAL）"妇女"有时也被释为"女奴"，苏美尔语读作géme，对应阿卡德语的*amtum*[2]，而ÁRAD

---

[1] 在这篇辞书文献中，MUNUS.KUR的苏美尔语读音是gim，RAa A 86，Civil 1979，第525页（MSL 14）。

[2] S^b I, 331, Hallock/Landsberger 1955,* 第125页（MSL 3）。

（ARADxKUR）不仅被用来表示"男奴"（wardu）①，也被用来表示"女奴"，苏美尔语读作ge₁₂或géme，对应阿卡德语的amtum②。显然，"奴隶"的表达方式随着时间的推移越来越丰富多样。然而，在早期的乌鲁克文献中，"奴隶"的表达方式有几种？如果不止一种，它们之间有什么区别？魏曼认为，在乌鲁克早期文献中，"奴隶"的表达方式不止一种，KUR可以指"奴隶"，多数情况下指"男奴"，MUNUS多数情况下指"女奴"，但也可以指包括男奴在内的"奴隶"。③用KUR（"外国"或"山区"）指代"奴隶"时带有指出奴隶来源的意味，也许这是外来"奴隶"的原初表达方式，而ARAD+KUR（来自外国或山区的男人）是KUR的派生形式，意在在形式上为字义提供辅助信息。按照这个思路推论，MUNUS+KUR（来自外国或山区的女人）是MUNUS的派生形式，目的也是在形式上为字义提供辅助信息。果真如此，一个必然的结论是，乌鲁克早期文献中的KUR表达"奴隶"这个概念时读作/arad/，MUNUS表达"女奴"这个概念时读作/geme/，后世辞书文献中的MUNUS: gi-e-me: *am-tum*④也许就是乌鲁克早期文明时期作为"女奴"的MUNUS的孑遗。

　　根据"会意"造字原则创造的会意字表达的"奴隶"只是奴隶的一种，即战俘奴隶，或通过其他方式获得的异地奴隶，这种奴隶与盖尔布依据其他材料归纳的，或从其他视角出发观察到的早期"奴隶"的一些特点不谋而合。根据盖尔布的观察，"在半发达、有限的剩余经济中"，即在"经济发展到了能够吸收外国战俘劳动力"的地区，"起初，男人会被杀掉，只有妇女和儿童被俘虏。后来，随着国家机器的力量越来越大，男性战俘也被俘虏，通常在被俘后立即被做上标记或打上烙印，或用绳

---

① Aa VIII/2, 217—218, Civil 1979，第502页（MSL 14）。
② Aa VIII/2, 219—220，同上。
③ Vajman 1989，第128页。
④ Sᵇ I, 331, Hallock/Landsberger 1955，第125页（MSL 3）。

子绑起来，或在脖子上戴上木枷"。[①]盖尔布的这段描述有几个要点，我们先来看与文字有关的两个要点：1.早期奴隶来源于战俘，这个判断与作为会意字的"女奴""男奴"所表达的意思完全吻合；2."起初，男性战俘会被杀掉"，而女性和儿童会被用为奴隶，这个判断与乌鲁克早期文献中"女奴"比"男奴"出现得更早不谋而合。根据盖尔布的说法，"在半发达、有限剩余经济"的早期才会发生杀掉男性战俘、留用女性战俘的情况，依此而论，乌鲁克IV时期的经济发展正处于半发达、有限剩余阶段的早期，这一点不但可以得到"女奴"出现在乌鲁克IV时期、而"男奴"出现在乌鲁克III时期这样的时间差的支持，还可以得到一枚滚印（见图4-12）的支持。这枚滚印的图案描述了一个打杀男性俘虏的场面，场面中有四个双手被倒绑的俘虏，两个手持长矛的人已经把长矛举起，准备刺杀双手被倒绑的人。在这群人的面前，一个身穿长袍的人将长矛杵在地上，右手扶矛，两脚岔开，伫立旁观，或许在发号施令。法兰克福认为，这个扶矛而立的人是"王"，地点是"战场"，双手被倒绑的人是"战俘"。[②]如果这个场面是"战场"，那就相当于把双手被倒绑、已经毫无抵抗能力的男性战俘就地杀掉。已经把敌人俘获，而且被俘的敌人完全在胜利者的掌控之下，可以为胜利者做任何事情，在这样的情况下还要把战俘杀掉，说明那时还没有操控战俘的能力，或没有利用战俘的必要。

　　至于盖尔布所说的"半发达、有限剩余经济"的后期，即战俘可以得到利用的时期，可以把乌鲁克石膏瓶拿来对号入座。这个石膏瓶是德国考古学家在发掘乌鲁克遗址时发现的，年代属于乌鲁克III时期，时间上符合盖尔布所说的后期。石膏瓶外壁有四个浮雕带，浮雕的阅读顺序应该是

[①] Gelb 1972，第85页。
[②] Frankfort 1954，第34—35页。

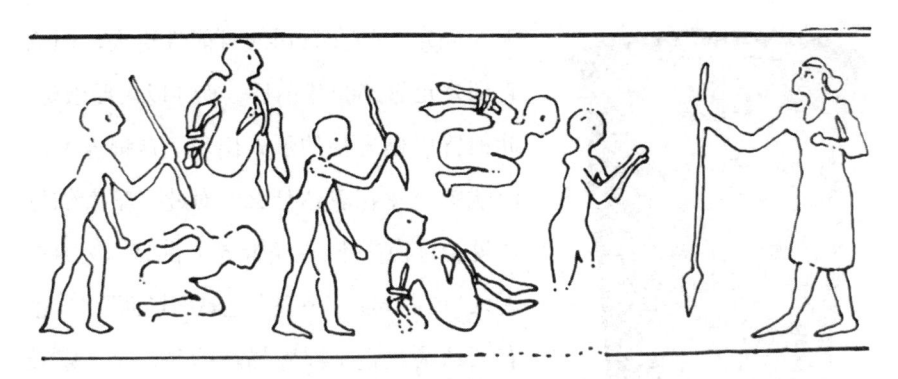

图4-12　乌鲁克早期文明时期滚印图案

自下而上。①最下面的浮雕带是植物。下数第二个浮雕带是动物，山羊和绵羊，这两种羊相间排列行进。下数第三个浮雕带中有九个裸体男子，双手捧着容器向前行进，容器的形状不一，功能也不一样，有盛液体的容器，有装固体的容器，应该都是食物或饮料。最上面的浮雕带中有四个人物，一个是女性人物，面对迎面而来的捧着各种物品的队伍，队伍最前面是一个裸体男性，捧着满满一篮物品，第二个人物也是男性，这个男性人物几乎全部残缺，只剩下一点点小腿和脚，以及一束长长的长袍衣带，一个穿短裙的人在后面托着这个人的长袍衣带。虽然人物残缺，但从服饰和这个人在整个浮雕中的位置可以看出，他是浮雕中的主角，是国王，同时也是最高祭司。除四个人物外，这个浮雕带上还有羊、容器，包括一对几乎与乌鲁克石膏瓶一模一样的容器，以及一对芦苇束，这种形式的芦苇束与表示伊楠娜女神的文字同形，或更确切地说，文字"伊楠娜"取形于这种形式的芦苇束。浮雕上的芦苇束显然不是文字，而是图像，但这个图像明确表明，无论这幅连续的浮雕图表达的是什么，都与女神伊楠娜有关。接收物品的女性人物是伊楠娜本人，还是代表伊楠娜的女祭司？这个问题

---

① 帕罗认为，浮雕的阅读方向可以自上而下，也可以自下而上，不影响对浮雕的理解，Parrot 1961，第70页。显然，帕罗认为三个浮雕带描述的情景都是独立的存在，相互没有关联性，只有这样，阅读浮雕才可能无视阅读顺序。这显然是错误的，浮雕的阅读顺序很明显，应该是自下而上。

第四章　走进复活的苏美尔文明　　189

图4-13 乌鲁克石膏瓶,出土于埃安纳区,高92厘米,包括底座在内的原始高度约1.05米,平口直径36厘米,藏于伊拉克国家博物馆,公元前4千纪末

无法确定。是女祭司的可能性更大,因为直到公元前2600年前后,神才以人形出现,此前皆以标志物的形式出现。这幅连续的浮雕图究竟在表达什么?对此,学者们见仁见智,说法不一。《世界上古史纲》的作者认为,"浮雕……整个是献祭场面"①,也有人认为,整个浮雕描述的是一个"宗教节日"②,而雅各布森在多篇文章中一再重复自己的观点,认为乌鲁克石膏瓶是最早的、用图像表达的圣婚场景③。圣婚是一个热门话题,有很多人研究,也有很多种解释,但这个问题与我们这里讨论的奴隶问题不相干,所以,在此对这个问题不做深入探讨,我们继续关注奴隶问题。

乌鲁克出土的最早的文献中已经有"奴隶",这一点确定无疑。造型艺术中有没有奴隶形象?这个问题值得探讨。我认为,浮雕中的裸体男性可能是"奴隶"。理由一,浮雕上的裸体人在外在形象上与浮雕上的其他人形成鲜明对比,女祭司和国王的豪华服装自不必说,即使国王的仆从(托着王袍束带的人)也身着短裙,显然,没有任何衣着的裸体人地位最低。理由二,

---

① 《世界上古史纲》,第131页。
② Strommenger 1962,第55页,图解19—22。
③ 如:Jacobsen 1970,第16—17页; Jacobsen 1976,第15、24页。

图 4-14　石膏瓶局部

裸体人的双手都捧着很大的容器，所有容器里都满满当当地装满了果实，其中一个裸体人手持小直口、细颈、长圆腹的尖底陶瓶，里面应该装满了酒，原始楔文中的"酒"（KAŠ，）字取形于此类器型。这些裸体人给人一种负重前行的感觉，他们应该都是最底层的体力劳动者，或服务于宫殿，或服务于神庙。理由三，浮雕中的裸体人数量最多，这也许折射了当时的现实，也就是说，在现实的宫廷或神庙生活中，这部分人的数量相对较多。为什么这样的人数量多？原因在于下面一项。理由四，裸体形象暴露了他们的来源：战俘。在两河流域的造型艺术中，裸体往往是战俘的标志性特征。在一块阿卡德王朝时期的石灰岩石碑上有一系列战俘，双手被倒绑，颈部戴木枷，大概在随着凯旋的胜利者缓缓行进。[1] 另有一幅阿卡德时期的石灰岩石碑浮雕图[2]，其中有人射杀裸体者，有人刺杀裸体者，有学者认为该浮雕描绘的是"战斗场面"[3]。但敌人赤手空拳裸体上

---

[1] Strommenger 1962, 图 118；更完整的同一石碑浮雕，见 Orthmann 1985, 图 103。
[2] Strommenger 1962, 图 117。
[3] "Kampfszenen"，同上，第 73 页，图解 117。

战场不合乎情理，所以必须有个说法。我认为，有两种可能性：其一，裸体者是战俘，这里描述的场面是杀战俘的场面。其二，如果说这里描述的是"战斗场面"，那也是象征性的战斗场面，而不是真实的战斗场面，着衣者象征胜利者，而裸体者象征失败的或被俘的敌人，理由还是敌人赤手空拳裸体上阵不合乎情理。在造型艺术中，被倒绑双手、赤身裸体的战俘还有很多[1]，不一一列举。

一旦把战俘用为奴隶，奴隶的数量一定会激增。阿卡德王朝的里木什（Rīmush，公元前2283—前2275在位）一次性从东边的埃兰和帕拉赫舒姆（Parahšum）带回300个战俘，男女都有，并把他们献给了恩利尔[2]，这里应该指的是把他们献给了恩利尔神庙，让他们为神庙服务。在里木什所处的阿卡德王朝（许多学者称这个时期为阿卡德帝国），国家完全有能力控制大批战俘，把他们转化为廉价劳力是顺理成章的事。但乌鲁克早期文明时期的国家能够在多大程度上控制和利用战俘，这个问题目前无法准确回答。乌鲁克出土的一篇非常短小的经济文献提到211个"女奴"（géme）[3]，神庙（？）似乎为她们"分配"（ba）了什么东西，她们应该是某物的接收者，但她们做了什么？在什么条件下做的？她们有没有人身自由？一切都是未知，因为这时的文献都不涉及这些问题。在出土于捷姆迭特-那色（乌鲁克III时期）的泥版中也有涉及奴隶的文献。[4]在这些文献中，"男奴"用 （SAG+MA，读音不详，字形是"脖子被

---

[1] 如：埃安纳吐姆鹫碑，Strommenger 1962，图69；位于伊朗境内的一处岩石浮雕，年代不确定，不晚于古巴比伦时期，中心人物是卢卢比国王和女神伊什姐，周围有众多双手被倒绑的战俘，Orthmann 1985，图183。

[2] Rīmuš E2.1.2.6: 131—144, Frayne 1993，第55页。

[3] W 9827, Englund 1994，图版118。

[4] MSVO I, 212 (Ashm. 1926—566)、MSVO I, 213 (Ashm. 1926—647)、MSVO I, 214 (Ashm. 1926—579)、MSVO I, 215 (Ashm. 1926—651)、MSVO I, 216 (Ashm. 1926—606)、MSVO I, 217 (IM 55577), Englund/Grégoire 1991，图版79—81。

绳子捆着的人"①）表示，说明他们来源于战俘。"女奴"用 ▷◁（géme，SAL+KUR，妇女＋山区/外国）表示。这些文献都属于"劳力账目"②，也就是说，战俘已经被用为奴隶，至少是劳力，属于公共机构的服务人员，由国家或神庙管理。这些文献涉及的"奴隶"数目不多，一共不到30个。③诚然，这几篇文献不代表某神庙或什么机构拥有的全部奴隶，但管中窥豹，可见一斑，那时的奴隶数量不会太多。随着生产力的发展，宫廷奴隶、神庙奴隶和私人奴隶的数量会越来越多。后来的许多法典多有涉及奴隶问题的条款，学者们对奴隶问题的研究多数都是依据法典进行的，成果不少，但对乌鲁克早期文明而言，这些成果只能作为参考，不能套用。

　　乌鲁克早期文明时期的奴隶在总人口中占多大比例？在从事生产的劳力中占多大比例？他们在宫廷和神庙中从事什么劳动？有没有自由？有多少自由？等等问题，都是未知。所以，对我们而言，乌鲁克早期文明时期的社会性质属于未知状态。

　　在苏美尔语中，"奴隶"有多种表达方式，除上面提到的 ▷◁（读音不详）和 ▭◁（árad，即 ARAD+KUR）外，还有一种比较常见的表达方式，即 ▭。这个字有很多读音，也有很多种字义，读 arad、arda、erum 和 subarum 时，意思都是"奴隶"或"仆人"（ardu/wardu④）之意，其中最常见的是 arad: ardu/wardu，这层意思在经济文献、法律文献和文学文献中都可以见到。西方学者根据不同的语境有时将其译为（以英文为例）"奴隶"（slave），有时译为"仆人"（servant），中国学者用中文写作时也同样处理。然而，这是根据现代语言习惯所做的区分，不代表苏美尔人的本意，苏美尔人自然明白他们用 arad 时是什么意思，至于 arad 被翻译为

---

① "Mensch, um dessen Hals eine Schnur gelegt wurde", Nissen 1990, 第113页。
② Englund/Grégoire 1991。
③ Englund 2004，第41页。
④ Aa VIII/2, 213—216, Civil 1979, 第502页（MSL 14）。

第四章　走进复活的苏美尔文明　　193

"奴隶"还是"仆人",是我们的问题,不是苏美尔人的问题。对我们今人而言,苏美尔人的arad使奴隶问题更加复杂化了,而对当时的古人而言,他们一定可以通过某种方式区分什么是我们现在所说的"奴隶",什么是我们现在所说的"仆人",即他们可以通过语境、场合甚至语气来表达一个词的不同意思或细微差别,如果这种差别存在的话,而我们很难做到这一点,因为我们缺少上述必要条件,只能靠文献提供的有限语境进行区分。既然要区分,在表述上就必须有所体现,于是便有了"奴隶"和"仆人"之不同表述。但事实上,我们的这种区分也许恰恰是对苏美尔人的曲解,因为苏美尔人可能根本就没有我们今天所说的"奴隶"和"仆人"的概念,二者都是arad。对苏美尔人而言,所有人,包括国王,在神面前都是"仆人"(arad),即"奴隶"(arad)。所有臣民在国王面前都是"仆人"("奴隶")。在阿卡德语的《吉尔伽美什史诗》中,恩启都始终被视为吉尔伽美什的"朋友"(ibru,相当于苏美尔语的ku-li"朋友"),而在苏美尔语的文学作品中,恩启都在多数情况下都被视为吉尔伽美什的"仆人"或"奴隶"(arad)。[1] 从中可见,苏美尔人眼中的arad充其量是我们今天所说的"仆人",而不是"奴隶",因为我们今天所说的"奴隶"指"仅作为权利客体而非权利主体的人,是其他人或机构的财产"[2]。从这个意义上说,苏美尔人的arad从来不是我们所理解的"奴隶",后来不是,早期应该也不是。他们的社会地位值得进一步研究,但这个问题非常复杂,在此不做进一步讨论。

值得关注的还有arad和árad之间的关系,二者同音,有时也同义[3],

---

[1] 如:arad-da-ni en-ki-du$_{10}$-ra gù mu-un-na-dé-e "他(吉尔伽美什)对其仆人恩启都这样说",ETCSL 1.8.1.5: *Gilgameš and Ḫuwawa*, Version A, 3。有时,个别文献也用šubur("奴隶")来描述恩启都与吉尔伽美什之间的关系,如ETCSL 1.8.1.4: *Gilgameš, Enkidu and the Nether World*, 240。关于šubur,详见Gelb 1982,第89—90页。

[2] Diakonoff 1974,第53页。

[3] "有时也同义"指二者的多种字义中至少有一种相同。

都可以对应阿卡德语的 *ardu/wardu* "奴隶、仆人"①。但此"奴隶"（⟨图⟩，arad）与彼"奴隶"（⟨图⟩，árad）有何异同？同很明显，因为二者同音。异体现在什么地方？首先体现在形上，二者同音异形；其次体现在由形异导致的其他方面的不同。苏美尔文字体系有一字多音多义、一音多义和一义多音的特点。在苏美尔语中，往往一个字有几个或多达十几个发音，同时也相应地有几个或十几个（或更多）字义，此所谓一字多音多义；有时一音多义，即一个字只有一个发音，却有很多不同的字义；有时一义多音，即几个发音都表达同一个字义，上面提到的 arad、arda、erum 和 subarum 都可以对应 *ardu/wardu*（"奴隶""仆人"）即是。⟨图⟩是个多音多义字，有诸多不同发音，也有相应的不同字义，其中之一是 arad = *ardu/wardu*，在这个意义上，arad 与 árad 同音同义。然而，如今见到的源自古代书吏的双语词汇解释，即用阿卡德语解释苏美尔语词汇的辞书文献，都是公元前1000年前后的作品，反映的是那时的亚述-巴比伦书吏对苏美尔语的理解。他们的解释是否也适用于公元前2000年和公元前3000年的文献？不一定！就 arad 和 árad 而言，二者应该不完全相等，同音异形是确定的，但意义上可能有一定区别。字形上的区别，即一个是⟨图⟩，一个是⟨图⟩，揭示了二者在来源上的区别，前者是"男人"或"奴隶"，是本土奴隶，而后者是来自山区或外国的"奴隶"。为什么在字形方面体现来源？因为来源很重要，来源就是出身，而出身决定他们的社会地位。本地奴隶的社会地位要高于外来奴隶。根据 arad 和 árad 在早王朝时期，特别是早王朝之后所有时期出现的具体语境判断，árad 更接近真正意义上的奴隶，而 arad 更接近我们今天所说的"仆人"。囿于目前对乌鲁克早期文献的理解程度，无法根据那时的文献对 arad 和 árad 的区别和他们的社会地位做出合理判断。但这个时期的造型艺术为我们提供了一个观察视

---

① Aa VIII/2, 216—217, Civil 1979, 第502页（MSL 14）。

角，以乌鲁克石膏瓶为例，从那些裸体劳动者身上，我们似乎看到了外来"奴隶"（árad）形象，而那个为国王托着长袍束带的人应该属于本地的"仆人"（arad）。

　　乌鲁克的居民主要是苏美尔人，他们讲的语言是苏美尔语，因此，他们创造的文化被称为苏美尔文化。苏美尔人是两河流域的原住民，还是外来移民？学术界对此有争议。著名学者史百瑟（E. A. Speiser）、兰兹博格（B. Landsberger）、盖尔布以及冯梭敦（W. von Soden）等等都认为，苏美尔人不是美索不达米亚的最早居民。[1]也有一些学者，如英国考古学家劳埃德，则持相反的意见，认为苏美尔人不是移民，而是土著居民。[2]这场至今仍没有结果的争论，实质上是文献学家与考古学家之争。在考古学上，找不出任何可以说明苏美尔人曾在某一时期从外地迁入美索不达米亚南部，从而引起文化变异、技术革新的证据，欧贝德文化与乌鲁克文化一脉相承，中间没有任何移民的痕迹。[3]所以，考古学家坚持认为苏美尔人就是两河流域南部最早的居民。文献学家持相反意见，而且也不是空口无凭，而是有文献学上的依据。他们发现，在苏美尔语和阿卡德语里都有一个非苏美尔语或阿卡德语的底层语言，有些地名或职业名称就是用这种语言表达的，说明在苏美尔人来到两河流域之前，这里已经有人居住。所谓底层语言就是在征服者语言中保留下来的被征服者语言中的一些词汇所代表的语言，如苏美尔语中的nangar"木匠"、ašgab"皮革匠"、sanga"祭司"等就是底层语言，因为它们既不是苏美尔语中的本语词汇，也不是阿卡德语借词；Kazallu和Babillu（即巴比伦，阿卡德人将之释为Bāb-ili"神之门"）等地名，既不是苏美尔语借词，也不是阿卡德语中的本语词汇，而是底层语言。根据兰兹博格的研究，早在公元前4千

---

[1] Römer 1999，第10页，注释52; von Soden 1985，第14页。
[2] Lloyd 1984，第62—64页。
[3] Oates/Oates 1976，第136页。

纪，两河流域南部的土著居民便讲一种土著语言，他称之为"原始幼发拉底河语"（Protoeuphratisch），与此同时，两河流域北部的原始居民讲另一种土著语言，他称之为"原始底格里斯河语"（Prototigridisch）。[①]诸如"木匠""皮革匠""祭司"等职业名称都是从这两种语言中借来的，足见在苏美尔人来到两河流域南部之前，这里的社会分工已经相当细致。

如果苏美尔人是后来的移民，那么，他们来自何方？关于这个问题历来有不同观点，至今没有共识，因为没有确凿证据。有的学者认为，苏美尔语与达罗毗荼语系的泰米尔语有关系，再由于苏美尔神话和史诗中常提到迪尔蒙（今之波斯湾的巴林岛，可能亦包括法来卡岛）和阿拉塔（地处伊朗西南山区），所以他们认为苏美尔人的家园应在中亚地区，他们于公元前4千纪部分从海上、部分从陆地来到两河流域南部。由于苏美尔语宗教文献中常提到苏美尔人有崇拜蛇的习惯，所以有的学者认为苏美尔人可能来自印度，因为美索不达米亚没有蛇，而在古代印度文明中有拜蛇的习惯。有的学者认为，苏美尔人的故乡在高加索地区。也有人根据马里（今之Tell Hariri，地处叙利亚）和埃布拉（今之Tell Mardih，亦在叙利亚）发现的文献材料，认为苏美尔人可能是从幼发拉底河中游以西的地区来到两河流域南部的。[②]20世纪七八十年代，把苏美尔语与其他作格语进行比较盛行一时，人们试图从语言类型的关联性上寻找苏美尔人的来源，但这种尝试并未解决实际问题。[③]

苏美尔人来到两河流域南部定居的时间一定在公元前3200年以前，界于乌鲁克XIV时期至IV时期之间。现在通用的"苏美尔"（Sumer）是阿卡德语 šumerum 的音译。苏美尔人并不把自己的居住地、阿卡德人称之为苏美尔的地区称为"苏美尔"，而是称之为"吉恩基"，通常写作Ki-

---

① von Soden 1985，第14页。
② Römer 1999，第12—13页。
③ 拱玉书1996。更多关于苏美尔人的来源问题，见本书第八章"苏美尔问题"。

en-gi，后接元音时，gi之后一般出现r+元音，如Ki-en-gi-ra"在苏美尔"或"属于苏美尔"，说明Ki-en-gi以辅音r结尾，完整形式是Kingir，尾音r只在后接元音时才出现，否则略而不写，如：zi Ki-en-gi-ra"苏美尔之生命"[①]或nam-lugal-ki-en-gi-ra"苏美尔之王权"[②]。如何解释苏美尔人的"吉恩基"（Ki-en-gi）？这个问题如今仍有争议。其中的KI是苏美尔语中常见的"国"或"地"，对此没有异议，不确定的成分是en-gi。有人把Ki-en-gi释为"文化之地"[③]，有人释之为"王之地"[④]，等等。雅各布森认为，"吉恩基"最初指尼普尔及其周围地区[⑤]，后来才扩展为专指尼普尔以南的两河流域，即巴比伦尼亚南部，与北部的阿卡德地区，即苏美尔人所说的Ki-uri，形成对应。"苏美尔"不但是地域名称，也是民族或族群名称，同时也是政治统一体。[⑥]

就目前所知，苏美尔地区是最早跨入文明门槛的地区，以乌鲁克为代表的苏美尔地区的早期文明是整个西亚地区最早的文明，在世界范围内也是同时期文明中的佼佼者。这个文明的最大特点，同时也是最大亮点是，这个文明早在公元前3200年，甚至更早，就产生了文字，而且不是星星点点、随意勾勾画画、让人似懂非懂、像文字又不像文字的文字，而是大批大量、至少同时使用上千个固定符号的文字体系。这个时期使用的一大批文字一直没有间断地被沿用，它们见证了楔形文字文明的全部历史，约从公元前3200年一直到公元1世纪。诚然，很多字的形、音、义都发生了这样或那样的变化，尤其是字形的简化和字义的拓展是自然和必然发生的，但基本字形和字义没有完全消失，字形的简化循序渐进，所以，基本可以反向追溯到最早的形式。有些字最早的形式就已经是最简

---

① Wilcke 1974，第203页。
② 同上，第210页。
③ von Soden 1985，第15页。
④ Römer 1999，第9页。
⑤ 关于"苏美尔"由"尼普尔"演变而来的观点和论据，见Jacobsen 1939，第487页，注释11。
⑥ Römer 1999，第9页。"苏美尔"的问题如今仍没有定论，Ki-en-gi读作šumer的可能性不能排除，见本书前言。

单的形式，没有简化的空间，这样的字几千年未变，如：BAD ⟶ ⟨（乌鲁克IV）→ ⟩⟨（新亚述）、ME ⊢（乌鲁克IV）→ ⊢（乌鲁克IV）→ ⊨（新亚述）、MAŠ ✢（乌鲁克IV）→ ✣（新亚述）等等，近三千年保持不变，即使像EN〰（乌鲁克IV）这样相当复杂的文字，在新亚述时期⫴的形式中也能看到最早形式的基本框架，何况其间还有许多中间环节，所以，以流溯源毫无问题。在三千余年的生命历程中，楔形文字被用为表意文字、音节文字和字母文字，表达的语言也非止一种，但作为可视符号的文字，作为符号体系，其发展脉络是非常清晰的。这说明，楔形文字是建立在合理和"科学"基础上的，是依据象形、指事、会意、形声等造字原则构建的文字体系，是一个或一些文化"圣贤"在很短的时间内依据一定的规则创造的，不是长期演进的结果，只有这样，才会一下子出现成百上千个符号，而且在结构上还有规律可循。通过这种方式产生的文字必然是成熟文字。

参与创造苏美尔地区早期文明的人主要是苏美尔人，但不限于苏美尔人。这个时期的两河流域南部的政治和文化生态如何，我们几乎一无所知。种种迹象表明，这个时期的两河流域南部，即后来被称作巴比伦尼亚的地区，居住着很多讲不同语言的族群，有讲"原始幼发拉底语"的族群，有讲"原始底格里斯语"的族群，有讲塞姆语的族群，有讲"原始印欧语"的族群，这些人都在苏美尔人的语言和文字中留下了这样那样、或多或少的痕迹。讲苏美尔语的苏美尔人无疑是这个地区人数最多，在文化、宗教和政治等各方面都具有绝对优势的族群，是这个地区的主要族群。此时此地的第二大族群是讲东塞姆语（闪语）的塞姆人。苏美尔人兼容并蓄，在他们的语言中吸收了很多不同族群的词汇，甚至在文字中也吸收了一些在苏美尔原始楔文产生之前就已经存在的符号。[1]居住在此地

---

[1] 详见本书第七章的"楔形文字"。

的其他族群也与苏美尔人高度融合，他们之间和平相处，没有发生冲突，至少至今没有发现产生冲突的证据，考古学上没有，文献学上也没有。巴比伦尼亚地区的城邦相互攻伐，争夺地区霸权，或为争夺土地和水源而进行争斗，或发动战争，那都是后来发生的事情。

如果说这个时期有什么战事，那就只能提到恩美卡统治乌鲁克时期发生的乌鲁克与阿拉塔之间的战争了。恩美卡虽然出现在《苏美尔王表》中，在那里，他是乌鲁克第一王朝第二代国王[1]，是乌鲁克城的始建者，但他生活的准确年代很难确定，他大体上属于乌鲁克早期文明时期的人物，生存的绝对年代在公元前3000年前后。阿拉塔位于乌鲁克东边一个遥远的地方，地处现在的伊朗境内，从乌鲁克到阿拉塔要翻越七道山，这七道山不一定是实情描述，而可能是极言其遥远。阿拉塔的具体地理位置尚不能确定，学术界对此有多种推测。有些学者把阿拉塔与具体地区或古代遗址联系在一起，如有人认为阿拉塔位于古代的哈舒尔（Hašur），并认为哈舒尔就是迪尔蒙，与古代安善地区接壤[2]；有人认为阿拉塔就是阿富汗境内的巴达赫尚（Badachshan/Badahšān）的古代名称[3]；有人认为阿拉塔是位于伊朗中南部的沙赫尔索赫塔（Shahr-i-Sokhta）[4]。还有一些其他说法，不再一一列举。[5] 从乌鲁克和阿拉塔之间的空间距离看，二者之间的冲突不属于苏美尔地区的内部冲突，而属于苏美尔人与远方贸易伙伴之间的冲突。阿拉塔虽然地处山区，与乌鲁克所处的苏美尔相去甚远，但种种迹象表明，他们也属于苏美尔文化圈，理由：1. 阿拉塔人的信仰与乌鲁克人的信仰相同，都信奉伊楠娜女神；2. 阿拉塔人讲什么语言不能确定，而可以确定的是，乌鲁克派遣的使者与阿拉塔王交流沟通没有障碍，使

---

[1]《苏美尔王表》iii 7—11, Jacobsen 1939a，第87页。
[2] Kramer 1944a，第21页，注释17。
[3] Komoróczy 1975，第23页。
[4] Hansman 1978，第331、335页；Kramer 1989，第9页，注释2。
[5] 更多关于阿拉塔的讨论，见拱玉书 2006，第133—164页；拱玉书 2023，第238—256页。

者可以把乌鲁克王说的话原原本本、一字不漏地复述给阿拉塔王，也可以把阿拉塔王的话准确无误地复述给乌鲁克王，文献没有提到语言障碍，给人的感觉是两地或两国之间没有语言障碍，似乎都讲苏美尔语；3. 阿拉塔也像乌鲁克一样实施原始民主制，有国家大事需要商议时，国王把长老们和青壮男子召集在一起，征求他们的意见。总之，阿拉塔人似乎与苏美尔人有千丝万缕的联系，除上面讲到的宗教、语言和政体方面的关联性外，他们首先是贸易伙伴，互通有无。乌鲁克地处冲积平原，农产品丰富，畜牧业也很发达，却缺乏建筑木材和石材，更缺少装饰所需的贵金属和宝石类，而这些正是阿拉塔所富有的。从文献中可见，乌鲁克向阿拉塔输出的主要是粮食（包括种子）和工艺品。如果苏美尔文学作品也是源于生活和高于生活的语言艺术的话，就有理由推测，乌鲁克与阿拉塔之间的贸易可能不是建立在完全平等的基础上的，乌鲁克可能恃强凌弱，经常对阿拉塔做出一些强迫和威胁的举动，这一点在《恩美卡与阿拉塔王》①中显而易见。在《恩美卡与阿拉塔王》中，乌鲁克对阿拉塔的威胁恐吓只限于口头，属于"心理战"②，在《卢伽尔班达 I》③中，乌鲁克把口头威胁变成了实际行动，对阿拉塔发起了战争。《卢伽尔班达 I》这样描述道：

那时，国王把狼牙棒指向那座城，
乌图之子恩美卡，

---

① 《恩美卡与阿拉塔王》汉译，见拱玉书 2006，第307—388页；拱玉书 2023，第256—285页。
② 或"神经战"（war of nerves），Kramer 1981，第18—29页。
③ 《卢伽尔班达》分上下两个部分：Lugalbanda I 和 Lugalbanda II，这里指 Lugalbanda I。由于两个部分讲述的故事不同，现代学者分别给予每个部分不同的名称。Lugalbanda I 有三个不同的名称，《卢伽尔班达与胡鲁姆山》、《山洞中的卢伽尔班达》以及《荒野中的卢伽尔班达》。该作品的古代名称是 u$_4$-ul an-ki-ta "远古时，天地分"。关于 Lugalbanda I 和 Lugalbanda II 的古代名称，见 Cohen 1973，第 4、7 页。《卢伽尔班达 I》和《卢伽尔班达 II》的完整译文，见本书第六章。

对纯洁道国①阿拉塔，发起了远征。

　　为捣毁反叛地，他出发上征程。②

这里的"国王"（lugal）指恩美卡，"那座城"（iri^{ki}）指阿拉塔，"反叛地"（ki-bal）指的也是阿拉塔。对来自乌鲁克的压力和威胁，阿拉塔的态度不是逆来顺受，而是针锋相对，兵来将挡，水来土掩，你来我往，但最终结果或技不如人、甘拜下风，《恩美卡与恩苏克什达纳》的结尾即如此；或乌鲁克取得胜利，《卢伽尔班达II》的结尾如此；或由于文献残缺而最终结局不详，《恩美卡与阿拉塔王》如此。泥版的边缘最容易破损，所以，楔文文献的开头或结尾往往残缺，这令人遗憾。由于乌鲁克相对于阿拉塔而言是具有绝对优势的大国，而事件的讲述者又是乌鲁克人，其立场必然代表乌鲁克人的立场，这就决定了乌鲁克不可能是失败的一方，结局要么是乌鲁克胜利，要么是和解，恢复双边贸易，不可能是阿拉塔胜利，但武力征服阿拉塔也绝非易事。根据《卢伽尔班达I》的描述，乌鲁克王恩美卡曾倾举国之兵远征阿拉塔：

　　这位国王征召了全国兵力，
　　传令官把号角在所有国家吹起。
　　乌鲁克的军队与英明国王一起出发，
　　库拉巴的征兵紧紧跟随着恩美卡。
　　乌鲁克的征兵势如洪水（滚滚向前），
　　库拉巴的征兵仿佛乌云（蔽日遮天）。

---

① kur-me-sikil-la（第22行）。关于"道"（ME），见拱玉书2007。
② 《卢伽尔班达I》，第20—23行。《卢伽尔班达I》的现代语言译本有很多，比较好的有Vanstiphout 2003，第105—130页；Black 1998，第176—184页；Wilcke 2015，第227—251页。威尔克（Wilcke 2015）的译文最有特色，与众不同，值得参考。2015年的威尔克是少数仍健在的亚述学大家之一，他也是《卢伽尔班达》的专家，1969年发表的博士论文就是《卢伽尔班达史诗》，见Wilcke 1969。

像浓雾，他们把大地笼罩，

扬起的灰尘直上云霄。

好似乌鸦扑向最好的粮种，

他选择的那些人个个聪明。

弟兄之间把记号确定。

国王一马当先，

军队的旗手紧随后面。

恩美卡一马当先。

军队的旗手紧随后面。①

这是一种千军万马、浩浩荡荡、旌旗蔽日、威风凛凛的画面！然而，这样的大军在围攻阿拉塔时却遭到重大挫折，不是因为他们太弱，而是因为敌人太强。阿拉塔人居高临下，以逸待劳，坚守本来就固若金汤的城墉②，给乌鲁克人造成重创。《卢伽尔班达II》这样描述道：

从城中飞来的标枪，仿佛大雨从天降。

（从城里飞来的）投石，堪比一年的降雨量。

在阿拉塔的城墙上，（标枪投石）飕飕响。

日流逝，月永长，年又回家去见娘。

天之下，地复黄，收割季节又登场。

看着田地起忧伤，坐立不安心发慌。

（从城里飞来的）投石，堪比一年的降雨量。

---

① 《卢伽尔班达I》第24—38行。
② 阿拉塔有"七道城墙"（bàd imin），文献证据不止一处，如《恩美卡与阿拉塔王》在赞美伊楠娜时，说她是"七墙的装饰者"（bàd-imin-e še-er-ka-an-du₁₁-ga），拱玉书 2006，第346页，第287行。关于阿拉塔"七道墙"的其他文献证据，见 Cohen 1973，第56页，注释68。

第四章 走进复活的苏美尔文明 203

（兵器）在道路上竖卧横躺，
山中的荆棘丛把他们阻挡，
他们盘蜷一起，仿佛一条巨蟒，
无人晓得，如何才能返回家乡。
回到库拉巴，无人能火速前往。①

乌鲁克大军攻城不利，转眼一年时间已经过去，攻城没有任何进展。乌鲁克王恩美卡忧心忡忡，无计可施，最后只好派人回乌鲁克祈求神的帮助。在伊楠娜的帮助下，乌鲁克取得最终胜利，征服了阿拉塔。这次远征可能对阿拉塔城造成了严重破坏，因为恩美卡准备"翻新和重建此城"②。征服者的最终目的不是占领城市，而是掠夺资源，乌鲁克人不但从阿拉塔那里掠夺了金属工艺品（kug-dím）和石制工艺品（za-dím-ma），还带走了金属工匠（kug-dím）和石匠（za-dím）③，颇有后来新巴比伦时期的巴比伦王尼布甲尼撒攻陷耶路撒冷后把那里的工匠俘往巴比伦的味道，尼布甲尼撒比恩美卡晚两千余年，二者的行为不可能有直接联系，却都属于一个性质。

研究表明，早在乌鲁克中期（约公元前3500—前3200），苏美尔以东的埃兰地区就已经"美索不达米亚殖民化"④了，那里的陶器器型、滚印和滚印图案、数字泥版以及稍后的文字泥版都深受苏美尔文化的影响⑤，

---

① 《卢伽尔班达II》第256—267行。《卢伽尔班达II》分别被称作《卢伽尔班达归队》、《卢伽尔班达与恩美卡》以及《卢伽尔班达与安祖鸟》。比较好的译文，见Vanstiphout 2003，第136—159页；Black 1998，第58—64页；Wilcke 2015，第254—272页。

② iri-da ù-gibil-lá um-ma-an-di-ni-ib-gar-gar,《卢伽尔班达II》，第411行，Wilcke 1969，第128页；Vanstiphout 2003，第156页。

③ 《卢伽尔班达II》第409—410行。威尔克称之为"掠夺工匠和珍贵材料"（Raub von Handwerkern und kostbarem Material），Wilcke 2015，第272页。

④ "Mesopotamian Colonization", Algaze 1993，第13页。这里的"美索不达米亚"用得并不恰当，用"两河流域南部"更准确。

⑤ Algaze 1993，第13—18页。

即受到乌鲁克文化的影响，因为苏美尔文化的代表就是乌鲁克。这个时期受到乌鲁克文化影响的地区还有现在的叙利亚北部地区、土耳其东南部地区和伊拉克北部。苏美尔地区属于冲积平原，适合发展农业和畜牧业，其他都依赖于从外部进口。所以，乌鲁克人与周边地区建立了贸易关系，互通有无，互惠互利。但由于乌鲁克的文明程度明显高于同时期周边任何地区，所以，在交流过程中，其他地区从苏美尔人那里学来或引进的东西远远多于苏美尔人从他们那里学来或引进的东西，客观上造成了苏美尔文明的扩张。这种扩张是高级文明的光芒向周边相对落后地区的一种自然投射，或者说，是落后地区对先进文化的主动吸收，不是武力征服的结果。截至目前，没有任何证据可以证明苏美尔人是好战的民族，从乌鲁克中期到乌鲁克晚期，没有任何战争痕迹，整个西亚地区似乎都很和平，贸易活动似乎都是在和平友好的气氛中进行的，但阿拉塔是例外。如果说乌鲁克和阿拉塔的冲突反映了时代特点，那么，这个时代也是一个相对较晚的时代，即乌鲁克晚期的晚期，是乌鲁克晚期向早王朝时期过渡的时代。一般来说，时间越晚，地区性的矛盾越激化，冲突越激烈，战争也就越频繁。

乌鲁克晚期在考古学上也叫捷姆迭特-那色时期，捷姆迭特-那色是一个古代遗址的现代名称，这个城市的古代名称不确定，有争议。这个遗址之所以成为文化年代的代表，不仅仅因为这个遗址出土了有特色的陶器，还因为这个遗址出土了大量原始楔文泥版。捷姆迭特-那色位于巴比伦尼亚北部，乌鲁克位于巴比伦尼亚南部，乌鲁克Ⅳ时期在乌鲁克产生的文字，到乌鲁克Ⅲ时期就大量出现在捷姆迭特-那色，这不能不令人感到不可思议。更不可思议的是，这些泥版不是有人从乌鲁克带过去的，而是捷姆迭特-那色当地的书吏自己书写的，这些书吏模仿了乌鲁克泥版的形制，借用了乌鲁克人发明的文字，书写了当时当地需要记载的内容。乌鲁克文化的这种输出肯定不是靠武力，而是凭借自身文化的优秀以及这种优秀自带的魅力和吸引力。捷姆迭特-那色人完全照搬了乌鲁克人创造的文字体系，或者说在很短的时间内就学会了乌鲁克人创造的文字体系，即使他们是苏美尔人，这也是难以想象的事，况且他们不一定是苏美尔人，因为那时苏美尔人基本都居住在苏美尔地区，即尼普尔和尼普尔以南的地区，而捷姆迭特-那色位于巴比伦尼亚北部，属于后来的阿卡德地区，这里是塞姆人集中的地区。如果捷姆迭特-那色人是塞姆人，他们就是最早接受乌鲁克书写体系的塞姆人。公元前2400年前后，楔形文字西传到叙利亚境内的古国埃布拉。埃布拉人使用塞姆语，为使楔形文字更准确地表达自己的民族语言，埃布拉人改变了楔形文字的用法，把绝大多数苏美尔表意字用作音节，同时也保留了一定数量的表意字。萨尔贡建立阿卡德王朝后，采取了与埃布拉人同样的方式，由此产生一种楔文两种用法的传统：都是楔形文字，或被用作表意文字，或被用作音节文字，书写苏美尔语时用作表意文字，书写阿卡德语时用作音节文字。后来还诞生了楔形字母。楔形文字成为整个西亚地区古代文明的标志，发明楔形文字的人是以乌鲁克人为代表的苏美尔人，发明的地点是乌鲁克，时间在公元前3200年前后。

楔形文字不是为记载历史而发明的，记载历史事件的历史铭文直到早王朝时期才出现，而这时的文字已有几百年的历史。历史铭文产生之前无从谈论历史，尤其是有朝有代的历史。乌鲁克早期文明虽然在当时卓尔不群，出类拔萃，但这期间究竟发生了什么、如何发生等等，我们一无所知。即便在经济方面，虽有大量经济文献，但其中也存在大量未知或不解。一块泥版这样写道："120口粮，30酒"[1]，接下来是人名，寥寥数字，如何解释？"口粮"和"酒"都是根据几百年以后的同字字义上推的，完全有可能几百年后的"口粮"和"酒"字，最

---

[1] Nissen 1990, 第77页, Kat.Nr.10.2: 120 NINDA, 30 KAŠ。

初根本就没有"口粮"和"酒"的意思。抛开这层困难，假定语言文字上的解释没有问题，难解之处仍有很多：其一，是120份口粮，还是120古尔（或其他度量单位）的口粮？其二，这是从某一个人或一地收取的东西，还是向某一个人或一地发放的东西？其三，谁是收取或发放的人或机构？其四，最后签名的是何人？居何职？这些都是未知。

从这个例子可以看到原始楔文文献的一个显著特点：书写下来的不是全部信息，而只是语言中的几个关键词。这些关键词具有助记和提醒的功能，当事人完全可以通过这些信息达到自己想要达到的目的。然而，这却给今天的我们留下无限遗憾。尽管如此，从一些文献中出现的特殊概念，如"国王""祭司""法官""议会长"等等当中，我们还是能够对当时的社会结构和政治体制做出一些判断。但总体而言，乌鲁克早期文明时期是个无政治史可言，或政治史十分模糊不清的时期。但可以肯定，这个时期的苏美尔文明是高度发达的文明，是同期世界文明的满天群星中最明亮的一颗。

大动干戈——早王朝时期

早王朝时期指从乌鲁克III时期（捷姆迭特-那色）之后，直到阿卡德帝国建立之前的时期，按照英国亚述学家波斯特盖特（N. Postgate）的年代划分，早王朝的绝对年代是公元前3000至前2350年[①]，有些学者认为早王朝的上限要晚一个世纪左右，但对早期历史而言，早一百年或晚一百

---

① Postgate 1992，第22页。

年意义并不大。①"早王朝"(Early Dynastic)一词是荷兰考古学家法兰克福(H. Frankfort,1897—1954)于1932年首次使用的。1935年,他又把"早王朝时期"划分为ED I、ED II和ED III(即早期、中期、后期)三个阶段。此后,许多学者都沿用这个说法,直至今日。把这段历史称为"前萨尔贡时期"(Presargonic)的学者也为数不少,尤其是法国学者。

"早王朝"不但是亚述学中的常见概念,也是埃及学中的常见概念,二者不同,不能混淆。亚述学中的"早王朝"概念是考古学家提出来的,依据是迪亚拉地区古建筑遗存的相互叠压关系。运用到巴比伦尼亚时,早期(ED I)相当于乌鲁克III时期之后到乌尔古朴文献时期,中期(ED II)相当于从巴比伦尼亚地区出现城墙到法拉古朴文献,后期(ED III)相当于法拉古朴文献之后到萨尔贡建立阿卡德帝国之前。②考古学上的这个分期,并不能反映这个时期的社会发展状况,也不能反映这个时期的政治发展大势。

苏美尔的早王朝早期(公元前3000—前2750)是个考古学和文献学上的"黑暗时期",几乎没有任何属于这个时期的考古材料和文献材料,这个时期的历史几乎都是根据后来的历史文献和文学文献构建的。

记录历史事件、纪念历史人物、同时也表达某种思想的历史铭文首先出现在早王朝中期的拉迦什。从拉迦什第一王朝的建立者乌尔楠舍(Urnanše,约公元前2600年)开始,这个王朝的所有统治者都留下了历史铭文,这些铭文多数涉及为国神或其他神灵建立神庙的建筑活动,有些涉及战事,也有涉及贸易的。下面这篇铭文(见图4-15)是乌尔楠舍留下的众多铭文之一,西方学者称之为"奉献板"③或"石灰岩牌匾"④,不论

---

① 雅各布森曾一度认为早王朝II期始于公元前3100年,见Jacobsen 1939a,第208页以下的"美索不达米亚年表"。
② Edzard 1965,第55页。
③ Strommenger 1962,图73。
④ Pritchard 1969,第298页,图427。

图4-15 乌尔楠舍石灰岩"牌匾",出土于伊拉克境内的古代吉尔苏遗址,即今之铁罗,1888年由德·萨尔泽克发现,高40厘米,藏于卢浮宫博物馆

如何称呼之,都不能准确表达这篇铭文的形式、内涵及其功能。因为没有现代对应物,所以没有现成的对应概念。为叙述方便,这里暂以"牌匾"呼之。

这块"牌匾"图文并茂,内容涉及神庙建筑。浮雕分为上下两个部分,上部描述的是神庙奠基仪式,下部描述的是竣工庆祝仪式。上部的顶篮者和下部的坐而持杯者是拉迦什第一王朝的建立者乌尔楠舍,除乌尔楠舍身后的"侍酒官"外,其余的人都是乌尔楠舍的儿女,每个人的身上都写着名字。据"牌匾"上的铭文所记,乌尔楠舍建造了三座神庙,一座是国神宁吉尔苏神庙,一座是楠舍(Nanše)神庙,还有一座是阿布祖班达(Abzu-banda)神庙。乌尔楠舍建造的神庙不止这三座,其他的神庙建造也都另有铭文记载。可以肯定,铭文中提到的三座神庙不可能在同一时间开工,更不可能在同一时间竣工。所以,这篇描述开工典礼和竣

第四章 走进复活的苏美尔文明

工宴的"牌匾"不是即时的历史事件记录,而是事后某时完成的阶段性总结,相当于现在各单位所实行的"述职",只是古今面对的对象不同而已,现代人面对的是上级领导,而乌尔楠舍面对的是神,所以,他的"牌匾"应该是固定在神庙墙上给神看的,"牌匾"中间的圆孔应该是为这个目的而预留的。除建造神庙的内容外,铭文还提到乌尔楠舍"让迪尔蒙的船从外国(向拉迦什)运送木材"[1],说明拉迦什与迪尔蒙有贸易往来。对苏美尔人而言,迪尔蒙是远在天边的地方,是苏美尔洪水故事中获得永生的远古贤王吉乌苏德拉的居住地。[2]不论是用船直接从迪尔蒙往拉迦什运木料,还是用迪尔蒙制造(或迪尔蒙式)的船运输木料,木料的来源都是"外国"或"异域"(KUR),都说明拉迦什与苏美尔以外的"异域"有贸易往来,也说明从波斯湾到拉迦什的水路畅通。

乌尔楠舍的这篇铭文还开启了一种王室铭文的先河,即以"某某,职业,某某(父辈)之子,某某(父辈),某某(祖父)之子"开头的铭文。这篇铭文的开头几行这样写道:

乌尔楠舍,

拉迦什王,

古尼都?(写作Gu-NI.DU,读音不详)之子,

(古尼都是)古尔萨(Gursar,读音不确定)之子,

建宁吉尔苏神庙。[3]

---

[1] 这篇铭文的全部音译和翻译,见Frayne 2008,第83—84页。

[2] ETCSL 1.8.1.3: *The Death of Gilgameš*, A version from Me-Turan, Segment F,第15行。这里讲到吉乌苏德拉的居住地,而根据标准版《吉尔伽美什史诗》的描述,这位获得永生之人的居住地是"遥远的河口",《吉尔伽美什史诗》第十一块泥版第205行,拱玉书2021,第240页。"遥远的河口"指迪尔蒙。

[3] Frayne 2008,第83页。学界对古尔萨有不同解释,有的文献明确显示,古尔萨是一个地名,所以,这篇铭文中的"(gu-NI.DU) dumu Gur-sar"既可以理解为"(古尼都是)古尔萨之子",也可以理解为"(古尼都是)古尔萨人",见Sollberger 1971,第700页。

公元前6世纪古波斯帝国的大流士一世（Darius I，公元前521—前486在位）在《贝希斯敦铭文》中写道："我是大流士，大王，王中王，波斯王，万国之王，叙司塔司佩斯之子，阿尔撒美斯之孙，阿契美尼德族人。"[1] 从乌尔楠舍到大流士，这中间足足有两千年，其间类似的铭文无数，可见，这个传统在楔形文字文明中多么渊远流长。这个传统对楔形文字文明以外的文明也有影响。

现代学者把乌尔楠舍建立的王朝叫作"乌尔楠舍王朝"，或"拉迦什第一王朝"。毫无疑问，这个王朝留存至今的历史铭文最多、最系统，王与王之间的关系也最清晰，但他们的铭文却不是最早的铭文。最早的历史铭文是恩美巴拉格西铭文（见图4-16）。[2] 这篇铭文刻写在一个雪花石膏容器上，如今只剩下一块残片，大约9.5厘米×10厘米，原本的完整容器形制不详，可能是一个比较浅的碗。[3] 这是一件从私人手里没收的文物，出土地点不详。因为另有一块刻有"（恩）美巴拉格西"名字的容器残片出土于海法吉（Hāfāji，古代的图图布 [Tutub]），所以，学界普遍认为这块容器残片应该也出于那个遗址。按照后来的器物铭文的行文格式，这篇铭文应该包括如下内容：1. 为某神，2. 某人（主语），3. 头衔，4. 敬献（宾语省略，宾语即承载铭文的容器）。这块残片上只存有第2至3项，即敬献（此物）之人和头衔。第1项（为某神）似乎压根就没有，因为残片上的这个位置有空间，却没有文字，最后一项大概率是有的。[4]

"恩美巴拉格西"不但出现在这篇历史铭文中，还出现在《苏美尔王表》和《吐玛尔铭文》这样的历史文献中，在文学作品《吉尔伽美什与阿伽》和《吉尔伽美什与胡瓦瓦》中也有恩美巴拉格西的名字。先说历

---

[1] 《贝希斯敦铭文》（DB I, §1.1—3），Kent 1950，第119页。
[2] Edzard 1990a，第614页；Frayne 2008，第5页。
[3] 德国亚述学家艾扎德的推测，Edzard 1959，第9页注释。
[4] 艾扎德认为，残缺部分应该包括a mu-ru "他敬献"，Edzard 1959，第10页。

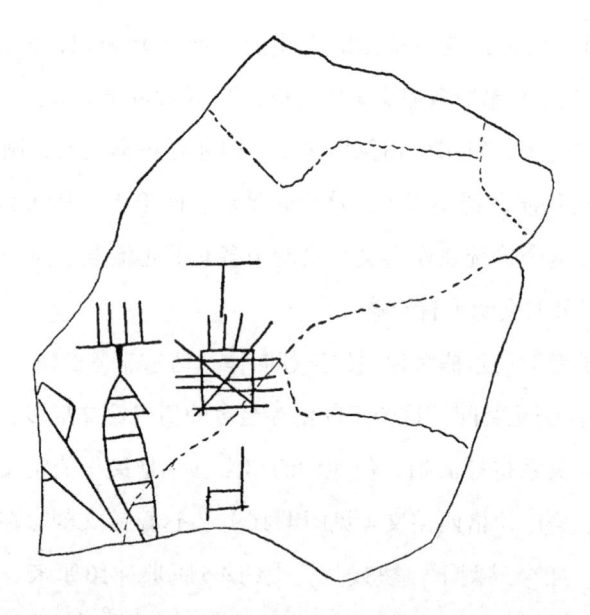

图4-16 恩美巴拉格西铭文，雪花石膏容器残片，原件藏于伊拉克国家博物馆。铭文写道："（恩）美巴拉格西，基什王"

史文献。据《苏美尔王表》记载，恩美巴拉格西是基什第一王朝第22位国王，他曾攻打埃兰并缴获埃兰人的武器[1]，因此有人认为，他是结束古埃兰文明的人[2]。在《吐玛尔铭文》中，恩美巴拉格西是第一位到吐玛尔为恩利尔建立神庙的霸主，开创了取得巴比伦尼亚地区霸主地位的国王到吐玛尔为恩利尔建造神庙的先河。从他开始，直到伊辛王朝的开创者伊什比埃拉（Išbi-Erra，公元前2017—前1985在位），前后六百余年，一系列霸主都到吐玛尔为恩利尔建立了神庙。《吐玛尔铭文》开篇便道："恩美巴拉格西，王，建造了恩利尔神庙乌鲁纳纳姆（Uru-na-nam'它真是一座城'）。"[3]《苏美尔王表》和《吐玛尔铭文》都提到阿伽是恩美巴拉格西

---

[1] 《苏美尔王表》第2栏第35—37行，Jacobsen 1939a，第83—85页。
[2] Michalowski 2003，第196页。
[3] 《吐玛尔铭文》第1—2行，全文音译见Sollberger 1962，第42—46页；ETCSL 2.1.3: *The History of the Tummal*；汉译见吴宇虹（执笔）1982。吴宇虹没有翻译神庙名称Uru-na-nam。

之子和继任者。他们的父子关系也反映在《吉尔伽美什与阿伽》里，这部被现代学者视为文学作品的叙事诗更像是一篇历史文献，其中的人物和事件都可以得到《苏美尔王表》的证实，其中的"原始民主制"更是常见于其他文献。《吉尔伽美什与阿伽》的第1至2行这样写道："恩美巴拉格西之子阿伽的使者，从基什来到乌鲁克。"[①]使者向乌鲁克人转达了基什王的要求：挖井。[②]乌鲁克人不甘屈服，奋起反抗，于是"阿伽，恩美巴拉格西之子包围了乌鲁克"（第49行），乌鲁克人出城应敌，结果是乌鲁克人取得最后胜利，吉尔伽美什俘获阿伽，但没有加害于他，而是让他返回了家园。在《吉尔伽美什与阿伽》中，凡提到阿伽的地方，都没有说他是"基什王"，只说他是"恩美巴拉格西之子"，说明此时他还不是基什王，还是王储，可能是以王储身份率军出征的，其父（或其母？）恩美巴拉格西此时可能还健在。在此，文学作品与历史文献出现了完美契合。

《吉尔伽美什与胡瓦瓦》中的恩美巴拉格西是个例外，在这里，恩美巴拉格西不是基什王，更不是阿伽之父，而是吉尔伽美什的大姊（nin₉-gal）。[③]吉尔伽美什在面对强大的胡瓦瓦时，感到自己的能力略逊一筹，于是急中生智，大施欺骗伎俩，使胡瓦瓦放松了警惕，最后战胜了胡瓦瓦。吉尔伽美什的欺骗伎俩之一是向胡瓦瓦许诺，把自己的姐姐恩美巴拉格西嫁给胡瓦瓦为妻（nam-dam-šè）。这就引出了许多问题，此恩美巴拉格西是不是基什王恩美巴拉格西？基什王恩美巴拉格西到底是男是女？基什与乌鲁克是什么关系？等等。面对这些问题，学术界出现争议。有学者认为，恩美巴拉格西是吉尔伽美什的大姊，她就是基什王恩美巴拉格

---

① 关于《吉尔伽美什与阿伽》，见Cooper 1981; Katz 1993; Wilcke 1998; ETCSL 1.8.1.1: *Gilgameš and Aga*。林志纯先生是第一个把《吉尔伽美什与阿伽》翻译成汉语的人，汉译见林志纯 1961，第301—306页。
② 对"挖井"有不同解释，最新解释见吴宇虹 2003。
③ 关于《吉尔伽美什与胡瓦瓦》的研究与翻译，见Edzard 1990; 这部文学作品有多种现代语言译本，英文翻译见ETCSL 1.8.1.5: *Gilgameš and Ḫuwawa* (Version A)。

西，因此，基什王室与乌鲁克王室之间的关系是旁系血亲。[1]多数学者持这种观点。持不同观点的学者为数不多，也许只有米哈洛夫斯基一人。他认为，《吉尔伽美什与胡瓦瓦》是介于"虚构故事和历史传统"[2]之间的作品，甚至是"赤裸裸的虚构"，是乌尔第三王朝时期的一种"蓄意的意识形态建构，这种构建出于政治目的而充分利用想象的历史"[3]，其中的恩美巴拉格西是一个"虚构的、充满象征意义的古代人物"[4]，作者编造这个人物是为了欺骗胡瓦瓦这个"无知"、"野蛮"、居住在苏美尔东边的"高原居民"[5]。

米哈洛夫斯基是亚述学领域的著名学者，他的观点也都有一定的文献作为支撑，所以，很难说谁对谁错，也许根本就不存在对错。见仁见智，有争论，无定论，这是古代史研究领域的一个突出特点，中国古代史研究和世界古代史研究莫不如此。对同一篇文献或同一个事件，不同学者可能会由于不同文化背景，或不同立场，抑或不同角度而做出不同解释，更何况在乌鲁克和基什的关系上，古代文献本身就存在不同说法！在《吉尔伽美什与阿伽》中，吉尔伽美什战胜并俘获了基什王恩美巴拉格西之子阿伽，这里是吉尔伽美什对应阿伽；在一篇舒尔吉颂诗中，吉尔伽美什战胜的不是阿伽，而是恩美巴拉格西本人[6]，这里是吉尔伽美什对应恩美巴拉格西；还有一篇文献有另外一种说法，即征服基什并俘获基什王恩美巴拉格西的人不是吉尔伽美什，而是他的前任杜牧兹[7]，这里又是杜

---

[1] 米哈洛夫斯基提到几个秉持这种观点的人，包括A. Shaffer、C. Wilcke和J. Klein，见Michalowski 2003，第198页。
[2] Michalowski 2003，第198页。
[3] 同上，第201页。
[4] 同上，第199页。
[5] 同上，第206页。
[6] Šulgi O，第49—60行，Klein 1976，第277—279页；威尔克在译文中把指代恩美巴拉格西的人称代词译作"her"（"她的"，Wilcke 1989，第562页），说明威尔克认为恩美巴拉格西是女王。
[7] Klein 1991，第125—126页。

牧兹对应恩美巴拉格西。古人已然众说纷纭，今人必然莫衷一是。各有所取，无关对错。

米哈洛夫斯基认为"从来没有任何人叫恩美巴拉格西"[①]，他还认为，"无论怎么看，恩美巴拉格西这个名字都没有什么意义"[②]，这个观点显然是错误的，是对"恩美巴拉格西"的误解。"恩美巴拉格西"多写作 En-me-bára-ge-e-si 或 En-me-bára-ge$_4$-e-si[③]，个别文本写作 En-me-bára-ga-e-si[④]，甚至 En-me-en-bára-ge-si[⑤]，这最后一种是错误写法[⑥]，不必纳入讨论。En-me-bára-ge/ge$_4$-e-si 中的关键成分是 ME，这是一个很特殊的概念，本身有多重含义，需要根据具体语境来确定具体含义，最常见的含义大致相当于老庄哲学中的"道"。[⑦]从古巴比伦时期开始，辞书文献常把读作/me/的同音字放到一起解释[⑧]，这就把词源不同而发音相同的词搅在了一起，给人一种它们都是一个字的不同发音和由这些不同发音产生的不同字义的错觉。辞书文献的这种做法大概对现代学者产生了一定的误导。米哈洛夫斯基应该是被误导者之一，他认为 En-me-bára-ge/ge$_4$-e-si 应该读作 En-išib-bára-ge/ge$_4$-e-si，即把 ME 读作 išib（"祭司"）[⑨]，即便如此，他还是无法解释这个名字的意义。在辞书文献中，ME 的含义很多，但没有任何一种与"道"相近，更不要说相同。"道"是我根据 ME 的大量实际应用例感悟出来的，可以体现 ME 的一部分内涵，但也不能体现 ME 的全部内涵。许多西方学者有类似的感悟，但表述不同。兰兹博格认为

---

① Michalowski 2003，第207页。
② 同上，第200页。
③ Edzard 1991，第211页，第139行。
④ Klein 1991，第126页，注释12。
⑤ Jacobsen 1939a，第82页，第35行。
⑥ Michalowski 2003，第201页，注释8。
⑦ 详见拱玉书 2017。
⑧ 如：Proto-Aa 71: 1, Civil 1979，第91页（MSL 14）; Ea I, 239—245, Civil 1979，第188—289页（MSL 14）。
⑨ Michalowski 2003，第201页。

"ME是神创造的秩序，永远有效，永不改变"①，奥伯胡伯认为"ME"是"元动力"，或"元神"②，克莱默认为"ME"是"文化特征与文化集合"③，或"从创世时起就支配宇宙并使其运转"的"神法、神规与神制"④。按照这个思路解释En-me-bára-ge/ge₄-e-si，这个名字便可以释为"充满ME的王座之王"。这里的ME相当于"道"，"道"寓于器之中，这里的器是"王座"（bára），"其中"（-e，方位-方向格标记）"充满"（si）了"道"（ME）。ME是苏美尔哲学中的核心概念，"恩美巴拉格西"这个名字充满了苏美尔文化味，也许这恰好可以证明基什王恩美巴拉格西出身于乌鲁克，或者说这个带有浓重苏美尔文化味的名字可以间接地证明吉尔伽美什的大姊就是基什王恩美巴拉格西。

苏美尔人与塞姆人

早王朝时期的一个突出问题是苏美尔人与塞姆人的关系问题，与此相关的是早王朝时期塞姆人的地位和作用问题。塞姆人是中国世界史研究领域常见的说法，在其他领域，尤其是与《圣经》研究相关的领域，同样的概念常被译为"闪族人"或"闪米特人"。

20世纪30年代以前，几乎所有的学者都把早期美索不达米亚的历史描绘成了苏美尔人与塞姆人斗争的历史。⑤他们认为，在长达几百年的斗争中，苏美尔人逐步失去优势，塞姆人逐步壮大，直到最后取得整个两河流域的统治权，即萨尔贡建立阿卡德王朝。⑥对这些早期的研究者而言，早期美索不达米亚的历史就是一部种族冲突史。1939年，雅格布森对这

---

① Landsberger 1926，第369页。
② Oberhuber 1963，第6页。
③ Kramer 1981，第96页。
④ 同上，第95页。
⑤ 如 Rogers 1915，第450—454页。
⑥ 如雅各布森提到的布雷斯特德（J. H. Breasted）等人，Jacobsen 1939，第485页。

种传统观点提出挑战，认为早王朝时期的混战，尤其是萨尔贡征服乌鲁克/温马的卢伽尔扎格西和其他苏美尔城邦的征服战，绝非种族冲突，而是由社会和经济因素支配的政治斗争。[1]雅各布森成功挑战了传统观点，打开了一条新的思路。雅各布森是罕见的集考古学家与文献学家于一身的学者，他的论据言之凿凿。从此，人们看这个问题时换了角度，发现在考古学上和文献学上都没有塞姆人"入侵"的证据。相反，在属于早王朝中期的苏美尔语文献中，尤其在出土于舒鲁帕克遗址的苏美尔语文献中，有相当多的书吏起的是塞姆语名字。20世纪70年代，英国考古学家在阿布萨拉比赫（Tell Abū Ṣālabīkh）发现了大量早王朝时期的苏美尔语文献，其中许多书吏都是塞姆人，至少名字都是塞姆语。种种证据都表明，塞姆人很早就与苏美尔人共同生活在一起，他们接受了苏美尔文化，其中许多人成为苏美尔城邦的王室书吏。萨尔贡的胜利不是什么"塞姆人的第一次胜利"[2]，而是萨尔贡在争夺巴比伦尼亚地区霸权时取得的胜利。本身是塞姆人的萨尔贡与苏美尔各邦的冲突不是种族冲突，而是政治冲突。早在20世纪60年代就有学者把苏美尔文化和塞姆文化的高度融合称为"苏美尔-塞姆文化共生"（Sumero-Semitic symbiosis）。[3]

虽然文化上高度融合，居民也有混居情况，但总体来说，塞姆人集中生活的地方是巴比伦尼亚北部，而苏美尔人集中生活的地方是巴比伦尼亚南部。巴比伦尼亚南北的划分大致以尼普尔为界，以南（包括尼普尔）为南部，以北为北部。

基什位于巴比伦尼亚北部，按照《苏美尔王表》的说法，"洪水"过后，"王权"自天而降，降到了基什。这里的"王权"可能指抽象的地区霸权，也可能指象征地区霸权的实物，譬如权杖。按照《苏美尔王表》的

---

[1] Jacobsen 1939。这是雅各布森在这篇论文中表达的基本观点。
[2] 雅各布森引用那些秉持苏美尔-塞姆人冲突论者的话，Jacobsen 1939，第486页。
[3] Sollberger 1965，第1页。

叙事，基什是第一个取得巴比伦尼亚地区霸权的国家，这个首先取得地区霸权的王朝被现代学者称为"基什第一王朝"，因为后来还有基什第二王朝和基什第三王朝等。纵观基什各王朝国王的名字可以看到，绝大多数名字都是塞姆语。偶尔可见苏美尔语名字，恩美巴拉格西就是其中的少数苏美尔语王名之一。恩美巴拉格西之前的国王叫"伊尔塔萨都姆"（Ilta-sadum），这个名字是塞姆语，《苏美尔王表》没有交代他与恩美巴拉格西之间的关系，这就给现代学者留下了各种想象空间，他们是父子还是夫妻？恩美巴拉格西是阿伽之父，还是阿伽之母？阿伽（写作 Ag-ga，亦可音译为 A_5-ga，A_5-kà，或 Ak-kà[①]）这个名字是苏美尔语还是塞姆语？一切皆有可能，但又都不能确定。为什么这里强调塞姆语名字？原因在于名字和种族没有必然关联，即名字可以是塞姆语，但人不一定是塞姆人，同样，名字可以是苏美尔语，但人不一定是苏美尔人，这样的例子很多，其中比较典型的是萨尔贡和女儿恩黑杜安娜。萨尔贡（阿卡德语 Šarru-kīn，"真王"或"恒王"）是毋庸置疑的塞姆人，名字是塞姆语，其母语也是塞姆语，但他的女儿恩黑杜安娜（En-hé-du₇-an-na，"王是天之装饰"，公元前2334—前2279）的名字却是苏美尔语，她用苏美尔语创作了一系列文学作品，是目前已知人类历史上第一位署名作家。这个例子充分说明，名字可以是苏美尔语，但人不一定是苏美尔人。乌尔第三王朝的舒辛（Šu-Sîn，公元前2036—前2028在位）和伊比辛（公元前2027—前2003在位）的名字都是塞姆语，他们都是乌尔第三王朝的创始人乌尔娜玛的直系后代。这说明，名字可以是塞姆语，但人不一定是塞姆人。苏美尔人和塞姆人之间显然没有明确的民族意识，更不用说敌对的民族意识。他们长期生活在一个地区，相互有认同感，他们虽然各自有自己的母语，但至少精英阶层都能做到语言互通，尤其是以塞姆语为母语的精英阶层都能

[①] 《苏美尔王表》和《吉尔伽美什与阿伽》中的写法基本一致，见 Jacobsen 1939a，第84页；Katz 1993，第40页。

使用或精通苏美尔语。种种迹象都表明，苏美尔人和塞姆人生活在和平友好的气氛中，他们之间有政权之争，没有民族对抗。

经典的《苏美尔王表》[1]结束于伊辛王朝倒数第二王辛马吉尔（Sîn-māgir，公元前1827—前1817在位），这个经典版王表应该是这个时期的书吏编写的。但它不是原创，而是更早的王表编纂传统的发展继续，有人认为其前身是乌尔第三王朝时期（约公元前2100—前2000）编制的王表[2]，有人认为其前身或许成文于更早一点的乌图黑伽尔时期[3]，还有人认为更早，早到阿卡德王朝时期[4]。编写王表的目的是通过追溯王权来源来证明编写者所处王朝的合法性。如果王表的编纂传统始于阿卡德王朝，那么把王权的来源追溯到基什有一定合理性，因为基什王朝和阿卡德王朝都是塞姆人建立的王朝。如果如此，阿卡德王朝时期的塞姆人可能真的有一定的"民族"意识，但这种推测只是基于现代人的逻辑思维的推测而已，再无其他佐证。如果面对以基什开始的王表苏美尔人没有提出异议，说明苏美尔人面对塞姆人时没有"民族"意识，至少没有对抗性的"民族"意识。如果编纂王表的传统始于苏美尔人，更说明苏美尔人没有"民族"意识，王权从基什开始可能就是他们认知中的真实历史，而他们尊重历史，客观描述历史，其中没有出于"民族"情感的操弄。像《吉尔伽美什与阿伽》和《吉尔伽美什与胡瓦瓦》这样的文学作品更加明确地表明，巴比伦尼亚南部的乌鲁克和巴比伦尼亚北部的基什没有"民族"意识对抗，有的是经济和政治方面的冲突。乌尔第三王朝的文学传统视基什王恩美巴拉格西、乌鲁克王吉尔伽美什、乌鲁克王乌图黑伽尔、乌尔王乌尔娜玛、

---

[1] 这里指藏于阿什莫林博物馆（Ashmolean Museum，1923.444）的正六面体棱柱铭文，照片见Hrouda 1991，第58页；摹本见Langdon 1923，图版I—IV；音译和英文翻译见Jacobsen 1939a，第69—127页；汉译见郑殿华译文，见于殿利等2023，第41—50页。

[2] Wilcke 1989，第559页。

[3] Jacobsen 1939a，第140页。

[4] Marchesi 2010，第233页；这篇文章的作者还提到其他持相同观点的学者。

乌尔娜玛的儿子舒尔吉皆为兄弟姐妹，他们都是宁荪（Ninsun）与卢伽尔班达的亲生子女。[1]如此论之，基什、乌鲁克、乌尔皆属一家，王权从基什开始也就不难理解了。《苏美尔王表》没有包括曾十分强大的拉迦什和温马，这令人费解。如果按照上述文学传统解释，也许是因为拉迦什王室不属于宁荪和卢伽尔班达这一脉。

虽然基什王朝和阿卡德王朝的统治阶层都是塞姆人，但在《苏美尔王表》中却没有任何基什王朝和阿卡德王朝有别于其他王朝的迹象，在苏美尔文学作品中，也没有任何把塞姆人视为蛮族或异族的情况。也就是说，在王表和文学作品中都看不到苏美尔人和塞姆人之间的种族冲突，更没有种族仇恨，甚至见不到一点民族或种族意识。然而，有一篇文献比较特别，因为在这篇文献中，我们似乎看到了苏美尔民族意识。这篇文献是乌尔第三王朝末王伊比辛写给当时的一位戍边将军的一封信。[2]在信中，伊比辛对当时已经自立为王的戍边大将伊什比埃拉（伊辛第一王朝的建立者）非常愤怒，说他"不是苏美尔人的后裔"。这是目前所知唯一一处可被视为表达苏美尔民族意识的文献证据。有学者认为伊什比埃拉是阿摩利特人，有人认为他是阿卡德人。阿摩利特人的种族和语言归属目前仍有争议，不能确定，阿卡德人是塞姆人的一支（东支）。可以肯定，伊什比埃拉不是苏美尔人，但他讲苏美尔语，在苏美尔人统治的国度任职，认同苏美尔文化，甚至已经完全苏美尔化，在建立新的王朝后，几乎完全继承了前朝的一切。他的反叛应该不是出于种族原因，而是完全出于个人原因：争夺权力，满足个人的权力欲望。伊比辛在绝望之际才想到自己的爱将不是苏美尔人，为自己的失败和王朝的覆灭找了个堂而皇之的借口。

总之，种种证据和迹象都表明，至少在早王朝初期就已经有大量塞姆人生活在两河流域，他们其中的大部分人定居在巴比伦尼亚北部，基

---

[1] Wilcke 1989, 第564页。
[2] Kramer 1963, 第334页。

什和阿卡德是塞姆人居住的两个主要的城市。塞姆人来到两河流域之后，接受了苏美尔人的文化，苏美尔人也从他们的文化中吸收了很多东西，苏美尔语中有很多阿卡德语借词，阿卡德语（东塞姆语）中有更多的苏美尔语借词，说明两个讲不同语言的族群相互融合的程度很高。在宗教方面，有时难以区别哪些神是苏美尔人固有的，哪些是塞姆人固有的，很多神既有苏美尔语名称，也有阿卡德语名称，有时难以确定哪种语言的名称更早。就文献而言，苏美尔语文献在时间上要远远早于阿卡德语文献，但一个神的苏美尔语名称在文献中出现得早不代表这个神就一定是苏美尔人最早崇拜的神。早王朝时期的苏美尔语文献中有很多名字是塞姆语的书吏，说明塞姆人，至少有文化的精英阶层，都精通苏美尔语，其中不少人官至王室书吏。他们与苏美尔人共同生活在巴比伦尼亚，从未发生过大规模民族冲突。像其他苏美尔城邦一样，塞姆人建立的国家参与了巴比伦尼亚各邦争夺霸权的角逐，在政治上常是苏美尔人的劲敌。

《苏美尔王表》与城邦争霸

《苏美尔王表》（以下简称《王表》）是现代学者给起的名称，其古代名称是"王权"（nam-lugal）[①]，是《王表》的第一句话中的第一个词。取一篇作品的首行首词作为该作品的名称是古代书吏归纳整理文学文献时常用的方法。按照古代书吏的这种分类方式，《王表》应该属于文学作品。但《王表》的内容表明，它就是现代意义上的王表。因为《王表》用苏美尔语书写，所以，现代学者称之为《苏美尔王表》。

《王表》分为两个部分，洪水前和洪水后。为叙述方面，权且称之为第一部分和第二部分。第一部分记载了洪水前五国八王的国名、王

---

① Marchesi 2010, 第231页。

名、五国建国的先后顺序以及每个国王的统治时长。五国分别是埃利都、巴德提比拉、拉拉克、金比尔（西帕尔）以及舒鲁帕克。舒鲁帕克国王乌巴尔图图统治时期发生了灭绝人类的洪水。第一部分至此结束。

接下来是第二部分。洪水过后，"当王权再度自天而降时，王权在基什"。此为基什第一王朝，共历二十三王，前面提到的恩美巴拉格西是这个王朝的倒数第二王，这个王朝的末王是曾经率军攻打乌鲁克、败于吉尔伽美什之手的阿伽。"基什被击败，其王权被转移到埃安纳（乌鲁克）。"这里的乌鲁克指乌鲁克第一王朝，吉尔伽美什是这个王朝的第五位国王，该王朝共历十二王，吉尔伽美什之后又历七王，而后乌鲁克被击败，失去"王权"。这次夺得"王权"的人是乌尔国王麦斯安尼帕达，他建立的王朝被现代学者称为"乌尔第一王朝"。就这样，"王权"所在国不断被击败，"王权"也不断发生转移，有时再度，甚至多次转移到同一个国家。基什是洪水过后第一个获得"王权"的国家，后来又断断续续三次获得"王权"，现代学者根据《王表》的叙事顺序，分别将获得"王权"的基什称为"基什第一王朝""基什第二王朝"等。乌鲁克五次获得"王权"，因此，现代学者依次称之为"乌鲁克第一王朝""乌鲁克第二王朝"等。乌尔三次获得"王权"，所以，在现代学者的历史叙事中乌尔有三个王朝，其中的第一王朝和第三王朝在考古学和历史学研究领域都有很重要的地位，20世纪30年代乌尔王陵出土大批文物，其中有相当大一部分属于乌尔第一王朝，年代在公元前2700年至前2600年之间，而乌尔第三王朝是苏美尔人建立的地域最大、文明程度最高的中央集权制国家，留下的文物更是不可胜数，其中的经济文献数以几十万计。

《王表》先后提到十一个获得"王权"的国家，其中只有三个国家多次获得"王权"，这三国分别是基什（四次）、乌鲁克（五次）和乌尔（三次），其余国家都只获得一次"王权"。在《王表》中，"王权"的更迭是先后依次完成的，给人一种印象，似乎这些获得"王权"的国家和一个国家的不同王朝在时间上都是先后衔接的，其实不然。一个国家的不同王朝有先后，如乌尔第一王朝、乌尔第二王朝、乌尔第三王朝。但国家的诞生与《王表》所说的获得"王权"不存在必然关联，某国获得"王权"的时间往往只是这个国家发展过程中的一个节点，不是起点。譬如，基什第一王朝的"王权"结束于阿伽，结束基什"王权"的人是乌鲁克的吉尔伽美什，但吉尔伽美什不是乌鲁克第一王朝的建立者，而是这个王朝的第五位国王。

早王朝时期有很多国家同时并存，基什第一王朝、乌鲁克第一王朝、乌尔第一王朝都是同时并存的不同国家的政权。基什第二王朝、乌鲁克第二王朝、乌尔第二王朝也基本是同时并存的。《王表》提到二十个获得"王权"的王朝，涉及十一个国家，其中七个在巴比伦尼亚，三个在巴比伦尼亚周边地区：阿旺（Awan）位于苏希安那（Susiana），今之伊朗西南；哈马兹（Hamazi）位于底格里斯河北部的小扎布河流域，今之伊拉克北部；马里位于幼发拉底河上游，地处今之叙利亚境内。可见，《王表》中描述的争夺"王权"的国家不限于巴比伦尼亚，从幼发拉底河下游的乌鲁克到上游的马里，再到底格里斯河上游分支小扎布河流域的哈马兹，再到苏美尔以东、位于古代埃兰地区的阿旺，这个范围远远超出了巴比伦尼亚。在这样广大的地域内，各个国家都在争夺"王权"，这说明什么？至少可以说明：尽管这个地域内的国家讲不同语言，马里、基什和阿卡德主要讲阿卡德语（东塞姆语），其他国家主要讲苏美尔语，但他们都属于楔形文字文化圈，都处于一个大的、共同的文化、宗教和政治生态环境中，都认同并追求一个谁都渴望得到的东西——"王权"。这个"王权"显然不是一个国家的统治权，而是超越国家的地区霸权，否则不会群雄逐之，更不会在不同国家转来转去。

当时的两河流域及周边地区绝不止《王表》中提到的这些国家。作

第四章　走进复活的苏美尔文明　　223

于阿卡德时期的《神庙颂》歌颂了四十二座神庙[1]，它们分别属于三十五个不同国家。这些国家大都不见于《王表》。从乌尔、阿布萨拉比赫、舒鲁帕克、拉迦什等早王朝时期遗址出土的文献中可以看到，早王朝时期的两河流域小国林立，各自独立，相互竞争，时而一些国家结成联盟，时而两国之间爆发战争。文献中有详细记载的战争是基什与乌鲁克之间的战争以及拉迦什与温马之间的战争。这些战争或冲突或由经济利益引起，或由边界争端引起。但这样的战争只限于邻国之间（如温马与拉迦什），或者有某种利益冲突或某种恩怨的两个国家之间（如基什和乌鲁克），不具有普遍性。具有普遍性且周期性地爆发的战争是争夺"王权"的战争，"基什被打败，王权被夺走"，"打败"的字面意思是"用武器击打"（^{giš}tukul ... sìg），由此产生的后果是"王权"被"夺走"（túm）。[2] 每次一国失"王权"、一国得"王权"时，《王表》都用这种方式表达，说明"王权"易主是通过暴力手段实现的。

　　这里所说的"王权"可能是一种象征权力的实物，是一种"权杖"之类的东西，其作用有如中国古代象征王权的"鼎"。麦西里姆（Mesilim）"权杖"（见图4-17）可能就是这种王权的象征。麦西里姆"权杖"的原形已不可知，只有刻有铭文并带动物浮雕的石质权杖头保存至今，且基本完好。上面的铭文写道："麦西里姆，基什王，宁吉尔苏神庙的建造者，为宁吉尔苏献上此物（指权杖），（此时，）卢伽尔沙恩古尔（Lugal-šà-ENGUR，最后一字读音不详）是拉迦什国王。"[3] 人们之所以要诉诸武力，争夺"王权"，显然是因为这个"王权"非同一般：它是超越单一城邦统治者（或"恩"，或"恩西"，或"卢伽尔"）权限的"霸主"

---

[1] Sjöberg 1969, 第17—49页。
[2] Jacobsen 1939a, 第84页。
[3] Me-silim E1.8.1.1, 音译和英文翻译见 Frayne 2008, 第70页。

图4-17 麦西里姆权杖（或权标）头，白色石灰岩，高19厘米，直径16厘米，出土于铁罗，藏于卢浮宫博物馆。权杖上的浮雕狮原本有镶嵌眼珠，权杖原本应该有木质或其他材料制作的柄。浮雕狮的身体部位刻有铭文："麦西里姆，基什王……"

权，谁取得它，谁就是地区"霸主"。①争做霸主，除国王们的政治野心外，往往还有更重要的经济原因。

"基什王"

"基什王"有两种，一种是基什这个国家的国王，如《苏美尔王表》中罗列的基什第一王朝、基什第二王朝等所有国王都是基什王。另一种"基什王"指那些没有真正统治过基什却自称或被称作"基什王"的人。这后一种"基什王"或是拉迦什王，或是阿卡德王，或是乌鲁克王等等，

---

① 日知1989，第168页以下。

这些国家才是他们的本国，他们分别是这些国家的国王，而"基什王"只是他们的一种附加头衔。对这后一种"基什王"进行过研究的学者中外都有，大多数研究者都认为后一种"基什王"是超越国界的权力象征，是"霸主"的代名词。①乌尔第一王朝的麦斯安尼帕达、拉迦什第一王朝的埃安纳吐姆（Eannatum）以及阿卡德王朝的萨尔贡等等都曾自称或被称作"基什王"，这已经很说明问题，这些王都是历史上的著名国王，都是各自国家极盛时期的代表人物，他们的地位和影响力恰好表明了"基什王"的分量。

至于基什王的来历，人们几乎无一例外地把它归结到基什曾经具有的政治地位上。基什的确是比较早的城市。考古发掘表明，基什最早的大型建筑属于捷姆迭特-那色时期。前面已经讲到，《苏美尔王表》称基什是洪水后第一个"王权"所在地。苏美尔叙事诗《吉尔伽美什与阿伽》详细描述了基什王阿伽率军攻打乌鲁克的情形。从这类描述中不难看到，基什有过光辉的历史，曾经强大一时，但最终还是败给了乌鲁克。就现在已知的考古和文献材料而言，乌鲁克要比基什更古老，文明程度更高，对苏美尔地区和周边地区产生的影响更大。按照我们的认知，乌鲁克应该是第一个获得天降"王权"的国家，但《苏美尔王表》的作者显然不这么看。他们认为基什是第一个获得天降"王权"的国家，他们没有说明理由，我们自然无法知晓。但可以肯定，他们一定有他们的理由和逻辑。

麦西里姆在铭文中自称"基什王"，据目前所知，他是第一个自称"基什王"的他国之王。他不在《苏美尔王表》中的基什国王之列，他也不是基什人，他的家乡可能是戴尔（Der）。②也有人认为他可能就是乌尔第一王朝的麦斯安尼帕达。③这些说法都没有充分依据。他具体统治哪个

---

① 日知1989，第176页以下；Postgate 1992，第29页。
② Postgate 1992，第31页。
③ E. Gordon持这种观点，Frayne 2008，第5页。

国家，目前仍不清楚。他曾在阿达布主持宗教仪式[1]，也曾在阿达布为神进献祭器（绿泥石瓶）[2]，也曾为拉迦什和温马之间的边界纠纷进行调解，为两国竖立了界碑（Me-silim na bí-rú-a"［当……时］，麦西里姆立了石碑"[3]），麦西里姆由此成为人类历史上第一个国际问题仲裁者。不知出于什么原因，《苏美尔王表》没有收入麦西里姆统治的国家，这也不奇怪，因为也有其他强国没有被纳入《苏美尔王表》，比如拉迦什和温马。如果麦西里姆不是真正统治基什的国王，基什就更没有足以使后来的国王们视为王者典范的理由了。

　　德国学者尼森从一个新的角度提出了一个与众不同的观点。他认为，由于幼发拉底河河道的改变及其支流的减少，早王朝时期两河流域南部的城市和农村的布局发生了重大变化。原来的许多村社和城市被放弃，其居民不得不移居到新的河道旁，重新建立城市。这时，农村人口减少，而城市人口猛增。如果把面积在30公顷以下的居址称为农村，而把30公顷以上的居址称为城市的话，城市与农村的比例，在乌鲁克时期是2∶8，城市少农村多，而到早王朝时期就变成了9∶1，城市明显多于农村。[4] 早王朝时期不但河流改道，支流变少，河水的水量也明显减少，农业完全依靠灌溉。于是，灌溉系统得到空前发展，控制河水、保证灌溉水源成为多国统治者的首要任务。为了争夺水源，邻国之间常常发生战争，也常常结为同盟。两河流域南部的城市几乎都傍靠幼发拉底河，幼发拉底河成了它们的一条共同生命线。控制了幼发拉底河就等于控制了南部所有城市的生命线，而基什就是控制这条生命线的最佳地点。[5] 所以，美索不达米亚南部各国的统治者纷纷北上，控制基什，自称"基什王"。他认为，这

---

[1] Me-silim E1.8.1.2, Frayne 2008, 第70—71页。
[2] Me-silim E1.8.1.3, Frayne 2008, 第71页。
[3] E-anatum E1.9.3.2, Frayne 2008, 第141页。
[4] Nissen 1988, 第130—131页。
[5] 同上，第145页。

就是"基什王"的来历。大概由于河道变化的缘故，曾经强盛一时的乌鲁克逐渐衰落，变得越来越不重要[1]，这就是乌鲁克的王衔没有受到其他国家统治者青睐的原因。考古学家的这个解释注重经济原因，显得更加合理，更有说服力，但仍不是确凿证据。"基什王"的来源问题还需进一步考察。

城邦印与城邦联盟

英国考古学家伍利发掘乌尔时，在主神庙墙外的"印迹层"发现了很多属于早王朝初期（ED I）的印迹（印有印纹或印文的各种泥块、泥版等），其中有不少城邦印印迹。萨尔贡在两河流域南部建立统一帝国之前，一个城市就是一个国家，所以，这里涉及的印就是国家印，西方学者称之为"城市印"（city seals）[2]，其实就是城邦印。然而，城邦印不是一国之印，也不是像普通的私人印或机构印一样由人或物（包括动物）构成某种图案的印，而是刻有不同国家名称的印章，国家数量从几个到十几个不等。这种印还有一个特别之处，那就是上面刻写的文字字体不是当时通行的字体，而是一种特殊的、此类印章独有的字体，对我们中国人而言，把这种字体比作"花体"或"大篆体"可能更容易理解和想象，或可把这种字叫作美术字，即经过艺术加工、形态与正常字有很大区别，但基本轮廓仍依稀可辨的字。城邦印的这个特点为现代学者正确解读城邦印增添了难度，致使城邦印上的许多城邦名称至今无法识读。

城邦印上的花体字很容易让人联想到印度河流域的摩亨佐-达罗（Mohenjo-daro）文明使用的印章文字，早在20世纪30年代就有人指出了

---

[1] Nissen 1988, 第131页。
[2] 如 Mathews 1993, 第33页专论"城市印印迹"（The City Seal Impressions）；Steinkeller 2002。

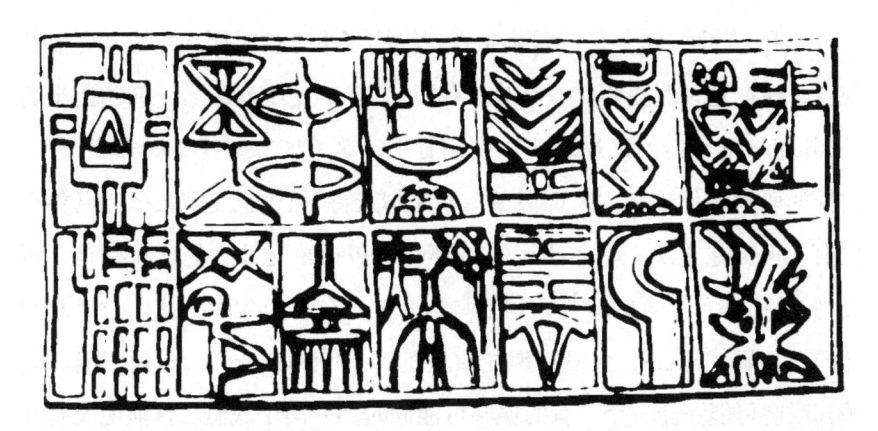

图4-18 乌尔出土的城邦印，分上下两栏，共有十三组符号，分别代表十三个不同城邦。像其他城邦印一样，这枚城邦印也是只有印迹，没有发现原印

这一点。[①]摩亨佐-达罗文明早期与两河流域的早王朝时期同时代。那时和后来的很多楔形文字文献都提到了印度河流域，考古学也证明两河流域和印度河流域文明有交往，在印度河流域曾发现两河流域的滚印，在两河流域也曾发现印度河流域的印章。在文字方面，两个文明相互有所借鉴是可以想象的，但很难证明。不可否认的是，城邦印上的花体字、古代埃兰文字以及印度河流域的印章文字之间有很多相似性，甚至有些符号的造型基本一致。但作为符号体系，它们都是各自独立的，相互之间的差异性非常明显。

城邦印上的文字经过了艺术处理，与正常的楔形文字有一定区别，但它们毕竟是同一种文字的两种"体"，基本形状或框架有时是可以识别的。目前可以确认，出现在城邦印上的城邦名称有埃利都（写作NUN）、拉尔萨（写作UD.AB）、乌尔（写作ŠEŠ.AB）、凯什（Keš，写作Kèš [ÉN.ŠÁRxGAD]）、乌鲁克（写作Unug$_x$）、尼普尔（Nibru$_x$，写作EN.NUN）、扎巴拉（Zabalam$_5$，写作MÙŠ.AB）等等。

[①] Legrain 1936，第40页，释文431。

早在20世纪50年代，雅格布森就提出了早王朝时期存在城邦联盟的观点，他把这种联盟叫作"苏美尔联盟"（Kengir League[①]），乌尔出土的"城邦印"就是他的证据之一。在他看来，这种城邦印就是城邦联盟印。这样的印章不但在乌尔发现很多，在捷姆迭特-那色也发现很多，乌鲁克也有，但数量很少。乌尔出土的城邦印不包括拉迦什、基什和温马，而捷姆迭特-那色出土的城邦印包括乌鲁克、乌尔、拉尔萨、扎巴拉以及北部的乌鲁姆（Urum，大概是现在的乌凯尔［Tell Uqair］）。这说明当时的城邦联盟可能不止一个，有的城邦可能同时加入两个联盟。目前还没有发现某一城邦联盟与另一城邦联盟发生军事冲突的证据，据此判断，这种联盟可能不是军事联合，但雅各布森认为不能排除苏美尔联盟的组建是迫于来自巴比伦尼亚北部阿卡德地区压力的可能性。[②]关于苏美尔联盟的性质还有其他观点[③]，如有人认为这个联盟是"一种自觉文化相似性意识形态"的表现[④]。

由于城邦印印迹几乎都与具有实用价值的容器有关[⑤]，有理由推测，这种联盟更可能是基于共同经济利益的经济联盟。苏美尔南部的许多城邦同饮一河水，在利用水源上非常需要合作，否则就会像拉迦什和温马一样发生争夺水源的冲突。他们需要有一个共同的组织来保证或协调城邦间的贸易，使之能够顺利进行。两河流域南部缺乏建筑木材和石料，各邦都要从外地进口建筑材料和奢侈品，几个城邦联合起来，对地区内的国际和地区外的远程贸易的顺利进行十分必要。总之，共同的经济利益

[①] Jacobsen 1957，第109页。Kengir是苏美尔语中的"苏美尔"（通常写作ki-en-gi［r］），阿卡德人和后来的巴比伦人称该地区为šumeru（也许KI.EN.GI的读音就是šumer），我们现在用的"苏美尔"译自šumeru。

[②] Jacobsen 1957，第109页，注释36。

[③] Steinkeller提到不同观点，见Steinkeller 2002，第251页；Yoffee也提到不同观点，见Yoffee 1993，第304页。

[④] Yoffee 1993，第305页。

[⑤] 大多数印迹都是"罐塞碎片"（fragments of jar-stoppers），Legrain 1936，第1页。

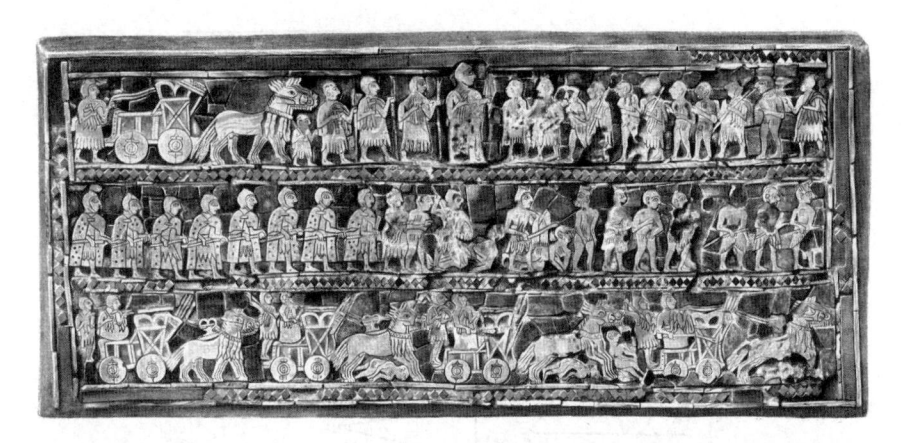

图4-19 "音箱镶嵌装饰"，即所谓"乌尔旗"（Standard of Ur）的一个装饰面。出土于乌尔王陵PG/779，介于公元前2700年至前2600年间，属于早王朝中期。该音箱高20.3厘米，外面用贝壳、青金石和玛瑙镶嵌，实物藏于英国国家博物馆。这个装饰面描述的是战争场面，或更像是乌尔大军从战场凯旋的场面，音箱的另一面描述的是乌尔国王与功臣一起庆祝胜利和士兵运输战利品（或被征服国家向乌尔进贡）的场面。乌尔出土的同时期的文献从未提及战争，更没有对战争场景的描述，给人一种那个时代的乌尔正处于和平繁荣、国泰民安状态的印象。然而，从这个音箱镶嵌图中可以看到，乌尔的发达兴旺可能建立在他国的痛苦之上。这里描述的战争场景也许是那个时代的缩影

可能是把一些城邦暂时联结在一起的纽带。"城邦印"反映的联盟可能就是这样的经济联盟。

"基什王"和《苏美尔王表》中反映的"霸主"可能也是某一经济联盟的盟主。从《吐玛尔铭文》中可以看到，很多"霸主"都曾来到尼普尔，为恩利尔建造神庙，以此确立其政治上的合法地位。尼普尔是"霸主"召集巴比伦尼亚各邦集会的地方，大概也是经济联盟会盟的场所，这不仅因为尼普尔是"众神之父"恩利尔的神庙所在地，是苏美尔人和阿卡德人的"圣地"，也因为它的地理位置很重要：尼普尔地处巴比伦尼亚中心，是集会或会盟的理想场所。

拉迦什与温马

法国考古学家于19世纪末和20世纪初有幸在吉尔苏（属于大拉迦什的一部分，遗址即今之铁罗，距伊拉克南部城市纳西里耶以北约70公里

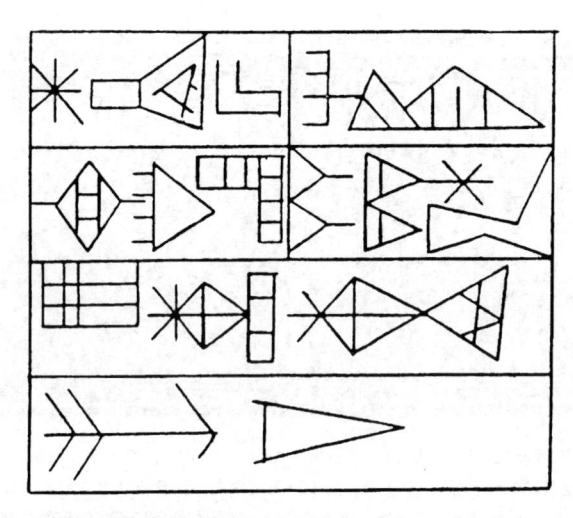

图4-20　乌尔楠舍（Urnanše）建筑铭文摹本。铭文写道："乌尔楠舍，拉迦什王，古尼都（？）之子，建立了宁吉尔苏神庙。"①

处）发现大量泥版文献和带有长篇伴文的雕像，其中包括八个前后接续的统治者的铭文，即拉迦什第一王朝（或称乌尔楠舍王朝）的王室铭文。从这个王朝的建立者乌尔楠舍到末王乌鲁卡基那（Urukagina），拉迦什第一王朝历经九王，前后160多年（约公元前2500—前2340）。从拉迦什第一王朝开始，巴比伦尼亚的历史进入了有连续记载当代历史事件的历史铭文的时代。诚然，不是每个国家都有这样的历史记录，或者说，不是这个时期的每个遗址都出土了这样的历史文献。出土这类文献的遗址寥寥无几，其中铁罗最重要，因为这里出土的历史铭文最多，乌尔楠舍石灰岩"牌匾"、埃安纳吐姆鹫碑、乌鲁卡基那圆锥体铭文、古地亚石雕像、古地亚圆筒铭文等等重要历史文献都出自这里。

吉尔苏不但出土了大量王室铭文，也出土了大量经济文献。经济文献和王室铭文为研究公元前26至前24世纪拉迦什的历史和社会提供了丰富的材料。在拉迦什，神庙占有大量土地，神职人员的权力也非常大，

---

① 德语译文见Steible 1982，第81页。

城市的守护神主宰国家的命运，也主宰国王的命运。因此，许多学者称其为"神庙国家"，并把这种"神庙国家"视为苏美尔城邦的典型。在拉迦什，国王也把最高祭司一职攫为己有[①]，因此，这里的国王就是最高祭司，最高祭司就是国王。越来越多的证据表明，除王室和神庙外，还有一部分人，他们既不依附于神庙，也不依附于王室，他们或者自由经商，或者自耕土地，可称为自由商人或自耕民。目前已发现大量王室档案或神庙档案，这些档案一般只记载王室和神庙的经济活动，对自由商人或自耕民以及其他不涉及王室、神庙的私人活动几乎没有记载。可以肯定，王室档案和神庙档案不能反映当时社会的全貌。所以，"神庙国家"这项帽子不一定适合那时的所有国家，具体情况还要做具体分析。

拉迦什在当时是个较大的城邦（面积约3 000平方公里），也一度成为"霸主"之邦。第三代王埃安纳吐姆在一篇铭文中写道：他打败基什、阿克沙克（Akshak）、马里、乌鲁克、乌尔、温马、埃兰、苏巴尔图（Subartu，即亚述地区）等国家和地区，成为"基什王"。[②]埃安纳吐姆留下许多铭文，其中最重要的莫过于《埃安纳吐姆鹫碑》（见图4-21）。此碑两面都刻有浮雕，正面是拉迦什主神宁吉尔苏一手持鹫，一手持权杖，击杀落网的敌人。反面又分上下两部分，上部是埃安纳吐姆身先士卒，徒步率方阵行进，下部是埃安纳吐姆驱车带领士兵行进的场面。这是最早的图文并茂的历史文献，主要内容是描述与邻邦温马之间的战争及拉迦什的胜利。

拉迦什与温马争夺土地和水源的战争由来已久。早在麦西里姆时代，两邦就已发生过冲突，麦西里姆曾作为仲裁者为两邦调停，并为两邦立碑定界。到埃安纳吐姆统治时期，两邦的战争至少有一百多年的历史了，断断续续，互有胜负。埃安纳吐姆统治时，拉迦什又占了上风。埃安纳

[①] Hruška 1971，第157页。
[②] E-anatum El.9.3.5, Frayne 2008，第146—149页。

图4-21 埃安纳吐姆鹫碑反面残片，铁罗出土，石灰石，原碑高1.8米，宽1.3米，藏于卢浮宫博物馆

吐姆收复失地，温马国王被迫缔约，承认新国界，发誓今后绝不敢再越过新国界一步。埃安纳吐姆之后，拉迦什国势日衰，与温马的争端又起。到末王乌鲁卡基那时，拉迦什内外交困。乌鲁卡基那想通过"社会改革"来挽救拉迦什的命运，推出一系列改革措施，但为时已晚，拉迦什大势已去，终未能逃脱灭亡的命运。

温马是在早王朝时期兴起的城邦。早王朝时期幼发拉底河又伸延出一个支流，并逐渐取代了原来的支流。这样，坐落在原来支流上的城邦，如舒鲁帕克和乌鲁克，变得越来越不重要，居民减少，城市萎缩。相反，坐落在新支流的城邦，如温马和拉迦什，却日益兴盛起来。麦西里姆为两邦调停，说明温马也相当强大，与拉迦什势均力敌。在后来的争夺战中，温马也时有胜利。到卢伽尔扎格西时，温马的国势臻于极盛。卢伽尔扎格西本人是个"篡权者"，其父布布（Bubu）曾是温马妮撒芭（Nisaba，苏美尔书写女神）神庙的祭司，他本人也曾是祭司。后来，他篡夺了温马的王位，当上国王。他首先洗劫了拉迦什。吉尔苏出土的一篇乌鲁卡基那泥版铭文详细地记述了卢伽尔扎格西洗劫拉迦什的情况。铭文写道：

温马人（指卢伽尔扎格西）把埃基比拉（Ekibirra）付之一炬，把安塔苏拉（Antasurra）付之一炬，把其中的贵金属和青金石搜刮一空。他把提拉什（Tiraš）宫洗劫一空，把阿布祖班达（Abzubanda）洗劫一空，把恩利尔圣殿（Bára-Enlil）和乌图圣殿（Bára-Utu）洗劫一空，把阿护什（Aḫuš）洗劫一空，把其中的贵金属和青金石搜刮一空。他把埃巴巴（Ebabbar）洗劫一空，把其中的贵金属和青金石搜刮一空。他把提尔库（Tirku）的宁玛赫（Ninmaḫ）神庙吉古纳（Giguna）洗劫一空，把其中的贵金属和青金石搜刮一空。他把巴迦拉（Bagara）洗劫一空，把其中的贵金属和青金石搜刮一空。他把都格鲁（Dugru）付之一炬，把其中的贵金属和青金石搜刮一空。他把阿布祖埃迦（Abzu'ega）洗劫一空，把佳图姆都（Gatumdu）神庙付之一炬，把其中的贵金属和青金石搜刮一空，把其中的雕像（和石碑）打得粉碎。他把伊楠娜神庙伊布埃安纳（Ib-Eanna）付之一炬，把其中的贵金属和青金石搜刮一空，把其中的雕像（和石碑）打得粉碎。他把沙帕（Šapa）洗劫一空，把其中的贵金属和青金石搜刮一空。他把哼达（Ḫenda）彻底摧毁，把吉埃什（Ki'eš）的宁达尔（Nindar）神庙洗劫一空，把其中的贵金属和青金石搜刮一空。他把基努尼尔（Kinunir）的杜木兹-阿布祖神庙（Dumuzi-Abzu）付之一炬，把其中的贵金属和青金石搜刮一空。他把卢伽尔乌鲁（Lugal-Uru₁₁）神庙付之一炬，把其中的贵金属和青金石搜刮一空。他把楠舍神庙埃恩古拉（E'engura）洗劫一空，把其中的贵金属和青金石搜刮一空。他把阿玛葛什提娜（Amageštinna）神庙萨古格（Sagug）洗劫一空，把其中的贵金属和青金石搜刮一空，把（雕像）投到井里。他把宁吉尔苏耕地上的所有庄稼都攫为己有。温马人洗劫拉迦什后，对宁吉尔苏犯下种种罪行。他的罪恶之手将被砍掉。吉尔苏之王乌鲁卡基那清白无辜。愿温马王卢伽尔扎格西的守护神妮撒芭让他（卢伽尔扎格西）承担这些罪恶。①

卢伽尔扎格西征服和洗劫了拉迦什以后，又征服了乌鲁克，自称"乌鲁克之王"。之后，他又继续征服了波斯湾（"下海"）到地中海（"上海"）之间的所有国家，成为"苏美尔之王"。他奉献给尼普尔的恩利尔神庙的一篇铭文写道：

当（众神之父）恩利尔，万国之王，赐予卢伽尔扎格西——乌鲁克王，苏美尔王，（天神）安（An）的išib祭司，（书写神）妮撒芭的lumaḫ祭司，同为妮撒芭女神的lumaḫ祭司的温马王乌乌（Ú.Ú）之子，安神的宠儿，万国之王，恩利尔的（人间）大王，（智慧神）恩基给予智慧的人，由（太阳神）乌图（Utu）选定的人，（月神）辛的大臣，（太阳神）乌图的将军，为（战神与爱神）伊楠娜提供供给的人，（母神）宁胡桑格（Ninḫusag）用好奶哺育之人，乌鲁克的麦斯桑格神（Mes-sag）的仆人，由乌鲁克女王（女神）宁吉丽姆（Ningirim）养育之人，众神的大管家——当恩利尔，万国之王，赐予卢伽尔扎格西苏美尔王权，他（指恩利尔）使苏美尔地区的所有

---

① 《乌鲁卡基那铭文16》（Ukg.16），音译和德文翻译见Steible 1982，第334—337页；音译和英文翻译见Frayne 2008，第276—279页（URU-KA-gina E1.9.9.5）。

目光都投向了他（指卢伽尔扎格西），使所有国家都葡匐在他的脚下，使日出到日落之地（的所有国家）都臣服于他。那时，他自下海（指波斯湾）沿底格里斯河和幼发拉底河而上，直至上海（指地中海），从日升处（指东边）到日落处（指西边），恩利尔为他铺平道路。从日升处到日落处，恩利尔使他全无敌。在他的统治下，所有国家都安定满意，苏美尔更是充满喜悦。（正是：）天下王者，悉数来朝，皆往乌鲁克，因其有王权道（me-nam-nun）①。那时，乌鲁克沉浸在欢乐中，乌尔象头公牛昂首阔步，乌图的爱城拉尔萨喜气扬扬，（温马的守护神）沙拉（Šara）的爱城温马把它的巨臂高高抬，扎巴拉（城）像母牛与幼子重逢一样欢喜若狂，吉安（KI.AN，城，读音不确定）把脖子翘到天上。卢伽尔扎格西，乌鲁克王，苏美尔王，在尼普尔殷勤地为其主人恩利尔提供丰盛的食物和饮用甜水。如果众神之王恩利尔为我向爱他的父亲安神祈祷，并为我增寿，那么，异邦就会在我的治下相安无事，人民就会像香草一样蔓延生长。愿天之乳房正常运转！愿人民享受繁荣！愿他们（指安神和恩利尔神）永远不要改变为我确定的吉运！愿我永远是领头人！为求长寿，他把此物（指承载该铭文的祭祀瓶）献给爱他的主人恩利尔。②

卢伽尔扎格西征服了巴比伦尼亚大部分地区，结束了持续了几百年的城邦分立局面，为阿卡德的萨尔贡建立帝国创造了条件。卢伽尔扎格西的军事征服不可能像铭文中所说的那样给各邦的居民带来欢乐，也没

---

① 关于王权道，见拱玉书 2017。
② 音译和英文翻译见 Frayne 2008，第435—437页（Lugal-zage-si E1.14.20.1）；英文翻译见 Postgate 1992，第35页；音译和德文翻译见 Steible 1982a，第315—320页（Uruk: Luzag.1）；部分翻译与解读见 Bauer 1998，第496页。

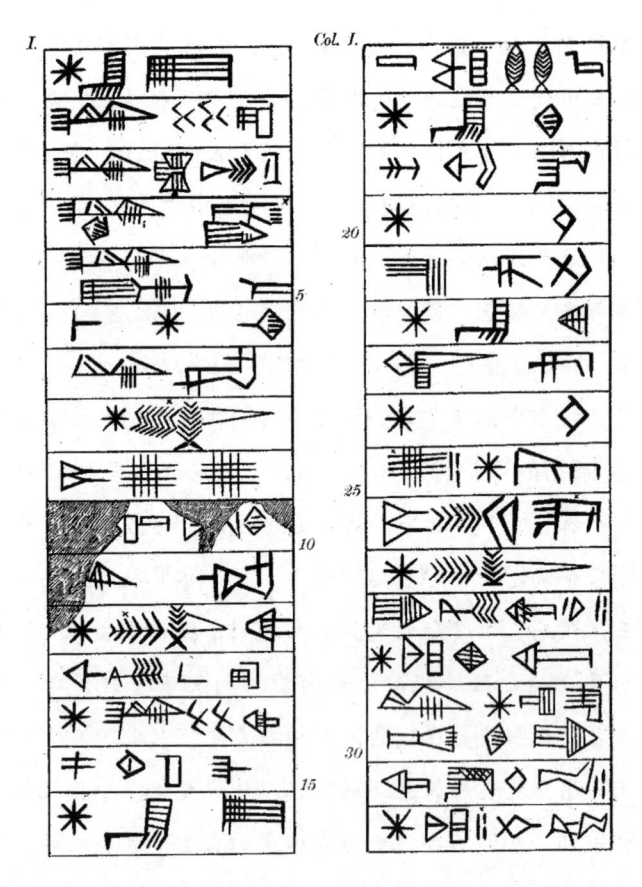

图4-22 卢伽尔扎格西祭瓶铭文摹本，该铭文分三栏，这是第一栏的一部分

有任何证据可以表明卢伽尔扎格西曾采取任何惠民政策。因此，上述铭文中描述的各邦皆大欢喜的场面，可能只是征服者的一面之词。卢伽尔扎格西的铭文（包括上引铭文）只提到几个古老的苏美尔城邦，如乌鲁克、乌尔、拉尔萨、温马（卢伽尔扎格西的本邦）等，其他同时代的城邦，包括许多重要城邦，如西帕尔、基什、尼普尔、阿达布、伊辛等，都未见铭文，连拉迦什都没有提到，这有些不可思议。也许卢伽尔扎格西治下的国家是有限的，没有被提到的国家不处在他的治下，仍保持着独立自主。

两河流域与周边地区

两河流域南部的文明很早就对周边地区产生了影响。早在乌鲁克早期文明时期，两河流域东部的埃兰人就在苏美尔文明的影响下创造了自己的文字。《苏美尔王表》在讲到基什王恩美巴拉格西时，说他打败埃兰并缴获了埃兰人的武器。[1]拉迦什的埃安纳吐姆也在铭文中炫耀征服埃兰的业绩。[2]一个叫恩纳伊尔（Enna-il）的统治者也曾"打败埃兰"。[3]埃兰人并非总是受到攻击的一方，他们有时也入侵两河流域来掠夺当地人的财产。有一封早王朝时期的书信表明，600名埃兰人曾入侵拉迦什，试图将掠夺的物品运到埃兰。当地人在卢恩纳（Lu-enna）的率领下，与入侵者展开战斗（dam-ḫa-ra ... ak），结果消灭了540个埃兰人。[4]还有文献提到埃兰地区的国家入侵两河流域国家，如埃兰人入侵凯什和阿达布。[5]可以肯定，早王朝时期，两河流域的国家与埃兰地区的一些国家既有贸易往来，也有武装冲突。双方有来有往，有胜有负。但是，由于我们所据的历史文献都来自两河流域，多数是用苏美尔语书写的文献，少数是用阿卡德语书写的文献，我们能看到的历史叙事必然是单方面的和单角度的，必然都是两河流域国家的胜利，惨败方永远是埃兰地区的国家。实际情况不一定都是这样。种种迹象表明，第一个真正打败和控制埃兰地区的人是建立阿卡德王朝的萨尔贡，他征服埃兰后，派了一支阿卡德军队进驻埃兰首都苏萨。也是在这时，大概由于阿卡德驻军的影响，埃兰人开始采用美索不达米亚的楔形文字书写埃兰语，放弃了当地人发明的"线

---

[1] 《苏美尔王表》第2栏第35—37行，Jacobsen 1939a，第83—85页。
[2] 埃安纳吐姆击败埃兰，但同时也付出了沉重代价，为牺牲的士兵建立坟墓（SAHAR.DU₆.TAG₄）可以为证，见Frayne 2008，第147页（E-annatum 5, iii: 15）。
[3] Frayne 2008，第75页；Steible 1982a，第218页。
[4] 这封书信的全文音译与翻译，见Michalowski 1993，第11—12页；Kienast/Volk 1995，第25—27页。
[5] Frayne 2008，第38页。

形文字"。[1]

苏美尔人的贸易和军事活动没有止于其东部近邻，而是远及阿拉塔。阿拉塔是位于伊朗境内的一个古代王国，准确地理位置目前仍不能确定。有人认为阿拉塔位于古代的哈舒尔，并认为哈舒尔就是迪尔蒙，与古代安善地区接壤[2]；有人认为阿拉塔就是阿富汗境内的巴达赫尚的古代名称[3]；有人认为阿拉塔应该是位于伊朗中南部的沙赫尔索赫塔[4]，除此之外，还有其他说法，在此不一一枚举。在目前已知的苏美尔文学作品中，有四部长篇叙事诗（通常也被视为苏美尔史诗）与阿拉塔有关，这四部作品分别是《恩美卡与阿拉塔王》、《恩美卡与恩苏克什达纳》、《卢伽尔班达Ⅰ》[5]和《卢伽尔班达Ⅱ》[6]。

《恩美卡与阿拉塔王》讲述的是乌鲁克第一王朝的第二位国王恩美卡（约公元前2900年）先后几次派使者到阿拉塔见那里的国王，要求阿拉塔为乌鲁克提供乌鲁克本地稀缺的建筑材料和宝石、贵金属等装饰材料的故事。阿拉塔王不甘屈服，每次都提出一个先决条件。就这样，乌鲁克王和阿拉塔王展开了"智斗"，使者穿梭于两地，转达两个国王之间的言语交锋。几轮言语交锋后，最终两国成功达成交易，各自都得到自己想要的东西，皆大欢喜。不难看出，这篇叙事诗反映的是两地的贸易往来，乌鲁克得到的是木材、金属和宝石，输出的是工艺品和农产品。

《恩美卡与恩苏克什达纳》讲述的是乌鲁克国王恩美卡与阿拉塔王恩

---

[1] Edzard 2004，第189页。
[2] Kramer 1944a，第21页，注释17。
[3] Komoróczy 1975，第23页。
[4] Hansman 1978，第331、335页；Kramer 1989，第9页，注释2。
[5] 这部作品还有其他不同名称，如《卢伽尔班达与胡鲁姆》、《卢伽尔班达在最黑暗的山中》、《山洞中的卢伽尔班达》或《荒野中的卢伽尔班达》。
[6] 这部作品也有其他不同名称，如《卢伽尔班达与恩美卡》、《卢伽尔班达的回归》以及《卢伽尔班达与安祖鸟》。两部作品的汉译，见本书第六章。

苏克什达纳（Ensuḫkešdanna）之间"智斗"的故事。[①]像《恩美卡与阿拉塔王》一样，"智斗"的双方不是面对面地直接较量，而是通过代理人进行较量。在这里，双方的代理人都是巫师，代表阿拉塔王出场的是一个男巫师，代表乌鲁克王出场的是一名女巫师，他们之间展开了一场激烈的巫觋斗法。他们每向河里抛一物，随即便可以由此物变出一个动物。阿拉塔巫师先变出一条大鲤鱼，乌鲁克巫师便变出一只老鹰，结果可想而知，老鹰抓住鱼朝山里飞去，这是第一回合。在第二回合中，男巫变出了母羊和小羊，而女巫变出一匹狼，结果是狼捕获了羊，并把它们拖到平原享用。接下来还有第三、第四和第五回合，男巫每变出一种动物，女巫就相应地变出另一种能够猎杀这种动物的猛兽。最后，阿拉塔巫师不但输了斗法，还丢了性命。阿拉塔王得知自己的巫师败给了乌鲁克巫师后，马上对乌鲁克王俯首称臣，说道："……从下到上你是大王，我甘拜下风五体投地……我不是你的对手，你是兄长我是弟。直到永远，我都无法与你匹敌。"[②]这次挑战是由阿拉塔王恩苏克什达纳发起的，这个恩苏克什达纳是否就是《恩美卡与阿拉塔王》中那位匿名的"阿拉塔王"？完全有这种可能，但没有确凿证据可以证明这一点。阿拉塔的巫师是国破家亡后逃到阿拉塔的一个外国避难者，自命不凡，魔功匪浅，但与乌鲁克巫师相比，无疑是小巫见大巫。种种迹象表明，乌鲁克的女巫是乌鲁克守护神伊楠娜的化身，法力无边，与男巫对决，实际上是一种"降维打击"，阿拉塔惨败是注定的。乌鲁克人津津乐道的这种斗法既是两地冲突的缩影，也是乌鲁克人优越感的展现，这种优越感来自乌鲁克经济、文化等各方面的优势。

其他两部史诗《卢伽尔班达Ⅰ》和《卢伽尔班达Ⅱ》也都是关于乌鲁

[①] 关于《恩美卡与恩苏克什达纳》的研究、音译和英文翻译见Berlin 1979; Vanstiphout 2003, 第28—45页；最新解释见Wilcke 2012; 汉译见本书第六章。
[②] 《恩美卡与恩苏克什达纳》第278—280行。

克与阿拉塔的故事。《卢伽尔班达Ⅰ》讲述的是卢伽尔班达在远征阿拉塔的路上如何得病,如何被大部队抛弃在山洞中,最后又如何战胜病魔,战胜自我,死而复活的故事。①

《卢伽尔班达Ⅱ》似乎是《卢伽尔班达Ⅰ》的下篇②,没有序言,起首便是"卢伽尔班达在遥远的山中游荡"。接下来,史诗讲到他在安祖鸟的帮助下成为"飞毛腿",追赶上乌鲁克的大部队,重新加入远征阿拉塔的行列。乌鲁克的远征军围困阿拉塔一年有余仍不能攻克。于是,率军远征的乌鲁克王恩美卡决定派人回国求援,即请求乌鲁克的保护神伊楠娜的帮助。卢伽尔班达在关键时刻挺身而出,独自一人返回乌鲁克,顺利完成一项常人难以完成的任务。③

虽然上述两部作品都是关于卢伽尔班达的传奇故事,一部描述卢伽尔班达死而复生,另一部描述卢伽尔班达在神鸟的帮助下获得一种日行千里的能力,但这些传奇故事都发生在乌鲁克大军远征阿拉塔的过程中。乌鲁克王恩美卡"动员了全国兵力"④,浩浩荡荡向阿拉塔进发,只见"乌鲁克的征兵势如洪水(滚滚向前),库拉巴的征兵仿佛乌云(蔽日遮天)"⑤。到达阿拉塔后,乌鲁克的远征军与阿拉塔人展开了激烈战斗,乌鲁克人把阿拉塔包围起来,但遇到了顽强抵抗,"从城中飞来的标枪,仿佛大雨从天降。(从城里飞来的)投石,堪比一年的降雨量,在阿拉塔的城墙上,(标枪投石)飕飕响"⑥。乌鲁克人面对固若金汤的阿拉塔,久攻不下,围

---

① Vanstiphout 2003,第105—131页;最新译文见 Wilcke 2015,第227—251页。
② 《卢伽尔班达Ⅰ》和《卢伽尔班达Ⅱ》是一部史诗的上下篇,还是两部独立的史诗?对此,学术界有争议,目前仍没有定论。从修辞风格上看,二者更像相互独立的史诗。
③ 这部作品的研究、音译和德文翻译,见 Wilcke 1969;英译见 Vanstiphout 2003,第137—158页;Black 1998,第58—64页。使者回到乌鲁克后径去拜神,伊楠娜遂为一筹莫展的乌鲁克国王指点迷津,史诗止于此,没有描述乌鲁克国王如何把神的指点付诸实施。在古代作者和读者眼里,这样的结束可能恰到好处,因为攻克阿拉塔、神的指点得到应验是不言而喻的。
④ 《卢伽尔班达Ⅰ》第24行。
⑤ 《卢伽尔班达Ⅰ》第28—29行。
⑥ 《卢伽尔班达Ⅱ》第256—258行。

城一年有余,"日流逝,月永长,年又回家去见娘。天之下,地复黄,收割季节又登场"①。在进退两难之际,乌鲁克王决定派人回国求援,这时,获得日行千里能力的卢伽尔班达派上了用场。卢伽尔班达回到乌鲁克,不是去搬援兵,而是去寻求乌鲁克守护神伊楠娜的帮助。伊楠娜用一语双关的"神语"为乌鲁克指明了胜利的方向。作品至此结束,后续如何没有交代,应该是不必交代,因为当时的听众或读者都知道结局。

文学作品描述的情形是否是历史真实,这个如今无法确知。需要指出的是,这是苏美尔人的叙事,他们讲的故事是老祖宗的故事,这些故事不可能都是捕风捉影,或凭空捏造,而应是苏美尔人集体文化记忆的组成部分,价值不可估量。

早王朝时期受巴比伦尼亚文明影响最大的地区之一是当今的叙利亚。1976年,意大利考古队在叙利亚的马尔迪赫(Tell Mardikh)发现属于公元前3千纪中叶的王室档案,档案显示,这个遗址是古代的埃布拉。埃布拉遗址的发现是20世纪最重大的考古发现之一。埃布拉文献用楔形文字写成,书写材料也是泥版。由于王宫毁于大火,保存在王宫中的泥版被大火烧过,变得异常坚固,因此,许多泥版至今完好无损。埃布拉文献属早王朝末期。其中的许多学术文献和文学作品都在法拉和阿布萨拉比赫出土了更早的抄本。一部分埃布拉出土的文献用苏美尔语书写,一部分用埃布拉语(Eblaite)书写。有人认为埃布拉语属于东塞姆语,有人认为埃布拉语属于西塞姆语,各执一词,各有所据,目前没有定论。埃布拉语研究专家盖尔布认为,埃布拉语与古阿卡德语最接近。②埃布拉的语言和文化都深受巴比伦尼亚文化的影响。马里也是叙利亚地区深受巴比伦尼亚文化影响的城市。从马里文献的文字形体判断,最早的王室铭文应属麦西里姆时代(约公元前2600年)。马里文献也用阿卡德语写成。《苏

---

① 《卢伽尔班达II》第259—260行。
② Gelb 1987,第73页。

美尔王表》把马里王朝也列在其中，说明马里曾与巴比伦尼亚地区的国家一起争夺地区霸权，并曾经取得霸主地位，早在早王朝时期就很强盛。马里地处幼发拉底河中游，掌握着下游的巴比伦尼亚许多靠河生存的城邦的命脉，它的强盛和一时的霸主地位大概与它的地理位置有直接关系。

巴比伦尼亚与亚述地区之间有两个天然屏障，一个是哈姆林山脉，一个是地处其南的沙漠，这两个天然屏障给两地之间的来往增添了困难，对语言也产生了影响。从公元前2000年开始见于文献的阿卡德语的北部方言（亚述方言）与南部方言（巴比伦尼亚方言）有显著区别。当今的伊拉克阿拉伯语的南北方言的分布，与古代阿卡德语的南北方言的分布情况几乎一模一样。由于天然屏障的阻隔，亚述地区受巴比伦尼亚文化影响的时间相对比较晚。亚述城出土的最早的阿卡德语泥版属阿卡德帝国时期，为数很少。

小亚细亚在早王朝时期几乎没有受到巴比伦尼亚文化的影响。生活在公元前24世纪的卢伽尔扎格西在铭文中首次提到了地中海和阿马努斯山脉。巴比伦尼亚以东的、在阿卡德时期及以后的文献中常见的马干（Magan，阿曼及阿曼湾地区）、美卢哈（Meluḫḫa，印度河流域南部）和迪尔蒙这时还没有一同出现在文献中。迪尔蒙单独出现在文献中的时间比较早，在乌鲁克早期文明时期的文献中就已经频频出现迪尔蒙[1]，但这时迪尔蒙与乌鲁克之间是什么关系，我们难以准确描述。到了拉迦什第一王朝的乌尔楠舍统治时期，迪尔蒙成为拉迦什的贸易伙伴，或许是拉迦什的附属国，主要为拉迦什提供木材。[2]

由于缺乏金、银、铜、锡、宝石、木材等建筑材料和装饰材料，早在公元前4千纪末两河流域南部就与外地建立了贸易关系。但其中许多贸易活动大概不是直接与出产原料的国家进行的，而是通过中介国家或地

---

[1] Englund 1983。
[2] 如 Ur-Nanše E1.9.1.2, Frayne 2008，第84页。

区进行的。到早王朝时期，贸易的范围更加广泛。在早王朝时期的乌尔王陵随葬品中，有大量用贵金属和宝石制作的日用品和装饰品，从中可对早王朝时期的贸易情况略见一斑。

分久必合——阿卡德帝国

公元前2340年前后，阿卡德王朝的创建者，或者说阿卡德帝国的缔造者萨尔贡打败由卢伽尔扎格西领导的苏美尔城邦联军，控制了整个巴比伦尼亚。这是古代美索不达米亚历史上的一个转折点，它标志着城邦分立局面的结束和历史上第一个庞大的帝国，即阿卡德帝国（约公元前2340—前2160）的诞生。这里所谓的"帝国"，指一个由多民族组成、地域广大、以都城为中心、以省城为基本行政单位、实行中央统一管理、权力最后集于一人的国家形式。按照《阿卡德咒》的说法，阿卡德王朝灭亡于第四代王纳拉姆辛。《苏美尔王表》的记载略有不同。据《苏美尔王表》记载，纳拉姆辛之后，阿卡德王朝在其子沙尔卡里沙里（Šar-kali-šarrī，公元前2222—前2198在位）和其他王的统治下仍延续了上百年，最终亡于古提人，被古提王朝取代。

《萨尔贡传奇》与阿卡德帝国的建立

阿卡德王朝的建立者是萨尔贡。"萨尔贡"是《旧约》中的希伯来语形式，是由阿卡德语的"沙鲁金"（šarru-kīn，"真王"）演变而来的。萨尔贡在后世的文学作品中被视为君王的典范，许多文学作品都讲到他的出身和业绩。

关于萨尔贡的出身，《萨尔贡传奇》中有比较详细的描述。《萨尔

图 4-23　青铜像。出土于尼尼微的伊什妲神庙区，高（从头顶到最下面的胡须）36.6厘米，藏于伊拉克国家博物馆。出土该青铜像的神庙建筑属于公元前 7 世纪，但该青铜像属于阿卡德帝国时期。许多学者认为，该青铜像是萨尔贡肖像的一部分，其他部分在古代就已经遭到破坏。现存的头像部分也严重受损，胡须被斩断，两只耳朵都被割掉，眼睛也遭到破坏，镶嵌的眼珠被挖出。这些破坏都发生在古代，完全有可能是肖像人物的对手为达到复仇目的而故意对肖像实施暴力的结果

传奇》（又作《萨尔贡出生传奇》）是一篇自传体文学作品，目前发现的几个抄本（残片）分别属于新亚述时期和新巴比伦时期，原创时间不详。这几个抄本是由莱亚德和史密斯于 19 世纪中叶和下半叶发掘尼尼微的亚述巴尼拔图书馆时发现的，因此都藏于英国国家博物馆。目前发现的抄本都是泥版残片，从中可见，萨尔贡出生传奇只是作品中的一部分，甚至是一小部分，所以把整篇作品叫作《萨尔贡传奇》并不合适。[①] 残缺部分的内容不得而知，保存下来的部分也不都是出生传奇，很大一部分讲萨尔贡统治时期发动的各种征战。关于萨尔贡出生传奇，作品这样写道：

[①] Lewis 1980，第 9 页，注释 1。

我是萨尔贡,大王,阿卡德王,

我母乃高级祭司(enetu),我父是谁,我却不知。

我父的兄弟们家住山区,

我的城市(出生地)是阿祖皮拉努(Azupirānu),濒临幼发拉底河。

身为高级祭司的母亲怀了我,偷偷把我生下。

她把我放到芦苇篮里,用沥青把缝隙封好,

而后弃我于河流中,因我无法从河里逃脱。

河水把我带走,把我带到河官阿齐(Aqqi)那里,把我带到那里。

河官阿齐用桶提水时把我提了上来,

河官阿齐把我当作养子一样养育,

河官阿齐让我帮他在果园干活。

在我当园丁期间,伊什妲爱上我。

于是我为王五十五年。①

按照这里的说法,萨尔贡的母亲是高级祭司。这里的"高级祭司"指"恩图"(entu,该作品中用的是enetu)祭司。"恩图"是"恩努"(enu)的阴性形式,都源自苏美尔语的"恩"(en)。"恩图"的地位很高,不论是苏美尔人,还是阿卡德人,抑或后来的新巴比伦人,都有在任国王任命自己的女儿为某地某神的最高祭司的传统。萨尔贡的女儿恩黑杜安娜、乌尔第三王朝的缔造者乌尔娜玛的女儿恩妮尔伽拉娜(Ennirgalanna)、新巴比伦时期的纳波尼德(Nabonidus)的女儿恩妮伽尔迪楠纳(En-nigaldi-Nanna)都曾经是乌尔守护神楠纳(Nanna)的"恩

---

① 《萨尔贡传奇》第1—13行,阿卡德语音译和英文翻译见Lewis 1980,第24—25页;Westenholz 1997,第39—41页;英文翻译亦见Foster 1995,第165页。

图"祭司。国王任命自己的女儿为最高祭司往往是国之大事，可以成为名年的历史事件，伊辛王朝的缔造者伊什比埃拉统治的第19年（？）就是以任命自己的女儿为最高祭司为这一年的年名的。[①]可见，萨尔贡说自己的母亲是恩图祭司，意在强调其出身高贵。

然而，恩图祭司通常是不允许生育的，历史上确有恩图祭司有儿女的情况，但这种情况是例外。[②]在古巴比伦时期的阿卡德语文学作品《阿特拉哈西斯》中，洪水毁灭人类后，大神们未雨绸缪，在一起商议如何控制人口，以避免再次造成人口失控。他们采取的措施之一是禁止某些妇女生育，其中就包括恩图祭司。[③]恩图祭司不允许生育应该是萨尔贡母亲秘密生下萨尔贡，而后又弃之河里而任之漂移的原因。她是如何怀孕的？这是秘密，无人知晓，萨尔贡自然也无从得知。可以想象，保守这个秘密，更能增添萨尔贡出身的神秘性。古代作者为了达到更好的文学效果一定更愿意保守这个秘密，萨尔贡本人应该同样具有保守秘密的动机，因为这样可以给自己的出身增添更多神秘性的同时，也可以避免真实的父亲可能地位比较低的尴尬。

富有传奇色彩的、发现《吉尔伽美什史诗》第十一块泥版中洪水故事的史密斯是第一个正式发表《萨尔贡传奇》研究的人，那是距今150多年的1872年，他也是第一个把《萨尔贡传奇》中的弃婴母题与《旧约》中的弃婴母题联系在一起的人。在世界各地不同民族的民间文学和历史传说中，弃婴母题普遍存在。刘易斯（B. Lewis）在《萨尔贡传奇》一书中，列举了72个不同民族的弃婴故事。[④]关于萨尔贡从弃婴到国王的故事无疑是人类历史上最早的弃婴文学。

[①] Renger 1967, 第118页。
[②] 同上, 第141页。
[③] Lambert 1969, 第103页。
[④] Lewis 1980, 第149—195页。

还有一篇文学作品讲到萨尔贡的出身，这部作品被现代学者称作《萨尔贡与乌尔扎巴巴》。①关于萨尔贡的出身，这部作品写道："其父叫拉伊布（La-i-bu-um），其母［……］"②讲母亲的地方残缺，缺失部分包含的内容无外两种可能，一种可能是萨尔贡母亲的名字，另一种可能是其母的职业，如高级祭司之类。在此，作品的作者把萨尔贡的父母交代得清清楚楚，这与上面讲到的《萨尔贡传奇》中描述的萨尔贡的传奇身世形成鲜明对比，其中不带任何传奇色彩。不论其母是谁，操什么职业，一旦道出其父的名字，萨尔贡的身世就失去了传奇色彩，更何况拉伊布是个名不见经传的无名之辈。从名字看，拉伊布不是苏美尔人，而是塞姆人，这与萨尔贡王朝的民族属性一致，萨尔贡王朝国王的名字无一例外地都是阿卡德语，阿卡德语属于塞姆语的东支。这部作品中透露的萨尔贡的出身既不传奇，也不高贵，而是很普通，甚至卑微。

除萨尔贡的出身外，《萨尔贡与乌尔扎巴巴》用更多的篇幅详细地描述了萨尔贡在篡位夺权的过程中如何化险为夷、绝处逢生的传奇经历。萨尔贡曾是基什王乌尔扎巴巴（Urzababa）的一个侍臣。一天，乌尔扎巴巴做了一个对自己十分不利的梦，这使他寝食难安，魂不守舍，甚至惶惶不可终日。他把这个梦暗藏心里，不向任何人透露。即便如此，我们也可以断定，他的梦一定与萨尔贡有关，因为接下来他采取了两个借刀杀人的计谋来针对萨尔贡。第一个计谋：任命萨尔贡为侍酒官，同时秘密指使工匠长（gal-simug）贝利什提卡尔（Beliš-tikal）谋杀萨尔贡，采取的方式是在二者交接青铜器时将萨尔贡扔到熔化金属的模具里，让萨尔贡像金属像一样熔化掉。在千钧一发的生死关头，女神伊楠娜突然现身，阻止他进入"命运之屋"，使萨尔贡躲过一劫。第二个计谋：第一个计谋

---

① 研究、音译及翻译见Cooper/Heimpel 1984；亦见ETCSL.2.1.4: *Sargon and Ur-Zababa*。
② 《萨尔贡与乌尔扎巴巴》第11行。见Cooper/Heimpel 1984，第74页，第11'行；ETCSL.2.1.4: *Sargon and Ur-Zababa*，第11行。

图4-24　书信与信封。古亚述时期亚述商人写给家人的书信，出土于卡尼什（Kaniš）遗址，泥版藏于安卡拉考古博物馆

失败后，乌尔扎巴巴更加不安，于是派萨尔贡到乌鲁克送信。那时统治乌鲁克的国王正是卢伽尔扎格西，早王朝时期苏美尔城邦的最后一个霸主。送信本身没什么不寻常，不寻常的是这是一封欲借卢伽尔扎格西之手杀掉萨尔贡的信，即一封"会导致（萨尔贡）死亡的信"。[①]为了不让送信人看到信的内容，卢伽尔扎格西把信用"信封"封了起来。萨尔贡带着

---

① im-ma gub-bu níĝ ní ba-ug₇-a-ta,《萨尔贡与乌尔扎巴巴》第55行，Cooper/Heimpel 1984，第76页，第55行（音译），第77页，第55行（翻译）。

这封信来到乌鲁克，也见到了卢伽尔扎格西，但由于泥版残缺，接下来发生了什么不详，可以肯定的是，萨尔贡没有死，他又躲过一劫。

书信作为一种文体首先出现在苏美尔，或者说，用苏美尔语和楔形文字书写的书信是迄今已知人类历史上最早的书信。[①] 书信是楔形文字文献的重要类别，用楔形文字和不同语言（包括苏美尔语、阿卡德语、埃布拉语、赫梯语等）书写的书信不计其数，其中年代最早的一封是拉迦什的宁玛尔（Ninmar）神庙总管卢恩纳（Lu-enna）写给宁吉尔苏神庙总管恩埃塔尔吉（Enetarzi）的书信。关于这封信的年代有两种说法，一种认为这封信写于公元前2390年前后，一种认为写于公元前2350年前后[②]，都在萨尔贡之前。到了萨尔贡时代，楔形文字已经有了近千年的历史，但直到那时还从未出现过把一块书写完毕的泥版再用一层泥包裹起来的情况，正如《萨尔贡与乌尔扎巴巴》所言，"那时，在泥版上书写已有之，把泥版封起来的情况尚未见"[③]。这显然是在追溯"信封"的起源！按照这里的说法，"信封"起源于基什王乌尔扎巴巴，目的是防止送信人萨尔贡看到书信的内容。这个论断反映了古巴比伦时期[④]的书吏对"信封"起源的认识。

《萨尔贡与乌尔扎巴巴》中还包含一个著名的民间文学母题，有人把这种文学母题叫作乌利亚（Uriah）书信[⑤]，即某人被派往某处送一封将导致自己死亡的书信。萨尔贡被派往乌鲁克，送的就是这样的信。因此，萨尔贡是历史上第一个送这样的信的人，他的这段传奇经历开启了乌利亚书信文学母题的先河。

---

① Michalowski 1993，第1页。
② 同上，第11页。
③ ud-bi-ta \<inim\> im-ma gub-bu ḫé-ĝál im sig₉-sig₉-ge ba-ra-ĝál-la-àm，见 Cooper/Heimpel 1984，第76页，第53行。
④ Cooper和Heimpel认为《萨尔贡与乌尔扎巴巴》成文于古巴比伦后期，见 Cooper/Heimpel 1984，第68页。
⑤ Alster 1987，第171页。

第四章　走进复活的苏美尔文明

萨尔贡总能大难不死、化险为夷，最后成为君王。他是如何当上国王的，没有任何文献记载。根据《苏美尔王表》的说法，萨尔贡的父亲是园丁，而他本人曾是基什王乌尔扎巴巴的侍酒官。父亲是园丁的说法与《萨尔贡传奇》相吻合，曾是基什王乌尔扎巴巴的侍酒官的说法与《萨尔贡与乌尔扎巴巴》完全一致。

萨尔贡当上国王后发动了一系列对外战争。他首先打败乌鲁克的卢伽尔扎格西，洗劫了乌鲁克城，拆毁城墙，俘获乌鲁克王卢伽尔扎格西，把他带到"圣地"尼普尔，带到恩利尔的神庙前[1]，不知是否作为牺牲祭献给了神。他接着又征服乌尔，拆毁城墙，破坏神庙。他一路向南，一直打到海岸，"在大海里清洗了武器"[2]。恩利尔使他所向无敌，"恩利尔把上海（a-ab-ba IGI.NIM-ma，指地中海）到下海（a-ab-ba sig-sig，指波斯湾）的土地都给了他，从下海到上海都由阿卡德人任恩西（énsi，这里指地方统治者）"[3]。萨尔贡征服了"50个统治者（énsi）"[4]，在萨尔贡建立帝国前，恩西都是独立城邦的统治者，所以，征服了50个恩西意味着征服了50个国家。萨尔贡拥有一支由5 400人组成的常备军[5]，胜利地进行了34次战斗[6]。萨尔贡征服的国家和地区还包括马里、亚尔木提（Iarmuti）、埃布拉、雪松山（^{giš}erin，黎巴嫩）和白银山（ḫur-sag kù-ga，小亚细亚的托罗斯山脉）[7]以及埃兰[8]和埃兰地区的一系列国家。对萨尔贡的描述是否符合历史事实，今人已经很难证明。

---

[1] Sargon E2.1.1.1: 23—31, Frayne 1993, 第10页。
[2] ^{giš}tukul-ni a-ab-ba-ka i-luḫ, Sargon E2.1.1.1: 50—52, Frayne 1993, 第11页。
[3] Sargon E2.1.1.1: 68—79, Frayne 1993, 第11—12页。
[4] 50 ÉNSI in ŠÍTA il-la-ba₄ SAG.GIŠ.RA "他用伊拉巴（萨尔贡的守护神）的权杖征服50个统治者"，Sargon E2.1.1.2: 16—21, Frayne 1993, 第13页。
[5] 5400 érin u₄-šú-šè igi-ni-šè ninda i-kú-e "每天有5 400在他面前吃面包"，Sargon E2.1.1.11: 34—37, Frayne 1993, 第29页。
[6] Sargon E2.1.1.11: 1—8, Frayne 1993, 第28页。
[7] Sargon E2.1.1.11: 20—28, Frayne 1993, 第28—29页。
[8] Sargon E2.1.1.2: 94, Frayne 1993, 第15页；Sargon E2.1.1.8: 1—7, Frayne 1993, 第23页。

据《阿卡德咒》记载，阿卡德城直到纳拉姆辛统治初期仍是一派民富国强、歌舞升平、国泰民安的景象：

> 人们吃的是美味佳肴，
> 人们喝的是上好饮料。
> 为节日沐浴的人在庭院里又蹦又跳。
> 在举行庆祝的地方，人多得摩肩接踵，
> 熟人聚在一起把美食享用，
> 外国人像天上陌生的鸟转来转去走个不停。
> 甚至马尔哈希（Marḫaši）[1]也重新纳贡，
> 猴子、大象、水牛以及其他外来动物，
> 把广场挤得水泄不通。[2]
> ……
> 那时，她（指女神伊楠娜）把阿卡德的仓库装满金，
> 把仓库装满银，
> 把仓库装满铜、锡和大块的青金石，
> （而后）从外部把仓库密封。
> 她使老妇善诱，
> 她使老夫善言。
> 她使年轻妇女给人快乐，
> 她使年轻男子骁勇善战，
> 她使儿童快乐烂漫。[3]

---

[1] 伊朗境内的一个古代王国，在阿卡德语文献中叫 Paraḫšum，位于苏萨西北、迪亚拉以东，这里富有稀有动物、植物和宝石，详见 Steinkeller 1982，第249—253页。萨尔贡征服的诸多国家中包括这个国家。
[2] 《阿卡德咒》第14—22行，音译和英译见 Cooper 1983，第50—51页。
[3] 《阿卡德咒》第25—33行，音译和英译见 Cooper 1983，第50—53页。

……

外国都满意无事，

它们的人民都享受平安。①

这是一幅多么祥和、繁荣、幸福、快乐的景象！可以想象，萨尔贡建立帝国后，曾给阿卡德带来繁荣，但这是胜利者国家的繁荣，是胜利者的快乐，这种繁荣与快乐一定是建立在被征服者的痛苦之上的。从萨尔贡的铭文中可以看到，他的军事征服给被征服者带来的灾难是巨大的：洗劫城市，破坏神庙，摧毁城墙，给被俘虏的国王戴上枷锁。阿卡德人成了新的统治阶级，阿卡德城成为新都。由于纳贡和掠夺的战利品源源不断地流入阿卡德，所以，阿卡德城市居民富裕了，阿卡德一时国泰民安、歌舞升平也极有可能。这样的繁荣没有持续太久，也不可能持续很久，没过三代，阿卡德的国运就急转直下，帝国崩塌的前兆就已经出现。

阿卡德城至今尚未发现。关于阿卡德的具体位置有很多说法，至今仍没有共识。一个世纪以来，人们一直都在关注这个问题，有人认为阿卡德在巴比伦尼亚北部，与基什是近邻；有人认为阿卡德可能在迪亚拉地区，一度成为埃兰的一部分；有人认为阿卡德可能是现在的伊拉克首都巴格达的前身，具体位置就是现代巴格达南部的穆罕默德遗址丘（Tell Muhammad）。②《苏美尔王表》说萨尔贡是"建立阿卡德之人"（lú a-ga-dè^{ki} mu-un-dù-a③），但有些迹象表明，阿卡德早在萨尔贡之前就已经建立。《苏美尔王表》所说的"建立阿卡德之人"应该指萨尔贡扩建了阿卡德，使其成为帝国的首都。

---

① 《阿卡德咒》第38—39行，音译和英译见Cooper 1983，第52—53页。
② 关于阿卡德地理位置的各种观点，见Steinkeller/Westenholze 1999，第31—34页。
③ Jacobsen 1939a，第110页。

阿卡德帝国的统治

阿卡德帝国是靠军事征服建立的，维持帝国的统治还要靠军事力量。进行军事征服的理论依据是神意，所以，军事征服在阿卡德王看来是替神行道、执行神意的正义行为。在阿卡德王背后指使其征服世界的神，有时是阿卡德护城神伊什妲（即伊楠娜），有时是众神之父恩利尔。对被征服的国家和地区来说，征服的结果往往是城墙被拆毁，神庙被破坏，被征服的国家被迫交纳贡赋，被迫交出王室成员为人质或充军，征服者在被征服的国家树碑立传，为自己歌功颂德，被征服者丧失土地（交给征服者重新分配），使用征服者的纪年，接受征服者的管理。在阿卡德后期，被征服的国家还要增设神王（神化的国王）祭坛，接受征服者派设的祭司，在接受礼物时要向征服者国王行效忠礼，以神的名义发誓变成了以国王的名义发誓，使用固定形式的印章等等。

阿卡德王是军队的最高统帅。一人之下、万人之上的统帅是"沙基纳"（šagina），他统帅国家的常备军以及由各城市和地区分队组成的王室军队。他的军队在行军中路过一个城市时，城市的统治者恩西要为军队提供食宿。随军的官员一般包括传令官、副官、医生、预言家、书吏和簿籍管理人员。军事将领从王室得到耕地作为俸禄。据一篇经济文献记载，一个军队最高统帅曾从王室得到190公顷的耕地，个人占有这么多耕地，这在整个美索不达米亚历史上也属罕见。

位在"沙基纳"之下的军事将领是城邦统治者恩西。他负责在本城征召士兵，并为王室军队提供军饷和装备。首都阿卡德城大概不设恩西，阿卡德城的士兵直接由国王来征召。像后来的情况一样，这时的征兵可能也以城区、村社或地区为单位。有些文献常常涉及征召工作，但文献提供的信息往往不足以让现在的研究者确知他们征召的是士兵还是普通劳力。

恩西不仅仅负责军务，他也负责政务，他是一个城市的最高统治者。大量经济文献表明，恩西的政务主要包括农业管理、收成的分配、劳力和役畜的分配、山羊和绵羊的分配以及狩猎和渔业、工业生产、食物生产和商业活动的管理等等。萨尔贡在铭文中声称，他把苏美尔原来各邦的恩西都换成了阿卡德人。[①]然而，后来的管理文献证明，苏美尔的恩西基本是由本地人担任的，只是本地恩西往往要顺从阿卡德贵族。阿卡德王纳拉姆辛的儿子也曾在一个城市（不是苏美尔城市）当过恩西。恩西也从王室得到土地或其他财富。

如果温马的恩西梅桑格（Mesag）与管理梅桑格庄园的梅桑格是同一人的话，那么，这将是恩西为国王管理私产的很好一例。

恩西之下的军职是努班达（Nu-bànda），他也是职业军人，他手下也有军队。在王室铭文中，"军队"写为GURUŠ.GURUŠ，意为"（战）士"。在经济文献中，"战士"被称为aga-ús，意为"王冠的追随者"，而GURUŠ则指强体力的劳动者。"王冠的追随者"可能是一支职业军，分散驻扎在各地，靠从王室分得的土地维持生活。绝大多数王室军队都不是职业军，他们是从各地征召来的年轻人。军事行动结束后，他们就分道扬镳，告别戎马，返回家园。

主要"兵种"有两个，一种是长枪兵，一种是弓箭兵，至少长枪兵身披盔甲。管理文献中常提到盔甲和长枪，说明这种武器装备由政府统一制作和发放。权杖只有国王才拥有，权杖也常常作为祭物献给神。权杖不仅仅是一种象征物，可能也是一种武器。

在经济领域，最高职位是"沙布拉"（šabra，"神庙管理者"）。他在经济方面的职能相当于"沙基纳"在军事方面的职能。这个官职在文献中并不常见。他手下有一套人马，负责地方事物。与地方的恩西不同，他

---

① Sargon E2.1.1.1: 73—85（阿卡德语铭文），见Frayne 1993，第11—12页。

们的权限不限于某一城市。受他直接领导的官员有王室土地登记员（sag-sug）、王室书吏（dubsar lugal）、王室监察官（maškim lugal）等。"沙布拉"也从王室得到土地或其他财富。

王室拥有的土地很多来源于征服战争，被征服国的王室土地一般收归阿卡德王室。但王室往往再把这些土地分给大臣。马尼什图舒（Maništusu，公元前2274—前2260在位）和沙尔卡里沙里都曾购买过土地或土地使用权，说明私有土地至少在理论上是存在的，分出去的土地不再归王室所有。

上面提到一个"沙基纳"曾从王室得到190公顷的耕地。纳拉姆辛时期（或许沙尔卡里沙里统治时期）的一个"沙布拉"占有650公顷土地，另一高官占有的土地达1 270公顷。有官衔的官员，包括祭司，都或多或少地占有土地，而且都不是仅仅能维持生活的数量。平民百姓也可能少量地占有土地。

恩西把自己管辖范围内的公有地分成小块让个人耕种，有的人用这些土地维持生活，有的人把这些土地出租。收成的一部分要上交王室，租别人的土地的人还要把收获的一部分上交地主。国家负责这方面工作的大臣是"桑格阿品"（sag-apin，或sag-engar）。土地使用权可以继承或出卖。在首都阿卡德城，王室直接占有一部分土地，这部分土地被称为"王耕地"。

有许多记载收成分配的文献。一些文献对某些耕地——尤其是小片耕地——做了产量估计，规定某某地要上交多少粮。这种产量估计的依据是什么？上交额与实际产量之间成什么比例？文献基本不提供这些信息。上交的收获物先要过秤，然后贮存起来，或马上运走。有的文献记载了往都城阿卡德运输货物，包括牲畜、食品和畜牧业产品的情况，有的文献还记载了对这种货物的监督和验收。对留在地方的产品也要做详细记录，以备王室监察员的检查。

对如此运作的农业政府的力量是不能低估的。虽然阿卡德的管理措施有它的传统根基，但跨越传统国（城市）界、把传统上由两个城市管辖的土地合并在一起分给王室成员或达官显贵，这还是历史上从未有过的。恩西负责管理他统辖范围内的土地，而王室成员负责的土地有时可能包括某一恩西负责的土地。许多人从王室的耕地中分得土地耕种，从这个意义上讲，他们直接参与了王室经济，但他们并不是王室的依附者。

虽然也有少数文献讲到对役畜的管理，但由于役畜与农业关系密切，大部分有关役畜的管理情况反映在有关农业的文献里。山羊和绵羊被分为不同牧群，由专人分别负责。阿卡德时期的有关牲畜的管理文献主要来自温马的乌尔沙拉（Ur-Šara）档案。

畜牧业和渔业是两个辅助生存的行业。如何管理和调节它们与其他行业的关系，对此文献记载甚少。吉尔苏档案中有关于鱼的数量的记载，有一文献记载了六万条鱼。捕捞、加工和分配都是恩西的分内之事。鱼不属于民用配给物资，所以，六万条鱼很可能是为军队提供的，随军官员的军饷中就有鱼。吉尔苏档案文献中提到的配给物资中还有海龟、蜗牛及其他水生动物，说明在阿卡德时期吉尔苏的水产十分丰富。狩猎和捕鸟也是当时人们生存的辅助手段。

植物油和香料在文献中常常与其他物资分开记载，给人一种它们属特殊部门管理的印象。它们可作为食物、化妆品、祭献品使用，有时也用于工业。这些物品一般被装在容器或特制的贮藏器里保存。

文献中记载了大量配给食物的情况，食物配给的保证是与此相适应的食物的大批生产。记载食物生产的文献很少，这类记载都与为节日或其他特殊场合准备食物有关。有些文献涉及记算焙烤面包和酿酒所用的原料，但对生产过程本身却少有记载。有的文献提到征召"厨警"，分配面包的师傅和酿酒师，但不知这样的"厨警"是监工还是帮厨。有的文献罗列大批各式各样的容器，但对每个产品的具体用途却没有任何交代。陶工不属于政府分配配给的对象，也不占有土地，显然不属于王室经济中的成员。相反，铁匠和木匠却从政府那里领取配给。配给的东西分两类，一类是尚未加工的原料，如大麦和羊毛；一类是成品，如面包和啤酒。有时为了计算方便，人们把成品折合成原料计算。关于美索不达米亚的配给制，许多问题尚有争议，如得到配额的劳动者是否还有其他经济来源等。有些文献中所见的为大群人准备的开销，似乎不是民用开销，而是军饷，虽然文献本身没有说明其使用目的。

阿卡德时期有关金属冶炼的记载主要涉及铜制工具的生产、分配、回收、再加工和再分配，有的文献对交付金属或其他贵重材料以制作特殊产品的情况也有所记载。

出土于苏萨的证据表明，在阿卡德时期，苏萨有个美索不达米亚庄园，占地440多公顷，居民900余人，他们都来自美索不达米亚，没有一个埃兰人。他们是士兵，还是民工？为什么带着家属移居这里？目前尚无法解释。美索不达米亚与埃兰地区的交往有悠久的历史，这种交往有时是血腥的。阿卡德时期，这个地区又成为最重要的军事目标。苏萨的美索不达米亚"庄园"，可能就与两地区相互敌对、相互仇视的历史与现实有关。阿卡德王在苏萨殖民（或驻军）的做法，仅仅是个开头，后来多有效法者。

也有证据表明，在苏萨还有一个美索不达米亚商人殖民区。其中一些商人很可能来自温马，一些来自吉尔苏。那里发现的文献多是管理文献，很少有涉及个人生活的文献。文献上提到的商品有羊毛、大麦、水果、香料、陶器、银和铜。据苏萨出土的一个文献记载，苏萨也有来自迪尔蒙、马干和美卢哈的商人，这说明苏萨在当时是国际贸易重镇，这也是历代美索不达米亚的霸主强王必争苏萨的主要原因。

作为征服者，阿卡德人的足迹遍及从"上海"到"下海"这样一个

第四章　走进复活的苏美尔文明　｜　259

广大地区，甚至远达安纳托利亚中部地区。但作为统治者和建设者，他们所能达到的地域范围要比征服者的足迹涉及的范围小得多。地处美索不达米亚北部、今之叙利亚东北部的布拉克（Tell Brak），大概就是阿卡德统治的北部疆末。布拉克的古代名称不详。英国考古学家马洛旺（M. Mallowan）于1939年首次在此发掘，发现了砖上印有纳拉姆辛名字的大型建筑，同时还发现两块刻有里木什名字的石瓶残片。在后来的发掘中，又发现阿卡德时期的大型建筑，其考古层次明显分为两个时期。发掘者认为，这些大型建筑始建于纳拉姆辛时期，后来曾失去控制，部分毁于大火，沙尔卡里沙里恢复了对此城的控制。据这里出土的铭文记载，阿卡德王朝统治时期，这里有一支强大的阿卡德驻军。根据该遗址出土的一个管理文献的记载，有178个"古鲁什"（即壮劳力）分别来自五个不同城市，另有50个"古鲁什"，分别来自三个不同城市。其中的一个城市似乎地处哈布尔河流域，其他城市大概也都分布在哈布尔河流域。可以肯定，这里提到的城市都在阿卡德王的控制之下，而文献中提到的"古鲁什"或是被征招的建筑者，或是来自不同城市或地区的商人。

尼尼微的沙姆希-阿杜（Šamši-Addu）声称，他在尼尼微重建了由马尼什图舒始建的伊什妲神庙，这是阿卡德王朝控制尼尼微的文献证据。亚速城出土的铭文中有里木什铭文，还有一个枪头，上面刻着马尼什图舒的仆人阿祖祖（Azūzu）的名字[1]，这位阿祖祖可能是臣服于阿卡德王的地方官。

马里在阿卡德时期和乌尔第三王朝时期分别臣属于阿卡德人和苏美尔人的统治，主要根据是两个铜版铭文，一个提到纳拉姆辛的女儿希玛特-乌尔玛什（Šimat-Ulmaš），另一个提到一个祭司把女儿献给了纳拉姆辛。马里早期统治者的头衔是"沙卡那库"，而马里的"沙卡那库表"上的第一人伊迪迪什（Ididiš）是由纳拉姆辛任命的。另有学者极力反对马

---

[1] Man-ištūšu E2.1.3.2002, Frayne 1993, 第82页。

里臣服于阿卡德统治者的说法。他们认为，虽然铭文是在马里发现的，但这并不一定意味着铭文上提到的人一定住在马里；伊迪迪什由纳拉姆辛任命的说法只是推测，没有证据；目前所见的马里经济文献，也不能为马里臣服论提供任何证据。

阿卡德时期的王室铭文和经济文献中都提到了古代的迪尔蒙、马干和美卢哈，因此，它们的地理位置以及它们与美索不达米亚的关系很早就成为学者们的研究对象。最早一起提到这三个地理名称的文献是萨尔贡铭文，他声称他使来自迪尔蒙、马干和美卢哈的船只停泊在阿卡德码头。[1]萨尔贡的孙子纳拉姆辛曾与马干人作战[2]，俘获马干国王[3]，并从那里掠夺了战利品[4]。阿卡德时期的经济文献也有讲到与马干进行贸易的，从马干换回的物品主要是铜；也有提到迪尔蒙和美卢哈（商）人以及迪尔蒙船只和船员的文献。考古证明，沙特海岸附近的巴林岛（即迪尔蒙）与安曼（即马干）的地下蕴藏着丰富的古代文化遗存。一些证据（如陶器）表明，那里的文化曾受到美索不达米亚文化的影响，有些陶器就是直接从美索不达米亚引进的，两地存在贸易往来确定无疑。巴林出土的考古材料在一定程度上印证了文献的记载，但还不能直接证明阿卡德统治者是否也派有军队驻扎在那里，是否在那里建有商业殖民区。

阿卡德帝国的灭亡

讲阿卡德帝国的灭亡，就不能不讲长篇叙事诗《阿卡德咒》。[5]这部作品可分为五个部分：阿卡德的兴起，众神收回神爱，纳拉姆辛毁灭埃库尔神庙，恩利尔召来古提人，最后是众神诅咒阿卡德。这首诗不

---

[1] Sargon E2.1.1.11: 9—13, Frayne 1993, 第28页。
[2] Narām-Sîn E2.1.4.3: iv 19—27, Frayne 1993, 第97页。
[3] Narām-Sîn E2.1.4.13: ii 1—4, Frayne 1993, 第117页。
[4] Narām-Sîn E2.1.4.4, Frayne 1993, 第100页；Narām-Sîn E2.1.4.13: ii 8—14, Frayne 1993, 第117页。
[5] Falkenstein 1965; Cooper 1983; ETCSL.2.1.5: *The cursing of Agade*。

但描述了阿卡德之兴，也描述了它的衰和亡，目的在于为后世君王提供一种类似中国历史上的"通鉴"，使后来的为王者免于重蹈覆辙。

诗的开头部分简要描述了众神之父恩利尔从基什和乌鲁克夺走王权、把王权交给萨尔贡的过程。此后，萨尔贡的庇护神伊楠娜在阿卡德建立神庙。于是，阿卡德进入太平盛世，呈现一派繁荣兴盛的景象，到处莺歌燕舞，充满欢乐。然而，好景不长，尼普尔的恩利尔突然转变态度，阿卡德突然失宠，伊楠娜也抛弃阿卡德，收回了她的武器（因为她也是战神），其他神灵也都纷纷撤回神爱，太阳神乌图不再充当阿卡德的法律顾问，智慧神恩基收回他的智慧，天神安收回光环，阿卡德面临覆灭的命运。纳拉姆辛在梦中把这一切都看得清清楚楚。纳拉姆辛深明梦意，可是他不能也不愿意接受这种厄运。沮丧的他力图挽救突如其来的厄运，他放下国王的尊严，身着丧服，求符问卜，如此这般长达七年之久。尽管如此，他还是不能赢得神的宠爱。于是，他决定采取报复措施，率军洗劫了圣城尼普尔，彻底毁掉尼普尔的恩利尔神庙埃库尔。这一亵渎行为引起众神，尤其是恩利尔的强烈愤怒。为了惩罚阿卡德，恩利尔召来伊朗山区的一支游牧民族——古提人，借蛮人之手惩罚了阿卡德，阿卡德遭到毁灭性破坏。

《阿卡德咒》是以宗教意识为基础、以历史事件为主线而创作的文学作品，其中描述的阿卡德初期的繁荣昌盛、纳拉姆辛统治时期的起义四起以及后来古提人的入侵等等，都是不争的历史事实，但文中的某些说法似乎与历史不符。最有争议的问题之一，是文中讲到的纳拉姆辛洗劫尼普尔的埃库尔神庙。根据文中的描述，阿卡德的灭亡是由于纳拉姆辛毁掉埃库尔神庙从而引起神怒所致。但是，尼普尔的考古发掘证明，纳拉姆辛不但没有破坏埃库尔神庙，反而是该神庙的重建者[①]，纳拉姆辛铭文也

---

① Falkenstein 1965, 第48页。

多有修建恩利尔神庙的记载。①在乌尔娜玛重建埃库尔神庙的颂神诗中，也没有一词一句可以说明埃库尔神庙毁于阿卡德王纳拉姆辛之手。那么，为什么《阿卡德咒》却把破坏神庙的亵渎行为强加在纳拉姆辛头上？原因可能有两个。一是误解。有的学者认为，由于重建神庙过程中的"破坏"被误解为蓄意毁坏，才有了纳拉姆辛破坏埃库尔神庙之说。二是祭司们的故意丑化和歪曲。在纳拉姆辛统治时期，美索不达米亚历史上第一次出现了国王神化自己的现象。纳拉姆辛不但自称"阿卡德神"，在自己的名字前加上神的符号，且让起誓者不再对神起誓，而以他的名字起誓。在"纳拉姆辛胜利纪念碑"的浮雕中，纳拉姆辛头戴角冠，与神无异。他的神化不仅仅引起了阿卡德时期的祭司阶层的反感，也使后世的祭司阶层产生反感。所以，祭司们故意编造故事，贬低纳拉姆辛。

在纳拉姆辛铭文中，纳拉姆辛的名字前有加神符的，有不加神符的，这表明，纳拉姆辛的统治分为两个时期：神化前和神化后。名字前不带神符的铭文属于神化前的作品，而名字前带神符的铭文属于神化后的作品。阿卡德帝国是用征服手段建立起来的中央集权国家，自始至终存在着中央与地方、集权与分权的矛盾，这种矛盾的表现形式就是此起彼伏的地方起义。这种起义始终未断，而且愈演愈烈。到纳拉姆辛统治时形成了大规模的城邦联盟起义，"世界的四方都开始造反"。②纳拉姆辛可能就是在这样的社会背景下神化自己的，其目的可能是为了通过神化改变地方分离主义赖以滋生的宗教思想基础。他的这种做法不但没有收到预期的效果，反而适得其反，因为这种做法违反宗教传统，使中央与地方、王权与

---

① 如 Narām-Sîn E2.1.4.14, Frayne 1993，第118页；Narām-Sîn E2.1.4.15, Frayne 1993，第120页。
② Narām-Sîn E2.1.4.3: iii 15—18, 亦见 iii 27—32, Frayne 1993，第96页；一篇铭文提到8个国家的联盟，见 Narām-Sîn E2.1.4.6: i 14'—21', Frayne 1993，第104页。另一篇文献提到11国联盟，其中有基什、库塔（Kutha）、提瓦（Tiwa）、乌鲁姆、卡扎鲁（Kazallu）、吉里塔布（Giritab）、阿皮亚克（Apiak）、伊布拉特（Ibrat）、狄尔巴特（Dilbat）、乌鲁克和西帕尔，Westenholz 1997，第240—241页。

神权的矛盾更加激化。纳拉姆辛本人应该是一个具有巨大人格魅力的人，这么说有两个依据。其一，从《阿卡德咒》中的一段描述可以看到，纳拉姆辛本质上是个严于律己，遇事反求诸己，进而闭门思愆的人。在梦到诸神将抛弃阿卡德，进而给阿卡德带来毁灭性灾难后，他没有对神产生抱怨，而是开始反躬自省：

> 因为埃库尔的缘故，他穿上丧服，
> 他用芦苇席把战车盖住，
> 把仪式船上的芦苇天棚拆掉，
> 同时散尽王室用物。
> 如此这般，纳拉姆辛坚持七年！
> 一个国王掩面悲伤长达七年之久，何人曾见？[①]

图4-25 纳拉姆辛胜利纪念碑，高2米，宽1.05米，出土于苏萨，藏于卢浮宫博物馆。浮雕描绘的是纳拉姆辛征服扎格罗斯山区的卢卢比（Lullubi或Lullubean）人的场面，纳拉姆辛头戴角冠，与神无异，形象高大，且位于中心位置。他脚踏两个俘虏（的尸体？），活着的敌人在求饶。卢卢比人的形象是尖须，长辫，着皮毛长袍，而阿卡德士兵持长枪，戴头盔。石碑上部有铭文，阿卡德语铭文所剩无几（铭文音译和翻译见Frayne 1993，第144页），取而代之的是埃兰语铭文。据埃兰语铭文记载，此碑是埃兰王舒特鲁克纳洪特（Šutruk-Nahhunte）于公元前1100年前后从巴比伦尼亚的西帕尔掠夺到埃兰的，同时掠夺的战利品中还有汉穆拉比法典石碑

---

① 《阿卡德咒》第88—93行，Cooper 1983，第54—55页。

纳拉姆辛像苦行僧一样，自责七年，这期间，他放弃一切国王享受的特权，虔诚地向诸神祈祷，谦卑到了极致，结果是一场徒劳，没有赢得诸神的同情和帮助。在这种情况下，他的态度终于发生逆转，开始对尼普尔的恩利尔神庙埃库尔实施疯狂报复。由于文献对破坏神庙的过程描述得比较详细，所以，现代读者，包括学者，更多地看到了他对神的亵渎，而往往忽视他此前的自责举动。七年自责，一朝爆发，这是一种把人逼到绝路后的反抗！这反映了先反求诸己而后及人的性格，这是褒还是贬？答案显然是前者。从这个角度观之，在苏美尔人眼里，纳拉姆辛是一个具有人格魅力的君王典范，这也许正是后来的文献中常常提到纳拉姆辛名字的原因，甚至七年求神失败的经历可能也是他神化自己的原因，求不来神助，那就自己做神。

《库塔传奇》中也有一段纳拉姆辛反躬自省的描述，文献写道：

> 于是我（指纳拉姆辛）想："神给我的统治带来了什么？
> 我是一个没有保护自己国土的国王，
> 是一个没有保护自己人民的牧羊人。
> 我的统治给我带来了什么？
> 我该如何做
> 才能（为了拯救国家）让自己摆脱困境？"[1]

说纳拉姆辛是具有人格魅力的人，还有第二个原因。在平定各方叛军的过程中，哈里亚姆（Hariam，地名）的首领巴纳纳（Banana）九次起兵造反，与纳拉姆辛开战，九次被纳拉姆辛俘获，每次纳拉姆辛都没有加害于他，而是让他重获自由。[2] 但此人又发动了第十次叛

---

[1]《库塔传奇》古巴比伦版，Text 20A, iii 10—15, Westenholz 1997, 第272—273页。
[2] Westenholz 1997, 第259—261页。

乱，这一次，纳拉姆辛应该没有手下留情，率41万大军，应该是彻底消灭了这股叛军（文献残缺，具体不详）。在中国历史上有诸葛亮七擒孟获的故事，纳拉姆辛是九擒巴纳纳，二者何其相似。诸葛亮释放孟获是为了收买人心，至于纳拉姆辛九纵巴纳纳的原因，文献没有讲，我们不得而知，惜才、攻心、以德服人，显示政治智慧，展示实力，一切皆有可能。不论出于什么原因九擒九纵，这样的行为都会给人一种足智多谋、胸襟博大、眼光长远、胸有成竹、慈悲为怀的感觉。

纳拉姆辛之子沙尔卡里沙里继承了其父首创的国王神化传统，但他可能没有坚持到底，就半途改变了神化的做法，因为他的铭文中不再在国王的名字前面使用神的符号。在他统治时期，帝国越来越萎缩，阿卡德王几乎成了阿卡德城的一城之王。沙尔卡里沙里统治的结束，标志着萨尔贡家族的父子王朝的结束，标志着以一城为都、政出一人的帝国时代的结束，标志着美索不达米亚第一次持续较长的政治统一局面的结束。据《苏美尔王表》记载，沙尔卡里沙里之后进入无政府状态："谁为王？谁非王？伊吉吉（Igigi）是王？纳努姆（Nanum）是王？伊米（Imi）是王？埃鲁鲁（Elulu）是王？这四人都是王，统治了（仅）3年。杜杜（Dudu）统治21年，杜杜之子舒杜鲁尔（Šū-Durul）统治15年，共11王统治181年。阿卡德被击败，其王权被转移到乌鲁克。"[①]根据《苏美尔王表》的说法，阿卡德帝国结束于乌鲁克人的打击，乌鲁克人建立的这个王朝是乌鲁克第四王朝，历5王，享国只有短短的30年。此后，美索不达米亚的王权便落到了古提人手里。

---

① Jacobsen 1939a, 第112—115页。

蛮族入侵——古提人的统治

"古提"（Gutium）首先是指阿卡德后期出现在楔形文字文献中的一个民族，后来也用它来特指底格里斯河下游东北部的山区。"古提（人）"在楔形文字文献中写作 gu-ti-um、gu-ti-im、gù-tim、gu-te-bu-um、ku-ti-im 等等。

早在萨尔贡之前就有楔文文献提到古提，那时的古提人已经是向巴比伦尼亚地区的强国纳贡的国家和族群之一。他们所处的地理位置大致在迪亚拉和戴尔之间。[1] 关于古提人如何取得政权、如何统治美索不达米亚的材料很少。古提人的第一王可能是埃利都皮吉尔（Erridu-pizir）。[2] 大概在纳拉姆辛统治时期，他率领古提人来到美索不达米亚。他留下一些雕像，上面刻写着铭文。尼普尔出土了雕像铭文的泥版抄本[3]，抄本属于古巴比伦时期，雕像做于何时不详。铭文用阿卡德语书写，行文风格和书写方式（即音节符号与表意字混合搭配的书写方式）与阿卡德时期的铭文完全一致。在铭文中，埃利都皮吉尔极力炫耀自己的战绩，为自己歌功颂德。如果雕像和铭文都是埃利都皮吉尔时期的作品，那就完全可以表明，古提人是阿卡德文化的追随者，而且学得很到位。古提人把战神伊什妲和月神辛视为"古提神"（DINGIR gu-ti-um[4]），把阿卡德人信奉的伊拉巴

---

[1] Hallo 1971a，第709页。
[2] 雅各布森认为，埃利都皮吉尔可能就是《苏美尔王表》中所说的古提人的"无名王"（lugal mu nu-tuk），Jacobsen 1939a，第117页，注释285。在《苏美尔王表》中，"无名王"是古提人的第一王。
[3] Frayne 1993，第221—228页。
[4] 同上，第229页（第9'行）。

（Ilaba）神视为"其部落"（*illassu*）神[1]，他们也崇拜恩利尔和太阳神沙玛什[2]，说明他们也接受了阿卡德人的宗教信仰。

根据《苏美尔王表》的记载，古提人统治历21王，享国91年零40天。[3]这21王中的绝大多数统治时长都在1年至7年之间，只有一个国王的统治时间超过10年，这个王叫雅尔拉伽布（Iarlagab，统治15年），末王提利干（Tirigan）只在位40天，古提王朝就被推翻了。推翻古提王朝的人是乌鲁克王乌图黑伽尔，他在一篇庆祝战胜古提人的铭文中这样描述道：（古提人是）

> 山中之毒蛇，他们对神施暴，把苏美尔的王权掠夺到山地。他们使苏美尔充满邪恶，他们从有妻之人那里夺走妻子，从有子之人那里抢走孩子，他们在苏美尔作恶多端。[4]

关于古提人的罪行，铭文继续写道：

> 敌人（指古提人）的部队践踏了（一切）。古提王提利干……（意不详）（但是）没有人敢站出来反对他。他占领了底格里斯河两岸。在南方的苏美尔，他堵住了田地里的水。在北方，他封锁了道路，致使公路杂草丛生。[5]

《阿卡德咒》对古提人的民族属性、民族性格和长相这样描述道：

---

[1] Frayne 1993，第221页（第11行）。
[2] 同上，第222页（第ii栏1'—5'行）。
[3] Jacobsen 1939a，第117—121页。不同文献还有不同说法，如124年、99年等，Hallo 1971a，第711页。
[4] Utu-hegal E2.13.6.4: 1—14，Frayne 1993，第284页。
[5] Utu-hegal E2.13.6.4: 33—45，Frayne 1993，第285页。

（古提人）不同于任何其他人①，

不属于这个国家（指苏美尔），

古提人肆无忌惮，

他们有人的机智、狗的判断力和猴子长相。②

古提人曾给美索不达米亚，尤其是北部地区，带来很大危害。他们破坏和洗劫了许多城市（如亚述城）。就目前所知，古提人没有留下任何值得称道的东西，没有留下任何建筑，艺术作品很少，几乎没有给美索不达米亚带来任何可以借鉴的东西。相反，他们却受到美索不达米亚文化的影响。在他们统治的后期，许多古提国王开始用塞姆语称呼自己，也就是说，他们的名字开始塞姆化，如库鲁姆（Kurum）、哈比尔金（Habilkīn）、伊布拉努姆（Ibranum）、哈布鲁姆（Hablum）、普祖尔辛（Puzur-Sîn）、希乌姆（Si'um）都是阿卡德语。有的国王保留了古提语名字，但用塞姆语的形式书写，如拉埃拉布姆（Lā'arābum）和伊拉鲁姆（Irarum）。许多国王的铭文，如埃利都皮吉尔、埃鲁鲁美什（Elulumeš）、拉埃拉布姆、希乌姆、雅尔拉干（Iarlagan）的铭文都是用阿卡德语和楔形文字书写的。这表明，古提人直接接触的是阿卡德人，可能与苏美尔人的直接接触很少，这可能是他们几乎没有直接受到苏美尔文化影响的原因。由于古提人没有留下用古提语书写的任何文献，所以，古提人讲什么语言无法确定，偶尔出现在阿卡德语文献中的古提语人名或神名不足以揭示古提语的面貌。可以肯定的是，古提语不同于苏美尔语和阿卡德语，巴比伦尼亚人提到古提语时，说他们的语言令人"困惑"（egēru③），阿卡德帝国

---

① Cooper的译文是"not classed among people"，Cooper 1983，第57页。
② 《阿卡德咒》第154—156行，Cooper 1983，第56—57页；ETCSL.2.1.5: *The Cursing of Agade*，第154—156行。
③ CAD E，第42页（b）。

时期就有"古提翻译"①,说明苏美尔人和阿卡德人与古提人沟通时都需要翻译。

大约于公元前2116年,乌鲁克国王乌图黑伽尔率军击败并俘虏了古提王提利干:

> 乌图黑伽尔的使者在达布鲁姆(Dabrum)俘虏了提利干和他的妻子以及孩子。他们给他戴上木枷,用布蒙上他的眼睛。乌图黑伽尔让他躺在乌图神(即太阳神)的脚下,他(指乌图黑伽尔)用脚踩住他的脖子。②

乌图黑伽尔把古提人驱逐出苏美尔,夺回了苏美尔王权,古提人的统治至此结束。

据《苏美尔王表》记载,古提人在美索不达米亚统治了近一个世纪,大约从公元前2200年到前2116年。但更多的其他文献和考古材料证明,古提人统治前期的几十年与阿卡德统治后期重叠。所以,古提人独霸美索不达米亚的时间大概只有半个世纪。

时祀尽敬——拉迦什第二王朝

拉迦什的地位既特殊又重要,言其特殊是因为这样一个重要城邦居然没有出现在几乎囊括两河流域所有重要城邦的《苏美尔王表》中,言其重要是因为拉迦什出土了大量考古材料和文献材料,这些材料对亚述学,

---

① Hallo 1971a, 第719页。
② Utu-hegal E2.13.6.4: 115—123, Frayne 1993, 第287页。

尤其是苏美尔学的产生和发展发挥了巨大作用，对再现苏美尔文明做出了重大贡献。

出现在文献中的第一位拉迦什国王是卢伽尔沙恩古尔，这个国王与麦西里姆同时代，他的名字出现在麦西里姆的一篇铭文中。[①]虽然这个时期的拉迦什已经建国，但除麦西里姆铭文提到这位国王的名字外，没有发现同时期的任何其他关于拉迦什的文献，因此，此时的拉迦什历史无从谈起。

从稍晚于麦西里姆的乌尔楠舍开始，拉迦什的历史逐渐清晰起来，因为拉迦什出土的文献中属于这个时期的文献相当多，而且非常连贯。从乌尔楠舍到乌鲁卡基那，九个国王都留下了铭文，其中有几个国王留下大量铭文。现代学者从这些铭文中构建出一个王朝，这就是早已在亚述学中约定俗成的"乌尔楠舍王朝"或"拉迦什第一王朝"。在这个王朝中，王位的继承原则是父死子继和兄终弟及，父传子的情况有五例，兄传弟的情况一例，该王朝最后一个国王乌鲁卡基那可能是"篡位者"[②]，其余两个国王如何上位不详。可以肯定，父死子继是主流，兄终弟及亦属合法继承，因为这种情况在后来的王位继承中（不限于拉迦什）也很常见。但是，立嫡还是立长？立长还是立贤？这时的文献没有涉及这样的问题。

拉迦什第一王朝留给后世的历史铭文都是当时的原始铭文，而不是后世抄本或后世追述，其历史价值远远高于那些后世编纂的王表之类。其他遗址出土的早期原始文献也有，如乌尔出土的早期文献和阿达布出土的早期文献，但像拉迦什文献这样如此大量、如此连贯和如此成体系的历史文献绝对是绝无仅有。

乌尔楠舍铭文绝大多数都与修建神庙有关，少数铭文涉及战争，如

---

① Me-silim E1.8.1.1, Frayne 2008，第70页。
② Frayne 2008，第246页。

乌尔楠舍率军攻打乌尔和温马①，也有铭文提到他迫使迪尔蒙为拉迦什提供木材。②

拉迦什第一王朝的第三位国王埃安纳吐姆不但与邻国温马进行了一系列战争，收复了失地，还对埃兰地区的一系列国家发动了战争，并打败了这些国家。巴比伦尼亚地区的国家也是他打击的对象，他打败了乌鲁克和乌尔，大败基什、阿克沙克和马里联军等等，他把这些功绩都一一记录在铭文中。③从中可见，拉迦什当时非常强大，显然是地区霸主，埃安纳吐姆是一个大征服者。然而，这样一个强大的国家却没有出现在《苏美尔王表》中，这令人匪夷所思。这不应该是王表编纂者的疏漏，应该另有原因。

恩美铁纳（Enmetena）统治时期，拉迦什的领土进一步扩大，但战争似乎减少了，或许统治者的统治理念发生了变化，开始对附属国实施怀柔政策。恩美铁纳与乌鲁克建立了"兄弟关系"（nam-šeš）④，免除了附属国居民，包括乌鲁克人、拉尔萨人和帕提比拉（Pa-tibira，即 Bad-tibira）人的徭役，给予他们"自由"（ama-gi$_4$）。⑤

这个王朝的最后一个国王乌鲁卡基那实施了改革，割除此前存在的社会弊端，实施一系列新的国策。⑥从改革文献中可见，当时的拉迦什已经是内忧外患，民不聊生，各种社会问题严重，到了非改革不可的程度，于是，乌鲁克卡基纳的改革应运而生，但仍然没有改变拉迦什灭亡的命运，最后在温马国王卢伽尔扎格西的打击下，拉迦什第一王朝灭亡。⑦

卢伽尔扎格西一时成为巴比伦尼亚地区的霸主，据《苏美尔王表》

---

① Ur-Nanše E1.9.1.6b: Rev. i 3—7, Frayne 2008，第92页。
② 如 Ur-Nanše E1.9.1.2, Frayne 2008，第84页；Ur-Nanše E1.9.1.6a: ii 11—iii 2, Frayne 2008，第88页。
③ Frayne 2008，第126—167页（埃安纳吐姆铭文）。
④ En-metena E1.9.5.3: ii 10, Frayne 2008，第202页。
⑤ En-metena E1.9.5.4: v 7, Frayne 2008，第204页。
⑥ 最新音译和翻译见 Frayne 2008，第248—275页；汉语见杨炽1982；亦见本书第五章。
⑦ 卢伽尔扎格西洗劫拉迦什见 Uru-KA-gina E1.9.9.5, Frayne 2008，第276—279页。

记载，他统治了25年①，其王权尚未传至二代，就败在了萨尔贡手下，被戴上枷锁押送到尼普尔②。萨尔贡打败了卢伽尔扎格西，征服拉迦什③，从拉迦什运回战利品④。在阿卡德之子里木什的铭文中有拉迦什统治者基图什伊德（Kituš-id）的名字⑤，这时的拉迦什应该是阿卡德帝国的一部分，基图什伊德的身份应该是地方官。大概由于基图什伊德发动了叛乱，他遭到里木什的打击。⑥在纳拉姆辛统治时期，拉迦什统治者库因（Ku'in）参与了大起义，遭到镇压。⑦在纳拉姆辛之子沙尔卡里沙里统治时期，拉迦什国王普祖尔玛玛（Puzur-Mama）曾请求沙尔卡里沙里解决拉迦什与乌尔之间的边界争端，确保拉迦什的土地不会遭到侵蚀。⑧这表明，拉迦什是阿卡德帝国的一部分，阿卡德国王是乌尔和拉迦什的共主。沙尔卡里沙里去世后，拉迦什立刻宣布独立。⑨阿卡德帝国经历了一段混乱后，在都都（Dudu）统治时期⑩又重振雄风，对吉尔苏（拉迦什的组成部分）实施了打击。⑪这时的阿卡德帝国已经是强弩之末，到了都都之子统治时期，古提人灭亡了阿卡德帝国。古提人留下的铭文比较少，没有涉及拉迦什。

  古提人统治两河流域期间，拉迦什再度崛起。这次崛起从乌尔宁吉尔苏（Ur-Ningirsu I）开始，至纳玛哈尼（Nammaḫani）结束，这段历史就是现代学者所说的"拉迦什第二王朝"，"第二"是相对于乌尔楠舍建

---

① Jacobsen 1939a, 第110—111页。
② Sargon E2.1.1.1: 23—31, Frayne 1993, 第10页。
③ Sargon E2.1.1.1: 47, Frayne 1993, 第11页。
④ 当时的拉迦什王叫麦斯吉（Mes-zi），见Sargon E2.1.1.12, Caption 6, Frayne 1993, 第31页。麦斯吉应该与卢伽尔扎格西同时代，拉迦什第一王朝灭亡后，即在乌鲁卡基那之后，拉迦什的统治者应该是麦斯吉。
⑤ Rīmuš E2.1.2.2, Caption 7, Frayne 1993, 第44页。
⑥ Rīmuš E2.1.2.3: 14—23, Frayne 1993, 第46页。
⑦ Narām-Sîn E2.1.4.2: v 17—18, Frayne 1993, 第93页。
⑧ Frayne 1993, 第186页。
⑨ 同上。
⑩ 据《苏美尔王表》记，都都统治21年，见Jacobsen 1939a, 第115页。
⑪ Dudu E2.10.2, Frayne 1993, 第211页。

立的拉迦什第一王朝而言的。"第一王朝""第二王朝"都不是古代固有的排序，而是现代学者为叙述方便而起的名称。这个王朝历十二王①，末王纳姆哈尼被乌尔第三王朝的建立者乌尔娜玛打败。在十二位国王中，四位国王没有留下任何历史铭文。除古地亚外，其余几位国王留下的历史铭文数量有限，只有古地亚留下大量历史铭文。

古地亚的名字通常写作gù-dé-a，意为"被（神）呼叫（名字）的人"或"被选之人"，他不但是拉迦什第二王朝十二位国王中的佼佼者，也是整个苏美尔文明中最杰出的人物之一。②他死后被神化，他的名字也出现在《楠舍颂诗》和《王者》中③，但这些都不是使他名垂青史的原因，使他深受古人崇拜的原因是他作为国王取得的非凡成就，而他深受现代学者青睐的原因是他留下了大量价值非凡的文献。收录在艾扎德编辑的古地亚铭文集中的古地名铭文多达100篇，这可能也不是已经发现的古地亚铭文的全部，更何况肯定还有铭文没有被发现或已经毁于古代。

古地亚统治的绝对年代目前尚不能确定，有人认为其统治年代应与乌尔娜玛的统治同时④，有人认为其统治时期应稍早于乌尔娜玛。⑤雅各布森认为，《古地亚圆筒铭文》大约作于公元前2125年⑥，早在乌尔第三王朝建立之前。到目前为止，共有十七个古地亚"年名"被发现。⑦这表明，他至少统治了十五至十七年（可能也有一年有两个名称的情况）。由于苏美尔人的年名只记事件，不记年代，所以，年名对确立绝对统治年代没有帮助。

---

① 拉迦什第二王朝国王名称和顺序，见Maeda 1988，第24页；Edzard 1997，第3页。
② 这是德国著名亚述学家艾扎德的观点，见Edzard 1997，第26页。
③ 同上。
④ Steinkeller 1988。
⑤ Carroué 1994。
⑥ Jacobsen 1987，第386页。
⑦ 详见Edzard 1997，第27—28页。

古地亚在位期间进行了大量建筑和制造活动，不但建造和修复了许多神庙，制造了竖琴[1]、权杖[2]和武器[3]，还为自己塑造了许多石像，其中大部分用坚硬的闪长岩雕刻而成。迄今已经发现的古地亚雕像近30尊，全部伴有铭文。除这些石像伴文外，他还留下两个硕大的圆筒铭文（铭文A与B）以及书写在其他材料（如泥钉、烧砖、灰岩板等）上的大量建筑和奉献铭文。[4]不论通过造型艺术，还是通过文献，古地亚都把自己塑造为对神虔诚、对民公正、善于文治、令邻国拜服的明君。

古地亚是如何成为国王的？文献对此没有任何记载。古地亚从来没有在任何文献中提到他的父亲。他的前任国王乌尔芭乌（Ur-Bau）不是他的父亲，而是他的岳父。《古地亚圆筒铭文B》第24栏第7行是古地亚唯一一次提到自己是"某某之子"的地方："古地亚，宁吉兹达之子。"宁吉兹达（Ningizzida）是古地亚的保护神，并非亲生父亲。法肯斯坦认为，在铭文中不提其父，并不意味着这个人一定是个篡权者，因为在乌尔第三王朝的五个国王中，有三个是父子相承，但没有任何一个国王在铭文中提到自己的父亲。[5]也有迹象表明，古地亚可能是圣婚结出的果实[6]，也就是说，古地亚的母亲可能是佳图姆都（Gatumdu）女神的女祭司，父亲也可能是一位祭司，或代表男神在圣婚仪式上与代表女神的女祭司交媾的国王。

不论是考古材料，还是文献资料，都证明古地亚统治时期是拉迦什的鼎盛时期。绝大多数古地亚铭文都是关于神庙建造的，很少有记录战事的，只有一篇铭文提到了拉迦什曾与位于伊朗境内的安善和埃兰发生

---

[1] 他统治的第三（？）年被命名为"竖琴'国龙'被制造之年"，Edzard 1997，第27页。
[2] 他统治的第九（？）年被命名为"制造带50个（兽？）头的宁吉尔苏权杖之年"，同上，第27页。
[3] 他统治的第六（？）年被命名为"沙图尔（一种武器）被制造之年"，同上，第27页。
[4] 施泰布勒音译和翻译了99篇古地亚建筑和奉献铭文，Steible 1991，第256—359页。
[5] Falkenstein 1966，第1页。
[6] 同上，第2页；Renger 1967，第131页。

图4-26 古地亚坐像,铁罗出土,玄武岩,高45厘米,藏于卢浮宫博物馆

冲突,自然是拉迦什打了胜仗,并把战利品(nam-ra-ag)带回拉迦什。[1] 古地亚文献如此之多,提到战争的地方仅此一处,要么是古地亚几乎没有发动更多战争,要么是古地亚从不炫耀自己的战绩,种种迹象表明,事实可能是前者。文献中的古地亚和艺术作品中的古地亚都不是征服者,而是虔诚的信徒、和平的缔造者和正义之王。除此之外,他还是"建筑师",被现代学者称为塑像B的古地亚坐像塑造的就是建筑师古地亚(见图4-26)。[2] 古地亚的和平形象与此前的英雄国王,如"埃安纳吐姆鹫碑"上的埃安纳吐姆,或"纳拉姆辛胜利纪念碑"上的纳拉姆辛,形成鲜明对比。

---

[1] Gudea Stat. B vi 64—69, Edzard 1997,第35页。
[2] 即Stat. B: "Architecte au plan"。

在迄今发现的古地亚文献中,《古地亚圆筒铭文》最重要。苏美尔人把这部作品归为"赞歌"(zà-mí)类[①],就其主要内容而言,可以视之为神庙颂。这部作品是苏美尔文学的经典之作,也是苏美尔文学的巅峰之作,同时在文化、历史、社会、宗教、文学和语言学等方面都具有重大价值。这部作品不但是目前已知最长的神庙赞美诗,也是最长的苏美尔文学作品。

《古地亚圆筒铭文》刻写在两个巨大的圆形泥筒上(见图2-37),现代学者分别称之为《古地亚圆筒铭文A》和《古地亚圆筒铭文B》,圆筒A高61厘米,直径32厘米,厚2.9厘米,圆筒B高56.5厘米,直径33厘米,厚2.5厘米。为叙述方面,以下分别称这两个圆筒铭文为《铭文A》和《铭文B》。《铭文A》30栏,814诗行,《铭文B》24栏,552诗行,两个铭文加起来共1 366诗行。

苏美尔文学作品通常没有可以高度概括作品内容的名称。从后来的"文学目录"中可以看到,苏美尔人常取作品的首行或首行首字或首词组作为作品的名称。《古地亚圆筒铭文》是个例外。这部作品的作者把自己的作品叫作"宁吉苏尔庙被建造"[②]。在作品中出现标题的情况十分罕见,也十分难得。这个标题表明,苏美尔文学作品原本有与内容相关的概括性标题,把首行或首行首字(或首词组)作为作品题目的做法可能是乌尔第三王朝时期的创新。《古地亚圆筒铭文》是现代学者约定俗成的说法,相对于古代名称"宁吉尔苏庙被建造",这个现代名称极为逊色。

《铭文A》第30栏第14—16行这样写道:

---

① 《铭文A》第30栏第16行;《铭文B》第24栏第17行。
② é ᵈnin-ĝír-su-ka dù-a,《铭文A》第30栏第15行;《铭文B》第24栏第16行。根据雅各布森的说法,这个题目是A. Shaffer首次发现的,见Jacobsen 1987,第386页,注释1。

图4-27 《古地亚圆筒铭文A》第5栏抄本。古地亚夜里做一梦，梦境中有两个人，其中一人在画神庙设计图，"还有一个人，那人是英雄，手臂弯（如弓），青金石板手中擎，神庙设计图，他在刻画中"（《古地亚圆筒铭文A》第5栏第2—4行）

^{d}nin-ĝír-su zà-mí　　　宁吉尔苏受人称赞，

é-^{d}nin-ĝír-su-ka dù-a　　"宁吉尔苏庙被建造"，

zà-mí mu-ru-bi-im　　　此为赞歌之中段。

《铭文B》第24栏第15—17行又道：

^{d}nin-ĝír-su zà-mí　　　宁吉尔苏受人称赞，

é-ᵈnin-ĝír-su-ka dù-a　　"宁吉尔苏庙被建造"
zà-mí egir-bi　　　　　　此为赞歌之末段

据此判断，这部作品由三部分组成，分别被古代书吏称为"上段"（苏美尔语不详）、"中段"（mu-ru-bi）和"下段"（egir-bi）。三个部分分别刻写在三个泥圆筒上，《铭文A》和《铭文B》是其中的两个，除此之外应该还有一个。这个迄今尚未发现的泥圆筒是古地亚"三部曲"的第一部，内容大概涉及对宁吉尔苏神庙的赞美，也可能涉及建造该神庙的原因，或涉及古地亚如何被宁吉尔苏神选为统治者。[1]

《古地亚圆筒铭文》内容极其丰富，从不同角度可以解读出不同信息，其中反映的"和谐社会"尤其值得关注。有三段诗文涉及和谐社会。

（1）他（指古地亚）打开手铐，除去脚镣，割除杂草，禁止闲言，让罪恶回老巢。他废除鞭刑（？）与棍刑（？），而把羊毛放手中。对子女，母亲不再喋喋不休；对母亲，子女不再违逆不从。即使男奴……（意不详）主人亦不击其头。即使女奴做错事，女主亦不掴其面。面对正在建造埃尼努（Eninnu）神庙的君王古地亚，没有人抱怨。国王净化了城市，让洁净之火处处燃。他将不洁、恐怖、顽固者，统统赶到城外面。[2]

（2）羚羊与野驴，草原之生物，全部蜷卧在一处。狮子、黑豹及草原蟒，统统睡得沉而香。[3]

（3）他取消高利贷，相互待以礼。主人（指神）入住神庙（一种

---

[1] 凡此种种都是雅各布森的推测，见Jacobsen 1987，第386页。
[2] 《铭文A》第12栏第24行至第13栏第15行，音译和英文翻译见Edzard 1997，第77页。
[3] 《铭文B》第4栏第18行—21行，音译和英文翻译见Edzard 1997，第91页。

宗教仪式）时，七个（夜与）日，女奴可与其女主人平起平坐；男奴可与其男主人并肩而行。不洁不净者睡在城外，谗言与恶语尽用柔语温言来取替，为非作歹绝不许。他遵从楠舍和宁吉尔苏规定的正义，使孤儿免遭富人凌，寡妇不受强者欺。家中无男儿，女儿可代庖宰牲。现在是他（指古地亚）实施公正之日，邪恶与哀叹都被遏制。[1]

这三段诗文包括古地亚为配合建立神庙而采取的一系列措施以及这些措施实施后所产生的效果。措施包括释放罪犯（"他打开手铐，除去脚镣"），严厉打击各种犯罪行为（"割除杂草，禁止闲言，让罪恶回老巢"），废除酷刑或执法暴力（"废除鞭刑与棍刑"），取而代之的是怀柔和安抚（"把羊毛放手中"），取消高利贷（"他取消高利贷"），提倡相互尊重（"相互待以礼"），保护孤儿寡母（"使孤儿免遭富人凌，寡妇不受强者欺"），提倡语言文明（"谗言与恶语尽用柔语温言来取替"），提高妇女的社会地位（？）（"家中无男儿，女儿可代庖宰牲"），提高奴隶的社会地位（"女奴可与其女主人平起平坐；男奴可与其男主人并肩而行"），净化城市（"国王净化了城市，让洁净之火处处燃。他将不洁、恐怖、顽固者，统统赶到城外面"）。

实施上述措施的结果是家庭和睦（"对子女，母亲不再喋喋不休；对母亲，子女不再违逆不从"），主仆和睦（"即使男奴……主人亦不击其头。即使女奴做错事，女主亦不掴其面"）以及社会和谐（"面对正在建造埃尼努神庙的君王古地亚，没有人抱怨"）。

不仅如此，古地亚可能还针对人与动物的关系采取了一些措施。具体采取了哪些措施，文献没有明言。文献只描述了结果："羚羊与野驴，

---

[1]《铭文B》第17栏第17行—第18栏第11行，音译和英文翻译见Edzard 1997，第98页。

草原之生物，全部蜷卧在一处。狮子、黑豹及草原蟒，统统睡得沉而香。"

2006年，彭格拉兹-莱斯滕发表题为"古地亚与其城市乌托邦模式"的文章，对上引诗文中的一些诗句进行了解读。她把其中的"他废除鞭刑与棍刑，而把羊毛放手中"释为"工人们自愿提供劳力"，把"对子女，母亲不再喋喋不休；对母亲，子女不再违逆不从。即使男奴……主人亦不击其头。即使女奴做错事，女主亦不捆其面"释为"古地亚臣民的社会关系中绝对没有暴力"①；把"羚羊与野驴，草原之生物，全部蜷卧在一处。狮子、黑豹及草原蟒，统统睡得沉而香"释为和平"秩序的终极表述"②；把"谗言与恶语尽用柔语温言来取替"释为把秩序"带到美索不达米亚周围的敌国"③。她同时认为，古地亚在用这些诗句为读者描绘一个与"'乌托邦'概念十分接近"的"或然世界"，其特点是古地亚"遵守神庙建筑的清洁仪式和其他宗教仪式以及为和平统治者之所为"④。彭格拉兹-莱斯滕的一些解释显然存在问题，诗文中的某些具体词汇的具体意义还有很大的讨论空间⑤，对某些诗文的解释亦可见仁见智，但她把古地亚构建的社会与乌托邦联系在一起，这不禁让人耳目一新，让人产生一种古代的理想社会忽然出现在眼前的感觉。

古地亚的"乌托邦"不仅是一种构想，也是一种实践，是他推行的新政及其产生的效果。《古地亚圆筒铭文》不仅是文学作品，也是详细记载古地亚为拉迦什守护神宁吉尔苏建造神庙的全过程的历史文献。古地亚统治的第四年被命名为"宁吉尔苏之砖被放入砖模之年"⑥，即建造埃尼

---

① Pongratz-Leisten 2006, 第46页。
② 同上，第47页。
③ 同上，第51页。
④ 同上，第51页。
⑤ 例如，如何理解"á-ĝiš-tag tuku-ra"或"ní-ĝál lú-GI.AN"等。
⑥ Edzard 1997, 第27页。古地亚统治的"年名"序列还没有最后确立。根据古地亚坐像B（Statue B）的伴文（Statue B iii 6—11），古地亚建造埃尼努神庙的时间应该在其统治之初，即古地亚统治的第二年。

第四章　走进复活的苏美尔文明　｜　281

努神庙之年。这不但表明此事确实存在，而且关系重大，足以以此名年。古地亚在其他铭文中也多次提到他是埃尼努神庙的建造者。[1]不仅古地亚建造神庙的壮举可以得到其他铭文的印证，他在建造神庙过程中推行的一系列"新政"也可以得到其他铭文的印证。关于消除管理和执法暴力，另一篇铭文这样道："没有人被皮鞭抽打，或遭到棒罚"[2]，"总督、监察官、工头、税收监督员，任何工作的监察者，他们手中的监察工作像梳理的羊毛一样（软）"[3]；关于消除家庭暴力，铭文道："母不打子"[4]；关于改变葬礼习俗，铭文道："公墓不再使用锄头，尸体不再埋在那里，挽歌歌手不再携带竖琴，不再演奏挽歌，呜咽的母亲不再唱挽歌"[5]；关于人与人之间的相互信任，铭文道："在拉迦什境内，不再有人把被告带到发誓地，不再有人上门逼债"[6]；关于取消债务，铭文道："我取消了债务，把所有的手都清洗干净"[7]；关于主仆关系，铭文道："七天不磨麦，女奴可以与其女主人平起平坐，男奴可以与其男主人并肩而行"[8]；关于整顿城市居民，铭文道："不洁净的人住在城外"[9]；关于打击各种犯罪活动，铭文道："我让罪恶回老巢"[10]；关于保护孤儿寡母，铭文道："我遵从楠舍和宁吉尔苏规定的正义，使孤儿免遭富人凌，寡妇不受强者欺"[11]；关于妇女的继承权，铭文道："在没有男儿的家庭，我让女儿成为继承人"[12]。古地亚采取上述措施之

---

[1] 如"古地亚，拉迦什王，宁吉尔苏的埃尼努神庙的建造者"（Statue A, Caption 1—6）。同样或类似的说法在古地亚铭文中比比皆是，不胜枚举。
[2] Gudea Statue B iv 10—11, Edzard 1997, 第32页。
[3] Gudea Statue B iv 13—19, Edzard 1997, 第32页。
[4] Gudea Statue B iv 12, Edzard 1997, 第32页。
[5] Gudea Statue B v 1—4, Edzard 1997, 第32页。
[6] Gudea Statue B v 5—11, Edzard 1997, 第32页。
[7] Gudea Statue B vii 29, Edzard 1997, 第36页。
[8] Gudea Statue B vii 30—33, Edzard 1997, 第36页。
[9] Gudea Statue B vii 34—35, Edzard 1997, 第36页。
[10] Gudea Statue B vii 36—37, Edzard 1997, 第36页。
[11] Gudea Statue B vii 38—43, Edzard 1997, 第36页。
[12] Gudea Statue B vii 44—46, Edzard 1997, 第36页。

日，正是他建造埃尼努神庙之时。①

虽然古地亚采取的一系列措施都与建立神庙有关，但这些措施并非传统意义上的神庙建造仪式。的确，建造神庙有一套仪式，在表达上也有一定的定式，如"他（指国王）净化了地基坑，以火燃烧之，把香油涂抹在基石上"②，挑选"命运之砖"和制作"命运之砖"等等，但古地亚的上述措施不属于这个范畴，这些措施应该是古地亚借建立神庙的契机推行的一系列新政，目的是打造一个君臣和睦、主仆和睦、家庭和睦、人与生存环境和谐、人与动物和平相处、人人满意、国泰民安的社会环境。古地亚做到了，至少在一定的时期内做到了，他消除了诸多社会弊端，提高了社会和谐和公正程度，民众得到了实惠，王权得到了巩固。

拉迦什具有悠久的"正义"传统。在古代美索不达米亚的"正义之王"中，在时间上排在前两位的都是拉迦什国王，即拉迦什第一王朝的恩美铁纳和乌鲁卡基那。③恩美铁纳减免了臣民的徭役，而乌鲁卡基那进行了"社会改革"④，推行了一系列惠民政策，包括保护孤儿寡母。"正义"（nám-si-sá）这个概念首见于拉迦什第一王朝的乌尔楠舍铭文，后来成为文献中常见的概念。⑤《古地亚圆筒铭文》中使用了两个"正义"概念，níg-gi-na⑥和níg-si-sá⑦。古地亚推行的"新政"带有明显的传统"正义"痕迹，同时又有许多独到之处，如提倡语言文明和消除家长暴力。古地亚的"新政"既是发扬传统，又是改革创新。

《古地亚圆筒铭文》描述的、由古地亚建造的埃尼努神庙无疑代表了

---

① Gudea Statue B vii 26—28, Edzard 1997，第36页。
② Gudea Statue C iii 6—10, Edzard 1997，第39页。
③ Zhi Yang 1991，第243—244页。
④ 吴宇虹对乌鲁卡基那改革提出了质疑，见吴宇虹2005。
⑤ Urnanše 51, Vs.iii 3和6, Steible 1982，第113页；Steible 1982a，第19页。Cooper认为，nám-si-sá就是后来的níg-si-sá "正义"，Steible 1982a，第19页。
⑥ 《古地亚圆筒铭文A》第18栏第4行。
⑦ 《古地亚圆筒铭文A》第18栏第10行。

古地亚在建筑方面取得的最高成就，这座神庙也应该是整个苏美尔神庙建筑史上的经典之作。埃尼努神庙不是由古地亚始建的，埃尼努已见于麦西里姆和乌尔楠舍铭文，《古地亚圆筒铭文》也明确地写道："埃尼努庙得复原，宁吉尔苏人颂赞。"① "复原"（ki-bé … gi₄）通常指修复旧神庙。从《古地亚圆筒铭文》可以看到，古地亚的"复原"绝非一般意义上的复原，而是重建和扩建。他建庙之前得到神谕，建庙过程中也严格执行神谕，在神的指引下，他完成了埃尼努神庙的建造。通过这种方式建造的埃尼努神庙在规模、形制、气势、装潢等方方面面都是空前的。还在修建过程中的神庙就显现出非同寻常的气势：

神庙高耸入云，（第21栏第16行）
……
神庙拔地而起，仿佛一座山。
一层更比一层高，仿佛云浮天。
神庙外角向上翘，仿佛公牛般。
好似阿布祖的咖纳树，神庙高耸出群山。
好似巍峨一高山，神庙昂首接云天。
仿佛生长在草坪中的绿雪松，
埃尼努，苏美尔之建筑，魅力大无边。②

埃尼努神庙，俨然是天神伸出的手掌，
国王建庙不停，神庙与日俱长，
已经长得和高山一样。③

---

① é-ninnu ki-bé gi₄-a-ba/ᵈnin-ĝír-su zà-mí，《古地亚圆筒铭文A》第30栏第13—14行。
② 《古地亚圆筒铭文A》第21栏第16—25行。
③ 《古地亚圆筒铭文A》第22栏第8—10行。

建造完毕的神庙更是雕梁画栋，富丽堂皇：

> 古地亚建造的宁吉尔苏神庙，
> 犹如太阳神，款款出云端。
> 渐渐拔地起，青金石山般。
> 亦若石膏山，
> 矗立人称羡。
> 庙门之基座，好似公牛卧。
> 神庙之龙檐，犹如卧狮般。
> 神庙之栅栏，仿佛阿布祖，少女般伸展。
> 神庙之标志，阿布祖之圣羊般，
> 其角金光闪，
> 仿佛新月挂星天。①
>
> 神庙之屋顶，仿佛一朵云，飘浮白云间。
> 在"主人入庙之门"口，
> 一只雄鹰伫立，凝目而视公牛。
> 门框之上门拱高，
> 仿佛彩虹空中飘。
> 埃尼努的门楣高，仿佛暴风骤雨在咆哮。
> （埃尼努）有一对令人畏惧的眼眉，
> 能让所有神灵垂青。
> 人们布置好晚宴厅，
> 蜂蜜、美酒金杯盛，

---

① 《古地亚圆筒铭文A》第24栏第13—23行。

（厅堂高得）仿佛伸手可以触天穹。①

神庙是醇酒地，
仿佛一座高山，美酒涓涓不息。
神庙是酿酒房，
仿佛底格里斯河，河水浩荡荡。
神庙是宝藏库，宝石、银、锡无不藏。
神庙是停车房，
仿佛崇山立地上。
神庙是竖琴房，公牛叫声洪亮。
神庙是大庭院，鼓乐伴着祈祷响。
神庙之石阶，
仿佛高山座座，壮丽庄严横卧。
通往顶层的阶梯，
仿佛山上的光线，可望不可及。②

《古地亚圆筒铭文》中关于埃尼努神庙的描写不止这些，中国读者看到这些描述，可能都会联想到《阿房宫赋》。阿房宫的原貌任何现代人都没有见过，同样，埃尼努可能早在公元前2100年前后就已面目全非。二者的最大区别：《阿房宫赋》是后人的想象，而《古地亚圆筒铭文》是当时的、带有浓厚文学色彩的写实，也可以说是当时的"报告文学"，具有文学性、真实性和即时性。二者的最大共同点：都是语言艺术的杰作，都高度骈俪化、声律化和形式化，辞藻华丽而丰富，比喻贴切而形象，极具浪漫主义色彩，想象丰富，极尽夸张之能事。语言奢华是因为语言描

---

① 《古地亚圆筒铭文A》第25栏第4—16行。
② 《古地亚圆筒铭文A》第28栏第10—22行。

述的对象本身奢华。阿房宫（如果曾经真实存在过的话）和埃尼努神庙都是时代的产物，是权力和财富的象征。仅从埃尼努的奢华程度就可以想象得到古地亚时期的拉迦什多么强大和富有。中国历史上有"仓廪实而知礼节，衣食足而知荣辱"的说法或事实判断，古地亚时期的拉迦什仓廪实而衣食足，可谓正处于太平盛世，与美卢哈、马干、迪尔蒙、古滨（Gubin，安曼湾的南海岸）、安善、埃兰、阿达姆敦（Adamdun）、阿拉塔、基马什（Kimaš）、卡迦拉德（Kagalad）、马德迦（Dadga）、巴尔默（Barme）、巴撒拉（Basalla）、提丹（Tidan）、乌尔舒（Uršu）、埃布拉、美努阿（Menua）、哈胡姆（Ḫaḫḫum）等诸多国家和地区都有贸易往来。在古地亚的"年名"中，没有一例是以战争名年的，几乎都以建筑和制造活动名年，包括建神庙、挖水渠、制造仪式武器、制作神座、制作神椅等，也包括任命女祭司。古地亚不仅在拉迦什大兴土木，建造神庙，还在乌尔、尼普尔、阿达布、乌鲁克和巴德提比拉（Badtibira）建立了神庙，说明这些国家已经附属于拉迦什。毫无疑问，古地亚统治时期的拉迦什已成为苏美尔地区的政治经济中心。虽然古地亚仍然在形式上保留着"拉迦什之恩西"的头衔，实际上却控制着整个苏美尔地区。国强民安，仓廪实，衣食足，在这样的社会背景下，古地亚可能真的打造了一个乌托邦式的和谐社会，但持续的时间应该很短。古地亚在位时间不长，目前发现了17个古地亚年名[1]，可能不是全部，但他的统治不会超过20年，与历史上其他著名国王相比，20年不算长，阿卡德的萨尔贡统治了56年[2]，乌尔第三王朝的舒尔吉统治了48年[3]，乌尔娜玛统治了18年，时间相对较短，原因是他于其统治的第18年战死沙场。至于古地亚的统治是如何终结的，我们不得而知。古地亚之后，拉迦什的统治者们都没有

---

[1] Edzard 1997，第27—28页。
[2] Jacobsen 1939a，第110—111页。
[3] 同上，第122—123页。

什么大作为，留下的文献也很少，最后一个国王纳玛哈尼（Namhani，或Nammahani）被乌尔娜玛打败，转而又被乌尔娜玛任命为"拉迦什的统治者"（énsi Lagaš^{ki}）[①]，这意味着拉迦什成了乌尔第三王朝的一部分。

拉迦什第二王朝堪称太平盛世，但在艺术方面却少有创新。从几十尊带有伴文的古地亚石雕像的艺术风格看，这时的造型艺术深受阿卡德时期艺术风格的影响，其他艺术作品也都在造型或雕刻技术方面受到阿卡德时代的影响。在语言方面，这时的苏美尔语吸收了大量阿卡德语词汇，增强了语言的表达力。

古地亚之子乌尔宁吉尔苏（Ur-Ningirsu II，公元前2124—前2119在位）和乌尔伽尔（Ur-GAR，公元前2119—前2117在位）统治时期，乌鲁克在乌图黑伽尔的统治下崛起，对拉迦什构成威胁。乌图黑伽尔首先控制了乌尔，派其弟[②]乌尔娜玛镇守乌尔。乌图黑伽尔很快取得苏美尔地区的霸权，并于公元前2110年把古提人永远赶出美索不达米亚，"解放"了苏美尔和阿卡德。数年以后，乌尔娜玛完全取代了乌图黑伽尔，并在美索不达米亚建立了统一帝国，历史又揭开新的一页。

盛极而衰——乌尔第三王朝

乌尔第三王朝指苏美尔人在美索不达米亚建立的第一个统一的中央集权制国家。乌尔第三王朝之前是阿卡德人和古提人的统治，他们都不是苏美尔人，而在苏美尔人，或更准确地说，在苏美尔语的历史叙事中，不知出于什么原因，拉迦什（包括拉迦什第一王朝和第二王朝）被排斥在

[①] 《乌尔娜玛法典》前言，Roth 1997，第15页。
[②] 也有迹象表明，他们之间是岳丈和女婿的关系。

外,于是,乌图黑伽尔和乌尔第三王朝就成了继古提人之后统治苏美尔,后来扩展到整个巴比伦尼亚地区的苏美尔人。所以,学术界也普遍把乌尔第三王朝视为"苏美尔复兴",苏美尔人重返政治舞台中心,苏美尔语成为地域性大帝国的官方语言。乌鲁克的乌图黑伽尔只统治了7年6个月15天[①],他的统治时期属于苏美尔人的再次崛起阶段,不包括在通常所说的"苏美尔复兴"之内。其实,在美索不达米亚发生的各种冲突,包括苏美尔人和阿卡德人之间的冲突,都不能定性为民族冲突,也不是宗教冲突,而是政治冲突、领土纠纷和各种经济利益引起的冲突。"苏美尔复兴"过分地强调民族性,让人产生这个地区民族意识强烈、民族冲突严重的错觉,所以,这种说法值得商榷。据《苏美尔王表》记载,在乌尔娜玛取得"王权"之前,乌尔已经两次获得"王权",即地区霸权,到乌尔娜玛取得"王权"时,已是第三次,因而,乌尔娜玛建立的王朝被现代学者称为乌尔第三王朝。这个王朝共历五王,享国108年(公元前2111—前2003),最后亡于伊辛王朝。

在阿卡德帝国时期,乌尔是阿卡德帝国的一部分,或附属国。在阿卡德帝国的沙尔卡里沙里统治时期,乌尔曾与拉迦什发生边界争端,拉迦什的统治者请求沙尔卡里沙里为他们解决争端。乌鲁克国王乌图黑伽尔统治时期,乌尔娜玛被任命为乌尔的"沙基纳",即"军事统帅"。乌尔娜玛可能是乌图黑伽尔的弟弟[②],乌图黑伽尔在世时,乌尔娜玛就以乌尔为基地自立为王。乌尔娜玛自立为王后,他与乌图黑伽尔的关系如何处置不详。按照《苏美尔王表》的说法,"乌鲁克被打败,其王权被转移到乌尔",这就是说王权的转移是通过武力实现的。除《苏美尔王表》的程式化表述"某国被打败"外,没有任何证据可以证明乌尔和乌鲁克之间曾发生过争夺"王权"的流血冲突。乌图黑伽尔不是死于战争,而是

---

① Jacobsen 1939a,第122—123页。
② Wilcke 1974,第192—193页。

死于一次意外事故。[1]

乌尔第三王朝的统治者们乐于与乌鲁克早期国王攀关系,自称是"宁荪的后代"。宁荪是女神,在文学传统中也是吉尔伽美什的母亲,因此,乌尔第三王朝的统治者就成了"吉尔伽美什的兄弟",他们也把吉尔伽美什的父亲卢伽尔班达视为自己的先祖。在乌尔第三王朝时期,乌鲁克是王后居住的地方,经济文献中讲的"到王后居住地",就是指到乌鲁克。乌尔娜玛在尚未控制乌鲁克之前,就在乌尔为乌鲁克的主神安(天神)和伊楠娜(战神与爱神)建立了神庙,有学者认为,仅凭这一点就有理由认为,乌尔娜玛出身于乌鲁克。[2] 舒辛在作王储时曾担任乌鲁克的总督。种种迹象都表明,乌鲁克可能是乌尔第三王朝统治者的母国,所以,乌鲁克在他们心中享有特殊地位。另一个享有特殊地位的城市是尼普尔。尼普尔的地位一直比较特殊。尼普尔有自己的统治者("恩西"),但尼普尔不必纳税,反而享受其他城市的贡品。伊比辛的登基仪式就是分别在乌尔、乌鲁克和尼普尔这三个城市举行的。

图4-28 实施"顶篮礼"的乌尔娜玛青铜像,高27厘米,购得,可能源自乌鲁克,藏于英国国家博物馆

[1] Wilcke 1988,第126页。
[2] Frayne 1997,第27页。

乌尔娜玛在登基后的第二年曾与拉迦什交战，并打败拉迦什第二王朝末王纳玛哈尼。他在铭文中所说的"马干和美卢哈的船只回到楠纳（月神）手中"，是指他控制了以前拉迦什控制的与南方的海上贸易。《乌尔娜玛法典》的前言也提到与拉迦什的这次战争。乌尔娜玛很快就控制了整个苏美尔地区，包括埃利都、乌鲁克、拉迦什、拉尔萨、阿达布和尼普尔。这些城市都出土了乌尔娜玛铭文，尼普尔以北的阿卡德地区也在乌尔娜玛的控制之下。有的文学作品甚至说，乌尔娜玛使古提人臣服纳贡。乌尔娜玛的影响至少达到两河流域北部哈布尔河流域的布拉克，那里亦有乌尔娜玛铭文出土。乌尔娜玛的王衔之一是"苏美尔-阿卡德之王"，他是两河流域历史上第一个使用包括两个不同地域王衔的人，开创了使用这个王衔的历史，后来有很多效法者。直到乌尔第三王朝时期，北部居民仍然主要是阿卡德人，南部仍然主要是苏美尔人，"苏美尔-阿卡德之王"意味着乌尔娜玛不但控制了苏美尔，也控制了阿卡德。需要指出的是，苏美尔人和阿卡德人的南北分布并非泾渭分明，南北的居民成分一直是混合型的，且混合程度一直都很高，南北皆有苏美尔人和阿卡德人，也有其他民族，精英阶层基本掌握两种语言：苏美尔语和阿卡德语。

图4-29　乌尔塔庙（1），发掘前的状态

图4-30 乌尔塔庙（2），乌尔娜玛时期的状态

图4-31 乌尔塔庙（3），现在的状态

乌尔娜玛留给后世很多文献，对了解当时的社会状况都很重要，但最重要的莫过于《乌尔娜玛法典》（译文与详述见本书第五章）。《乌尔娜玛法典》是迄今已知人类历史上第一部成文法。像《汉穆拉比法典》一

样,《乌尔娜玛法典》最初也是刻在石碑上的,但是,这个原始的法典石碑迄今尚未发现,可能已经毁于古代,目前已知的《乌尔娜玛法典》都是古巴比伦时期及其以降的泥版抄本,而且都是残片。根据这些残片判断,法典全文分三个部分:前言、法律条款和后记。条款内容包括如何处置已婚妇女通奸、奸污妇女或处女、离婚、伪告、奴隶逃跑、身体伤害、各种民事纠纷等等。法典条文部分的行文方式一律采用"如果……就……"的句式,即如果有什么样的行为,就要承担什么样的法律后果。这样的表述方式为后来的所有立法者所仿效,成为古代两河流域和小亚细亚的立法套语。前言部分不但极力渲染国王的正义,国王一切为民而想、为民而为、保护弱小、避免恃强凌弱的不公正行为,而且还包括对历史的回顾。他公开声明,立法的目的是在"全国实现公道",这也成为后世立法者效法的榜样。从前言中还可以看到,乌尔娜玛曾统一度量衡。

所谓的"土地登记簿"也很重要,这是一个划分行省界线的文献。该文献涉及尼普尔北部的四个地区的划分,每部分的结尾都写到乌尔娜玛为某神确定了某某地域。这反映了乌尔娜玛统治时期划分行省的情况:行省之间的界线非常清楚,有时以河或渠为界,有时指山为界,有时拿神庙当分水岭;同时也反映了乌尔娜玛时期的行省也与传统的城邦一样,都被视为不同神的辖地。

修缮和开凿河渠是统治者的重要任务,河渠不但是农业的命脉,对运输也很重要。大量的货物或军队辎重的运输主要靠水道。乌尔娜玛在统治期间也挖了一些灌溉渠。他统治的第15和第16年的年名就是以开渠命名的,分别为"挖某某渠之年"。[1]

乌尔娜玛是个建设者,几乎到处都留下了他的建筑足迹:乌尔、乌鲁克、尼普尔等城市都有他的建筑。对后世影响最大的建筑是他在乌尔

---

[1] Sigrist 1991,第320页。

建造的楠纳塔庙。塔庙的雏形最早见于公元前4千纪中叶的埃利都，那是一个建筑在高台上的神庙，只有一个较高的高台地基。到乌尔娜玛时代，塔庙的形式已发展为三层高台，即三级塔庙，最上层高台上建有神庙。据文献记载，建造在最高层的"高庙"是神的住地。不过，所有塔庙的最高层都没有保存下来，所以，"高庙"是什么样子，人们只能根据文献所记而想象。与"高庙"相对应的是建造在平地上的"低庙"，"低庙"是神显身的地方。乌尔娜玛不但在乌尔建造了塔庙，在乌鲁克也建造了塔庙。塔庙是美索不达米亚神庙建筑的一种特殊形式。在理论上，每个城市都应该有自己守护神的住所——塔庙，但实际上，很多城市都没有塔庙。是考古学家没有在那些城市发现塔庙遗迹，还是本来就不是每个城市都有塔庙？

乌尔娜玛的统治时期是乌尔第三王朝的创始时期，可以说明这个时期社会、政治、经济情况的材料并不多。涉及这些问题的材料大都属于舒尔吉统治的后期。

乌尔娜玛的儿子和继承人舒尔吉的统治时期是乌尔第三王朝的鼎盛时期。乌尔出土的数以十几万计的经济文献（或称管理文献）都出自舒尔吉统治时期及以后。这些文献是了解乌尔第三王朝的重要史料。

乌尔第三王朝各王统治下的疆域到底多大，很难确定，这首先是由于东部和北部边界总是随着军事力量的强弱而发生变化。边远地区的恩西既是中央政府任命的总督，也是独立的一国之君。曾经属于乌尔第三王朝统辖的地区，除巴比伦尼亚外，还包括迪亚拉地区、以马里为中心的幼发拉底河中游地区以及以亚述城为中心的底格里斯河中游地区。在哈布尔河流域的布拉克发现了乌尔第三王朝时期的建筑遗迹和带有乌尔娜玛名字的泥版残片，说明布拉克可能也在乌尔第三王朝的掌控之中。基尔库克南部的古城迦苏尔（Gasur，今之努基 [Nuzi]）出土了大量属于阿卡德帝国时期的阿卡德语文献，说明在阿卡德帝国时期，那里的居民仍主要是塞

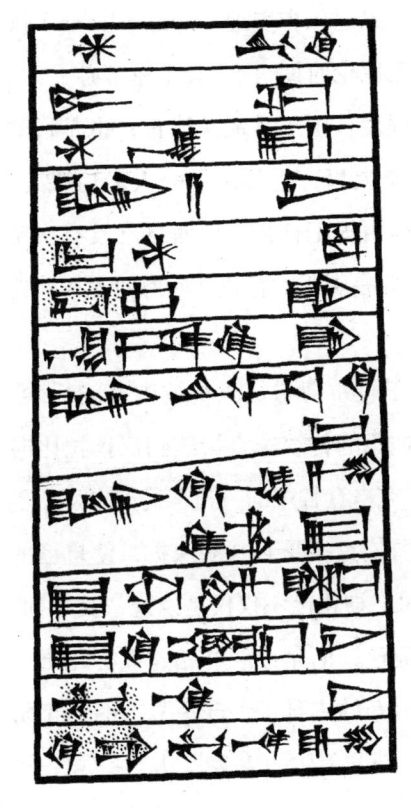

^{d}Nanna/dumu-sag-/^{d}En-líl-lá/lugal-a-ni/Ur-^{d}Namma/nita-kala-ga/en-Unu^{ki}-ga/lugal-Uri$_5$^{ki}-ma/lugal-ki-en-gi-ki-uri-ke$_4$/é-temen-ní-gùru/é-ki-ág-gá-ni/mu-na-dù/ki-bé mu-na-gi$_4$

乌尔娜玛，大王，乌鲁克王，乌尔王，苏美尔-阿卡德王，为楠纳，恩利尔之长子，建造了"其基座令人惧怕之庙"，将之复归本位。①

图4-32 泥版抄本

姆人。稍后，那里受到胡里特人的冲击，基本变成胡里特人居住的地方。从第二代王舒尔吉开始，乌尔第三王朝的统治者们一直无法驾驭以苏萨为中心的埃兰地区。亚述和马里的北部地区对乌尔第三王朝的统治者来说也鞭长莫及。

乌尔第三王朝实行中央集权制，国王的权力几乎没有限制。但国王作决策时要受到两方面的影响，一是要听听"顾问"如何讲，二是看看神怎么说，即问卜。从"年名"中可以看到，祭司的任命取决于神意。

---

① 音译和英译见Frayne 1997，第35页（Ur-Nammu 12）。这里的汉译与英译有所不同。

舒尔吉第15年的年名是"根据肝脏兆,恩尼尔吉安纳(Ennirzi'anna)被任命为楠纳祭司之年"[1]。在稍后的古巴比伦时期,国王几乎逢事必卜,乌尔第三王朝时期大概还没有达到这种程度。国王是最高法官,也是行政"总管"。即使是事关战争与和平的国家大事,也都由他一人最后决定,他是至高无上的独裁者。地方总督恩西由国王任命。恩西自己没有决策权,重大决策都要由国王来做。建造神庙是国王的特权,而恩西无权建造神庙。

从舒尔吉起,乌尔第三王朝的国王也步阿卡德王纳拉姆辛的后尘,开始神化自己。神化国王或国王自我神化的传统一直持续到汉穆拉比时代。国王神化自己的目的不仅仅是为了充当众神中的一员,受到崇拜,更重要的是为了充当国家的保护神,使国土直接受到神的保护,使自己的王权更加稳固。乌尔第三王朝时期,国王神化已不仅仅是说说"我是神"而已,也不仅仅是在名字前加个神符而已,而是已经开始建立神化国王的神庙,献牺牲,设贡物,煞有介事地开始崇拜了。苏美尔人的名字常有神的名字作为组成部分,如"恩利尔是苏美尔的生命"。从乌尔第三王朝时期开始,人名中的神名多被神化的国王的名字取代。如果仍以"恩利尔是苏美尔的生命"为例,这时就成了"舒尔吉是苏美尔的生命"。

国王之下有一官职,叫大苏卡尔(sukkal-maḫ),是个很重要的官职,大概相当于"大管家"。大苏卡尔可以干预法庭的决定,他不是恩西却胜似恩西,权限至少和恩西相当,甚至高于恩西。乌尔娜玛与拉迦什交战时期,有个名叫乌尔阿巴的大苏卡尔,后来做了拉迦什的恩西。乌尔娜玛统治的第三年就是"乌尔阿巴(成为)恩西之年"[2]。在舒辛和伊比辛统治时期,有个名叫乌尔都楠纳(Urdunanna)的人,他不仅是大苏卡尔,还集许多官职于一身。根据他为纪念神化国王舒辛神庙落成而作的

---

[1] mu en-nir-zi-an-na en ᵈNanna máš-e ì-pàd, Sigrist 1991,第321页。
[2] mu ur-ab-ba énsi, Sigrist 1991,第319页。

一篇铭文记载，他一是大苏卡尔，二是拉迦什的恩西，三是埃利都的恩基神的"桑伽"（sanga）祭司，四是萨布姆（Sabum）、古提国、阿尔舒辛（Al-Šusîn）、哈马兹以及卡拉哈尔（Karahar）的恩西，五是乌萨尔迦尔萨纳（Usargarsana）、巴希米（Basimi）、迪马特恩利尔（Dimat-Enlil）、乌尔比鲁姆（Urbilum）、伊沙尔（Isar）等地的军事总督。这里提到的地名许多尚不可考。可以肯定的是，这个乌尔都楠纳的权限极大。他之所以会有这么大的势力，可能与他的出身有关。他的父亲就曾经是大苏卡尔。一个大臣拥有如此之大的权力和如此之多的头衔，可能意味着王权的削弱，这是帝国崩溃的前兆。

乌尔第三王朝时期的军事行动主要限于边远地区，而且为数不多。舒尔吉从他父亲手中接过了一个什么样的国家，这个问题还不十分清楚，因为属于舒尔吉统治的第22年以前的材料很少。可以肯定，在舒尔吉统治的后半期，巴比伦尼亚是繁荣稳定的。在舒尔吉统治的第20年，巴比伦尼亚地区发生内乱，为了平定内乱，舒尔吉不得不把乌尔的居民组织起来，为国家服兵役，所以，这一年就被命名为"乌尔居民组编长矛军之年"①。大概两年后，舒尔吉才完全控制了局面，巴比伦尼亚地区才进入稳定繁荣时期，直到伊比辛统治以前，似乎没有再发生过内乱。

舒尔吉除继承了乌尔娜玛的"苏美尔-阿卡德之王"的王衔外，又加上了阿卡德时期常用的王衔"四极王"。舒尔吉的军事行动都是针对边远地区的，引起采取这些军事行动的原因不详，可能是一种侵略行为，也可能是为了防止外族的入侵，亦可能是为了打通远程贸易的通路。在北部开展的军事行动也可能是为了阻止胡里特人的入侵，因为阿卡德帝国灭亡后，胡里特人就来到两河流域，占据了迪亚拉地区，对巴比伦尼亚

---

① mu dumu úri^{ki}-ma lú ^{giš}gíd-šè ka ba-ab-késda, Sigrist 1991, 第321页。

的塞姆人和苏美尔人形成威胁。对两河流域南部居民来说，阻止胡里特人的入侵，使他们免遭外族人的统治，可能是舒尔吉的功劳。

舒尔吉的军事胜利主要反映在他的纪年里，他统治的第24年是"灭卡拉哈尔之年"①，第25年是"灭西姆鲁姆之年"②。从第四王舒辛起，始有记载征战情况的铭文。有铭文记道：乌尔军俘获某国统治者，运回黄金，把它们贮存在尼普尔，还在尼普尔附近建立了战俘区。由于铭文记胜不记败，所以，文献中的乌尔永远都立于不败之地。从舒辛统治的第4年开始，乌尔的统治者们不得不面临一个越来越严峻的事实：阿摩利特人从西向东挺进，此时已逼近国门。为了有效阻止阿摩利特人的入侵，舒辛修筑了"长城"，这是大事件，所以，这一年被命名为"乌尔王舒辛修筑西城墙'让提德努姆远离'之年"③。这里的"提德努姆"（Tidnum）指阿摩利特人。舒辛的"长城"推迟了乌尔第三王朝覆灭的时间，却没有最终挽救灭亡的命运。

乌尔第三王朝的国王除对边远地区采取一些军事行动外，有时也通过联姻的方式来调整这些地区与王室的关系，目的是为了缓和边疆与王室的矛盾，或改善乌尔与其他国家的关系。舒尔吉于其统治的第30年把女儿嫁给了安善的恩西，并把这一年命名为"公主嫁给安善恩西之年"④。伊比辛于其统治的第5年把女儿嫁给扎布沙里（Zabšali）的恩西，并把该年命名为"公主图金吉德利米格丽莎（Tukingidrimigriša）嫁给扎布沙里恩西之年"⑤。以公主外嫁为年名，说明外嫁公主是国之大事，值得以此名年记之。

乌尔第三王朝时期的军政和民政有时难以区分。苏尔美语的"埃里

---

① mu kára-har^{ki} ba-hul, Sigrist 1991，第322页。
② mu si-mu-ru-um^{ki} ba-hul, Sigrist 1991，第322页：。
③ mu ^{d}šu-^{d}en-zu lugal úri^{ki}-ma-ke₄ bàd mar-tu mu-ri-iq-ti-id-ni-im mu-dù, Sigrist 1991，第327页。
④ mu dumu-mí lugal énsi an-ša-an^{ki}-ke₄ ba-an-tuk, Sigrist 1991，第323页。
⑤ mu tu-ki-in-gidri-mi-ig-ri-ša dumu-mí lugal énsi za-ab-ša-li^{ki} ba-an-tuk, Sigrist 1991，第328页。

姆"（erim 或 érin）指为国家服役的人，他们既可能是服兵役的士兵，也可能是承担其他国家义务的人，而后者更常见于文献，这些人被组织起来开渠、筑坝、建筑神庙、运输货物等等。"阿加武士"（aga-ús）的任务似乎不是对外作战，而主要是维持社会秩序和监督群体劳动。军队的最高统帅仍和阿卡德时期一样是"沙基纳"，他负责某个区域的安全保卫工作，与一个恩西的权限差不多，有时就是某一地区的最高统治者，譬如，马里不设恩西，"沙基纳"就是最高统治者，包揽军务和政务。乌鲁克和戴尔也曾由"沙基纳"一人统治。舒辛在即位之前，曾经当过乌鲁克的"沙基纳"。可见，该职非常重要。

地区或行省的最高统治者是恩西。虽然名称仍沿袭传统，但他已不是一国之君。这时的恩西由国王任命，有义务效忠国王，外交大事不能自主。乌尔第三王朝时期有40多个恩西，分管40多个地区或行省。据此，许多学者认为乌尔第三王朝时期全国划分为40多个"行省"。文献中没有相当于"行省"的词。所以，把一个恩西（或"沙基纳"）的辖地称为"行省"，还是称为"地区"，这完全是现代学者的选择。一个恩西的辖地通常就是一座城市，有时也包括周围地区，而且大都密集分布在巴比伦尼亚，少数分布在周边地区。地区界线的划分始于乌尔娜玛统治时期，以后逐渐固定下来。后来的地区界限大部分都是乌尔娜玛统治时期划定的，尤其是巴比伦尼亚南部，基本没有变动，只有北部地区的地区边界有些变动。许多恩西经历两个国王的统治时期，这种两朝天子一朝臣的情况说明乌尔第三王朝的内部矛盾并不尖锐。只有尼普尔的恩西卢伽尔美拉姆（Lugalmelam）随着国王阿马尔辛（Amarsuen，公元前2045—前2037在位）统治的结束而结束了他的恩西生涯。不知这是巧合还是必然？尼普尔的地位比较特殊，尼普尔的恩西与国王共命运也不是不可能。有的恩西从一个地区被调到另一地区，有的两次被调动。这种"换防"措施可能是为了防止地方势力的膨胀，避免恩西久官一地，结党营私，对王室形成威胁。但也不能排除能者多劳的可能性,即像现在的干部调动一样,针对某一地区的问题调一个得力的人来解决。许多恩西的父亲也是恩西,但仅此一点还不能说明恩西的职位可以继承。没有父亲任命儿子为恩西的文献证据,恩西的儿子成为恩西大概不是理所当然的世袭,而是国王的任命。恩西一般不能兼职,像上文提到的乌尔都楠纳那样身兼数职的人,如果不是绝无仅有,也绝非常见。而且,这种人产生在舒辛时期也不是偶然的,这与王权的衰弱有直接关系。

恩西把他管辖的地区又分成若干个较小的行政区,但具体情况不详。"市长"（rabiānum）作为行政区的负责人始见于乌尔第三王朝时期的文献。他可能就是恩西管辖之下的小城市的"市长",或小地区的"区长",或"镇长"。小城市或地区之下大概还有乡,由"乡长"（ḫazannum）负责。

整个国家的管理机构分成两个体系,即王室管理体系和神庙管理体系。所谓"王室管理体系"不是指王宫内部的管理,而是指所有属于王室、属于恩西的经济管理机构,包括工场、仓库等。到目前为止,在所有的经济文献中属于乌尔第三王朝时期的最多,已发表的就已接近三万块泥版,尚未发表的更多。但由于已发现的文献分布不平衡,有的地区几乎没有出土经济文献,所以,乌尔第三王朝时期经济管理的全貌还有待进一步研究。

目前发现的乌尔第三王朝时期的国家经济供给中心之一是普兹里什达干（Puzriš-Dagan,今之德雷荷姆[Drehem]）。普兹里什达干大概始建于舒尔吉统治的第39年,这一年的年名为"乌尔王、四极王舒尔吉在普兹里什达干建立神庙之年"[1]。普兹里什达干位于尼普尔以南,其城郊有个很大的农庄,这里畜养着从巴比伦尼亚各地进贡到尼普尔的牛羊。进来

---

[1] mu ^{d}šul-gi lugal úri^{ki}-ma-ke$_4$ lugal an ub-da 4-ba-ke$_4$ é puzur$_4$-iš-da-gan^{ki} mu-dù, Sigrist 1991,第324页。

多少，支出多少，多少牲畜逃亡，多少死亡，每日都有详细记载。牧人对死亡和逃亡的牲畜负有责任，如果不能证明自己对此完全无辜，牧人就要赔偿损失。谁来交纳，谁来领取，名字都记得清清楚楚。年月（有时也包括日）都记得清清楚楚。乌尔第三王朝时期的经济文献的另外两个主要来源是温马和拉迦什。

有证据表明，神庙的土地可以租给个人耕种，通过这种方式租种的土地并不是私有土地。乌尔第三王朝时期的巴比伦尼亚南部很少有个人占有耕地的情况，除少数国王赠地外，其他地区这方面的情况不详。恩西有时把土地分给祭司作为薪俸，这些祭司对这样的土地只在一定的时期内享有用益权，不享有完全所有权。许多文献对神庙或王室占有的耕地管理情况都做了详细记载：种子储存的地方、产量的高低、粮食的储存与保管、粮食的支出等等。与农业密切相关并可以弥补农业之不足的是畜牧业。在畜牧业的基础上产生羊毛和皮革加工业，其产品及其管理使用情况，都有详细的文献记载。

银虽是流通的货币，但在实际生活中仍主要以实物作为劳动报酬。1舍克勒（*šiqlum*，相当于8.3克）银一般可以兑换1古尔（Gur，相当于200升）大麦。舒尔吉统治时期进行了度量衡改革，改1古尔（王室古尔）为300升。在乌尔第三王朝的稳定时期，价格的波动很小。只有在伊比辛统治的第4年之后，始有价格开始暴涨的记载。

有些经济文献详细记载了运输和信息传递的情况，如对船运情况的记载，包括运载的货物和船员，有时也记载纤夫人数。记载传递信息情况（如"信使"或骑驴传递信息的人）的泥版数以千计。记载的内容包括始发地、目的地以及路途食宿情况。信使不用自带食物，但必须带证件，即可以证明其信使身份的一块泥版，有时这个证件可能很简短，有时可能很长。有了证件，不愁食宿。如果一个文学作品所记无误的话，舒尔吉统治时期开始有"驿站"。经济文献上讲到的使者带上证件，不用带路途所食所用，似乎可以证明"驿站"确实存在。①

乌尔第三王朝时期留下无数法庭记录和契约，远比残缺的《乌尔娜玛法典》更能反映当时的"法制"情况。这些以"第提拉"（di-til-la，"结束了的诉讼案"）落款的文献，有的是法庭记录，涉及的内容包括婚约、家庭成员的义务、买卖、赠送等；有的是法庭的判决，内容包括对违反婚约的起诉、离婚、继承财产、不承认奴隶占有权、违背契约、物主要求归还原物等。开庭之前负责调查案情的是"马什金"（maškim，"检察官"）。最后判决一般由两个以上的法官（最多到七个法官）做出。一个法官也可以独自做出最后判决，但这种情况较少。在刑法方面还没有出现后来常见的"以牙还牙"的同态复仇法。根据涉及婚姻的条款判断，苏美尔妇女在婚姻方面享有同男人一样的权利。

契约的类型有买卖契约、赠物契约和借贷契约。买卖契约涉及的内容大都是不动产的买卖，有时也涉及奴隶买卖。买卖的一种特殊形式——赊欠——已经出现。早在早王朝时期，巴比伦尼亚北部就有私人购买土地的契约，乌尔第三王朝时期这方面的文献几近阙如。从伊辛王朝的乌尔宁努尔塔（Urninurta，公元前1923—前1896在位）开始，购买土地的契约又大量出现。乌尔第三王朝时期大量的诉讼文献都没有涉及土地买卖纠纷，表明乌尔第三王朝时期可能没有这类文书，进而表明这个时期很少有私有土地。

从《乌尔娜玛法典》中可以对当时的乌尔社会略见一斑。当时的社会有强者，有弱者，有贫者，有富者，有拥有"1舍克勒者"，有拥有"1明那（相当于500克）者"，有拥有"1只羊者"，有拥有"1头牛者"，此外还有奴隶。《乌尔娜玛法典》中没有类似《汉穆拉比法典》中的"阿维鲁"（awīlum）、"穆什金努"（muškēnum）和瓦尔都（wardum）这种表

---

① 关于乌尔第三王朝时期的"信使"，见Li 2021（李智博士论文，尚未正式出版）。

示社会群体或社会阶层的词。可以肯定，上述各"者"中应该包括贵族（"强者"？）、自由民、半自由民和奴隶。但具体情况如何，我们无法详知。自从乌尔娜玛在全国实行"正义"以来，似乎社会开始稳定，生活水平普遍得到改善，到舒尔吉统治后期达到最佳状态。古巴比伦时期的贫富严重分化、由于负债而一贫如洗、国家屡屡赦债解赋、但很多人又很快债台高筑的情况，在乌尔第三王朝时期似乎还不存在。从浩如烟海的法律文献和诉讼记录中，看不出严重的社会不公，纠纷多为区区小事。

与阿卡德帝国时期相比，乌尔第三王朝时期关于奴隶的材料稍多了一些。奴隶虽然被另一个人占有，是不自由的，但奴隶似乎享有某些权利。奴隶可以自己到法庭去起诉，有权对自己的奴隶身份提出质疑，要求法庭进行调查。他也可以作为证人出庭做证，可以占有自己的私物。但这只是债奴的情况，而债奴基本是当地人，是昔日的自由民，只是由于经济上的不幸，一时沦为他人之奴。对战俘奴隶或被掠夺来的外族奴隶来说，情况大为不同。根据舒辛的一篇铭文记载，他在尼普尔附近为战俘建立了一个战俘区，他们被迫集体劳动。温马出土的属于阿马尔辛统治第五年的两块泥版提到为女战俘发放口粮的情况。共提到150名妇女，她们可能被集中在一起从事劳动。战俘奴隶或掠夺来的奴隶不可能通过起诉获得自由。

乌尔第三王朝的灭亡大概有三个原因。首先，传统的分离主义思想根深蒂固。分离自治与中央集权始终是一对矛盾，这对矛盾始终存在，只不过是有时明显一些，有时隐蔽一些。在内外环境都有利于分离时，分离就会成为历史大势，最终成为历史事实。其次，是由于一支塞姆游牧民族的入侵，这支塞姆游牧民族就是阿摩利特人（有争议）。早在舒辛统治时期，阿摩利特人就对乌尔第三王朝形成了威胁，舒辛当时不得不修筑"长城"，阻止他们的进犯。最后，乌尔第三王朝的灭亡与埃兰的进犯有直接关系。埃兰与美索不达米亚长期交往，也长期冲突，他们吸收了许多美索不达米亚的优秀文化，但他们保护自身文化的意识很强，始终没有被强邻苏美尔人和阿卡德人同化。他们始终是苏美尔人的劲敌，也是乌尔第三王朝的终结者。

前面提到的那个乌尔都楠纳是负责保卫乌尔帝国东部边界的一个重要人物。他生活在舒辛和伊比辛统治时期，不仅仅是"大苏卡尔"，还集许多官职于一身，直到伊比辛统治的第二年他仍然在职，伊比辛统治的第四年埃兰开始造反，这可能与乌尔都楠纳的去世有关。伊比辛统治的第三年，迪亚拉地区的埃什努纳脱离乌尔的统治，宣布独立。从伊比辛统治的第五年开始，拉迦什、温马和尼普尔也相继独立，这可能是多米诺骨牌效应。在后来的卜辞文学中有这样的记载："当苏美尔起来反对伊比辛时"，这可被视为自伊比辛统治的第三年起苏美尔城市纷纷脱离乌尔的统治而宣布独立的印证。最能反映伊比辛统治后期动乱不安、原来的附属国纷纷宣布独立、国王无力驾驭局面的文献是伊比辛统治后期的书信。国王与恩西之间的这些通信不断被后世传抄，所以得以流传至今。

伊比辛与伊什比埃拉之间的通信真实地记录了乌尔第三王朝行将灭亡的最后一幕。伊什比埃拉出身于马里，他趁阿摩利特人入侵之机，取得伊比辛的信任，被后者授予全权，抵御阿摩利特人的入侵，伊什比埃拉请命镇守伊辛城。当时苏美尔地区发生饥荒，可能是自然灾害，也可能是由阿摩利特人入侵引起的，乌尔也因此发生通货膨胀。伊什比埃拉奉命征集粮食，他趁机把72 000古尔（1古尔相当于300升）的粮食运到伊辛，而后找借口拒绝把粮食运到乌尔。他还借故提出一些过分要求，如要求国王派600艘船只给他，伊什比埃拉实质上是利用内忧外患的时机要挟国王，反叛之心十分明显，后来他果然在伊辛宣布独立，并开始使用自己的纪年。

至此，乌尔第三王朝还没有最终灭亡，乌尔的中央政府虽然失去了对巴比伦尼亚北部的控制，但仍然掌控着乌尔及其周边地区，在风雨飘摇中又支撑了十多年。伊辛独立后的第13年，埃兰远征巴比伦尼亚，灭亡了不堪一击的乌尔第三王朝，把乌尔国王伊比辛俘往埃兰①，从此这位国王销声匿迹，后续不详。随着乌尔第三王朝的灭亡，两河流域的历史又进入一个新的阶段，即伊辛-拉尔萨时期（公元前2003—前1763）。

  在亚述学中，伊什比埃拉建立的王朝叫伊辛第一王朝，共历15王，享国223年。该王朝倒数第二王叫辛马吉尔，《苏美尔王表》（W-B.，1923，444）止于这位国王，或者说，这个《苏美尔王表》最早成文于这位国王的统治末期，那时伊辛第一王朝尚未结束。所以，《苏美尔王表》说伊辛王朝共历14王，享国203年②，实为共历15王，享国223年。之所以把这个王朝叫作伊辛第一王朝，是因为后来还有伊辛第二王朝（公元前1156—前1025）。几乎与伊辛第一王朝同时，还存在一个比较强大的国家，与伊辛第一王朝形成竞争和敌对关系，这就是拉尔萨王朝。拉尔萨王朝历14王，享国260余年。拉尔萨位于乌鲁克以东大约20公里处，大概在乌尔第三王朝灭亡后开始独立。关于拉尔萨王朝的早期历史我们所知甚少，有文献显示，在伊辛第一王朝第三位国王伊丁达干（Iddin-Dagan，公元前1974—前1954在位）统治时期，拉尔萨的势力范围已经远远超出了拉尔萨本身。到拉尔萨王朝第五王滚古努姆（Gungunum，公元前1932—前1906在位）统治时期，拉尔萨开始使用自己的纪年，并在政治上成为伊辛第一王朝的真正劲敌。③因为这个时期两个比较强大的王朝并存，所以，学术界把这个时期叫作伊辛-拉尔萨时期，但这并不是说这个时期只有伊辛和拉尔萨，而是还有很多独立的国家，包括乌尔第三王朝灭亡后独立的巴比伦尼亚的国家，也包括埃兰地区、迪亚拉地区和幼发拉底河中游的很多国家。这时的"国际"政治生态是相互攻伐，相互吞

---

① sipad-bi é-gal-la ní-te-na lú-érim-e dab$_5$-bé-dè/^{d}i-bí-^{d}suen kur elam^{ki}-ma-šè ĝiš-búr-ra túm-ù-dè "它的（指乌尔的）牧羊人在自己的宫殿里被敌人俘虏，伊比辛被戴上锁链俘往埃兰。" Michalowski 1989，第38页（音译），第39页（翻译）。

② Jacobsen 1939a，第127页。

③ Edzard 1957，第100页。

并，相互掠夺，实乃天下大乱。伊辛和拉尔萨始终立于不败之地，相互势均力敌，且势力不断壮大。艾扎德把伊辛-拉尔萨时期叫作"第二中间期"，他所说的"中间期"指"动乱时期，有新的民族进入（这一地区）的时期"，是相对于"帝国统一"时代而言的。[1]按照这个标准，第一个统一时代是早王朝之前的乌鲁克早期文明时期，早王朝时期的巴比伦尼亚陷入分裂，国家林立，硝烟四起，这是第一中间期。萨尔贡建立帝国，实现统一，此后的巴比伦尼亚基本处于统一状态。从阿卡德帝国灭亡后的古提人统治到乌尔第三王朝建立之前，有一段战乱期，但时间很短，不足以构成一个独具特色的时期。所以，第二中间期就非伊辛-拉尔萨时期莫属了。第二中间期终于汉穆拉比（公元前1792—前1750在位）。第二中间期的结束意味着苏美尔文明的终结。作为统治者的苏美尔人永远退出了历史舞台，苏美尔人逐渐与其他民族融合，逐渐消失在历史长河中。苏美尔语并未和苏美尔人一起退出历史舞台，苏美尔语在某些区域（如苏美尔人的传统城市乌尔和乌鲁克）和某些领域（如文学、天文学等）一直在使用。在希腊化时期的乌鲁克还有人可以用苏美尔语书写文献，但这已经是个别现象，而且仅限于很小的范围，因为在希伯来人的《圣经》和希腊古典时期和希腊化时期的著作中都未见一点苏美尔人和苏美尔语的蛛丝马迹。苏美尔文明的再现完全是现代考古学和文献学的功劳。

在现代学者的历史著述中，伊辛-拉尔萨时期有时被归为广义上的乌尔第三王朝时期，有时归为古巴比伦时期。这个时期的巴比伦尼亚，阿卡德化愈加明显，讲阿卡德语的人越来越多，苏美尔语中掺杂的阿卡德语成分也越来越多，但这时的官方语言仍然是苏美尔语，这个时期的文献基本都是用苏美尔语书写的，包括《里皮特伊什妲法典》。[2]更值得一提的是，这个时期留下大量苏美尔语文学作品。

---

[1] Edzard 1957，第3页。
[2] 里皮特伊什妲（Lipit-Ištar，公元前1934—前1924在位），伊辛王朝第五位国王。

第五章
历史始于苏美尔

早在20世纪50年代,美国亚述学家克莱默就撰写了一本题为《历史始于苏美尔》的书[①],这本书畅销一时,几乎让苏美尔人走进了西方世界的家家户户。这本书兼具普及性和学术性,书中主要呈现了克莱默根据苏美尔语文献归纳出来的、由苏美尔人首先取得的文明成就,或首先出现在人类社会中的文化现象。该书最早呈现了27项史上"最早"的文明成就或文化现象,在1981年的修订版中,作者又追加了12项,把全书涉及的"最早"增加到39项,其中包括"最早的学校"、"最早的两院制"(指民主政治)、"最早的贿赂案"、"最早的神经战"、"最早的农民历书"、"最早的药典"、"最早的挪亚"、"最早的史学家"、"最早的宇宙生成论和宇宙学"等等。毫无疑问,这39项"最早"不是苏美尔人取得的文明成就或最早出现在苏美尔的文化现象的全部,正如克莱默自己所言,他只是"选了"39项,言外之意是还有"最早"没有入选。39项"最早"当然不是全部,苏美尔文明是发生和成熟都很早的原生文明,在公元前3200至前2000年的这一千多年里,苏美尔文明是世界范围内最发达的文明,尤

---

① Kramer 1981。1956年初版,1981年第三修订版。

其在人文领域达到的高度是任何文明都无法企及的。公元前3千纪后半叶，尼罗河流域、印度河流域、中国的长江流域和黄河流域都产生了比较发达的文明，这些文明各有千秋，在某些方面各领风骚，但总体而言，苏美尔文明可谓是一枝独秀，在很多方面都率先取得卓越成就，若论"最早"的数量，苏美尔文明拥有的一定最多。

共商国事：最早的民主

东方一直被西方人认为是专制的故乡，而西方才是民主的摇篮。欧洲人所谓的"东方"和"西方"，仅就世界古代史研究领域而言，指地中海的东西两岸及其延伸地带，地中海以西是西方，以东为东方，这是以西方视角看世界的产物。东方是专制发源地的说法不符合历史事实，东方恰恰是民主的发源地。民主作为民众享有参与国事和对重大国事有发表意见权利的一种机制或政治体制，在人类历史上是普遍存在的，尤其是在人类刚刚迈入文明门槛的初期，在个人的绝对权威尚未完全建立之前。之所以如此，是因为在国家形成之前的"军事民主"或其他形式的民主具有历史惯性。但这种由于历史惯性而得到延续的民主自然具有较浓重的原始性和非自觉性，不能与经历了长期专制磨难后获得的自觉的和高度发达的现代民主体制同日而语。这种具有浓重的原始性和非自觉性的民主被很多学者称为"原始民主"。非常遗憾的是，由于刚刚进入文明门槛的人类往往还没有文字，还不能记录或比较完整地记录这种民主的发生、发展以及运作过程，也许那时还根本不可能产生自觉记录这种行为方式的意识，所以，今天的我们不得不面对这样一个事实：有关"原始民主"的材料非常少，以至于只能在十分有限的关于个别人（主要是国王）的行为方式和言谈举止的只言片语中去品"原始民主"的味道。其结果也必然是仁者见仁，智者见智，一方认为是民主的东西，另一方可能会认为是故意夸大其词。下面要讲到的民主就经历和面临着这样的命运。

迄今已发现的楔形文字泥版号称百万，但没有一块是专论民主的，也从来没有出现过"民主"或类似的概念。那么，"原始民主"从何而来？答案是来自于文献，但不是来自于文献中的概念，而是来自于文献中讲述的故事。《吉尔伽美什与阿伽》就是这样的文献，但这只是之一，不是全部。无可否认，任何其他文献中反映的"原始民主"都没有《吉尔伽美什与阿伽》中反映的"原始民主"具体和生动。

《吉尔伽美什与阿伽》是一篇用苏美尔语书写的叙事诗，有时也被称为史诗，但不是《吉尔伽美什史诗》。《吉尔伽美什史诗》已经约定俗成为一个专有名词，指用阿卡德语书写的、由十二块泥版组成的、以吉尔伽美什的各种传奇故事为主要内容的长篇叙事诗，而用苏美尔语书写的关于吉尔伽美什的传奇故事都有具体名称，各自都是一个完整的作品，都讲述一个完整的故事，相互独立成篇。这样的作品除《吉尔伽美什与阿伽》外，还有《吉尔伽美什、恩启都与冥界》、《吉尔伽美什与天牛》、《吉尔伽美什与胡瓦瓦》以及《吉尔伽美什之死》，这些作品通常被称作"吉尔伽美什系列"。

目前发现的所有文学作品，不论是苏美尔语文学作品还是阿卡德语文学作品，都是由亚述学家从泥版残片中逐渐修补起来的。文学作品与其他类型的文献，如经济文献、法律文献、王室铭文或书信等不同，文学作品往往抄本比较多。这里所说的抄本指不同书吏书写（或抄写）的同一部作品的泥版，书写（或抄写）泥版的书吏可能是处于同一时间和空间的同代人，也可能是不同时代和不同国家或城市（一座城市可能是独立的国家，也可能是附属于某政权的城市，其地位不是一成不变的）的人。很多文学作品的抄本源于不同地区和时代可以证明这一点。有的作品抄多，有的作品抄本少，抄本越多说明越受读者欢迎，抄本分布的地域越广说明该作品传播的范围越广。截至目前，共发现17块书写有《吉尔伽美什与阿伽》的泥版残片[1]，其中少数来源地不明，多数出土于尼普尔遗址。后来发现，这17块泥版残片可以缀合成9块泥版（仍是残片）[2]，加上新发现的1块，共计10块泥版残片。[3]依我判断，这10块泥版分别属于8个版本，也就是说，这部作品至少被分别书写（或抄写）了8次，有人把这部作品写在两块泥版上，有人将其写在一块泥版上（节选）。[4]

虽然目前发现的抄本都是泥版残片，但彼缺我补，我缺彼补，在相互补充的情况下，作品的原貌基本得以再现，成为残损的古文献中修复得比较好的一例。这首史诗并不算长，修复后共得诗句115行，有始有终，可谓完整。这是一篇以历史事件为原型的作品，描述的事件发生在公元前2800年前后，创作的时间不确定。有学者认为，事件发生后不久就应该产生了相关的口头传说，在乌尔第三王朝时期形成文本。[5]目前发现的泥版残片都是古巴比伦时期的抄本。

各种西文翻译很多[6]，对很多细节的理解千差万别，在此不一一列举。早在20世纪60年代，林志纯先生已将这部作品翻译成汉语，并论述了其中反映的"军事民主制"。[7]亚述学是发展中的学问，林先生60年前的翻译反映的是那个时代的学术前沿，如今很多地方已经过时，这在所难免。

在讨论"民主"之前，我们先来看作品本身。下面的汉译是最新的

---

[1] 罗莫1980年出版《苏美尔短史诗〈吉尔伽美什与阿伽〉》时，已知的泥版数量是16块，见Römer 1980，第7—8页；后来又发现一块泥版残片，包括50行，Wilcke 1998，第458页及注释6。
[2] 缀合情况见Katz 1993，第33—34页。
[3] Wilcke 1998，第458页。
[4] "两块泥版"和"节选"的观点是威尔克教授提出的，Wilcke 1998，第458页注释6。
[5] Römer 1980，第6页。
[6] 如Römer 1980，第23—37页（总谱式音译），第38—41页（德语翻译）；Katz 1993，第40—45页（音译和翻译）；ETCSL 1.8.1.1: *Gilgameš and Aga*。
[7] 林志纯 1961。

翻译尝试，依据苏美尔语原文，同时参考了中外学者关于这部作品的最新研究成果，许多地方是按照我本人的理解翻译的，与任何其他翻译都不同，个人拙见，供参考。

    恩美巴拉格西之子阿伽的使者，

    从基什来到乌鲁克。

    吉尔伽美什与国家长老，

    就此事进行切磋。

5   "面临水井干涸，面临国井干涸，

    面临国家的浅井干涸，

    面临深井与犀水井干涸，①

    我们向基什王室屈膝？还是擐甲挥戈？"

    在长老集会上，

10 众人对吉尔伽美什异口同声说：

    "面临水井干涸，面临国井干涸，

    面临国家的浅井干涸，

    面临深井与犀水井干涸，

    我们向基什王室屈膝吧！不要擐甲挥戈！"

15 吉尔伽美什，库拉巴②之王，

    信赖伊楠娜，

    长老们的这番话，没有说服他。

---

① 5—7行以及下文还将出现的 túl ... til 是个棘手的问题，一直被释为"挖井"或"完成挖井"，有人认为这意味着基什需要乌鲁克的陶泥，有人认为基什要求乌鲁克挖灌溉渠等等，种种解释，无一令人信服。1998年，中国学者吴宇虹提出一种解释，认为此处是基什的威胁："(Your) reservoir will be exhausted ..."，见 Wu 1998，第94页；2000年，西维尔又提出一种新的解释，认为由于幼发拉底河改道，乌鲁克缺水，必须挖井取水，见 Civil 2000，第181—182页。

② 库拉巴（Kullaba）是乌鲁克的行政区。

   吉尔伽美什，库拉巴之王，来到国家壮丁前，
   针对这件事，征求其意见：
20 "面临水井干涸，面临国井干涸，
   面临国家的浅井干涸，
   面临深井与戽水井干涸，
   我们向基什王室屈膝？还是擐甲挥戈？"
   回应吉尔伽美什，在集会上，国家壮士们说：
25 "有人站，有人坐，[①]
   有人陪王子，
   有人驾驴车，
   （二者）谁能一生兼得？
   你们（指长老们）不该向基什王室屈膝！难道我们不该擐
     甲挥戈？
30 乌鲁克，众神的作坊，
   埃安纳神庙，自天而降，
   大神把它塑造成现在的模样。
   高大的城墙，由安神建立，
   雄伟的住地，由安神建立，
35 你是这里的国王与勇士，
   安神宠爱的王，浑身充满活力。[②]
   当他（阿伽）来到这里，他一定会感到畏惧。
   敌军不足挂齿，他们会分崩离析，
   他（阿伽）的人不敢把你正觑。"
40 那时，吉尔伽美什，库拉巴之王，

---

① 西维尔认为，"站着的"指年轻人，而"坐着的"指长老们，见Civil 2000，第184页。
② 30—36行的诗文在下面还将重复出现，这可能是当时流行的"乌鲁克赞"之类的赞歌。

对年轻人的这番话，心中甚是得意，精神振奋不已。

他对仆人恩启都说道：

"现在，准备好舒卡尔（^{giš}šu-kár）——战斗之臂，

把武器重操手里！

45　　让它们发出可怕的光芒，

他（指阿伽）一到来，就让他领教我的威力。

让他六神无主，方寸大乱施无计。"

五日、十天刚刚过去，

阿伽，恩美巴拉格西之子，已经把乌鲁克围起。

50　　乌鲁克骤然陷入惊慌失措的境地。

吉尔伽美什，库拉巴之王，

冲着众勇士喊话：

"我的勇士啊，你们做出抉择的时刻到了，

有胆量的站出来，我派他去见阿伽！"

55　　比尔胡图拉（Birḫurtura），国王的侍卫长，

（先）把国王赞一番，（而后这样把口夸：）

"我愿前去见阿伽，

管叫他六神无主，心乱如麻！"

城门开处走出了比尔胡图拉，

60　　他刚刚出城门，

就地被拿下，

遭到痛打后，皮肉开了花。

他被带到阿伽前，

他冲着阿伽大声喊，

65　　正在说话间，乌鲁克的侍酒官已经爬到城墙上，

伸长脖子往下看。

第五章　历史始于苏美尔　　313

阿伽看见那个人，

忙把比尔胡图拉这样问：

"奴才！那人可是你主人？"

70　"那人不是我主人。

如果那人是我主人，

如果那是他的愤怒额头，

如果那是他的野牛双目，

如果那是他的青金石胡须，

75　如果那是他优美的手指，

难道不会是无数人倒下，无数人站立！

难道不会是无数人满身泥土！

难道不会是所有国家都会化为平地！

难道国家之口不会塞满淤泥！

80　难道货船的船头不会被砍断！

难道会有基什之王阿伽不在其军中被擒之理！"

他们（指基什人）把比尔胡图拉（再次）痛打一番，

直到打够才算完。

乌鲁克的侍酒官登上城墙后，吉尔伽美什也登上城墙，

85　库拉巴的老幼都感到身披光芒。

他（吉尔伽美什）让乌鲁克的壮士都拿起武器，

并将他们部署在通往城门的大道上。

恩启都一人出门（迎战），

吉尔伽美什从城墙上俯身下观，

90　正在观望时，他进入阿伽的视线。

（阿伽问道：）"奴才！那人可是你的国王？"

"那人正是我的国王！"

　　　　　正如他所言，

　　　　　无数人倒下，无数人站立，

95　　　无数人满身泥土，

　　　　　所有国家都化为平地。

　　　　　国家之口塞满淤泥，

　　　　　货船的船头被砍断！

　　　　　基什之王阿伽在自己的军中被俘获！

100　　吉尔伽美什，库拉巴之王，

　　　　　对阿伽这样说：

　　　　　"阿伽呀，我的乌古拉，阿伽呀，我的奴班达，

　　　　　阿伽呀，我军的沙基纳，①

　　　　　阿伽呀，你曾给我呼吸！阿伽呀，你曾给我生命。

105　　阿伽呀，你曾为逃难者提供庇护，

　　　　　阿伽呀，你曾用谷物把离群的鸟喂养。"

　　　　　（阿伽回道：）"乌鲁克，众神的作坊，

　　　　　宏伟的城墙，由安神建立，

　　　　　雄伟的住地，亦由安神建立，

110　　你（指吉尔伽美什）掌管这里的一切，你是国王与英雄，

　　　　　你是安神宠爱的王，浑身充满活力。"

　　　　　（吉尔伽美什说：）"在日神的见证下，我已投桃报李。"

　　　　　阿伽获释，重返基什，

　　　　　吉尔伽美什，库拉巴之王，

115　　甜蜜赞美属于你！

---

① 乌古拉（ugula）、奴班达（nu-bànda）和沙基纳都是官衔，很难准确与现代官职对应，因此，这里采取了音译的方式。

歌颂乌鲁克第一王朝几位国王的叙事诗（亦被称作史诗）都比较长，《恩美卡与阿拉塔王》长640余行。《吉尔伽美什与阿伽》是其中最短的一篇，只有115行，篇幅虽小，却描述了一个完整的故事，或一个完整的历史事件，其中包括许多历史信息。虽然作品具有明显的文学风格，但叙事简要明了，按照事件发生的顺序推进，一气呵成，没有神的参与，事件完全由人自主，这又使其带有明显的历史叙事特点。正因为如此，很多学者都把这部作品当作历史文献来解读，如克莱默的《历史始于苏美尔》和林志纯先生的《史诗〈吉尔伽美什和阿伽〉与军事民主制问题》。

诗中的两个主要人物吉尔伽美什和阿伽都是历史人物，阿伽之父（或许是阿伽之母）恩美巴拉格西也是历史人物。这三个人的身份都可以得到其他历史文献的证明。他们都出现在《苏美尔王表》[①]和《吐玛尔铭文》[②]中，恩美巴拉格西还留下了历史铭文[③]。诗中描述的历史事件，即基什和乌鲁克之间曾发生战争，结果基什战败，也得到《苏美尔王表》证实。[④]

从诗中可以看到这样一幅画面：基什王阿伽派使者到乌鲁克。诗中没有明确说明使者的使命是什么，这可能是因为使者的使命对当时的读者来说是不言自明的。无论如何，使者带给乌鲁克的都应该是某种过分要求，或要挟。面对事关生死存亡的国家大事，乌鲁克王吉尔伽美什召集了城中的长老和到了服役年龄的年轻人，分别征求意见。长老主和，年轻人主战，出现了针锋相对的局面。吉尔伽美什赞同年轻人的意见，于是，乌鲁克准备迎战。几天之后，基什的军队就兵临城下。这时，乌鲁克的年轻勇士们在吉尔伽美什的率领下已经严阵以待。吉尔伽美什派代

[①] Jacobsen 1939a, 第82—85页（恩美巴拉格西和阿伽），第90—91页（吉尔伽美什）。

[②] Sollberger 1962, 第42页。

[③] Frayne 2008, 第57页。

[④] Jacobsen 1939a, 第85页。

表出城与敌军沟通，却遭到敌军痛打，作品通过这位阵前使者的陈词来介绍主要人物，为主要人物的出场做铺垫。至此，读者会预感到一个非凡的英雄人物即将登场，一场激烈的战斗即将发生。吉尔伽美什终于出场，人们期待的具体战斗场面没有出现，取而代之的是程式化描述："无数人倒下，无数人站立，无数人满身泥土，所有国家都化为平地，国家之口塞满淤泥……"这无异于古典和现代小说中常见的厮杀场面：双方杀得天昏地暗、人仰马翻、尸横遍野。苏美尔人，不论是听众还是读者，一定熟悉这样的描述，清楚这是一种什么样的场面。之后，前来寻衅的人转眼之间就成了阶下囚。吉尔伽美什没有加害于阿伽，而是擒而又纵，为的是报答前恩。诗中没有说阿伽是基什国王，只说他是"恩美巴拉格西之子"，这表明，当时的阿伽不是国王，而是王子，他是以王子身份率军远征的。吉尔伽美什释放阿伽，报的可能不是阿伽的恩，而是其父（或其母）恩美巴拉格西的恩。

无独有偶，吉尔伽美什的姐姐也叫恩美巴拉格西[①]，这给现代学者带来了新的问题：吉尔伽美什的姐姐是否就是诗中的基什王恩美巴拉格西？如果答案是肯定的，那恩美巴拉格西就是阿伽的母亲，当时的基什王就是女王，而且是人类历史上第一个有文献记载的女王。诚然，仅凭名字相同这一点还不能确定二者就是同一个人，但要注意到一个基本的事实，即在阿伽、阿伽之父（或之母）、吉尔伽美什、吉尔伽美什的姐姐这四个人中，有两个人的名字相同！四个人中就有两个人的名字相同，出现这种情况的概率极低。在苏美尔人中，虽然有人不同而名字相同的重名现象，但这种情况极少，一般都发生在一个王朝或一个世家中，如拉迦什第一王朝有两个恩安纳吐姆（Enannatum），现代学者分别把他们叫作恩安纳吐姆一世和恩安纳吐姆二世，实际上他们并非父子，而是隔了一代，

---

① 《吉尔伽美什与胡瓦瓦》（版本A），第139行，Edzard 1991，第211页。

一世、二世只是现代学者为了叙事方便而给他们贴的标签。拉迦什第二王朝也有两个叫乌尔宁吉尔苏的国王，他们之间相隔很多代。同名的例子并不多见。回到阿伽和吉尔伽美什，一个是塞姆人建立的王朝的王子，一个是苏美尔人建立的王朝的国王，王子的父亲（或母亲）叫恩美巴拉格西，国王的姐姐也叫恩美巴拉格西，两个人都叫恩美巴拉格西是巧合，还是两个恩美巴拉格西实际上是同一个人？巧合的可能性很小，而同一个人的可能性更大。"恩美巴拉格西"是苏美尔语名字，吉尔伽美什的姐姐叫这样的名字，在语言属性方面也有合理性。如果阿伽的母亲是吉尔伽美什的姐姐，吉尔伽美什便是阿伽的舅舅。舅舅善待外甥，俘而不加害，于情于理都说得通。

这部作品中包含很多历史信息，有的一目了然，也可以得到其他文献的佐证，如基什与乌鲁克之间曾发生战争，而且这场战争发生在吉尔伽美什统治时期；有的则点到为止，一带而过，这对当时的读者而言可能没有任何理解障碍，但给现代学者留下的只是想象空间，譬如，吉尔伽美什俘获阿伽后对他说，"你曾给我呼吸""你曾给我生命""你曾为逃难者提供庇护""你曾用谷物把离群的鸟喂养"。吉尔伽美什在说什么？作为现代学者的我们云里雾里，不知其所云，似乎在讲吉尔伽美什曾经在基什避难，得到了基什王室的庇护，现在以释放阿伽的方式报基什王室的前恩。但这仅仅是凭作品的字面表述而做的猜想，没有任何真凭实据。

因为这部作品中包含很多历史信息，所以关注这部作品的学者很多，克莱默是其中之一。他从中不仅看到了民主，还看到了人类历史上的第一个"两院制"，即上议院（参议院）和下议院（众议院），他认为"长老会"（ab-ba uru）相当于现代某些国家实行的民主体制中的"上议院"，而由达到服兵役年龄的年轻人组成的"壮士会"（guruš uru）相当于"下议院"。他在《历史始于苏美尔》一书中详细地阐述了他的这种观点，他说："在人类的成文史上，相当于我们今天的'上议院'和'下议院'的两院早在公元前3000年左右就开始运作了。这个人类历史上最早的两院制出现在什么地方呢？您可能理所当然地认为这个地方一定在西方，在欧洲大陆，然而，事实并非如此。您可能万万没有料到，这个地方就在我们所说的近东，就在那个我们认为是专制独裁的发源地，就在那个在我们看来不知政治议会为何物的东方，就在地处幼发拉底河和底格里斯河之间的人类文明的摇篮苏美尔。"[1]后来，克莱默又一再重述他的观点。[2]他的观点在学术界产生了很大影响，认同他的观点的人非常多，包括中国著名历史学家林志纯。林先生认为，在《吉尔伽美什与阿伽》中可以看到最早的城邦三机构：首领、长老会和民众会。[3]

其实，最早在楔形文字文献中悟出民主的人是雅各布森。早在1943年发表的《古代美索不达米亚的原始民主》一文中，雅各布森就在《吉尔伽美什与阿伽》和其他文献中看到了古代的民主制。那时，他就已经把"长老会"比作"参议院"[4]，虽然没有把"壮士会"（雅各布森称之为"男性市民会"[5]）比作"下议院"，却认为乌鲁克国王在做出重大决定前，必须征求长老们和壮士们的意见。雅各布森甚至认为，长老会和壮士会才是"最终的政治权威"[6]。为了把早期乌鲁克式的民主与几千年后的希腊式民主区别开来，雅各布森把乌鲁克式民主叫作"原始民主"，即"属于民主范畴，但与古典民主相比更具原始特征的政府形式，政府的各种职能还没有专门化，权力结构松散，通过权力进行社会协调的机制还没有完全建立起来"。[7]雅各布森构建"原始民主"所依据的文献非常丰富，《吉尔伽美什与阿伽》只是其中之一。雅各布森是构建美索不达米亚"原始民主"

---

[1] Kramer 1981，第30—31页。
[2] Kramer 1963，第186页。
[3] 日知1997，第201页。
[4] Jacobsen 1943，第165页。
[5] "the assembly of the townmen"，同上，第166页。
[6] "the ultimate political authority"，同上，第166页。
[7] Jacobsen 1943，第159页。

的第一人，他的"原始民主"论在学术界有广泛影响，但由于他的论文学术性非常强，受众很少，所以他的观点没有什么社会影响。克莱默虽然也是顶级学者，但他的"两院制"民主论是在普及性著作中与读者见面的，所以受众面更大。

受上述两位西方学者和林志纯先生根据《吉尔伽美什与阿伽》提出的"军事民主"论的启发，吴宇虹先生也就美索不达米亚的民主问题发表了论文。①他以"长老会"为切入点，不仅考察了早王朝至乌尔第三王朝时期的长老会，还考察了古巴比伦时期以及新亚述和新巴比伦时期的长老会。因为古巴比伦时期的材料比较多，所以他对古巴比伦时期的长老会考察得比较深入，认为那个时期的长老会有司法权，在特定条件下可以推举城邦王②，制订城邦的外交政策以及决定战争或和平③。吴宇虹关于古巴比伦时期长老会的研究成果为弄清早期长老会的职能提供了有益参照。

涉及乌鲁克第一王朝的文献（多为文学文献）多次提到长老和长老会。在《吉尔伽美什史诗》中，就是否应该远足黎巴嫩、挑战洪巴巴的问题，吉尔伽美什不但征求年轻人的意见，还征求了长老们的意见。④身为一国之君的吉尔伽美什似乎必须说服这两群人，即克莱默所说的两个机构——长老会和壮士会——获得他们的认可，而后才能实施自己的远行计划。可以肯定，无论如何定义苏美尔文明中的民主，"两院制"（源自克莱默）式民主，还是"原始民主"（源自雅各布森），或本书主张使用的概念"乌鲁克式民主"，民主都是存在的，民主是苏美尔人政治生活中的一种机制，这种机制要求国王在做出事关国家命运的决定前，必须

---

① 吴宇虹 1997（2）。
② 同上，第80页。古巴比伦时期天下一统，城市统治者都是中央政府的地方官员，这里的"城邦王"应该指不受帝国控制或从帝国独立出来的城市。
③ 同上，第78—82页。
④ 《吉尔伽美什史诗》第二块泥版，第273—301行，拱玉书2021，第49—51页。

征求长老们和壮士们的意见，国王不能独断专行。如果长老们和壮士们的意见不一致，由国王决定采取哪一方的意见，国王拥有最终的决定权，而不是像雅各布森说的那样，长老会和壮士会是"最终的政治权威"。①这种决定国家大事的机制可用"三权分立"来描述，三权即长老会、壮士会和国王。国王的权力很大，但又受到两会的制约，这与美国的政治体制颇为相似，也许美国学者克莱默有同样的感悟，所以才把苏美尔人的长老会和壮士会比作参议院和众议院。

对古代文献的解读往往会产生许多分歧，见仁见智，有时甚至观点针锋相对，这在古史研究领域非常正常，民主问题亦不例外。就这个问题，几乎与克莱默和雅各布森齐名的亚述学领军人物西维尔教授有不同看法，他认为"两院制"是"过高估计"，而那种认为吉尔伽美什不能独自一人决定国家大事的说法是"夸大其词"。②

仲裁纠纷：最早的史著

早在公元前3200至前3000年间，苏美尔人就掌握了归纳法，并按这种方法把同类概念搜集在一起，编制了各种表。到目前为止，学者们在乌鲁克早期文献中发现了15个表，它们分别是《人表》（百工表）、《官员表》、《动物表》、《鱼表》、《飞禽表》、《猪表》、《树木表》、《贡物表》、《植物表》、《容器表》、《金属表》、《食物表》、《城市表》、《地域表》，还有一个由于残缺严重而不知应该如何命名的表。③实际存在的可能还不止

---

① Jacobsen 1943，第166页。
② Civil 2000，第181页。
③ Englund 1993，第13—37、69—152页。

图5-1 《树木表》，罗列了103种树木，乌鲁克出土，乌鲁克III时期（约公元前3000年），照片见Green/Nissen 1987，图版33，音译见Englund 1993，第103—112页

这15个表。这些表只归纳和罗列概念，不做任何解释。年代如此之早的文献本来就弥足珍贵，年代如此之早，内容又如此丰富的文献更加难得！不论这些表是当时的学问家对客观世界和人类社会进行观察和研究的成果集结，还是当时的教书先生编写的旨在传道授业的教科书，它们都反映了那个时代的学术前沿，体现了那个时代苏美尔人对客观世界和人类社会的认识高度以及他们的观察和归纳能力。

然而，这种过早成熟的能力是一把双刃剑，在促使苏美尔人在精神世界的探索方面不断深入的同时，也限制或遏制了新的探索方法的出现。当然这不是故意为之，而是这种模式一旦过早地成熟，处于遥遥领先的地位，就会成为一种固定模式，并逐渐成为传统，成为后世效法的对象，同时也会成为束缚思想的枷锁和限制创造力的桎梏。在整个楔形文字的书写史中，可以见到名物表、字表、词表、名词变格表和动词变位表等等，却见不到一句明确的语法定义或明确说明某项语法规则的文字表述；可以见到几何问题和解决方法，却见不到一个几何定理或公式，譬如，人们早就在运用勾股定理的原理，可是始终没有形成定理；可以见到很多法典和不计其数的、具有法律效力的条约、契约和诉讼记录，却见不到与法律有关的理论，即始终没有出现法学；可以见到许多有关政治、军事和宗教的大事记，却见不到一部现代意义上的断代史、文化史，更没有通史。这一切都表明，从苏美尔人开始，所有属于楔形文字文化圈的民族都接受了苏美尔人以表代论的做法，都善于归纳和分析，而疏于推理与综合，或可说，他们归纳分析有余，推理综合不足。这与苏美尔早期文明中的名物表有直接关系。

楔形文字文献浩如烟海，却没有一部用楔形文字书写的断代史，也没有任何文化史和通史之类的历史著作，包含历史信息的文献主要有王室铭文、王表、奉献铭文，尤其是刻写在雕像、石碑、印章、祭器等物体上的奉献铭文，叙述诗（或史诗）往往歌颂历史人物，而挽歌往往取材于历史事件，所以也都包含较多历史信息。其他类型的文学作品，如神话、颂诗、对话等，偶尔也会提到或影射某个历史人物或历史事件。上面提到的《吉尔伽美什与阿伽》既是文学作品，又完整地叙述了一个历史事件，而且通篇都讲人间事，没有神的参与，其中的历史事件还能得到其他文献的证明，属实罕见。即便如此，这部作品也不是历史文献，或不是严格意义上的历史文献，古代书吏把这部作品归为"颂诗"或"赞歌"[①]类，表明其创作目的是歌颂吉尔伽美什，其中有历史信息，但不是为了记载历史。

编写《苏美尔王表》和《拉迦什统治者》[②]应该是为了记载历史。

---

① 作品的末句"甜蜜赞美属于你"中的"赞美"（zà-mí）是赞歌类文学作品的标志。
② Sollberger 1967.

但这类文献记载的主要是统治者名称和他们之间的关系以及他们的先后顺序，很少记载国王的业绩和特点，即使有，也非常简要，点到为止。《苏美尔王表》在讲到乌鲁克第一王朝的第一位国王麦斯江伽舍尔（Meskiaĝašer）时写道："此人入海进山。"[①] 在讲到第二位国王恩美卡时说"此人建立了乌鲁克"。[②] 在讲到第五位国王吉尔伽美什时提到了他的父亲："其父是利拉。"[③]《拉迦什统治者》涉及国王业绩的描述更少，只有几个国王曾经"挖渠"（$i_7 ... dun$）[④]，或"建庙"（é ... dù）[⑤]，或"建城墙"（bàd ... dù）[⑥]。乌鲁克王乌图黑伽尔的一篇铭文详细描述了他打败古提人、俘获古提王的过程，其中有以天为时间单位的具体军事行动，有设陷阱这样的杀敌措施，有俘获古提王的细节[⑦]，按时间顺序详细地记录了一个历史事件。这里提到的文献都是历史文献，但描述的都是一次性事件，或一次性行为，没有历史纵深。只能说这些文献提供了一些历史信息，但根本算不上历史或史著。

有一篇被称作王室铭文的文献是个例外，这就是拉迦什第一王朝第五位国王恩美铁纳的一篇铭文。这篇铭文有史著的特点，记载的是国家间的边界争端，一方是拉迦什，一方是温马。拉迦什面对现实问题而追述历史，在解决现实问题时遵循先例，重新划定边界。这篇文献成文于公元前2400年前后，属于当时的国家档案，当然与现代意义上的历史著作不能相提并论。

在继续评论之前先来看原文。就目前所知，这篇铭文有两个"版本"，其中一个可能是原著，而另一个是抄本，也可能两个都是抄本。

[①] Jacobsen 1939a, 第86—87页。
[②] 同上，第86—87页。
[③] 同上，第90—91页。
[④] Sollberger 1967, 第281页，第105行。
[⑤] 同上，第282页，第171行。
[⑥] 同上，第282页，第186—187行。
[⑦] 这篇铭文的完整音译和英文翻译，见Frayne 1993, 第284—287页。

在施泰布勒《古苏美尔语建筑与奉献铭文》中,两个版本分别被称作"Entemena 28"和"Entemena 29",两个版本的内容基本相同,但分栏和行数不同,Entemena 29有时要多一些内容,就此判断,Entemena 29可能是Entemena 28的扩充版。

恩美铁纳泥锥铭文[①]:

第一栏[②]

1. 恩利尔,
2. 万国之王,
3. 众神之父,
4. 用不可违拗之言
5. 为宁吉尔苏(拉迦什主神)
6. 和沙拉(^{d}Šara,温马主神)
7. 划定边界线。
8. 麦西里姆,
9. 基什之王,
10. 按照伊施塔兰(^{d}Ištaran,正义之神)的旨意,
11. (为他们)测量了土地,
12. 并在那里把界碑竖立。
13. (然而)乌什(UŠ,读音不确定),
14—15. 温马王,
16—17. 违约背契,
18—19. 打碎界碑,

---

① 现代语言翻译有很多种,推荐 Steible 1982,第230—244页(Ent.28/Ent.29)和 Frayne 2008,第195—199页(En-metena E1.9.5.1)。
② 这里的"栏"与"行"综合了两个版本,以 Entemena 28 为主。

第五章 历史始于苏美尔

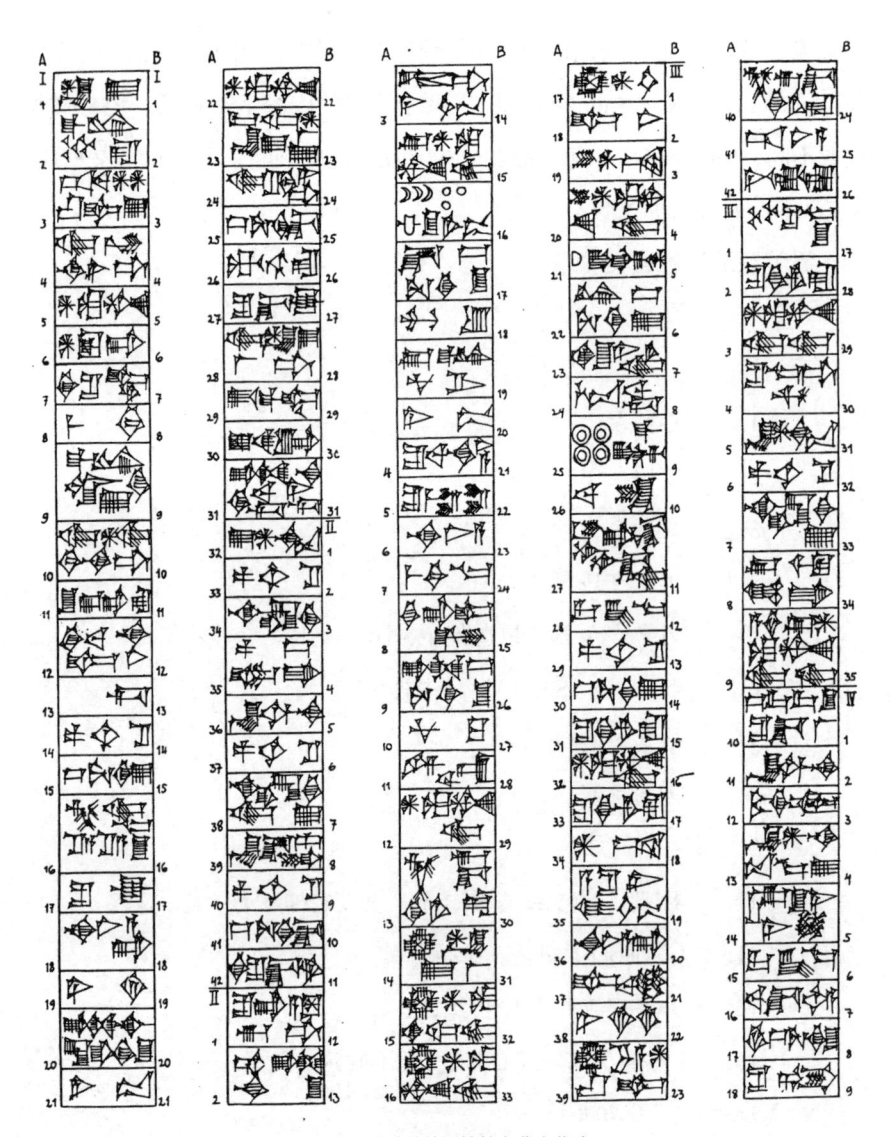

图 5-2　恩美铁纳泥锥铭文摹本节选

20—21.　侵入拉迦什的土地。

22.　（于是，）宁吉尔苏，

23.　　　恩利尔的勇士，

24.　　　按照他（指恩利尔）的正确旨意，

25.　　　　对温马

26—27.　　诉诸武力。

28.　　　　他（指宁吉尔苏）按照恩利尔的旨意，

29.　　　　把大网向它（指温马）撒去。

30—31.　　（于是）其（指温马的）尸山平地而起。

32.　　　　埃安纳吐姆，

33—34.　　拉迦什王，

35—38.　　拉迦什王恩美铁纳之伯父，

39.　　　　曾与恩阿卡勒（En-á-kal-le）

40—41.　　温马王，

42.　　　　划定界线：

第二栏

1—3.　　　把界沟从努恩（Nun）河挖到古伊甸（Gú-eden），并把宁吉尔苏的土地，①

　　　　　（土地长）210绳（ÉŠ）0.5宁达（NINDA^{du}）②

　　　　　划给温马；

　　　　　（同时）划定一块无主之地。③

4—5.　　　在界沟处铭碑勒石，

6—7.　　　把麦西里姆之碑，

8.　　　　又在原来的地方重新竖立。

9—10.　　 他没有越过温马的土地。

11—12.　　在宁吉尔苏的界堤（im-dub-ba），

---

① 此行和以下4行见Entemena 29，第2栏，第15—20行。
② 1"绳"（ÉŠ，或ÉŠE）等于60米；1"宁达"（NINDA）等于6米。210绳又0.5宁达等于12 603米。
③ "无主之地"（gána lugal nu-tuku），即缓冲地带。

13. "尊贵之地"①，
14. 恩利尔祭坛（bará），
15. 宁胡桑格祭坛，
16. 宁吉尔苏祭坛，
17. 乌图祭坛，
18. （他——）建立。
19. 楠舍的大麦，
20. 宁吉尔苏的大麦，
21. （按）每人一古尔（gur₇，300升）的量，
22. 温马人
23. 作为（有息）贷款（ur₅-šè）借来食用。
24. （那时）对税收（ku₅-rá）也做了规定，
25. 144 000大古尔（gur₇-gal），
26. 进入（国库中）。
27. 由于无力偿还这些大麦②，
28. 乌尔伦马（Ur-lum-ma），
29—30. 温马王，
31—32. 让宁吉尔苏界沟
33—34. 和楠舍界沟里的
35. 水流往他处③，
36—37. 把界碑付之一炬，
38. 将其（彻底）销毁，
39—42. 把在"尊贵之地"建立的神坛夷为平地。

---

① "尊贵之地"：nam-nun-da-ki-gar-ra。
② 指无力偿还埃纳吐姆大麦，此时的铭文还在回顾历史。
③ 把界沟里的水截流他处。

第三栏

1. 他（指温马王乌尔伦马）雇佣了很多异邦（人），
2—4. 他们越过宁吉尔苏界沟。
5—7. 拉迦什国王恩安纳吐姆，
8. 在乌吉迦（ù-gig-ga）地，
9. 宁吉尔苏之地，
10. 对他们诉诸武力。
11. 恩美铁纳，
12—13. 恩安纳吐姆的爱子，
14. 挥舞战斧杀敌。
15. 乌尔伦马
16. 企图逃跑，
17—18. 却在温马遭到致命一击。
19. 他（指乌尔伦马）把60组骑驴兵
20—21. 弃在伦马吉尔浓（Lum-ma-gír-nun）河岸，
22—24. 他的人尸骨遍布平原。
25—27. 他（恩美铁纳）堆了五座尸山。
28. 那时，伊尔（Íl，人名），
29. 他是扎巴拉（Zabala，地名）的祭司，
30—33. 从吉尔苏撤退到温马。
34—37. 伊尔夺取了温马的王权（nam-énsi）。
38—（第四栏）1. 宁吉尔苏界沟，

第四栏

2—3. 楠舍界沟，

第五章　历史始于苏美尔　　329

4—5. 以及宁吉尔苏堤，

6. 他把（它们）挖到了底格里斯河岸边。

7. 并在吉尔苏周边，

8—9. 让恩利尔、恩基和宁胡桑格①"尊贵之地"的

10. 水流出堤岸。

11—12. 拉迦什的大麦他只赔偿了3 600古尔。

13. 恩美铁纳，

14—15. 拉迦什王，

16—18. 因此派人去把伊尔见。

19. 伊尔，

20—21. 温马王，

22. 窃取土地者，

23. 却出言傲慢：

24—25. "宁吉尔苏界沟，

26—27. 楠舍界沟，

28. 都是我的！"

29. 他如此这般言。

30. "从安塔苏尔（Antasur），

31. 到埃底姆加尔阿布祖（é-^{d}Dimgal-abzu），

32. 我将（把水）排干！"

33. 他如此这般言。

34. 恩利尔

35. 和宁胡桑格，

36. 没有给他（机会）这样干。

---

① 此处根据Entemena 29增添。

第五栏

1. 恩美铁纳，

2—3. 拉迦什王，

4—5. 宁吉尔苏的人选，

6. 按照恩利尔的正义旨意，

7. 按照宁吉尔苏的正义旨意，

8. 按照楠舍的正义旨意，

9. 把这些界沟从底格里斯河

10—11. 挖到努恩河，

12. 并为"尊贵之地"

13. 用石头把地基建。

14—15. 为宁吉尔苏——宠爱他（指恩美铁纳）的男主人，

16—17. 为楠舍——宠爱他的女主人，

18. 他把（这一切都）如初复原。

19. 恩美铁纳，

20—21. 拉迦什王，

22—23. 恩利尔授予他权杖（ĝidri），

24—25. 恩基给予他智慧，

26—27. 楠舍心里的人选。

28—29. （他是）宁吉尔苏的大祭司（énsi-gal）

30—31. 他能领悟神言。

第六栏

1—2. 愿他的（保护神）舒卢图尔（Šul-utul₁₂），

3—4. 为恩美铁纳的长寿，

6—7. 把宁吉尔苏和楠舍

8. 服侍，
5. 直到永远。
9. 如果那个温马人，
14—15. 那个强占土地的人，
16. 试图越过
10—11. 宁吉尔苏界沟
12—13. 和楠舍界沟，
17—18. ——不论是温马人，还是异邦人，
19—20. 恩利尔都会让他彻底灭亡。
21. 宁吉尔苏
22—23. 会向他撒下大网，
24. 他（宁吉尔苏）的巨大手脚，
25. 会冲他从天而降。
26—27. 他的国民将起来反抗，
28—29. 他将在自己的国家把命丧。

在这篇铭文（以下简称铭文）中可以看到一段生动的历史：早在公元前3000年代中叶，两河流域南部的两个苏美尔城邦温马和拉迦什就为了争夺土地和水源而进行了长期战争。有关战争的缘起，作者没有交代，我们也无从知晓。麦西里姆出面为两个国家进行调解后，两国的矛盾得到缓解。麦西里姆作为仲裁者为温马和拉迦什两国划定了边界，并在边界地区竖立了界碑。此后，两国的边界稳定了一段时间，这个稳定期持续了多长时间，目前还不能确定，因为下一个挑起争端的人是温马王乌什（第一栏第13行），但铭文没有提到与之对应的拉迦什的统治者是谁，只说"宁吉尔苏，恩利尔的勇士……对温马诉诸武力"（第一栏第22—27行），按照铭文的叙事顺序，这次冲突发生在埃安纳吐姆（第一栏第32行）之前。

埃安纳吐姆的在位时间在公元前2470年前后，他之前的拉迦什王只有两位，一位是其祖父乌尔楠舍，拉迦什第一王朝的创始人，一位是其父王阿库伽尔（Akurgal）。根据这两位国王留下的铭文判断，他们在位期间，拉迦什和温马之间没有发生边界冲突。乌尔楠舍铭文显示，乌尔楠舍曾打败并俘获温马王帕比尔伽图克（Pabilgatuk）[1]，但战争的原因应该不是边界问题，而是其他问题。

铭文继续追溯两国的边界之争。在埃安纳吐姆统治时期，两国的边界争端再次爆发，铭文没有说明是否发生了武装冲突，只讲到埃安纳吐姆与温马王恩阿卡勒（En-á-kal-le）重新确定了边界线（第一栏第32—42行）。但埃安纳吐姆在自己的铭文中声称，他没有越过麦西里姆界碑指定的边界线[2]，反而是温马王移动了麦西里姆界碑的位置，并且在这些界碑上刻上一些挑衅性语言，如"温马王所立"[3]。埃安纳吐姆在铭文中没有提到战争，只描述了结果：他收复失地，把麦西里姆界碑恢复到原来的位置。[4] 可以肯定，这样的结果一定是通过战争实现的。埃安纳吐姆不仅收复了失地，把麦西里姆界碑重新立在原来的位置，还为界碑起了新的名字，并对将来越过边界的敌人狠狠地诅咒一番："若温马王越过界河，窃取土地，宁吉尔苏就会像一条龙（ušumgal）扑向他！恩利尔就会把盐（mun）撒在他的犁沟（àbsin）里！舒卡尔（ŠU.KAL）神就不会使他长寿！他将不会再（有机会）进入神庙（祈祷）！他自己国家将发生叛乱！"[5] 埃安纳吐姆铭文没有提到挑起事端的温马王的名字，这里的铭文给出了答案：与埃安纳吐姆交锋的温马王就是恩阿卡勒。

---

[1] Ur-Nanše E1.9.1.6b, Rev. iii 10—11; vi 5—8, Frayne 2008, 第92页。
[2] E-annatum E1.9.3.2, iv 16—21, Frayne 2008, 第142页。
[3] lú ^{giš}KÚŠU^{ki}-ke e-ma-gub, E-anatum E1.9.3.2 iii 14—15, Frayne 2008, 第142页。Frayne 的翻译 "The Leader of Giša (Umma) Has Carried It Off" 值得商榷。
[4] E1.9.3.2 iv 20—21, Frayne 2008, 第142页。
[5] E1.9.3.3 iii' 2—16, Frayne 2008, 第143—144页。

铭文继续按时间顺序叙述边界冲突史。两国的边界冲突延续到了下一代统治者，恩阿卡勒之子乌尔伦马成为温马王后，温马又开始向拉迦什发难，采取了一系列挑衅行为，还雇佣了很多外国人（kur-kur e-ma-ḫun）一起入侵拉迦什（第二栏第28行至第三栏第4行）。此时的拉迦什王是埃安纳吐姆之弟恩安纳吐姆（在位的具体时间不详），他毫不退让，两国再次爆发战争（第三栏第7—10行）。对于这次战争，铭文点到为止，没有详述，但恩安纳吐姆自己的一篇铭文对这次战争有所涉及，讲到了一些细节，包括温马王乌尔伦马雇佣外国人，一起穿越边界，入侵拉迦什；恩安纳吐姆杀死（mu-gaz）乌尔伦马，收复失地，把温马入侵者赶回温马腹地。[1]

接下来便是这篇铭文的主角恩美铁纳（约公元前2430年）的事迹。铭文首先交代了他的出身："他是恩安纳吐姆的爱子。"（第三栏第12—13行）这个信息很重要，不称其为王，而称其为某某王之爱子，表明这时的恩美铁纳还不是拉迦什王，他的父王还健在，他是以王子身份参与战斗的。上面提到的恩安纳吐姆铭文中描述的打败并追杀乌尔伦马的那场战斗[2]与这里讨论的铭文中描述的战斗（第三栏第11—27行）是同一场战斗。或许父子二人都是这场战斗的直接参与者，或许这场战斗是由王子一人直接指挥的，究竟是哪种情况，我们不得而知。但无论如何，这场战斗都应记在恩安纳吐姆的账上，因为他是执政王，而恩美铁纳此时只是个王子。从铭文的叙事看（第三栏第11—27行），恩美铁纳就是追杀乌尔伦马的人。乌尔伦马死后，其子伊尔（Il）继位，拉迦什也进入恩美铁纳统治时期（第四栏第14—15行），两国的边界冲突仍在继续。最后还是拉迦什占了上风，保住了麦西里姆划定的边界。铭文最后对将来可能的挑衅者发出了威胁。

---

[1] En-anatum I E1.9.4.2, vii 1—xi 6, Frayne 2008, 第172—173页。
[2] 同上。

这篇铭文的特别之处是书写铭文的书吏面对当前的，或距离书吏的生活时代最近的边界冲突问题，没有采取就事记事的方式来记载，而是首先把目光投向了遥远的过去，投向了问题的根源，而后逐渐把焦点拉近，最后回归当下，并对未来有所展望。这篇铭文从麦西里姆（约公元前2600年，或更早）讲到恩美铁纳（约公元前2430年），涉及两个国家近两个世纪之久的边界冲突史，其中的历史事件按照时间顺序排列，逐渐展开，历史人物也是你唱罢后我登场，边界冲突一波未平一波又起，停停打打，战战和和，到作者书写铭文时，冲突告一段落，暗示将来可能还会继续。现在我们知道，边界冲突可能没有继续，至少没有了记载。恩美铁纳之后的拉迦什王都比较弱，统治时间也比较短，说明拉迦什在走向衰弱，出现了种种社会问题，这些问题在拉迦什第一王朝最后一个国王乌鲁卡基那的"社会改革"中有所反映，乌鲁卡基那也没有能够挽回拉迦什的覆灭命运，拉迦什最后被温马所灭。

这篇铭文记载的是两国边界冲突史，或者说，以边界争端为主线的两国战争史。现代学者将这篇文献归为"王室铭文"类[①]，但这篇文献与其他王室铭文明显不同，最大的不同是这篇铭文有近两个世纪的历史纵深，而其他铭文都没有。王室铭文可以根据其涉及的内容细分为很多类，如奉献铭文、祈寿铭文、建筑铭文和记事铭文（记载除建筑以外的其他事件）等等，专门记载建筑活动的建筑铭文数量相当多，专门记事的铭文很少，记事铭文中往往也会有建筑活动，但记事铭文一定以记事为主。这里讨论的这篇铭文属于记事铭文类，其中也有建筑活动，但以记述战事为主。用苏美尔语书写的记事铭文基本都以记事为主，强调行为和空间，有时涉及目的，很少涉及或基本不涉及时间。有时其中的人物可以帮助确定时间点，但如果这个人物本身的生活年代不确定或未知，那么，

---

① 20世纪70年代末，多伦多大学启动了"美索不达米亚王室铭文项目"，目前已经出版了多卷本王室铭文集，这里讨论的铭文收在铭文集的第一卷，即Frayne 2008，第195—199页。

这个时间参照也会变得毫无意义。麦西里姆的一篇铭文就是这样。铭文写道："麦西里姆，基什王，在埃萨尔（é-SAR，神庙名称，读音不确定）主持了布尔吉（burgi，阿卡德语 burgū）仪式。宁基萨尔西（Nin-KISAL-si，读音不确定）是阿达布王。"① 按照上面提出的王室铭文分类法，这篇铭文属于记事铭文，为读者（包括古代读者）提供的信息是谁在什么地方为谁做了什么事。本来阿达布王可以为我们提供一个具体的时间点，但这个王没有出现在任何其他文献中，所以，此人在时间上并没有什么参考价值。早期铭文一般都比较简短，一般只记一件孤立的事件，与其他任何历史事件都没有关联。长一点的铭文一般都是孤立事件的简单叠加，事件都在一个平面上，几乎都没有历史维度，乌尔楠舍的一篇建筑暨记事铭文在这方面比较典型（见图5-3）。

这篇铭文于20世纪70年代出土于拉迦什遗址阿尔-希巴（al-Hibā），铭文中罗列了乌尔楠舍取得的种种成就，或所做的种种大事，包括建筑活动（建造了11座神庙、2个大厨房、1座城门以及拉迦什城墙，还挖了2条水渠）、制作神像（制作了9尊神像）以及战事。石碑残片A面所包含的内容基本是建筑活动和制作神像，所以有学者称之为"和平面"，而B面的内容主要涉及战事，所以B面被称作"战争面"。②

下面来看"战争面"如何记载战事。

乌尔楠舍石碑铭文4H-T1B面：

第一栏

　　1.　　乌尔楠舍，

---

① 铭文音译和英语翻译见 Frayne 2008，第71页（Me-silim E1.8.1.2）。其中的 énsi-GAR 意不详，还有待进一步研究，énsi-GAR 也许是 énsi-gar-ra 的简化形式，可以理解为"确立的王"，即王位已经得到巩固的国王。
② Crawford 1977，第211、213页。

图 5-3　乌尔楠舍石碑铭文 4H-T1（A面），石灰石，纽约大都会艺术博物馆和纽约大学美术学院联合发掘拉迦什遗址阿尔-希巴（al-Hibā）时发现（1975—1976，第四次发掘）。原本应是铭文石碑，后被二次利用为门托。①A面主要描述建造神庙和塑造神像的情况，B面主要描述战争。按照上述王室铭文分类，这篇铭文既是建筑铭文，又是记事铭文

图 5-4　乌尔楠舍石碑铭文 4H-T1（B面），阅读方向仍然是从左到右

---

① Frayne 2008，第90页。

2—3. 拉迦什王，

6—7. 率军出战，

4—5. 攻打乌尔王和温马王，

8. 拉迦什王（指乌尔楠舍）

第二栏

1—3. 打败并俘获乌尔王，

4—5. 俘获水军总督（énsi-má-gur），

（第三栏1）俘获

6. 阿马巴拉西（Ama-bára-si），

7. （和）基希布伽尔（Kišib-gál），

8. （他们是）努班达（nu-bànda，一种军职）。

第三栏

4. 他（乌尔楠舍）俘获，

2. 帕珀乌尔桑格（Pap-ur-saĝ）

3. 乌乌乌（Ú.Ú.Ú，读音不详，身份亦不详）之子。

7. 他（乌尔楠舍）俘获

5. [ ]（人名，残缺）

6. （他是）努班达。

8—9. 他（乌尔楠舍）堆起尸山。

10—11. 他打败温马王，

第四栏

4. 俘获

1. 鲁帕（Lú-pà）

2. （和）比尔拉拉（Bìl-la-la），

3. （他们都是）努班达。

8. 他（乌尔楠舍）俘获

5. 帕比尔伽图库（Pa-bìl-ga-tuku）

7—8. 温马王。

11. 他俘获

9. 乌尔普桑格（Ur-pú-saĝ），

10. （他是）努班达。

第五栏

3. 他（乌尔楠舍）俘获

1. 胡尔桑格舍马赫（Ḫur-saĝ-šè-maḫ），

2. 大商人（dam-gàr-gal，官职），

4—5. 他堆起尸山。

第六栏

1. 温马王

（以下残缺）

铭文残缺多少不详，可以肯定的是，铭文还在继续，可能还有更多被俘人员。

不论这篇铭文多长，承载铭文的石碑原貌什么样，这篇铭文都像是一本功劳簿，石碑更像是一尊记功碑。石碑残片出土于巴迦拉（Bagara）神庙区，在这里已经被降级用作门托（或门础），不知原始石碑立在何处，也许就立在巴迦拉神庙里，改朝换代后，或石碑破碎后，一部分被用作门托，其余部分不知去向。

第五章　历史始于苏美尔　　339

对当今读者（包括学者）而言，这篇铭文有个致命缺陷，即缺失一个重要元素，那就是时间。一系列行为，一系列事件，其中有人物，有空间，甚至有目的，就是没有时间。没有时间，行为和事件便没有了次序：11座神庙是什么时候建造的？城墙何时建造？神像的制作时间？是先后与乌尔和温马开战，还是同时与两国联军开战？是在一次交战中俘获那么多将军和其他重要人物，还是累计俘获那么多人？铭文两次提到"堆起尸山"，是指两次战役后堆起两座尸山，还是两次提到的都是一件事？等等。没有时间，这一切都成了问题。也许叙事顺序就是事件发生的实际顺序，果真如此，那也只是事件或行为的次序排列，既不包含绝对时间，也不包含相对时间，它们只构成处于一个平面的一组事件，没有历史纵深，对如今试图重构这个时期历史的学者而言，价值也十分有限。结果是，即使乌尔楠舍留下不少铭文，尽管我们知道他做了很多事情，但无法确定乌尔楠舍到底统治了多长时间，更无法确定他的准确生活年代，只能把他和他建立的王朝放到一个大致相当的历史框架内。尝一脔肉而知一镬之味，早王朝时期的铭文大致如此。

相比之下，恩美铁纳泥锥铭文更显得不落窠臼，别具匠心。这篇大约成文于公元前2400年的文献，除在文学、宗教、语言（对苏美尔语的研究）方面具有重要价值外，还更具有史料价值：它首次采用了追述历史、证明现实的"治史"方法来书写历史，首次把近两百年的两国边境冲突史按时间顺序进行梳理，并做了系统性表述。铭文中没有作者表达自己立场和观点的地方，但看了铭文，一个结论就会油然而生：应该尊重古制，维持现状。古制是什么？是很久很久以前公认的国际问题仲裁者为两个国家立下的双方都可以接受的界碑，划定的边界。现状是什么？是当时的拉迦什王收复了被另一方侵占的土地，再次把边界线恢复到最初约定的位置。可以说，这位书吏是苏美尔文明史上最早的"历史学家"，也是人类历史上最早的历史学家，他的这篇铭文是最早的"史著"。他的"治史"方法中有"春秋笔法"的味道,立场鲜明而不明言,达到的效果却胜于明言。这位书吏一定是拉迦什人,他的立场就是拉迦什立场,他的历史叙事是为拉迦什服务的。可以肯定,亘古亘今,没有绝对客观的历史,一切历史都是人观的历史,而人都是有立场和主观意识的,一切思维输出都不可避免地带有立场和主观意识。

诚然,这位苏美尔"历史学家"不能与西方推崇的"历史之父"、古希腊的希罗多德相提并论,更不能与我们的以"通古今之变,成一家之言"的太史公司马迁同日而语,他们之间毕竟相差2 000年,甚至2 500年。希罗多德声称自己著书记史是"为了保存人类的功业,使之不致由年深日久而被人们遗忘,为了使希腊人和异邦人的那些值得赞叹的丰功伟绩不致失去它们的光彩,特别是为了把他们发生纷争的原因给记载下来"[①]。苏美尔"历史学家"没有声称要达到什么目的,但他或他们撰文记史也一定有目的,不论他们的目的是什么,客观上达到了和希罗多德想要达到的目的一样的效果:保存了苏美尔人创造的精神财富和他们的丰功伟绩,使之年深日久也没有被人们遗忘,甚至在几千年后的今天,仍在大放异彩。

学以明眸:最早的学校

生活在乌鲁克的苏美尔人于公元前3200年前后,即考古学上的乌鲁克IV时期,发明了楔形文字,这种文字诞生之后很快便传播开来,巴比伦尼亚北部的捷姆迭特-那色(古代名称不详)出土了大量几乎与乌鲁克同时期(乌鲁克III时期,约公元前3000年)的泥版文献一模一样的泥版[②],

---

① 希罗多德《历史》第一卷(第1自然段),王以铸1997,第1页。
② 1991年英格伦等人编辑出版244块捷姆迭特-那色出土的泥版,Englund/Grégoire 1991。

说明至少在公元前3000年，乌鲁克的文字已经传播到了那里，甚至传播到了位于捷姆迭特-那色以北15公里的乌鲁姆。①乌鲁克位于巴比伦尼亚南部，捷姆迭特-那色和乌鲁姆位于巴比伦尼亚北部，两地相距约200公里。乌鲁克的文字是如何传播出去的？这个问题值得探讨。首先可以排除乌鲁克人把泥版带到了位于巴比伦尼亚北部的一些国家或地区的可能性，因为捷姆迭特-那色出土的泥版明显具有当地色彩，是当地人书写的。仅凭这一点就基本可以肯定，捷姆迭特-那色人的书写技能是从乌鲁克人那里学来的。这种学习是全方位的，不仅包括乌鲁克人发明的文字，即近1 000个文字符号和数字符号的形、音、义，还包括书写方式以及泥版和芦苇笔的制作方法等等。这还不是全部，还有更重要的，那就是捷姆迭特-那色人不仅学习了乌鲁克人的"书写术"，还学习了他们的先进思想，即体现在各种名物表中的先进思想。名物表代表了那个时代人类在精神领域取得的最高成就。

无可否认，捷姆迭特-那色出土的名物表很少，在英格伦编辑出版的244块泥版中，只有两块名物表残片②，它们分别是《容器表》和《地名表》，也有迹象显示，可能还有《金属表》③。关键不在数量多少，因为出土文献不是古代文献的全部，而很可能只是广阔天地中的尺山寸水。所以，数量不重要，重要的是有没有这类文献，有就足以说明问题，说明捷姆迭特-那色人不但学习和掌握了乌鲁克人的经济文献，还学习和掌握了他们的辞书文献（名物表属于辞书文献，也可以说是分门别类的词汇表）。经济文献和辞书文献是两个层次的文献，经济文献是与实际生活中的经济活动和管理部门的管理活动直接相关的实用性文献，学会书写经济文献就等于学会一门技能，可以直接在社会生活中发挥作用，所以，学习

---

① Englund 1996，第9页；图版1—22（文献1—40摹本）。
② Englund/Grégoire 1991，图版90，242（容器表）、243（地理表）。
③ Englund 1996，第13页。有文献列举各种金属制品，其顺序与乌鲁克的"金属表"顺序相同。

经济文献有实用价值，学成之后就可以马上投入使用，效果也立竿见影。捷姆迭特-那色出土的文献基本都是记载经济活动的经济文献可以证明这一点。苏美尔人把书写术视为一门手艺，学一门实用的手艺，对当时的"学子"而言应该是理所当然的，因为学以致用，社会有需求。那么，名物表的价值何在？为什么要学习名物表？名物表要比经济文献复杂得多，学习和掌握名物表可能要比学习和掌握书写经济文献花更多的时间和精力。既然如此，为什么还要学？苏美尔人的伟大之处就寓于这个问题的答案之中！不论公元前3200至前3000年期间苏美尔社会处于什么样的状态，生产力达到了什么样的水平，国家财富和个人财富积累到什么程度——由于时间早、材料少，这些问题无法得到可靠解答——可以肯定，这个时期出现了一个极具精神创造力的精英阶层，他们应时代之需而创造了文字，为国家和神庙管理机构提供了有效的管理工具，同时还把文字运用于对客观世界和人类社会的研究，《人表》和《官员表》体现了他们在社会研究方面取得的成就，《鱼表》《猪表》《鸟表》《植物表》等体现了他们在对自然界研究方面取得的成就，《谷物表》涉及农业，《容器表》涉及手工业，《金属表》涉及采矿和制造业（《金属表》可能也包括金属器），《城市表》涉及建筑和城市地理。可见，那时的苏美尔精英阶层既务实又务虚，已经成为专门从事创造性脑力劳动的一群人，并且取得了卓越成就。他们的成就在当时的世界独一无二，绝对超前，对周边地区的苏美尔人一定具有极大吸引力。于是，四面八方的苏美尔人纷纷来到乌鲁克，向乌鲁克人系统地学习他们发明的"书写术"，使乌鲁克"书写术"很快传播开来。

可以想象，至少在公元前3000年前后，乌鲁克就已经存在某种形式的学校，不但培养本地的学生，同时也培养来自其他城市（国家）的学生[1]，学习（或教授）的内容是书写术，包括制作和书写两项内容，制作

---

[1] 早王朝之前，捷姆迭特-那色和乌鲁姆等地的社会结构、政治体制等情况几乎无从谈起。从出土的文献看，这些城市已经处于国家形态，文献中已经出现某国之"恩"（EN），Englund 1996，第12页。

第五章　历史始于苏美尔　　343

就是制作书写材料和书写工具，即泥版和芦苇笔，书写包括书写经济文献和辞书文献，书写经济文献应该属于基础教育，而书写辞书文献应该属于"高等教育"。从古巴比伦时期开始，有很多文学作品涉及学校的教学内容，包括数学、土地测量、专业术语、簿记、结算、分配、音乐等等，后来的学生所学内容与乌鲁克时期的学生所学内容是否相同，这无法确定，但可以肯定，书写经济文献需要掌握数学、土地测量、结算、分配等方面的知识，所以，这些专业知识一定都属于"必修课"，否则就无法书写经济文献！"书写术"是一个完整的书写体系，需要多年系统性学习才能掌握。公元前3000年前后，在不同城市（国家），如上面提到的捷姆迭特-那色和乌鲁姆，还有拉尔萨，就涌现出一批与乌鲁克"书吏"相比毫不逊色的"书吏"，这说明乌鲁克人开办的"学校"很成功。在稍后的早王朝时期，巴比伦尼亚地区骤然进入普遍使用文字的时代，乌尔、舒鲁帕克、阿布萨拉比赫、拉迦什等遗址都出土了大量属于这个时期的文献，文献数量之庞大，内容之丰富，远远超出人们的想象。乌鲁克的文字传播如此之快，尤其是完完整整的名物表抄本几乎出现在所有这个时期已经学会使用文字的国家，这说明乌鲁克人的"学校"曾是当时的知名学府，云集了各国学子，这些人学成后回到各自的国家，按照乌鲁克的模式在自己的国家建立"学校"。这样，乌鲁克的文字体系便很快在整个巴比伦尼亚地区传播开来，并在公元前2500至前2450年间传到了叙利亚境内的古国埃布拉。[①]各地在使用这种文字体系时自然而然地表现出本土性和时代性，本土性就是地方特色，时代性就是时代特点。本土性是楔形文字发展过程中特有的现象，原因是上面讲到的楔形文字特有的传播方式：四面八方的学子云集乌鲁克一起学习，之后他们把这套书写体系完整地带到各地，在某些地方又发生接力式传承。学来的文字体系落地一个新的地方时

---

① 盖尔布认为，传播途径可能是基什—马里—埃布拉，Gelb 1987，第49页。

不可避免地或自然而然地会出现一些地方特色。文字的这种传播方式只发生在楔形文字的传承发展过程中，其他古代文字体系都不曾有这样的经历，所以，本土性是楔形文字发展史上的特殊现象。时代性是普遍现象，楔形文字发展过程中的时代化符合文字发展的普遍规律。所谓普遍规律，就是不论哪一种古代的自源文字，在发展过程中都经历了形式上逐渐趋于简化和规范化，而记载的内容趋于多样化和复杂化的过程。

名物表的演变与传承很好地诠释了楔形文字发展过程中的本土性和时代性。《人表》在所有的名物表中是最受当时和后来的学生青睐的一种，抄本最多，因此，在此以《人表》为例，看看我们从中可以得到什么启示。楔形文字[①]产生不久就产生了《人表》，也就是说，最早的《人表》出现在公元前3200至前3100年间，即考古文化的乌鲁克IV时期（见图5-5、5-6）。这个时期已经出现很多《人表》抄本，在目前已知的泥版残片中，就有将近185块《人表》残片[②]（包括乌鲁克IV时期和乌鲁克III时期两个阶段），残缺程度不同，从残缺几行到只剩几行或几个字不等。这时的《人表》有两个特点，一是泥版比较小，承载的信息量有限，从目前已知的比较完整的泥版可以推知，这个时期，每块泥版的信息承载量一般不超过40个"格"，一个"格"里包括一个概念，或一个词，40个格相当于40个词，或40种从事不同职业的人；二是文字的笔划没有明显的下笔和收笔的点位，即没有楔形应有的楔头和楔尾，笔画粗细均匀，走势比较圆润，象形的特点比较明显。

[①] 最早的文字不是楔形，楔形是后来才出现的，但学术界已经约定俗成地把楔形和非楔形的早期文字统统叫作楔形文字，有时为了强调早期文字与晚期文字的区别，有些学者把包括早王朝时期在内的早期文字叫作"古朴文字"，或"原始楔文"。实际上，早和晚并没有明显的，更没有明确的分水岭。"古朴"和"原始"这样的概念不但不能准确描述楔形文字的任何本质特征，反而会误导不（太）了解这种文字的人，会让人认为这种文字或这个阶段的文字原始、简单、初级，有种弊端等等，其实不然。

[②] Englund 1993，图版1—14（Tafel 1—24）都是《人表》残片。据统计，可以确定属于《人表》的泥版共163块，其中5块属于乌鲁克IV时期，158块属于乌鲁克III时期，22块可能属于《人表》，但由于残缺严重不能百分之百确定，Englund 1993，第12、17页。

图5-5 《人表》（W 9656，h），出土于乌鲁克，约公元前3200年（乌鲁克IV时期）

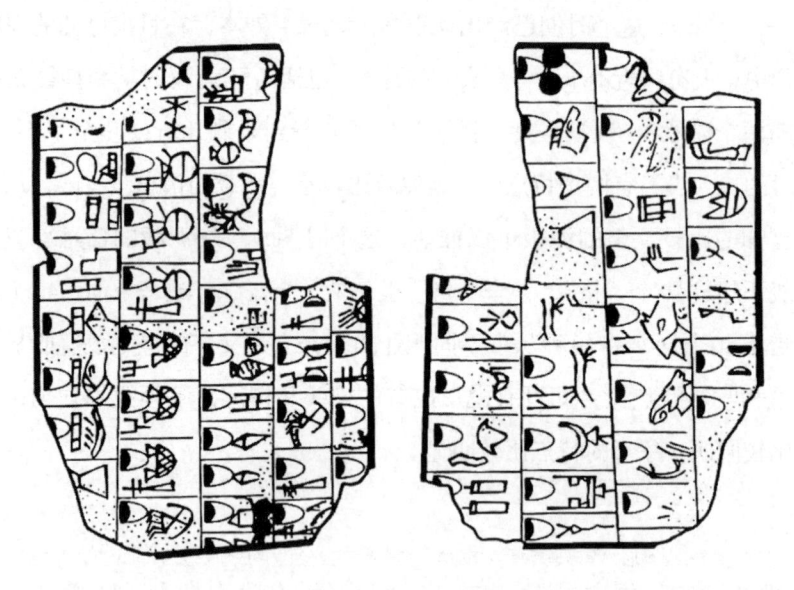

图5-6 《人表》（W 9656，h），出土于乌鲁克，约公元前3200年（乌鲁克IV时期）

到了乌鲁克III时期，即公元前3000年前后，个别字显得规范了一些，但总体而言，文字本身没有太大变化（图5-7）。显而易见的变化是

346 ｜ 苏美尔文明

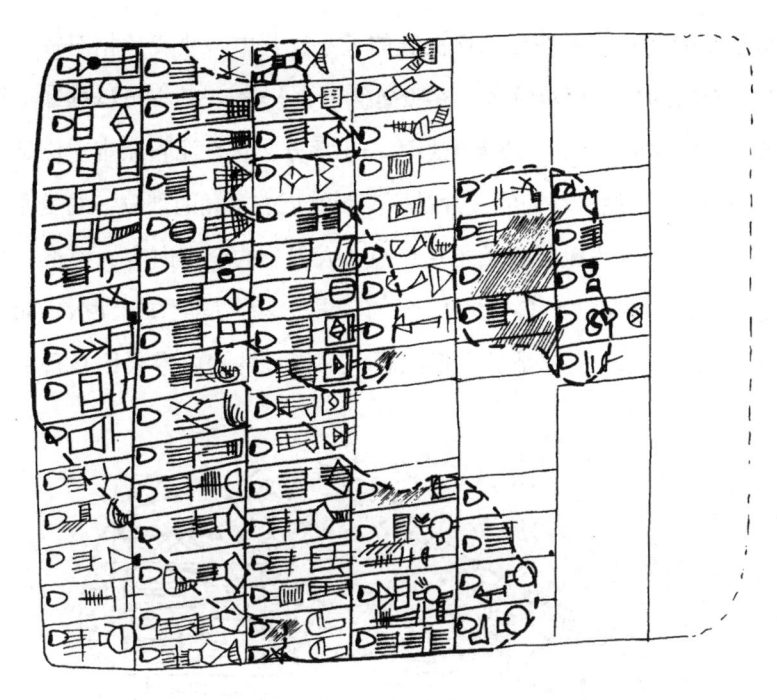

图5-7 《人表》，出土于乌鲁克，约公元前3000年（乌鲁克Ⅲ时期）

泥版变大了，随之而来的是信息量的增多。这时，一块泥版的信息容量相当于此前几块泥版的信息容量。把同类概念集中在一块泥版上，可使这类概念一目了然，不但方便阅读，方便复查，更方便"临帖"式反复练习或背诵。想到这些"方便"，人们就会自然而然地把这类文献（包括其他名物表）与教学联系起来。的确，除把所有同类概念都集中在一块泥版上的这种做法把焦点指向教学外，抄本众多这个事实也会把焦点指向教学或学校。如果没有学校，辞书文献的传承不可想象。

公元前2600年前后，甚至更早，《人表》就传到了乌尔、舒鲁帕克和阿布萨拉比赫等地。乌尔至少出土了4块《人表》泥版残片[①]，其中三块

---

① Burrows 1935, 图版Ⅱ, 14; 图版ⅩⅩⅩⅥ, 299, 300, 301。

第五章 历史始于苏美尔　　347

都是很小的残片，无法推知原泥版的大小，其中一块残片相对较大（图5-8），存留的内容相对较多。参照乌鲁克《人表》，基本可以推知这块泥版残片（U.14895）是一块大泥版的一小部分，这块泥版原本应该是个长方形泥版，有5栏，目前的残片是原泥版接近右下角的部分，约是原泥版的四分之一。这块泥版收纳了乌鲁克《人表》的全部内容，但格式与乌鲁克《人表》不同。乌鲁克《人表》有7栏，基本是正方形泥版，而乌尔的这块泥版只有5栏，是长方形泥版，每栏容纳的内容要比乌鲁克《人

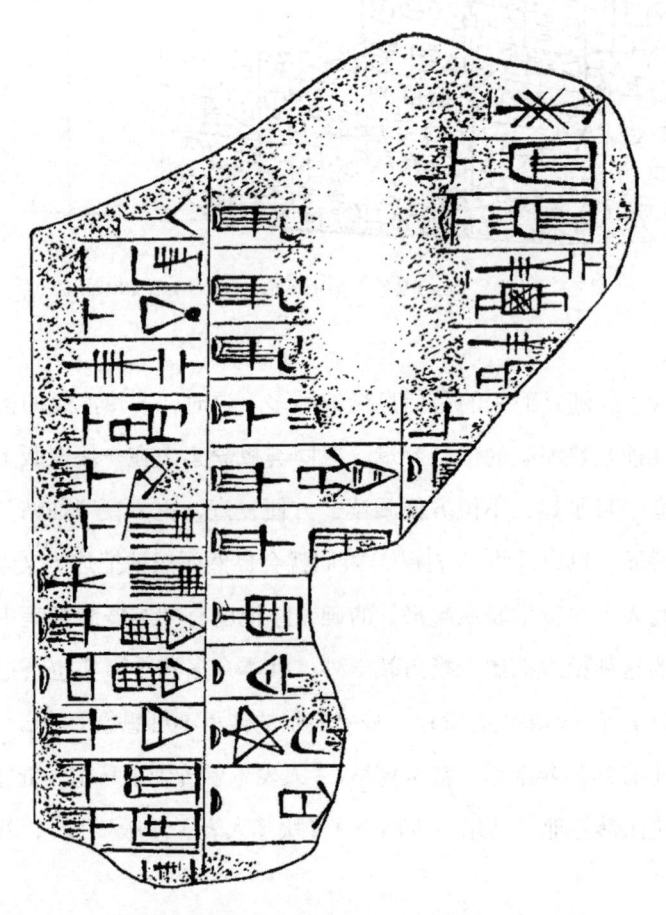

图5-8 乌尔《人表》节选，相当于乌鲁克《人表》的12—52、41—50、61—67行，约公元前2600年

表》多。所以，乌尔《人表》与乌鲁克《人表》相比，内容一致，格式不同，字体也发生了变化，总体上趋于简化或规范化，个别字的简化程度很大，如ukkin，乌鲁克《人表》的形式是🔲，乌尔《人表》已经变成🔲。上面所说的楔形文字发展过程中的本土性和时代性在此都有所体现。

舒鲁帕克遗址出土了5块《人表》抄本①，其中的 VAT 9130 比较完整（见图5-9）。这个《人表》在乌鲁克《人表》的基础上增添了很多内容，尤其引人注目的是结尾处增加了7个祭司（sanga）或书吏名称。西维尔认为此处的sanga指"书吏"，并认为结尾新增的内容属于"尾记"②，不属于《人表》本身。除这块大而完整的方形泥版外，还有一块小而略圆的泥版（见图5-10），内容相当于《人表》的1至22行，是《人表》的节选。字写得相当规范，可能是老师给学生写的范本，也可能是学历比较高的学生书写的，两种可能性都有，不能确定。可以确定的是，这块小而略圆的泥版是学生习字泥版，因为目前发现的、可以确定为学生习字泥版的泥版绝大多数都是这个样式，从中似乎可以对古代学生如何学习《人表》（包括其他名物表）略见一斑，至少可以肯定，分段学习是他们学习长篇文献的方式之一。相对于经济文献而言，辞书文献（包括名物表）都属于长篇文献，后来的辞书文献更长，长到一篇辞书文献要书写在几块到十几块泥版上，现代学者一般把这样的辞书文献叫作辞书系列。楔形文字发展过程中的本土性和时代性在舒鲁帕克出土的《人表》中也得到充分体现。除内容和格式方面的变化外，一个突出的特点是楔形文字在舒鲁帕克人手里已经完全实现了楔形化，与此同时，文字本身也进一步规范化。仍以ukkin为例，舒鲁帕克的ukkin写作🔲，与乌鲁克的🔲和乌尔的🔲明显不同，尽显地方特色，类似的例子还很多。字本同源，到了不

---

① VAT 9130, VAT 12772, VAT 12652, VAT 12615, VAT 12675, Civil 1969, 第9页。
② 即属于"colophon（list of scribes）", Civil 1969, 第9页。

第五章　历史始于苏美尔　　349

图5-9 舒鲁帕克《人表》(VAT 9130),泥版正面,背面空白,约公元前2600年

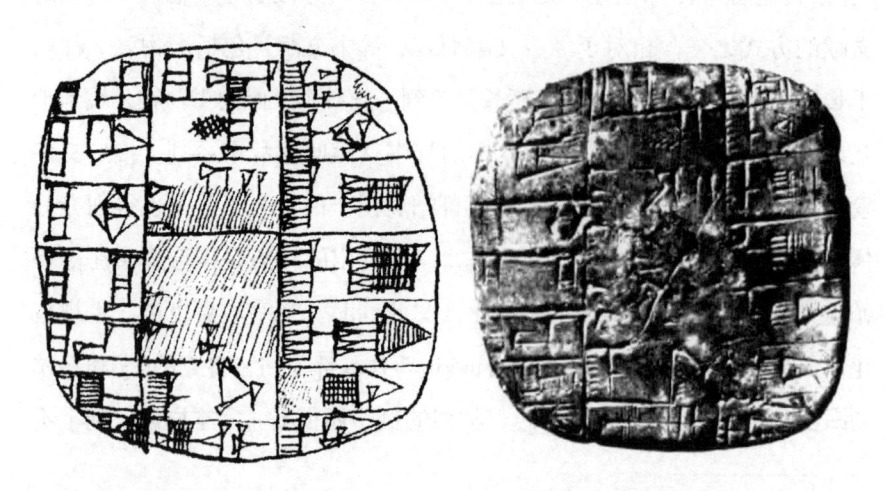

图5-10 舒鲁帕克《人表》节选(VAT 12772),相当于乌鲁克《人表》的1—22行,古代书吏习字泥版,约公元前2600年

同地方便演化出不同形式。把这种地方特色比作"橘生淮南则为橘，生于淮北则为枳"可能更容易理解。需要强调的是，文字演化是循序渐进的，一般的规律是，无论（细节）如何变化，基本框架保持不变，或万变不离其宗，正因如此，很多字都可以追根溯源，以后证前。

阿布萨拉比赫出土了11块《人表》泥版[①]，其中的AbS-T1[②]保存相对完好，目前已经发现的11块泥版残片可以缀合成一个完整的《人表》（见图5-11），缀合后的《人表》共得129种人或129种职业[③]，是目前已知早王朝时期职业名称最多的《人表》。在母本的基础上增加新内容是文本本土化的表现形式之一。阿布萨拉比赫的辞书文献一般都比较大，平均"21

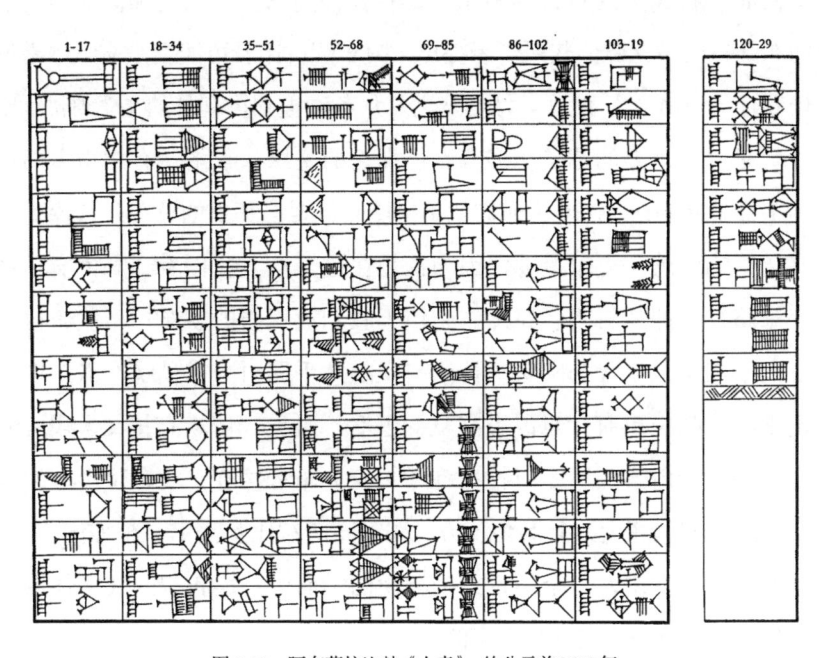

图5-11 阿布萨拉比赫《人表》，约公元前2600年

---

① 这些泥版的具体信息见Civil 1969，第8页；Biggs 1974，第79页。
② AbS—T1的泥版照片见Biggs 1974，图版2。
③ gal-é出现两次，第108行和第127行，Civil 1969，第11页，可能是古代书吏疏忽所致。

至23厘米见方"①，泥版大，空间就大，就可以把字写得比较舒展，这就塑造了阿布萨拉比赫泥版的一个突出特点：舒展、工整、大气。与其他遗址（如乌尔和舒鲁帕克）出土的同时代的泥版文献（包括经济文献和辞书文献）相比，阿布萨拉比赫的楔文普遍细高，而其他地方的楔文普遍扁平，这也是本土化带来的不同。总的来说，乌尔《人表》更接近乌鲁克《人表》，至少字形更接近，因为乌尔《人表》残缺严重，无法在内容上做出判断。舒鲁帕克《人表》与阿布萨拉比赫《人表》在格式、字体和内容方面都更接近。从这些异同中似乎可以看到两个学派，乌鲁克和乌尔属于一派，舒鲁帕克和阿布萨拉比赫属于另一派。

阿布萨拉比赫的古代名称不详，有各种说法，都没有确凿证据，研究阿布萨拉比赫文献的权威学者提出，阿布萨拉比赫可能就是文献中常见的埃利什（Ereš）②，此观点姑且从之。从各种提到埃利什的文献判断，埃利什曾是一个重要的苏美尔城邦，但那里的塞姆人很多，有相当多书吏的名字都是塞姆语③，要么他们就是塞姆人，要么那里的苏美尔人深受塞姆文化影响。这一点很重要，因为正是在这一点上我们看到了楔文传播的一条路径，即从阿布萨拉比赫到位于叙利亚境内的埃布拉。埃布拉出土了大量文献，年代与阿布萨拉比赫文献几乎同时，或稍晚一点。埃布拉出土的文献中也有大量辞书文献，包括《人表》。④埃布拉《人表》的格式、字体和内容与阿布萨拉比赫《人表》非常接近，埃布拉出土的辞书文献泥版普遍超大，且圆角正方，与阿布萨拉比赫辞书文献如出一辙，把这些都考虑在内，一个结论或推测便油然而生：埃布拉的文字体系大概率是从阿布萨拉比赫那里学来的。

---

① Biggs 1974，第22页。
② Biggs 1981，第121页，注1。
③ Postgate 1992，第36页；Biggs 1967；Biggs 1981，第123页。
④ 埃布拉《人表》音译，Pettinato 1981，第4—7页。

阿布萨拉比赫出土的文献有一个突出的特点，那就是在所有出土文献中文学文献占比最多，辞书文献次之，而经济文献最少。[①] 这个比例与目前已知任何遗址出土的文献相比都是特例，因为其他遗址出土的文献都是经济文献占绝对多数，像乌鲁克这样的文化中心或辞书文献的发源地，辞书文献也仅占出土文献的15%。其他遗址出土的辞书文献占比更少，一般只有百分之几而已，早王朝时期的文学作品更是少见。由此可见，阿布萨拉比赫的书写中心（同时也应该是传道授业的学校）更重视辞书和文学。前文提到本书提出的一个观点，即学习书写经济文献属于基础教育，而书写辞书文献属于"高等教育"，现在，"高等教育"中还应加上文学。学习书写辞书文献和文学文献之所以高于书写经济文献，是因为经济文献是实用性文献，学是为了用，所谓学以致用，而辞书和文学是"无用之学"，它们的主要功能是满足人们精神方面的需求或追求，与经济文献的功能不在一个层次上。书写经济文献是一门技艺，而书写辞书和文学文献是一种创作；前者是技术性劳动，后者是创造性劳动。

阿布萨拉比赫出土的文献表明，一个运作于公元前2500年前后的书写中心（学校）把主要精力放在了辞书和文学上，这在当时已经普遍进入书写时代的巴比伦尼亚绝无仅有。如果阿布萨拉比赫就是古代的埃利什，那么，这里如此重视书写就显得不那么不可思议了，因为埃利什的守护神就是书写女神妮撒芭，也许书写女神和这里重视书写的传统有一定的因果关系。

《人表》的传承情况清楚表明，楔形文字的纵向传承和横向传播都是系统性工程，仅凭某个人的力量是无法实现的，这其中一定有权力机构或国家的参与。换言之，家庭内部的父子相传或师傅带徒弟式的个人传授不足以让一种复杂的文字体系从一个国家复制到另一个国家，更不可

---

① Biggs 1981, 第122页。

第五章　历史始于苏美尔　　353

能同时复制到很多国家。公元前2600年前后，两河流域南部的许多城邦都进入书写时代，使用的都是带有地方特色和时代特色的乌鲁克书写体系，这说明这个地区曾经发生过学习和引进乌鲁克书写体系的文化运动，参与者自然是当时的社会精英，国家一定是这场文化运动的后盾，学校是这场运动的实施场所。

遗憾的是，考古学家迄今没有发现确凿的早王朝时期的古代校址。乌鲁克的早期文献基本都出土于埃安纳区，最早的学校一定在那里，但考古学家无法确定早期建筑的功能，即使像他们所说的"宫殿"或"神庙"这样的大型建筑都要基于推测。其他出土了大量文献的遗址，如舒鲁帕克和阿布萨拉比赫，也没有发现任何学校遗址。这就是说，到目前为止，没有发现乌尔第三王朝时期及之前的学校遗址。20世纪30年代，英国考古学家伍利对乌尔遗址进行了系统发掘，发现了很多古代建筑遗址，在这位考古学家眼里，其中很多建筑都曾经是学校。他说："已经挖掘的68所房子中有2所是学校，如果我们的这个判断正确，那么乌尔似乎到处都是学校；除了这样的私人机构之外，还有作为官方教育中心的神庙。"[①]伍利发掘的建筑是古巴比伦时期的建筑，学术界对古巴比伦时期的定义不一致，伍利认为的古巴比伦时期包括伊辛-拉尔萨时期，也就是从乌尔第三王朝灭亡到汉穆拉比王朝灭亡都属于古巴比伦时期。所以，伍利所说的学校都在乌尔第三王朝之后。

考古学家看到的古代学校是什么样，最好用考古学家自己的话来描述。为叙述方便，伍利把乌尔遗址的建筑赋予了不同的名称，一个典型的校址是他所说的"宽街1号"（No.1 Broad Street），伍利这样描述道：

> 也许最有趣的把私人住宅改为他用的案例是宽街1号。该建筑有

[①] Woolley 1976, 第11页。

一扇似乎不是原来的门从街上直接通向中央庭院，而原来面向庭院而开的入口大厅的门、侧房的门和通向楼梯的门都被堵死（因此必须新建一扇从大厅到下一个房间的门）。这样，房子被分为两部分，一部分由庭院、客房和厕所组成，另一部分由入口大厅和另外两个房间（6和7）、小教堂、楼梯和一楼的房间组成。两座建筑之间的交通只能通过客房进行。很明显，房子的后部和上部是为私人使用而保留的，而院子和客房是为半公共目的服务的，因此需要从街道上进入。这么做出于什么目的？答案就在从建筑中发现的近2 000块泥版中。这些泥版都是学术类型的泥版，包括练习泥版、数学泥版、用于听写的宗教文献、从城市纪念碑上复制的历史铭文、颂神诗、歌颂乌尔第三王朝神化统治者的赞美诗以及关于鱼和鸟的寓言，还有为高年级学生准备的词汇表、医学处方和土地测量手册。据某些泥版记载，房主是一位名叫伊格米尔辛（Igmil Sin）的祭司。他把房子的一部分改造成学校，他的学生们可以直接从街上进入庭院和客房里的教室。[1]

从伍利的描述中可以看到，他把"宽街1号"视为学校主要基于三点考虑：第一，房子改造过；第二，大门临街；第三，发现近2 000块泥版。第三点才是关键，也就是说，判断某建筑是不是古代学校主要看是否出土了文献。如果一座建筑出土了大量不同种类的文献，而其中还包括一定数量的辞书文献的话，就可以把这座古代建筑定性为学校。伍利所谓的学校其实就是依据这样的标准确定的，虽然显得简单武断，但还是有一定道理的，否则无法解释为什么把那么多泥版集中放到一起。但这种规模的学校只是一种"私塾"，更大规模的官办学府应该在宫殿和神庙中，或者

---

[1] Woolley 1976，第33页。

第五章　历史始于苏美尔　355

说，有些被考古学家定性为宫殿或神庙的建筑可能就是古代学府，埃布拉的"宫殿G"可能就是一所官办学府。果真如此，这所学府就是目前已知的、肉眼可见的古代学府遗址，年代属于公元前2400年。"宫殿G"的许多房间都出土了楔形文字泥版，被考古学家称作"中央档案C"的房间，泥版多得更可以用汗牛充栋来形容，其中有经济文献，包括纺织品的月支出、金和银的年消费、纺织品和金属器的入账、农产品清单等，有单语和双语辞书文献，有文学作品，有咒语，等等。这些泥版被放在木质"书架"上，分门别类，有序排列。[①]意大利考古学家于20世纪70年代发掘这个房间时，木质书架已经消失殆尽，但泥版的有序排列仍清晰可见。

古代学府什么样？对此，时隔几千年的我们只能驰骋想象，凭一些蛛丝马迹进行各种推测，这无异于猜谜，这是个千古之谜，可能永远得不到正确答案。无独有偶，几千年前的苏美尔学子也像我们一样面临"什么是学校"的难题。区别在于，我们面临的是考古问题，要依据考古证据做出判断，而他们面临的是一则谜语，要求凭借语言描述给出正确答案。这则苏美尔谜语这样写道：

房如天高立台基，
麻布包裹像书笈。
好似大鹅婷婷立。
进入之时两目闭，
出来之时双眸启。
泥版书屋是谜底。[②]

---

① Archi 2015，第77—84页。
② 总谱式音译和英文翻译见Civil 1987，第19—20页；音译与英文翻译见Sjöberg 1976，第159页；德文翻译见Römer 1990，第44页；汉译见拱玉书2014，第101页。此前的译文与这里的译文有很大区别。

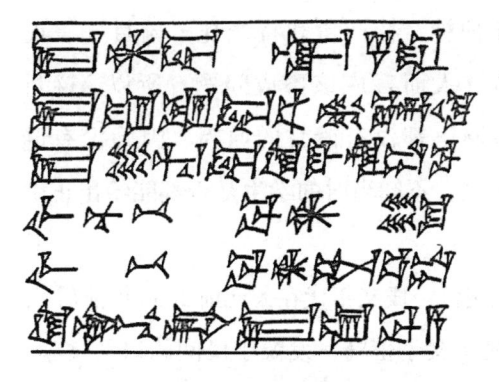

é an-gin₇ uru₄ gar-ra
é dub-pisan-gin₇ gada mu-un-dul
é uz-gin₇ ki-gal-la gub-ba
igi nu-bad ba-an-ku₄
igi-bad ba-an-ta-è
ki-búr-bi é-dub-ba-a

图5-12 谜语（谜底："泥版书屋"）摹本，出土于乌尔，古巴比伦时期，泥版中间微微凸起，略呈平凸透镜状，泥版直径75毫米

    这则谜语书写在一块小而略圆的泥版上，这样的泥版是典型的学生习字泥版。这块泥版出土于乌尔，泥版上书写的谜语不但有谜面，还有谜底，因此，我们知道这个谜语的谜底是学校，也由此而知谜面描述的建筑是学校。这块谜语泥版不是孤本，因为一同出土的泥版中还有这则谜语的抄本，表明这则谜语曾被古巴比伦时期的学生用来练习书写。谜语属于苏美尔智慧文学中的一种类型，就已经发现的谜语而言，可分为带谜底的谜语和不带谜底的谜语两类。这则谜语属于带"谜底"（ki-búr-bi）的谜语，西维尔发表的谜语都是带谜底的谜语[1]，如："小的时候，我是犁沟之子；长大之后，我是神的身躯；老来之时，我便是国家的医生。谜底：亚麻布。"[2] 毕格斯发表的谜语都是不带谜底的谜语，28条谜语书写在一块泥版上[3]，只有谜面，没有谜目，也没有谜底，如："恩……[残缺]是其灌溉渠，阿布祖（Abzu）的大使者赫恩杜尔桑格（Ḫendursaĝ）是其守护神，蛇鱼是其特产鱼，角蛇是其特产蛇。"[4] 既没有谜目，也没有谜底。28

---

[1] Civil 1987。
[2] 同上，第24页，谜语5。
[3] Biggs 1973。
[4] 同上，第28页，第8—9行。

条谜语的谜面涉及灌溉渠、守护神、特产鱼和特产蛇，谜目不言而喻，是地名，谜目对当时的猜谜人而言应该不成问题，所以，谜目没有必要给出，这应该是这些谜语都没有谜目的原因。因为没有谜底，这些谜语如今都成了千古之谜，不知当时的学生是否都能给出正确答案！

毕格斯发表的谜语出土于拉迦什，成文年代在公元前2450年前后[①]，是迄今已知最早的谜语。谜语属于文学范畴，发源于民间的口头文学。公元前2450年前后就在拉迦什出现文本形式的谜语，表明拉迦什的书写传统与同时期的乌尔、舒鲁帕克和阿布萨拉比赫相比毫不逊色，同时也表明拉迦什一定也存在传道授业的学府，而谜语应该属于学府的教学内容。

拉迦什出土的这块谜语泥版属于超大泥版，字迹工整，行云流水，赏心悦目，应该是学府中使用的教科书，甚至是学府中的试卷。试卷不可能有答案——谜底，谜底是留给考生回答的问题，这也许是这些谜语都没有给出谜底的原因。谜语是一种有效的教育手段，其中的寓教于乐理念不言而喻。

学府究竟什么样？根据这则谜语的说法，学府首先是个"建筑"（é），苏美尔语中的神庙、宫殿和普通住房都可以用"é"表达，所以，这是个泛而广的大概念，需要进一步缩小范围。接下来的三个定语就是用来缩小范围的，每个定语中都有一个比喻，把学府的形象进一步具体化和形象化。第一个定语是"立台基"（uru$_4$ ki-gar-ra），即这座学府建筑建立在一个台基上，这个定语暗示这座学府建筑是一座神庙，因为苏美尔人有把神庙建在高出地面的台基上的传统，建在台基上的建筑自然比一般的建筑要高，所以，第一个定语中的比喻"如天高"（an-gin$_7$）显得顺

[①] 属于恩安纳吐姆一世或恩美铁纳时期，同上，第26页。

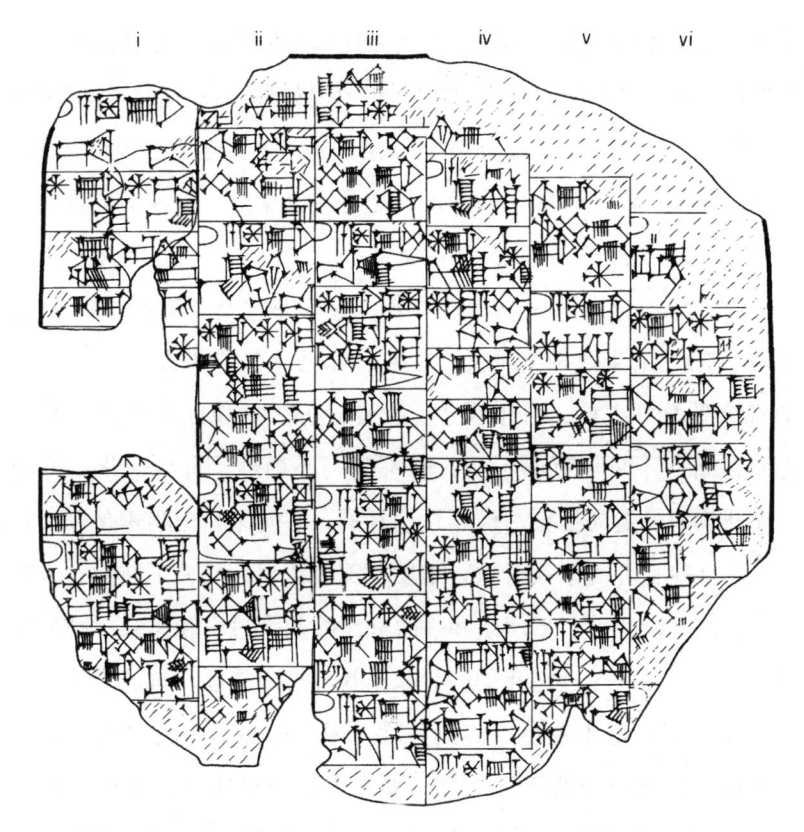

图5-13 谜语集，拉迦什出土，约公元前2450年。共12栏，正面6栏，背面6栏，此为正面

理成章。第二个定语是"麻布包裹"（gada ... dul），难以想象描写的是什么。接下来的比喻是"像书笈"（dub-šen-gin₇），"šen"一般指金属容器，"dub"指泥版，所以，"dub-šen"可以释为"装泥版的金属容器"。"dub-šen"也常出现在文学作品中，指"财宝箱"，尤指神用来藏宝的容器，但不能确定器形是箱、壶还是罐。"麻布包裹像书笈"描绘的是什么，完全超出我们的想象。第三个定语是"好似大鹅婷婷立"，更是不知所云。这三句描绘的都是学府建筑的外观，不知苏美尔学子是否能从中受到启发，从而给出正确的答案。很显然，今天的读者已经无法给出正确答案，因为从中获得的信息十分有限：一座建在台基上的建筑，高高矗立，给人一

种顶天立地的感觉，其他描述，尤其是比喻中的喻体，看似简单，实则难以想象。从可以读懂的内容推断，谜语中描绘的这座建筑可能是神庙，因为神庙通常建立在台基上，在很多文学文献中，神庙常被描绘为雄伟高大，顶天立地。设在神庙中的学府一定是官办学府，与前面提到的"私塾"宽街1号不在一个等级上。

至此，谜语描绘的是学府的外观，接下来才是学府的灵魂："进入之时两目闭，出来之时双眸启。"从中可见，苏美尔人认为，人在走进学府接受教育之前，目不识丁，混沌无知，就像闭着眼睛一样，有目无睹，睹而不见，见而不明，眼不明则心愚钝，有待开化。待到学成，离开学府，走向社会，已然目达耳通，心明眼亮，明辨是非，告别愚昧。这反映了苏美尔人对教育本质的深刻认识，反映了他们对教育目的的定位：学以明眸。用闭眼和睁眼来比喻教育过程和结果，既形象又深刻，其内涵之深邃远超我们的想象，其理念之先进，与现代社会奉行的教育理念相比毫不逊色，甚至更胜一筹。苏美尔人的这种教育理念发端于何时？这个问题无法考证，如今见到的这块以谜语形式明确表达教育目的的泥版属于古巴比伦时期，书写的时间应在公元前1800至前1700年间。这时，巴比伦尼亚已经进入全面塞姆化时代，苏美尔人已经退出权力舞台，苏美尔语已经不再是官方语言，取而代之的是阿卡德语。可以肯定，这则用苏美尔语书写的谜语也像其他文学作品一样是前朝的产物，或是乌尔第三王朝的产物，或是伊辛拉尔萨时期的产物。

"学以明眸"的教育理念比较务虚。苏美尔人对教育的目的和功能还有另一种表述，即"书写术，好兆头，拉玛佑，明双眸，王宫求"[1]，这里也提到"明双眸"，与谜语中反映的教育目的不谋而合。除此之外，这里

---

[1] Sjöberg 1975, 第146页, 第56行（音译）; 第147页, 第156行（英译）。

还表述了教育的另一个目的——"王宫求",即受到良好教育之后可以在王宫里得到一官半职,这个目的比较务实。这一虚一实的表述可能是针对上文提到的苏美尔书写传统中一直存在的两种书写体系而发的。学习书写经济文献属于务实,学习书写辞书文献属于务虚;书写经济文献属于基础教育,书写辞书文献属于"高等教育"。接受基础教育应该是为了学以致用,接受"高等教育"是为了学以明眸。学以明眸相当于中国古代的教育目标"大学之道,在明明德,在新民,在止于至善",而学以致用相当于中国古代的"学而优则仕"。

谜语的谜底是"泥版书屋"(é-dub-ba-a),即学校或学府,字面意思是"分发(ba)泥版(dub)的房屋(é)",词尾的-a是小品词,由此把动词变成了动名词,使整个短语成为一个名词化词组。讲塞姆语的阿卡德人把这个名词化词组译为"泥版屋"(bīt ṭuppi),汉语也可以译为"泥版房"或"泥版室"。阿卡德人的翻译与原文不一致,他们把动名词当作了属格,于是"分发泥版的房屋"便成了"泥版之屋",这不可能是理解错误,而应该是翻译高手故意为之,为的是避繁就简,故意把"分配泥版的房屋"简化为"泥版屋"。苏美尔人的学府在文字产生后不久就产生了,但"泥版屋"这个概念直到乌尔第三王朝的舒尔吉时期才见于文献。① 德国学者迈斯纳(B. Meissner)是首次将é-dub-ba-a译成"学校"(Schule)的学者。②

"泥版屋"("分发泥版的房屋")是学校,"书写泥版的人"(dub-sar "泥版"+"书写")就是"书吏",也有人将其译为"文士"③。"书吏"和"文士"都属于意译,而巴比伦人直接把苏美尔人的dub-sar改造成

---

① é-dub-ba-a始见于舒尔吉诗颂,如《舒尔吉颂B》,Castellino 1972年,第30页,第13行;第62页,第314行; ETCSL 2.4.2.02: *A praise poem of Šulgi* (Šulgi B)。
② Sjöberg 1976,第159页。
③ 如腾大春,"关于两河流域古代学校的考古发掘",载《河北大学学报》1984年第4期,第66页。

第五章 历史始于苏美尔 361

ṭupšarru，全盘借用，只是增加了一个阿卡德语词尾-u，这种方式的借用叫借词，即 ṭupšarru 是阿卡德语中的苏美尔语借词，从翻译的角度言之，ṭupšarru 属于 dub-sar 的音译。乌鲁克出土的《人表》罗列了100多种人，其中没有 dub-sar。这不能说明那时（公元前3200—前3000年）没有"书吏"，那时的大量经济文献和辞书文献表明，书吏作为一种职业一定存在，从事这个职业的人也应该不少，但那时从事书写职业的人可能不叫 dub-sar，而有其他称呼，《人表》中的 dub-sanga（"泥版"+"管理者/祭司"）可能就是那时的书吏，属于神庙管理人员，专门负责书写和泥版管理。也有人认为乌鲁克Ⅲ时期和捷姆迭特-那色文献中的 umbisag 是最早的"书吏"，dub-sar 最早见于早王朝时期的法拉文献。[①]

在苏美尔神话《伊楠娜与恩基》里，书写术（nam-dub-sar）被视为智慧神恩基所持有的文明要素之一。在那里，书写术与刨木术（nam-nagar）、制革术（nam-ašgab）、编席术（nam-ad-KID）、锻金术（nam-simug）等诸般手艺被归为同类文明要素，即同一类"ME"[②]，说明在苏美尔人眼里，书写是一种手艺，书写者是书匠，与木匠、铁匠没有什么区别。书吏（即这里所说的书匠）不是正在学习书写术的人，而是掌握了书写术的人，相当于现在受过高等教育的知识分子。乌鲁克的《人表》中没有书吏，也可能是因为书吏不是职业，而是学历。乌鲁克《人表》中的 dub-sanga 可能是已经步入仕途的书吏。

学校的最高管理者和学术权威是校长。"校长"在苏美尔语里被称为"校父"（ad-da-é-dub-ba-a "泥版屋之父"），"学生"被称作"校子"（dumu-é-dub-ba-a "泥版屋之子"），"助教"被称作"兄长"（šeš-gal "大哥"）。"校父""校子""兄长"这些反映家庭成员关系的名称表明，学校中的等级观念是按照家庭中的长幼尊卑设定的，师生关系如同父子。在

---

① Waetzoldt 2009，第251页。
② Farber-Flügge 1973年，第16页以下；拱玉书2017，第110页（第十二组"道"）。

《在校之日》中，老师对学生说："孩子啊，你有生父人皆知，我的地位仅次之。"①也是在这部作品中，老师对学生说："乃师如乃父，我为你祝福。"②这样的师生关系与中国文化中的"一日为师，终身为父"有异曲同工之妙。学校中的"师"（um-mi-a）与手艺人的"师傅"是同一个词，这与苏美尔人把书写术视为一种手艺的理念恰好吻合。据统计，乌尔第三王朝时期的"校子"多出身于书吏家庭，也就是他们的父辈也是书吏，这说明，那时至少在书写方面子承父业的做法比较流行，这也符合手艺人传承技艺的传统。在学校中，学生称老师为"师傅"（um-mi-a），而老师则把学生视为"吾子"，显然，为师者应该都是长者，年龄往往等同于学问和经验。但是，多大年龄方可为师，为师需要哪些前提，这些都不见于文献记载。从涉及学校生活的文学作品中可以看到，"师傅"与学生之间至少还有一个"兄长"，这个职位大概相当于现在的助教。

乌尔第三王朝时期苏美尔文明臻于极盛，官办学府也发展到顶峰，有西方学者甚至称这时期的学校为"大帝国学府"③。《在校之日》就是这个时期的作品，作品生动地描述了一个学子的求学经历，其中描述的校园生活和各种严苛的校规可能就是这个时期"大帝国学府"的真实写照。

《在校之日》像是一篇名人专访，以提问开始，接下来是"名人"的回答，讲自己的求学经历，中间偶尔有作者的评论和解释。这部作品兼具专访、报道和自传的性质，不长，只有91行，在楔文叙事文学中属于短篇。先看原作：

1. （请问）"学士君，昔日求学去哪里？"
"我到学校去。"

---

① lú-tur ad-da ba-an-zu gá-e ús-sa-ni-me-en, Kramer 1949, 第204页，第81行。
② um-mi-a níg-ad-da-za-gin₇ sub ha-ra-túm-túm, Kramer 1949, 第204页，第85行。
③ "grand imperial schools", George 2005, 第134页。

"君在学校何所为？"

"读泥版，吃午饭，

5. 做泥版，练写字，必把这些事情都做完。

我的习字版，有人为我准备好，

下午时，我的手抄版，有人放在我面前。

放学时一到，我就往家跑。

回到家里时，父亲堂中坐。

10. 我将手抄版，念给父亲听。

我把泥版念出声，父亲听之甚高兴。

我站在父身边，（开口对父言：）

'我甚渴，快拿水来喝。

我甚饿，快拿食与我。

15. 给我洗洗脚，快把床铺好，我要去睡觉。

明日清晨时，早点把我叫。

否则会挨老师打，绝不能迟到。'

清晨起得早，

我把母亲瞧，

20. 对母这样道：'午饭快给我，我要去学校。'

母亲给我俩面包，我很快都吃掉。

母亲又给我俩面包，我便直接奔学校。

来到学校时，班长问我道：'为何来迟迟？'畏惧油然生，

　　心在怦怦跳。

在老师面前进学堂，我鞠躬深弯腰。

25. 校长把我泥版读，（然后对我道：）

'因为泥版缺一角。'于是我挨藤条。

午饭……午饭……（因残缺，意不详）

364 | 苏美尔文明

老师有一位，专把校规管，正在四处转，

为抓违规者，到处仔细看。'你衣冠不整太邋遢！'于是我挨板。

30. 我的泥版书，校长拿到我面前。

园长对我言：'快点动笔写！我立刻就位不怠慢。

我接过泥版书，范文已然在上面。①

我着手写泥版，把让我做的事情都做完。

稍一不留神，不知说了啥？

35. 负责安静的人（说）：'未经我允许，为何要说话？'于是把我打。

负责坐姿的人（说）：'未经我允许，为何腰板不挺拔？'于是把我打。

负责纪律的人（说）：'未经我允许，为何站起来？'于是我把板子挨。

门卫（说）：'未经我允许，为何出校门？'于是把我打一顿。

负责水罐的人（说）：'未经我允许，为何取水饮？'于是把我打一顿。

40. 负责苏美尔语的人（说）：'你竟把阿卡德语说！'于是打了我。

我的老师（说）：'你手太笨拙。'于是打了我。

（转用第三人称叙述）

他遂厌读书，置之于不顾。

老师之所言，他反感又抵触。

---

① 因残缺，译文存疑。

之于书写术，他心灰力亦绌。

45. 事事都要讲适度，何况孺子初学术。

　　学长之高度，无人望之不却步。

　　（学子之父说）

　　"把他的礼物交给我，让他为你指条路。

　　簿记与计算，让他为你皆免除。"

　　（儿子回应）

　　"一个学校中，自有其规矩。

50. 人人在算计，我也要算计。"

　　学生表白心中意，得到父赞许。

　　一人到学校，来把先生邀。

　　先生入室后，待为座上宾。

　　学生对面立，服侍甚殷勤。

55. 所学书写术，

　　述之于其父。

　　其父心中喜，

　　笑对校长语：

　　"君为吾儿启愚蒙，使其有专攻。

60. 书写之艺术，君已使其悟。

　　泥版之真谛，算数簿记之谜底，君已让他览无余。

　　文字高深处，君已让他皆知悉。

　　（转向儿子）

　　为他斟美酒，为他备食案！

　　甜油让他尽情喝，仿佛流水般。

65. 我将给他穿新衣，我将送他以食物，我将为他戴手环。"

　　（学生）

为他斟美酒，为他备食案，

甜油让他尽情喝，仿佛流水般。

给他穿新衣，送他以食物，给他戴手环。

先生心甚喜，开口对他言：

70. "孩子啊，我之所言你不厌亦不嫌。

学问之高峰，距你已不远，努力来把巅峰攀！

一应之赠物，本非尔义务。

又把礼物送，多于我薪俸。不仅止于此，对我尤尊重。

74. 妮撒芭女神，保护神之尊，愿她成为你的保护神。

愿你制作的芦苇笔，使你交好运。

愿你的手抄版，丑陋难看都不见。

学兄与学弟，愿你居第一。

同学与同伴，愿你常领先。

所有学生中，愿你为优等。

80. 胸中怀宏愿，志在王宫行。

孩子啊，你有生父人皆知，我的地位仅次之。

我的这些祝福语，会给你带来好运气。

但愿尔父母，竭力把你助。

对待妮撒芭，你的女主人，就像对待你的神，进献祈祷

　　要殷勤。

85. 乃师如乃父，我为你祝福。

你已在先生眼里不一般，在学兄那里夺桂冠，

已把自己的名声建，

你的同窗与同侪，定会对你刮目看。

你已成为饱学士，已将校规美名传。"

90. 妮撒芭，学问皆由她掌管，她的伟大不待言。

> 妮撒芭，人称赞。

《在校之日》（*Schooldays*）是美国亚述学家克莱默（S. N. Kramer）赋予这部作品的名称[1]，该作品的古代名称叫《学生》（dumu-é-dub-ba-a），多次出现在文学目录中。[2]

自1909年起，西方学者就陆陆续续刊布《在校之日》泥版残片，截至1949年，已有21块《在校之日》泥版残片被发现，克莱默就是根据这21块泥版残片，首次将《在校之日》以音译和翻译的形式完整地呈献于世的。21块泥版中的13块由宾夕法尼亚大学博物馆收藏，7块由土耳其的伊斯坦布尔古代东方博物馆收藏。这些泥版都是宾西法尼亚大学考古发掘（1889—1900）所得，只有藏于法国卢浮宫的1块《在校之日》泥版是购买的，因此出处不详。[3]克莱默发表《在校之日》后，又有不少相关泥版被发现，泥版残片的数量在1949年的基础上又增加了28块，但新增文献对修补缺文并无大助，对作品内容也没有实质性补益。

在克莱默之前，已经有学者翻译过《在校之日》，但他们只是翻译了该作品的片段，克莱默首次完整地音译和翻译了全文。他的翻译一直被视为经典，至今没有出现任何实质性超越，这可从罗莫[4]和埃扎德[5]的翻译中略见一斑。

《在校之日》的历史背景是乌尔第三王朝，作品的成文年代或是乌尔第三王朝时期，或是稍后的伊辛-拉尔萨时期，是人类历史上最早的描述

---

[1] Kramer 1949；克莱默于1944年发表《在校之日》泥版时，称之为《学校创作》（*Edubba composition*），尚未用《在校之日》的称呼，见 Kramer 1944b，第38页。

[2] Hallo 1966，第90页。文学目录一般取某作品首行首词组为该作品的名称，但有一个文学目录与众不同，取了《在校之日》首行的后半句 ... me-šè-am i-du-dè-en（"君何往？"）为作品的名称，见 Krecher 1980，第479页。

[3] Kramer 1949，第200页。

[4] Römer 1990，第68—77页。

[5] Edzard 2004a，第531—538页。

百姓生活的叙事诗，其中有报告文学的特点，也有自传文学的特点，还有讽刺文学的特点，如果按照亚述学的普遍共识，即以"赞美"（zà-mí）结尾的作品都属于赞美诗，这首叙事诗又属于赞美诗类，赞美的对象不是十年寒窗的学生，也不是因小利而失大节的老师，而是书写女神妮撒芭。

在作品中，一位老生，也许是当时的社会名流，回忆了自己的求学经历，讲述了一些不堪回首的往事：每日早出晚归，因担心受到体罚而忐忑不安，结果还是不能逃脱受到各种体罚的命运。于是产生逆反心理，开始厌学，请求父亲贿赂老师，以求得到老师的善待。父亲为了儿子的前程，把老师请到家里，好吃好喝招待，好穿好戴相送，哄得老师高兴，老师立刻改变了态度，对这个一直挨打受罚的学生称赞不已，认为此子可教，前途无量。作品的讽刺意味显而易见。

在丰富多彩的苏美尔文学中，这部作品最具人情味，最贴近现实生活，因而也最有现实意义，讽刺、滑稽、夸张是其突出特点，令人捧腹的同时，也会引起读者对社会问题的深思。毫无疑问，这部作品在古人眼里已是脍炙人口、大众喜闻乐见的杰作和经典，抄本极多便是例证。

克莱默在这部作品中观察到一些当时的社会现象：行贿成风，教师收入微薄，因而教师乐见学生行贿，以获得一些"额外"生活补贴。[①]克莱默还把学生家长的行贿行为称为人类历史上最早的"溜须拍马例"。[②]当然，这部作品释放的信息绝不仅限于此，还包括学生在校的日常活动（如读泥版，写泥版，吃午饭）、放学后的日常生活（如放学即回家，回到家就要向父亲汇报所学，而后吃饭、洗脚、睡觉，第二天要起大早，匆匆吃点面包便急忙赶往学校）、家长的行为（如检查孩子的学习情况，为孩子备吃备喝，洗脚铺床，为了孩子而行贿）以及"一日为师、终身为父"的理念（"乃师如乃父"，第85行）等等。更具戏剧性的是，这个

---

① Kramer 1949，第199页；Kramer 1981，第10页。

② Kramer 1981，第10—13页。

"不幸"的学生一日之内因接连触犯规则而接连受到体罚。毋庸置疑，这种集中犯规受罚的描述是对现实生活的讽刺，也是对现实生活的高度提炼，形象地体现了苏美尔人的一种教育方式——体罚，而正是这种特别的教育方式传递着一种不可多得的信息——校规。

"校规"（á-ág-gá）就是"为学校活动和学生纪律设定的准则或规则"[①]。"校规"亦两次见于《在校之日》：其一，"先生有一位，专把校规管"[②]；其二，"你已成为饱学士，已将校规美名传"[③]。除这两处明确提到"校规"的地方外，校规的威力和震慑力在整个作品中无处不在。学生忐忑不安、如履薄冰的心理由惧怕校规而生，学生受到体罚是违反校规所致，学生功成名就更是校规约束的结果，校规造就了成功的学生，而成功的学生又使校规誉满天下。

校规是教职人员体罚学生的依据。每项规定都有专人负责检查监督，分工明确，负责人员各司其职，各尽其责。教职人员在体罚学生之前，先说明理由："未经我允许，为何要说话？""未经我允许，为何站起来？"等等，而后才实施体罚，明确告诉学生我打你是有依据和原因的，依据就是校规，原因是你触犯了校规。校规赋予体罚以正当性，这样，本属于暴力行为的体罚便成为依规行事、尽职尽责的正当行为。

《在校之日》中的学生接连九次受到不同教职人员的体罚，原因分别是（按照作品叙述顺序）泥版受损、衣冠不整、未经允许而说话、未经允许而不挺直腰板、未经允许而站起、未经允许而出校门、未经允许而取水饮、讲阿卡德语以及字迹潦草。此外，从"明日清晨时，早点把我叫。否则会挨老师打，绝不能迟到"可以推知，迟到是要受到体罚的。事实上这位不幸的学生真的迟到了，按照校规本应还有一罚，但不知出于什

[①] "the norms or rules for school activities and student discipline", Civil 1992, 第303页。
[②] um-mi-a á-ág-gá é-dub-ba èn-tar-re-da-ni, Kramer 1949, 第202页, 第28行。
[③] á-ág-gá-é-dub-ba pa bi-è lú-dim$_6$ bí-ag, Kramer 1949, 第204页, 第89行。

么原因，值班的老师或学长并未因此实施体罚，让这位因迟到而"畏惧油然生，心在怦怦跳"的学生躲过一罚。

体罚是依据校规实施的，一次体罚对应一种具体规定。根据这些具体惩罚，可以构建出十条校规：1. 泥版缺损者，校长责打之；2. 衣衫不整者，负责校规的教师责打之；3. 未经许可说话者，负责安静的教师（或学长）责打之；4. 坐姿不挺者，负责坐姿的教师（或学长）责打之；5. 未经许可站立者，负责纪律的教师（或学长）责打之；6. 未经许可出校门者，门卫责打之；7. 未经许可取水饮者，负责水罐的教师（或学长）责打之；8. 未经许可而讲阿卡德语者，负责苏美尔语的教师（或学长）[①]责打之；9. 写字不工整者，教师责打之；10. 迟到学校者，轮流值班的班长责打之。

反映校规或直接提到校规的文献极其罕见。因此，西维尔在专门介绍美索不达米亚教育体系中的校规时也只能三言两语，点到为止。他点到的文献是一篇古巴比伦时期的小泥版，破损严重，但仍然有几行完整可读："若某生在其座位上铺了坐垫后而打其他学生，在这种不当行为发生后，他不会受到责打，他将被开除。"[②] 这篇小文献还写道："若小学生不能背诵（要求他背诵的）练习版和名物表，学长和校长责打之。"[③] 从这篇小

[①] lú-eme-gi₇（r-ak）"负责苏美尔语的人"（《在校之日》第40行）。为什么讲阿卡德语（eme-uri）会受到惩罚？是个耐人寻味的问题。我认为，这与乌尔第三王朝时期苏美尔语处于岌岌可危、濒临消亡的情况有关。乌尔第三王朝时期的文献几乎都是用苏美尔语书写的，说明苏美尔语仍是官方语言，在书写领域占绝对优势，知识阶层能读懂苏美尔语，普通民众也能听懂苏美尔语。但人们在日常生活中使用的交际语言可能是阿卡德语。由于阿卡德语取代苏美尔语的趋势越来越明显，苏美尔人的精英阶层便试图挽救苏美尔语消亡的命运，措施之一是禁止在课堂上讲阿卡德语，于是便出现因讲阿卡德语而受到体罚的一幕。学生一不小心就讲了阿卡德语，恰恰说明阿卡德语已经是他的母语，下意识就能脱口而出。关于乌尔第三王朝时期苏美尔语的地位和命运，众说纷纭，但多数人认为苏美尔语作为口语在乌尔第三王朝时期已经濒临消亡，著名亚述学家库伯（J. S. Cooper）可视为这种观点的代表。他的结论是："Sumerian as a spoken language was in all probability dead or nearly so in Ur III"，Cooper 1973，第241页。因讲阿卡德语而受到体罚的这个例子为乌尔第三王朝时期作为口语的苏美尔语濒临消亡的观点提供了有力证据。

[②] Civil 1992，第303页。

[③] 同上，第303页；Volk 1996，第198页及注释123。

文献中可以看到，"打"是校规中明确规定的惩罚手段，也是除"开除"以外最严厉的惩罚手段，"打"的升级便是"开除"。在反映或直接提到校规的文献极其罕见的情况下，《在校之日》中反映的校规越发显得弥足珍贵。

"打"不但是校规中明确规定的惩罚措施，也是家长教子的常用手段。然而，体罚显然收不到预期效果，古代如此，当今更是如此。体罚的后果与预期结果往往恰恰相反。《在校之日》中的学生因屡遭体罚而产生厌学心理，以致动起行贿教师的心思，这是对体罚的莫大讽刺。在《父与不肖子》中，屡遭父亲打骂的学生对父亲的做法怏怏不服，且反唇相讥："你的聪明做法，你的棒罚，无人可以比拟。对你而言，我就是个生来不守规矩的人，我在你手里，连人都不是。"[①] 不难看出，这样的文学作品是洞见症结、针砭时弊且富有幽默感的古代文人用讲故事的形式对校规中的不合理规定和社会上盛行的体罚教育方式所给予的讽刺和批判。

除《在校之日》中反映的体罚形式（基本是打一板、打一下）外，体罚学生或体罚孩子的办法还有下列几种：打60棍（GIŠ.DUB，即泥版范，一种做泥版的工具）、用铜链把脚锁起来、两个月不许回家。[②]学生的逆反心理不仅反映在口头，可能也反映在行动上，把尚未写完的泥版折断，或在上面乱划，或把泥版团揉起来，随便扔在什么地方的情况时有发生。这样的泥版在任何泥版收藏中几乎都可以见到。

诚然，体罚不是古代苏美尔人的唯一教育方式。德国亚述学家福尔克在谈到古代美索不达米亚的教育方法时，把以乌尔第三王朝时期的教育方式为代表的苏美尔人的教育方式归纳为七种，即夸奖、树榜样、竞争、

[①] úmun ak túd-zu níg nu-mu-e-da-sè-ke-da-zu/á-ág-gá nu-dab₅-ba-gin₇ a-ra-dím-en šu-za lú nu-me-en, Sjöberg 1973, 第110、116页。

[②] Civil 1984, 第64页, 注释165。

用社会地位和财富引诱、劝告和警告、打以及监禁。[①]这几种教育方式包括鼓励、引导和惩罚，在目前已知的校规中，只见惩罚措施，不见鼓励和引导。

《在校之日》中没有提到学生自己制作泥版，但亚述学家的研究表明，在古巴比伦时期的学校里，应该也包括乌尔第三王朝和伊辛-拉尔萨时期，学生的第一个任务就是学习制作泥版和笔。[②]初学者使用的泥版都是圆形泥版，因为圆形泥版易于抓握。有时初学者使用的泥版大而厚，可能是因为这样的泥版不易损坏，而且容易用手指涂改。随着学生书写能力的提高，他们从老师那里得到的泥版也越来越薄。老师或助教在泥版上先写上范字，学生或在泥版的下面，或在旁边，或在泥版的背面，照着范字临摹。[③]有的临摹得很好，与范字相差无几；有的则横不平、竖不直、方不正，十分蹩脚；有的有始无终，半途而废。为初学者准备的泥版上面的文字一般都较大，行距也较宽。

学生首先练习书写组成文字的基本笔画：竖楔、横楔和斜楔，而后学习书写音节符号，接下来学习书写两三个字的组合，以后再学习人名和字表。为了掌握苏美尔表意符号的发音，以及与之对应的阿卡德字义，老师们还编写了专门的字表。在字的编排上，遵循先简后繁、把字形相似的字排列在一起的原则。[④]有时老师用字形极其相似的字来混淆学生的视觉，让学生改错，以引起学生对形近而义异的字的注意，如老师把 ^{gi}ha-an 和 ^{gi}ha-an-sig 故意写成 ^{zi}ha-an 和 ^{zi}ha-an-sig[⑤]，让学生修改。ZI 和 GI 的字形十分相似，容易混淆。老师能用这种方法教学生把近形异义的字加以区别，说明老师十分重视教学方法。

---

① Volk 1996，第183—200页。
② Falkenstein 1953，第131页。
③ Falkowitz 1984，第20页。
④ Edzard 1982。
⑤ Falkowitz 1984，第21页。

图5-14　古巴比伦时期的教学泥版，左边的是老师写的范字，右边是给学生临摹预留的空间

目前已知的古巴比伦时期的学校使用的都是苏美尔语教材，有的是专门为学生编写的，有的是传统的苏美尔语文献。研究表明，古巴比伦时期的学校遵循循序渐进的原则培养学生，教学内容分为两个阶段，第一阶段和第二阶段，或初级阶段和高级阶段。第一阶段的学习内容包括四个递进步骤：1. 基础楔文，包括学习单字，划分音节和书写人名；2. 苏美尔语词汇入门，即按主题学习苏美尔语术语；3. 数学、高级文献阅读、更多苏美尔词汇以及类比推理；4. 苏美尔语短语、法律合同、苏美尔谚语、符号和词汇的实际应用。第二阶段或高级阶段的学习内容是

苏美尔文学作品，包括赞美诗、叙事诗和文学书信。[①]也有学者根据尼普尔出土的材料对那里的学生培养过程进行了总结，发现那里的学生培养分为四个阶段[②]：1. 基本练习，包括符号的构成、音节表B、tu-ta-ti音节表以及人名表；2. 主题名词表；3. 高级表，包括计量表、数学表、原始Kagal表、原始Izi表、原始Lú表、原始Ea表和原始Diri表等等[③]；4. 合同模式和谚语。

  苏美尔语在古巴比伦时期已经不再是官方语言，那时的官方语言已经是阿卡德语，可以肯定，那时的学生和先生都讲阿卡德语。古巴比伦时期的统治阶层是阿摩利特人，他们的母语是否属于塞姆语，如今仍有争议。不论他们的母语属于什么语言，他们在巴比伦建立王朝时讲的是阿卡德语，《汉穆拉比法典》就是有力证据。随着苏美尔语失去官方语言的地位，大部分西亚地区都进入了塞姆化时代。在这样的历史背景下，为什么学校中教授的内容都与苏美尔历史、文化、宗教、文学和语言相关，却没有相应的阿卡德历史、文化等内容？涉及阿卡德语的部分几乎都与翻译相关，即如何用阿卡德语翻译苏美尔语文献。这个问题值得深思，但一直没有学者试图回答这个问题，原因也不难理解，因为历史学中最不好回答的问题就是"为什么"。是什么？什么样？什么时间？什么地点？这些问题都是实实在在的问题，条件满足时，就自然有了答案，而且正确答案只有一个。"为什么"是个见仁见智的问题，不可能有标准答案。依我的理解，这应该与苏美尔文化历史悠久、博大精深、影响广泛、深入人心、普遍得到认同有直接关系。苏美尔文化作为一个整体在当时的世界（苏美尔人见到和想象的世界）一枝独秀，艳压群芳，没有可以匹敌者。再者，塞姆人本来就与苏美尔人长期生活在一个区域，塞姆人高度认同苏美尔

[①] Crisostomo 2015，第125页。

[②] Veldhuis 1997，第63页。

[③] Robson 2001，第49页。

文化，学习、借鉴苏美尔文化的脚步一直没有停止，把苏美尔文化融入自身文化的进程始终都在进行，他们也自觉不自觉地参与了苏美尔文化的塑造。苏美尔人的学校源远流长，一直是传播苏美尔文化的重地，也一直有塞姆人参与，在学校中作为学生学习或作为老师教授苏美尔语言和文化，回到家里时讲自己的母语，可能一直是塞姆人的生活常态，他们对这样的生活状态已经习以为常，在骨子里从来不反对苏美尔人在学校中传播苏美尔文化。古巴比伦时期发生了改朝换代，乌尔第三王朝灭亡后出现的混乱局面结束，天下重归一统，虽然不再统一在苏美尔人的治下，苏美尔人永远地退出了历史舞台，但他们并未消亡。改朝换代不是针对苏美尔人的，更不是针对苏美尔文化的，改朝换代是政权更迭，这次更迭的结果是汉穆拉比统一天下，建立帝国，阿卡德语成为官方语言。政治格局的变化必然带来文化冲击，甚至是文化上的巨大变化。可以想象，苏美尔人失去统治地位后，社会精英们——其中一定包括苏美尔人，甚至大部分应该是苏美尔人——一定感觉到了政治和社会变迁给苏美尔文化带来的危机，感到继承、发扬、抢救苏美尔文化非常必要，甚至迫在眉睫。于是，古巴比伦时期出现"苏美尔文化复兴"的景象，追踪、复制旧文献，凭记忆或口传记录濒于失传的民间传说，甚至用苏美尔语创作新作品蔚然成风。这大概是如今见到的苏美尔语文学作品几乎都是古巴比伦时期的"抄本"的原因。

从古巴比伦时期流行的两则谚语中，也可以对当时人们对苏美尔语的重视程度略见一斑。一则谚语这样道："一个不懂苏美尔语的书吏算什么书吏！"[1] 另一则谚语道："一个不懂苏美尔语的书吏如何做翻译！"[2] 根据戈登的研究，谚语和大多数文学作品一样，成文年代都是"伊辛王朝

---

[1] Gordon 1959，第206页，谚语2.47；Sjöberg 1976，第161页。
[2] Gordon 1959，第208页，谚语2.49；Sjöberg 1976，第161页。

和巴比伦第一王朝"[①]。伊辛王朝时期，苏美尔语仍是官方语言，这一点毋庸置疑，这个王朝颁布的《里皮特伊什妲法典》用苏美尔语书写就是有力证据。如果这两种谚语产生于伊辛时期，那无异于苏美尔人说"一个不懂苏美尔语的苏美尔人算什么书吏"，这完全违背常理，苏美尔人怎么会不懂苏美尔语！所以，这样的谚语不可能是伊辛时期的产物，只能是古巴比伦时期的产物，即一个以懂苏美尔语为荣的时代的产物，至少书吏以懂苏美尔语为荣，或书吏必须懂苏美尔语，否则就是不合格的书吏。可见，古巴比伦时期苏美尔语受到高度重视，这意味着苏美尔文化受到高度重视。

为了更好地学习和掌握苏美尔语，古巴比伦时期的老师们还为学生编写了苏美尔语-阿卡德语动词变位对照表，这类文献更是典型的古巴比伦时期的产物，针对的是讲阿卡德语的学生。这类教材之所以产生，大概是由于对操阿卡德语的学生而言，在几年之内全面掌握苏美尔语并非易事，老师们必须总结苏美尔语语法规则，且用简单明了的方式系统性地将之呈现出来，才可能获得最佳教学效果。千百年来，苏美尔人和塞姆人一直生活在同一个地域，他们之间几乎没有语言障碍，相互交流和学习，每时每刻都在社会生活中自觉地、下意识地发生，日积月累，长此以往，社会的双语现象便自然天成，不需要学校，更不需要词汇对照表和动词变位表之类的辅助工具。人就是一切，对学习苏美尔语的塞姆人或其他非苏美尔人而言，身边的苏美尔人就是万能教科书，任何问题都可以通过人来解决。到了古巴比伦时期，社会环境变了，苏美尔人没了或少了，原因可能是本来对阿卡德语就不陌生的苏美尔人顺应历史潮流开始讲阿卡德语，即阿卡德语的南部方言巴比伦语，由此失去了本来就不强烈的民族意识，摇身一变成了巴比伦人，即讲巴比伦语的人。在这样的社会背景下，巴

---

① "Isin Dynasty and First Dynasty of Babylon"，Gordon 1959，第24页。

比伦人学习苏美尔语已然是在学习一种已经不再在社会上流通的语言，甚至是一种古代语言，为继承苏美尔文化中的精华而学习，为学习而学习，而且必须在一定时间范围内全面掌握，于是，各种学习工具便应运而生。不知这类旨在帮助巴比伦人学习苏美尔语的教材对古代学生学习苏美尔语起了多大的帮助作用，可以肯定的是，这些文献对现代学者理解苏美尔语语法帮助巨大，毫不夸张地说，没有这些教材，苏美尔语的重构不可想象，至少当今学者对苏美尔语的理解不可能达到现在的深度。

表格是一种整理数据和形象地、有条理地呈现数据的手段，是苏美尔人常用的，甚至是苏美尔人发明的数据处理手段，从乌鲁克IV时期（公元前3200年）就开始出现的各种名物表是后来相继出现的各种表格文献的滥觞。楔文文献中的表格文献历史悠久，数量庞大，仅辞书文献（都属于表格文献）就不可胜数，从1937年开始出版的《苏美尔语辞典材料》[①]截至2004年已经出版了18卷，包括各种名物表、普通单词表、名词性短语表、动宾短语表、复合字表、复合词表、单字发音表、女语（Emesal）词汇表、语法成分表等等，数量之多，涉及的范围之广，令人叹为观止。在古巴比伦时期，这些表格文献基本都是纯苏美尔语文献，属于单语文献，后来逐渐成为苏美尔语-阿卡德语双语文献，即后人在苏美尔语原表的基础上逐渐增加了阿卡德语释义，有的还加入了说文，成为人类历史上最早的"说文解字"文献。《苏美尔语辞典材料》收入的表格文献不是表格文献的全部，还有大批表格文献没有被收入，比如神表、容器表等。经济文献中也有很多表格，都没有被列入《苏美尔语辞典材料》。具有辞书性质的表格文献在古代就分为不同系列，每个系列都经历了"条目"由少而多，由没有苏美尔语发音到有苏美尔语发音，由没有阿卡德语释义到有阿卡德语释义的过程，这个过程终结于"正典化"，而

---

① 简称MSL，第1—9卷叫Materialien zum sumerischen Lexikon，从第10卷开始叫Materials for the Sumerian Lexicon。

"正典化"基本都发生在新亚述和新巴比伦时期。如果把所有"正典化"的楔文辞书文献视为整体,统称为辞书文献,那么,楔文辞书文献就是人类历史上最早的百科全书,其深度和广度堪比甚至超越《尔雅》。楔文辞书文献不是一朝一代人的智慧结晶,而是千百年中无数文化精英共同努力的结果。现代学者编辑出版《苏美尔语辞典材料》就花了六十多年的时间,无数著名学者为此付出了不懈努力。

最早的双语文献产生于叙利亚境内的古国埃布拉,时间在公元前2400年前后。[1]埃布拉人是塞姆人,埃布拉语属于西塞姆语。埃布拉人于公元前2400年前后借用了苏美尔人发明的楔形文字,与此同时,还引进了苏美尔语辞书文献和苏美尔语词汇表等。显然,他们借用文字的目的不仅仅是用这种文字来书写自己的民族语言埃布拉语,也是为了学习苏美尔人的先进文化。为了达到这样的目的,他们必须学习苏美尔人的语言,于是便有了用埃布拉语解释苏美尔语的词汇对应表,即苏美尔语-埃布拉语字典,或苏美尔语-埃布拉语双语文献。埃布拉出土的双语文献是人类历史上最早的双语文献。这样的文献是应外语学习(对埃布拉人而言苏美尔语是外语)之需而产生的,是语言学习的辅助工具。哪里有这样的文献,哪里就有教学活动,哪里就有学校。埃布拉的双语文献表明,早在公元前2400年前后,巴比伦尼亚地区普遍存在的学习和传承苏美尔书写文化的学校已经西传到了埃布拉。

埃布拉的双语文献为几个世纪后巴比伦人的双语文献开启了先河。埃布拉人学习苏美尔语和巴比伦人学习苏美尔语情况如此相似,简直就是历史的重演。埃布拉人和巴比伦人都是塞姆人,埃布拉语属于西塞姆语,巴比伦语属于东塞姆语,两种语言在根源上相同,区别并不大。他们都在一定的历史阶段面临学习苏美尔语的历史任务,埃布拉人于公元前2400

---

[1] 埃布拉的双语文献见Pettinato 1982。

年前后或更早就接触到苏美尔书写体系，面对先进文化的冲击，他们无法抗拒，于是全面接受了苏美尔人的书写体系，当然，为更好地用借用的文字体系表达自己的民族语言，他们对苏美尔书写体系进行了一些创造性改造，如把很多表意字用作表示音节。时至公元前1800年前后，苏美尔人退出了历史舞台，苏美尔语也不再是官方语言，丰富多彩、源远流长的苏美尔文化面临逐渐被遗忘和慢慢走向消亡的命运。这时的一部分社会精英一定产生了一种使命感，或者说，这样的时代赋予了他们一种使命：抢救、保护、继承、发扬苏美尔文化，使之不会随着苏美尔人的失势而消亡。于是，古巴比伦时期出现了"苏美尔文化复兴"，至少在学校中，苏美尔文化焕发出新的生机与活力，大批辞书文献和文学作品如雨后春笋，层出不穷，在巴比伦人的社会环境中出现了一道绚丽多彩的苏美尔文化风景线。埃布拉人学习苏美尔语时运用的辅助手段，如各种单语字表和词表等，在古巴比伦人那里应有尽有，这样的表格文献是苏美尔人的发明，埃布拉人也是从苏美尔人那里学来的。双语文献属于埃布拉人的创造，这个创造深深地影响了古巴比伦人和后来的巴比伦人和亚述人。但语法文献是古巴比伦人的创造，所谓语法文献指归纳苏美尔语中的词法、句法规则，并用相应的阿卡德语来体现这些规则的文献。这类文献的出现标志着人类开始对语言（这里涉及苏美尔语和阿卡德语，苏美尔语是研究对象，阿卡德语是研究工具，对苏美尔语语法规则的总结和呈现也是对阿卡德语语法规则的总结和呈现）的形式和内涵进行深入思考和解析，并试图归纳出其中的规律。虽然这类出现在古巴比伦时期（公元前1800—前1600）的语法文献还不能全面体现苏美尔语的全部语法规则，但毫无疑问，它们是后世所有语法研究的源头活水。

古巴比伦人的语法文献主要包括三方面内容：1. 动词变化表[①]，2. 语

---

① Black 2004, 第9页以下。

法词汇、语法分析和范例①，3. 语法术语②。古巴比伦人分析苏美尔语语法有他们自己的逻辑，与我们已经习以为常的逻辑不一样，比如，但凡涉及人称时，现在的语法研究者都习惯于从第一人称单数开始，而后依次是第二人称单数、第三人称单数，单数之后再复数，排序依然是从第一人称到第三人称，以物主代词为例：

第一人称单数：-ĝu₁₀ "我的"
第二人称单数：-zu "你的"
第三人称单数：-a-ni "他／她的"
第一人称复数：-me "我们的"
第二人称复数：-zu-ne-ne "你们的"
第三人称复数：-a-ne-ne "他们的"③

再如，动词（ku₄.r "进入"）中的人称：

第一人称单数：ĝá-e ì-ku₄-re-en "我进入"
第二人称单数：za-e ì-ku₄-re-en "你进入"
第三人称单数：a-ne ì-ku₄ "他／她进入"
第一人称复数：me-en-dè-en ì-ku₄-re-en-dè-en "我们进入"
第二人称复数：me-en-zé-en ì-ku₄-re-en-zé-en "你们进入"
第三人称复数：a-ne-ne me-en-dè-en ì-ku₄-re-eš "他们进入"④

---

① Black 2004，第53页以下。
② 同上，第77页以下。
③ Thomsen 1984，第71页。
④ 同上，第142页。

与现代人的习惯不同，古巴比伦人在涉及人称时常把第三人称置于首位，而后是第一人称和第二人称，即他们的人称排序是三、一、二，如动词gar"放置、建立、竖立"：

苏美尔语	阿卡德语	译文
ba-gar	*ittaškan*	"他/她/它被放到"
ba-gar-re-en	*attaškan*	"我被放到"
ba-gar-re-en	*tattaškan*	"你被放到"[①]

这样的人称排列顺序在古巴比伦语法文献中很常见，这样的顺序可能是塞姆人教授塞姆语时约定俗成的顺序，表明在编写语法文献时，古巴比伦人的母语自觉不自觉地对编写者产生着影响。

继续以gar"放置、建立、竖立"为例：

苏美尔语	阿卡德语	译文
gar-ra	*šukun*	"把……放到"（祈使）
ga-gar	*luškun*	"我将把……放到"（愿望）
ḫé-gar	*liškun*	"他/她将把……放到"（愿望）[②]

编者把祈使式与意愿式放在一组，表明他们认为命令别人做某事和希望别人或希望自己做某事属于一个语法范畴，即强迫性愿望（祈使）和自愿属于一个范畴，都是愿望，所以把它们放在一起（一组），这不能说没有道理，但这与现代语法理念显然不同。用*lū*+动词过去式表达愿意，*luškun* =

[①] Landsberger 1956, 第84页, 第160—162行。GAR（"放置、建立、竖立"）和DU（亦读GUB和GEN，"走、去、站"）是古巴比伦语法文献中最常用的范词。
[②] Landsberger 1956, 第79页, 第1—3行。

lū+aškun（*šakānu*的第一人称单数过去式），*liškun* = *lū+iškun*（*šakānu*的第三人称单数过去式），是古巴比伦人的偏爱，而且只用于第一人称单数和第三人称单数，后来的阿卡德语很少使用这种形式。这再次表明，古巴比伦语法文献中的语法解释首先考虑的是阿卡德语。

教育中的一个重要环节是考试。目前至少有四篇文学作品涉及考试，一些亚述学家分别把它们叫作《考试文献A》、《考试文献B》、《考试文献C》和《考试文献D》。[①]早在20世纪50年代就有人指出，称这些文献为"考试文献"并不合适，因为其中虽然有问答，或者说有测试性问题，但测试的目的并不是决定学生是否通过。[②]后来也有学者把这些文献叫作"对话"。[③]牛津大学苏美尔文学网（ETCSL）把它们分别叫作E-dub-ba-a A/B/C/D。不论是"考试文献"还是"对话"都不准确，都只能反映这些文献的某些特点。给这些文献贴个什么样的标签，在这个问题上学者间存在分歧，说明这个标签不好贴。因此，我们在此不纠缠这个问题，叫什么不重要，标题就是个标签，可使行文方便，或使用方便，古代标题取作品首行首词或词组，完全是出于实用的目的。

这几篇文献都有编辑版和现代语言翻译，亚述学家们在编辑和翻译这些文献时，都试图赋予每篇文献一个大致可以概括文献内容的题目，于是便有了《父与不肖子》(《考试文献B》)[④]、《学监忠告小书匠》(《考试文献C》)[⑤]以及《书写术赞》(《考试文献D》)[⑥]，唯独《考试文献A》没有这

---

① Examination Text (Examenstexte) A/B/C/D, Sjöberg 1975, 第137页。
② Landsberger 1960, 第100页。
③ Civil 1966, 第123页的"Dialogue 4"指的就是《考试文献C》。
④ 在1957年的一篇文章里，克莱默把这篇文献叫作《父亲与其变态儿子》(*A Father and His Perverse Son*)，Sjöberg 1973, 第105页，注释1。薛伯格（Sjöberg 1973）的《父与不肖子》(*Der Vater und sein missratener Sohn*) 脱胎于克莱默的《父亲与其变态儿子》。
⑤ The advice of a supervisor to a younger scribe, ETCSL 5.1.3; 西维尔称之为"Dialogue 4", Civil 1966, 第123页。
⑥ In Praise of the Scribal Art, Sjöberg 1972。

第五章　历史始于苏美尔　｜　383

样的名称，因为薛伯格编辑出版这篇文献时仍称之为《考试文献A》[1]。根据这篇文献的内容，以《书匠试子》名之应该是个可以接受的选择。

在这几篇文献中，《书匠试子》（《考试文献A》）是唯一具有"考试"性质的文献。通过文献的描述，我们似乎可以见到这样一种场面：一位"书匠"（dub-sar）对"其子"（dumu-a-ni）进行面试，地点是学校的庭院（kisal-é-dub-ba-a，第2行[2]），面试的见证者是"先生会"（unkin-lú-um-mi-a-ke$_4$-e-ne，第2行），也就是说，面试是在很多老师的见证下进行的，这说明考试是在学校进行的。提问的"书匠"应该是学校的老师，"其子"应该是老师的学生。一切准备就绪后，老师对学子说：

> 吾子请过来，坐在我这里。我要考考你，你要听仔细。
> 从小到成人，你在校生活到如今。
> 虽然学了书写术，其中奥秘未必悟。（第3—5行）

"从小"（u$_4$-tur-ra-zu-ta）"到成人"（nam-šul-la-a-zu-šè），"你一直生活在学校"（é-dub-ba-a ì-ti-le-en），这句话暴露了学子的年龄和学历，表明这位学子已经不是初学术的小学生，而是个成年人，而且一直不间断地在学校学习。这自然会给读者一种期待，读者都会以为即将出场的这位资深老生一定学识渊博，对答如流。然而，情况恰恰相反，面对老师的问题，这位老生却张口结舌，一个问题也不能回答，尴尬之际，开始抱怨老师教得不好，把责任都推给了别人，包括他的学兄。

来看看"考试"老师都提了哪些问题。

第一问："书写术之第一楔，六个发音（皆不同），（数字）60也是它，你可知其名？"（第12行）。此问涉及写字时如何下笔（？存疑），也

---

[1] Sjöberg 1975。
[2] 行数、音译以及英文翻译，见Sjöberg 1975。

涉及一字多音多义以及字的名称，名称中包含说文解字。楔形文字产生之后，就开始了由繁到简、由具象到抽象的演变过程，到了古巴比伦时期，楔形文字已经相当抽象，大体上已接近楔形文字发展的最后阶段——新亚述体楔形文字，已经相当规范。一个字如何书写？从哪一笔开始？如何继续？那时一定已经形成了约定俗成的习惯，或已形成了规则。书写汉字时，我们一般遵循先横后竖、先撇后捺、从上到下、从左到右的规则。古巴比伦人写字的具体规则我们不得而知，但从考官的这个问题中可以看到，古巴比伦人把可以表示数字"60"的楔形文字视为第一楔。规范后的楔形文字，基本笔画只有三种，横画 ▶—、竖画 ▌和三角画 ◁，这三个符号都是独立的字，都有各自的读音（不止一种）和意义（不止一种），同时又是其他楔形文字的组成部分。随便举几例，▶═▌（sag"头"）、▶◁（a，"水"）、▶▶（ku₆"鱼"）的基本笔画不外 ▶—、▌、◁ 三种。如果我们来写这三个字，我们会自觉不自觉地按照我们早已养成的习惯来写，写 ▶═▌ 时，会从 ▶— 开始，写 ▶▶ 时，会从 ▌ 开始，写 ▶▶ 时，也会从左上角第一个竖楔开始。苏美尔人如何写？不论怎么写，都应该不会在什么情况下都先从竖楔开始。如果这个排除法成立，考官说的"书写术之第一楔"指的可能就不是下笔时的第一画，而可能指在楔形文字的几种笔画中，竖楔最重要，在六十进位的苏美尔思维中，数字"60"是最重要的数字，用竖楔来书写"60"也恰好可以体现竖楔的重要性和基础性。

"六个发音"指的是楔形文字具有的一字多音多义的特点，仅举一例，便可知大概：▶═▌（由 ◁═ 演变而来）读 ka 义为"嘴"，读 kir₄ 义为"鼻"，读 inim 义为"话"，读 dug₄ 义为"说"，读 gù 义为"喊"，读 zú 义为"牙"。六个不同发音，六个不同字义，都与嘴有关，或是"嘴"，或是接近嘴的"鼻"，或是嘴里的"牙"，或是用嘴"说"，或是用嘴"喊"，或是嘴说的"话"。

每个楔形文字都有一个名称，现代学者称之为"字名"。字名有两种，一种是音名，即用某字的一个发音来称呼某字，如前面例举的"嘴"这个字，其字名是ka-a，表明ka中的a是长音，或kāgu①，表明kā的尾音是g。另一类字名是体名，即描述某字形体的名称，如 𒀭𒈬𒌌（mul"星"）的名称是a-na eš-še-ku"三个AN（𒀭）"②。体名实为说文解字，解释某字是如何构成的。

第二问："苏美尔语你已学，可解其中之隐意（níg-dul-bi）？"（第13行）此问中的"隐意"（níg-dul-bi，"被遮盖物"）可能指苏美尔语中的某单词或某句话可在不同语气、语态、语境中表达不同含义的特点。对古巴比伦时期的学生而言，苏美尔语是一门外语，苏美尔语的这个特点对他们来说应该是个难点。苏美尔语中的比喻特别丰富，如在《恩美卡与阿拉塔王》中有这样的描述：

> 大山是英雄，鹤立鸡群中。
> 仿佛太阳神，黄昏归天宫。
> 仿佛一个人，满脸血淋淋。
> 仿佛伊楠娜，苍天之至大。
> 仿佛人一个，额头金光发。
> 仿佛一横木，山中拦要路。③

在此，作者一口气用了六个比喻，其中有一个暗喻、五个明喻。苏美尔语中的比喻比比皆是，不胜枚举，前面提到的谜语中的"如天高""像书笈""似大鹅"皆属此类。考官所说的苏美尔语中的"隐意"

---

① Gong 2000，第142页。
② 同上，第161页。
③ 拱玉书 2023，第269页，第268—273行。2023年的《恩美卡与阿拉塔王》的汉译与此前的汉译（拱玉书 2006）有很多改进。

也许指比喻中喻体的象征意义。

第三问:"阿卡德语位于上,苏美尔语位于下;苏美尔语位于上,阿卡德语位于下;(两种情况均可遇,)如何解词如何译?"(第14行)此问涉及翻译规则。古巴比伦时期的学校面临抢救苏美尔语文献的问题,学习苏美尔语,把苏美尔语中的优秀作品翻译成阿卡德语,应该属于古巴比伦学校的重要教学内容。这里涉及的翻译问题可能指翻译的形式,或把苏美尔语原文写在第一行,把阿卡德语翻译写在第二行,其结果是苏美尔语在上,阿卡德语在下;或把苏美尔语原文写在左边,而把阿卡德语翻译写在同一行的右边,其结果是苏美尔语在左,阿卡德语在右。目前发现的双语文献中这两种情况均有。双语文献中也有元语言是阿卡德语、目标语是苏美尔语的情况。两种语言互译是一种有效的外语学习方法,古今皆如此。所以,也不能排除考官的问题涉及两种语言互译的可能性,也就是说,老师的问题可能是:"你知道如何把阿卡德语译成苏美尔语(阿卡德语在上,苏美尔在下)或把苏美尔语译成阿卡德语(苏美尔语在上,阿卡德语在下)吗?"

第四问:"交换物有一个,译成阿卡德语不适合,你可知这个东西是什么?"(第15行。残缺严重,译文存疑!)这个问题大概涉及两种语言中难以相互转换的一些词。每种语言中都有一些特有的概念,在另一种语言中没有直接对应的概念。遇到这种情况时,语言之间的相互转换(翻译)就会出现障碍,这样的情况多了,就会形成一些约定俗成的规则。考官的这个问题也许问的就是这样的规则。如果把苏美尔语和阿卡德语中的相互借词做比较就会发现,阿卡德语中的苏美尔语借词要远远多于苏美尔语中的阿卡德语借词,阿卡德语中的苏美尔语借词多得不可胜数,举几个常见的例子,ēkallu"宫殿"借自苏美尔语的é-gal,tupšarru"书匠"借自 dub-sar,kussû"王座"借自 gu-za,lullû"原始人"借自 lú-u$_{18}$-lu,narû"石碑"借自 na-rú-a,ušumgallu"龙"借自 ušumgal。借词实际上就是音译，就是把苏美尔语直接拿来，再加上阿卡德语的名词性词尾-u。现代汉语中的"浪漫"译自romance，"芭蕾"译自ballet，这与阿卡德语中的苏美尔语借词异曲同工。为什么这样做？第一，目标语中没有完全对等的概念；第二，这样可以准确表达元语言的本意。苏美尔语中也有阿卡德语借词，但为数不多，譬如，苏美尔语中的dam-ḫa-ra"战斗"借自阿卡德语的 *tamḫārum*，dam-gàr"商人"借自 *tamkāru*，ma-da"国家"借自 *mātu*。这里的"交换物"（苏美尔语ki-bi-gar-ra，阿卡德语 *pūḫtu*）也许指的是两种语言中的借词。

  第五问：（第16行）残缺严重，意不详。根据描述动词时态的 *marû*（未完成时）和 *ḫamṭu*（完成时）判断，此问可能涉及动词变化。

  第六问："我、你、他以及各种小品词，（它们的功能）你可知？"（第17行）此问显然在考人称代词以及各种名词后缀。由于泥版残缺严重，都问到哪些后缀，不能尽知，从残文中可见表示与格的-ra、方向格的-uš、-aš、-eš以及表示随格的-da。

  第七问："隐藏的（阿卡德语），从上看，从下……（你知否？）"（第18行）由于残缺严重，此问不详，从有限的残文看，此问似乎涉及翻译技巧。

  第八问：正楷、斜体、小楷、重字，各有其定式，（这个你知否？）（第19行）残缺严重，译文存疑。此问似乎涉及各种字体。到古巴比伦时期，楔形文字已经有1 500年的历史，文字经历了由繁到简的演化，每个历史阶段都给文字留下了时代烙印。书写材料的不同也使文字的外在形式产生很大区别，书写在泥质材料上的文字往往与时俱进，时代性明显，而书写在石质材料上的文字往往崇尚古风，以繁为美，《汉穆拉比法典》碑文是这方面的典型。文献类别也对文字有一定影响，书写文学作品的文字往往更"草"，而书写经济文献和辞书文献的文字往往更规范。虽然考官的问题明显指向各种字体，但正楷、斜体、小楷、重字具体指什么，目前难以确定。

第九问："苏美尔语的（……）阿卡德语对应词，（你可知是什么？）"（第20行）此问考的是苏美尔语和阿卡德语的对应词。

第十问："祭司有多种，其话语各不同（你可知其）名？"（第21行）此问涉及各种祭司的专业术语。这里提到三种祭司（nu-eš、išib 和 gudu$_4$）及其语言（eme）。苏美尔人崇拜多神，祭祀活动多种多样，祭司种类非止一种，有主持仪式的祭司、负责占卜和预测未来的祭司以及驱邪祭司等。这里提到的三种祭司都属于主持仪式的祭司。仪式祭司很多[1]，为什么考官选择了这三种祭司？他们各自的话语指什么？这些问题目前无法解释。

第十一问（第22行）和第十二问（第23行）残缺，问题不详。

第十三问："音乐艺术之歌（šir-nam-nar）、（……）之歌、挽歌（šir-nam-gala）、国王赞歌（šir-nam-en-na）、国歌（šìr-nam-uru-na）、正义之歌（šìr-nam-gi-na）、（……），把歌曲划分成不同部分，XX（意不详），这些你可知晓？"（第24行）此问涉及不同类型的歌曲和音乐。歌曲、音乐和诗歌紧密相连，尤其是歌词和乐曲融为一体的歌曲与诗更是密不可分，所以，此问应该也涉及文类。苏美尔人把纷繁复杂的文学作品分为不同类型，其中有（1）a-da-ab、bal-bal-e、balag、ér-šèm-ma、kun-ga、šìr-gíd-da、šìr-kal-kal、šìr-nam-gala、šìr-nam-šub、šìr-nar-ur-sag-gá、tigi、ù-lu-lu-ma-ma、ù-líl-lá 以及（2）zà-mí、ku-šú、ki-ru-gú、giš-gi$_4$-gál、šà-ba-TUK、bar-sù、uru$_{17}$(ÙLU)-EN-bi、sa-gar-ra、sa-gíd-da。[2]（1）类一般出现在文末，（2）类常常出现在文中，把一部作品分为几个部分。此问中的"把歌曲划分为不同部分"指的应该就是用这里的（2）类标题划分歌曲。对于苏美尔人的这些专业名词，今之学者尚不能完全理解，但可以

---

[1] Renger 1967，第113页。

[2] Wilcke 1976，第258页。

肯定，苏美尔人对文学作品（其中包括歌曲）的分类与我们今天所说的文类不完全一致，或者说，有很大区别。苏美尔人的分类不是基于一个标准，或不是从一个角度来考察的，而是基于不同标准，或从不同角度进行归纳的。根据目前对这些专业术语的理解，苏美尔人对文学作品进行分类时，依据至少有：1. 伴奏乐器，如"鼓"（a-da-ab和tigi）和"竖琴"（balag）；2. 作品体量，如"长歌"（šìr-gíd-da）；3. 作品形式，如"对话"（bal-bal-e）；4. 作品风格，如"哀歌"（ér-šèm-ma）；5. 作品用途，如"咒歌"（šìr-nam-šub）；6. 作品的语言特点，如"呜噜噜吗吗"（ù-lu-lu-ma-ma），象声词，暂无法确定表示哀悼还是欢喜。

第十四问："银匠（lú-kù-dím）和刻印工（lú-bur-gul）之语言与（标准的）阿卡德语相去甚远，你能否听懂他们交谈？"（第25行）此问涉及工匠行话。工艺是人类文明的重要组成部分，在《伊楠娜与恩基》里，伊楠娜女神用"天船"从埃利都运到乌鲁克的百余种文明要素（百余种"ME"）中包括八种工艺："木工工艺"（nam-nagar）、"铜匠工艺"（nam-tibira）、"书写术"（nam-dub-sar）、"金属工艺"（nam-simug）、"制革工艺"（nam-ašgab）、"漂洗工艺"（nam-ázlag）、"建筑工艺"（nam-šidim）以及"编席工艺"（nam-ad-KID）。[①] 从事这八种工艺的匠人分别是木匠、铜匠、书匠、金属匠、制革工、漂洗工、建筑师和编席工。这八班工艺和八种工匠自然不是工艺和工匠的全部，考官问题中涉及的银匠和刻印工都不在其列。可以肯定，不论从事什么行业，工匠们讲的语言都是当时的官方语言阿卡德语，但可能不是普通的、标准的阿卡德语，而是"变化了的"或"翻转的"（苏美尔语版用的是bal-bal-la，阿卡德语版用的是 *enīta*）阿卡德语，具体是什么情况，难以确定，但不外两种可能：1. 可能指银匠和刻印工之类的工匠讲的阿卡德语不标准，常常语序颠倒（阿卡

---

① 拱玉书 2017，第110页。

德语的 *enīta* 通常指顺序发生变化）；2. 工匠们的话语中常带专业术语，外行人可能听不懂。两种可能性同时存在。古巴比伦时期，苏美尔人在政治上退出了历史舞台，但苏美尔人的城市仍在，苏美尔人仍在。苏美尔人必须融入以塞姆人为主流的社会，他们必须讲阿卡德语。对他们而言，阿卡德语毕竟是与自己的母语完全不同的语言，所以，他们讲的阿卡德语可能是"变了味的"阿卡德语。银匠和刻印工都属于苏美尔人传统职业，到了古巴比伦时期，他们中的一些人完全可能仍从事这种职业。这种情况一定是当时的一种社会现实，但不大可能成为考试的内容。一个学生不一定要听懂工匠们讲的不标准的阿卡德语，但一定要掌握他们的行业术语，所以第二种可能性更大。

第十五问："健谈者之语言、（……）千万，牧牛人之语言、牧人长之语言、船夫之语言，其表达方式你可知？"（第26行）此问考的可能也是行业术语。"牧牛人"或"驾驭牛的人"（gu_4-šà-gu_4.r，阿卡德语：*kullizu*）、"牧人长"（utul，阿卡德语：*utullu*）和"船夫"（má-lah_4，阿卡德语 *malāḫu*）都是职业名称，名称本身也有明确指向。唯"健谈者"（inim-du_{11}-du_{11}，阿卡德语：*āmânû*）似乎不是职业名称，而是指那些具有语言天赋的"话痨"。

第十六问："乘法、逆值、系数、簿记、结算、各种交易，以及分配东西、界划田地，你是否都熟悉？"（第27行）此问考的是数学和管理。按照现代学科划分，数学属于理科，管理属于社会科学。此前的几问中提到的问题都属于现代意义的人文学科，第十七问也属于人文学科，这表明，虽然苏美尔人没有也不可能有现代意义上的学科划分概念，但他们的教育体系中却有这些学科的实质内容。考官把这些学习内容放在一起作为一个问题，说明以考官为代表的巴比伦人认为这些学习内容属于一类，这体现了学科划分意识。数学和管理对应经济文献，或者说，经济文献是数学和管理的体现形式，也是教授和学习数学和管理的最终目的。

经济文献看似简单，实则学之不易。

第十七问："乐器很多种，各自有称谓，（……）可知如何来分类？"（第28行）这最后一问提到几种具体乐器，还有一些不常见的词，加之残缺严重，所以难以理解，这里的翻译只表达了大意。此问考的是乐器名称，大概也包括"轻拢慢捻抹复挑"之类的演奏技巧。音乐是苏美尔人的宫廷生活和宗教仪式的重要组成部分。最早的宫廷乐器出土于乌尔王陵，年代属于公元前2700年左右，乐器种类主要是竖琴，属于弦乐中的弹拨乐。苏美尔人使用的乐器（是否都是苏美尔人的发明不得而知）有弦乐、打击乐和吹奏乐。弦乐大概主要用于宫廷娱乐，打击乐可能主要用于宗教仪式和在室外举行的大型庆祝活动。在《伊楠娜和恩基》中，第十七组"ME"都是打击乐，包括"圣提吉鼓"（tigi-kug）、"圣礼礼斯鼓"（li-li-is-kug）、"舞布鼓"（ùb）、"美兹鼓"（me-zé）、"阿拉鼓"（^{kuš}á-lá）①，这不是打击乐的全部，还有舍姆鼓（šèm）、阿达阿布（a-da-ab）、扎姆扎姆（zamzam）鼓等等。②击鼓可能早在吉尔伽美什时代就是盛大节日庆祝活动的组成部分。③

老师一口气提了这么多问题，其间没有提到学生如何反应。末了，学生开始抱怨，之后是老师的严厉批评：

> 你有何作为？为什么坐在这里？
> 你已经长大成人，几乎到了为人父的年纪。
> 却像一头老公牛，既钝又愚。
> 仿佛干枯的谷物，最佳时节已经过去。
> 你既不内疚，也不在乎同伴如何看你。

---

① 拱玉书 2017，第110页。
② 更多乐器见 Farber-Flügge 1973，第114—115页。
③ 《吉尔伽美什史诗》第二块泥版，第270—271行，拱玉书 2021，第49页。

> 你不与智者交谈，也不与博学者言语。①

接下来的10行由于泥版残缺严重而无法翻译，残文显示，批评和挖苦仍在继续，直到第48行："你太固执，不听人劝。"接下来，老师的话锋一转，开始对学生进行正面引导：

> 你本来足够强，千万勿自弃。
> 只是考考你，不要太忧郁。
> 不要太激动，不要总是有怨气。
> 不要总是恶言恶语！
> 不要好话听不进去！
> 安静坐下来，专注书写术。
> 不论昼与夜，心中无旁物。
> 书写术是好兆头，（书匠）可得神佑，（学之）可明双眸，王宫对此有需求。②

至此，《考试文献A》结束。这是一篇短文，只有56行，虽然有两个人物，老师和学生，但基本都是老师在讲话。首先是老师提出一系列问题，之后是老师对学生进行批评教育，最后是老师对学生进行鼓励。显然，这篇短文是在借老师之口展示学校的教学内容，也是借老师之口来宣扬苏美尔人的教育方法和教育理念。这里展示的批评、挖苦、责骂和鼓励都属于苏美尔人的教子方法。"明双眸"和"王宫对此有需求"体现的是苏美尔人的教育目的，一方面是为了开启心智，另一方面是学以致用。

前面讲到的《在校之日》是通过对一个学生的体罚来展示校规，《考

---

① 《考试文献A》第32—37行，Sjöberg 1975，第145页（德语翻译）。
② 《考试文献A》第49—56行，Sjöberg 1975，第147页（德语翻译）。

试文献A》是通过向一个老生提问的方式来展示学校提供的学习内容。问题来了：是否每个学生都要无差别地学习这些科目？答案应该是否定的。《考试文献A》把一个资深学生描绘得如此狼狈不堪，其实就已给出了答案：一个人完全掌握学校提供的所有知识和技能是不可能的。学习什么，去学到什么程度，这可能是决定一个学生最后成为什么样的书匠的主要因素，大概也是书匠分为不同等级或种类的原因。苏美尔语中的"书匠"（dub-sar）[1]有三大类："小书匠"、"大书匠"和"书匠"。"小书匠"可能指那些只接受过基础教育、学历比较低的书匠。这里所说的基础教育指只学习书写经济文献，无需学习辞书和文学等科目的教育，或者说他们只需学一门专长，掌握一些具体技能、写一手漂亮的字即可，"统计员"（dub-sar níg-šid）、"验收员"（dub-sar kuru₇-ak）、"土地测量员"（dub-sar a-šà-ga）等可能属于此类。"大书匠"（dub-sar-maḫ）应该指学历比较高的书匠，即受过完整教育的书匠，他们不但熟练掌握书写经济文献，更精通辞书文献和文学文献，"御用书匠"（dub-sar-lugal: *ṭupšar šarri*[2]）、"专家书匠"（dub-sar-úmun-na: *aššaru*[3]）、"智慧书匠"（dub-sar-kù-zu: *emqu*[4]）、"博学书匠"（dub-sar-gal-zu: *mūdû*[5]）之类可能属于此类。"书匠"应该是前二者的统称。

从各种与学校相关的文献中可以看到，有的学生已经年纪不小，甚

---

[1] 把苏美尔语的dub-sar"书写泥版的人"译为"书吏"，还是"文士"，亦或"书匠"？这个简单的问题一直因扰着许多中国学者，包括我本人，一直没有找到满意的汉语词汇来对应苏美尔语的dub-sar。上面提到的三种译法在一些具体的语境中都没问题，在另一些语境却又显得不那么恰当。"吏""匠""士"都是指有资历和地位或有特殊技能的人，把一个小学生叫作"书吏"、"书匠"和"文士"都不合适，那些代人书写文件（如合同、婚约）的自由职业者用"书匠"或"文士"指称比较恰当，而用"书吏"来指称那些在政府或神庙任职的官员或祭司更为适合，但上述三种翻译都不能准确表达dur-sar的本义，因为它们都带有局限或偏指，不够中性，而"泥版书写者"又不够简练。为行文方便，这里暂用"书匠"对译dur-sar。

[2] Civil 1969, 第99页, 第140行（MSL 12）。
[3] 同上, 第99页, 第141 (i) 行。
[4] 同上, 第99页, 第141 (k) 行。
[5] 同上, 第99页, 第141 (l) 行。

至到了为人父的年龄,《考试文献A》中的学生就是这样的资深学生,他"已经长大成人,几乎到了为人父的年纪"。在《父与不肖子》中,父亲训斥儿子时说道:

> 翻土犁地,我从未让你做,
> 为田除草,我也从未让你做。
> 其他力气活儿,我都从未让你做。
> '干活儿去!你得养活我!'
> 我一生从未说。
> 像你一样的人,人人都在辛劳,
> 他们都把父母养活。①

这里的学生已经到了应该靠自己的劳动赡养父母的年龄。遗憾的是,这个不肖子和《考试文献A》中的那位像一头愚钝的老公牛一样的资深学生到底多大年龄,我们无从得知。没有任何文献明确给出年龄,不但没有关于毕业生年龄的信息,关于入学年龄也没有准确信息,像中国古代典籍中的"周礼八岁入小学"之类的信息从来没有。所有的相关信息都是"模糊"信息,如《考试文献A》中的"从小到成人,你在校生活到如今",其中的从"小"(u_4-tur-ra)到"成人"(nam-šul-la)都是人生的成长阶段,而不是准确年龄。乌尔第三王朝的舒尔吉国王自称"我从小(tur-ra-gu_{10}"我小时候")就在学校里(学习)。"②多小算"小"?多大算是"成年"?对此,不同文化会有不同定义。不知苏美尔人如何定义,但不能排除苏美尔人自己心里清楚的可能性,也就是说,从"小"到"成人"在苏美尔人心里可能是个具体时间概念,人人皆知。亚述国王亚述巴尼拔

---

① 《父与不肖子》第79—85行。音译和德文翻译见Sjöberg 1973;亦见Römer 1990,第83页,79行以下。
② Castellino 1972,第30页。

（公元前668—前627在位）在谈到他的读书生涯时，说他到了能骑马、射箭、驱车的年龄时，仍在读书。[①]可见，不论是苏美尔人还是亚述人，都要在学校度过很长时间才能完成受教育的全过程。

乌尔第三王朝的舒尔吉不但能讲苏美尔语（舒尔吉的母语）和阿卡德语，还能讲埃兰语和阿摩利特语。[②]舒尔吉的外语是在哪里学的？舒尔吉自称"我从小就在学校里（学习）"，给人的感觉是他的外语是在学校里学的，但没有任何文献显示乌尔第三王朝时期的学校教授外语，古巴比伦时期的文学作品中反映的学校课程——不论是乌尔第三王朝时期的课程，还是古巴比伦时期的课程——都不包括学习外语，如果一定用外语来描述学校中的语言类课程，那就只有两种语言互为外语，对母语是苏美尔语的学子而言，阿卡德语是外语；对母语是阿卡德语的学子而言，苏美尔语是外语。除这两种语言外，学校提供的课程中不涉及第三种语言。由此观之，舒尔吉学外语的途径不是学校。舒尔吉是乌尔第三王朝第二代国王，其父乌尔娜玛是乌尔第三王朝的建立者，在建立王朝之前曾是乌鲁克王乌图黑伽尔手下的一名将军，可能也是乌图黑伽尔的兄弟。[③]舒尔吉读书时，乌尔娜玛可能还没有建立乌尔第三王朝，但他毕竟出身非凡，想接受什么样的教育都可以得到满足。所以，舒尔吉会多门语言应该与学校没有关系，他是特例，他的成就应该归功于王室享有的特殊教育。

2003年，英国学者盖勒发表了一块私人收藏的泥版[④]，从文字风格看是一块乌尔第三王朝时期的泥版，从泥版上涉及的人名都是阿卡德语人名看，这块泥版应该属于古巴比伦时期，综合起来看应该不晚于古巴比

---

① Falkenstein 1953，第132—133页。
② Sjöberg 1976，第167页，注释32。
③ Wilcke 1974，第192页，注释67。
④ Geller 2003（包括音译、英文翻译和泥版摹本）。

伦时期。从泥版背面书写的时间及教师名字判断，这块泥版是一块教师为学生书写的范版。有趣的是其内容：一个叫黑贝-埃利都（Hebe-Eridu）的学生跟一个叫伊尔-西里（Il-ṣiri）的人学习音乐（nam-nar），学习内容包括"歌唱"（nar，"歌手"或"音乐家"，这里应该指学歌唱或学音乐）、提吉德鲁（tigidlu，一种弹拨乐器）、阿希拉（asila，一种弹拨乐器）、提吉（tigi，一种鼓）、阿达布（a-da-ba，一种鼓），学了7次，学生父亲阿达德-拉马西（Adad-lamasi）付银5舍克勒（1舍克勒约8.3克）。在古巴比伦时期，5舍克勒银还能做什么？《汉穆拉比法典》法典规定："若某自由人打了另一自由人的女儿而致其流产，他（打人者）应为她的胎儿付银10舍克勒。"[①]"若一个穆什钦努（半自由人）的女儿被打而导致流产，他（打人者）应付银5舍克勒。"[②]《汉穆拉比法典》还规定："若某医生治愈了一个自由人的骨折，或是治愈了受伤的肌肉，病人应付银5舍克勒给医生。"[③]"若某人从公共灌溉田里盗窃播种犁，他（盗窃者）应付银5舍克勒给犁的主人。"[④]通过《汉穆拉比法典》中的罚金和酬金可以看到，5舍克勒银可抵一个半自由人未出生婴儿的命，可支付接骨的医疗费，可支付盗窃一把播种犁的罚金。可见，古巴比伦时期的5舍克勒银价值不菲。家长拿出这么多银子为孩子交学费，足见这位家长为培养孩子毫不吝啬，舍得花钱。这篇短文不仅详细记载了学生学习的具体乐器，还记载了学习的次数——"7次"。"7"在苏美尔文化中是个特殊的数字，可以代表"多"，7次相当于很多次，但这种用法常出现在文学作品中，在这篇记载真人真事的短文中，"7"应该实指真实的次数，带有仅7次就付了那么多银的感觉，似乎在强调7次就要付费5舍克勒，学音乐还是很烧钱

---

① 《汉穆拉比法典》第209条，杨炽1992，第116页；Roth 1997，第122页。
② 《汉穆拉比法典》第211条，杨炽1992，第116页；Roth 1997，第122页。
③ 《汉穆拉比法典》第221条，杨炽1992，第120页；Roth 1997，第124页。
④ 《汉穆拉比法典》第259条，杨炽1992，第134页；Roth 1997，第129页。

的。对比当下的情况，我们很容易把这篇短文描述的情况理解为中小学生的课外兴趣班。这种学习方式是否属于课外个人兴趣培养？仅凭一篇短文似乎难以确定。但专门学音乐（包括唱、弹、敲），只学7次（一期或一级7次？），按次数付费，如果这不是附加的课外兴趣培养，还能是什么？

保护弱小：最早的社会改革

"回到母亲的怀抱"出自《乌鲁卡基那改革铭文》，乌鲁卡基那[①]是拉迦什第一王朝最后一位国王，统治时间大约在公元前2350年前后，他推行的改革被誉为人类历史上最早的社会改革。1878年，法国驻巴士拉副领事德·萨尔泽克（E.de Sarzec）发掘铁罗（吉尔苏遗址）时发现大量文物，其中包括《乌鲁卡基那改革铭文》（见图5-15）。1907年，法国著名亚述学家剔罗-当让（F. Thureau-Dangin）首次发表铭文的全文译文[②]，此后，相关研究和翻译便层出不穷，时至今日，各种语言的译文和研究文章不可胜数，其中也包括中国学者的研究和翻译。[③]

目前发现两个比较完整的泥圆锥铭文和一块泥圆锥残片，它们分别被现代学者称作文本A（AO 3278）和文本B（AO 3149）。文本A和文本B的格式略有不同，而内容几乎完全一致，很难判断哪个是原著，哪个是抄本，或许两个都是抄本。该铭文的西文译文有多种，其中比较新、学

---

① 关于"乌鲁克基那"（Urukagina）的不同读音和不同解释，见Edzard 1991a。
② Thureau-Dangin 1907, 第46—55页。
③ 如周一良/吴于廑 1985, 第43—52页；杨炽 1982, 第1—11页。

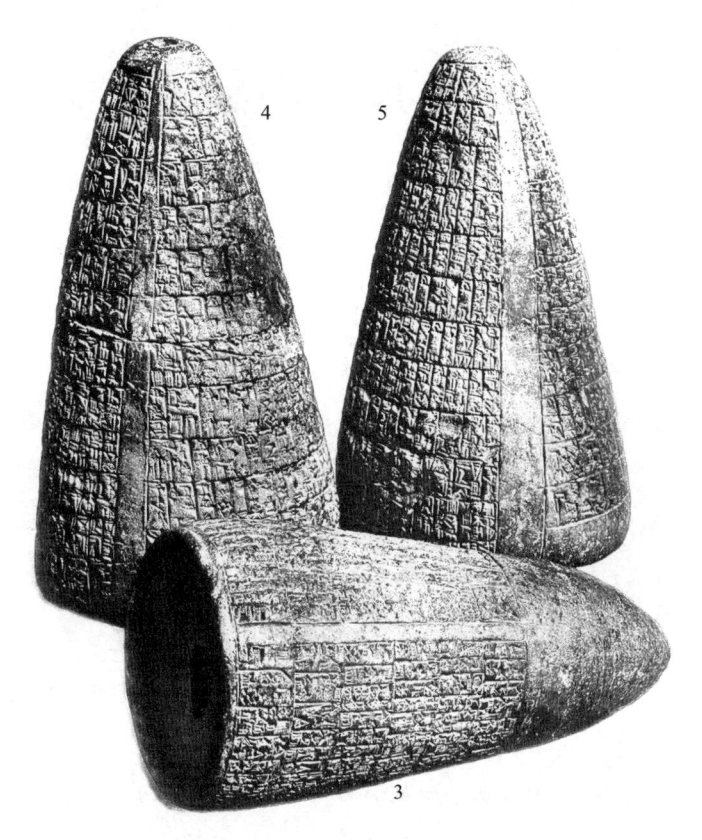

图5-15 《乌鲁卡基那改革铭文》(4—5)以及恩美铁纳铭文(3),泥锥体。《乌鲁卡基那改革铭文》有三个抄本,其中两个保存非常好,一个残缺严重。铭文A,即泥圆锥(4),高28.2厘米,底部直径16.5厘米。铭文B,即泥圆锥(5),高27厘米,底部直径14.2厘米。原件都藏于卢浮宫博物馆

术性比较强的译文是施泰布勒的德语译文和弗雷恩(D. Frayne)的英语译文[1],汉译可参考杨炽的译文[2]。我们先阅读铭文,然后再进行讨论。下面的译文是笔者的最新翻译,所据苏美尔语原文是铭文A,同时参考了多种现代语言译文和相关的学术研究。

《乌鲁卡基那改革铭文》A(AO 3278):

---

[1] Steible 1982, 第288—312页: Uru'inimgina 4—5; Frayne 2008, 第259—265页。
[2] 杨炽 1982, 第1—11页。

第五章 历史始于苏美尔 399

第一栏

1. 为宁吉尔苏（Ningirsu，拉迦什主神）

2. 恩利尔的勇士，

3. 乌鲁卡基那，

4—5. 拉迦什之王，

6—7. 建造了提拉什（Tiraš）宫，

8—9. 为他建造了安塔苏尔（Antasur，神庙）；

10—11. 为她（指芭乌，宁吉尔苏之妻）建造了芭乌神庙；

第二栏

1—3. 为她建造了布尔萨格（Bursag），

定期进献贡品的神庙。

4—6. 在圣城，为她建造了羊毛储藏室（gá-udu-ur₄）。

7. 为楠舍（女神）

8—10. 他开凿了伊尼纳都①，她心爱的运河，

11—13. 其河口与海相连。

14—第三栏1. 他还建造了吉尔苏城墙。

第三栏

2—3. 自古以来，自从有了（生命的）种子以来，

4—6. 此前，船长把船据为己有，

7—8. 牧人长把驴据为己有，

9—10. 牧人长把羊据为己有，

11—13. 渔业总管把税收据为己有，

---

① i₇-Nina^{ki}-du "流向尼纳城之河"。

14—17. 古督（gudu$_4$）祭司在沼泽地（Ambar^{ki}）拿粮食税做交易。

18—第四栏1：产毛羊的牧羊人（sipa-udu-siki）用银支付（税款），而不是用白羊支付。

第四栏

2—8. 测量员、首席哀歌歌手、监督员、酿酒师和工头用银纳税，而不是用羊羔。

9—12. 用神（即神庙）的牛来犁国王的洋葱地，

13—18. 而神（即神庙）最好的田地却变成了国王的洋葱地和黄瓜地。

19—22. 成队的驴和完美的牛都被用来为神庙管理者服务。

第五栏

1—3. 神庙管理者的粮食被国王的军队瓜分。

4—21. 神庙管理者收取物品，而不是接受差役：（物品包括）猫耳、Ú.ÁŠ(？)、ŠU.GABA.ÙR(？)、羊毛外衣、亚麻……、裸亚麻（？）、亚麻捆、青铜头盔、青铜箭、青铜回旋镖、光亮皮革、黄色乌鸦的羽毛……以及厚毛山羊。

22—第六栏3. 神庙管理者把穷人果园里的果树砍掉，把水果据为己有。

第六栏

4—12. 把一具尸体移到墓地，殡仪员（uruḫ）要拿7坛啤酒（140升）、420条面包、2乌尔（ul, 72升）哈兹

（ḫazi）大麦、1件毛衣、1只头羊和1张床（^{giš}ná）。

13—14. 哭娘（lú-umum）拿1乌尔（36升）大麦。

15—16. 如果某人要葬在恩基芦苇丛，

17—24. 殡仪员要拿7坛啤酒（140升）、420条面包、2乌尔（72升）大麦、1件毛衣、1张床和1把椅子（^{giš}dúr-gar），

25—27. 哭娘拿1古尔大麦，

28—第七栏1. 工匠们为举手仪式（šu-íl-la）而得到面包。

第七栏

2—4. 两个年轻人要得到通往（冥界）大门的费用。

5—11. 国王的财产和田地，王后的财产和田地，子女们的财产和田地，都毗连在一起。

12—16. 法警（maškim-di）拥有从宁吉苏神的边界到海的管辖权。

17—19. 若国王的随从在其田地的狭窄边缘挖一口井，

20—21. 他会把盲人（igi-nu-du$_8$）抓来做工。

22—25. 盲人也被抓去修整田里的灌溉渠。

26—28. 这些都是以前的规定。

29—30. 当宁吉苏神，恩利尔的战士，

第八栏

1—4. 把王权授予拉迦什的乌鲁卡基那，

5—6. 当他（指宁吉尔苏）从36 000人中选择了他，

7—13. 他恢复了从前的习俗，执行了主人宁吉尔苏给他的命令。

14—16. 他解除了船长对船的控制，

17—20. 他解除了牧人长对驴和羊的控制，

21—23. 他解除了渔业总管对税收的控制，

24—27. 他解除了古督（gudu$_4$）祭司对谷物税的控制，

28—第九栏1. 他罢黜了接受用银，而不是用白羊和羊羔付税的法警，

第九栏

2—6. 他罢黜了负责神庙管理者向王室履行职责的法警。

7—11. 他让宁吉尔苏成为王室财产和王室田地的主人，

12—16. 他让芭乌成为王后财产和王后田地的女主人，

17—21. 他让舒尔沙伽纳（Šulšagana，宁吉尔苏之子）成为子女田地的主人。

22—25. 从宁吉尔苏的边界到海，法警都被取消。

26—32. 把一具尸体送到墓地，殡仪员拿3坛啤酒（60升）、80条面包、1张床和1只头羊，

33—34. 哭娘拿3班（ban，18升）大麦。

35—第十栏1. 如果某个人要葬在恩基芦苇丛，

第十栏

2—6. 殡仪员拿4坛（80升）啤酒、420条面包和1古尔大麦，

7—9. 哭娘拿3班（ban）大麦。

10—13. 女祭司（ereš-dingir）拿1件妇女服饰和1升香油。

14—15. （死者家属）还应准备420个干面包，

16—17. 40个热面包用来吃，

18.19. 10个热面包作祭品，

20—23. 5个面包给服务人员（lú-zi-ga），2木德（mùd，容器）啤酒和1沙杜格（sá-dug₄，容器）啤酒给吉尔苏的哀歌歌手，

24—27. 490个面包、1木德啤酒、1沙杜格啤酒给拉迦什的哀歌歌手，

28—30. 406个面包、1木德啤酒、1沙杜格啤酒给其他哀歌歌手，

31—33. 250个面包、1木德啤酒给老妪，

34—37. 180个面包、1木德啤酒给尼纳（Nina）的老妪。

38—第十一栏6. 那些焦急等候的盲人，晚饭每人一个面包，午夜每人5个面包，黎明每人1个面包，中午每人6个面包。

第十一栏

7—10. 60个面包、1木德啤酒、3班（18升）大麦给那些桑格布尔（sag-bur）的扮演者。

11—13. 他取消了两个年轻人通往（冥界）大门的费用，

14—16. 他取消了工匠们为举手仪式而得的面包。

17—19. 神庙管理者不再掠夺穷人的果园。

20—24. 若一头好驴出生在国王随从家里，而其长官对他说："我想从你那里把它买下"，

25—28. 此人或让他买，并对他说："按我想要的价格付给我银！"

29—31. 或不让他买，长官都不可以发怒打人。

32—34. 若一个大人物（lú-gu-la）的房产与一个国王随从的房

产相邻，

35—37. 若这个大人物对他说："我想从你那里把它买下"，

38—第十二栏6. 此人或让他买，并对他说："按我想要的价格付给我银！我的房子是个大箱子，为我装满大麦！"

第十二栏

7—11. 或不让他买，大人物都不可以发怒打国王随从。

12. 他（指乌鲁卡基那）颁布了（上述规定）。

13—22. 至于拉迦什公民，不论是负债者、用古尔骗人者、用古尔称大麦时缺斤少两者，还是小偷或杀人犯，他把监狱清理干净，给了他们自由。

23—28. 乌鲁卡基那与宁吉尔苏神达成了一项具有约束力的口头协议：他将保证孤儿或寡妇不受强者欺压。

29—38. 那一年，乌鲁卡基那为宁吉尔苏疏通了归吉尔苏拥有的运河——"小河"，并恢复了它原有的名称："宁吉尔苏从尼普尔获得权威"。

39—44. 他将之与伊尼纳都（i_7-Nina^{ki}-du）（运河）连在一起。这是一条纯净的河，其水清澈。愿它为楠舍（女神）带来永流不息的水！

这就是《乌鲁卡基那改革铭文》，其中描述的社会改革被誉为人类历史上最早的社会改革。乌鲁卡基那大约生活在公元前2400至前2300年间，是乌尔楠舍王朝，即拉迦什第一王朝的最后一位国王。他取得王权时，拉迦什第一王朝已经有近两个世纪的历史。那时的拉迦什社会矛盾重重、百姓水深火热、国家机器基本瘫痪。为挽救大势已去的国运，乌鲁卡基那推行了上述改革。然而，改革并没有挽救拉迦什灭亡的命运。就在乌鲁卡基那统治时期，温马王卢伽尔扎格西灭亡了拉迦什第一王朝，对拉迦什城进行了烧杀掠抢。①

从《乌鲁卡基那改革铭文》可以看到，乌鲁卡基那成为最高统治者之前，拉迦什问题重重，贪官污吏当道，敲诈勒索盛行，王室侵占良田，神庙欺压百姓，苛捐杂税繁重，孤儿寡母受欺凌，强买强卖成为世风，丧葬业更是重灾区，到了普通人都死不起的程度。面对种种社会问题，乌鲁卡基那采取了一系列措施来应对，归纳起来，他的改革措施包括以下几个方面：

1. 撤消不同行业中利用职权搜刮民财的贪官污吏的职务。
2. 把王室的不动产收归神庙，并停止收税。
3. 减少主管丧葬行业官员的收入。
4. 提高低级祭司阶层的待遇。
5. 提高手工业者的社会地位。
6. 保证国王随从的财产不受侵犯。
7. 大赦天下，还民自由。
8. 保护弱势群体。

诚然，乌鲁卡基那的改革不是一次彻底的、颠覆性的改革，而是针对具体社会问题而采取的具体改良措施，没有涉及家庭、婚姻、财产、债务等决定社会是否稳定的根本问题。其中有些措施显然是针对贪官和权贵的，在打击贪官和权贵的同时，明确提出保护社会底层的劳动者和不能自食其力的孤儿寡妇。他还清理监狱，大赦天下，让那些被限制自由的人"回到母亲的怀抱"。这些措施，尤其是保护弱者的措施，具有划时代意义。在今天看来，这种理念也是极其先进和难能

---

① 关于卢伽尔扎格西如何洗劫拉迦什，见 Frayne 2008，第276—279页（URU-KA-gina E1.9.9.5）。

可贵的，这充分体现了乌鲁卡基那的"仁"。把前王室不动产交给神庙——这些土地可能以前都属于神庙所有，后来被王室侵占——而不是收归王室，这又体现了他的"义"。他应该是人类历史上第一位可以得到文献证明的"仁义之王"。虽然乌鲁卡基那的行为属于正义之举，但后来一直得到广泛应用的"正义"（níg-si-sá）一词并未出现在改革文献中。

乌鲁卡基那改革显然没有收到他本人预期的效果，但对后世产生了深远影响。他的改革措施不是法典，却胜似法律。毫无疑问，他的改革开启了后世君王立法传统的先河。后世的楔文法典都由三部分组成，前言、法典条文和后记，而这三个部分都能在《乌鲁卡基那改革铭文》中找到对应。改革铭文明显分为四个部分：（1）乌鲁卡基那的功绩（i 1—iii 3[①]）；（2）乌鲁卡基那之前的种种社会问题（iii 4—vii 28）；（3）乌鲁卡基那的具体改革措施（vii 29—xii 12）；（4）自诩和愿望，自诩包括大赦、与神相约以及建筑成就（xii 13—xii 44）。（1）相当于后来法典中的前言，（3）相当于后来法典中的法律条文，（4）相当于后来法典中的后记，（2）在后来法典中没有，因为这部分涉及改革措施针对的问题，对法典来说，这个部分完全没有必要。法典是对尚未发生的行为提前做规定，而改革是消除或改善已有的问题。后来的法典没有这个部分，说明后来的法典在此基础上发展了，具备了法典的基本特点，同时也反证乌鲁卡基那改革虽然具有法典的特点，但本质上却是改革旧制。为什么说《乌鲁卡基那改革铭文》的（3）是后来法典的法律条文的前身？因为二者的叙事风格非常接近，铭文中有这样的表述："若一头好驴出生在国王随从家里，而其长官对他说：'我想从你那里把它买下。'此人或让他买，并对他说：'按我想要的价格付给我银！'或不让他买，长官都不可以发怒打人。"[②]

---

① 即第一栏第1行至第三栏第3行，以下的罗马数字皆指栏，阿拉伯数字指行。
② 第十一栏第20—31行。

熟悉《乌尔娜玛法典》的人会感觉在读《乌尔娜玛法典》，熟悉《汉穆拉比法典》的人会感觉在读《汉穆拉比法典》，区别只在于《乌鲁卡基那改革铭文》没有用后来法典中的"如果"（苏美尔语的tukumbi，阿卡德语的šumma）来引导从句，而是把"如果"这种假设语气赋予了动词的将来式（如：ù-na-tu"将为他生"，ù-na-du$_{11}$"将对他说"），有时也用u$_4$-da（"当……时"）来引导从句。在语言表述上，《乌鲁卡基那改革铭文》与后来的法典不尽相同，但语气和意思几乎没有区别。从《乌尔娜玛法典》开始，条件句一律用tukumbi（"如果"）引导，这个传统应该是从《乌鲁卡基那改革铭文》中的将来式和时间副词u$_4$-da（"当……时"）演化而来的。《乌鲁卡基那改革铭文》的最后部分（4）是后来法典后记的前身。

乌鲁卡基那"保证孤儿（nu-siki）和寡妇（nu-ma-kúš或nu-mu-un-su）不受强者欺压"的正义者形象得到后世君王的高度认同。后世君王在立法时都把保护弱者、使他们免遭强者欺凌写进了法典，表明这种理念已经成为他们立法的目的之一，甚至成为立法的根本。乌尔娜玛在《乌尔娜玛法典》前言中写道："孤儿不会任由富人欺凌，寡妇不会任由强者欺凌，拥有1舍克勒（银）者不会任由拥有1明那（银）者欺凌，拥有1只羊者不会任由拥有1头牛者欺凌。"① 汉穆拉比在《汉穆拉比法典》的后记中写道："为使强者（dannum）不伤害弱者（enšum），为给孤儿（ekūtum）和寡妇（almattum）提供公正通道，我将我的金石之言（awâtija šūqutātim）刻在我的石碑上，并将其立在我这位正义之王的雕像前。"② 可见，乌鲁卡基那对后世君王产生了极大影响。虽然乌鲁卡基那没有标榜自己是正义之王，却是人类历史上第一个可以得到文献证明的、通过"诏令"宣布保护社会弱势群体的正义之王。汉穆拉比自

---

① 《乌尔娜玛法典》第162—168行，Finkelstein 1969，第67页；Wilcke 2002，第310页。
② 《汉穆拉比法典》第47栏第59—78行（汉译有删节），Roth 1997，第133—134页。

称是"正义之王"(šar mīšarim),但与乌鲁卡基那相比,他至少晚了600年。

从《乌鲁卡基那改革铭文》可以看到,很多拉迦什人曾因债台高筑、买卖欺骗、盗窃财物、杀人越货等原因而被收监入狱,乌鲁卡基那上台后大赦天下,清理了监狱,让所有被关押的人都"回到母亲的怀抱"(ama-gi$_4$)。这是对旧秩序的否定,同时也意味着他彻底解放了拉迦什的平民阶层。但这一切,用克莱默的话说,"来得太晚",做得也还是"太少"。[①]或许这是改革失败的主要原因。到乌鲁卡基那统治时期,延续了几个世纪之久的苏美尔城邦制度已经暴露出许多问题,许多社会矛盾已经无法调和,社会的发展已经到了非破旧立新不可的时期,面对历史潮流,任何试图使历史车轮倒转,试图扭转乾坤、复辟旧制的改革都注定失败。

建立正义:最早的成文法

苏美尔文明对人类文明的又一突出贡献是法典。用楔形文字书写的法典不止一部,在现代社会中几乎家喻户晓的法典是《汉穆拉比法典》。可能很多人一直都认为《汉穆拉比法典》是人类历史上最早的成文法,其实不然,比《汉穆拉比法典》更早的成文法至少有三部,按时间排序,分别是《乌尔娜玛法典》(过去称《乌尔纳木法典》)[②]、《里皮特伊什妲法典》

[①] Kramer 1981,第50页。
[②] 西维尔首先建议把 Ur-^{d}Nammu 读作 Ur-^{d}Namma,见 Civil 1985,第27页注释1。西维尔的建议有充分的文献依据,学术界对此没有异议,但仍有一些学者不愿意放弃已经习惯了的读法,仍采用"乌尔纳木"的读法,如费雷恩(Frayne 1997,第9页)。

以及《埃什努纳法典》，之后才是《汉穆拉比法典》。《乌尔娜玛法典》和《里皮特伊什妲法典》是用苏美尔语书写的法典，是苏美尔人制定的法典，而《埃什努纳法典》和《汉穆拉比法典》是用阿卡德语书写的法典，是塞姆人制定的法典。《汉穆拉比法典》之后还有《中亚述法典》等等。从目前已知的材料看，《乌尔娜玛法典》是人类历史上最早的成文法，约比《汉穆拉比法典》早四个世纪。

乌尔娜玛是乌尔第三王朝的创始人，在位18年，最后死于战场，死后由其子舒尔吉继位。大概在其统治的第三年（不确定），乌尔娜玛颁布了一部法典，这就是《乌尔娜玛法典》。按照当时的纪年习惯，颁布法典的那一年被视为"乌尔娜玛在国家建立正义之年"[1]，文学作品《乌尔娜玛颂C》讲到乌尔娜玛"彰显正义""战胜邪恶"[2]，大概也是指乌尔娜玛立法之年。

原始的《乌尔娜玛法典》刻在一个石碑上，这在《乌尔娜玛法典》的前言中有明确说明，石碑的材质是玄武岩（^{na_4}esi）[3]，上面有乌尔娜玛浮雕（alan Ur-^{d}Namma）[4]。这尊法典石碑迄今没有被发现，所以，石碑的样式、大小、文字与浮雕的布局等都无从知晓。但玄武岩、人物浮雕和法典全文会让人立刻联想到《汉穆拉比法典》石碑（见图5-16），后者的材质也是玄武岩，也有人物浮雕和法典全文，说明二者在外在形式上有很多共性。而在法典的谋篇布局和表述方式方面，二者更是源流明显，一脉相承。显然，汉穆拉比在制定法典时，无论在形式上，还是在内容上，都在参照、继承、模仿和发展更早的法典，主要是《乌尔娜玛法典》，应该也包括《里皮特伊什妲法典》。有理由推断，《乌尔娜玛法

---

[1] mu Ur-^{d}Namma níĝ-si-sá kalam-ma mu-ni-ĝar。
[2] níĝ-si-sá-e pa-éd bí-ak níĝ-érim sá bí-dug$_4$，《乌尔娜玛颂C》第38行，Castellino 1959，第119页。
[3] Wilcke 2014，第529页。
[4] 同上。

典》石碑与《汉穆拉比法典》石碑如果不是完全相同，也应该是大同小异。

目前发现的《乌尔娜玛法典》都不是石碑，而是泥版残片，还有一个残破成多个碎片的泥圆筒。截至2011年，泥版残片共发现5块，把残缺不全的泥圆筒加在一起，共6个泥质载体，它们分别代表不同时代的不同抄本。在这5块泥版残片中，2块残片出自西帕尔，即Si. 277和BM 54722；2块残片出自尼普尔，即Ni. 3191和UM 55-21-71；1块残片出自乌尔，即U. 7739+7740。残缺的泥圆筒，即MS 2064，为购买所得，出土地点不详。5块泥版残片都是古巴比伦时期的抄本，唯有泥圆筒是乌尔第三王朝时期的抄本，也是目前为止发现的最早的《乌尔娜玛法典》

图5-16 《汉穆拉比法典》石碑，玄武岩，高2.25米，由法国考古学家摩尔根（M. de Morgan）于1901至1902年发掘伊朗境内的苏萨（Susa）卫城时发现，同时还发现另一法典石碑残片，说明法典石碑不止一尊。这尊法典石碑制作于汉穆拉比统治期间，竖立在巴比伦或西帕尔。公元前1100年前后，埃兰王舒特鲁特-纳洪特（Šutruk-Nahunte）入侵巴比伦尼亚，将此碑作为战利品掠到埃兰首都苏萨。埃兰王为在石碑上书写自己的新铭文而将石碑背面的多条法律条文磨掉。但不知何故，磨平的地方并未新刻任何铭文，留白至今。《汉穆拉比法典》石碑现藏于卢浮宫博物馆

第五章 历史始于苏美尔 411

图5-17 《乌尔娜玛法典》版本之一，泥圆筒，出土地点不详，乌尔第三王朝时期，是目前已知最早的《乌尔娜玛法典》版本，属挪威的"肖恩收藏"（Schøyen Collection）

抄本。①

《乌尔娜玛法典》分为三个部分：前言、法律条文和后记。前言采用苏美尔文学中常见的赞美诗体，为立法者歌功颂德，同时交代立法的社会背景，指出种种社会弊端，宣告立法的目的。指出社会弊端应该就是在说明立法的必要性。法律条文部分是法典的主体，既包括民事法律条

---

① 关于这些泥版残片和泥圆筒的详细信息，见Civil 2011, 第222—223页；Wilcke 2014, 第459—460页。更多关于该法典各种版本的出版、研究和翻译，见Frayne 1997, 第46页；Wilck 2014, 第460页。

文，也包括刑事法律条文（这些都是现代概念，古代法典中没有这些概念）方面的一些具体规定。表述方式基本都采用条件句，或者说，由"如果"（tukumbi）引导的主从复合句，即先由从句预设条件，再由主句表达结果。后记部分是对潜在的法典破坏者的诅咒。

先来看《乌尔娜玛法典》原文，然后再继续评述和讨论。

《乌尔娜玛法典》

前言[①]：

1—30. 当我，乌尔娜玛，强人，乌尔之王，苏美尔—阿卡德之王，为主人楠纳（Nanna，月神）建立了神庙，并按照乌图（Utu，太阳神）的公正判决把马干（Magan，现在的安曼）船只收归自己掌控之时，为恩利尔（Enlil，众神之父），万国之王，奉献了强人乌尔娜玛的玄武岩雕像。那时，在吾主恩利尔的餐桌上，我为这尊乌尔娜玛雕像每月提供90古尔（大约27 000升）大麦、30头绵羊以及30升黄油。

31—50. 当安神和恩利尔神把乌尔王权赋予楠纳时，他（楠纳）就开始渴望得到宁荪（Ninsun，女神）之子乌尔娜玛，因为他正义公平，并把乌尔王权赋予他（乌尔娜玛）。

51—70. ［残缺］

71—78. 在吾主楠纳的助力下，（拉迦什的）七道城门都被打

---

① 音译和德语翻译见Wilcke 2002, 第302页及以下；Wilcke 2014, 第529页及以下；音译和英语翻译见Frayne 1997, 第46页及以下；Roth 1997, 第15页及以下。

开，我夺了拉迦什王纳姆哈尼（Namhani）的王权。

79—86. 在吾主楠纳的助力下，我收复马干（Magan）船舶往来之地，使之永远为乌尔所有。

87—97. 那时（u₄-ba），河道管理设有漕运监（niskum），远程贸易设有船监，畜牧业设有牛监、羊监和驴监，谷物存储设有踩实官（zukum）。

98—102. ［残缺］

103—113. 那时，我，乌尔娜玛，强人，乌尔之王，苏美尔–阿卡德之王，凭吾主楠纳之神威，凭太阳神之公正（níg-gi-na），在国家建立了正义（níg-si-sá）。

114—124. 我把漕运的控制权收归苏美尔–阿卡德之手，把远程贸易控制权和畜牧业控制权——控牛权、控羊权、控驴权以及谷物收获控制权——都收归苏美尔—阿卡德之手（ki-en-gi ki-uru šu-ba ḫé-mi-gi₄）。

125—134. 那时，我凭楠纳之力使受安善（Anšan）奴役的阿克沙克（Akšak）、马尔达（Marda）、吉里卡尔（Girikal）、卡扎鲁（Kazallu）及附近村庄，还有乌萨鲁姆（Uṣarum），都获得自由。

135—149. 我制造了铜斗（ᵘʳᵘᵈᵘba-rí-ga），每铜斗容量为60升（60 sìla）；我制造了铜班（ᵘʳᵘᵈᵘban），每铜班容量为10升（10 sìla）；我制造了标准王班（ᵘʳᵘᵈᵘba-an si-sá lugal-la），每标准王班容量为6升（有的文本为5升）；我制造了1升的青铜（zabar）容器，可容纳1升水；我制造了1舍克勒的银砣（kù-na₄），可称重1玛纳（500克）。

150—161. 那时，我在底格里斯河滨（gú-ⁱᵈIdigna）、幼发拉底河滨（gú-^idBuranun）以及所有运河的岸边都献了[　]祭品（nidba）、新鲜果品和祈愿品。在那些地方，我建造了林园，并派遣了王室守林员。

162—168. （我使）孤儿（nu-siki）不会任由富人（lú-níĝ-tuku）欺凌，寡妇（nu-mu-un-su）不会任由强者（lú-á-tuku）欺凌，拥有1舍克勒（银）者不会任由拥有1玛纳（银）者欺凌，拥有1只羊者不会任由拥有1头牛者欺凌。

文本C：

40—51. 我的将军们、我的母亲、我的兄弟姐妹以及我的血戚（su-a）和姻亲（sa-a），都曾对我提出建议，但他们的建议我没有采纳，更没有按照他们说的做。我使罪恶、暴力和抱怨荡然无存。我在全国范围内建立了正义（níĝ-si-sá）。

那时，

法律条文[①]：

第1条：　若某人杀人，此人将被处死。
第2条：　若某人抢劫，他将被处死。[②]
第3条：　若某人监禁他人，他将坐牢，并交（罚）银15舍克勒。

---

① 音译和德语翻译见Wilcke 2002, 第311页以下; Wilcke 2014, 第534页以下; 音译和英语翻译见Civil 2011, 第246页以下; Roth 1997, 第17页以下。
② 威尔克的理解不同: "他（受害者）将杀死他", Wilcke 2002, 第311页（§2）。

第4条： 若某男奴（úrdu）自愿娶女奴（géme）为妻，即使这个男奴获得自由，他也不能离开（主人）家。

第5条： 若某男奴娶了一个自由（女）人（dumu-gi₇）为妻，（自由女人）将一子交给他的主人，那么，这个交给主人的儿子将得到父家财产的一半。没有主人的默许①，自由人之子不可被降为奴隶。

第6条： 若某人强奸了他人之处女之妻者，此人将被处死。

第7条： 若某人之妻（dam-guruš-a）自愿②跟另一青年男子私奔，并与那个男人发生关系，此女子将被处死，而那个男子将继续享有自由。

第8条： 若某人强奸了他人之处女女奴（géme lú-ù a nu-gi₄-a），此人要付（罚）银5舍克勒（约40克）。

第9条： 若某人与正妻③离婚，他将付（罚）银1玛纳（约500克）。

第10条： 若某人与寡妇（nu-ma-su 或 nu-mu-su）离婚，他将付（罚）银二分之一玛纳。

第11条： 若某人与一个无文字契约的寡妇（nu-ma-su dub-KA-KÉŠ nu-me-a）发生关系，他无需付银。

第12条： 若某人与一个高级女祭司（ereš-dingir）发生关系，女祭司和这个人都将被处以火刑。

第13条： 若某人告他人施巫术（nam-uš₇-zu），且使（被告）

---

① lugal-da nu-me-a 既可以释为"没有主人（的同意）"，也可以释为"没有国王（的同意）"，威尔克认为应该是后者，所以，他的翻译是"ohne Mitwirken des Königs"，Wilcke 2002，第312页。

② "自愿"在不同版本中略有区别，或为 ní-te-a-ni-ta，或为 ní-te-ni-ta，或为 me-te-ni-ta，Wilcke 2014，第536—537页。

③ dam-gešdan_x(PI) 或 dam-gèšdan，Wilcke 2014，第538页。

接受河神审判（ᵈI₇-lú-ru-gú in-túm）[①]，若河神判其无罪，原告付（罚）银三分之二玛纳，并受相应的重罚（nam-tag dugud-bi ḫé-íl-le）。

第14条： 若某人指控另一人与他人妻发生关系，一旦河神判那人无罪，原告赔银三分之一玛纳。

第15条： 若某女婿已入岳父家门，而岳父将其（指女婿）妻另嫁他人，（岳父）须赔付（女婿）聘礼（níĝ-mu₁₀-ús-sá）的两倍（a-rá min-ám）。[②]

第16条： 若某人将已经逃到城外的女奴或男奴送归（其主人），奴隶主（lugal saĝ-ĝá）须付此人（酬）银2舍克勒。

第17条： 若某人非故意（nu-zu-a-ni）用拳头（ĝešpu）打折他人骨（ĝìr-pad-rá），须赔银10舍克勒。

第18条： 若某人故意（al-mu-ra-ni）用棍棒（ĝᶦštukul）打折他人骨，须赔银1玛纳。

第19条： 若某人用拳头（ĝešpu）打折伤他人鼻（kiri₄）（骨），须付银三分之二玛纳。

第20条： 若某人用棍棒（ĝᶦštukul）打折他人鼻（骨），须付银三分之二玛纳。

第21条： 若某人用拳头（ĝešpu）打碎他人颅盖骨（à-gù），与用棍棒（ĝᶦštukul）打人同罪，须付银三分之二玛纳。

第22条： 若某人用棍棒（ĝᶦštukul）[③]打碎他人颅盖骨，处以鞭刑，打180鞭。

[①] 即把他带到实施水判的河神那里。苏美尔人把实施水判的河叫作ᵈI₇-lú-ru-gú"人（必须）面对之河神"。
[②] 此处没有明确说明用什么赔付，也许无论什么东西，只要价值相当于聘礼的两倍即可。
[③] 文本X用的是"拳"（ĝešpu），Civil 2011，第247页。

第23条： 若某人挖出（šub）他人眼睛，须赔银二分之一玛纳。

第24条： 若某人打掉他人牙，须赔银二分之一玛纳。

第25条： 若某自由人（dumu-gi₇）打了奴隶（úrdu 或 arad），将被割去头发后游街。①

第26条： 若某奴隶（úrdu 或 arad）打了自由人（dumu-gi₇），将被抽打60皮带（á-si）。②

第27条： 若某人死，其妻欲与其岳父生活在一起，她（其妻）可以带上她的遗产和结婚礼物。③

第28条： 她/他若没有女奴，须付银10舍客勒给他。④

第29条： 她/他若无银（支付），便无须给他任何东西。⑤

第30条： 若某女奴侮辱一位与其女主人地位相同的人，须用1升（sila）盐（mun）封（sub₆）她的嘴。⑥

第31条： 若某女奴打了一位与其女主人地位相同的［以下残缺］

第32条： ［残缺］

第33条： 若某（自由）人用前臂（á-suḫ）击打他人之女，并致其流产，须赔银二分之一玛纳。

第34条： 若致其（指他人之女）死，此人将被处以死刑。

第35条： 若某（自由）人用前臂（á-suḫ）击打他人女奴，并

---

① 文本X："若某奴隶打了自由人，将被割去头发后游街"，Civil 2011，第247—248页（§25）。
② 文本X："若某自由人打了奴隶，将被抽打60皮带（á-si）和60皮条（？）（nig）"，Civil 2011，第248页（§26）。
③ 根据文本X翻译，Civil 2011，第248页。威尔克对该法条的理解完全不同，Wilcke 2014，第546页（§27）。
④ 该条款的指向不清楚，或指前面的自由人打奴隶条款，若打死奴隶，又没有女奴抵偿，须付银10舍克勒；或指死了丈夫的妻子要回父亲家居住，若无女奴，须向父亲付银10舍克勒。这两种可能性都缺乏明确的上下文，与理也讲不通，暂存疑。
⑤ 和前一条款一样，所指不详。
⑥ 威尔克的翻译不同，Wilcke 2014，第546页（§30）。

致其流产，须赔银10舍克勒。

第36条： 若（被打的）女奴死，他（打人者）要以奴抵奴（saĝ saĝ-šè ... gub）。

第37条： 若某人出庭作证，却被证明自己是盗贼（lú-ní-zuḫ），此人须付（罚）银15舍克勒。

第38条： 若某人出庭作证，但又收回誓言，他须承担该诉讼案的全部费用。

第39条： 若某人强占他人耕地，并开始耕种，只要（土地所有者？）告到法庭，收益就会判给（土地所有者？），此人（指强占土地者）将徒劳一场。

第40条： 若某人导致水淹他人耕地，须为每伊库（iku，约3 600平方米）耕地赔3古尔（gur，300升）大麦。

第41条： 若某人将耕地给他人耕种，而（此人）却没有耕种，致使颗粒无收，他（应该耕种而没有耕种的人）须为每伊库耕地赔3古尔大麦。

第42条： 若某人把可以灌溉的耕地交给他人耕种，土地租金（maš-bi）为每布尔（bùr，约6.48公顷）耕地2舍克勒银，租金为收成的三分之一。①

第43条： 若某人把土地租给他人耕种而支付年薪，年薪是1舍克勒。

［以下残缺］

以下条款来自不同抄本。由于目前发现的这些抄本都残缺严重，无法接续上面的条款，所以，学术界约定俗成地将这些抄本上的条款重新排

---

① Wilcke 2014，第550页（§42）。

列。下列条款的排列顺序采纳的是威尔克（Wilcke 2014，第552页以下）和西维尔（Civil 2011，第249页以下）的排列顺序。

§ a1： ［……］他须付［……］给他。

§ b0： ［……］他须量［……］给他。

§ b1： 若［某人租一块耕地］且租用他人辕牛，须付（所有者）8古尔（gur）大麦作为2年的租金（addir）；若租前牛或中牛，租金为6古尔大麦。

§ b2： 若某人死后无儿子（dumu-nita），未婚女儿便是财产继承人（ibila）。

§ b3： 若某人无儿子，且有两个女儿，由大姐（nin₉-gal）负责分配父室财产，小妹（nin₉-bàn-da）可以挑选父室财产中的一份。父亲的配给（šuku）分给劳动群体（érin）。

§ b4： 若某人将大麦寄存于其他人家，而此家被盗，只要大麦所有者发誓，这位房主就必须赔偿损失。

§ b5： 若某人将大麦寄存于其他人家，而那家的房主对此矢口否认，但只要被证实（确实寄存了大麦），房主须赔偿两倍。

§ b6： 若某人将大麦寄存于其他人家，1古尔大麦的租金（addir）是1班（bán，10升[①]）。

§ b7： 若某人娶了妻，而其妻欲与他离婚，那么，她须等他六个月，她选择的配偶才能娶她。

§ b8： 若某人娶了妻，而其妻去世，直到再婚，妻子的嫁妆

[①] Wilcke 2014，第555页，注释254。

（sag-rig₇）由他支配；一旦再婚，就要把嫁妆归还给她的主人家（é-lugal-na）。

§ b9： 若男人去世，其妻［……］——直到她再婚——要一直留在家中。

［以下残缺］

§ c1： ［若……］其［……］，将不会建立。

§ c2： 若父亲去世，而儿子们分其房产，房子的房梁（ᵍⁱˢùr）和墙壁（é-gar₈）都归大哥（šeš-gal）所有。

§ c3： 若牛棚里的牛丢失（ú-gu ... dé），牧牛人（utul-dè-ne）须给予补偿。①

§ c4： 若羊圈里的羊丢失，牧羊人（sipa-dè-ne）须给予补偿。

§ c5： 若1头牛、1只羊、1头驴或1头猪在已经开发的城区丢失，相关城区（da-gi₄-a）须给予补偿。

§ c6： 若某人没有失去任何东西，却宣称："我丢东西了！"一旦相关城区（da-gi₄-a）核实此事，这个人将被处以死刑，其遗产由相关城区接管。

§ c6a： 1头抢来的牛（gu₄），其租金（addir_x［NÍĜ. DIR］）为60升（sila）（大麦），1头偷来驴（anše），其租金为30升（大麦），1头偷来的羊（udu），其租金为10升（大麦）。这些须在年初决定。

§ c7： 若某人与另一人有法律纠纷，而在三次规定日期（u₄-

---

① íb-su-su-ne"（牧牛人们）须提供（其他牛作为）替代"。

第五章　历史始于苏美尔　｜　421

gub-ba）都不到场，案件（视为）结束（di-til-àm）。

§ c8： 若某人在船站①租一艘60古尔的船，每日（每古尔的）租金为10升（大麦？）。

§ c9： 若某人租一艘60古尔的船，30公里租金为了每古尔30升（大麦？），20公里租金为每古尔20升（大麦？），10公里租金为每古尔10升（大麦？）。

§ c10： ［残缺］

§ d1a： ［……］大麦，其银为三分之一舍克勒。

§ d1b： 一个瓦匠（šitim）的月薪②是30升（大麦），木匠（nagar）、皮匠（ašgab）、编席匠（ad-kíd）、制毡匠（túg-du$_8$）、金属匠（simug）、浆洗工（ázlag）、银匠（kù-dím）、石匠（bur-gul）的月薪为夏天30升（大麦），冬天20升（大麦）。

§ d1c： 3卢古德（lugud，容器）大麦为10升，1库尔都（kur-dù，容器）大麦为10升，1古尔的拉赫坦（laḫtan，容器）大麦为30升，1都鲁纳（dú-ru-na，容器）大麦为5升。

§ d2a-b = § d5-6

§ d2c： 若某人腿骨折断，有医生（a-zu）将他治愈，（患者须支付的）银是5舍克勒。

---

① "船站"，Civil 2011，第250页（§ c8）；"为冬季旅游"（für eine Winter[reise]），Wilcke 2014，第560页（§ c8）。
② 有的版本为"日薪"，Civil 2011，第250页（§ D1b）。

§ d3： 若狮子咬伤某人，有医生将他治愈，（此人须支付的）银是5舍克勒。

§ d4： 若医生（从某人身体中）取出一块肾结石，（此人须支付的）银是5舍克勒。

§ d5： 若医生治愈（盲人的）眼睛，（此人须支付的）银是2舍克勒。

§ d6： 若医生［治愈……］，（此人须支付的）［银是］5舍［克勒］。

§ d7a： 一名织布女工（géme uš-bar）的工价在收获季节（u_4-$buru_{14}$）为30升（大麦），在冬季（en-te-na）为20升（大麦）。

§ d7b： 一名织布女工（géme uš-bar）的工价在收割大麦的收获季节为10升（大麦）。在冬季，洗衣服（tan_6-tan_6-na）的报酬是每月［……］。

§ d8a： 一名（用织剑）交叉织布（dagal-šera$_x$［TAG］）的织布女工，月工价是20升（大麦）。

§ d8b： 一名编织纬纱（šà ru-gú）[1]的织布女工，月薪是20升（大麦）。

§ d8c： ［……人］，工价是6升大麦。

§ d8d： 在沼泽地（a-ga-am）劳作，日工价为1升大麦。

§ d9： 若一个酒馆老板娘（^{munus}LÚ. KAŠ. TIN）把一个20升的啤酒桶赊给某人，在收获时，她将获得50升大麦。

§ d10： 若某人借给他人1古尔（300升）大麦作为有息借贷

---

[1] Wilcke 2014，第565页。

（ur₅-ra-šè），其年利息是［100升］（大麦）。

§ d11: 若某人借他人10舍克勒银作为有息借贷，年利息为2舍克勒银。

§ d12: 若某人把一块耕地（a-šà）［租给］他人耕种，［……］

［以下残缺］

§ e1: ［若……］某强盗（lú sa-gaz）在人家里［被杀］，他（强盗）不会得到补偿。

§ e2: 若某人奶养他人孩子，那么，居圣女祭司职位（nam-nu-gig）者，3年的大麦为6古尔（1800升）、羊毛为30公斤、油为30升。受雇保姆（um-me-da ḫuĝ-ĝa）的报酬为每年1舍克勒。

§ e3a: 在古提人统治时期（bala Gu-túm-ma-ka），若某人买（sa₁₀）了一个奴隶，而有人没收（rú）了这个奴隶，那么，只要奴隶主发誓，就可以把这个奴隶带回去。

§ e3b: 若买（奴隶的）人去世，那么，无论是此人的妻子（dam），还是此人的儿子（dumu），亦或是此人的证人（lú ki-inim-ma），只要他们发誓，就可以把这个奴隶（saĝ）带走。

§ e3c: 自楠纳任命的正义之王乌尔娜玛统治时期（bala Ur-ᵈNamma）以来，若买奴隶的人去世，若奴隶主（lugal saĝ-ĝá）不能提供证人或担保人，此人（奴隶主？）就是小偷（ní-zuḫ）。

§ e4: 若某男人去世，其妻（dam-ĝeštan ₓ［GÉŠTU］）可以像家里唯一继承人（ibila-diš）一样（继承一切）。

§ e5: 若某人娶（守寡）嫂为妻，他将被处以死刑。

§ e6: 若某奴隶（úrdu-dè）与其女主人（nin-a-ni）结婚，他（奴隶）将被处以死刑。

§ e7: 若奴隶杀了人，［……］

［以下残缺］

§ f1: ［若……］像房子，那么，［……］房［……］。

§ f2: 若某人购买1萨尔（sar, 36平方米）的房屋（é），他（购房者）须付银［……］。

§ f3: 若某人购买1萨尔（sar, 36平方米）的空地（kislaḫ），他（购地者）须付银1舍克勒。

§ f4: 若某人租（ḫuĝ）1萨尔（36平方米）的成品房（é-dù-a）来居住（nam-ga-tuš），他（租房者）须付银1舍克勒。

［以下残缺］

后记[①]：

无论谁抹去这个铭文，在那里写下他自己的名字，或因（惧怕）这个诅咒而借他人之手抹去这个铭文，并导致一个不应该书写在这里的名字书写在这里，无论这个人是卢伽尔，还是恩，亦或是恩西，安、恩利尔、恩基和宁胡桑格都将改变他的命运！他将从他的宝座

---

① Wilcke 2014，第571页以下；Civil 2011，第252页。

第五章 历史始于苏美尔 425

上坠落,而坐在尘土中。他的所有城门都将被打开!他的城市将把他赶走!他的城市将成为一个恩利尔不喜欢(nu-še-ga)的城市,也会遭到恩利尔的大司账(sa$_{12}$-du$_5$-maḫ)阿什楠(Ašnan,谷物神)的拒绝。其城之年轻女性(nam-ki-sikil)都将失眠,其城之壮年男子(nam-guruš)都将失明。恩基、伊什库尔(Iškur,雷雨神)以及阿什楠将远离其城之田地(aša$_5$)。恩基、伊什库尔和恩利尔的大司账阿什楠将拒绝其城之田地。[……]他们将无法[……]建造牛棚(tùr),也无法建[造……]的羊圈(amaš)。[残缺数行][……]在我的城市,在乌尔神庙,将为我[……],乌尔娜玛,乌尔之王[……]

[以下大约残缺22行]① (法典终)

《乌尔娜玛法典》前言与《乌鲁卡基那改革铭文》"前言"有很多共同特点,这并非巧合,而是苏美尔文化不断发展演变、而有些文化要素又始终保持不变的结果。从时间上看,乌鲁卡基那与乌尔娜玛相隔两个多世纪,中间的200余年,整个巴比伦尼亚地区的统治者先是阿卡德人,后是古提人,都不是苏美尔人。待到乌尔娜玛建立乌尔第三王朝,苏美尔人才再次成为地区统治者。在文化和语言方面,他们是阿卡德王朝之前的苏美尔统治者的直接继承者,具体到乌鲁卡基那和乌尔娜玛,后者在文化和语言上是前者的直接继承者。所以,《乌尔娜玛法典》自然脱胎于《乌鲁卡基那改革铭文》,二者既一脉相承,又有很多不同。后者产生于新的时代,必然带着深刻的时代烙印,而时代烙印意味着发展与进步。

在《乌鲁卡基那改革铭文》中,乌鲁卡基那开篇就讲到他的建筑

---

① Wilcke 2014,第571页。

活动，提到3座神庙（提拉什、安塔苏尔、芭乌神庙）、1个祭品储藏室（bur-saĝ）以及1个"羊毛储藏室"（gá-udu-ur₄），接着是开凿运河和修筑城墙。这些自然都是值得载入史册的功绩，但同样的功绩绝不止这些。乌鲁卡基那在位11年[1]，在这11年间，他还做了很多其他大事，如建神庙埃尼努（é-ninnu）和埃希拉拉（é-sirara）[2]，为宁吉尔苏和芭乌的两个儿子舒尔沙伽纳（ᵈŠul-šà-ga-na）和伊格阿里姆（ᵈIg-alim）建立各自的神庙，为宁吉尔苏神建酒坊（é-bappir-geštin）[3]等等，这些功绩都没有出现在改革铭文中，说明改革在先，而这些建筑行为和改革铭文中没有提到的其他行为在后。

与《乌鲁卡基那改革铭文》"前言"一样，《乌尔娜玛法典》前言也罗列了乌尔娜玛取得的各种成就：为乌尔守护神楠纳建神庙；成功控制波斯湾和阿曼湾方向的远程贸易；攻占拉迦什，夺了拉迦什王纳姆哈尼的王权；进攻埃兰，把埃兰地区的一些城市从安善统治者的控制下解放出来；制造标准量器，统一度量衡；在幼发拉底河和底格里斯河附近建造花园；最后提到保护弱势群体。乌尔娜玛在位18年，做了很多值得大书特书、至少值得在自己的铭文中大肆宣扬的事情，如在埃利都为恩基建神庙[4]，在尼普尔为恩利尔建神庙[5]，在乌鲁克为伊楠娜建神庙[6]，在拉尔萨为乌图建神庙[7]，在吉尔苏开凿运河[8]等等。为什么乌尔娜玛没有把这些功绩写进法典前言？合理的解释是，在制定法典时，这些行为还没有发生，制定法典在先，这些行为在后。仅就这一点，我们就有理由认为《乌尔

---

[1] Cooper 1983，第36页。
[2] Frayne 2008，第276页（URU-KA-gina E1.9.9.4）。
[3] 同上，第280页（URU-KA-gina E1.9.9.6）。
[4] Frayne 1997，第31页（Ur-Nammu E3/2.1.1.10）。
[5] 同上，第61页（Ur-Nammu E3/2.1.1.24）。
[6] 同上，第71页（Ur-Nammu E3/2.1.1.33）。
[7] 同上，第73页（Ur-Nammu E3/2.1.1.35）。
[8] 同上，第62页（Ur-Nammu E3/2.1.1.26）。

娜玛法典》是乌尔娜玛统治初期制定的。

这样的结论不但可以得到《乌鲁卡基那改革铭文》"前言"的佐证，也可以得到《汉穆拉比法典》前言的佐证。《汉穆拉比法典》前言列举了汉穆拉比的一系列光辉业绩：重建埃利都，使乌尔更富裕，为西帕尔打下坚实基础，重建拉尔萨的沙玛什神庙，使乌鲁克更有生机，水源更加充足，为基什创建居住区等等[1]，一份长长的功绩表，可以说鼓吹自己不遗余力。但法典前言中列举的功绩远远不是汉穆拉比功绩的全部，而仅仅是其中的很小一部分，因为汉穆拉比可能在登基后的第二年就制定了法典[2]，而法典前言中列举的功绩都只能是在制定法典之前取得的。汉穆拉比在位43年，立法之后，他继续统治了40余年。可以想象，如果汉穆拉比的立法行为发生在其统治末期，法典前言篇幅可能要比现在看到的长数倍。无论是乌鲁卡基那，还是汉穆拉比，他们都在不遗余力地宣传自己，尽可能多地把自己的功绩记载下来，让更多的人知道，让后世知道，都在以这种方式追求流芳千古。由此可知，乌尔娜玛不是不想把更多的丰功伟绩都写进法典前言，而是他已经这样做了，能写进去的都写进去了，只是基业刚刚开始，可炫耀的功绩有限。

法典前言中讲到当时的社会在管理方面存在严重问题，河流管理、远程贸易、农业和畜牧业都出现某种官吏，虽然文献没有明确说明这些官吏做了什么，却明确说明乌尔娜玛从这些人手中夺了权，将之"收归苏美尔-阿卡德之手"（ki-en-gi ki-uru šu-ba ḫé-mi-gi$_4$）。这一段的叙事风格和包含的社会问题与《乌鲁卡基那改革铭文》中的某些内容非常相似，区别在于《乌尔娜玛法典》讲得比较含糊，而《乌鲁卡基那改革铭文》讲得直白明了。乌尔娜玛在此强调社会中存在问题，显然是在用这种方式说明立法的必要性。乌尔娜玛对这些问题的处理方式，即把行业的管

---

[1] 《汉穆拉比法典》前言见Roth 1977，第76—81页。
[2] Horsnell 1999，第106页。

辖权"收归苏美尔-阿卡德之手"耐人寻味。这是一种什么方式？把私人化的行业管辖权收归国有？"苏美尔-阿卡德"代表国家？在直到乌尔第三王朝的千余年历史中，乌尔娜玛是第一个称自己是"苏美尔-阿卡德之王"（lugal-ki-en-gi-ki-uri）①的人，所以，把"苏美尔-阿卡德"视为自己统治的国家，把行业管辖权"收归苏美尔-阿卡德之手"就等于收归国家控制，这不是没有可能。

使孤儿免遭富人欺凌、寡妇免遭强者欺凌以及财产少的人免遭财产多的人欺凌，这种保护弱势群体的思想源自乌鲁卡基那，到乌尔第三王朝时期已然成为乌尔娜玛的立法之本，后来也成为很多君王的立法之本，被后世君王奉为圭臬，甚至成为正义之王的"标配"，成为君王们津津乐道的"普世价值"。如何保护弱势群体？法典并未给出具体措施，也许整个法典就是具体措施。这种源于苏美尔人的价值观一种延续到古巴比伦时期，此后便销声匿迹了。

《乌尔娜玛法典》前言的最后一段写道："我的将军们、我的母亲、我的兄弟姐妹以及我的血戚和姻亲，都曾对我提出建议，但他们的建议我没有采纳，更没有按照他们说的做。我使罪恶、暴力和抱怨荡然无存。我在全国范围内建立了正义。"从这段近乎闲话家常的自我陈述中可以看到，乌尔娜玛在制定法典时，曾遭到代表贵族阶层和传统势力的"皇亲国戚"和将军们的阻扰，这些人不但试图劝（sá ... ĝar）阻乌尔娜玛的立法行为，还给乌尔娜玛提出了一些指令性建议（á-áĝ-ĝá），这些建议显然与乌尔娜玛的想法背道而驰，所以遭到乌尔娜玛的拒绝。乌尔娜玛力排众议，坚持立法，于是才有了《乌尔娜玛法典》。这标志着人类历史从此进入成文法时代，时间在公元前2100年前后，地点在两河流域南部的乌尔。

---

① Frayne 1997, 第35页（Ur-Nammu E3/2.1.1.12）。

从法典前言向法律条文过渡时，《乌尔娜玛法典》用的是"那时"（u₄-ba），此后，这种表述便成为楔文法典从前言到法律条文过渡的定式，《里皮特伊什妲法典》①、《汉穆拉比法典》②等后来的法典都采用这种方式来实现从前言到法律条文的过渡。

《乌尔娜玛法典》中法律条文的表述方式基本都采用由"如果"引导的主从复合句，即先由从句预设条件，再由主句表达结果。但也有其他表述方式，如"一个瓦匠的月薪是30升（大麦），木匠、皮匠、编席匠、制毡匠、金属匠、浆洗工、银匠、石匠的月薪为夏天30升（大麦），冬天20升（大麦）"，这与《乌鲁卡基那改革铭文》的风格如出一辙。虽然这样的表述很少，我们还是可以感觉到《乌鲁卡基那改革铭文》对《乌尔娜玛法典》的深刻影响，甚至能感觉到这种影响如影随形，挥之不去。

从今人的角度看《乌尔娜玛法典》，可以发现如下特点：

第一，刑事民事不分。刑事法律、民事法律是现代法学概念，刑民不分是古代法典的共同特点，《乌尔娜玛法典》也不例外。《乌尔娜玛法典》中既有关于杀人（第1条、第36条）、抢劫（第2条）、监禁（第3条）、强奸（第6条、第8条）、伤人（第17—26条、第31—36条）等刑事犯罪的惩罚条款，也有关于结婚、离婚、再婚（第4、5、9、10条、§b7、第27条、§b8、§b9、§e5、§e6）、财产继承（§c2、§b2、§b3、§e4）、物品保管（§b4、§b5、§b6、§c3—5）、租赁（第41—42条、§b1、§f4、§c8、§c9）、房屋和土地交易（§f2、§f3）、婚外两性关系（第7、11、12条）的民事纠纷的法律规定。

第二，实体、程序混为一体。把实体法和程序法杂糅一起是《乌尔娜玛法典》的又一特征。法典中的一些条款，例如，如果原告三次不到庭，将视为案件自动终结（§c7）；如果某人出庭作证，而后又收回自己

---

① Roth 1997, 第26页。
② 同上, 第81页（*inūmišu*）。

的证词，此人必须承担诉讼费（第38条）；"若某人娶了妻，而其妻欲与他离婚，那么，她须等他六个月，她选择的配偶才能娶她"（§b7），这与我国《民法典》中协议离婚的冷静期颇为相似，这些都属于程序法律。若某强盗在别人家里被杀，这个强盗不会得到补偿，杀死强盗的人也不会被处死（§e1），这类似于今天的正当防卫。

第三，法典中包含许多社会管理职能，如把度量衡标准作为法律写入法典中（§d1c），为不同职业规定不同的薪资标准（§d2c、§§d3—8），为医生规定医疗费（§d2c），规定贷款利息标准（§d10），为租金和房屋土地交易定价（§§f2—4），这些都属于社会管理职能。

第四，阶级性分明，同罪不同刑。阶级性不仅体现在赔偿和罚金数额方面，也体现在同罪不同刑上，如同样是打死人，如果被打死的是自由人，会被判以死刑；而如果被打死的是一个奴隶，可以以奴抵奴。对强奸罪的惩罚也因受害者的社会地位不同而不同（第6条、第8条）。

第五，已有故意、过失的主观性区分。现代刑事法律中，对犯罪行为的定性有故意犯罪和过失犯罪的区分，犯罪行为的主观构成要件不同，对社会危害的程度不同，其刑罚结果也不尽相同，这种主观性质的区分在《乌尔娜玛法典》中已有体现（第17—24条）。

《乌尔娜玛法典》中的刑罚种类主要有以下几种：

第一，死刑，适用于杀人、抢劫、强奸他人之妻、与另一男子私奔的他人之妻、肘击他人之女致其流产并死亡、娶守寡嫂为妻、与女主人结婚的奴隶等。

第二，坐牢，监禁他人要坐牢，但未规定坐牢的期限。

第三，物质或金钱赔偿，这种赔偿既适用于民事纠纷，也适用于刑事案件。赔偿的标准根据涉案人的社会地位不同而不同。

第四，鞭打，适用于用棍棒打碎他人颅盖骨和奴隶打自由人等情况。

第五，削发游街，适用于自由人打奴隶。

第六，火刑，适用于某人与高级女祭司发生关系。

第七，用盐堵嘴，适用于女奴侮辱与其女主人地位相同的人。

除法典外，楔形文字文明给我们留下不可胜数的诉讼文件，有的是诉讼案结案记录，有的是尚未结案的案卷，还有大量具有法律效力的条约和各种契约。这些都是在实际生活中产生，同时又服务于实际生活的实用性文献。目前还没有发现任何用楔形文字书写的关于法理方面的任何阐述，也就是说，在苏美尔文明中，也包括后来的巴比伦文明，有法典而没有法学。

在数以万计的法律文献中，尤其是诉讼案的判决文献中，没有任何一处提到适用任何法典。偶尔可在诉讼案的判决结案记录中见到符合某法典条文的判决，但不知这种情况是巧合，还是这样的判决是根据相应的法典条文做出的。

目前已知的任何古代法典都不是与国家同步产生的。有证据表明，苏美尔人早在公元前3400至前3300年间就建立了国家，国家产生后才出现文字，法典产生的年代更晚。如果说《乌尔娜玛法典》是最早的成文法，那就意味着成文法诞生的时间晚于国家千余年。如果把《乌鲁卡基那改革铭文》视为最早的"法典"，那么法典的诞生也要晚于国家的起源六七百年。埃兰国家建立于公元前3100年前后，至今没有发现埃兰法典，也许根本就没有埃兰法典；上古埃及国家亦建立于公元前3100年前后，至今也没有发现法典。由此观之，成文法是文明发展到一定阶段的产物，能够孕育出最早的成文法的文明一定是物质和精神都高度发达的文明，物质丰富后需要规则，社会发达后需要公平正义，在这种情况下，法典就会应运而生。但没有产生成文法而文明也照样早熟而发达的文明表明，对高度发达的文明而言，成文法也并非不可或缺，因为没有成文法的地方一定有不成文法，即约定俗成的习惯法，这种法同样可以维持社会稳定和买卖公平。

苏美尔人的法典影响了巴比伦人的法典，后者又影响了赫梯人的法典和犹太人的法典，这些法典又继续影响后来的希腊法典和罗马法典，而后者又继续影响后来的法典，直到当今世界各地的法典。这再次诠释了什么是"历史始于苏美尔"。

第六章
苏美尔文学

何为苏美尔文学？苏美尔文学是用苏美尔语创作的文学，不计时间早晚，不管作者是谁，讲哪种语言，只要作品是用苏美尔语创作的，都属于苏美尔文学。[1]

在最早的一批楔形文字文献中，即在那些属于公元前3200至前3000年的乌鲁克IV—III时期的文献中，尚未发现文学作品。最早的文学作品出现在公元前2700年前后的文献中，这时的苏美尔已经进入早王朝时期。根据德国亚述学家埃扎德的观察，最早的文学文本出土于乌尔（UET 2, Nr.69），这篇文献比法拉文献约早一个世纪[2]，也就是说，成文年代约在公元前2700年。属于这个年代的文学作品毫无疑问属于凤毛麟角，极为罕见。然而，从公元前2600年起，文学作品逐渐多了起来，属于这个时期的文学作品不但在乌尔出土的文献中有，而且在舒鲁帕克（法拉）、阿布萨拉比赫、尼普尔、阿达布和吉尔苏出土的文献中也都有。有的学者把这个时期称作"苏美尔文学的第一个大创作时期"。[3]属于这个时期的文学

---

[1] 苏美尔文学概论，见拱玉书 2023，第156—178页。
[2] Edzard 1990b，第36页。
[3] Biggs 1966，第82页。

作品有：阿布萨拉比赫和阿达布出土的《舒鲁帕克教谕》残片，阿布萨拉比赫出土的《凯什神庙赞》残片，以及法拉出土的书写有谚语、颂诗和神话的泥版残片。① 根据布莱克的观察，属于古苏美尔时期的叙事诗有九篇②，其中包括《恩利尔与其子伊什库》、《恩基与苏德》、《恩利尔与宁胡桑伽》、《阿玛乌舒姆伽尔——恩利尔之友》、《阿什楠与她的七个儿子》以及《卢伽尔班达与宁苏》。

阿卡德时期是阿卡德人统治的时代，官方语言由原来的苏美尔语变成了阿卡德语。这个时期的两河流域南部，即苏美尔和阿卡德地区，在政治上实现了统一，讲塞姆语的萨尔贡一统天下，建立了人类历史上第一个规模空前的帝国。萨尔贡作为一代帝王，开疆拓土，雄霸四方，按道理应该享受无尽的赞美之词，应该有很多文学作品歌颂他的丰功伟绩。然而，实际情况并非如此，到目前为止尚未发现属于这个时期的讴歌萨尔贡的文学作品，为数不多的歌颂萨尔贡的作品出现得都比较晚。当然，如今没有发现的东西不意味着在古代就一定不存在，尤其是在至今尚未发现萨尔贡帝国的首都阿卡德的情况下，更不好说现在没有发现的东西古代就一定没有。所以，萨尔贡统治时期有没有产生歌颂他本人或其他内容的文学作品，目前无法确定。可以肯定的是，萨尔贡的女儿恩黑杜安娜（En-hé-du$_7$-an-na，意思是"王，天之装饰"③）用苏美尔语创作了一系列文学作品。萨尔贡的统治年代是公元前2340至前2284年，共计56年，恩黑杜安娜的生存年代应该介于这56年的某一年到萨尔贡之孙纳拉姆辛统治的某年之间，因为在纳拉姆辛统治期间，她仍是乌尔的最高祭司。恩黑杜安娜亲自编写的、流传至今的作品有《伊楠娜与埃比赫》（古代名称：in-nin-

---

① Alster 1976，第111—114页。
② Black 1992，第92页。
③ "王"（en）指月神楠纳，"天"（an）既可以指"天"，也可以指天神安，所以，这个名字也可以释为"月神是天/天神的装饰"。有文献显示，这个称号也是月神楠纳的一个别名，见 Sjöberg 1969，第5页注释1。

me-huš-a，意思是"拥有凶道的女王"①）、《开心女王》（in-nin-šà-gur₄-ra）、《伊楠娜的提升》（古代名称：nin-me-šár-ra，意思是"万ME之王"）以及《神庙颂》（古代名称：é-u₆-ni，意思是"塔庙"）。恩黑杜安娜的作品可能不止这四篇。在这四篇作品中，三篇属于颂神诗，一篇属于神庙赞美诗。毫无疑问，恩黑杜安娜不仅是人类历史上最早的署名作者，也是颂诗体裁的开创者。

在苏美尔文学中，颂诗类文学作品的数量最多。颂诗中有颂神的，有颂王的，也有歌颂神庙的，其中颂神诗的数量最多，乌尔第三王朝和伊辛-拉尔萨时期的每个国王几乎都留下了颂神诗。苏美尔人崇拜多神，大神、小神、天上神、地上神、地下神（冥界神）多得不可胜数，这无疑是颂神诗数量多的主要原因。不论哪种颂诗都会竭尽全力地利用尽可能多的溢美之词对赞美对象进行赞美，其中，比喻，尤其是明喻，是最常见的修辞手法。所以，颂诗的文学性极强，文学价值极高。

阿卡德帝国后期，王权衰弱，天下大乱，乌鲁克人最终夺取巴比伦尼亚的统治权，但很快又把巴比伦尼亚的统治权输给了入侵巴比伦尼亚的古提人。古提人统治巴比伦尼亚近一个世纪，历二十一代王，却没有留下什么像样的文献②，更谈不上文学。

既然古提人留下的历史文献很少，其中包含的信息也有限，为什么我们仍然对古提人有所了解？这是因为苏美尔的历史文献和文学文献中常提到古提人，尤其是《苏美尔王表》为我们提供了完整的古提王朝的王表。《苏美尔王表》是苏美尔人对苏美尔文明史的概括和总结，力求全面和准确，有时把统治者的在位时间精确到多少年、多少月和多少天，如根据《苏美尔王表》的记载，乌鲁克王乌图黑伽尔统治了7年6个月15天。③

---

① 即"拥有凶ME的女王"，关于ME，见拱玉书2017。
② 有几篇古提王的铭文（Frayne 1993，第220—230页），都用阿卡德语书写，包含的历史信息十分有限。
③ Jacobsen 1939a，第120—121页。

然而，这样一部严肃认真的历史巨制却"遗漏"了一个重要的、具有悠久历史的、由苏美尔人建立的国家拉迦什。是疏忽造成的遗漏？还是有意为之？如今已无从得知。无独有偶，不但古代的历史学家有意无意地在王表中遗忘了拉迦什，现代学者在年代表中居然（有时）也会遗忘拉迦什，或更准确地说，遗忘拉迦什的古地亚和他所在的王朝。在德国考古学家和亚述学家共同编写的《古代东方》一书的年代表中，上自公元前2700年，下至公元前1600年，也就是从早王朝时期到古巴比伦时期，重要的国王和重要的朝代都有所体现，却没有古地亚及其所属的拉迦什第二王朝。[1]不知这是疏忽造成的遗漏，还是故意为之？无论由于什么原因，这种做法都令人费解；古代的做法已经足够令人困惑，现代学者的这种做法更是令人不可思议。古地亚是不能被遗漏的，他代表着一个重要的历史环节，尤其在文学方面，因为在他统治期间，苏美尔文学达到了登峰造极的高度，苏美尔语，尤其是书面语和书面语的书写形式，也在这个时期出现前所未有的新形式和新规则，对后世产生了深远影响。

古地亚是拉迦什第二王朝的第七位国王，这个王朝共历十二代王[2]，但目前没有任何证据可以证明每个王统治的时长，所以，这个王朝持续的准确时长也无法确定。关于古地亚的统治年代学术界有争议，可以肯定的是，古地亚早于乌尔第三王朝的创立者乌尔娜玛。古地亚留下了大量价值非凡的文献，很多文献都是以古地亚本人的石雕像伴文的形式流传下来的，如今已经发现30尊刻有伴文的古地亚石雕像。虽然这些文献都与神庙建造有关，但内容绝非仅限于神庙建造，还涉及很多其他方面，如国内经济、国际贸易、宗教仪式、社会改革、社会正义、对外战争等等。这些石雕像伴文都是严肃的国家大事记，但文学色彩也非常明显，可以说，这类文献的文体介乎于历史铭文和颂诗之间。古地亚的其他两篇

---

[1] Hrouda 1991，第56页。
[2] 十二个国王的具体名称，见Edzard 1997，第3页。

第六章 苏美尔文学　437

文献，即《古地亚圆筒铭文A》和《古地亚圆筒铭文B》，是名副其实的文学巨制。苏美尔人把这部作品归为"赞歌"类[1]，按照现代学者的分类，它既属于神庙赞美诗，也属于颂神诗，亦属于颂王诗和颂物诗[2]，是颂诗类的集大成者，是苏美尔文学的经典之作，也是苏美尔文学的巅峰之作，同时在文化、历史、社会、宗教、文学和语言学等方面都具有重大价值。这部作品不但是目前已知最长的神庙赞美诗，也是最长的苏美尔文学作品。

古提人被乌鲁克王乌图黑伽尔率领的苏美尔联军赶出巴比伦尼亚后，乌鲁克再次成为"王权"之城，称霸巴比伦尼亚。乌图黑伽尔的统治很短暂，只持续了七年，之后，乌鲁克的地位被乌尔取代，乌图黑伽尔被乌尔娜玛取代。后者建立了乌尔第三王朝，一个比阿卡德帝国更庞大的帝国。这时天下重归一统，巴比伦尼亚呈现出一派物质丰富、经济繁荣、百姓安居乐业的景象。有学者把这种情况叫作"苏美尔复兴"。当然，复兴不仅仅是恢复以前的荣耀，更多的是在已经取得的成就之上创造更多的新成就。苏美尔文明在乌尔第三王朝时间臻于极盛。在这样的时代背景下，苏美尔文学也迎来了百花盛开的春天。目前已知的绝大多数苏美尔文学作品都是在这个时期和接下来的伊辛-拉尔萨时期诞生的。在文学方面，乌尔第三王朝和伊辛-拉尔萨时期不可分割，它们属于同一个文学时代，一个充满文学想象力和创造力的时代。

在接下来的古巴比伦时期，苏美尔语作为官方语言退出了历史舞台，但苏美尔文学仍然保持着强大的生命力，之所以这样说，是因为这个时期掀起了一场抄写或根据记忆复原前朝或更早的苏美尔文学作品的"文学复兴运动"。这场"运动"似乎不是自发的，而是由当时的官方学府主

---

[1] 《古地亚圆筒铭文A》第30栏第16行；《古地亚圆筒铭文B》第24栏第17行。
[2] 罗默把颂诗类文学作品分为颂神诗（Götterhymnen）、颂王诗（Königshymnen）、颂物诗（Lieder auf Gegenstände）以及神庙颂（Tempelhymnen），Römer 1999，第213—214页。

持开展的，"文学复兴运动"的核心地点是尼普尔。正是由于这场"文学复兴运动"，我们今天才得以见到如此古老、丰富和优秀的苏美尔文学作品。这个时期也产生了很多优秀的阿卡德语文学作品，其中最著名的有《阿特拉哈西斯》《吉尔伽美什史诗》（古巴比伦版）以及《埃塔纳》[1]等。

下面展示的几篇文学作品，《卢伽尔班达 I》《卢伽尔班达 II》和《恩美卡与恩苏克什达纳》，都是古巴比伦时期"文学复兴运动"的产物，即古巴比伦时期的抄本或复原本，乌尔第三王朝或伊辛-拉尔萨时期的原创。这些作品都与乌鲁克第一王朝的第二位国王恩美卡有关，所以，学术界通常把这些作品叫作"恩美卡系列"。在这些作品中，恩美卡并不是最活跃的人物，但他是国王，是事件的操控者，所以，作品归根结底还是在歌颂他和他治下的乌鲁克。属于"恩美卡系列"的作品还有《恩美卡与阿拉塔王》。一个完整的"恩美卡系列"由四篇作品构成，这里只呈现三篇，是因为本书作者已于2006年发表了《恩美卡与阿拉塔王》的译文[2]，2023年再次发表了经过大幅度修改的译文。[3]为避免重复，在此暂不涉及这部作品。

恩美卡是真实的历史人物，因此"恩美卡系列"通常被称为史诗，有些学者更愿意将之称作长篇叙事诗。这种分歧源自不同学者对史诗的不同理解，无关对错。史诗在苏美尔文学中并不多见，原因是史诗必须以历史人物为歌颂对象，而值得后代讴歌的历史人物或民族英雄一定是少之又少的。在一千多年的苏美尔文明中，史诗级的历史人物只有两个，一个是恩美卡，另一个是吉尔伽美什，他们都是乌鲁克第一王朝的国王。按照《苏美尔王表》的说法，恩美卡是这个王朝的第二位国王，吉尔伽

---

[1] 新亚述时期的一篇专门研究古代作者的文献把《埃塔纳系列》排在《吉尔伽美什系列》之后，认为《吉尔伽美什系列》的作者是辛雷克乌尼尼（Sîn-leqi-unninī），《埃塔纳系列》的作者是卢楠纳（Lú-ᵈNanna），见 Lambert 1962，第 66 页。
[2] 拱玉书 2006。
[3] 拱玉书 2023。

第六章 苏美尔文学 | 439

美什是第五位，这两位国王之间还有两位国王，一位是卢伽尔班达，另一位是杜牧兹，卢伽尔班达似乎是恩美卡之子，但没有确凿证据。《苏美尔王表》明确说恩美卡是麦斯江伽舍尔（Mes-ki-áĝ-ga-še-er）之子，却没有说卢伽尔班达是恩美卡之子，但根据卢伽尔班达的名字和他在《卢伽尔班达I》和《卢伽尔班达II》中的地位判断，卢伽尔班达很可能是恩美卡之子。吉尔伽美什的父亲既不是他的前任杜牧兹，也不是杜牧兹的前任卢伽尔班达，而是一个叫"利拉"的人。在文学传统中，吉尔伽美什的父母分别是卢伽尔班达和女神宁荪，这显然是为了提升吉尔伽美什的地位而进行的操弄，属于文学想象，也是一种文学手段，是为达到某种文学效果而设计的，应该不是事实。

到目前为止，歌颂苏美尔民族英雄的史诗共发现九部，前面提到的"恩美卡系列"是歌颂恩美卡的，共四部，其余五部是歌颂吉尔伽美什的，属于"吉尔伽美什系列"：《吉尔伽美什与阿伽》、《吉尔伽美什与胡瓦瓦》、《吉尔伽美什、恩启都与冥界》、《吉尔伽美什与天牛》以及《吉尔伽美什之死》。

《卢伽尔班达I》

《卢伽尔班达》分上下两个部分，《卢伽尔班达I》和《卢伽尔班达II》。在西方亚述学界，《卢伽尔班达I》有多个不同的名称：《卢伽尔班达与胡鲁姆山》、《山洞中的卢伽尔班达》、《荒野中的卢伽尔班达》[1]以及《卢伽尔班达与恩美卡》。[2]该作品的古代名称是"远古时，天地分"

---

[1] Vanstiphout 2003, 104; Wilcke 2015, 第205页注释6。
[2] Wilcke 1990, 第121页。

(u₄-ul an-ki-ta)①，这个古代名称是克莱恩（J. Klein）于1971年首次发现的。②

《卢伽尔班达I》和《卢伽尔班达II》都是关于乌鲁克与阿拉塔的故事，主人公都是卢伽尔班达。但事件的主导者是恩美卡，这也是《卢伽尔班达I》和《卢伽尔班达II》都被归于"恩美卡系列"的原因。《卢伽尔班达I》讲的是卢伽尔班达在乌鲁克人远征阿拉塔的行军过程中如何得病、如何被大部队抛弃在山洞中，最后又如何战胜病魔、战胜自我、死而复活的故事。

早在早王朝时期，卢伽尔班达就已经成为文学作品歌颂的对象③，卢伽尔班达的名字出现在阿布萨拉比赫的文学作品中④，也出现在阿布萨拉比赫出土的神表中⑤，这表明卢伽尔班达在早王朝时期就已经被神化。

《卢伽尔班达I》

（引子，创世与黄金时代）

当远古天地分离时，

当远古万物齐备时，

当远古秋收食麦时，

当区域被划分时，当边界被确定时，

5. 当界碑被竖立时，当名字被刻写时，

当河渠得到疏通时，

当像［……］一样，垂直挖井时，

当幼发拉底河（ᶦᵈ buranun）——给乌鲁克带来富饶之

---

① Cohen 1973，第4页；第144页。
② Hallo 1983，第165页。
③ Wilcke 2015，第226页。
④ Bing 1977，第2页；Biggs 1974, No.268，第84和86行；No.327。
⑤ Bing 1977，第2页；Biggs 1974, No.82, col.vi。

　　　　河——破土而流时，

　　当［……］被建造时，

10. 当［……］被安置时，

　　当神圣的安（神）将［……］打破时，

　　王权（nam-en）与君权（nam-lugal）在乌鲁克确立。①

　　当库拉巴②的权杖（šibir）与权标（éšgiri）在战斗中举起，

　　——战斗是伊楠娜的游戏——③

15. 当黑头人④被许以长寿（zi-sù-ud）时，

　　当人们用各种方式，

　　把蹄刨地的山羊，

　　长美丽鹿角的牡鹿，

　　进献给乌图之子恩美卡时，

　　（乌鲁克大军踏上征程）

20. 那时，国王把狼牙棒（^{giš}mi-tum）指向那座城（iri^{ki}-šè），

　　乌图之子恩美卡，

　　对纯洁道国⑤阿拉塔，发起了远征（har-ra-an ... ĝar）。

　　为捣毁反叛地（ki-bal），他出发上征程。

　　这位国王（en）征召了全国兵力，

---

① nam-en和nam-lugal指的都是王权。乌尔第三王朝时期的文献常把二者并列，nam-en可能指乌鲁克王权，而nam-lugal指乌尔王权。"恩"（en）是乌鲁克人对"国王"的称呼，早期国王同时也是最高祭司，所以，"恩"也可以指"最高祭司"。后来，"恩"多指"祭司"，尤其是在乌鲁克以外的其他地区使用时。
② "库拉巴"（Kulaba）是乌鲁克行政区，在此相当于乌鲁克。
③ 伊楠娜女神既是爱神，也是战神，"战斗"（mè）是"伊楠娜的游戏"（ešemen-^{d}Inanna）指伊楠娜的战神神格。
④ "黑头人"（saĝ-gíg）指苏美尔人。
⑤ "纯洁道国"（kur-me-sikil-la）指阿拉他。关于"道"（ME），见拱玉书2007。

25. 传令官把号角（si）在所有国家（kur-kur-ra）吹起。

    乌鲁克的军队与英明国王（lugal-zu）一起出发，

    库拉巴的征兵紧紧跟随着恩美卡。

    乌鲁克的征兵势如洪水（a-ma-ru）（滚滚向前），

    库拉巴的征兵仿佛乌云（an-dungu）（蔽日遮天）。

30. 像浓雾（muru$_9$），他们把大地笼罩，

    扬起的灰尘直上云霄。

    好似乌鸦（buru$_4$-dugud^{mušen}）扑向最好的粮种，

    他选择的那些人个个聪明。

    弟兄之间把记号（giškim）确定。

（行军路上）

35. 国王一马当先，

    军队的旗手紧随后面。

    恩美卡一马当先。

    军队的旗手紧随后面。

    [……] 进入，

40. [……] 山 [……] 色彩斑斓，

    二粒小麦（gú-nida）生机盎然。

    这位使恩利尔得到安慰的正义者（指恩美卡），

    倾库拉巴之兵出征时，

    仿佛母羊，他们在山里迂回前行，

45. 恰似野牛，他们翻山越岭。

    他们把［……］边界寻找，路在何方他们知晓。

    他寻找［……］五天已过去，

    第六天，他们沐浴。

第六章　苏美尔文学　　443

[……]，第七天，他们继续向山里行进，
50. 在穿越一个通道时，
（只见）洪流咆哮下，注入潟湖里。

（恩美卡与七英雄）
这位国王（指恩美卡）能把风暴驾驭。
他是日神之子，是一块纯银，
自天而降，屹立于大地。
55. 他头上有光环，
他的齿箭明晃晃，仿佛电光闪。
他把铜斧身边挎，金光明灿灿。
斧头有精致装饰凸显，好似一条食尸犬（ur ad₆ gu₇-a）。
那时，（队伍中）确有七人，确有七人，
60. 他们是库拉巴的年轻壮汉。
七人皆是乌拉什（ᵈUraš，天神之妻）的后代，喝的都是母牛（šilam）奶。
他们都是英雄好汉，雄踞苏美尔，身强体壮正当年，
他们从小就与天神同桌共餐。
这七人是主管（ugula）中的主管，
65. 是将领（nu-bànda）中的将领，
是军官（šagina）中的军官。
他们都是每人主管300人的主管，
都是每人指挥600人的将领，
都是每人指挥7沙尔（šár）①士兵的军官。

---

① 1"沙尔"（šár）= 3 600，7"沙尔" = 25 200。

70. 他们为国王（en）效力，是其精锐部队，

　　卢伽尔班达是他们中的第八位。

　　沐浴时，他们嚷闹喧嚣，

　　行进时，他们静静悄悄。

　　他（指恩美卡）手持国王的杀威棒，与众人一同前行。

（卢伽尔班达得病，战友们为他准备自救饮食）

75. 路途刚过半，路途刚过半，

　　就在那地方，疾病骤然降，头疾（saĝ-gig）骤然降。

　　他（卢伽尔班达）抽搐痉挛，在地上翻滚，就像头被芦苇
　　　　抽打的蛇一样。

　　他满嘴泥土，仿佛落入陷阱的羚羊。

　　他的手不能弯曲，

80. 他的脚不能抬起，

　　国王与士兵都无能为力。

　　当尘雾缭绕大山时，（他们说：）

　　"送他回乌鲁克！"但又不知如之奈何。

　　"把他送回库拉巴！"但又不知如何做。

85. 身处山背面，冷得直打颤。

　　大家带他去一处，那里甚温暖。

　　[……]

　　大家为他做了一个草榻，有点像鸟巢。

　　[……]大枣、无花果，还有各种各样的奶酪，

90. 他们还做了适合病人吃的甜面包（ninda ku₇-ku₇）。

　　（食物都放）在枣篮中，他们还为他把家造。

　　（为他准备了）牛棚里的各种油，羊圈中的鲜奶酪。

第六章　苏美尔文学　445

凉蛋油与水煮蛋，

他们为他所做的一切，仿佛是为神圣宝地摆盛宴。

95. 用来饮用的啤酒，蜂蜜拌枣汁，

还有抹了黄油的面包片，[……]

他们将之直接摆放在桌前。

装生活用品的皮囊，

装生活用品的皮袋，统统都用上。

100. 他的兄弟们和朋友们，

像卸载一艘来自丰收之地的货船一样，

将之放在山洞里，靠近他头部的地方。

从他们的水袋中，他们没有将水［……］。

啤酒种种，各式各样，

105. 喝的葡萄酒，甘甜又醇香，

在山洞里，他们把这些东西放在他的头部，就像放在水袋架上。

各类油，种种香，

在做了标记的山洞里，他们将其放在支架上。

在那个山洞里，他们将之挂在他的头上方。

110. 他的战斧（^{urud}ha-zi-in）镀了一层锡（nagga），

（这种金属）来自与祖毕（zubi）[①]进行的贸易，

他们将之在其头边倚。

还有他那铁（an-bar-sug$_4$-ga）制的佩剑，

（这种金属）易自黑山（ḫur-saĝ gíg），

115. 他们将之系在他身边。

---

① 指伊朗境内的曼代利（Mandali）附近的山脉，Jacobsen 1989, 第284页注释17。

（卢伽尔班达的反应）

他的双眼像河渠，泪水涌如泉。

圣卢伽尔班达，盯着他们看。

像神圣的日神之门，他紧闭牙关。

面对他的兄弟们，他已不能言。

120. 他们抬了抬他的脖子，（发现）气息已断。

（兄弟们商议对策）

他的众弟兄，他的众同伴，

共同商议如何办：

"如果我们的兄弟，像太阳升起一样站起，

（说明）攻击他的神已经离去。

125. 待到他吃了喝了这些东西，

他的脚就能重新站立。

（纵然翻越）崇山峻岭，也要送他回砖建的库拉巴去。

如果太阳神将我们的兄弟，

呼唤到尊贵的圣地，

130. 他身体中的元气就会（永远）留在此地。

当我们从阿拉塔回来时，

当我们重返砖建的库拉巴，我们将带上兄弟的尸体（ad₆）。

（兄弟们告别卢伽尔班达，继续前行）

仿佛东零西散的楠纳圣牛星[①]，

好似老牛离开牛棚，

[①] 楠纳是月神，"楠纳的神圣母牛"（áb-kug ᵈNanna）指星，或指银河，Vanstiphout 2003，第161页注释30。

135. 他的众兄弟，他的众同伴，

　　　将圣卢伽尔班达一人留在山洞中。

　　　一把泪水一声叹，

　　　眼泪、祈愿同相伴。

　　　破碎的心上加悲伤，

140. 卢伽尔班达的兄长们（šeš-gal-šeš-gal），继续前行入深山。

（卢伽尔班达的病情）

　　　卢伽尔班达命危浅，转眼已经第二天，

　　　两天过后又半天，

　　　（这时）仿佛太阳举目望家园，

　　　好似家畜抬头望畜圈。

145. 正当日薄西山天色晚，

　　　他的躯体变得就像涂了油脂一般。

　　　（但是）他此时仍未摆脱病魔的纠缠。

（卢伽尔班达苏醒，祈求神助）

（向太阳神祈祷）

　　　他举目朝天望，两眼向太阳，

　　　仿佛（面对）亲生父，两眼泪汪汪。

150. 在那个山洞中，他反复祈祷求神灵：

　　　"乌图啊，我向你致敬！让我不再继续患病！

　　　英雄啊，宁伽尔[①]之子，我向你致敬！让我不再继续患病！

[①] 在苏美尔神庙中，太阳神乌图是月神楠纳之子，宁伽尔是月神之妻，太阳神之母。

乌图啊，我的兄弟们已经进入山中，

在这可怕的山洞，让我不再继续患病！

155. 这里无母亲，这里无父亲，

这里无相识，这里无人令我尊敬。

我的母亲不在这儿，'可怜吾儿'她无法说。

我的兄长不在这儿，'可怜吾弟'他无法说。

我母之邻居，常来我家坐，现在却不能为我把泪落。

160. 若果母神和父神与我站在一起，

睦邻神就会说：'这个人会从这里走出去！'

（常言道：）狗不为人知可恶，人不为人知可怖。

在这陌生路，在这山深处，

乌图啊，一个不为人知的人，此人最痛苦。

165. 你怎么可以弃我于如此险恶之地？

不要让我像吃大麦一样吃苦土！

不要像投掷飞镖一样，将我弃于荒野处！

不要让我继续患病，（免得）兄弟们的名声受到侮辱！

不要让我继续患病，（免得）战友们的名声受到侮辱！

170. 不要让我在山中结束（此生），好像一个懦夫！"

乌图接受了他的哭泣，

给山洞中的他送来神的鼓励（zi-šà-gál）。

（向伊楠娜祈祷）

对这个 [……] 可怜人（指卢伽尔班达）而言，游戏

（ešemen，指战斗）最甜蜜。

对出入酒肆的妓女，床榻最甜蜜。

175. 当这个可怜之人吃东西时，

月神之女伊楠娜,

像一头公牛,在苏美尔为他把头抬起。

她的光辉与圣沙拉（^{d}Šára,伊楠娜之子）的光辉一样,

她的容颜把整个山洞照亮。

180. 当他面朝天（an-šè）把目光投向伊楠娜,

仿佛面对亲生父,两行泪水下。

在山洞中,他反复祈祷求神灵:

"伊楠娜啊,愿这里就是我的家,愿这里就是我的城!

愿这里就是我母生我的库拉巴。

185. 愿我像条蛇,这里就是我的荒漠。

愿我像只蝎,这里就是我的洞穴。

我的伟大人民,对我［……］。

我的伟大女神,对我［……］。

［以下数行残缺严重,意不详］

（卢伽尔班达见到的周围环境）

小石头和红玛瑙闪闪发光,

天上的宝石,地上的……（不详）

来自扎布（za-bu）山中的喧嚣,

195. 从其声音［……］,打开［……］。

不要让我的肢体消失在松山里。"

伊楠娜接受了他的哭泣,

给予他生命力,使他像安眠的太阳一样睡去。

伊楠娜用喜悦的心将他裹起,仿佛用的是一件外衣。

200. ［……］,仿佛（i-gi$_4$-in-zu）朝砖建的库拉巴走去。

（向月神楠纳祈祷）

吞噬黑暗的公牛（指月亮或月神），

就是那颗圣牛星（mul amar-kug，亦指月亮或月神），出来
　　将他护庇。

那是带来黎明的星，在天空闪烁不停，

给黑夜带来光明。

205. 被称为新月（ud-sakar）的月神辛，

父神楠纳，指引着太阳东升。①

无愧于王冠之光辉的王，

恩利尔的宠儿辛，

此神恰如其分地居于天的最上方（si-ùn-na，天顶）。

210. 他的光辉像沙拉的光辉一样，

他的容颜把整个山洞照亮。

当他（卢伽尔班达）面朝天（an-šè）把目光投向辛，

仿佛面对亲生父，两眼泪汪汪。

在山洞中，他不断向神举手致意：

215. "王啊，你在苍穹不可及！

辛啊，你在苍穹不可及！

你是王，憎恨邪恶爱正义，

你是辛，憎恨邪恶爱正义。

恰是正义使你心喜。

220. 巨大的杨树干之所以生长，是为了给你做权杖（ù-luḫ）。

你打开了枷锁，把正义（níg-si-sá）释放。

却没有打开枷锁，把罪恶（níg-érim）释放。

---

① 月神是太阳神之父，这里的"父神"是从太阳神的角度而言的。

赶走恶之源头（saĝ），才能铲除其影响（eger）。

只要你愤怒，

225. 你就怒斥邪恶，仿佛毒蛇喷毒。"

辛接受了他的哭泣，给予他生命力，

使他的脚可以重新站立。

（太阳神为卢伽尔班达驱赶恶神）

当明亮的公牛（gud babbar，指太阳）再次从地平线上升起，

公牛将为你在松林中歇息。

230. 盾牌地上立，众神（unken）都把目光聚，

盾牌出宝库（é-níg-gur₁₁），青年男子齐注目。

年轻的乌图，将其明亮光辉撒向大地，①

他将之赋予山洞中的圣卢伽尔班达。

友善的乌都克（ᵈUdug，恶神）从天上给他指引，

235. 友善的拉玛（ᵈLama，善神）在后面紧跟，

攻击他的（恶）神匿迹远遁。

（再次祈求太阳神帮助）

当他面朝天（an-šè）把目光投向乌图，

仿佛面对亲生父，涕泗已沾襟。

在山洞中，他不断向神举手致意：

240. "乌图啊，国家之牧人，黑头人之父，

你入寝，人们与你一起入寝，

---

① 第28—32行描述的是天文现象，具体不详。

年轻的乌图啊，你升起，人们与你一同站起。①

乌图啊，没有你，

人们不能撒网捕鸟，亦不能抓到奴隶。

245. 对于独行之人（lú dili），你就是其同伴与兄弟。

乌图啊，只要两人行，你就在其中。

你是御者②的护目镜，

贫穷者、撒谎者、无衣者，

仿佛一件羊毛长袍，你的光辉把他们包裹。

250. 仿佛一件白色羊毛衣，你能覆盖债务人监狱（é-ur₅-ra）。

仿佛一个老富翁，

老妪们把你的阳光歌颂，

直到她们正寝寿终。

你的光辉是最好的香油，

255.（能使）强壮的公牛（am-gal-gal）随时战斗。

níg DÚR-ba kàš níg DI ì-ib-sur-ra（此行意不详）

英雄啊，宁伽尔之子，你普洒阳光，

（把阳光）洒向人和牛站立的地方。

[……]（残缺）

260.（阳光？）能把兄弟与兄弟连在一起，

能把铧犁置于……之地

你的赞歌最甘甜，上可接云天。

英雄啊！宁伽尔之子，你值得人们盛赞。"

（卢伽尔班达痊愈，走出山洞，开始追赶大部队）

---

① 这两句表达的意思显然是"日出而作，日落而息"。

② "御者"（ulul lá），不确定。

第六章 苏美尔文学

圣卢伽尔班达从山洞里走出，

265. 就在那一刻，遵从恩利尔建议的正义者（zid-du）[①]育出生
命草（ú nam-til-la），

滚滚河流山之母，为他带来生命水（a nam-til-la）。[②]

生命草，他用牙咬，

生命水，他大口饮。

吃了生命草，

270. 喝了生命水，

从那个河岸起，他一个脚趾抓地跑。[③]

从那个地方起，他一路狂奔像野驴。

像沙坎[④]的独行驴，他在山中望尘追迹，

像一头大而壮的野驴，他飞驰疾行，

275. 像一头渴望奔跑的瘦驴，他马不停蹄。

从黑夜到黄昏，他一直快步流星。

在月光照耀下，他翻山越岭。

他独自一人行，环顾四周无人踪。

用皮桶里的食材，

280. 用皮袋里的食材，

他的兄弟与同伴，

曾用凉水在洼地把面包做出来。

从山洞出来时，圣卢伽尔班达把这些东西随身带。

[①] 此处的"正义者"（zid-du）指"沃土"，Vanstiphout 2003，第161页注释42。
[②] "生命草"（ú nam-til-la）和"生命水"（a nam-til-la）是苏美尔文明中两个重要概念，有起死回生的功能，常常一起出现文学作品中。
[③] 可能形容跑得快，健步如飞、脚不着地，犹如风驰电掣。
[④] "沙坎"（ᵈŠákkan），动物保护神。

　　　　他把这些东西放在炭灰（ne-mur）旁[1]，
285.　他把木桶装满水，
　　　　再把放好的东西分成两排。

　　（击石取火）
　　　　他拿起一块燧石，
　　　　他把（燧石）反复撞击，
　　　　把碎木炭放在一块平地，
290.　精美的燧石（^{na4}zú）把火花溅起，
　　　　火焰在洼地升起，仿佛太阳（照亮大地）。
　　　　他（虽然）不知如何把面食烤，不知何物为炉灶，
　　　　却只用了七块碳，就把面团烤成了面包。
　　　　在烤制面包的同时，
295.　他连根拔起山上的芦苇，并将其枝叶削掉。
　　　　他把所有面食都打了包，将其每天的量（šúkur-ud）分好。
　　　　他（虽然）不知如何把面食烤，不知何物为炉灶，
　　　　却只用了七块碳，就把面团烤成了面包。
　　　　他将蜂蜜甜枣汁，抹在上面做调料。

　　（捕牛）
300.　（这时）有一头不停甩动牛角的棕黄色公牛，
　　　　虽然饥饿却仍威风凛凛，
　　　　正在冲着纯洁山中快速繁殖的野牛哞哞叫。
　　　　就这样，它咀嚼香草，若将大麦嚼；

---

[1] 可能是大部队留下的炭灰，Vanstiphout 2003，第161页注释46。

第六章　苏美尔文学　　455

它嚼碎松树，若嚼碎细颈针茅。

305. 它用鼻子嗅着舍努（šenu）灌木叶，仿佛那是一种草。

    翻滚的河水，它饮来止渴，

    山里洁净的石碱草，它吃得直打嗝。

    这头山中的棕色野牛边吃边走，

    他猛然出手捕获了这头牛。

310. 他把山中的一颗刺槐连根拔，再把树枝削掉。

    树根就像地里长长的灯芯草，

    圣卢伽尔班达用刀将其削掉，

    将之用作缰绳把山里的这头棕色野牛套。

（捕羊）

    棕色山羊、母山羊、生蚤山羊、生虱山羊、爱叫的山羊，

315. 就这样，它们咀嚼香草，若将大麦嚼。

    它们嚼碎松树，若嚼碎细颈针茅。

    它们用鼻子嗅着舍努（šenu）灌木叶，仿佛那是一种草。

    翻滚的河水，它们饮来止渴，

    山里洁净的石碱草，它们吃得直打嗝。

320. 正当一只棕色山羊和一只母山羊边走边吃时，

    他猛然上去抓住这两只。

    他把山中的一颗刺槐连根拔，再把树枝削掉。

    树根就像地里长长的灯芯草，

    圣卢伽尔班达用刀将其削掉，

325. 将之用作套环把棕色山羊和母山羊套。

（卢伽尔班达做梦）

他独自一人行，环顾四周全无人踪。

（这时）国王①已经睡意蒙眬。

睡眠，它是压倒一切的大山，

它像汹涌的洪水，它像能摧毁砖墙的手掌。

330. 其手也美妙，其足也美妙（galam）②，

它（指梦）能把眼前的一切东西都抹上糖浆，

它能让蜂蜜从眼里向外流淌。

它不知谁是总管，它不知谁是上将，

它使英雄变得更强。

335. 宁卡希（^{d}Nin-ka-si，女神，酒神）的啤酒桶，

把卢伽尔班达征服，使他入梦乡。

山里洁净的石碱草，他拿来当作床。

他展开亚麻衣，又把一块白色亚麻布铺（床上）。

债务人监狱无水洗浴，（那里的）人已经到了地狱。③

340. 国王就地躺，不为把觉睡，只为入梦乡。

门挡不住梦，门枢亦不能。

（在梦中）撒谎者说谎言，真诚者说真相。

它（指梦）能使一个人高兴，也能使另一个人把曲哼。

它是众神密封的泥版筐，

345. 它是宁利尔（^{d}Nin-líl，恩利尔之妻）的美丽新房。

它是伊楠娜的顾问（ad-gi₄-gi₄），

---

① "国王"（lugal）指卢伽尔班达。卢伽尔班达是乌鲁克第一王朝的第三位国王，但故事中的卢伽尔班达是王子，还不是国王。这里之所以称之为"国王"，或是因为后人已经习惯于把这位先王叫作"国王"，下意识地把这种习惯流露出来；或是因为卢伽尔班达（Lugalbanda "小王"）这个名字中本来就带"王"（Lugal）字，这里的"国王"也许是"卢伽尔班达"的缩写。
② "美妙"（galam），即很艺术，应该指做梦很美妙，或梦境很美妙。
③ é-ur₅-ra可以是"债务人监狱"，也可以是"债务人"，ki既有"地"之意，也有"冥界"之意。这里把ki译文"地狱"是为了押韵，意思也大致相当。这句话似乎是谚语。

第六章 苏美尔文学　457

它能使活人倍增，能使死者发声。

梦之神扎安伽拉（^{d}Za-an-gàr-ra），

像一头公牛，亲自向卢伽尔班达喊话，

350. 仿佛母牛犊，声音特别大：

"谁来为我杀掉那头棕色牛？

谁来为我榨其油？

他须拿着我的锡（nagga）斧（^{urudu}ha-zi-in），

他须把我腰间铁（an-bar-sug$_4$-ga）剑（gíri）挥舞，

355. 我要让他像角斗士一样赶走山里的棕色羊，我要征服它，

　　　仿佛运动健将。

太阳一旦升起东方，他就会立刻失去力量。

他将像碾碎大麦一样打碎棕色山羊和母山羊的头，

他将把羊血倒在坑里。

当气味在平原飘荡，

360. 机敏的山蛇（muš）就会嗅到芳香。"

卢伽尔班达已睡醒，原来那是一场梦。他浑身直打颤，原

　　　来刚才是睡眠。

他用手揉揉眼，感到心惊胆颤。

（卢伽尔班达杀牲祭神）

他操起锡制战斧，

他拔出腰间铁剑，

365. 像角斗士一样赶走棕色山羊，并将其征服，仿佛运动健将。

太阳已然升起东方，它已经失去力量。

他像碾碎大麦一样打碎棕色山羊和母山羊的头，

他把羊血倒在坑里。

　　　　当气味在平原飘荡，
370. 机敏的山蛇嗅到了芳香。"
　　　　当太阳升起，[……]
　　　　卢伽尔班达以恩利尔的名义[……]。
　　　　（邀请）安、恩利尔、〈恩基〉以及宁胡桑格（来相聚），
　　　　（诸位大神）前来赴宴，他们围着土坑坐一起。
375. 他在山中准备好了一块地，
　　　　盛宴已经就绪，饮料已经备齐。
　　　　黑啤、果酒、小麦酒、
　　　　葡萄酒等各种酒，甘甜又可口。
　　　　他用凉水酹平原，
380. 肢解棕色山羊用利剑。
　　　　他把发黑的肝脏架在火上烤，
　　　　好似香烟（na-dè）袅袅，烟云（i-bí）直上云霄，
　　　　仿佛杜牧兹（牧羊神）带来牛棚里的好味道。
　　　　卢伽尔班达准备的这些东西，
385. 都被安、恩利尔、恩基以及宁胡桑格津津有味地吃掉。
　　　　这块用纯洁之力准备的光耀之地，
　　　　其神圣性可与月神的祭坛匹敌。
　　　　他把日神祭坛和月神祭坛都建在高地，
　　　　用伊楠娜的青金石把两个祭坛都装饰美丽。
390. 在祭坛上，辛（ᵈSuen）手持木制长臂权杖，[①]
　　　　他用水把安卡尔（á-an-kár，武器）清洗。
　　　　把天之城（iri an-na）清洗之后，

---

① Wilcke 2015，第245页第381行。

第六章　苏美尔文学　459

他将所有的美食都在适当的位置摆放整齐。

（天象？星体特点？宇宙之战？①）

他们把恩基［……］，众神之父［……］。

395. 天被打开，他们［……］。

他们［……］

仿佛一串串无花果，充满魅力。

它们舒展着肢体，

它们是月神的羚羊，正在快速逃离。

400. 它们是宁利尔（ᵈNin-líl）的宠物，

它们是伊什库（ᵈIškur）的助力（á-tah）。

它们把亚麻堆积，它们把大麦堆积。

它们是杀戮成性的动物，

扑向辛神痛恨的叛国，似疾风骤雨。

405. 它们疾风骤雨般扑向敌人，这毋庸置疑。

它们一觉睡到白日尽，

却在短暂黑夜入民居。

不论昼长与夜短，它们都与配偶在一起。

它们把光辉给予［……］

410. 子夜三更天，它们戴上青金石王冠。

在太阳之燕煽起的旋风中，它们把爪伸到身体下面。

它们进入家家户户，

它们窥视大街小巷，

---

① "宇宙之战"是范斯提夫特的说法，他也不确定，所以，"宇宙之战"是带问号的，Vanstiphout 2003，第125页。这段诗文（第394—421行）难以理解，译文尽量忠实原文，但常常不知所云。

它们言来语去喋喋不休，

415. 它们与母亲搭话，与女王攀谈，

    它们在床边安眠。

    它们打击［强者和］弱者。

    当它们把黑的［……］窃取，

    当它们拿走人类的门与餐桌的［……］，

420. 当它们把门打［……］。

    所有通道都被门闩封闭。

（赞美太阳神）

英雄（指太阳）把光芒照耀在人（指卢伽尔班达）身上。

太阳把光芒照耀在此人身上。

英雄是年轻的太阳，他永远发正义之言。

425. 他精通词曲，晓得话语的内涵。①

    在天地间，他恰如其分地将正义之言展现。

    那是年轻太阳［……］的正义之言，

    阿努纳（ᵈA-nun-na）众大神对此感到茫然。

    从那时起，［……］乌图，恩利尔的［……］，

430. 授予他（指卢伽尔班达）天宫大传令官（nam-nigir-gal an-na）的头衔。

    万国之司法，［……］为他增加。

    众神的［……］，

    具有大智慧的城市长老［……］，

    在天地间他恰如其分地将正义之言展现后——

---

① Wilcke 2015, 第247页第415行。

第六章 苏美尔文学　461

435. 那是年轻太阳的正义之言，

   阿努纳众大神对此感到茫然，

（437—441行残缺严重，意不详）

（伊楠娜战阵①）

442. 乌图、恩利尔和坟墓之神［……］，

   宁伽尔的长髯之子（指太阳神乌图），与他一起进入。

   他们把［……］给予辛（月神），并同时给予他"战斗"（šen）。

445. 他们决定万国命运。

   在午夜，他们能把黑野猪分辨。

   在中午，正义之言会在乌图面前呈现。

   在天上，你的歌会出现在他面前。

（下面多行残缺严重，意不详）

   ……，无神可匹敌。

450. 他们的［……］是他们的眼睛（或脸面）

   他们来到安、恩利尔［……］和伊楠娜诸神前，

   他们知道……

   他们观察……

   他们……从鸟巢……

455. 光耀山之门，光耀山之门闩，

   ［……］权杖，天之［……］

---

① 这也是范斯提夫特的说法（Vanstiphout 2003，第128页），仅供参考。

[……]之道路[……]伊楠娜[……]随风而去，

　　从光耀山生长出来的[……]黄杨树，

　　金黄而凶猛的[……]，

460.　[……]，他们在战斗。

　　[……]战斗像[……]，

　　他们进入伊楠娜神庙，此庙皆用天青石建造。

　　他们是伊楠娜的宠儿，战斗起来毫不动摇。

　　他们是十四把战斗火炬，他们的强大无以伦比。

465.　正当午夜时，[……]

　　就在三更天，他们像野火一样你追我赶。

　　他们首尾相连，像光一样时隐时现。

　　在激烈的战斗风暴中，

　　他们大声吼叫，仿佛洪水（a-maḫ）泛滥。

470.　他们是伊楠娜的宠儿，战斗起来毫不动摇。

　　他们是七把战斗火炬，他们的强大无以伦比。

　　他们雀跃狂欢，好似头戴王冠，（那是）蔚蓝天（an-sig₇）。

　　他们的额头他们的眼，他们创造的是傍晚（an-úsan）。

　　他们的耳朵是停泊[……]的船。

475.　他们的嘴巴像野豚，在芦苇丛中威风凛凛。

　　他们身处"战斗之口"（ka-mè-ka），

　　他们夺命砍头。

　　他们暴风雨般的突袭，能给大地带来毁灭性打击。

　　他们是伊楠娜的宠儿，战斗起来毫不动摇。

480.　他们的数量无限，是宁图（ᵈNin-tud，母神）使然。

　　天命（zi-an-na）握在他们手里，

第六章　苏美尔文学　　463

金光闪闪的神圣狼牙棒，（其威力大）无边。①

女神……②也是他们中的一员。

送日西归的群星在天空生辉熠熠，

485. 太阳已然升起东隅，

天之神圣武器已经就绪。

正义神（dingir si-sá）与人共卧一起。

恶神自有歹意。

他们是［……］神，

490. 他们与乌图、楠纳和拥有五十 ME 的伊楠娜无异，

能使树木生长在天边地极（an-ki zag-ba）。

他们能预测流言蜚语，

他们能预见暴力。

［……］抬起，把巨手（šu-maḫ）抬起。③

495. ［……］使之升起，老妪④使之升起。

满天星斗，天空美丽。

为把筛子像陷阱（giš-búr）一样翻转，遂让战车星⑤升起。

松山中苍翠的雪松（ᵍⁱˢerin-duru₅）［……］，

战网（sa-pàr）从地平线（an-úr）到天顶（an-pa）［……］

（以下残缺，缺多少行不详）

---

① "无边"（zag-an-ki-šè），即直到天和地的边缘。
② 女神的名字写作 ᵈnin-AD.LIBIR，读音和功能不详。
③ 该行的两个动词都是 …-ZU.ÚB，在接下来的三行中，动词也都是 …-ZU.ÚB。在目前已知的文献中，包括辞书文献，没有这样的动词。范斯提夫特将 ZU.ÚB 读作 e₁₁（DU₆.DU）"抬起，升起"，也就是说，他认为 ZU.ÚB 可能是 DU₆.DU 的讹化，但同时指出，这仅仅是他的推测，见 Vanstiphout 2003，第 163 页注释 67。
④ "老妪"（bur-šúm-ma）指伊楠娜。
⑤ 范斯提夫特认为"筛子"（maš-te）和"战车星"（mul-ᵍⁱˢgigir）都是星座，见 Vanstiphout 2003，第 163 页注释 69 和 70。

《卢伽尔班达 II》

《卢伽尔班达 II》也有几个不同的现代名称:《卢伽尔班达与恩美卡》、《卢伽尔班达的回归》、《卢伽尔班达与安祖鸟》以及《卢伽尔班达 II》[①],雅各布森称之为《卢伽尔班达与雷雨鸟》[②]。本书采用的是最简短的名称《卢伽尔班达 I》和《卢伽尔班达 II》,因为其他名称也不能全面概括作品的内容,所以,取短不取长。这篇作品的古代名称是"卢伽尔班达"(lugal-bàn-da)[③]。

《卢伽尔班达 II》应该是《卢伽尔班达 I》的下篇[④],没有序言,起首便是"卢伽尔班达仍在山中,远在千里之遥"。接下来,作品描述了卢伽尔班达如何在安祖鸟的帮助下成为"飞毛腿",如何追赶上乌鲁克的大部队,重新加入乌鲁克远征军的行列。乌鲁克的远征军围困阿拉塔一年有余仍却不能攻克,于是,率军远征的乌鲁克国王恩美卡决定派人回国求援,但不是搬救兵,而是请求乌鲁克的保护神伊楠娜的帮助。卢伽尔班达在关键时刻挺身而出,独自一人返回乌鲁克。乌鲁克守护神伊楠娜通过卢伽尔班达为一筹莫展的恩美卡指点迷津,史诗止于此,没有描述恩美卡如何把神的指点付诸实施。也许在古代作者和读者眼里,以这种方式结束故事恰到好处,因为攻克阿拉塔、神的指点得到应验是不言而喻的,无须赘述。

---

① Wilcke 2015,第205页注释6。
② Jacobsen 1987,第320页。
③ Kramer 1942,第16页第39行;Cohen 1973,第144页。
④ 《卢伽尔班达 I》和《卢伽尔班达 II》是一部史诗的上下篇,还是两部独立的史诗,学者各执一词,目前仍没有定论。从修辞风格上看,二者更像相互独立的史诗,Wilcke 1992,第579页。

《卢伽尔班达 II》

（卢伽尔班达千方百计讨好安祖鸟）

    卢伽尔班达仍在山中，远在千里之遥，

    他把扎布山（iši za-bu^{ki}）作为自己的依靠。

    没有母亲和他在一起，为他出主意，

    没有父亲在身边，为他把迷津指点。

5.   没有他看重的知己在身旁，

    也没有至交可以把事情商量。

    他在心里暗自想：

    "我要好生对此鸟（mušen），应得到的让它都得到。

    我要好生对安祖（anzud^{mušen}），应得到的让它都得到。

10.   我要爱护安祖之妻，

    安祖之妻儿，

    我请它们吃佳肴。

（赞美酒神宁卡希）

    安（天神）将把宁古恩纳[①]

    从山里招来助我，

15.   她是个智慧的女人，做母亲最适合。

    宁卡希有智慧，做母亲最适合。

    她的发酵桶（^{na4}gakkul）用温润的天青石制成，

    她的盛酒器（^{gi}lam-sá）用最好的银和金制成。

    她若立而把酒饮，那是高贵而自尊；

20.   她若坐而把酒饮，那是喜悦而欢欣。

---

① 宁古恩纳（Nin-gú-en-na）是酒神宁卡希（^{d}Nin-ka-si）女神的别名。

这位司酒（sagi）不知倦，来来回回把酒斟。

宁卡希会从她左右两侧的酒桶里，

把我的美酒斟，恰如其分正合宜。

此鸟若饮酒，饮罢若高兴，

25. 安祖若饮酒，饮罢若高兴，

乌鲁克人之去向，他会为我指明，

安祖会让我沿着兄弟们走的道路前行。

（卢伽尔班达所处的环境）

那天，恩基的鹰树（giš hu-rí-in^{d}En-ki）金光闪，

在玉髓斑斓的伊楠娜之山，

30. 它（指恩基的鹰树）矗立山之巅，枝叶与地连。

仿佛杨柳[①]，树须倒悬；

仿佛长袍，树荫遮住山之巅；

恰似麻布，山之巅峰任铺展。

树根若巨蟒，

35. 在乌图的七口之河（íd ka 7 ^{d}utu）蜿蜒流淌。

在周边大山中，任何松柏都不生。

没有蛇匆匆疾行，没有蝎快速移动。

在深山，

熊鸟（buru$_5$-az^{mušen}）筑巢生卵。

（描写安祖鸟）

[①] a-ru-gin$_7$，"像a-ru"中的a-ru目前仍没有合理解释，范斯提夫特认为a-ru可能是阿卡德语借词*aru*"棕榈树叶"，但又不能确定，因为棕榈树不会长在山区，见Vanstiphout 2003，第163页注释77。"杨柳"是本文作者的猜测，没有文献依据，只因略符合"树须倒悬"。

40. 在此鸟附近,
安祖建了巢,让其幼鸟在这里叫(šeg₁₁),
刺柏和黄杨树是筑巢用的料。
此鸟还建了一个遮阳棚,用的是金光闪闪的树条。
时到清晨,此鸟便开始展身。
45. 太阳高照,安祖便放声大叫。
因它这一叫,卢卢比(lu₅-lu₅-bi)山摇三摇。
它有鲨鱼(kúšu^{ku6})之牙,雄鹰(ḫu-rí-in^{mušen})之爪。
出于恐惧,野牛见之便撒腿奔山脚,
山羊见之便匆匆山里把命逃。

(卢伽尔班达呵护安祖幼鸟)

50. 卢伽尔班达甚睿智,亦能从容做大事。
为众神准备天体面包时,
他小心翼翼甚仔细。
他在面团上面抹蜂蜜,一层抹完一层续,
而后将其放在安祖幼鸟的鸟窝前。
55. 他给雏鸟吃咸肉,又给雏鸟吃羊油。
他用奶油面包把雏鸟喂个饱,
而后把它放回巢。
他用涂眉粉把它的眼睛画得十分得当,
把白雪松(枝)插在它的头上,
60. 又把一块块咸肉放在它的头上方。
安祖鸟巢,他起身离开,
在松柏不生的高山,他把(安祖)等待。

图6-1　安祖鸟与鹿。铜片高浮雕，接近圆雕，高1.07米，宽2.38米，年代在公元前2900至前2460年间，出土于欧贝德（Tell Ubaid）的宁胡桑格（Ninḫursaĝ）神庙，藏于英国国家博物馆。图片见Strommenger 1962，图79

（安祖鸟）

　　那天，此鸟在山中把野牛往一起赶，

　　安祖在山中把野牛往一起赶。

65.　它把一头活牛抓在爪中，

　　把一头死牛挂在脖子下面。

　　它口吐黄胆汁，仿佛吐了十古尔的水。

　　此鸟在（鸟巢）周边盘旋，

　　安祖在（鸟巢）周边盘旋。

70.　此鸟冲着他的鸟巢噪鸣，

70a.　安祖冲着它的鸟巢噪鸣，

　　巢中幼鸟却无回应。

　　此鸟再次冲着鸟巢噪鸣，

　　巢中幼鸟仍无回应。

　　截至那时，此鸟每次冲着鸟巢鸣，

75.　巢中幼鸟必回应。

可现在，此鸟冲着鸟巢鸣，

巢中幼鸟无回应。

此鸟哀嚎一声，哀嚎直达天庭。

其妻哀嚎一声，哀嚎直达水宫。

80. 面对此鸟之哀鸣，

面对其妻之哀鸣，

山神阿努纳（ᵈA-nun-na dingir ḫur-sag-gá），

四处藏身急躲避，好似蚂蚁钻地缝。

此鸟对其妻大声说道：

85. 安祖对其妻大声说道：

"恐怖笼罩了我的鸟巢，仿佛笼罩了楠纳的大畜栏；

仿佛野牛相互撞击，这愈发令人毛骨悚然。

居然带走我的巢中幼崽，何人竟如此大胆？

居然带走（小）安祖，何人竟如此大胆？"

90. 当此鸟走近鸟巢时，

当安祖走近鸟巢时，

（却发现）那里装饰甚华丽，堪比一块神居地。

它的幼鸟巢中卧，

眼睛涂了色，涂得正合宜。

95. 白雪松（枝）插头上，

咸肉放在它的头上方。

此鸟油然生敬意，

安祖油然生敬意，（说道：）

"我是大王握天命，河流命运我决定。

100. 我使恩利尔心生喜，我是眼罩（ᵍⁱˢigi-tab-bi）保正义。

我父恩利尔带我来此地，

他让我像大门一样把山封闭。

我一旦做出了决定,谁能将它反转?

我一旦把话说出口,谁能把它改变?

105. 无论谁为我的鸟巢做了这些事,

你若是神,我将与你交谈,

我将把你当友人看。

你若是人,我将为你把命运决断。

群山之中,将无人敢于对你发起挑战。

110. 你将是安祖给予力量的男子汉。"

(卢伽尔班达赞美安祖鸟)

卢伽尔班达喜惧各参半,

他的心里喜惧各参半,

于是他将此鸟赞,

于是他将安祖赞,(说道:)

115. "鸟啊,你出生在本地,眉毛色斑斓,

安祖啊,你出生在本地,眉毛色斑斓,

在池塘沐浴时,嬉戏玩耍欢。

你的高祖父,神通可通天。

将天置于你手里,将地置于你脚边。

120. 你展开双翼,仿佛大网遮天,不[……]。

在地上,你的利爪恰似捕捉野牛的机关。

从你的脖子(murgu)看,你是书吏。

从你的胸部(ti)看,你是尼拉赫(^{d}Niraḫ,蛇神),身上带斑点。

从你的后背(šà-sù)看,你是花园,翠绿人称美。

125. 从昨日起,我将生命交给你,亦将身躯交给你。"
　　　他还说:"但愿你的妻子是我的亲生母!"
　　　他还说:"愿你就是我的亲生父!
　　　你的诸幼崽,我将如同兄弟来对待。
　　　从昨日起,在松柏不生的高山,我一直在把你等待。
130. 但愿你的妻子,接受我的敬意!
　　　我向你表达敬意,我愿把我的命运交给你!"

(安祖鸟回应卢伽尔班达)
　　　此鸟自己(从巢里)出来,高兴的表情带着神采,
　　　安祖自己(从巢里)出来,高兴的表情带着神采。
　　　安祖对圣卢伽尔班达说:

(安祖鸟的第一个提议,卢伽尔班达拒绝)
135. "来吧,我的卢伽尔班达,
　　　就像一条装满白银的船,就像一条装满大麦的船,
　　　就像一条运载苹果的船,
　　　就像一条满载黄瓜的船,其阴影遮水面,
　　　就像一条来自丰收之地的船,果实累累货满满,
140. 朝着砖建的库拉巴,你昂首挺胸把家还。"
　　　卢伽尔班达爱后裔,没有接受(该提议)。

(安祖鸟的第二个提议,卢伽尔班达拒绝)
　　　"像伊楠娜的宠儿沙拉[①]一样,

[①] "沙拉"(ᵈŠára),伊楠娜之子,战神。

472　苏美尔文明

射出你的齿箭（ti-zú），仿佛阳光（ud-gin₇）闪，

射出芦苇箭，仿佛月光（iti₆-gin₇）寒。

145. 对中箭的人来说，但愿你的齿箭是一只角蛇①，

但愿（齿箭）有魔力，（杀人）就像用刀把鱼剁。

但愿（齿箭）像可以斩断木桩的绳索。"

卢伽尔班达爱后裔，没有接受（该提议）。

（安祖鸟的第三个提议，卢伽尔班达拒绝）

"愿恩利尔之子宁努尔塔（战神），

150. 把"战斗之狮"（pirig-mè）的头饰戴在你头上！

把"山中无敌"（kur-gal-la gaba nu-gi₄）之胸甲系在你胸前！

把"山中［……］"战网［……］，

当你到一个城市，［……］。

卢伽尔班达爱后裔，没有接受（该提议）。

（安祖鸟的第四个提议，卢伽尔班达拒绝）

155. "但愿杜牧兹装满黄油的银器（ᵈᵘᵍšakir-kug），

［……］！

其中的黄油是世界之油（ì-bi ki-šár-ra），但愿［……］！

其中的牛奶是世界之奶（gára-bi ki-šár-ra），但愿［……］！

卢伽尔班达爱后裔，没有接受（该提议）。

（安祖鸟敦促卢伽尔班达提出自己的愿望）

---

① 可能是"角蝰"。

　　　　　仿佛绕着沼泽飞行的甜水基布鸟[①]，他把（安祖）回应，
160.　此鸟侧耳倾听，
　　　　安祖对圣卢伽尔班达说道：
　　　　"来吧，我的卢伽尔班达，
　　　　请把吾言放心上，事情本来是这样：
　　　　野牛邪恶心不善，必须使其来就范。
165.　瘸驴必须走直路。[②] 无论你有什么要求，我都会让你实现。
　　　　我将为你定命运，一切都按你心愿。"

　　　　（卢伽尔班达表达愿望）
　　　　圣卢伽尔班达这样回道：
　　　　"愿我的大腿能快跑，而我永远不疲劳！
　　　　愿我的手臂充满力量！
170.　愿我的双臂变得更长，愿我的双臂保持强壮！
　　　　愿我跑起来既像乌图，又像伊楠娜，
　　　　也像伊什库尔（^{d}Iškur，雷雨神）的七风暴！
　　　　愿我跳如火焰，奔如闪电！
　　　　愿我看多远，行多远！
175.　愿我目之所及，足亦能及！
　　　　愿我心有所愿，就能实现！
　　　　我心里想去的地方，让我脱鞋就前往！
　　　　如果乌图让我回到我的城市库拉巴，
　　　　愿那些咒我之人再无喜乐欢快！
180.　愿那些与我争斗之人不再对我说'有种过来'！

[①] "甜水基布鸟"（ki-ib^{mušen} ki-ib^{mušen} engur-ra），具体不详，各种文献证据见 Wilcke 1969，第17—178页注释159。
[②] 以上两句应该是谚语，意不甚详，似乎在暗示安祖无所不能。

　　　　我会让木雕师为你塑像，你会对它十分欣赏。
　　　　你的名字将在苏美尔（ki-en-gi-ra）传扬，
　　　　在各大神庙中都会恰如其分地出现（你的雕像）。"

　　（安祖鸟重复卢伽尔班达的请求，保证他实现愿望）
　　　　安祖对圣卢伽尔班达说道：
185. "愿你的大腿能快跑，你将永远不疲劳！
　　　　愿你的手臂充满力量！
　　　　你的双臂变得更长，你的双臂保持强壮！
　　　　跑起来既像乌图，又像伊楠娜，
　　　　也像伊什库尔的七风暴。

190. 跳如火焰，奔如闪电。
　　　　眼能看多远，就能行多远。
　　　　你目之所及，足亦能及。
　　　　你心有所愿，就能实现。
　　　　你心里想去的地方，就能脱鞋就前往。

195. 如果乌图让你回到你的城市库拉巴，
　　　　那些咒你之人将再无喜乐欢快！
　　　　那些与你争斗之人不再对你说'有种过来'！
　　　　你若让木雕师为我塑像，我会对它十分欣赏。
　　　　我的名字将在苏美尔传扬。

200. 在各大神庙中都会恰如其分地出现（我的雕像）。
　　　　像［……］凉鞋一样，他们会把你赞扬。
　　　　宽阔的幼发拉底河像提供乳汁的河道，（飞毛腿的）鼻祖是
　　　　　你的双脚。"

第六章　苏美尔文学　　475

（安祖鸟引导卢伽尔班达回归大部队）

路上的干粮，他尚未都吃光，

随身的武器，他一一都带上。

205. 安祖在天上飞，

卢伽尔班达在地上随。

此鸟从天上瞭望，观察到军队的动向，

卢伽尔班达在地上远眺，看见军队引起的尘土飞扬。

鸟对圣卢伽尔班达说：

210. "来，我的卢伽尔班达，

我给你几句忠告，请你将之牢记！

我有话对你说，请你听仔细！

我对你说的话，为你定的命，

你对众战友，不可吐真情。

215. 你对众弟兄，不可透风声。

好事里面藏坏事，事情皆如此。

我要回我的住处，你到你的队伍。"

此鸟掉头飞回巢穴去，

卢伽尔班达拔腿冲向他的众兄弟。

（卢伽尔班达回到兄弟间）

220. 好似天鹅（$u_5^{mušen}$）飞出闪光的芦苇丛，

有若拉哈玛（Laḫama，保护神）冲出地下甜水宫（Abzu），

仿佛有人突然从天降，

卢伽尔班达突然出现在兄弟们的精锐部队中。

弟兄们惊叫不止，士兵们一片沸腾。

225. 他的弟兄，他的战友，

问这问那，不到筋疲力尽问不停：

"神哉！我的卢伽尔班达，你怎么可能在这里？

仿佛牺牲战场的人，大军已将你抛弃。

牛棚中的好黄油，你已不再吃，

230. 羊圈中的鲜奶酪，你已不再食，

崇山峻岭中，无人能独行，

无人能回人群中，你如何使之成可能？"

再一次，他的众弟兄，他的众战友，

问这问那，不到筋疲力尽问不停：

235. "山中之大河，各色物产多，

此岸与彼岸，遥遥远相隔。

你如何饮其水？又如何把河过？"

圣卢伽尔班达这样问答道：

"山中之大河，各色物产多，

240. 此岸与彼岸，遥遥远相隔。

我侧身地上躺，用皮囊把水喝。

我大叫如狼嚎，我吃河边草。

我像野鸽把食觅，我吃山中橡树栗。"

卢伽尔班达的众兄弟，他的众战友，

245. 对卢伽尔班达之言，他们深信不疑。

仿佛一群小鸟相聚，他们整天不离不弃。

他们都来拥抱他，把他亲来吻去。

仿佛对待待在巢中的"佳木"（gàm^{mušen}）鸟幼崽，

他们给他吃，他们给他喝，

250. 他们赶走圣卢伽尔班达身上的病魔。

从那时起，乌鲁克人跟随他，仿佛一个人。

　　　　恰似谷堆中的一条蛇，他们翻山越岭向前进。

　　　　当离那座城市（指阿拉塔）还有一个时辰的距离，①

　　　　在阿拉塔瞭望台附近，

255. 乌鲁克-库拉巴人扎下了营地。

　　（乌鲁克军队攻城受阻，急需派人回国祈求神助）

　　　　从城中飞来的标枪，仿佛大雨从天降。

　　　　（从城里飞来的）投石，堪比一年的降雨量。

　　　　在阿拉塔的城墙上，（标枪投石）飕飕响。

　　　　日流逝，月永长，年又回家去见娘。

260. 天之下，地复黄，收割季节又登场。

　　　　看着田地起忧伤，坐立不安心发慌。

　　　　（从城里飞来的）投石，堪比一年的降雨量。

　　　　（兵器）在道路上竖卧横躺，

　　　　山中的荆棘丛把他们阻挡，

265. 他们盘蜷一起，仿佛一条巨蟒，

　　　　无人晓得，如何才能返回家乡。

　　　　回到库拉巴，无人能火速前往。

　　（恩美卡一筹莫展，决定派人回国求助于神）

　　　　乌图之子恩美卡，身处在其中。

　　　　既害怕，又沮丧，喧嚣更使心忡忡。

270. 他在寻找一个人，此人必须能回城。

　　　　他在寻找一个人，此人能回库拉巴才行。

---

① 苏美尔人把一天划分为十二个时辰，"一个时辰"（1 danna）相当于现在的两小时，换算成步行距离，大约相当于10公里。

"我愿回城！"无人这样应一声。

"我愿回库拉巴！"无人这样应一声。

他（恩美卡）来到万国军（ugnim-kur-kur-ra）的队伍前，

275. "我愿回城！"无人这样应一声。

"我愿回库拉巴！"无人这样应一声。

他来到精锐部队前，

"我愿回城！"无人这样应一声。

"我愿回库拉巴！"无人这样应一声。

280. 他再次来到万国军的队伍前，

"我愿回城！"无人这样应一声。

"我愿回库拉巴！"无人这样应一声。

他又来到精锐部队前，

卢伽尔班达一人从人群中站起，这样把（国王）回应：

285. "我的国王啊，让我回城，谁也不要与我同行。

我将独自返回库拉巴，谁也不要与我同行。"

（恩美卡对一人回城表示怀疑，商议对策）

"你若回城，谁也不许与你同行？

你若回库拉巴，谁也不许与你同行？"

他（卢伽尔班达）以天和地的生命发誓："库拉巴的大道①，

不会丧失在你（恩美卡）手中！"②

290. 为使一切行有序，他（恩美卡）召集众人把事议。

---

① "库拉巴的大道"（me-gal-gal kul-aba₄ki-a）即"库拉巴的大 ME"，指库拉巴的一切文明成就。关于 ME，见拱玉书 2017。卢伽尔班达在发誓，保证完成任务，不会因为他而让乌鲁克遭到失败。

② 应该是向国王保证，坚决完成任务。

在像大山一样坐落在大地上的宫殿①里，

乌图之子恩美卡，

冲着伊楠娜放狠话（eme-sig）：

（恩美卡让卢伽尔班达转达给伊楠娜的"口信"）

"曾经有一天，圣伊楠娜，我尊贵的姐姐，

295. 在她的圣心中，从光耀山②中把我呼唤。

让我进入砖建的库拉巴。

（那时的）乌鲁克，有沼泽，有水泊，

有陆地，有白杨（ᵍⁱšasal），

也有新老芦苇共生的芦苇荡。

300. 恩基，埃利都之王，

为我割去死芦苇，为我排干（多余的）水。

我建设五十年，我断案五十年。

（而后）在整个苏美尔和阿卡德，

不知大麦为何物的马尔图（Martu）人起来造反。③

305. 乌鲁克城墙像捕鸟网，覆盖整个大平原。

现在，在这荒芜地，我已无魅力。

我的军队追随我，仿佛小牛追随母牛，

仿佛一个恨母亲的儿子离城出走。

圣伊楠娜，我尊贵的姐姐，

---

① 这里的"宫殿"（é-gal）应该指临时搭建的"中军大帐"。
② 在文学作品中，"光耀山"（kur-šuba）常用来指阿拉塔。
③ 恩美卡的统治时期大约在公元前2900年前后，那时还没有把苏美尔和阿卡德联系在一起表达地域范围的习惯，至少在历史文献中尚无这种情况，那时更不可能有马尔图人起来反对乌鲁克人的事。在此，这位古代作者把较晚的概念或事件用了在一个不可能产生这种概念或不可能有这种事件的年代。这种做法属于"时代错置"，常出现在后人创作的描写早于创作时代的文学作品中。

310. 已经跑回砖建的库拉巴。

　　她若仅仅爱其城，已经对我生恨意，

　　为何把城与我连一起？

　　她若恨其城，仍然对我有爱意，

　　为何把我与城连一起？

315. 如果像安祖幼鸟一样，①

　　努吉格②已心存毁我意，

　　并在其清静的郊外③把我抛弃，

　　那么，让我回砖建的库拉巴总该可以！

　　到那时，我的长矛她可拿去，

320. 到那时，我的盾牌她可收起。

　　对我尊贵的姐姐伊楠娜，你就这样说仔细。"

（卢伽尔班达准备出发，兄弟们质疑他独自一人回国的决定）

圣卢伽尔班达从宫殿（中军大帐）里出来，

他的众兄弟，他的众战友，

冲他大声叫，仿佛狗咬狗。

325. 仿佛种驴进驴群，他（卢伽尔班达）挺胸抬头。

　　（众兄弟说：）"为了乌鲁克国王，还应派其他人与你一同前往！"

　　（卢伽尔班达说：）"为了乌图之子恩美卡，

---

① 安祖幼鸟曾独自留在巢里，没有父母的保护，处于危险境地。恩美卡认为，伊楠娜抛弃了他，他正在经历与安祖幼鸟同样的遭遇。
② "努吉格"（nu-gig），伊楠娜的别名。
③ "郊外"（bar）应该是阿拉塔的郊外，恩美卡的军队正在这里安营扎寨。伊楠娜也是阿拉塔的守护神，所以，阿拉塔的郊外，也是伊楠娜的郊外。

第六章　苏美尔文学　　481

我将一人返回库拉巴！无需他人同行。"他如此这般回应。

　　"你为何坚持一人去，不要他人路上陪伴你？

330. 如果我们仁慈的乌都克（ᵈUdug，善神）不支持你，

　　如果我们仁慈的拉玛（ᵈLama，善神）不与你同行，

　　你再也不会和我们站在一起。

　　你再也不会和我们住在一起。

　　你再也不会踏上我们脚下的土地。

335. 没有一个人敢在崇山峻岭中独行！

　　无人能回来的地方，你要回来也不可能。"

　　（卢伽尔班达：）"逝者如斯，人人皆知。

　　在这片广袤地，你们无人能与我一同望尘追迹。"

　　（卢伽尔班达踏上归途，到达乌鲁克，见到伊楠娜）

　　众兄弟的心剧烈跳动，

　　众战友的心激动不已，

340. 这时，他（卢伽尔班达）不带路上吃的面包，

　　却把武器一一拿在手里。

　　他穿山脚，越高山，跨平原，

　　从安善（Anšan）的边缘，到安善的顶端，

　　越过五、六、七道山，

345. 正当午夜时，在人们走近圣伊楠娜的食案之前，

　　他进入砖建的库拉巴，兴高采烈喜于颜。

　　圣伊楠娜，他的女主人，

　　端坐内室正中间。

　　他躬身施礼，五体投地。

350. 仿佛凝视牧羊人阿玛乌舒姆伽尔安纳①一般，

　　 她把圣卢伽尔班达仔细看，

　　 好似与其子沙拉王（en ᵈŠára）在交谈。

　　 对圣卢伽尔班达，她这样开口言：

　　 "好吧，我的卢伽尔班达，

355. 你从那座城（指阿拉塔）带来了什么命令？②

　　 阿拉塔（甚遥远），你如何独自行？"

　　 圣卢伽尔班达这样回应：

　　 "你的兄弟对我把（命令）下，对我说了这番话，

　　 乌图之子恩美卡，对我把（命令）下，对我说了这番话：

360. '从前有一天，我尊贵的姐姐伊楠娜，

　　 在她的圣心中，从光耀山中把我呼唤，

　　 让我进入砖建的库拉巴。

　　 （那时的）乌鲁克，有沼泽，有水泊，

　　 有陆地，有白杨，

365. 也有新老芦苇共生的芦苇荡。

　　 恩基，埃利都之王，

　　 为我割去死芦苇，为我排干（多余的）水。

　　 我建设五十年，我断案五十年。

　　 （而后）在整个苏美尔和阿卡德，

370. 不知大麦为何物的马尔图人起来造反。

　　 乌鲁克城墙像捕鸟网，覆盖整个大平原。

　　 现在，在这荒芜地，我已无魅力。

　　 我的军队追随我，仿佛小牛追随母牛，

---

① 阿玛乌舒姆伽尔安纳（ᵈAma-ušumgal-an-na"天龙之母"），伊楠娜的丈夫杜牧兹（Dumuzi）的别名。

② "命令"或"指示"（á-ág-gá）指恩美卡向卢伽尔班达下达的命令，即卢伽尔班达的使命。

仿佛一个恨母亲的儿子离城出走。

375. 圣伊楠娜，我尊贵的姐姐，

已经跑回砖建的库拉巴。

她若仅仅爱其城，已经对我生恨意，

为何把城与我连一起？

她若恨其城，仍然对我有爱意，

380. 为何把我与城连一起？

如果像安祖幼鸟一样，

努吉格已心存毁我意，

并在其清静的郊外把我抛弃，

那么，让我回砖建的库拉巴总该可以！

385. 到那时，我的长矛她可拿去，

到那时，我的盾牌她可收起。

对我尊贵的姐姐伊楠娜，你就这样说仔细。'"

（伊楠娜的指点，多用隐喻，难以理解）

圣伊楠娜回答道：

"现在，在清水河中的净水河，

390. 伊楠娜的青金石水袋河，

在河口，在岸边，在沿河的青草地，

苏胡尔玛什（suhur-maš^{ku6}）鱼吃蜂蜜草，

金图尔鱼（kíg-tur^{ku6}）吃山中的橡树果。

……①鱼，苏胡尔玛什鱼之神（dingir-suhur-máš^{ku6}），

395. 在其中穿梭遨游，快乐嬉戏。

---

① GIŠ.ŠEŠ^{ku6}，读音不详。

一条有鳞鱼的大鱼尾贴着圣地（ki-kug-ga）的老芦苇摆动，

此地的柽柳（ᶢⁱšsinig）密密层层，

它（指那条鱼）饮水沼泽中。

孤身孑立，孤身孑立，

400. 有一颗柽柳，在（树林）的边缘孤身孑立。

乌图之子恩美卡，

必须把那颗柽柳砍伐，并将它做成容器。

必须把圣地的老芦苇连根拔起，必须把它们搜集一起。

当他把……鱼，苏胡尔玛什鱼之神，赶出水面时，

405. 他将逮住那条鱼，并将其烹制成美食。

他须将其献给阿安卡尔（á-an-kár），伊楠娜的战臂（á-mè）。

（这样）他的军队才会取得胜利，

他才能把阿拉塔的生命结束于地下甜水域（engur），

才能得到此城的金银器和金属工匠，

410. 才能把珠宝和石匠都控制在手里。

（这样）他才能把此城翻新，把它重建，

阿拉塔的所有容器（agarin₄）都将变成他的东西。"

（结尾，赞美阿拉塔，赞美卢伽尔班达）

阿拉塔的墙垛像温润的天青石一样碧绿，

其城墙和高耸的烧砖建筑色彩鲜红。

415. 砖用锡土制成，

（锡土）采自松山中。

圣卢伽尔班达人称颂。

（作品终）

《恩美卡与恩苏克什达纳》

《恩美卡与恩苏克什达纳》长283行，是组成"恩美卡系列"的四篇作品中最短的一篇，也应该是这个系列作品中的最后一篇。根据作品的内容判断，《恩美卡与阿拉塔王》应该是这个系列的第一篇，描述的是恩美卡与阿拉塔王（作品没有提到阿拉塔王的名字）之间的心理战，展示的是乌鲁克在文化和技术方面的优势。第二篇是《卢伽尔班达I》，第三篇是《卢伽尔班达II》，这两篇应该是同一部作品的上下篇章，描述的是乌鲁克与阿拉塔之间的军事较量，展示的却是乌鲁克的宗教优势，而不是军事优势。恩美卡率军远征阿拉塔，围城一年都没有攻破城池，最后不得不派人回国请求神助。这说明两个国家在军事上势均力敌，阿拉塔有七道城墙[①]，固若金汤，足以阻止乌鲁克人正面进攻。在军事上无计可施时，恩美卡得到神的帮助。虽然作品没有明确交代这场较量的结果，但可以从字里行间看到，乌鲁克人达到了目的，得到了他们想要的东西：金银、宝石以及加工这些材料的工匠。伊楠娜既是乌鲁克的守护神，也是阿拉塔的守护神，哪一方获得胜利，就说明神更爱那一方，所以，两国之间终究比的是神爱。从这场较量的结果看，乌鲁克人远征阿拉塔不是为了攻城略地，更不是为了消灭对手，而是为了获得财物。从作品结尾对阿拉塔的赞美"阿拉塔的墙垛像温润的天青石一样碧绿……"可以看到，两国仍然保持着斗而不破，甚至比较友好的关系。《恩美卡与恩苏克什达纳》描述的是

[①] 关于阿拉塔的"七道城墙"（bàd imin），文献证据不止一处，如《恩美卡与阿拉塔王》在赞美伊楠娜时，说她是"七墙的装饰者"（bàd-imin-e še-er-ka-an-du$_{11}$-ga），拱玉书2006，第346页第287行；其他文献证据，见Cohen 1973，第56页注释68。

两个国王之间通过代理人进行的斗法。在这次较量中，乌鲁克人取得了绝对性胜利。而在较量失败后，阿拉塔王终于在乌鲁克王面前自叹不如，甘拜下风："你是伊楠娜宠爱的王，你的强大无与伦比。伊楠娜的确选你为宠，唯你最中她意。从下到上你是大王，我甘拜下风五体投地。自孕育之时起，我就不是你的对手，你是兄长我是弟。直到永远，我都无法与你匹敌。"（第276—280行）阿拉塔王的这段认输自白似乎透露出这样的信息：他与乌鲁克王恩美卡是一母同胞的兄弟，恩美卡为兄，阿拉塔王恩苏克什达纳是弟。若如此，阿拉塔与乌鲁克之间的关系非同一般，有两种可能性：要么阿拉塔是乌鲁克人在自然资源丰富的地区建立的商贸基地，后来发展为独立国家；要么阿拉塔是苏美尔人的故乡。

这篇作品的现代名称只有一个，即《恩美卡与恩苏克什达纳》，古代名称是"光耀山的砖制建筑"（sig₄ kur-šuba-ta）[1]。但阿拉塔王的名字如何读，学术界却有很大争议。克莱默把阿拉塔王的名字读作"Ensukushiranna"[2]，布莱克将其读作"Ensuḫgirana"[3]，科恩将其读作"Ensuḫkešdanna"[4]，威尔克将其读作"En-Suhkeš-Ana"[5]。关于阿拉塔王名字的读法还有其他观点，各有道理。本书采用的是"恩苏克什达纳"（En-suḫ-kešda-an-na，意思是"王，天〔神〕的装饰"），认为这种读法和释义更有道理。

威尔克先生认为《恩美卡与恩苏克什达纳》是一场滑稽剧的剧本[6]，其中有独白、道白、旁白和舞台说明等。如果如此，这篇文学作品就是人类历史上最早的舞台剧剧本了。

---

[1] Cohen 1973，第144页；Kramer 1942，第16页，第40行。
[2] Kramer 1963，第185页。
[3] Black 1998，第13页，注释39。
[4] Cohen 1973，第28页，注释7。
[5] Wilcke 2012，第12页。
[6] 同上，第32、35页等。

《恩美卡与恩苏克什达纳》中最精彩的部分是巫觋斗法。代表阿拉塔的男巫和代表乌鲁克的女巫在幼发拉底河边展开了一场魔法较量。两个人同时向河里投掷一物，随后他们便会从河里各自变出一种或两种动物。男巫变出的动物都是人可以食用的食草动物或鱼，而女巫变出的动物都是猛兽或猛禽。因此，每当男巫的动物浮出水面，便遭到女巫变出的动物的猎杀。他们共进行了五轮斗法，男巫变出的动物遭到五次猎杀。在五次斗法中，男巫和女巫各自变出的动物如下：

     男巫   女巫

第一变：大鲤鱼/suhur^{ku6}-gal 老鹰/ḫu-rí-in^{mušen}（第228—231行）

第二变：母羊和小羊/u$_8$ sila$_4$-bi 狼/ur-bar-ra（第232—235行）

第三变：奶牛和小牛/áb amar-bi 狮子/ur-maḫ（第236—239行）

第四变：山羊和黇鹿/šeg$_9$ šeg$_9$-bar 豹子/nemur$_x$ ḫur-saĝ-ĝá（第240—243行）

第五变：小瞪羚/amar-maš-dà 猎豹和东方狮/ur-šub$_5$ ur-nim-ma（第244—247行）

每次斗法结果如下：

第一变结果：老鹰抓起大鲤鱼便飞入大山中。（第231行）。

第二变结果：狼抓住母羊和小羊，将它们拖到广袤平原上。（第235行）

第三变结果：狮子抓住母牛和小牛，随后钻进芦苇丛。（第239行）

第四变结果：豹子抓住山羊和黇鹿，将它们拖到山深处。（第243行）

第五变结果：猎豹和东方狮抓住小瞪羚，随后钻进林深处。（第247行）

可见，男巫的变术有限，女巫技高一筹。在这场斗法中，女巫取得碾压性胜利。这次胜利是决定性的，所以，作品在结尾处正式宣布："在恩美卡与恩苏克什达纳的较量中，恩美卡把恩苏克什达纳战胜。"（第

281—282行）这个宣告无异于一场比赛中的最终裁决，同时也宣告了"恩美卡系列"的正式结束。这再次表明，《恩美卡与恩苏克什达纳》是"恩美卡系列"中的收尾之作，其中的巫觋斗法代表了这场较量的高潮和最高水平。其中似乎有一种不言而喻的理念：巫师是决定文明高度的关键人物，而巫术是决定文明高度的终极标准。

面对这场发生在苏美尔人文学想象中的巫觋斗法，中国读者会产生一种心灵感应，因为在我们的古典文学中，也有如出一辙的斗法，但我们的斗法更加出神入化，天马行空。这不可能是直接的文化影响所致，而应是人类思维在不同空间和时间的一种共鸣，这种共鸣的具体表现形式带有明显的时代烙印和地域色彩。

《恩美卡与恩苏克什达纳》

（引子，赞美乌鲁克，交代故事发生的时间）

砖制建筑高耸于光耀山，

库拉巴城屹立于天地间。

乌鲁克的名字像彩虹，

（像）五彩缤纷的角冠，直达苍穹。

5. 它是一钩新月挂长空，

它的大 ME 在辉煌中建立，

它的净山在吉日里落成。

它像月光（iti₆）在苏美尔升起，

它像灿烂的阳光（ud-zalag）照耀苏美尔大地。

10. 像来自丰腴之地的乌尔母牛和沙尔母牛[①]，

乌鲁克得到万国赞誉。

---

① 乌尔母牛（áb-ùr）和沙尔母牛（áb-šarₓ），具体不详，也可能指某星座。

它的光辉像明亮的纯银，

像一件长袍覆盖了阿拉塔，仿佛亚麻，铺天盖地。

（交代时间）

那时，白天是国王，黑夜是国君，太阳是至尊。[1]

（交代人物）

15. 安西伽里亚[2]是阿拉塔王的大臣，

纳姆恩纳图玛[3]是库拉巴王恩美卡的大臣。

（介绍阿拉塔王恩苏克什达纳）

他是一国之国君（en），他是一国之至尊（nun）。

他是一国之黑国君（en-ĝi$_6$），他是一国之黑至尊（nun-gi$_6$）。[4]

他是一国之至黑国君（en-ĝi$_6$-ĝi$_6$），他是一国之至黑至尊（nun-gi$_6$-gi$_6$）。

20. 他生来就是神人，

行为举止亦如神。

---

[1] 白天（ud）是国王（en），黑夜（ĝi$_6$）是国君（bára），太阳（ᵈUtu）是至尊（lugal），苏美尔诗人似乎在描述一个时代，即谁都不甘示弱、争做霸主的时代。这样的时代特征与早王朝时期的政治大势非常契合。苏美尔语的en、bára和lugal都有"王"的意思。既然苏美尔语用的是不同的词来表达一个意义基本相同的概念，本书也相应地用了不同的词来表达，没有考虑这些汉语词汇（王、君、至尊）在意义上区别，考虑是形式上的对应和语音上的和谐。

[2] "安西伽里亚"（an-sig$_7$-ga-ri-a）的意思是"躺在蓝天之下的人"。

[3] "纳姆恩纳图玛"（nam-en-na-túm-ma）的意思是"适合于王权的人"。

[4] 这里的"黑国君"（en-gi$_6$）、"黑至尊"（nun-gi$_6$）和下一行的"至黑国君"（en-gi$_6$-gi$_6$）和"至黑至尊"（nun-gi$_6$-gi$_6$）所指不详，给人"黑老大"或"黑大佬"的感觉。阿拉塔是乌鲁克的宿敌，作品出自乌鲁克人之手，在乌鲁克人眼里，阿拉塔王形同黑帮老大不是没有可能。这个问题尚需进一步研究。

与乌鲁克王（en），与库拉巴王（en）[①]，

阿拉塔王恩苏克什达纳准备进行一番较量：

（恩苏克什达纳的挑战）

他朝着乌鲁克对使者说：

25. "让他服从我，为我负木轭。

他若服从我，真的服从我，那么，至于他和我，

他将与伊楠娜一起在围墙（é-ĝar$_8$）里共寝，

我将与伊楠娜一起住在阿拉塔的埃扎金（É-za-gin，"青金石庙"）。

他将与她以地为床，

30. 我将睡在雕花床，与她共入甜蜜梦乡。

他将在夜梦中与伊楠娜见面，

我将与伊楠娜在朝晖中交谈。

他将用大麦喂鹅（kur-gi$_4$^{mušen}），

我绝对不会这样做。

35. 我将把鹅蛋装在篮子里，把小鹅装在网袋里。

小的装进大碗，大的装进大锅。

不离岸的那些鹅，

降服我的国王们将与我一同把它们送上餐桌。"

他对恩美卡这样说。

（阿拉塔的使者出发，奔向乌鲁克）

40. 使者疾行似羊跑，飞奔如鹰飞。

---

① "乌鲁克王"和"库拉巴王"指的是乌鲁克国王，在文学作品中，这两个头衔有时单独出现，有时一起出现。

他早晨出发黄昏归。①

仿佛黎明时的鸟群，他翻山越岭往前奔。

仿佛午夜时的鸟群，大山深处隐其身。

他穿越边界像飞镖，

45. 仿佛沙坎（ᵈŠakkán）的一头孤行驴（dùr-dili-du），他在群山中奔跑。

仿佛一头高大的野驴（dùr-uru₁₆），他快速奔跑。

（仿佛）②一头爱奔跑的瘦驴（dùrᵘʳ-sal-la），他快速奔跑。

（仿佛）一只田野里的雄狮（ur-maḫ），他黎明之际大声吼叫。

仿佛狼（ur-bar-ra）追小羊，他快速奔跑。

50. 每当走到小地方，他便面生恐惧心发慌。

每当走到大地方，他都会受到人们的夸奖。

（阿拉塔的使者到达乌鲁克）

他进入圣殿吉帕尔（ĝi₆-par₄），来到国王前，

（对恩美卡说）"我的国王派我来见你，

阿拉塔王恩苏克什达纳派我来见你。"

54A. "你的王对我有何说，对我有何言？

54B. 恩苏克什达纳对我有何说，对我有何言？"

55. "我的国王对我这样说：

（一字不差地重复第25—38行）

'让他服从我，为我负木轭。

他若服从我，真的服从我，那么，至于他和我，

---

① 可能是谚语，言速度之快。
② 可能省略了"仿佛"（gin₇），也可能故意把明喻变成了暗喻。

他将与伊楠娜一起在围墙里共寝，

我将与伊楠娜一起住在阿拉塔的埃扎金。

60. 他将与她以地为床，

我将睡在雕花床，与她共入甜蜜梦乡。

他将在夜梦中与伊楠娜见面，

我将与伊楠娜在朝晖中交谈。

他将用大麦喂鹅，

65. 我绝对不会这样做。

我将把鹅蛋装在篮子里，把小鹅装在网袋里。

小的装进大碗，大的装进大锅。

不离岸的那些鹅，

降服我的国王们将与我一同把它们送上餐桌。'"

（描写恩美卡）

70. 乌鲁克王是其（乌鲁克的）光辉，是其舵（^{giš}zi-gan）。

他是钳制邪恶的枷锁（^{giš}ràb）。

当［……］确立时，

他是翱翔长空的猎鹰，是捕捉飞鸟的大网，

是阿拉塔准绳［……］的最有力的提供者。

75. 他见证了阿拉塔的伟大成就。

［……］

（恩美卡回应阿拉塔使者）

他揉了一块［泥版］，他看着泥版（说道）：

"在阿拉塔的埃扎金，他将与伊楠娜住一起。

当伊楠娜自天而降立于地，我将与她住这里。

80. 我将睡在雕花床，与她共入甜蜜梦乡。

蓝色香草铺满我睡的伊楠娜的华丽床。

床尾有乌格狮，床头有霹雳狮[①]，

乌格狮追逐霹雳狮，

霹雳狮追逐乌格狮，

85. 乌格狮追逐霹雳狮时，

霹雳狮追逐乌格狮时，

天不破晓夜迟迟。

我与伊楠娜一起漫游［……］小时，

乌图仍然看不到我的神圣王冠。

90. 当她进入我的圣吉帕尔时，

恩利尔赋予我真正的王冠与权杖；

恩利尔之子宁努尔塔，

把我置于膝上，就像把水袋置于木架上一样。

恩利尔之妹阿鲁鲁（ᵈA-ru-ru，母神），

95. 既给我她的右乳房，又给我她的左乳房。

当我走进大神庙，

努吉格（nu-gig，伊楠娜别名）便大声叫，仿佛安祖幼鸟。

当我再次来到（大神庙），

她虽然不是鸭崽，却（像鸭崽）呱呱叫。

100. 从她出生的城市［……］，

没有哪座城建得像（乌鲁克）城那样好！

伊楠娜将住在乌鲁克，阿拉塔能奈之何？

[①] "乌格狮"（ug）和"霹雳狮"（pirig）都是"狮子"，具体区别不详。这里（包括接下来的几行）描述的是床头、床尾两边的装饰浮雕，同时暗指恩美卡与伊楠娜在"颠鸾倒凤"。

她将住在砖建的库拉巴，纯洁ME山①能有何办法？

五年、十年她都不会去阿拉塔。

105. 至于埃安纳的至尊女王（**指伊楠娜**），

何时再去阿拉塔？

人们（**指乌鲁克人**）已经问过她，已经知道她不会再去阿拉塔。

一无所有者不能用大麦喂鹅，

我却可以用大麦喂鹅。

110. 我将把鹅蛋装在篮子里，把小鹅装在网袋里。

小的装进大碗，大的装进大锅。

不离岸的那些鹅，

降服我的国王们将与我一同把它们送上餐桌。"

（使者回到阿拉塔，阿拉塔人开始想对策）

恩美卡与恩苏克什达纳之间的使者，

115. 很快到达他的至圣之地吉帕尔②，

他（阿拉塔王）端坐在至圣之地。

恩苏克什达纳在征求意见，在寻找答案。③

住在吉帕尔的伊希布（išib）、卢玛赫（lú-maḫ）、古都（gudu₄）、吉里西伽（ĝiri-si-ga）④，

他把他们召集在一起，正在征求他们的意见：

120. "我该如何回应？我该如何回应？

---

① "纯洁ME山"（kur-me-sikil）指阿拉塔。
② 像乌鲁克一样，阿拉塔也有"吉帕尔"（ĝi₆-par₄）。
③ 此处省略了使者回城、向国王转达信息的描述，这属于修辞手段中的情节省略，更像是话剧或歌剧中的场景转换。
④ 这里提到都是祭司，其中伊希布（išib）、卢玛赫（lú-maḫ）、古都（gudu₄）常在文学作品中被一起提及。苏美尔文明中的祭司种类非常多，现代学者常常难以确定他们的功能，所以，这里采用了音译的方式来呈现。关于祭司的综合性研究，包括名称、功能和文献证据，见Renger 1967和Renger 1969。

第六章　苏美尔文学　｜　495

对乌鲁克王，对库拉巴王，我该如何回应？

他的公牛曾与我的公牛打斗，

乌鲁克的公牛获胜。

他的人曾与我的人格斗，

125. 乌鲁克人赢。

他的英雄曾与我的英雄对决，

乌鲁克的英雄占了上风。"

（众人对阿拉塔王进行劝阻）

他召集的这群人直言不讳道：

"率先向乌鲁克发难的人是你，

130. 是你向恩美卡发出了自吹的信息。

你无法阻止恩美卡的行动，你却可以决定自己是否前行。

保持冷静！要知道，你的这种心思让你任何事都做不成。"

（阿拉塔王回应）

"即使我的城市成为废墟，我成为其中的陶片，

对乌鲁克王，对库拉巴王，我也不会卑颜屈膝！"

（双方巫师登场）

135. 有个巫师（maš-maš）善巫术，此人来自哈马祖。①

乌尔吉利努纳②是其名，具备哈马祖人之技能。

---

① 哈玛祖（Hamazu/i）是巴比伦东北部的一座城市。
② 乌尔吉利努纳（Ur-ĝiri-nun-na）的意思是"（属于）王子之足的狗"或"（属于）国王之足的狗"，从此人在故事中扮演的角色看，他就是国王的"走狗"。根据某人物的特点赋予这个人物一个可见体现其特点的名字在苏美尔文学中很常见。

自从哈马祖国被打垮,他便来到阿拉塔。

他正坐在巫术树(giš nam-maš-maš)的树荫下,

对大臣安西伽里亚①,他这样把口夸:

140. "我的国王哟,城市长老那些人,

都是开国之老臣,

为何不把他们都埋在宫殿坟墓里②,他们胸无良策可咨询。

我要让乌鲁克人挖河渠,

让他们向阿拉塔神庙(itima Aratta)把头低。

145. 一旦舒布尔(Šubur)国接触到乌鲁克城墙,

我的国王啊,从下到上,从大海到雪松山③,

从上面(东面)到散发香气的雪松山④,我会使(乌鲁克人)望风而降。

让乌鲁克人用船把货物运,

让他们把船泊在阿拉塔的埃扎金。"⑤

(大臣安西伽里亚把巫师揪到国王前)

150. 大臣安西伽里亚把他(巫师)从座上提起,揪着他的额发(来见主人)。

---

① 安西伽里亚(An-sig₇-ga-ri-a)的意思是"躺在蓝天下的人"。
② "宫殿坟墓"(ki-maḫ é-gal-la),说明创作这篇文学作品的时代仍遵循着把王室成员埋葬在宫殿下面的习俗。这篇作品的成文年代是乌尔第三王朝时期。
③ "从下到上,从大海到雪松山"(sig-ta igi-nim-šè ab-ta kur ᵍⁱˢerin-šè)是文学作品中常见的、"整个世界"的形象表达方式。
④ "从上面到散发香气的雪松山"(igi-nim-ta kur šim ᵍⁱˢerin-na-šè)。
⑤ 埃扎金(É-za-gin),即阿拉塔的青金石庙。用船把货物从乌鲁克运到阿拉塔是否可能?这是一个值得研究的问题。如果可能,说明阿拉塔和乌鲁克可以通航,这意味这阿拉塔可能位于海岸,或某条河流附近。如果不可能,说明巫师在夸口,说一些不着边际的话,为的是增加喜剧性,也许乌鲁克听众或观众在此处会哄堂大笑。后一种情况可能性更大。

第六章 苏美尔文学 497

（阿拉塔王重复巫师所言）

"巫师啊，你当着大臣安西伽里亚的人炫耀了（自己的能力），

巫师啊，你之所言，我已知悉。

（你说）'我的国王哟，城市长老那些人，

都是开国之老臣，

155. 为何不把他们都埋在宫殿坟墓里，他们胸无良策可咨询。

我要让乌鲁克人挖河渠，

让他们向阿拉塔神庙把头低。

一旦舒布尔国接触到乌鲁克城墙，

我的国王啊，从下到上，从大海到雪松山，

160. 从上面（东面）到散发香气的雪松山，我会使（乌鲁克人）
    望风而降。

乌鲁克人将用船把货物运，

他们将把船泊在阿拉塔的埃扎金。'"

（阿拉塔王奖励巫师）

这使国王甚开心，

他（国王）给他五玛纳[①]金，

165. 他还给他五玛纳银。

他（国王）告诉他，已命人拿美食给他吃，

他告诉他，已命人拿好水给他饮。

他告诉他，当那些人（指乌鲁克人）成为阶下囚，

他将荣华富贵全都有。

---

① 1玛纳（ma-na）相当于500克。

（阿拉塔王让巫师立刻采取行动）

170. "巫师啊——播种一流种子的农夫，

    朝着埃莱什，妮撒芭之城①，你速速前往莫有误！"

（阿拉塔巫师施魔法）

他来到牛棚前，里面有母牛。

牛棚里的牛，冲他直摇头。

他与牛交谈，好似与人在交流。

175. （他说）"牛啊，你的油何人食？你的奶何人饮？"

    （牛回答）"我的油妮撒芭食，

    我的奶妮撒芭饮。

    我的奶酪——巧夺天工的明亮王冠，

    最适合为妮撒芭的宴会厅做圣餐。

180. 圣牛棚中的油，要多少我都有。

    圣羊圈中的奶，要多少我都有。

    真正的野牛妮撒芭，恩利尔之长女，无人敢与她做对手。"

    （巫师说）"母牛啊，你的油向角流，你的奶向背流。"

    （于是）母牛的油向角流，母牛的奶向背流。

（阿拉塔巫师对羊施魔法）

185. 他（巫师）来到妮撒芭的圣羊圈，

    圈里的母山羊向他直摇头。

    他与羊交谈，好似与人在交流。

    （他说）"羊啊，你的油何人食？你的奶何人饮？"

---

① 妮撒芭（ᵈNisaba）女神最初是谷物神，后来成为书写神，也是埃莱什（Ereš^{ki}）的守护神。埃莱什是古代城市名称，具体地理位置不详。

（羊回答）"我的油妮撒芭食，

190. 我的奶妮撒芭饮。

　　我的奶酪——巧夺天工的明亮王冠，

　　最适合为妮撒芭的宴会厅作圣餐。

　　圣羊圈中的油，要多少我都有。

　　圣羊圈中的奶，要多少我都有。

195. 真正的野牛妮撒芭，恩利尔之长女，无人敢与她做对手。"

　　（巫师说）"山羊啊，你的油向角流，你的奶向背流。"

　　（于是）山羊的油向角流，山羊的奶向背流。

（巫师施魔法带来的后果）

　　那天，牛棚羊圈，悄无声息，惨遭破坏，一片狼藉。

　　母牛乳房没有乳，天因小牛变黑暗。

200. 小牛饥肠辘辘，只能以泪洗面。

　　母羊乳房没有乳，天因小羊变黑暗。

　　小羊和母羊，空腹地上卧，生命悬一线。

　　母牛冲着小牛叫，声音甚凄惨。

　　母羊围着小羊转，声音似哀叹。

205. 盛奶圣器空荡荡，饥肠辘辘地上躺。

　　那天，牛棚羊圈，悄无声息，惨遭破坏，一片狼藉。

　　牛倌扔掉手里的牧杖，直打自己的脸。

　　羊倌把牧杖扔在一边，痛哭流涕泪满面。

　　牧童不再挤羊奶，他把陌生道路选。

210. 运奶人不再把奶桶备，他亦把陌生街道选。

　　妮撒芭的牛倌与羊倌，

　　他们是一母同胞兄弟，

都在牛棚羊圈里长大。

老大名叫马什古拉①，

215. 老二名叫乌尔埃丁纳②。

此二人在日升门——苏美尔之奇迹，

坐在成堆的瓦砾里，向天上的乌图述说（事情的来历）：

"一个来自阿拉塔的巫师，进入牛棚羊圈（把魔法施），

他使牛棚羊圈的奶变少，幼畜性命已难保。

220. 他在牛棚羊圈搞破坏，致使无油亦无奶。

牛棚羊圈都落入他之手，统统遭到彻底毁坏。"

（乌鲁克女巫出场）

乌图收到他们的恳求。

（于是，派乌鲁克女巫前去事发地解决问题）

［……］在哪里？她极目远望，想看清楚。

朝着古城埃莱什，妮撒芭的城市，她已上路。

225. 朝着幼发拉底河岸——此河是巨石之河，述说之河，众神之河，

朝着那座由安和恩利尔决定命运的城市，她已迈开脚步。

（巫觋斗法）

老妪桑布鲁③，撸起袖子准备赌。

---

① 马什古拉（Máš-gu-la）的意思是"大山羊"。
② 乌尔埃丁纳（Ur-edin-na）的意思是"草原勇士"或"草原犬"。这两个人都是妮撒芭女神的牧童。
③ "桑布鲁"（Saĝ-bur-ru）的意思是"砍头者"。桑布鲁可能是伪装的妮撒芭，Wilcke 1969，第2页。

（第一变）

两人都把"努恩"（NUN）[①]投河里，

男巫从水里变出一条大鲤鱼（suhur^{ku6}）。

230. 老妪桑布鲁，从水里变出一只鹰（ḫu-rí-in^{mušen}），

老鹰抓起大鲤鱼便飞入大山中。

（第二变）

他们第二次把"努恩"投河里，

男巫从水里变出母羊（u$_8$）和小羊（sila$_4$）。

老妪桑布鲁从水里变出一匹狼（ur-bar-ra），

235. 狼抓住母羊和小羊，将它们拖到广袤平原上。

（第三变）

他们第三次把"努恩"投河里，

男巫从水里变出母牛（áb）和小牛（amar）。

老妪桑布鲁，从水里变出狮（ur-maḫ）一头，

狮子抓住母牛和小牛，随后钻进芦苇丛。

（第四变）

240. 他们第四次把"努恩"投河里，

[①] 巫觋斗法的一个关键要素是"努恩"（NUN），这个东西是"变"的诱饵，把它投到河里，才能从中变出巫觋想变的东西。在多数文本中，这种诱饵都被写作NUN，这个符号有很多读音和意义，导致现代学者的解读也出现分歧。有人认为NUN应被释为agargara，即"鱼子"，并认为NUN与阿卡德语的 *nūnu*（"鱼"）有关，即一语双关（Vanstiphout 2003，第48页注释37）；有人认为NUN应被释为"鱼钩"，其中的一个文本用"青铜"（zabar）修饰NUN，所以，这种东西应该是一种"青铜鱼钩"（Wilcke 2012，第67页第227行；第84页注释192）。两种观点都有一定依据，但都不能被视为定论，这个问题还需要进一步研究。这里的译文采用了音译，意在表明这个符号在这个语境中如何读音、如何解意尚不确定。

男巫从水里变出山羊（šeg₉）和黇鹿（šeg₉-bar）。

老妪桑布鲁，从水里变出一只豹（nemur_x[PIRIĜ.TUR]），

豹子抓住山羊和黇鹿，将它们拖到山深处。

（第五变）

他们第五次把"努恩"投河里，

245. 男巫从水里变出一只小瞪羚（amar-maš-dà）。

老妪桑布鲁，让猎豹（ur-šúb）和东方狮（ur-nim）从水中出，

猎豹和东方狮抓住小瞪羚，随后钻进林深处。

（男巫受到女巫惩罚）

男巫面如土，六神已无主。

老妪桑布鲁，对他再把狠话出：

250. "巫祝啊巫祝，你的巫术确实有，可你的判断力在何处？

你竟然敢来埃莱什，这可是妮撒芭的城市！

是由安和恩利尔决定命运的城市！

是宁利尔①所爱之城，此城可追至远古。

你竟然敢到这里施巫术！"

255. 巫师这样回答道：

"我贸然来这里，皆因我无知，

如今知你神通大，是我自己找苦吃。"

他作揖又恳求：

"请高抬贵手，我的姐姐，请高抬贵手！

260. 让我平安把家还，

---

① "宁利尔"(ᵈNin-lil)，恩利尔之妻。

活着回到阿拉塔，纯洁之ME山（kur-me-sikil-la）。

我将在万国把你的大能（nam-maḫ）传。

在纯洁ME山阿拉塔，我会把你赞！"

老妪桑布鲁，这样答复道：

265. "你在牛棚羊圈为非作歹，致使那里没油没奶。

你把午餐、晚餐和早餐食案变得遥远。

你把宴会大厅晚餐用的油和奶都切断。你作恶[……]

因为你罪大恶极，你将死无葬身之地。

牛棚羊圈之主是楠纳，他已把你交到我手里。

270. 他已对你降重罪，他不会让你活着回去。"

老妪桑布鲁，当着众人面，对男巫做出最后审判：

在幼发拉底河（^{id}buranun）边，她与其停房（šaĝa）做了了断。

她要了他的命，而后返回埃莱什城。

（巫觋斗法的结果决定了两个国家的地位）

听到这个消息后，国王恩苏克什达纳，

275. 派人来见恩美卡，（说）

"你是伊楠娜宠爱的王，你的强大无与伦比。

伊楠娜的确已选你为宠，唯你最中她意。

从下到上你是大王（en-gal），我甘拜下风五体投地。

自孕育之时起，我就不是你的对手，你是兄长（šeš-gal）我是弟。

280. 直到永远，我都无法与你匹敌。"

在恩美卡与恩苏克什达纳的较量（a-da-min-dug$_4$-ga）中，

恩美卡把恩苏克什达纳战胜。

赞美属于妮撒芭！

（作品终）

第七章
苏美尔文明的三大标志

楔形文字、滚印和塔庙在苏美尔文明中始终占有重要地位，只要提到其中任何一个，人们就联想到苏美尔文明。它们是苏美尔人的独创，也最能反映苏美尔文明的特征。

楔形文字

楔形文字（cuneiform）是由苏美尔人发明和首先使用、后来被古代西亚地区许多讲不同语言的民族借用、构成文字的"笔"画的一端呈楔形（三角形）的文字。这个名称不是古代的，既不是苏美尔语、阿卡德语或其他古代语言里原有的，也不是西方古典的，而是现代学者的杜撰。它首先见用于德国东方学家海德（Thomas Hyde）的著作，后来逐渐成为这种笔画带楔头的古代文字的代名词。

公元前3200年前后，苏美尔人发明了楔形文字，并用它来记录自己的民族语言——苏美尔语。苏美尔人把他们自己的语言叫作eme-gi$_7$，意思是"土著语",并不叫苏美尔语。"苏美尔语"是现代学者根据巴比伦人表示地名的专有名词"苏美汝"(šumeru)创造的概念。起初,这种文字的形态是线形,不是楔形。楔形是后来才出现的,是在泥版上"压"写文字时自然形成的体态,这种体态逐渐成为楔形文字标志性的外在特点,或身份象征。大约从公元前2500年开始,刻在石碑或石板上的文字也出现刻意而为的"楔头"。此后,不论是书写在泥版上的文字,还是刻写在石质书写材料上的文字几乎都呈楔形,就外在形式而言,都是楔形文字。乌鲁克(乌鲁克IV—III)出土的早期文字在形态上没有明显的楔形特点,但学术界仍然约定俗成地把这个时期的文字也叫作"楔形文字",或"原始楔形文字"。

虽说文字是语言的可视符号,或者说,文字是记录语言的符号,但作为一种文字体系,楔形文字与其记录的语言(苏美尔语、阿卡德语等)始终没有实现完全契合,这就是说,人们看到或写下来的文字不一定完全与相应的语言形式相当。在文字诞生之初的乌鲁克IV—III时期,这种书写形式和语言形式的不一致的特点尤为明显。例如,一块属于乌鲁克III时期的小泥版写道:"2羊/庙/神/伊楠娜"[1],对现代读者而言,这条信息简短而模糊,可有两种解释,或是"把两头羊交给伊楠娜神庙",或是"把两头羊从伊楠娜神庙取走"。乌鲁克IV—III时期的经济文献基本都如此简要。我们在此暂且不论当时的阅读者是否会因为信息过于简要而产生误解,而只来关注书写形式与语言形式之间的关系。可以肯定,"2羊/庙/神/伊楠娜"不是完整的语言形式,苏美尔人不会这样说话,或者说,这不是一句完整的话,而是一句话中的几个关键词。可见,早期的楔形文字文献是由关键词组成的文献,或可简要地称之为关键词文献。这种关键词文献是书写者出于某种理念和为满足管理之需而采取的书写方式,

---

[1] Nissen 1990,第57页,Abb.7d。

无关乎文字本身的性质和符号是否成熟。

　　文字是在很短的时间内由一个或一组文化精英发明创造的，不是长期演化的结果，所以，文字无所谓成熟与不成熟，文字诞生时就是成熟的，至少楔形文字是如此。在乌鲁克Ⅳ—Ⅲ时期，突然毫无征兆地出现成百上千个符号（包括符号组合），其中没有成熟符号和不成熟符号，有的符号看上去写得好一些，有的看上去写得差一些，这是由书写者的书写能力造成的差别，与文字是否成熟或与文字的发展阶段无关。乌鲁克Ⅳ—Ⅲ时期的文字都属于同一个发展阶段，所有的符号都是表意符号。从起源的角度观之，所有的独体字都是象形字，其余的字都是在象形字的基础上衍生出来的次生字。这些字完全可以满足造字者或用字者的需要，想表达什么就可以表达什么，只有用字者想不到，没有文字本身做不到。仍以"2羊/庙/神/伊楠娜"为例，决定这种书写形式的决定因素是书写者，而不是文字本身。书写者想这样写，他就这样做了。为什么不按照语言形式书写，把语言中的所有要素都体现在书写形式中？原因应该只有一个，那就是没有这种必要，因为用这种简要的、提示性方式就够了，传递信息或储存信息的目的就达到了。随着时间的推移，书写下来的信息越来越多，内容也越来越复杂，这不是因为文字越来越成熟，或越来越有表达力，而是因为在书写者看来有必要增加书写内容，以保证储藏信息或传递信息的准确性。这与文字本身的发展变化没有关系。文字本身的变化十分缓慢，其基本趋势是外在形式逐渐简化，为的是更便于书写。泥版承载信息的增量，与文字外形的变化无关。

　　文字外在形式的变化之慢，几乎要以百年为单位来看其变化，很多字，乌鲁克Ⅳ—Ⅲ时期的样态和几百年后甚至千余年后的样态都基本相同。当然，总体而言，文字是趋于简化和规范化的。文字的简化实际上是文字的使用者为适应书写速度和满足在有限的书写空间尽量书写更多文字的需求而对文字的外形做出的一些改变，与文字本身的成熟与不成熟无关。

	乌鲁克IV	乌鲁克III	早王朝	古巴比伦	新亚述
ka 嘴					
en 王					
nam 燕					
unug 乌鲁克					

楔形文字的演变

最早的楔形文字都是表意字，即一个符号就是一个具备形、音、义的字。后来，个别字也被用来表示与其本义没有关系的音节，这样就产生了具有表意和表音双重功能的符号，使在书写形式中体现语法成分成为可能。

在公元前2700年前后的早王朝时期，苏美尔人在用楔形文字书写苏美尔语文献的同时，时而也用楔形文字书写阿卡德语文献。①阿卡德王朝时期（公元前2334—前2154），阿卡德语成为官方语言。从这时起，除一些文学作品外，几乎所有的文献都用阿卡德语书写。由于楔形文字是为苏美尔语发明的，用这种文字体系表达或记录苏美尔语不成问题，但表达其词汇多为双音节或三音节的阿卡德语时却显得非常不适应。于是，我们看到，这时的楔形文字变了，从表面上看，楔形文字还是从前的楔形文字，但文字的性质和用法变了，新的情况是：一、许多表意字

---

① U 11675 (BM 122255) 是目前已知最早的用阿卡德语书写的文献，其中的 DAM-SUD, "which can only be read, in Akkadian, as *aššat-sù* 'his wife' ... This otherwise trivial text is probably the oldest royal inscription in Akkadian known to date"（Sollberger 1965, 第1页）。另一篇比较早的铭文写道: Me-barag-si/LUGAL/KIŠ, 意思是"恩美巴拉格西，基什王"（Frayne 2008, 第57页）。这篇只有几个字的铭文内容非常清楚，但仅凭内容无法确定该铭文属于苏美尔语铭文，还是阿卡德语铭文。属于阿卡德语铭文的可能性更大，因为基什是塞姆人建立的城邦，多数人讲阿卡德语。

变成了音节符号；二、有些表意字仍被用作表意字，没有变化；三、有些表意字被赋予了新的音值，成为既可以用作表意的字，又可以被用作表音的音节符号。这时的楔形文字已经不再是表意文字，而是变成了音节文字。

楔形文字的使用范围不限于两河流域，早在公元前2500至前2400年间，楔形文字就西传到了叙利亚地区，那里的埃布拉古国接受了楔形文字，开始用楔形文字记录自己的民族语言——埃布拉语。① 与阿卡德语一样，埃布拉语词汇的双音节或三音节居多，不适合用表意文字表达，于是，在埃布拉，像在阿卡德时期的两河流域一样，苏美尔人的表意文字变成了音节文字。目前还不能确定是阿卡德人效法埃布拉人把苏美尔人的表意文字体系变成了音节文字体系，还是恰恰相反。这是个值得研究的问题，这两个文明中的主要族群讲的语言十分接近，在政治舞台上活跃的时间也大致相同，他们都有理由对苏美尔人的楔形文字体系进行改造，即把表意文字改造成音节文字，但他们的行为不太可能是不谋而合地同时进行的，二者之中，一定有一个是创新者，一个则是借鉴者。就目前所知，用楔形文字书写阿卡德语的特例首先出现在两河流域，但系统性地把苏美尔人的表意文字变成音节文字的人可能是埃布拉人，因为从时间看，埃布拉人的兴起略早于阿卡德人。书写埃布拉语文献的楔形文字比书写阿卡德时期的阿卡德语的楔形文字更加音节化。

两河流域东边的埃兰人，在阿卡德王朝统治时期，也接受了楔形文字，用来书写与达罗毗荼语有亲缘关系的埃兰语。② 公元前1500年前后，小亚细亚的赫梯人也开始借用楔形文字书写自己的民族语言——属于印欧语系的赫梯语。地中海沿岸的乌迦里特人于公元前14世纪甚至发明了

---

① 属于西塞姆语，还是东塞姆语？学术界有分歧，盖尔布认为，埃布拉语最接近古阿卡德语，Gelb 1987, 第73页。
② Krebernik 2005, 第159页。

楔文字母来书写属于西塞姆语的乌迦里特语，包括30个辅音字母和1个隔字符。到了公元前6世纪的古波斯时期，在国家权力的干预和组织下，在传统楔文（埃兰楔文）的基础上，波斯治下的埃兰书吏创造了一个由36个音节符号（或音节-字母符号）、5个表意符号组成的符号体系，这个楔形符号体系是在很短时间内专门为古波斯语量身打造的。这套楔形符号体系在形式上和功能上与"字母文字"几乎没有区别，只是一个符号（指36个符号中的1个），不代表语音的最小单位语素，而代表音节而已。这在人类文明史上是划时代的创新。

楔形文字诞生于公元前3200年前后，最后一块楔形文字泥版书写于公元74年，楔形文字从诞生到彻底退出历史舞台，上下三千余年，被很多民族借用，被用于书写很多语言，两次被大改造。第一次改造的结果是把表意文字变成了音节文字，第二次改造的结果是把音节文字变成了字母文字。表意文字、音节文字和字母文字是人类历史上出现的三种主要的文字类型。这三种类型产生的先后顺序是先有表意文字（约公元前3200年），若干世纪后产生音节文字（约公元前2400年），再过千年后产生字母文字（约公元前1400年），但这不代表文字由低级向高级的发展，更不是文字发展的三阶段。这三种文字类型没有高低之分和优劣之别，它们都是为适应各自所表达的语言的需要而产生的，它们都是原配语言的完美的可视符号。它们有各自的产生途径和发展规律，它们之间的关系不是取代关系，也不是晋级关系，而是互不干扰、平行发展的关系。音节楔形文字产生后，作为表意的楔形文字并未退出历史舞台，而是继续得到使用。乌迦里特楔形字母产生后，很快就消失了，这也不是字母文字本身的错。古波斯时期的"楔形字母+表意字"的混合文字体系也很快走完了自己的生命历程，但这也不是说这种文字体系本身一定短命。某种文字体系的终结往往不是文字本身的原因。

在苏美尔语和阿卡德语（包括后来的巴比伦语和亚述语）中，有四个元音：a、e、i、u，这意味着在楔形文字中有四个表示元音的符号，𒀀（a）、𒂊（e）、𒄿（i）、𒌋（u）。这四个元音符号都不是为表音而创造的，而是为表意而创造的，它们最初都是独立的表意字，而且都是象形字，a是三滴水的象形，本意为"水"，e是灌溉渠的象形，本意为"渠"，i所像何物不详，本意为"喊、叫"，u是数字"10"。楔形文字中的基础数字符号取形于陶筹，所以，楔形文字中的数字符号也都是象形字。这些符号像许多其他符号一样，在继续保留表意功能的同时也被用来表音，包括表同音字、动词前缀和后缀中的语法成分以及人称代词等。这种情况已见于最早的乌鲁克IV—III时期的文献，随着时间的推移，一符两用或一符多用的情况越来越多。

除四个元音外，苏美尔语中的其余单词的语音结构都是元音和辅音的组合，其中有单音节、双音节和多音节。元、辅音的组合形式包括：一、辅音-元音型，如ka、ki、ku；二、元音-辅音型，如ad、id、ud；三、辅音-元音-辅音型，如tam、tim、nab、kib；四、辅音-元音-辅音-辅音-元音型，如ninda、kešda、mašda；五、辅音-元音-辅音-元音-辅音型，mušen、guruš、murum；六、辅音-元音-辅音-元音-辅音型，如kaskal、kašbir、maškim。这六种语音形式是苏美尔语中常见的单词语音类型。除此之外，还有其他形式，如karadin、kazaza、kunigara、šembulug等，但这样的语音形式为数不多。单音节的语音形式（前三种）基本都用一个单音节的独体字表示，如：𒅎（im，意思是"泥、泥版"等）、𒂞（èš，意思是"神庙"）、𒉣（nun，意思是"王、王子"），偶尔也有用复合字表示的情况，如：𒉘（ág [NÍNDAxIZI]，意思是"测量"）。双音节和多音节的语音形式基本都用复合字表示，如：𒀏（alim [GÌRxA.LIM]，意思是"野牛"）、𒆠𒆠（gigam [LÚ.LÚ-翻转字]，意思是"冲突、战争"）、𒀉𒁇𒌋（addir"，意思是渡口）。

第七章　苏美尔文明的三大标志　　511

学术界曾经流行一种观点，认为苏美尔语中的固有词汇都是单音节的，双音节和多音节词汇都是外来词，都属于底层语言，而这种底层语言就是"原始底格里斯语"或"原始幼发拉底语"。埃扎德把这种底层语言说叫作"单音节神话"。[1]埃扎德是德国著名亚述学家，他称之为"神话"，说明他也不赞同底层语言说。如今的学术界已经很少有人支持苏美尔语里有底层语言的说法了，偶尔有人论及这个问题，对底层语言说也是持反对态度，认为苏美尔语中不存在底层语言，苏美尔语中的非苏美尔语词汇都是不同语言相互借鉴的结果。[2]不过，不论持哪种观点的学者都不否认一个事实，那就是在苏美尔语中存在大量难以用苏美尔语解释的词汇或概念，学者间的分歧在于如何解释这些非苏美尔语词汇的来源，在于这些词汇于何时何地以什么方式进入苏美尔语。我的问题是：如果不存在底层语言，那么，当苏美尔人来到两河流域时为什么不用苏美尔语命名自己建立的定居点，而是用一个可能连苏美尔人也无法解释的外来语，如乌努克（Unug，即乌鲁克）和埃利都（Eridug）等？合理的解释是：这些地名在苏美尔人来到这里时就已经存在，苏美尔人顺时随俗，接受了这些名称。这些名称进入苏美尔语文献后，它们就是底层语言。

苏美尔底层语言说源自一个基本判断，即认为苏美尔语中的固有词汇都是单音节，否则便不是苏美尔语词汇，而是外来语，或底层语。"底格里斯"（Idigna）和"幼发拉底"（Buranun）都曾经被视为非苏美尔语的底层语言，但后来有人认为这两条河流也可以用苏美尔语解释，"底格里斯"可被释为"闪光之河（íd-[u]uguna），而"幼发拉底"可被释为"涛涛大水之容器"（bur-a-nun）。[3]不过，这样的解释带有明显的望文生义的特点，或者说，比较牵强。回到文字层面，楔形文字的一个基本事

---

[1] Edzard 2003, 第 4 页。
[2] Rubio 1999, 第 11 页。
[3] Vanstiphout 1999, 第 145 页注释 29。

实是：绝大多数原生字（独体字，不可拆分的象形字）都是形、音、义俱全的单音节字，而在表意文字体系中每个单字都是一个具有具体含义的实词。这表明，苏美尔语中的固有单词的确都是单音节词，传统观点没有错。苏美尔语中的双音节和多音节词的来源比较复杂，其中有固化的复合词，有从塞姆语、原始印欧语或其他某种语言流入的借词，也一定有两河流域原始居民的语言遗存，即底层语言。

　　文字是记录语言的符号。纵观三千余年的楔形文字使用历史，用楔形文字记录的语言多达十几种，涉及不同语系的语言，大致情况可以表述如下：

未知语系或属哪种语系有争议：
　　苏美尔语
　　埃兰语
　　凯喜特语
　　古提语
塞姆语：
　　阿卡德语
　　　　巴比伦语
　　　　亚述语
　　埃布拉语
　　阿摩利特语
印欧语：
　　赫梯语
　　卢维语
　　巴莱语
　　米底语
　　古波斯语

胡里特语（高加索语？）

乌拉尔图语（高加索语？）

苏美尔人的文字起源观

文字属于人类的伟大发明。既然是发明，那么，按照常理，发明者的姓氏与发明的时间、地点、目的以及过程都应该是可以追溯和考证的。然而，在古代文字的发明上，这个常理却不那么理所当然。到目前为止，苏美尔人的楔形文字、古埃及人的象形文字以及我们的汉字等所有诞生于人类早期文明时期的文字，其起源的过程都扑朔迷离，甚至令人难以捉摸。文字是文化的载体，一种文字的起源涉及这种文字承载的文化的源头。孕育了文字并长期使用文字的民族，都必然对本民族的文字起源产生兴趣，并会用不同方式对此加以解释。

中国的许多古代经典，如《易·系辞》《老子·八十》《庄子·胠箧》《说文解字·序》等，都对汉字的起源问题有所涉及，并给出了古人对这个问题的理解，它们基本都认为文字是仓颉造的。而在此之前，我们的祖先曾用结绳记事，即所谓"太昊、伏羲氏造书契，以代结绳之政"（《史记·三皇本纪》），《尚书·序》亦有"古者，伏羲氏之王天下也，始画八卦，造书契，以代结绳之政"之说。古人发表上述观点时，汉字至少已有一千多年的历史，甚至更长。对那时的学者（经学家和文字学家）而言，汉字的起源已经是遥远的过去，汉字是如何起源的，对他们来说已经是个难解的谜。他们所能做的也无非是引经据典，或发掘民间传说。实际上，在文字起源的问题上，今天的我们和两千年前的古人面临的是同一个问题，虽然今人具备更多的研究手段，也比古人投入了更多的人力和物力，但结果并不比古人的研究结果更加理想。

古人提出的仓颉造字或伏羲画八卦、造书契等说法，反映了古人对文字起源的想象，也反映了他们的无奈。在无法解释文字这种重要文化现象和文化成就时，他们便把这种伟大的成就归功于文化圣人或文化英雄。若有现成的文化圣人，就会把这种成就归于他；没有现成的文化圣人，也要为此造一个文化圣人，仓颉也许就是这样的人物。这符合中华文化的底色，即崇拜祖先，相信圣贤而非神灵。所以，中华文明中的文字起源观必然是圣贤造字观或英雄造字观。这与苏美尔人的文字起源观不谋而合。不同的是，中国古人的文字起源观是自身文化的自然产出，而苏美尔人的文字起源观似乎有悖于他们的宗教观，因为在他们的以神为主导的文化中，出现文字神造观似乎更加合乎逻辑。

苏美尔人的文字起源观反映在史诗《恩美卡与阿拉塔王》里。恩美卡是乌鲁克第一王朝的第二位国王，这部史诗讲述了恩美卡派遣使者到相隔"七重山"的阿拉塔，要求那里的国王为乌鲁克提供金、银、青金石、木材等乌鲁克缺少的建筑和装饰材料，以及要求阿拉塔人为乌鲁克建造神庙的故事。乌鲁克地处两河流域南部的冲击平原，缺少金、银、青金石之类的宝石和适合于建筑的木材，而这些正是阿拉塔所富有的。于是，恩美卡决定征服阿拉塔。然而，他采取的方式不是直接的军事征服，而是精神征服。这样，人类历史上的第一次"心理战"[①]就在乌鲁克和阿拉塔之间上演了。按照苏美尔人的说法，文字就是在这场"心理战"中诞生的。

恩美卡在神的授意下，派出能言善辩的使者到阿拉塔转达他的要挟。使者把恩美卡的话原原本本地转达给阿拉塔之王，又把阿拉塔之王的话原原本本地带回乌鲁克。阿拉塔之王不愿意无条件屈服，提出一个又一个条件来给乌鲁克王出难题。使者一次次穿梭于两国之间，成功履行着转达"口信"的职责。随着唇枪舌战的不断升级，使者的记忆力终于到达极限。乌鲁克王的"话"（dug₄-ga-ni）"很多"（maḫ），"其意"（šag₄-bi）

---

① "The First 'War of Nerves'"，Kramer 1981，第19页。

很"深奥"（su-su-a-àm），使者变得"嘴沉重"（ka-ni dugud），不能"复述之"（šu nu-mu-un-da-an-gi₄-gi₄）。①于是，在史诗中出现了这样的描述：

> 因为使者嘴沉重，不能复述之，
> 库拉巴之王揉了一块泥，把言词写在上面，犹如泥版。
> 此前，把言词写在泥版上的事情从未见。
> 现在，就在那一日，就在那一天，事情发生如这般。
> 库拉巴之王把言词写在泥上面，（犹如泥版），事情发生如这般。②

这就是苏美尔人关于文字起源的说法，也可以说是公认的苏美尔人的文字起源观。③苏美尔人善于用故事表达思想和说明问题，这个故事也不例外。当然，作为几千年后的读者，我们不能确定故事中表达的思想是自觉的表达，还是无意识的巧合。这个故事表达的第一层意思是，文字是在信息量越来越多的情况下、人的记忆力无法胜任储存这些信息时应运而生的，因此，文字的功能是帮助记忆，即助记。这个故事表达的第二层意思是，文字是用来记录语言的，即"把言词写在泥版上"，把说的话记下来。这个故事表达的第三层意思是，文字可以传递信息，而且可以超越时间和空间。恩美卡把言语写在泥版上，目的是让使者带着泥版到阿拉塔去，把他书写下来的话传递给阿拉塔人，这样的信息传递超越时间和空间。可见，恩美卡发明文字的故事表达了苏美尔人对文字本质的深刻理解，与生活在21世纪的我们对文字的理解几乎完全一致，只是表达方式不同而已。表达这种思想的苏美尔人处在公元前21世纪（这

---

① 《恩美卡与阿拉塔王》第500—501行，拱玉书2006，第371。
② 《恩美卡与阿拉塔王》第502—506行，拱玉书2023，第280页。
③ Vanstiphout 1989，第516页；Glassner 2003，第15页；Komoróczy 1975，第20页。

部史诗原创于乌尔第三王朝），而我们处于公元21世纪。这不得不让人感叹苏美尔人认识的超前。

苏美尔人对文字起源还有另一种解释，反映在一篇神话作品里。这篇神话涉及各种"文明要素"（即无法用现代语言准确表达的"ME"）的来源，其中包括"书写术"的来源，而"书写术"的来源实际上就是文字的起源。这篇苏美尔神话就是《伊楠娜与恩基》。由于作品首句残缺，所以，它的古代名称不详。直到目前，50年前出版的慕尼黑大学的一篇博士论文仍然是专门研究该作品的唯一著作。[①] 关于该作品的成文年代，学界有两种观点，一种认为它成文于乌尔第三王朝时期，另一种认为它成文于稍后的伊辛-拉尔萨时期。[②] 该作品讲述的是乌鲁克保护神伊楠娜前往埃利都，从智慧神恩基那里"骗取""文化资产"（ME），而后把它们运往乌鲁克的故事。

神话中的伊楠娜是恩基的女儿。一日，她突然到恩基的住地"阿普苏"（地下甜水之域）来见其父恩基。恩基是智慧神，能预知一切，自然也知道伊楠娜的来意。所以，他事先已经存有戒心。伊楠娜来到埃利都后，恩基设宴招待。饮酒高兴之际，两个神开始斗酒，结果是恩基大醉。在尚未醒酒、仍处于神志不清的状态时，恩基把原本不想给伊楠娜的"文化资产"（ME）都给了她。恩基酒醒后，知道把"ME"都给了伊楠娜，而且伊楠娜已经用"天船"载着"ME"返回乌鲁克，后悔不已，派各路神仙围追堵截，但为时已晚。结果是伊楠娜成功把"ME"运到乌鲁克，乌鲁克举国欢腾，举行隆重的庆祝仪式。故事到此结束。像其他苏美尔文学一样，作者只专注于故事本身，不会明确说明讲这样的故事是出于什么目的，这不是他关心的问题，而仅仅是我们关心的问题。从这个故事中似乎可以看到苏美尔人的文明传播观，即苏美尔人似乎认为，乌鲁

[①] Farber-Flügge 1973；音译和英文翻译，见ETCSL 1.3.1: *Inana and Enki*。

[②] Farber-Flügge 1973，第4页。

克的文明之源头是埃利都。在埃利都进行的考古发掘也表明，埃利都的建城时间要早于乌鲁克，而在苏美尔文学传统中，埃利都常被描绘为世界上最早的城市。

在《伊楠娜与恩基》中，恩基把百余种"文化资产"（ME）[①]都给了伊楠娜，但不是一次性把一百多种"ME"都和盘托出，而是一组一组地给予。"书写术"属于第十二组，该组由八种"ME"组成，其中"书写术"排在第三位，这八种"ME"分别是：

  木工工艺（nam-nagar）

  铜匠工艺（nam-tibira）

  书写术（nam-dub-sar）

  金属工艺（nam-simug）

  制革工艺（nam-ašgab）

  漂洗工艺（nam-ázlag）

  建筑工艺（nam-šidim）

  编席工艺（nam-ad-KID）

苏美尔语中的nam是个前缀，可被置于任何普通名词、动名词和形容词前而把这些词变成抽象名词。[②]这八种"ME"都是由nam构成的抽象名词，都有某种工艺、艺术、技术或手艺之意。由于早期社会的上述专业性劳动都以个体为主，所以，把这组由nam组成的抽象名词释为"……手艺"或者"……术"更为恰当，如"木工手艺""书写术""制革术"。如何用现代语言表达更准确，这个问题值得探讨，但不是在这

[①] 由于所有文本都或多或少有残缺，所以，文献中到底提到多少种"ME"不详。在残留的文献中能见到的"ME"有110种。

[②] 专门研究nam的论文，见拱玉书2023。

里。我们这里关注的重点，是这组"ME"与楔形文字的起源有什么关系。"ME"有多层含义[1]，其中一种可以理解为"文化资产"或"文明成就"的总和，后者可能更为恰当。这些"文明成就"包括具体实物和抽象概念，但不论是具体实物，还是抽象概念，都可以被搜集、储存、掌握、运送等等。"书写术"是这些"文明成就"之一，像其他"文明成就"一样，"书写术"也是伊楠娜从埃利都运到乌鲁克的，按照这个逻辑分析，必然产生两个结论：其一，乌鲁克的书写体系来源于埃利都，是文明传播的结果，不是乌鲁克人自己的创造；其二，文字和建立在文字基础上的书写体系，即"书写术"（nam-dub-sar），属于神的创造，而不是人的创造，因为"ME"是众神之父恩利尔创造的，恩利尔是"ME"的终极来源。所以，《伊楠娜与恩基》反映的是文字神造观。苏美尔人把"书写术"与其他手工艺放在一组，说明苏美尔人认为"书写术"也是一门手艺。

在贝洛索斯的《巴比伦尼亚志》里保留了巴比伦尼亚文明之始的又一传说。根据这个传说，巴比伦尼亚的文明是由欧阿涅斯传授的。欧阿涅斯是神的使者，他生活在海里，下身为鱼，上身为人，是既人又鱼、非人非鱼的"野兽"[2]。那时的巴比伦尼亚干旱而贫瘠，人们像野兽一样生活在一起，没有秩序和规则。在阿罗汝斯[3]统治的第一年，欧阿涅斯白天从巴比伦附近的埃利特里亚海[4]出来，向那里的人传授有关文字、科学和各种工艺的知识，还教他们如何建立城市和神庙，为他们建立法律秩序，教他们如何测量土地，如何播种谷物和采集果实。总之，他把文明生活的一切都教给了他们，从那以后，人们再没有什么新的发现。当太阳落山时，

---

[1] 拱玉书 2017。
[2] 英译版用的是"beast"，Burstein 1978，第13页，Prologue 5。
[3] 阿洛罗斯（Alorus/Aloros）就是《苏美尔王表》中的洪水前第一城的第一王 Alulim（Á-lu-lim），Burstein 1978，第13页注释6。
[4] 埃利特里亚海（Erythraean Sea），即波斯湾，Burstein 1978，第13页注释7。

欧阿涅斯就回到水里，因为他可以水陆两栖。[1]有很多证据可以证明，贝洛索斯在他的《巴比伦尼亚志》里引用了很多苏美尔语文献。他笔下的欧阿涅斯也是苏美尔人建立的最早的城市埃利都的"七圣"之一，而且位列"七圣"之首。所以，这个文明起源说也可能是苏美尔人的文明起源观的翻版。与《伊楠娜与恩基》中的文明起源观一样，欧阿涅斯教化愚民、引导他们走向文明的文明起源观也把文明的源头指向了埃利都。文字是文明的重要标志，这里也明确提到了文字，因此这种文字起源观也属于文字神造观。

考古学家的陶筹起源说

陶筹起源论的代表人物是史曼特-白瑟拉教授（D. Schmandt-Besserat，以下简称史教授）。从20世纪70年代开始，史教授就致力于陶筹研究，到1992年出版《文字之前》[2]，她已经成为研究陶筹的领军人物，已发表大量研究陶筹的论文。[3]她提出了楔形文字是直接由三维的陶筹演变来的陶筹起源论。她的方法和结论受到一些人的批评和质疑，但赞同的学者似乎更多。她的假说颠覆了传统的楔形文字的图画起源说，也为探求其他古老文字起源的学者提供了有益启示。由陶筹形成文字的陶筹起源论应该是20世纪人文学科取得的一项重大成果，值得我们了解，尤其值得研究中国文字起源的学者们了解，我们也许会从中得到一些启示。

什么是陶筹？陶筹指呈各种几何形状、动物和器具等形状的小型陶制物。西方学者对陶筹有不同叫法，英语学术著作中常用tokens和

---

[1] Burstein 1978，第13—14页。
[2] Schmandt-Besserat 1992.
[3] 如：Schmandt-Besserat 1977; Schmandt-Besserat 1978; Schmandt-Besserat 1979; Schmandt-Besserat 1988, 等等。

图 7-1　复杂陶筹

counters，法文学术著作常用 calculi，德文常用 Tongebilde。学术界普遍认为，阿卡德语中的 *abnu*（复数 *abnū* 或 *abnātu* "石"）有时也用来指陶筹。从西文中的不同用词可以看到，西方学者对这些小型陶制物曾不知如何命名为好。史教授最初把陶筹称为"geometric objects"，后来又建议使用"*abnātu*"，而最后选用了"tokens"。[①] 现在，学术界基本都把陶筹称为 tokens。我在《楔形文字起源新论》一文中，建议用"陶筹"来指称这种小型的陶制物[②]，如今这种叫法已得到普遍接受。

从 20 世纪初开始，很多在西亚地区主持考古发掘的考古学家都发现过陶筹，也发表过陶筹图片，但他们无法想象这种东西有什么实用价值。1959 年，奥本海姆发表《论美索不达米亚官僚机构中的一种管理手段》

---

① Schmandt-Besserat 1992, 第 7 页。
② 拱玉书 1997, 第 59 页。

一文①，为解开陶筹之谜提供了一把钥匙。奥本海姆研究了20世纪20年代努吉②出土的一个卵形空心泥球，上面的楔形文字这样写道：

> （这里的）石（涉及）绵羊和山羊：21只分娩的母羊，6只母羊羔，8只成年公羊，4只公羊羔，6只分娩的母山羊，1只公山羊，2只母羊羔。吉卡汝（Ziqarru）之印。③

当奥本海姆发表上述论文时，卵形空心泥球里的陶筹已经不见。根据当时的发掘报告记载，当努吉的发掘者打开这个卵形空心泥球时，发现里面藏有49个陶筹④，这恰好与文字记载的数目相符。当时的发掘报告并未对陶筹进行详细描述，更不知如何称呼这些小东西为好，只把它们称为"卵石"。⑤所以，奥本海姆并不知道那些记数的"卵石"是什么样子。他旁引几处以"石"为凭、记载对牲畜管理情况的楔形文字文献，如"3只绵羊归某某，（有关）的石尚未存放"，"3只羊羔，2只公山羊，是某某的份额，已转入其账下，（但）尚未存石"，"1只属某某的母羊，其石尚未去掉"等等⑥，认为卵形空心泥球里的"卵石"就是阿卡德语的 abnu "石"。奥本海姆的结论是：石（子）作为簿记的手段，曾被广泛用于美索不达米亚的管理机构。每个石（子）代表1头牲畜，石（子）保存在容器里，随着牲畜的生死、易手等变化而发生被增添、去掉或转移到其他容器等变化。奥本海姆首先发现陶筹的功能，为正确认识陶筹奠定了基础，为解开陶筹之谜提供了一把钥匙。

---

① Oppenheim 1959.
② 努吉（Nuzi），今之Jorgan Tepe，地处伊拉克北部，距Kirkuk西南约13公里。
③ Oppenheim 1959, 第123页。
④ Starr 1939, 第316页。
⑤ 同上。
⑥ Oppenheim 1959, 第125—126页。

图7-2 空心泥球。20世纪20年代出土于伊拉克境内的努吉，泥球里面原来有49个陶筹，后来陶筹不知去向。

但至此许多问题仍悬而未解：abnu有多大？是什么样子？用什么材料制成？从什么时候开始有？努吉的卵形空心泥球属公元前2千纪，年代非常之晚。那时，楔形文字已有一千多年的发展历史。既然已经有发达的文字，为什么还要使用陶筹？当时还没有陶筹如何发展成文字的问题，也还不能想象陶筹会与文字的起源有任何关系。

1966年，法国学者阿密把陶筹研究向前推进了一步。[①]他研究了从埃兰首都苏萨出土的泥球及泥球里面的各种形状的小陶制物。他认为，这些陶制物就是奥本海姆所说的"石"，也就是我们现在所说的陶筹，阿密称之为"calculi"，认为它们的不同形状有特定意义，代表生活中的不同事物。[②]来自苏萨的这些材料属公元前4千纪，比努吉的卵形空心泥球早2 000年左右。因此，阿密的研究意义非凡，因为他的研究表明，陶筹的使用不限于历史时期，而是开始于史前时期。不仅如此，他还第一次向

---

① Amiet 1966，第20—22页。

② 同上，第22页。

人们展示了阿卡德语称之为"石"的记数器是什么：它们是各种形状的小陶制物，并不是石（子）。实际上，石筹、沥青筹、石膏筹也有，但为数极少。阿密的直觉还使他把陶筹与文字的起源联系在一起，因而他提出陶筹可能刺激了文字的产生这一想法。但不知是出于什么原因，他没有试图进一步证明和发展他的这个想法。直到1986年，他对陶筹与文字关系的表述与他20年前的表述仍无两样。[①]

法国学者兰伯特也就陶筹与文字的关系发表过看法。他认为，有些文字显然是陶筹的复制品[②]，还认为数字1、10、60、600和3 600等取形于陶筹。

从1969年开始，史教授开启了她的陶筹研究生涯。史教授最初专门研究西亚地区陶器发明前陶土的利用情况，但她的注意力很快转到陶筹上来。至1992年，她走访了15个国家的30个博物馆，对近万个分别出土于116个古代遗址的陶筹做了研究。1974年，她发表了第一篇论陶筹的文章[③]，此后便连篇累牍，一直持续研究，1992年推出两卷本专著《文字之前》[④]，汇集了她20余年的研究成果，并发表了一些以前从未发表的材料。她的贡献主要体现在以下几个方面：第一，发现陶筹作为记数器从公元前8000年开始就投入使用，连续5 000年未间断，使用范围遍及整个西亚地区；第二，发现陶筹的使用对抽象计算的发明起了十分重要的作用；第三，首次把某些早期楔形文字的形体与具体的陶筹联系起来，论证了它们之间一脉相承的源流关系。

史教授主张的陶筹变文字的过程可以简要归纳如下："新石器革命"开始不久，即公元前8000年左右，人们便开始用陶筹记数记事。这时使

---

① Amiet 1986, 第76页。
② Lambert M. 1966, 第30页。
③ Schmandt-Besserat 1974.
④ Schmandt-Besserat 1992.

用的陶筹虽然形状多种多样，十分丰富，但陶筹无孔无洞，亦无刻道，比较简单原始，史教授称其为"朴素陶筹"（plain tokens）。公元前4千纪末期开始出现或打洞、或刻道、或打洞刻道具全的陶筹，史教授称之为"复杂陶筹"（complex tokens）。从这个阶段起，人们开始把陶筹串连起来保存，或把陶筹包裹在空心泥球里保存。在泥球尚未变干、变硬之前，人们用戳印（stamp seals）在泥球表面印上印迹，以示所有。戳印逐渐被滚印（cylinder seals）取代。把陶筹放在泥球里保存有个难以克服的缺陷，即如果当事人忘记泥球里存放了多少个或什么样的陶筹，若不打破印封好的泥球，他便无法进行复查。大概就是为了克服这个缺陷，人们开始在印封之前分别用陶筹在泥球上压印一次，然后再把泥球封起来。这样，从泥球上的印迹就可以知道里面陶筹的形状和数目，随时可以复查，无需破开泥球看究竟，省了很多事。既然印迹可以取代陶筹而起到陶筹本身能够起到的作用，那么，仍然保存陶筹岂不是多此一举？因此，接下来就出现了只带有陶筹印迹的泥版，也就是说，空心泥球这时变成了实心泥版。带陶筹印迹的封球上往往也有滚印的印迹。由于用陶筹在泥版上压出的形状往往不十分清晰，又很占泥版本来就很小的空间，因此革新又出现了：人们开始用芦苇笔把陶筹画在泥版上，三维的陶筹一下子演变为二维的文字。随着陶筹发展的最后这一步到来，文字便诞生了。这就是史教授的楔形文字由陶筹而来的陶筹起源论的基本思路。

陶筹起源论可以用陶筹这样形象表述：

1. 简单陶筹

2. 复杂陶筹

3. 陶筹封球

4. 印纹封球

5. 数字泥版

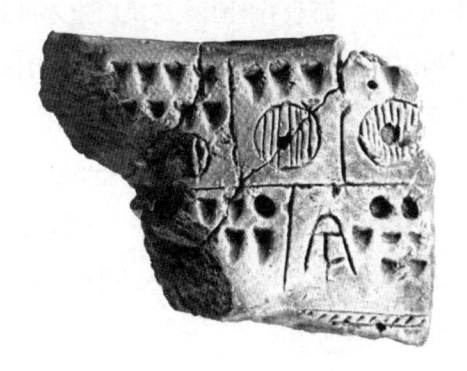

6. 文字泥版

图 7-3　陶筹起源论的演化推想

很多学者认为她的假说言之有理，也有学者对她的假说持否定和怀疑态度，有的甚至横加指责，严词抨击，如美国学者李博曼。李博曼指责她的假说"在年代上毫无道理，许多形式上的比较非疏即谬，对文字起源的解释非但不够充分，且基于分类错误"。[①] 然而，李博曼对史教授的批评刚一出笼，就遭到美国北伊利诺伊大学鲍威尔教授的严词反驳。鲍威尔认为，李博曼对史教授的批评，只有"在把陶筹与文字做形式比较时有时不够准

---

① Lieberman 1980, 第339页。

确"这一点言之有理，他的其余非难所达到的"悖情悖理"的程度"令人惊诧不已"。鲍威尔对史教授的研究成果给予充分肯定，认为她的研究"第一次使我们对楔文的发明有所理解"。①此后，接受由陶筹而文字的陶筹起源论的人越来越多。耶鲁大学的哈罗教授在为史教授的《文字之前》所写的前言中，对史教授的研究成果给予高度赞扬。他说："实际上，她的假设不仅为文字的产生，也为数字的产生提供了一个可能的和可信的演进模式。"②

由陶筹而文字的陶筹起源论是20世纪末亚述学研究领域最大的突破性研究成果，陶筹起源论脉络清楚，有证据支撑，令人信服。在文字学研究领域，迄今一直流行的观点认为，实物记事（如结绳、刻契、结珠、编贝等）不能演变为文字，而只有图画或二维图像才可能是文字的源头，因为实物记事和图画记事是两种完全不同形态的记事方法，前者不能孕育后者。图画与文字同属一种形态，都是二维图像，在发生的时间上，前者在先，后者在后，二者可以一脉相承。陶筹起源论完全超越了这种同态演生的传统观点。然而，正是由于这一点，陶筹起源论才在文字学研究领域具有划时代的意义：它第一次向世人表明，书写可以由另一种完全不同形态的记事方法孕育而生。

史教授的陶筹起源论改写了传统的楔形文字起源说，为探求其他古老文字起源的学者提供了有益的启示。③

楔形文字说文解字

楔形文字说文解字指古代书吏对某些复合字的结构所做的描述。在中巴比伦以后的一些双语辞书文献中，有很多文献不但解释某字在苏美尔语中如何发音，某字在苏美尔语中有多少种含义，还解释某字是如何构成

---

① Powell 1981，第424页。
② Schmandt-Besserat 1992, Foreword.
③ 关于史教授的陶筹起源论，可继续参考拙文，拱玉书1997。

的，这类文献就是说文解字文献，解释字义的部分属于解字，而解释某字如何构成的部分就是说文。现在已知的说文解字文献都比较晚，基本都是中巴比伦时期及更晚期的文献，但有证据表明，说文解字是苏美尔人的创造。

"说文解字"是从汉字学借用的概念。中国古人在分析古代汉字时，发现汉字有六种基本类型，古人称之为"六书"，即象形、指事、会意、形声、转注、假借，并把"六书"视为"造字之本"。近代以来，有些古文字学家发现，"六书"中的六种文字类型的划分不是基于一种分类标准，一类标准的出发点是文字的来源，一类标准的出发点是文字的运用，于是就把"六书"又分为两类，一类属于基于造字的分类，即象形、指事、会意和形声，而转注和假借属于基于用字的分类。无独有偶，中国古文字学家运用在古代汉字上的这套分析方法完全适用于分析楔形文字，而产生的结果就是楔形六书。

第一书：楔形文字中的象形字。汉字中的象形字是"画成其物，随体诘诎"的产物，楔形文字也不例外。用通俗的话说，象形就是依物造字，把要表达的物体的形状画下来，字随物变，物是什么形，字就画成什么形，其结果就是字如其物。但也有一部分象形字象的是一种姿势或一种动作，而不是静态的物。这样的字可称为象意字。也就是说，象形字可分为象形和象意两种。在楔形文字中，象形字多，象意字少。

SAG 头	AMAR 小牛	AN 天	DAR 鹧鸪	DU 走/立
ZATU 437[①]	ZATU 29	ZATU 31	ZATU 69	ZATU 82

---

① ZATU 即 Green/Nissen 1987。ZATU 后的数字见 Green/Nissen 1987，第169页以下。

续　表

ÈŠ 神庙	DUG 容器	IGI 眼睛	KU₆ 鱼	GUM 捣碎
ZATU 7	ZATU 88	ZATU 40	ZATU 302	ZATU 243

楔形文字象形字举例

象形字的最突出的特点是它们都是单体字，不能进一步拆分。象形字都是原生字，是次生字的基础，因此，对次生字而言，象形字是根字。

第二书：楔形文字中的指事字。指事字就是在一个象形字的基础上通过一个指事符号指出这个象形字代表的人或物的具体部位或方位的字。这样的字在楔形文字中为数不多。

KA 嘴	GÚ 颈	MAŠ 半	KAŠ 啤酒	KI 大地
ZATU 271	ZATU 233	ZATU 355	ZATU 286	ZATU 289

楔形文字指事字举例

"嘴"（KA）的根字是"头"（SAG），两小画（或一小画）是指事符号，指向嘴的位置，由此产生新字"嘴"。"颈"的根符（不称之为根字是因为这个符号虽然是个完整的物象，但不是独立的字）是个容器，指事符号（一小画）指向容器"颈"的部位，于是产生"颈"意。"半"的根字应该是竖楔，竖楔本身是个独立的字，在后来的楔文中有很多读音，也有很多字义。但它像什么？这很难确定，可以肯定的是，它是个物象，此物被指事符号从中间分开，于是产生"半"字。这个字的造字理念与汉字中的"上"和"下"完全相同。"啤酒"和"大地"也应该是指事字，

"啤酒"的根符是个容器，里面的众多小画是指事符号，指容器的内容。"大地"的根符也许是两条河流的物象，中间的众多小画指两条河流中间的土地。

第三书：楔形文字中的会意字。会意字是把两个或两个以上的单体字合写在一起而产生的字。乌鲁克早期文献中的会意字相对较多。

SAG+NINDA 头+面包 GU$_7$ 吃	KA+ŠE 嘴+大麦 TÚKUR 嚼	MUNUS+KUR 女人+山 GÉME 女奴	GU$_4$+GU$_4$ 公牛+公牛 DU$_7$ 顶/撞	LÚxÚŠ 人+死 ADDA 尸体	NÍNDAxŠE 量器+大麦 ŠÁM 买、卖、价
ZATU 235	ZATU 274	ZATU 201	ZATU 84	ZATU 20	ZATU 510

楔形文字会意字举例

头与面包结合一起为"吃"，这个字在早王朝时期就演变成了嘴与面包的结合。嘴与大麦结合为"嚼"，来自山区的女人是"女奴"，两个公牛顶在一起（一个字的一正一反）是"顶"或"撞"。死和人合在一起是"尸体"，量器里面装大麦是"买"或"卖"，也是"价格"。早期文字中有相当多内外结构的复合字，绝大多数这样的字都尚未被成功解读，这些字或是会意字，或是形声字。

第四书：楔形文字中的形声字。形声字是由两个（或两个以上的）字组成的复合字，其中的组成部分有的表形（多数表意），有的表声（发音）。表音的声符一般不是准确标音，而常常只是近音，或音的一部分；意符也不是准确表意，而只表类属。楔形文字中的复合字多是双音节，或多音节，这就决定了楔形文字形声字中声符的一个特点：多数声符只表复合字发音的一部分，有时表第一个音节的音，有时表最后一个音节的音。例如，"野牛"（ALIM）由"山羊"（DÀRA）

第七章　苏美尔文明的三大标志　　531

和MA构成，这里的"山羊"是意符，指类，MA是声符，指音的一部分。

DÀRA+MA 羊+MA ALIM 公羊	GÁxAM₆ 房子+AM₆ AMA 母亲	GÁxEN 房子+EN MEN 王冠	EZENxRUM 节日(?)+RUM DURUM 地名?	GÙNxTAR 鸟+TAR DAR 鹧鸪
ZATU 26	ZATU 28	ZATU 360	ZATU	ZATU 69

楔形文字形声字举例

从这些例子中可以看到，形声字的一个外在特点是：表形的字是主体字，多为框架字，占的空间比较大，表声的字相对要写得小一些，常常写在框架字的里面。这表明，在形声字中，形是主要的，声是次要的，或可说，形为主，声为次。

第五书和第六书，即转注字和假借字，在汉字学中争议比较大，在此不做讨论。在《苏美尔、埃及及中国古文字比较研究》一书中有关于楔形文字中的转注字和假借字的详细讨论。[①]

在说文层面，楔形文字中的象形字只有"名称"，没有形体方面的解释，或可说，没有何文献告诉我们某字像何物，或某字像何形。在这一点上，楔形文字的说文解字与中国古代的说文解字完全不同，因为中国古代文字学家会告诉我们某字像何物或何形，如卜字"象灸龟之形"，楔形文字文献中没有这样的说文。这反映了两个古代文明中的文字学家对待两种文字类型——单体字和复合字——的不同态度。遇到单体字时，中国古代文字学家会从形与物的关系着眼，告诉我们某字像（古人

---

① 拱玉书、颜海英、葛英会 2009，第214—220页。

用"象")某形，其实，这里的某字就是字所呈现的形，而某形就是形所代表的物，所以，中国古人的着眼点是形与物的关系。苏美尔和后来的巴比伦文字学家从来没有这个视角。他们通常不对单体字做进一步分析，只给出一个常用的或有代表性的发音作为单体字的名称。但有时他们也会注意到单体字本身的一些变化，如笔画的增减或方向的变化，这时他们也会对单体字做形体解说，如，说某字是某字的左转字，某字是某字的减形字。然而，这两个文明的文字学家在解释复合字时，思维模式却高度一致。他们都会从形体方面对这些字进行解构，把它们拆分成两个或两个以上的不同部分。总之，中国古代的说文是针对所有文字而发的，楔形文字文献中的说文对象都是复合字和一小部分字形超越象形范畴的"超象形"字。

楔形文字的说文解字方式显示，楔形文字有两大类型，即独体字和复合字。独体字包括所有的象形字，也包括那些本书所说的"超象形"字。复合字包括所有由两个或两个以上的象形字组成的字，一个象形字一旦成为复合字的组成部分，它便不再是独立的字，而是这个复合字的组成部分，它不但失去了独立的发音，也失去了独立的意义，这时，它存在的意义就是为复合字贡献发音，或为复合字贡献意义。一个复合字最多可由八个象形字组成，这在人类文字史上是绝无仅有的。

一、独体字。

1. 象形字。象形字没有针对其外形而发的说文，一个象形字的"说文"就是这个字的名称，也就是学术界所谓的"字名"（sign name），"字名"应该是这个字最常见，也是最有代表性的发音。如：MUŠEN "鸟"的字名是 *mušennu*，GIŠ "树"的字名是 *giššu*。由于现在能见到的说文解字文献都是巴比伦人编写的辞书文献，所以，字名都是阿卡德语化的字名，即在苏美尔语发音之后缀上一个阿卡德语中的名词化词尾-u。

2. 超象形字。这类字也属于独体字，主体是象形字，但又额外多出一部分，超越了该字的象形结构，或少了一部分，也超越了象形的底线，或被扭转了方向，超出了正常的象形视角。如：

SUD，字名是SÍR-*gunû*，即SÍR（ ）之增形，前者比后者多三竖（ ）。

KU₇，字名是UŠ-*nutillû*，即UŠ（ ）之省形，KU₇较UŠ少两划。

GURU₁₇，字名GIŠ-*tenû*，即GIŠ（ ）之斜置，把GIŠ向右旋转大约45度便产生新字GURU₁₇，意为"提、搬"（*našû*），新的字义与根字字义毫无关系。

这三个例子（还有更多这样的例子，不止三个）代表了楔形文字中的三种超象形字，即增形、省形和斜置。增形就是在一个象形字的基础上增加笔画，减形就是在一个象形字的基础上减少笔画，斜置就是把一个象形字向左旋转45度或90度。这实际上是象形造字法衍生出来的造字法。用象形造字法造的字都是原生字，而用这三种方法造的字属于次生字，因为它们属于在原生字基础上的再造。之所以称之为超象形字，是因为它们不是纯粹的象形字，虽然在形体上超出了象形字，却又不是复合字。巴比伦人分别用"某字之*gunû*（增形）"、"某字之*nutillû*（省形）"和"某字之*tenû*（斜置）"来描述这三种类型的字，这三个描述超象形字形体的词，*gunû*、*nutillû*和*tenû*，其主干都是苏美尔语动名词，外加阿卡德语名词性结尾-u，所以，这些都是阿卡德语化的苏美尔语词汇，表明或至少暗示这样的造字法是苏美尔人发明的，苏美尔人可能就用这些词汇来描述这类字。

二、复合字。楔形文字说文反映的复合字类型包括：

1. 并列字，即把两个或两个以上的字并列起来组成一个新字，如：

🏺𒀭𒁁 "陶工"，读 báḫar，该字由三个单体字组成，这三个单体字分别是 DUG、SÌLA 和 BUR，这个字的说文是 dug si-la bur-ru-u，其实就是按照实际排列顺序组合三个字的字名，最后附一个阿卡德语名词性结尾 -u。这个复合字十分有趣，DUG、SÌLA 和 BUR 三个字本身就是三种陶质容器，形状和功能各异，也就是说，"陶工"的组成部分是各种坛坛罐罐，见到字似乎就见到了制作这些容器的人，选字别具匠心。

2. 重字，通过把一个字重复一次、二次、三次、最多到五次而形成的新字，因此有二重字、三重字、四重字和五重字，说文中也都有相应的表述方式，如：

𒀯𒀯𒀯 "星"，读 mul，由三个 𒀭（AN）构成，说文是 a-na eš-še-ku "三个 AN"。AN 的意思是"神"或"天"，但字形是个发光的恒星，"三个 AN"就是三颗星，是个会意字。

3. 交叉字，就是把一个字加交叉起来组成一个新字，如：

𒉎 "暴风雨"，读 aĝar₅，该字由两个 IM（𒅎）交叉而成，说文是 IM-minnabi-gilimmû "两个 IM 交叉"。

4. 对置字，有两字对置和四字对置两种类型。两字对置是通过重复一次根字，再将它旋转 180 度的方式而产生的二重字，四字对置是通过把根字重复三次，并分别把它们旋转 90 度、180 度和 225 度而产生的四重字。如：

𒇽 𒇽 "冲突"，读 gigam，由两个"人"（LÚ，𒇽）组成，一正一反，说文是 lu-ú min-na-bi i-gi gub-bu-u "两个 LÚ 相对而立"。

5. 增"麦"字，这类字是在某象形字基础上增添"麦"字而产生的字。如：

𒁽 "信使"，读 kaš₄，是在"走"（DU，𒁺）字的基础上增添"麦"（ŠE，𒊺、𒊺）而产生的字，说文是 a-ra-gub šeš-sig "ARAGUB

的增麦形"，ARAGUB 是 DU 的字名。

6. 内置字，是通过把一个字写在另一个框架字里面而产生的字，这类字数量很多。写在框架字里的字多数情况下是一个字，有时写在框架字里面的字可以是两个，也有三个的，如：

　　　"湖"，读 sug，由框架字 LAGAB（　　）和"水"（A，　　）构成，说文是 *šá la-gab-ba-ku a-a i-gub* "人们把 A 置于 LAGAB 中"。框架字 LAGAB 是"一块地"，A 是"水"字，组合在一起就是"一块有水的地"，是典型的会意字。

　　　"栎树"，读 ḫalubba，由框架字 PISAĜ（　　）和写在里面的 ḪA（　　）、LU（　　）和 ÚB（　　）组成，说文是 *min (šá pi-sa-an-ga-ku) ku-ú-a lu ub-ba min (i-gub)* "人们把 KUA、LU 以及 ÚB 置于 PISAĜ 中"，KUA 就是 ḪA。很显然，里面三字都是声符，共同表 ḫalubba 音，因此，这个复合字是形声字。

说文反映的文字类型折射的是造字方法，从说文看楔形文字的造字方法，可得以下十种：

1. 象形，这是根本的造字法，所有原生字都产生于此法

2. 增形。从这里开始，以下所有造字法都是造次生字的方法

3. 省形

4. 斜置（左斜和右斜）

5. 增"麦"

6. 并列

7. 交叉

8. 重字（二重、三重、四重、五重）

9. 对置

10. 内置

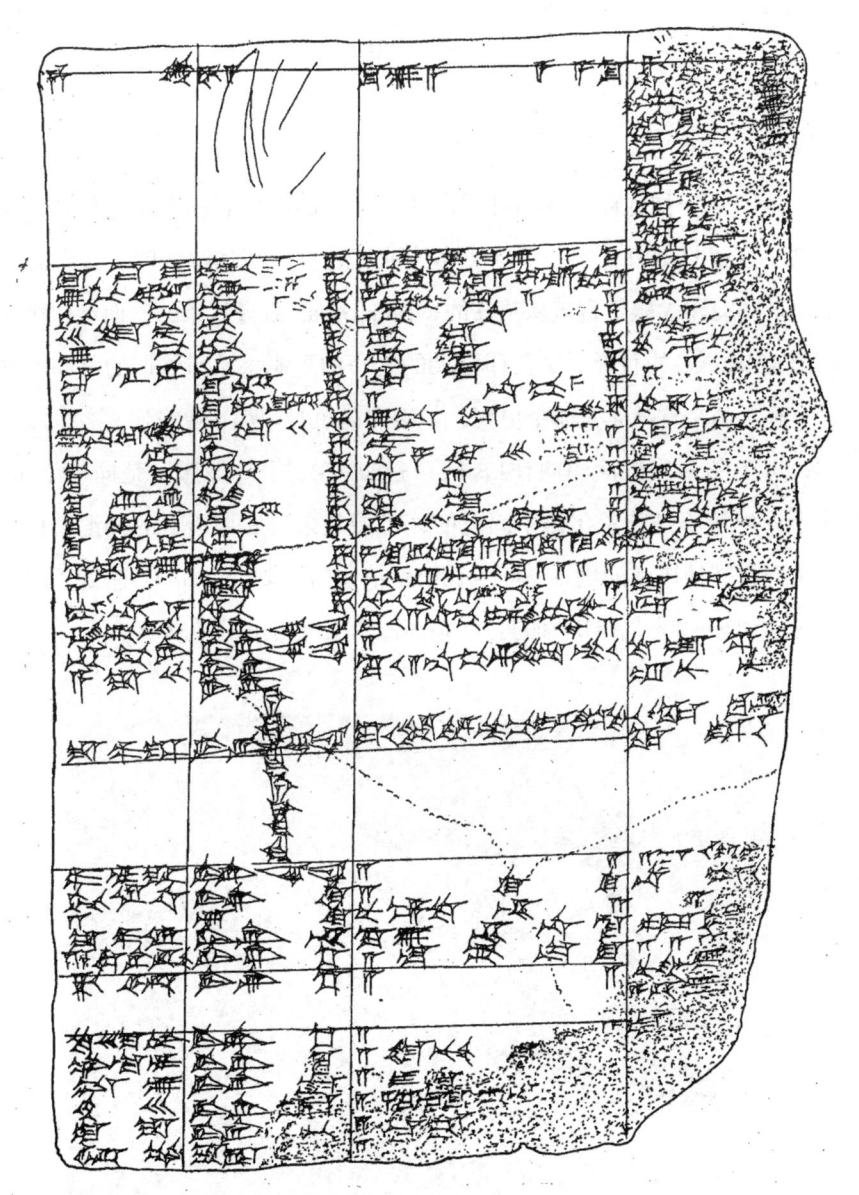

图7-4 四栏辞书文献，第1栏：苏美尔语发音；第2栏：条目；第3栏：说文；第4栏：字义，用阿卡德语解释。辞书系列 Diri VI B，文本F（IM 124475）

滚　印

滚印是一种圆筒式或圆柱式印章，其表面或刻有图案，或刻有图案和文字，或只刻有文字。中国史学界或把这种印叫作圆筒印，或称之为滚印。圆筒印大概是直接从英文的cylinder seals翻译过来的，而滚印则是德语Rollsiegel的直译。圆筒印强调的是印的形制，滚印强调的是印的使用方式。两个称呼无关哪个更好，但滚印简短，用起来更方便。

苏美尔语人把滚印叫作kišib，写作DUB，与"泥版"是同一个字。这个词应该不是苏美尔语中固有的，可能是来自底层语言的词汇，也可能是源自其他语言的借词。阿卡德语把滚印叫作kunnukkum，来源于阿卡德语动词kanāku "盖印、印封"，在词源学上与kišib没有关系。

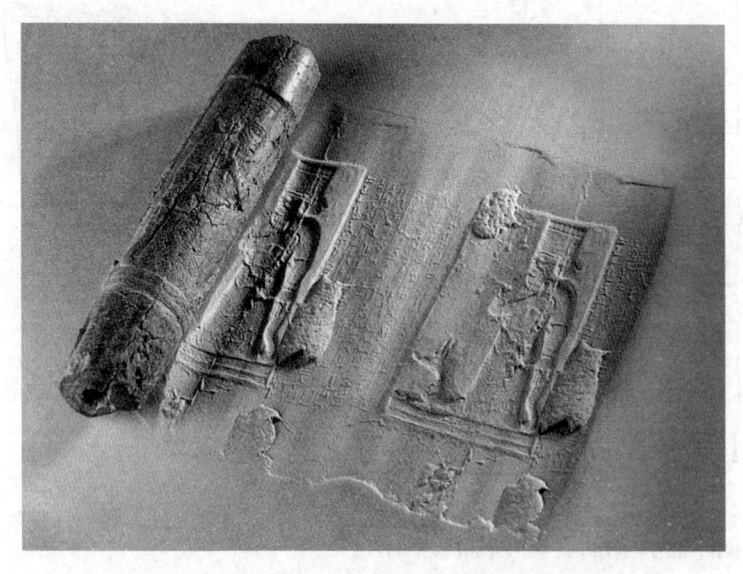

图7-5　青金石滚印，高19.8厘米，直径3.7厘米，公元前9世纪

滚印是苏美尔人的发明,是苏美尔文明的代表作之一,使用范围逐渐扩大,最终遍布整个古代西亚地区,成为楔形文字文明的一大特色。

滚印多为石制,但也有以其他材料制作的,如象牙、牛骨、金属、玻璃、陶泥等。滚印上的图案或文字多为凹雕,即多为阴纹,这样,印迹就自然呈浮雕形式。相反的情况也有,但不常见。

从功能上看,滚印有两类,一类是实用滚印,一类是祈愿滚印。实用滚印多,祈愿滚印少。先有实用滚印,祈愿滚印出现得比较晚。滚印应该是随着私有观念的诞生而诞生的,诞生的时间是早在国家产生之前。

在滚印产生之前,有一个普遍使用戳印的时期,戳印的印面比较小,图案一般比较简单,每印一次只能产生一个图案。相比之下,滚印的印面比较大,为印纹的发展提供了更多空间,使承载更多形象信息和文字信息成为可能。再由于滚印的使用方式是滚,所以印出图案或铭文可以不断重复,重复部分往往形成对称,看起来十分美观,其表现力远远超出了滚印本身的凹雕图案或铭文,这些特点赋予了滚印强大的生命力。

虽然滚印出现在两河流域南部的时间要晚于戳印,但它们之间没有必然的延续性,也就是说,滚印不是戳印发展的必然结果,二者之间没有必然的传承关系。因此,早就有人认为,滚印的出现是苏美尔人来到两河流域的重要标志。[①]滚印并没有完全取代戳印,即使是在已经产生文字的地区,滚印也没有完全取代戳印,有时二者甚至合为一体:既是戳印又是滚印,即戳滚二用印。[②]

在文字发明以前,戳印和滚印在一定范围内起到了文字的作用,因为它们可以通过印纹储存和传递信息。文字的产生并没有宣布滚印的灭亡,这个事实表明,滚印和文字既不是一个事物的不同发展阶段的标志物(过去曾一度有人认为滚印是楔形文字的前身),也不是两个相互排斥

---

① Speiser 1939(见 Jones 1969,第90页)。
② Collon 1990,图7。

图7-6 滚印与现代印迹。滚印出土于乌鲁克，高48厘米，直径33厘米，乌鲁克Ⅲ时期，藏于德国柏林国家博物馆。图案：乌鲁克王和伊楠娜神的女祭司（？）正在举行某种宗教仪式

的对立物。文字产生后，滚印不但继续存在和发展，而且发展得更好，滚印一方面也成为文字的一种载体；另一方面，图案和文字结合使滚印成为集信息价值和审美价值为一身的造物：雕刻图案主要是为了美观，而伴以文字则是为了准确表达信息。

对滚印的所有者来说，滚印不但具有实用价值和审美价值，也是自身身份和社会地位的标志，把它戴在身上，走起路来可能会趾高气昂！把它戴在脖子上，它就又成了护身符。

滚印的制作年代和出土文化层之间常常存在时间差，有时，时间相差几百年，这说明滚印是传家宝，可以代代相传。有的国王甚至用古代滚印作为御玺，以显示其统治的合法性。[①]

滚印有多方面的史料价值。从它们的地理分布中，可以看到一些不同时期、不同地区的贸易交往情况；从印章上的各种各样、丰富多彩的图案中，可以看到许多栩栩如生的生活画面、充满各种想象和虚构的神话场面以及各种人物形象，尤其是各种神的形象、各种动物形象和各种器物等等。从中可以获得的信息包括：某时期的流行服饰及其发展变化，建筑风格的发展变化以及有关运输、音乐、节日、神话、造型艺术方面

---

① Collon 1990, 第19页。

的信息，尤其是有关宗教艺术及其反映的思想方面的信息。从印章本身的质料和工艺中，还可以看到雕刻技术本身的发展变化。

现在我们普通人用的印章都是用来往纸质的东西上压印的，需要印泥作为辅助材料。古代的滚印不需要印泥，因为它们压印的对象是可塑性很强的软陶泥。由于迄今尚未发现早期戳印印迹[1]，所以有人认为最早的戳印可能不是用来印陶泥[2]，而是用于印其他材料的。根据迄今为止发现的印迹的情况看，被印的东西大致有以下四种：泥球、陶器、泥版和装泥版书信的信封。被"盖"了印的泥球用途十分广泛，可被用来封住绳结，以防捆扎东西的绳子被无关的人解开；还常被用来封住装了东西的袋子、箱子、藤条筐[3]和罐子等等，以防他人随便开启；它们有时也被用来封门，大概相当于当今的封条。不论被"盖"了印的泥球封的是什么，一旦被拆封，就成了碎片或碎块，因此，考古学家发现的"盖"有印章的泥球没有完好无缺的。文字产生以后，在泥版文书上印上滚印的图案，使泥版"图文并茂"的情况很常见。"盖"了印的泥版被火烧过的较多，所以，这类泥版中至今仍保存完好的也较多。

古物学和考古学中的滚印

大约产生于公元前7千纪的戳印和出现于公元前5千纪的滚印，在陪伴楔形文字文明走过几千年的光辉历程后，随着楔形文字的消亡和楔形文字文明的消逝，最后于公元前4世纪退出了历史舞台。其实，它们的生命没有断，而是以其他形式继续延续着，直到今日。就其形式和内容而言，到公元前4世纪时，滚印和戳印都已不复存在。它们的再现完全是古物学

---

[1] 叙利亚境内的布克拉斯（Buqras）和土耳其境内的沙塔尔-休于（Chatal Hüyük）出土的戳印为最早，属公元前8—7世纪。
[2] Collon 1990，第14页。
[3] 同上，图4。泥球上的藤条印迹十分明显。

和考古学的功劳。

首先发现滚印或戳印的人可能是居住在西亚地区的阿拉伯人，但具体是何人已不可考。据说，首先把两河流域的一枚印章[①]带到欧洲的人是十字军东征队伍中的无名氏，该印章的发现地点是各各他（Golgotha）。首次提到美索不达米亚戳印的书出版于17世纪末，而到有人在书中提到滚印时，历史已经进入18世纪50年代。据说英国古物收藏家哈密顿（William Hamilton）收藏了几枚滚印，其中一个竟然是在希腊的马拉松（Marathon）发现的！这说明希腊人可能是最早收藏美索不达米亚滚印的人。哈密顿于1772年把他的收藏卖给了英国国家博物馆。从此，两河流域的滚印从个人收藏中走进了博物馆。19世纪初，由英国东印度公司派往巴格达任长驻代表的里奇利用职务之便，访旧寻古，在很短的时间内搜集了大量文物，其中也包括印章。1825年，他的遗孀把他的收藏卖给了英国国家博物馆。另外一些由于商务、军务、政务和出于学术考察或其他目的从欧洲来到西亚地区的欧洲人，也先后发现和收藏过滚印和戳印，其中一些后来被欧洲的不同博物馆收藏。印章之所以成为欧洲古物学家收藏的对象，除印章本身显而易见的文物价值和艺术价值外，大概还与它们体积小、便于携带有直接关系。

1842年，法国驻摩苏尔副领事博塔发掘亚述古都尼尼微，从而宣告了地表搜集时代的结束和西亚大规模考古时代的到来。1845年，英国人莱亚德发掘新亚述时期的另一个古都尼姆鲁德，标志着英国正式参与对西亚古代遗址的考古发掘。从此，英法两国的考古学家在这片古代帝国的废墟上开始了激烈的文物角逐。后来，美国和德国的考古学家也加入西亚考古的行列，使大批被深埋在地下、几千年来默默无闻的古代文明物质遗存重见天日。这些物质遗存中自然包括印章。毫无疑问，

[①] 一个阿卡德时期的印章，是滚印还是戳印不详，Collon 1990，第21页。

是考古学给大批印章带来了重见天日的机会，使后来的印章研究成为可能。

早在1852年，莱亚德就在巴比伦遗址附近的希拉（Hillah）发现了一个玄武岩滚印。[①]由于滚印上不但有图案，而且有铭文，所以，即使没有考古文化层（当时的考古处于比较原始的阶段，发掘者只重实物，还没有注重地层）作为参照，其断代也不成问题。根据文字的字体和行文风格，人们基本可以断定这个滚印是阿卡德时期的作品。但是，不是所有的滚印都有文字，再加上其他不利于断代的因素，如滚印常常被当作传家宝代代相传，所以，它们的出土地层的年代不一定就是其制造年代。由于滚印的体积都比较小，通过小小的地缝就可能掉入更早的地层中去，所以，即使是通过科学考古出土的滚印，其断代也往往不那么容易，或者说，不那么理所当然。相比之下，印迹的断代一般比较容易，因为印迹（特别是各种泥球）通常只能使用一次，使用之后即被扔掉，所以，它们的年代一般不会与出土文化层有矛盾。

然而，印迹无法作为研究当地印章风格的依据，因为印迹通常都是"进口货"，而非当地的"特产"，正是由于这个原因，印迹最能反映各地之间的贸易情况。在小亚细亚的阿切姆休于（Acemhüyük）出土的宫殿遗址中，考古学家不但发现了安纳托利亚本土的戳印印迹，还发现了幼发拉底河中游的马里国王金里利姆（Zimri-Lim，公元前1779—前1757在位）的妹妹的滚印印迹，亚述国王沙姆希-阿达德一世（Shamshi-Adad I，公元前1813—前1781在位）的滚印印迹，以及地处土耳其-叙利亚边界的卡赫美什国王阿普拉汗达（Aplahanda）的仆人的滚印印迹。这些印迹不但体现了安纳托利亚、叙利亚和美索不达米亚之间的交往，也是这种交往的具体体现。

---

① Collon 1990, 图9。

无论出土的是戳印还是滚印，其数量与印迹（"盖"了印的泥球、信封、陶器和泥版）数量相比都显得微乎其微。在两河流域北部的尼尼微以及南部的阿布萨拉比赫、法拉、乌尔和努吉等遗址，都出土了大量印迹，仅在乌尔，考古学家就发现了200多个古波斯时期的印迹，几乎各个时代的都有，显然是有人精心收藏的。在努吉发现的印迹多达2 000多种，而发现的印章则寥寥无几。这种不成比例的现象令人匪夷所思，因为印章（尤其是滚印）一般都是用比较坚硬的石头雕刻而成的，而被印的东西都是陶泥所制，一种是石质的，一种是土质的，一种坚硬，具有很强的耐久性，一种易碎，很容易化为乌有，但为什么偏偏前者流传下来的反而远远少于后者呢？古代印章今何在？诚然，走进当今欧美的大博物馆，都会见到琳琅满目的滚印和戳印，但事实是，如今能见到的可能只是古代生产的很小一部分。

滚印的材料

两河流域南部是冲击平原，除有一些石灰石地层外，没有其他石头可用于建筑，更没有适合刻印的石头。所以，刻印的石料全凭"进口"。北部的情况有所不同，在摩苏尔附近和萨马拉附近的沿河地区，砾岩十分丰富，一直是人们开采的对象，中亚述时期和凯喜特时期的印章多用砾石刻制。北部虽然多石，但种类十分有限。对高拉（Tepe Gaura，位于伊拉克境内）的发掘表明，早在公元前5千纪末，那里的居民就已经养成收藏来自四面八方的各种奇石的习惯。

阿卡德时期的滚印非常有特色，不但体积较大，工艺精美，质料也多种多样，从比较软的绿岩到较大的海洋贝壳核，从较坚硬的碧玉到水晶，从蛇纹岩到带有白斑的黑色玄武岩，形形色色，不一而足。阿卡德时期以后蛇纹岩绝迹，取而代之的是绿泥石，直到公元前1000年后的新亚述时期蛇纹岩才又出现。为什么蛇纹岩突然销声匿迹了千余年？难道

图7-7　阿卡德帝国时期滚印印迹。滚印材质：玛瑙，高3.7厘米，藏于英国国家博物馆

是人们有意放弃了它，而选择了与之相似的绿泥岩？或许它的来源被切断了？或许它在宗教上犯了某种忌讳？

公元前8世纪，两河流域南北的印章质料都发生了变化，石英成为博得青睐的刻印石料，但主要是其中的蓝色玉髓和橙红色玉髓两种。有的滚印竟然用非常稀罕的绿石榴石雕刻而成[1]，据研究，这种绿石榴石或是来自克什米尔，或是来自乌拉尔河（Ural）流域。这说明，两河流域直接或间接地与这些地区有贸易往来。

虽然比较坚硬的石料早就被用于刻印，但其数量毕竟不多，公元前1000年以后，比较坚硬的石料才被大批用于刻印，这大概与刻石技术的提高有关。

据目前所知，青金石的产地主要有两个，一个是阿富汗的巴达赫尚（Badakhshan）地区，一个是巴基斯坦的奎达地区。两河流域的青金石滚印的材料都来源于这两个地区之一，前者的可能性更大，因为巴基斯坦奎达地区的青金石是否开发得如此之早还是个问题。所以，两河流域的

---

[1] Collon 1990, 图18。

青金石滚印和青金石装饰意味着与巴基斯坦或阿富汗地区的直接或间接的贸易往来。

两河流域最早的青金石印章出土于底格里斯河上游的高拉，是两个戳印，年代分别属于公元前3600年和公元前3500年。最早的青金石滚印出土于两河流域南部的乌鲁克，年代是公元前4千纪末。史诗《恩美卡与阿拉塔王》里说的阿拉塔王"从高原运来了山石"中的"山石"可能就是青金石。

20世纪30年代，英国考古学家伍利在乌尔遗址发掘了1 840个墓葬，其中的6个墓葬有青金石随葬品，包括青金石滚印。它们分别属于不同时期：属于早王朝时期的青金石滚印有140个，属于阿卡德时期的有40个，属于乌尔第三王朝时期的只有几个。这说明乌尔的青金石贸易在早王朝时期最为活跃，阿卡德时期开始萎缩，到乌尔第三王朝时期近于停滞。早王朝时期的乌尔是两河流域南部的富邦强国，这时的乌尔对外贸易十分活跃，所以，这个时期的青金石滚印数量多是在情理之中的。到阿卡德时期，乌尔的政治地位下降，对外贸易开始萎缩，这也不难解释。乌尔第三王朝时期的乌尔东山再起，重新称霸天下，政治地位恢复了，经济形势也大好，然而，青金石贸易却一蹶不振，这不禁令人费解。也许青金石贸易如何，不完全取决于单方面的政治势力和经济实力，还有其他因素在起作用。

早王朝III期是青金石贸易最畅通的时期，此后，青金石的来路越来越不畅通，结果必然是青金石滚印越来越少，青金石和青金石滚印也就变得越来越珍贵。在埃及底比斯（Thebes）附近的托特（Tod）发现的一个刻有法老阿蒙涅美斯二世（Ammenemes II，公元前1929—前1895在位）名字的青铜箱里装着各种金银珠宝，其中也有许多青金石碎块和14个印章（包括滚印和戳印），这些印章的年代不等，早自公元前3000年代初，晚至公元前1900年左右，有的是美索不达米亚印章，有的是埃兰印章，有的是叙利亚地区的印章。这说明埃及也没有直接与青金石的产地进行贸易，青金石贸易可能是通过中间商进行的。

大约从公元前14世纪起，开始出现蓝玻璃滚印。由于有人拿这些玻璃印章冒充青金石印章，亚述国王亚述-乌巴里特（Assur-uballiṭ，公元前1363—前1328在位）在与埃及法老做青金石交易时才特别强调他的滚印是"真正的青金石印"。用蓝玻璃仿制的滚印不仅对古代人具有欺骗性，对现代人也同样具有欺骗性。公元前13世纪西顿（Sidon）国王制造的两枚蓝玻璃滚印曾一度被考古学家误认为青金石滚印。

青金石和青金石印章不但受到埃及法老的青睐，也同样受到希腊人的青睐。1963年在希腊底比斯（Thebes）的迈锡尼文化层出土了36枚青金石滚印，其中有塞浦路斯印章，也有巴比伦尼亚滚印，其中一枚是曾与埃及法老有书信往来的凯喜特国王布纳布里阿什二世（Burnaburiash II，公元前1359—前1333在位）的滚印。埃及法老用黄金交换青金石，那么，希腊人是如何得到青金石印章的？

公元前6世纪，波斯人崛起，波斯大军长驱直入巴比伦，把巴比伦尼亚置于他们的统治之下。称霸天下后，波斯统治者在波斯波利斯大兴土木，建造了当时世界上最豪华的宫殿。马其顿的亚历山大征服波斯后，把这座宫殿付之一炬，结束了它的短暂生命。亚历山大焚毁的不仅仅是宫殿，还有巴比伦尼亚和亚述的青金石滚印。

棕色、白色玛瑙和橘红色玉髓是从印度西海岸"进口"的。在乌尔第一王朝的墓葬中已有大量玛瑙和玉髓念珠。

赤铁矿石坚硬，难以雕琢。尽管如此，它在公元前2000年的最初几世纪里还是成为人们喜欢的滚印材料。[1]用这种材料刻制的滚印质量都特别好，都是精品，显然都出于大师之手，说明人们比较珍惜

---

[1] Collon 1990, 图6: 赤铁矿滚印。

这种材料。公元前2000年后半叶以后，赤铁矿滚印几乎绝迹，原因不详。

滚印图案

滚印图案大致可分为以下几种：战俘、动物、想象/传说中的怪兽、国王的军事/外交活动、王室的宫廷生活和各种宗教题材（包括"引见"、授职、奠基、祭奠、游行等一切与神和神的象征物有关的活动），其中宗教题材最为常见。

最早的宗教题材图案并不直接表现神的形象，而只用神的象征物来代表神[1]，直到早王朝后期才出现戴角冠的神的形象[2]，在这之前似乎存在一种不可以为神塑像的宗教忌讳。

在早王朝时期的浮雕艺术中，"庆功宴"是常见的主题。同样，这时的滚印图案也常有这样的主题。"英雄战猛兽"的题材在早王朝时期的滚印中也很常见。从早王朝后期开始，滚印上出现表明滚印所有者的楔形文字。[3]

"引见"是又一个常见的滚印图案题材。所谓"引见"就是拉玛（Lama）女神把某人（通常是国王）引见给另一个神的场面。这种滚印题材起源于阿卡德时期，此后一直都很盛行，但内容发生了一些变化，如后来出现引见神把地方总督引见给神化的国王的图案。[4]引见图的安排有个基本模式，即被引见的人和引见神在左，接受引见的主神在右。在后来的一些引见图中，也有被引见的人在右、接受引见的主神在左的情况。研究表明，这样的滚印大部分都是赝品。

---

[1] Collon 1990，图29。
[2] 同上，图30。
[3] 同上，图32：阿卡德时期滚印。
[4] 同上，图33：乌尔第三王朝时期滚印。

图7-8　早王朝时期的滚印和现代印迹，牛人斗牛，牛人斗狮。滚印材质：霰石，滚印高4.2厘米，直径3.6厘米，藏于英国国家博物馆

　　大约从公元前2000开始，引见图中主要的引见神不见了，只剩下一个求情神拉玛，她双手抬起，站在被引见的人的后面，①他们共同面向接受引见的主神。到了古巴比伦时期，求情女神拉玛的位置发生变化，她开始面对被引见的人，但这样她就不得不背对主神。②

　　随便拿来一个印章，有经验的考古学家往往能辨认出它的大致年代和出土地区，这说明，每个印章都有一定的时代特点和地区特点。这些特点可能体现在不同的方面：印章材料、雕刻工具、表现内容、表现手法等等。公元前20世纪的安纳托利亚滚印图案不留空间，似乎事先也不很好地进行布局，雕刻过程可能是先雕刻主要的人和物，然后根据剩下的空间情况再添加一些内容，最后把所有的空间都占满。③公元前18世纪的叙利亚滚印深受埃及影响，不但一些埃及神话题材被借用，一些象形文字符号也成了滚印图案的组成部分。扭索饰是叙利亚地区滚印图案的一个重要标志。④

---

① 如Collon 1990，图8、图34和图35。
② 如同上，图6。
③ 如同上，图13。
④ 如同上，图22、图23、图37。

第七章　苏美尔文明的三大标志　｜　549

图7-9 引见图。古代滚印和现代印迹，滚印出土于巴比伦。绿石，5.28×3.03厘米，藏于英国国家博物馆。铭文写道："乌尔娜玛，强人，乌尔之王，哈什哈莫尔（Hašhamer），伊什昆辛（Iškun-Sîn）的统治者，你的仆人"

塔　庙

塔庙是苏美尔人发明的神庙建筑。由于塔庙是在逐层升高的台基上筑成的，看上去与塔有些相似，于是中国学者便把这种神庙称作"塔庙"。苏美尔人把这种神庙建筑叫作u_6-nir，大概有"奇迹"或"奇观"的意思，与之对应的阿卡德语是 *ziqqurratu*，阿卡德语权威字典CAD的解释是"temple tower"。[1] 按照权威字典的解释，这种建筑在汉语里应该叫"庙塔"，或"寺塔"，但汉语不能这么叫，一是因为"庙塔"不符合汉语习惯，而"寺塔"有浓重的佛教色彩；二是因为类似"庙塔"这样的表达也不符合苏美尔人和巴比伦人的本意。在辞书文献中，苏美尔语的u_6-nir对应的是阿卡德语（巴比伦语）的 *ziqqurratu*。[2] u_6-nir常见于神庙赞美诗等文学作品中，指的就是塔庙，即建筑在台基上的神庙，包括台基，

---

[1] CAD Z, 第129页：*ziqqurratu*。
[2] Erimhuš c, 20'，Cavigneaux 1985，第91页第20'行。

指整个神庙建筑,而不是仅仅指台基上的神庙。巴比伦人的 *ziqqurratu* 也应该指整个神庙建筑。CAD用"temple tower"解释 *ziqqurratu* 没有根据,非但不准确,且有误导性。中文用"塔庙"描述这种层级式神庙建筑还是比较贴切的,至于英语应该如何表达,那不是我们的问题。

虽然塔庙是苏美尔人的发明,却渐渐成为整个西亚地区上古文明的特色之一。塔庙在苏美尔人以及后来的巴比伦人、亚述人的宗教生活中都发挥着重要作用,而且还成为古代城市的一大景观。每个比较大的城市中都有塔庙,在有的大城市里塔庙不止一座。塔庙往往是一个城市的制高点,也是一座城市中最宏伟的建筑。由于塔庙遗存往往是一个城市遗址中最高和最突出的部分,所以,塔庙遗存常常是早期考古学家选择考古地点的重要参照。

塔庙建筑起源于两河流域南部,是台基式神庙建筑发展演变的结果,乌鲁克的安努"塔庙"可能是塔庙的雏型。

每个塔庙都有自己的名称,乌尔塔庙叫 é-temen-ní-gùru,意思是"地基被恐怖笼罩的神庙",尼普尔、拉尔萨和西帕尔的塔庙都叫 é-dur-an-ki,意思是"神庙,天地之纽带",波尔希帕的塔庙叫作 é-ur₄-me-imin-an-ki,意思是"聚集天地七ME之庙",巴比伦的塔庙叫作 é-temen-an-ki,意思是"神庙,天地之基础"。从这些名称看,塔庙在两河流域居民心目中的地位是非常高的,人们对雄伟高大的塔庙心存敬畏。两河流域南部地势平坦,这里没有高山,塔庙之所以诞生在这里,也许是因为这里缺少高山,更可能是因为苏美尔人向往高山。为什么苏美尔人向往高山?合理但无法证实的推测是:1. 苏美尔人的故乡是某山区,根据《恩美卡与阿拉塔王》关于苏美尔人家园的描述判断,苏美尔来自伊朗境内的山区,具体地点就是阿拉塔,苏美尔人把神庙建得像山一样高,是为了表达对家乡的思念;2. 苏美尔人崇拜的大神都住在天上,所以,神庙建得越高就越接近神。

图7-10 杜尔-库里伽尔祖塔庙，凯喜特时期，约公元前1300年

早在近代西亚古物学和考古学产生之前，人们就在《旧约·创世记》和希罗多德的《历史》中对巴比伦的塔庙有了一些了解。有关"巴别塔"，《旧约·创世记》（11：1—9）这样写道：

> 那时，天下人的口音言语都是一样。他们往东边迁移的时候，在示拿地遇见一片平原，就住在那里。他们彼此商量说："来吧，我们要作砖，把砖烧透了。"他们就拿砖当石头，又拿石漆当灰泥。他们说："来吧，我们要建造一座城和一座塔，塔顶通天，为要传扬我们的名，免得我们分散在全地上。"耶和华降临，要看看世人所建造

的城和塔。耶和华说："看哪，他们成为一样的人民，都是一样的言语，如今既作起这事来，以后他们所要作的事就没有不成就的了。我们下去，在那里变乱他们的口音，使他们的言语彼此不通。"于是，耶和华使他们从那里分散在全地上。他们就停工，不造那城了。因为耶和华在那里变乱天下人的言语，使众人分散在全地上，所以那城名叫巴别。①

古希腊历史学家、西方历史学之父希罗多德在他的《历史》中，对巴比伦的塔庙做了详细描述，其中一段这样写道：

在这个圣域的中央，有一个造得非常坚固，长宽各有一斯塔迪昂（约185公尺）的塔，塔上又有第二个塔，第二个塔上又有第三个塔，这样一直到第八个塔。人们必须从外面循着像螺旋线那样地绕过各塔的扶梯走到塔顶的地方去，在一个人走到半途的时候，他可以看到休息的地方，这里设有座位，而到塔顶上去的人们就可以在这里坐一会儿休息一下。在最后的一重塔上，有一座巨大的圣堂，圣堂内有一张巨大的、铺设得十分富丽的卧床，卧床旁边还有一张黄金的桌子。但是在那里并没有任何神像，而除了当地的一个妇人之外，也没有任何人在那里过夜。但是，根据担任这个神的司祭的迦勒底人的说法，这个妇女是这个神从全体妇女中选出来的。②他们还说：神常常亲自下临到这座圣堂并在这个床上安歇，但我是不相

---

① Babel "巴别"在希伯莱语中是"变乱"的意思。阿卡德语中以*bbl为根音的词 *babālu* < *wabālu* "担负、携带"似乎与这里的"巴别"无关，但"巴别"可能与Babil(l)u "巴比伦"有关。"巴比伦"的最早文献证据见于阿卡德王沙尔卡里沙里（Šarkališarri）的一篇铭文（VAB I，225页），写作KÁ-DINGIR.RA "神之门"，乌尔第三王朝时期的文献写作KÁ-DINGIR.RA.KI。阿卡德语 bāb ili "神之门"可能是阿卡德人对古代地名Babillu的望文生意，属于大众词源学式的解释。
② 希罗多德《历史》I: 181。译文根据希罗多德《历史》（王以铸1997）。

图7-11 纳波尼德（Nabonidus，公元前555至前539）时期的塔庙复原图。这个塔庙就是希罗多德在《历史》中描述的巴比伦塔庙

信这件事的。[1]

希罗多德描述的巴比伦塔庙是新巴比伦时期的建筑，是塔庙的巅峰之作：7层，高90米，占地面积91米×91米[2]，应该是当时西亚地区的最高建筑，在平原上拔地而起，巍然屹立，高耸入云，直通神域，是人神沟通的纽带，是虔诚的信徒们与神交往的通道。

不论希罗多德是否真的目睹了巴比伦塔庙，不论他的描述是否每个细节都真实无误，巴比伦塔庙的存在都是不容置疑的。值得怀疑的是，《旧约》中的巴别塔是不是巴比伦塔庙？如果《旧约》中的巴别塔就是巴比伦塔庙，那么，一个耐人寻味的问题就来了：神为什么把万众一心修筑

---

[1] 希罗多德《历史》I: 182。
[2] Hrouda 1991，第304页；Wilhelm 1998，第26页图24，第27页图25。

神庙的行为视为大逆不道而加以阻扰？在奉行神本主义的美索不达米亚文明中，不论是苏美尔人，还是后来的巴比伦人或亚述人，国王的首要任务就是建庙敬神，所以，国王登基后做的第一件大事往往都是为主神建立神庙，或翻新扩建原有的神庙。《旧约》中描述的那种熙熙攘攘、热火朝天的施工场面正是苏美尔人和巴比伦人等建造神庙的真实写照。任何神，不论大神还是小神，不论天上的神还是地上的神，都会为人类建造神庙的行为感到高兴，并会因此而对人类施予更多呵护。但《旧约》中的神不这样看。在《旧约》中，神把人类的这种齐心协力的行为视为对自己权威的一种潜在威胁，这令人费解，也许神对建立神庙行为的不同态度反映的是多神崇拜和一神教的不同底层逻辑。

巴比伦塔庙早在公元前330年前后就已经被夷为平地。当年，不可一世的大征服者亚历山大大帝曾经下令铲平这座塔庙，以便重新建造更大的塔庙。但这位帝王志大命短，重建计划尚未实施，人已离世，被夷为平地的巴比伦塔庙再也没能迎来东山再起的机会。更让人遗憾的是，两河流域几千年的文明史上无数曾经雄伟壮观、金碧辉煌的塔庙没有一座完整保存至今，号称保存最完好的乌尔塔庙也不过是已缺损过半的断壁残垣。如果《诗经》时代的古人看到如今乌尔的这番荒凉景象，他们也一定会发黍离之悲，会吟出一首巴比伦版的《彼黍离离》。

第八章
苏美尔问题

问题的提出

"苏美尔问题"是困惑学术界一个多世纪而至今仍然没有得到解决的问题。这个问题是，苏美尔人是两河流域南部的原住民还是外来移民？如果是移民，他们于何时、自何地来到美索不达米亚南部定居？

不论是作为地域名称的"苏美尔"，还是作为民族名称的"苏美尔人"，都不见于任何古代希腊、罗马作家的任何著作，亦不见于希伯来人的《旧约》。因此，18世纪中期之前，世人都认为创造两河流域古代文明的主要民族是巴比伦人和亚述人，根本不知其中还有苏美尔人，更不知苏美尔人是两河流域文明最早的创造者和参与者，远早于巴比伦人和亚述人。"苏美尔问题"是在亚述考古和楔形文字解读过程中突然出现的问题，完全出乎人们的意料。

1850年，爱尔兰学者欣克斯（E. Hincks）首先敏锐地从巴比伦楔形文字的表意字中观察到楔形文字的来源问题，正确地提出了巴比伦人和亚述人都不是楔形文字的创造者的观点，但却错误地认为楔形文字的创造者是某种操印欧语的民族。①根据法国学者奥佩尔（M. J. Oppert）的回忆，欣克斯后来建议把新发现的那种语言（即苏美尔语）称为"阿卡德语"。②

后来，英国学者罗林森从另外一个角度也证明了巴比伦人和亚述人使用的楔形文字不是他们自己的创造，而是从其他民族借用来的。罗林森的证据就是现在所说的辞书文献。出土于尼尼微的辞书是新亚述时期亚述人学习苏美尔语的教材或字典，那时，作为口语的苏美尔语早已退出历史舞台，但像中世纪的拉丁语一样，苏美尔语仍被用于写作文学作品和学术著作。因此，苏美尔语字典或教材为当时书吏必备的工具书。新亚述时期的辞书主要有三种类型：1. 两栏型（第1栏是苏美尔语条目字/词，第2栏是阿卡德语的对应词）；2. 三栏型（第1栏是苏美尔语发音，第2栏是苏美尔语条目字/词，第3栏是阿卡德语的对应词）；3. 四栏型（第1栏是苏美尔语发音，第2栏是苏美尔语条目字/词，第3栏是阿卡德语化的说文，第4栏是阿卡德语的对应词）。很显然，这种辞书是用两种不同语言书写的。其中一种是当时被人们普遍称为"巴比伦语"的阿卡德语，另一种是被欣克斯称为"阿卡德语"的苏美尔语。那时，罗林森把苏美尔语称为"哈米特语"（Hamitic），后来又改称为"迦勒底语"（Chaldean）或"原始迦勒底语"（Proto-Chaldean）。③

直到1869年才有人建议使用"苏美尔语"这个名称，这个人就是对楔形文字解读做出了卓越贡献的法国学者奥佩尔。像罗林森和欣克斯一样，奥佩尔认为，巴比伦人的楔形文字是从苏美尔人那里学来的，而且认为苏美尔人本身既不是美索不达米亚的原始居民，也不是像有些学者认为的那样来自埃及，因为在苏美尔语词汇中没有生长和生活在埃及和

---

① Jones 1969，第10页。
② 同上，第23页。
③ 同上，第23页。

第八章　苏美尔问题　　557

美索不达米亚的植物和动物的名称，如苏美尔语把"狮"称为"巨犬"。①虽然奥佩尔的建议没有马上得到普遍接受，但最终获得胜利的还是他的建议，"苏美尔语"和"苏美尔人"早已成为人们熟悉的概念。"苏美尔"一词并不是奥佩尔的凭空杜撰，巴比伦人和亚述人早就把苏美尔人的地理概念"吉恩基"（KI.EN.GI）对译为"苏美汝"（Šumeru），现在所说的"苏美尔"就是阿卡德语Šumer(u)的音译。可见，"苏美尔"、"苏美尔人"和"苏美尔语"古来有之，并不是近现代学者的发明创造。

哈雷威引起的论战

"苏美尔问题"是从文献学和语言学的角度提出来的，直到19世纪70年代，这个问题的核心仍是苏美尔语和讲这种语言的苏美尔人是否曾经存在。由于一直缺少考古材料的支持，再加上文献学家的论据又不是那么充足和无懈可击，直到那时尚无人能解释苏美尔语是什么，所以，一场论战不可避免。

首先对可能存在苏美尔人和苏美尔语的说法提出质疑的人是法国学者哈雷威（J. Halevy）。1874年，他发表《对巴比伦语中存在都兰语假说的批判性观察》一文②，从而拉开了论战的序幕。哈雷威要求重新审视三个问题：1. 即使真的存在"阿卡德语"（这里指苏美尔语，下同），那么，它是否像多数学者认为的那样属于都兰语系？③ 2. 都兰人是否曾经生活在

---

① Jones 1969, 第22—23页。
② Halevy 1874。
③ Turanian family（包括芬兰语、匈牙利语、土耳其语和蒙古语）是一个比较模糊的语言学概念，早已不再使用。当时的一些学者（包括欣克斯）认为苏美尔语与都兰语最接近。

巴比伦尼亚这块土地上？3. 所谓的"阿卡德语"是与亚述语完全不同的语言？还是二者是同一种语言的两种不同文字，即一种为语音文字，而另一种为表意文字？哈雷威认为，在历史的变迁中，一个文明民族从它的原始住地消失后，一般会在四个方面留下痕迹：遗址、地名、文献和具有地方色彩的传说，但就所谓的巴比伦尼亚语中存在都兰语的说法而言，没有任何上述证据。因此，他完全否定巴比伦尼亚语中存在都兰语的说法，否定"阿卡德语"与都兰语的联系，同时也否定"阿卡德语"的存在。

此后，学术界就"苏美尔问题"展开了一场论战。很多当时的著名学者参与了这场论战，比如德国的施拉德（E. Schrader）、豪普特（P. Haupt），英国的塞斯（A. H. Sayce）和法国的雷诺芒（F. de Lenormant）。1889年，法国亚述学家、对解读楔形文字文献有过突出贡献的奥佩尔撰文道："15年来，哈雷威先生始终与所有的亚述学家唱反调，一直坚持他那不能令人接受的观点——学术界也没有接受他的观点。在无可辩驳的证据面前，哈雷威仍然不承认非塞姆人发明了楔形文字和古代美索不达米亚居民曾经使用一种非塞姆语系的语言的事实。更有甚者，用同一种文字书写的两种不同语言的铭文在他那里却成了同一种语言的两种不同书写形式。（他认为）第一种（书写方式）表示的是文字画谜的读音，是一种'神圣语言'的密码式表达方式；与第一种相比，第二种（书写方式）表达的是亚述语的真正语音。"奥佩尔接着写道："但是，为什么他们（指古代书吏——引者）对同一篇文献一会儿遮遮掩掩，一会儿又表达得清清楚楚呢？15年来，人们一直追问哈雷威这个问题，可是15年来，他一直拒绝回答这个问题。"接下来，奥佩尔列举了38个支持他的观点的著名学者，以证明他"得道多助"。[①]

---

① Jones 1969, 第28页。

的确，对阵的双方不是势均力敌，而是极不平衡。支持哈雷威观点的人，即认为不存在苏美尔人和苏美尔语的学者极少，公开表示支持的只有法国学者居亚尔（S. Guyard）和德国亚述学家德利奇（F. Delitzsch）。在寡不敌众的情况下，哈雷威坚持抗争，固执己见。因此，论战此起彼伏，持续了20多年。1892年，美国霍普金斯大学的约翰斯通对交战双方的论点和论据进行了梳理。[①]截止那时，双方论战的焦点始终都集中在苏美尔语是否存在的问题上。归纳起来，反对存在论的一方主要提出如下四点理由或疑问：第一，如果说苏美尔人曾在历史上存在并在塞姆人的文明进程中起了重要作用，那么为什么楔形文字文献中从来没有提到他们？为什么他们没有留下任何诸如神庙和铭文之类的物质遗迹？第二，许多楔形文字的音值无疑源于塞姆语，如iṣ来自塞姆语的 *iṣu* "树"、bit来自 *bītu* "房屋"、dan来自 *dannu* "强大"、ṣab来自 *ṣābu* "士兵"等等，这说明楔形文字的音值来自塞姆语，而不是什么其他语言。第三，所谓的苏美尔语中包含大量的塞姆语词汇，这一现象不能简单地用借用来解释，因为那些目前看来与塞姆语无关的词汇，其来源也可能是已经失传的塞姆语词根，或许它们是祭司们创造的常用词。第四，在语法方面，"苏美尔语"与亚述语有许多共同之处，如"苏美尔语"中的副词结尾eš相当于亚述语中的副词结尾iš，"苏美尔语"和亚述语动词后面都可带人称后缀，等等，这些共同的语法现象表明，"苏美尔语"是亚述语的仿制品。

受到挑战的另一方对上述问题和观点都一一做了详细解答。简而言之，第一，美索不达米亚考古还没有全面展开，断定苏美尔人没有留下遗迹还为时过早，而且法国人在铁罗发现的艺术品（如古地亚雕像）显然不是塞姆人的创造，而很可能就是苏美尔人的杰作。第二，楔形文字的塞姆语发音完全顺理成章，因为塞姆人不可能一成不变地把苏美尔人创造的

[①] Johnston 1893，见Jones 1969，第34—40页。

楔形文字照搬过去，他们在借用时必然要按照塞姆语语音规律的需要对楔形文字的发音进行一些调整和创新。即使如此，大部分楔形文字的苏美尔语发音也还是保留了下来。第三，苏美尔语中包含一些塞姆语词汇实属自然，因为（到那时为止）几乎所有的已知苏美尔语文献都是在苏美尔语成为死语言后由讲塞姆语的书吏书写的，书写者的母语词汇会不时地进入其作品中，这一现象与欧洲中世纪拉丁语的使用情况十分相似。第四，至于语法方面的相似之处，除偶有巧合外，有些东西是许多语言共有的现象，如人称代词后缀。从根本上讲，苏美尔语和亚述语完全不同。即使用现代的标准衡量，这样的回答也非常圆满。

1990年，英国著名学者平切斯（T. G. Pinches）发表长篇论文[①]，对一些大家共同关心的问题进行了进一步阐述，用大量证据证明苏美尔语曾是独立的口语，有自己的语法、词汇、语音和作品。这篇论文的发表标志着这场持续了20多年的论战的结束，胜利者当然是苏美尔语[②]和它的卫士们，哈雷威最后成了可怜的堂吉诃德。

考古材料释义

苏美尔语得到语言学和文献学证明后，人们便把注意力转移到了考古学方面。早在19世纪就已经出土了许多显然有别于两河流域北部出土的亚述文化的文化遗存，而在两河流域南部的一些遗址，如尼普尔和铁罗，这种文化遗存更为丰富。它们的出土地层通常都在塞姆文化层的下

[①] Pinches 1900，见Jones 1969，第40—46页。
[②] 平切斯虽然使用"苏美尔语"一词，但他似乎也并不完全肯定其正确性，因为他有时在"苏美尔语"之后还补充道"（或阿卡德语）"。

面,即早于塞姆文化层,出土的泥版几乎都用苏美尔语书写。这些材料为那些主张苏美尔人确实存在,而且早于巴比伦人和亚述人的学者提供了考古证据。

进入20世纪后,"苏美尔问题"的焦点已不再是有没有过苏美尔人和苏美尔语的问题,而是苏美尔人与塞姆人从什么时候起开始接触,他们在长相上或人种上有何区别,他们是不是两河流域的最早居民以及他们来自何方的问题。

20世纪初,考古学家已经在两河流域发现了大量圆雕、浮雕,包括泥版浮雕、石板浮雕和滚印浮雕,这些艺术作品中展现了各种各样的人物形象,于是,在这些人物形象中辨别或寻找苏美尔人一时成为大家关注的焦点。

德国历史学家迈耶(E. Meyer)首先在他的《巴比伦尼亚的苏美尔人和塞姆人》①一书中得出这样的结论:苏美尔人光头无须;塞姆人长发长须;游牧的西塞姆人只在下巴上留胡须,头发剪得很短。他进而得出结论,认为塞姆人移居巴比伦尼亚的时间比苏美尔人还早,苏美尔人从波斯湾来到巴比伦尼亚,带来了先进文明。②

接下来,英国学者金(L. W. King)沿着迈耶的路子进一步研究了这些考古材料,认为雕刻艺术中的苏美尔人和塞姆人不但人体特征不同(如苏美尔人的鼻子较大),而且发型、胡须样式和服装样式都有所区别。③关于这两个民族定居巴比伦尼亚的时间,他认为,他们来到巴比伦尼亚定居的时间远比可以得到考古材料证明的时间早,苏美尔人主要定居在南部,而塞姆人主要居住在北部;塞姆人来自西北,而苏美尔人很可能

---

① Meyer 1906。
② Jones 1969,第50页。
③ King 1910; Jones 1969,第53页。

来自东边的中亚山区，但他们属于什么人种的问题还不能确定。[①]

第一次世界大战爆发后，几乎一切考古发掘和学术活动都停了下来。战争结束后，考古材料层出不穷，一时令人应接不暇，难以消化。因此，对"苏美尔问题"也暂时无人问津，直到20世纪30年代末，"苏美尔问题"才再度成为学术界关注的问题。

首先是乌尔的发掘者、英国考古学家伍利在他的《苏美尔人》[②]一书中又论及"苏美尔问题"。他认为两河流域的塞姆人和苏美尔人都是外来的，来自西北部的塞姆人在苏美尔人之前；虽然不能确定苏美尔人的家园在哪里，但有迹象表明其家园可能在东部山区：艺术作品中的苏美尔神常常站在山上；他们最早的建筑风格来源于木质结构建筑传统；《旧约·创世记》中自东而来、定居在示拿平原的人指的就是苏美尔人；根据苏美尔神话，苏美尔文明的创造者来自海上，即波斯湾，这与苏美尔人在两河流域最南部创建最早的城市埃利都不谋而合；考古学证明，苏美尔文明与印度河流域的古代文明有联系，很可能二者同属一个祖先，因此，苏美尔人的家园就在两河和印度河之间。

伍利的观点公布后，美国亚述学家施派瑟就出版了《美索不达米亚起源》[③]一书，利用最新材料对苏美尔问题展开进一步讨论。他的观点可归结为以下几点：1. 苏美尔人和塞姆人都不是美索不达米亚的原始居民；2. 他们几乎同时来到美索不达米亚，塞姆人占据北部，苏美尔人占据南部；3. 在《苏美尔王表》中，洪水前的六个城市（应为五个城市）名称中，至少有四个是埃兰语，所以，苏美尔人是"原始埃兰人"；4. 苏美尔人的家园不详，但他们是于公元前3000年前后的捷姆迭特–那色时期从海

[①] Jones 1969，第59—61页。
[②] Woolley 1928.
[③] Speiser 1930.

上移居美索不达米亚的。①

考古学家法兰克福②对"苏美尔问题"也十分感兴趣，他从20世纪20年代末起就一直在酝酿他的《考古学与苏美尔问题》，当时他的朋友们就把他思考的问题戏称为"苏美尔学与法兰克福问题"。1932年，他的著作终于问世。③他依据最新的考古材料，提出了一些独到的观点，使"苏美尔问题"进一步复杂化。他认为，苏美尔人来到两河流域南部定居的时间在欧贝德时期；④欧贝德时期的陶器风格和人的头骨遗存似乎都与伊朗有关，他的言外之意是苏美尔人来自现在伊朗的西南地区；由于两河北部也出土了"乌鲁克陶器"，因此，他认为在欧贝德—乌鲁克—捷姆迭特-那色—早王朝的这个文化序列中，乌鲁克文化是来自两河北部和安纳托利亚的"入侵文化"，而其他文化都是一脉相承的苏美尔文化。

20世纪30年代是西亚考古史的"大发现"的时代，新的考古材料令人目不暇接，大多数人都处在学习和消化新材料中，对一些理论问题未置可否。直到1939年，美国亚述学家施派瑟才又重新上阵，发表"美索不达米亚文明的起源"，⑤用新的考古材料反驳了法兰克福关于苏美尔人的移民时间和关于乌鲁克文化的性质的观点，同时对他以前的观点进行了修正。他的新观点可归纳为：1. 苏美尔人于乌鲁克时期（公元前4千纪末）来到两河流域南部定居，其有力的证据除文字外，就是滚印的出现，从戳印到滚印的变化正是民族入侵的有力证据；2. 在苏美尔人到来之前，两

---

① Jones 1969，第73页。
② 法兰克福（H. Frankfort, 1897—1954）于1897年生于荷兰的阿姆斯特丹。曾就读于阿姆斯特丹大学、莱顿大学、伦敦大学以及设在雅典的"大英雅典考古学会"。1925至1929年受伦敦"埃及考察协会"的委托率领一支英国考古队到埃及考古。1929至1937年受美国芝加哥大学东方研究院之托到伊拉克主持考古发掘。1932年成为芝加哥大学东方考古学研究教授（Research Professor）。1949年起，担任瓦尔堡研究所（Warburg Institute）所长和伦敦大学前古典史教授，直至1954年去世。
③ Frankfort 1932.
④ 到1931年，两河流域南部的考古文化序列已经确立：欧贝德—乌鲁克—捷姆迭特-那色—早王朝，法兰克福对此做出了很大贡献，"早王朝"这个概念就是他首先提出来的。
⑤ Speiser 1939，第17—31页；Jones 1969，第76—92页。

河流域南北都已经有人居住，他们是欧贝德文化的创造者。

考古材料不断更新，各种观点也层出不穷，但公认的结论或共识始终未出现，"苏美尔问题"仍然是一个问题。

新方法和新发现

战争并未使关于"苏美尔问题"的讨论停止。1943年和1945年，德国学者兰兹博格（B. Landsberger）连续在土耳其的一本杂志上发表文章[①]，论述苏美尔语中的底层语言问题，以证明苏美尔人并非两河流域南部的最早居民。这在方法上与施派瑟根据非苏美尔语地名来证明同一问题没有什么区别，所以，得出的结论也没有超出后者。

不久，专于苏美尔文学的美国学者克莱默发表《古代近东早期历史新线索》[②]，从苏美尔文学作品出发，从一个全新的视角，对苏美尔的早期历史进行了论述。他从希腊、印度和条顿人的历史演变模式中推导出一个苏美尔人的英雄时代，认为这些民族的英雄时代有一些共同特点：完全脱离了原始生活方式，但尚处野蛮阶段，还没有进入文明；由军事贵族统治，以军事征服为大事，不注重农业生产；游动迁徙，无固定地域；最后与文明民族接触，征服他们后在他们的影响下进入文明。像阿卡亚人、雅利安人和条顿人一样，苏美尔人在来到两河流域之前也是一个边迁徙边征服的落后民族，到达两河流域南部后，征服当地的文明民族，自己也随之迈入文明的门槛。他们到来的时间是在欧贝德（时期）和乌鲁克（时期）之间。

---

① Jones 1969，第102页。
② Kramer 1948，第156—164页。Jones 1969，第109—124页。

克莱默的方法虽然与众不同,但他的结论并不新鲜,所以,他的文章只不过起了为"苏美尔人外来说"擂鼓助阵和锦上添花的作用,并没有真正解决实际问题。

1938年,两河流域南部遗址哈吉-穆罕默德(Hajji Muhammad)出土了早于欧贝德时期的陶器。于是,一个新的考古文化序列被建立起来:埃利都—哈吉-穆罕默德—欧贝德。在一些考古学家(如法兰克福和劳埃德)眼里,两河南部的历史没有断层,苏美尔人就是这里的最早居民。然而,以克莱默和施派瑟[1]为代表的亚述学家仍然坚守语言和文献证据,认为苏美尔人是移民,而非土著民,对考古证据采取视而不见甚至抵制的态度。这就自然形成了直到今天仍然存在的两大阵营:一方以考古学家为主,一方以亚述学家为主。前者认为,两河流域南部的历史具有连续性,没有遭到外族入侵,最早的居民就是苏美尔人;后者则认为,苏美尔人是于乌鲁克时期来到两河南部定居的外来居民,而在此之前,这里已经有业已进入文明的人类在此居住,他们的语言与苏美尔语不同,但对苏美尔语产生了很大的影响,最终成为苏美尔语的底层语言。美国亚述学家奥本海姆更是独树一帜,认为楔形文字也不是苏美尔人的发明,因为这种书写体系"并不完全适合书写苏美尔语",而苏美尔人来到两河定居的时间则应在公元前3000至前2600年之间。[2]

如今,"苏美尔问题"只剩下一个问题,即苏美尔人是土著还是移民的问题。考古学家多持苏美尔人土生说,而亚述学家多持苏美尔人外来说。本书作者主要研究楔形文字文献,属于亚述学家行列,自然认为苏美尔人外来说可能更接近历史真实。之所以持这种观点,除因为认同底层语言论外——也有亚述学家质疑底层语言论,这个问题可以讨论——还有其他原因:苏美尔史诗《恩美卡与阿拉塔王》和《卢伽尔班达Ⅱ》对苏

---

[1] Speiser 1951.
[2] Jones 1969, 第139页, 注释1.

美尔人的家园有明确暗示。这为寻找苏美尔家园的我们提供了重要参考。

《恩美卡与阿拉塔王》的第210—213行这样写道：

> 健壮的母牛将他生，生在纯洁的ME山中，
> 在阿拉塔的土地上，他长得身强力又壮。
> 他喝良牛之乳长大，
> 在库拉巴，至大之ME山，王权属于他。①

这短短的几句诗文包含两个信息，分别涉及乌鲁克王恩美卡的母亲和出生地。

一、恩美卡之母。根据《苏美尔王表》的说法，恩美卡的父亲是乌鲁克第一王朝的第一位国王麦斯江伽舍尔②，但没有任何文献提到恩美卡的母亲是谁。这里的"健壮的母牛将他生"和"他喝良牛之乳长大"把恩美卡的母亲指向了母牛，这可以有两种解释。1. 这是在强调恩美卡出身不凡，指他的出身具有神秘色彩，甚至具有神的色彩。在标准版《吉尔伽美什史诗》中，吉尔伽美什之母宁荪的别名就是"母野牛"（rīmat-），诗中还特别提到吉尔伽美什"喝高贵的野牛宁荪的奶水长大"③，这种表述与这里的"他喝良牛之乳长大"如出一辙，寓意也应该相同。吉尔伽美什之母"野牛宁荪"（rīmat-ᵈNin-sún）是女神，那么，恩美卡之母"健壮的母牛"（áb-kal-la-ga）能是什么？对比之下，答案不言而喻。2. 就像"母野牛"是吉尔伽美什之母宁荪的别名一样，"健壮的母牛"也许就是恩美卡之母的别名。

二、恩美卡的出生地。这一点史诗说得非常明确，先说他出生于"纯

---

① 最新翻译，见拱玉书2023，第266页。那里的"道"，这里用了音译ME，这样更加直观。
② Jacobsen 1939a，第86—87页。
③《吉尔伽美什史诗》第一块泥版，第36行，拱玉书2021，第9页。

洁ME山",或可译作"纯洁ME国"(kur-me-sikil-la),这已经把恩美卡的出生地指向了阿拉塔,这种比喻在很多文学作品中都可以见到,接着又明确地说"在阿拉塔的土地上(saḫar aratta^{ki}-ka),他长得身强力壮(á-è-a)"。这已经不是暗示,而是明说。

在《卢伽尔班达II》[1]中,恩美卡率军围攻阿拉塔,但进攻计划受阻,久攻不下,于是恩美卡派人回乌鲁克求助于神。身处阿拉塔城下,如何开口向神求助?恩美卡心情复杂,思绪万千,不由得回忆起当年的往事:

> 曾经有一天,圣伊楠娜,我尊贵的姐姐,
> 在她的圣心中,从光耀山中把我呼唤。
> 让我进入砖建的库拉巴。
> (那时的)乌鲁克,有沼泽,有水泊,
> 有陆地,有白杨,
> 也有新老芦苇共生的芦苇荡。[2]

"光耀山"(kur-šuba)常用来指阿拉塔,这里也不例外。所以,史诗在此表达的意思很清楚,恩美卡曾经受神的呼喊,从阿拉塔来到乌鲁克。那时,乌鲁克杂草丛生,野水四溢,偏僻荒凉,人迹罕至。恩美卡在此建设了50年,治理了50年,而后才有了强大的乌鲁克。而如今,乌鲁克和阿拉塔成了竞争对手,面对这个对手,恩美卡居然已经无能为力,危难之间,只好求助于神。

文学作品中,特别是史诗级的文学作品中,往往保留着一个民族的集体记忆,上面引用的这些史诗片段也许就是苏美尔人集体记忆中的一部分。在寻找苏美尔人的故乡时,苏美尔史诗中的这些描述应被认真地纳入

---

[1] 本书第六章,6.2。
[2] 《卢伽尔班达II》第294—299行。

考虑范围。截至目前，上述史诗中的相关描述是关于苏美尔人故乡的最直接和最有力的证据，这是苏美尔人自己的说法，反映的可能是他们的集体记忆。持苏美尔人外来说的亚述学家基本都认为苏美尔人来自苏美尔东边的伊朗山区，这大体上与苏美尔人自己的说法相吻合。现在的问题是：阿拉塔的具体位置在哪里？学术界对此有很多讨论，但目前仍无定论。①

---

① 关于阿拉塔的讨论和各种观点，见拱玉书 2023，第238—256页。

苏美尔文明年代表

（主要时期，主要王朝，主要国王）

约3200—3000：苏美尔早期文明
乌鲁克早期文献（Uruk IV-III）   捷姆迭特-那色文献（Jamdet Nasr，Uruk III）
约3000—2340：早王朝时期（I-III）

基什第一王朝（历23王）	乌鲁克第一王朝（历12王）
…… 埃塔纳（Etana） 巴里赫（Baliḫ） …… 伊尔塔萨杜姆（Ilta-sadum） 恩美巴拉格西（Enmebaragesi） 阿伽（Agga）	麦斯江伽舍尔（Meskiaĝgašer） 恩美卡（Enmerkar） 卢伽尔班达（Lugalbanda） 杜牧兹（Dumuzi） 吉尔伽美什（Gilgameš） 乌尔努恩伽尔（Urnungal） ……
乌尔第一王朝（历6王） 麦斯卡拉姆都克（Meskalamdug） 麦斯安尼帕达（Mesannepada） 阿安尼帕达（A'annepada） 麦斯基昂努纳（Meski'aĝnuna） 埃里里（Elili） 巴鲁鲁（Balulu）	
麦西里姆（Mesilim，所属王朝不详）	

拉迦什第一王朝（历9王）	温马王朝
乌尔楠舍（Ur-Nanše） 阿库伽尔（Akurgal） 埃安纳吐姆（Eannatum） 恩安纳吐姆一世（Enannatum I） 恩美铁纳（Enmetena） 恩安纳吐姆二世（Enannatum II） 恩恩塔尔基（Enentarzi） 卢伽尔安达（Lugalanda） 乌鲁卡基那（Urukagina）	帕比尔伽图克（Pabilgatuk） 恩阿卡勒（Enakalle） 乌尔伦马（Urlumma） 伊尔（Il） ……
基什第四王朝（历7王） 普祖尔辛（Puzur-Sîn） 乌尔扎巴巴（Ur-Zzababa） ……	卢伽尔扎格西（Lugalzaggesi）

约2340—约2160：阿卡德王朝（或帝国，历11王）	
萨尔贡（Sargon，2340—2284）	
里木什（Rmuš，2283—2275）	
马尼什图舒（Maništūšu，2274—2260）	
纳拉姆辛（Narām-Sn，2259—2223）	
沙尔卡里沙里（Šar-kali-šarrī，2222—2198）	
……	
约2200—2116	
古提（Gutium）王朝（历21王）	古地亚（Gudea）王朝（拉迦什，历12王）
埃利都皮吉尔（Erridu-pizir）	乌尔宁吉尔苏一世（Ur-Ningirsu I）
伊姆塔（Imta'）	皮里格美（Pirig-me）
因基舒什（Inkišuš）	卢芭乌（Lu-Bau）
萨尔拉伽布（Sarlagab）	卢古拉（Lugula）
……	卡库（Kaku）
普祖尔辛（Puzur-Sîn）	乌尔芭乌（Ur-Bau）
……	古地亚（Gudea）
提利干（Tirigan）	乌尔宁吉尔苏二世（Ur-Ningirsu II）
2116—2110：乌鲁克第五王朝（历1王）	乌尔伽尔（Ur-GAR）
乌图黑伽尔（Utuḫegal）	乌尔阿亚巴（Ur-ayabba）
2111—2003：乌尔第三王朝（历5王）	乌尔玛玛（Ur-Mama）
乌尔娜玛（Ur-Nammu，2111—2094）	纳玛哈尼（Nammaḫani）
舒尔吉（Šulgi，2093—2046）	
阿马尔辛（Amar-Sîn，2045—2037）	
舒辛（Šu-Sîn，2036—2028）	
伊比辛（Ibbi-Sîn，2027—2003）	
2004—约1850：伊辛-拉尔萨（Isin-Larsa）时期	
伊辛（Isin）王朝	拉尔萨（Larsa）王朝
伊什比埃拉（Išbi-Erra，2017—1985）	纳普拉努姆（Naplānum，2025—2005）
舒伊里舒（Šu-Ilišu，1984—1975）	埃米苏姆（Emiṣum，2004—1977）
伊丁达干（Iddin-Dagan，1974—1954）	萨米乌姆（Samium，1976—1942）
伊什美达干（Išme-Dagan，1953—1935）	扎巴亚（Zabāya，1941—1933）
里皮特伊什妲（Lipit-Ištar，1934—1924）	滚古努姆（Gungunum，1932—1906）
乌尔宁努尔塔（Ur-Ninurta，1923—1896）	阿比萨勒（Abisarē，1905—1895）
伯尔辛（Būr-Sîn，1895—1874）	苏木埃尔（Sumu'el，1894—1866）
里皮特恩利尔（Lipit-Enlil，1873—1869）	努尔阿达德（Nur-Adad，1865—1850）
埃拉伊米提（Erra-Imitti，1868—1861）	辛伊丁纳姆（Sîn-iddinam，1849—1843）
恩利尔巴尼（Enlil-Bani，1860—1837）	辛埃里巴姆（Sîn-ēribam）
扎姆比亚（Zambīja，1836—1834）	辛伊齐沙姆（Sîn-iqīšam）
伊特尔皮沙（Iter-Pīša，1833—1831）	瓦拉德辛（Warad-Sîn，1834—1823）
乌尔杜库加（Urdukuga，1830—1828）	里姆辛（Rīm-Sîn，1822—1763）
辛马吉尔（Sîn-Māgir，1827—1817）	里姆辛二世（Rīm-Sîn II）
达米克伊利舒（Damiq-Ilišu，1816—1729）	

苏美尔文明年代表

图片来源

图1-1：Black/Green 1992，第101页，图79
图1-2：Black/Green1992，第83页，图65
图1-3：Marzahn 2008，第375页，图279a
图1-4：Hrouda 1991，第58页
图1-5：Dalley 1993，第10页图2；Dalley 1994，第51页图1
图1-6：Hrouda 1991，第200页（本章作者J. Renger）
图1-7：Hrouda 1991，第249页
图1-8：Hrouda 1991，第256页
图1-9：Smith 1876，第162页
图1-10：Finkel 2013，第8页，图2
图1-11：Roaf 1998，第223页左下图
图2-1：Budge 1925，第16页
图2-2：Wilhelm 1998，第16页
图2-3：Borger 1975，第13页
图2-4：Borger 1975，第16页
图2-5：Walker 1987，第50页，抄本28
图2-6：Walker 1987，第50页，抄本27
图2-7：Borger 1975，第157页
图2-8：Marzahn 2008，第153页，图81
图2-9：Marzahn 2008，第151页，图79a
图2-10：Bahrani 2017，第23页
图2-11：Reade 1992，第12页
图2-12：Potts 2012，第50页，图3.1
图2-13：Strommenger 1962，图220
图2-14：Smith 1876，封面
图2-15：Beek 1961，图版19
图2-16：Beek 1961，图47
图2-17：Beek 1961，图46
图2-18：Finkel 2013，第36页
图2-19：Hrouda 1991，第174—175页

图2-20：Bahrani 2017，第304页
图2-21：作者拍摄
图2-22：Marzahn 2008，第60页，图7
图2-23：Reade 1992，图1
图2-24：Reade 1992，图3
图2-25：Reade 1992，图4
图2-26：Reade 1992，图6
图2-27：Borger 1975，图3
图2-28：Borger 1975，图4
图2-29：Hrouda 1991，第136页
图2-32：泥版图片见Sollberger 1971a，图5；楔文抄本见CT 46 15 (Pl. XXVII)；音译和英译见Lambert 1969，第128—129页
图2-33：拱玉书2002，第239—240页
图2-34：de Sarzec 1912，图版63
图2-35：de Sarzec 1912，图版56
图2-36：Hrouda 1991，第259页
图2-37：de Sarzec 1912，图版35
图3-1：Sayce 1908，第78页
图3-2：Marzahn 2008，第55页，图3
图3-3：Roemer-und Pelizaeus-Museum 1978，第39页，图24
图3-4：Oates/Oates 1976，第33页
图3-5：Oates/Oates 1976，第49页
图3-6：Beek 1961，第32页，图版48
图3-7：Beek 1961，第32页，图版49
图3-8：Safar 1981，第51页，图3
图3-9：Strommenger 1962，图12
图3-10：Safar 1981，第231页，图111
图3-11：Cavigneaux 2014，图5
图3-12：Marzahn 2008，图246
图3-13：Nissen 1990，第57页，图7d
图3-14：Falkenstein 1936，图版1
图3-15：Wilhelm 1998，图35
图3-16：Hrouda 1991，第215页
图3-17：Strommenger 1962，第52页，图6
图3-18：Wilhelm 1998，第40页，图44
图3-19：Wilhelm 1998，第33页，图33
图3-20：Strommenger 1962，图31
图3-21：Strommenger 1962，图27
图3-24：Wilhelm 1998，第30页，图28
图3-25：Deimel 1923，图版1
图3-26：Deimel 1923，第71页，文献75
图3-27：OECT II，图版I
图3-28：Woolley 1934/2，图版193

图3-29：Woolley 1934/2，图版109
图3-30：Woolley 1934/2，图版109
图3-31：Woolley 1934/2，图版128
图3-32：Hrouda 1991，第60页
图3-33：Woolley 1934/2，图版163
图3-34：Woolley 1934/2，封面
图3-35：Woolley 1934/2，图版114
图3-36：Woolley 1934/2，图版87
图3-37：Woolley 1934/2，图版30
图3-38：Woolley1934/2，第64页；Woolley 1934/2，图版189
图3-39：Woolley 1934/2，版图105
图3-40：Hrouda 1991，第237页
图3-41：Benzel 2010，第25页，图20
图4-1：Nissen 1988，图38
图4-2：Strommenger 1962，图13
图4-4：Nissen 1990，图6f
图4-5：Strommenger 1962，图17/3
图4-6：Strommenger 1962，图17/4
图4-7：Hrouda 1991，第315页
图4-8：Nissen 1990, Kat Nr. 4. 29
图4-9：Englund 1993，图版II
图4-10：Strommenger 1962，图18
图4-11：Englund 1993，第32页，图14
图4-12：Hrouda 1991，第57页
图4-13：Strommenger 1962，图19；亦见《世界上古史纲》1979，第131页
图4-14：Strommenger 1962，第56页，图10
图4-15：de Sarzec 1912，图2[bis]
图4-16：Postgate 1992，第30页，图2：6
图4-17：Hrouda 1991，第330页；de Sarzec 1912，图版1ter, 2
图4-18：Legrain 1936，图431；Mathews 1993，图114
图4-19：Woolley 1934/2，图版92
图4-20：Sollberger 1956，第1页，Urn.8
图4-21：de Sarzec 1912，图版3bis
图4-22：Hilprecht 1896，文献87，图版38
图4-24：Hrouda 1992，第87页
图4-25：Strommenger 1962，图版122
图4-26：Strommenger 1962，图136
图4-27：Thureau-Dangin 1925，图版V
图4-28：Strommenger 1962，图版146b
图4-29：Woolley 1939，图版40
图4-30：Woolley 1939，封面
图4-31：Hrouda 1991，第235页
图4-32：CT 21，图版7

图5-1：照片见Green/Nissen 1987，图版33；英译见Englund 1993，第103—112页
图5-2：摹本见Sollberger 1956，第37页；照片见de Sarzec 1912，图版32，3
图5-3：照片见Crawford 1977，第211页，铭文音译和英文翻译见Frayne 2008，第91—93页
图5-5：Englund 1993，Photographien I
图5-6：Englund 1993，图版23
图5-7：Civil 1969（MSL 12），图版I
图5-8：Burrows 1935，图版XXXVI，299
图5-9：Deimel 1923，第71页，文献75
图5-10：摹本见Deimel 1923，文献76；泥版照片见Deimel 1923，图版8
图5-11：Biggs 1974，图版I
图5-12：Gadd/Kramer 1966，图版PCCLXIV No. 341（UET VI/2）
图5-13：Biggs 1973，第27页
图5-14：Wilson 2008，第78页图155
图5-15：de Sarzec 1912，图版32
图5-16：Strommenger 1962，图158
图5-17：George 2011，图版XCIII, No.107. MS 2064
图6-1：Strommenger 1962，图79
图7-1：Schmandt-Besserat 2009，第148页，图2
图7-2：Schmandt-Besserat 1996，图2
图7-3：Schmandt-Besserat 1999，第16页，图3；第20页，图5；第43页，图12；第50页，图13；第59页，图19；第74页，图26
图7-4：音译见Civil 2004，第188—191页；摹本见Civil 2004，图3
图7-5：Marzahn 2008，第168页，图100
图7-6：Nissen 1990，图6h
图7-7：Strommenger 1962，图113（下）
图7-8：Strommenger 1962，图42（下）
图7-9：Collon 1990，图33
图7-10：Strommenger 1962，图版XXXI
图7-11：Woolley 1939，图版88

缩写与参考文献

缩　写

AOAT	Alter Orient und Altes Testament（德国）
ASJ	Acta Sumerologica（日本）
ATU	Archaische Texte aus Uruk（德国）
BaM	Baghdader Mitteilungen（德国）
BASOR	Bulletin of the American Schools of Oriental Research（美国）
CAD	The Assyrian Dictionary of the University of Chicago（美国）
CRRAI	Compte rendu de la Rencontre Assyriologique lnternationale
CT	Cuneiform Texts from Babylonian Tablets in the British Museum（英国）
ETCSL	The Electronic Text Corpus of Sumerian Literature, Oxford Website: http://www.etcsl.orient.ox.ac.uk（英国）
IM	伊拉克国家博物馆泥版编目缩写
JCS	Journal of Cuneiform Studies（美国）
JANES	Journal of the Ancient Near Eastern Society（美国）
JAOS	Journal of the American Oriental Society（美国）
JNES	Journal of Near Eastern Studies（美国）
MEE	Materiali epigrafici de Ebla（意大利）
MSL	Materials for the Sumerian Lexicon（美国）
MSVO	Materialien zu den Frühen Schriftzeugnissen des vorderen Orients（德国）
OBO	Orbis Biblicus et Orientalis（瑞士）
OIP	Oriental Institute Publications（美国）
OrNS	Orientalia, Nova Series（意大利）
PBS	Publications of the Babylonian Section, University of Pennsylvania（美国）
RA	Revue d'Assyriologie et d'Archéologie Orientale（法国）
RlA	Reallexikon der Assyriologie und vorderasiatischen Archäologie（德国）
TUAT	Texte aus der Umwelt des Alten Testaments（德国）
WVDOG	Wissenschaftliche Veröffentlichung der Deutschen Orient-Gesellschaft（德国）
ZA	*Zeitschrift für Assyriologie und Vorderasiatische Archäologie*（德国）
ZATU	Zeichenliste der Archaischen Texte aus Uruk（Green/Nissen 1987）

西文参考文献

Algaze 1993
—— Guillermo Algaze, *The Uruk World System. The Dynamics of Expansion of Early Mesopotamian Civilization*. The University of Chicago Press, Chicago/London, 1993.

Alster 1974
—— B. Alster, *The Instructions of Šuruppak. A Sumerian Proverb Collection* (*Copenhagen Studies in Assyriology* 2), Akademisk Forlag, Copenhagen, 1974.

Alster 1976
—— B. Alster, "On the Earliest Sumerian Literary Tradition". *JCS* 28 (1976), 109–126.

Alster 1987
—— B. Alster, "A Note on the Uriah Letter in the Sumerian Sargon Legend". *ZA* 77 (1987), 169–173.

Alster 2005
—— B. Alster, *Wisdom of Ancient Sumer*. CDL Press, Bethesda, Maryland, 2005.

Amiet 1966
—— P. Amiet, "Il y a 5000 ans les Elamites inventaient l'écriture". *Archeologia* 12 (1966), 16–23.

Amiet 1986
—— Pierre Amiet, *L'Age des echanges interiraniens*. Editions de la Réunion des Musée Nationaux, Paris, 1986.

Archi 2015
—— A. Archi, *Ebla and Its Archives: Texts, History, and Society*. Walter de Gruyter, Boston/Berlin, 2015.

Bahrani 2017
—— Zainab Bahrani, *Mesopotamia: Ancient Art and Architecture*. Thames & Hudson Ltd, London, 2017.

Ball 1913
—— C. J. Ball, *Chinese and Sumerian*. Oxford University Press, London, 1913.

Bauer 1998
—— J. Bauer, "Der vorsargonische Abschnitt des mesopotamischen Geschichte". J. Bauer/ R. K. Englund/M. Krebernik, *Mesopotamien — Späturuk Zeit und Frühdynastische Zeit* (OBO 160/1), Universitätsverlag Freiburg Schweiz, Vandenhoeck & Ruprecht, Göttingen, 1998, 431–564.

Beaulieu 2007
—— Paul-Alain Beaulieu, "Berossus on Late Babylonian History"，载北京大学东方文学研究中心/东方学研究院编:《东方研究·古代东方文明专辑2006》，经济日报出版社，2007，116–149。

Beek 1961
—— M. A. Beek, *Bildatlas der assyrischbabylonischen Kultur*. Deutsche Ausgabe von Wolfgang Röllig, Gütersloher Verlagshaus Gerd Mohn, Gütersloh, 1961.

Benzel 2010
—— K. Benzel/S. B. Graf/Y. Rakic/E. W. Watts (主编), *Art of the Ancient Near East. A Resource for Educators*. The Metropolitan Museum of Art, New York, 2010.

Berlin 1979
—— A. Berlin, *Enmerkar and Ensuhkešdanna. A Sumerian Narrative Poem*. Occasional Publications of the Babylonian Fund 2, The University Museum, Philadelphia, 1979.

Bichler/Rollinger 2004
—— R. Bichler/R. Rollinger, "Die Hängenden Gärten zu Ninive — Die Lösung eines Rätsels?" R. Rollinger (主编), *Von Sumer bis Homer. Festschrift für Manfred Schretter zum 60. Geburtstag am 25. Februar 2004* (Alter Orient und Altes Testament 325), Uga-rit-Verlag, Münster, 2004, 153–218.

Biggs 1966
—— R. Biggs, "The Abū Ṣalābīkh Tablets:

A Preliminary Survey". *JCS* 20/2 (1966), 73–88.
Biggs 1967
—— R. Biggs, "Semitic names in the Fara period". *OrNS* 36 (1967), 55–66.
Biggs 1973
—— R. D. Biggs, "Pre-Sargonic Riddles from Lagash". *JNES* 32 (1973), 26–33.
Biggs 1974
—— R. D. Biggs, *Inscriptions from Tell Abū Ṣalābīkh* (*OIP* 99). The University of Chicago Press, Chicago/London, 1974.
Biggs 1976
—— R. D. Biggs, *Inscriptions from Al-Hiba-Lagash. The First and Second Seasons. Bibliotheca Mesopotamika* 3, Undena Publications, Malibu, 1976.
Biggs 1981
—— R. D. Biggs, "Ebla and Abu Salabikh: The Linguistic and Literary Aspects". L. Cagni (主编), *La Lingua di Ebla*, Istituto Universitario Orientale, Seminario di Studi Asiatici, Series Minor XIV, Napoli, 1981, 121–133.
Biggs 1990
—— R. D. Biggs, "Medizin. A. In Mesopotamien". *RlA* 7 (1987–1990), 623–629.
Bing 1977
—— J. D. Bing, "Gilgameṣh and Lugalbanda in the Fara Period". *JANES* 9 (1977), 1–4.
Black 1992
—— J. Black, "Some Structural Features of Sumerian Narrative Poetry". M. E. Vogelzang/H. L. J. Vanstiphout (主编), *Mesopotamian Epic Literature — Oral or Aural?* The Edwin Mellen Press, Lewiston/Queenston/Lampeter, 1992, 71–101.
Black 1998
—— J. Black, *Reading Sumerian Poetry*. Cornell University Press, Ithaca, New York, 1998.
Black 2004
—— J. A. Black, *Sumerian Grammar in Babylonian Theory*. Studia Pohl: Series Maior. Dissertationes Scientificae de Rebus Orientis Antiqui 12, Editrice Pontificio Instituto Biblico, Roma, 2004 (第二修订版).
Black/Green 1992
—— J. Black/A. Green, *Gods, Demons and Symbols of Ancient Mesopotamia — An Illustrated Dictionary*. British Museum Press, London, 1992.
Borger 1975
—— R. Borger/K. Brethauer/W. Hinz/W. R. Röhrbein/K. Schippmann/W. Schramm, *Die Welt des Alten Orients. Keilschrift — Grabungen — Gelehrte*. 2. Auflage, Göttingen, 1975.
Brackman 1981
—— A. C. Brackman, *The Luck of Nineveh — In Search of the Lost Assyrian Empire*. Van Nostrand Reinhold Company, New York/Cincinnati/Toronto/Landon, 1981.
Budge 1925
—— E. A. W. Budge, *The Rise and Progress of Assyriology*. Martin Hopkinson & Co., Ltd, London, 1925.
Burrows 1935
—— E. Burrows, *Ur Excavations. Texts II: Archaic Texts*. Oxford University Press London, 1935.
Burstein 1978
—— S. M. Burstein, *The Babyloniaca of Berossus*, Sources from the Ancient Near East I/5. Undena Publication, Malibu, 1978.
Carroué 1994
—— F. Carroué, "La Situation Chronologique de Lagaš II — Un Elément du Dossier". *ASJ* 16 (1994), 47–75.
Castellino 1972
—— G. R. Castellino, *Two Šulgi Hymns*. Istituto di Studi del Vicino Oriente, Universita di Rome (*Studi Semitici* 42), Roma, 1972.
Cavigneaux 2014
—— Antoine Cavigneaux, "Une version sumérienne de la légende d'Adapa". *ZA* 104 (2014), 1–41.

Cavigneaux 2000
—— Antoine Cavigneaux/Farouk N. H. Al-Rawi, *Gilgameš et la Mort, Textes de Tell Haddad VI* avec un appendice sur les textes funéraires sumériens. STYX Publications, Groningen, 2000.

Cavigneaux 1985
—— A. Cavigneaux/H. G. Güterbock/M. T. Roth (主编), *Materials for the Sumerian Lexicon, The Series Erim-huš = anantu and An-ta-gál = šaqû*. Pontificium Institutum Biblicum, Roma, 1985 (MSL 17).

Civil 1969
—— M. Civil, *The Series Lú = ša and Relates Texts, Materials for the Sumerian Lexicon* 12. Pontificium Institutum Biblicum, Roma, 1969 (MSL 12).

Civil 1966
—— M. Civil, "Notes on Sumerian Lexicography". *JCS* 20 (1966), 119–124.

Civil 1979
—— M. Civil, *Materials for the Sumerian Lexicon* XIV. Ea A = *nâqu*, Aa A = *nâqu*. Pontificium Institutum Biblicum, Roma, 1979 (MSL 14).

Civil 1984
—— M. Civil, "Enlil and Ninlil: The Marriage of Sud". *American Oriental Series* 65, *Studies in Literature From the Ancient Near East by Members of the American Oriental Society, Dedicated to Samuel Noah Kramer*. Eisenbrauns, Indiana, 1984, 43–66.

Civil 1985
—— M. Civil, "On Some Texts Mentioning Ur-Namma". *Orientalia* 54 (1985), 27–45.

Civil 1987
—— M. Civil, "Sumerian Riddles: A Corpus". *Aula Orientalis* 5 (1987), 17–37.

Civil 1992
—— M. Civil, "Education (Mesopotamia)". *Anchor Bible Dictionary 2*, Doubleday, New York, 1992, 301–305.

Civil 2000
—— M. Civil, "Reading Gilgameš". *Aula Orientalis* 17–18 (1999–2000), 179–189.

Civil 2004
—— M. Civil (主编), *Materials for the Sumerian Lexicon, The Series DIRI = (w)atru*. Pontificium Institutum Biblicum, Roma, 2004 (MSL 15).

Civil 2011
—— M. Civil, "The Law Collection of Ur-Namma". A. R. George (主编), *Cuneiform Royal Inscriptions and Related Texts in the Schøyen Collection. Cornell University Studies in Assyriology and Sumerology* (CUSAS) 17, CDL Press Bethesda, Maryland, 2011, 221–286.

Clay 1922
—— Albert T. Clay, *A Hebrew Deluge Story in Cuneiform and other Epic Fragments in the Pierpont Morgan Library*. Yale University Press/Oxford University Press, New Haven/London, 1922.

Cohen 1973
—— S. Cohen, *Enmerkar and the Lord of Aratta*. 1973.（宾夕法尼亚大学博士论文，未正式出版）

Collon 1990
—— D. Collen, *Near Eastern Seals*. British Museum Publications Ltd., London, 1990.

Cooper 1973
—— J. S. Cooper, "Sumerian and Akkadian in Sumer and Akkad". *Orientalia* 42, 239–46.

Cooper 1975
—— J. S. Cooper, "Structure, Humor, and Satire in the Poor Man of Nippur". *JCS* 27/3 (1975), 163–174.

Cooper 1981
—— J. S. Cooper, "Gilgamesh and Agga. A Review Article". *JCS* 33 (1981), 224–241.

Cooper 1983
—— J. S. Cooper, *The Curse of Agade*. The Johns Hopkins University Press, Balti-more/London, 1983.

Cooper/Heimpel 1984
—— J. S. Cooper/W. Heimpel, "The Sumerian Sargon Legend". J. M. Sasson (主

编), *Studies in Litereature from the Ancient Near East by Members of the American Oriental Society Dedicated to Samuel Noah Kramer. American Oriental Series* 65, American Oriental Society, New Haven, Connecticut, 1984, 67–82.

Crawford 1977

—— V. E. Crawford, "Inscriptions from Lagash, Season Four, 1975–1976". *JCS* 29/4 (1977), 189–222.

Crisostomo 2015

—— C. J. Crisostomo, "Writing Sumerian, Creating Texts: Reflections on Text-building Practices in Old Babylonian Schools". *Journal of Ancient Near Eastern Religions* 15 (2015), 121–142.

Culbertson 2011

—— Laura Culbertson (主编), *Slaves and Households in the Near East. Papers from the Oriental Institute Seminar, Slaves and Households in the Near East Held at the Oriental Insti-tute of the University of Chicago, 5—6 March 2010.* The University of Chicago, Chicago, 2011.

Dalley 1993

—— S. Dalley, "Ancient Mesopotamian Gardens and the Identification of the Hanging Gardens of Babylon Resolved". *Garden History* 21/1 (1993), 1–13.

Dalley 1994

—— S. Dalley, "Nineveh, Babylon and the Hanging Gardens: Cuneiform and Classical Sources Reconciled'. *Iraq* 56 (1994), 45–58.

Dalley 2013

—— S. Dalley, *The Mystery of the Hanging Garden of Babylon. An Elusive World Wonder Traced.* Oxford University Press, Oxford, 2013.

Deimel 1923

—— A. Deimel, *Die Inschriften von Fara II, Schultexte aus Fara.* J. C. Hin-risch'sche Buchhandlung, Leipzig, 1923 (WVDOG 43).

de Sarzec 1912

—— E. de Sarzec, *Découvertes en Chaldée.* Second Volume, *Partie Épigraphique et Planches.* Ernest Leroux, Éditeur, Paris, 1884–1912.

Diakonoff 1972

—— Igor M. Diakonoff, "Socio-Economic Classes in Babylonia and the Babylonian Concept of Social Stratification". D. O. Edzard (主编), *Gesellschaft im Alten Zweistromland und in den angrenzenden Gebiete (XVIII. Rencontre assyriologique internationale).* Verlag der Bayerischen Akademie der Wissenschaften, Munich, 1972, 41–52.

Diakonoff 1974

—— Igor M. Diakonoff, "Slaves, Helots and Serfs in Early Antiquity". *Acta Antiqua Academiae Scientiarum Hungaricae* 22: 45–78.

Diakonoff 1987

—— Igor M. Diakonoff, "Slave-Labour vs. Non-Slave Labour: The Problem of Definition". M. A. Powell (主 编), *Labor in the Ancient Near East. American Oriental Series* 68, Eisenbrauns, Winona Lake, Indiana, 1987, 1–3.

Drews 1973

—— R. Drews, *The Greek Accounts of Eastern History.* Harvard University Press, Cam-bridge, Massachusetts, 1973.

Edzard 1957

—— D. O. Edzard, *Die Zweite Zwischenzeit Babyloniens.* Otto Harrassowitz, Wiesbaden, 1957。

Edzard 1959

—— D. O. Edzard, "Enmcbaragesi von Kiš". *ZA* 53 (1959), 9–26.

Edzard 1965

—— D. O. Edzard, "Die frühdynastische Zeit". E. Cassin/J. Bottéro/J. Vercoutter (主编), *Die Altorientalischen Reiche I, Fischer Weltgeschichte Band 2,* Fischer Taschenbuch Verlag, Frankfurt am Main, 1965, 57–90.

Edzard 1982

—— D. O. Edzard, "Der Aufbau des Syllabars Proto-Ea". M. A. Dandamayev (主编),

Societies and Languages of the Ancient Near East. Studies in Honor of I. M. Diakonoff. Aris & Phillips Ltd, Warminster, 1982, 42–61.
Edzard 1990
—— D. O. Edzard, "Gilgameš und Huwawa A, I. Teil". *ZA* 80 (1990), 165–203.
Edzard 1990a
—— D. O. Edzard, "ME-barage-si (ergänzend zu Enmenbaragesi)". *RlA* 7 (1987–1990), 614.
Edzard 1990b
—— D. O. Edzard, "Literatur". *RlA* 7 (1987–1990), 35–48.
Edzard 1991
—— D. O. Edzard, "Gilgameš und Huwawa A. II-. Teil". *ZA* 81/2 (1991), 165–233.
Edzard 1991a
—— D. O. Edzard, "Irikagina (Urukagina)" .P. Michalowski/P. Steinkeller/E. C. Stone/R. L. Zettler (主编), *Ancient Near Eastern Studies in Honor of Miguel Civil on the Occasion of his Sixty-Fifth Birthday* (*Aula Orientalis* 9). Editorial AUSA, Sabadell-Barcelona, 1991, 77–80.
Edzard 1997
—— D. O. Edzard, *Gudea and his Dynasty*. University of Toronto Press, Toron-to/Buffalo/London, 1997 (RIME 3/1).
Edzard 2003
—— D. O. Edzard, *Sumerian Grammar*. Brill, Leiden/Bosten, 2003.
Edzard 2004
—— D. O. Edzard, *Geschichte Mesopotamiens — Von den Sumerern bis zu Alexander dem Großen*. Verlag C. H. Beck, München, 2004.
Edzard 2004a
—— D. O. Edzard, "Altbabylonische Literatur und Religion". Pascal Attinger/Walther Sallaberger/Markus Wäfler (主编): *Mesopotamien. Die altbabylonische Zeit*. Orbis Biblicus et Orientalis 160/4, Academic Press Fribourg, Vandenhoeck & Ruprecht, Göttingen, 2004, 485–615.
Englund 1983
—— R. K. Englund, "Dilmun in the Archaic Uruk Corpus". D. T. Potts (主编), *Dilmun: New Studies in the Archaeology and Early History of Bahrain*. Berlin, 1983, 35–37.
Englund 1993
—— R. Englund/H. J. Nissen, *Die Lexikalischen Listen der Archaischen Texte aus Uruk*, Archaische Texte aus Uruk, Band 3 (ATU 3). Gebr. Mann Verlag, Berlin, 1993.
Englund 1994
—— R. Englund, *Archaic Administrative Texts from Uruk: The Early Campaigns* (ATU 5). Gebr. Mann Verlag, Berlin, 1994.
Englund 1996
—— R. Englund, *Proto-Cuneiform Texts from Diverse Collections* (*MSVO* 4). Gebr. Mann Verlag, Berlin, 1996.
Englund 2004
—— R. K. Englund, "Proto-Cuneiform Account-Books and Journals". Michael Hudson/Cornelia Wunsch (主编), *Creating Economic Order, Record-Keeping, Standardization, and the Develop-ment of Accounting in the Ancient Near East*, Vol. 5, CDL, Bethesda, Maryland, 2004, 23–46.
Englund/Grégoire 1991
—— R. K. Englund/J. -P. Grégoire, *The Proto-Cuneiform Texts from Jemdet Nasr, I: Copies, Transliterations and Glossary* (MSVO I). Gerb. Mann Verlag, Berlin, 1991.
Falkenstein 1936
——A. Falkenstein, *Archaische Texte aus Uruk, Ausgrabungen der Deutschen Forschungsgemeinschaft in Uruk-Warka* 2. Kommissionsverlag Otto Harrassowitz, Leipzig, 1936.
Falkenstein 1949
—— A. Falkenstein, *Grammatik der Sprache Gudeas von Lagaš* I: *Schrift- und Formenlehre*. Pontificium Institutum Biblicum, Roma, 1949.
Falkenstein 1953
—— A. Falkenstein, "Die babylonische Schule". *Saeculum* 4 (1953), 125–137.
Falkenstein 1966
—— A. Falkenstein, *Die Inschriften Gudeas von Lagaš I, Einleitung, Analecta Orientalia*

30. Pontificium Institutum Biblicum, Roma, 1966.

Falkowitz 1984

—— R. S. Falkowitz, "Round Old Babylonian School Tablets from Nippur". *Archive für Orientforschung* 29/30 (1983/84), 18–45.

Farber-Flügge 1973

—— G. Farber-Flügge, *Der Mythos "Inanna und Enki" unter besonderer Berücksichtigungen der Liste der me*. Studia Pohl 10. Biblical Institute Press, Rome, 1973.

Finkel 1982

—— I. Finkel, *Materials for the Sumerian Lexicon XVI. A Reconstruction of Sumerian and Akkadian Lexical Lists. The Series SIG$_7$. ALAN = Nabnītu*. Pontificium Institutum Biblicum, Roma, 1982 (MSL 16).

Finkel 2013

—— I. Finkel, *The Cyrus Cylinder. The King of Persia's Proclamation from Ancient Babylon*. I. B. Tauris & Co. LTD, London, 2013.

Finkelstein 1969

—— J. J. Finkelstein, "The Laws of Ur-Nammu". *JCS* 22 (1968–1969), 66–82.

Foster 1995

—— B. R. Foster, *From Distant Days — Myths, Tales, and Poetry of Ancient Mesopotamia*. CDL Press, Bethesda, 1995.

Foster 2004

—— K. P. Foster, "The Hanging Gardens of Nineveh". *Iraq* 66 (2004), 207–220.

Frankfort 1932

—— H. Frankfort, *Archaeology and the Sumerian Problem*. Studies in Ancient Oriental Civilization, No. 4. Chicago, 1932.

Frankfort 1954

—— H. Frankfort, *The Art and Architecture of the Ancient Orient*. Penguin Books Ltd, Harmondsworth, Maddlesex, England, 1954.

Frayne 1990

——D. Frayne, *The Royal Inscriptions of Mesopotamia. Early Periods* 4. *Old Babylonian Period*. University of Toronto Press, Toronto/Buffalo/London, 1990 (RIME 4).

Frayne 1993

——D. Frayne, *The Royal Inscriptions of Mesopotamia. Early Periods* 2. *Sargonic and Gutian Period (2334—2113 BC)*. University of Toronto Press, Toronto/Buffalo/London, 1993 (RIME 2).

Frayne 1997

——D. Frayne, *The Royal Inscriptions of Mesopotamia. Early Periods 3/2. Ur III Period (2112—2004 BC)*. University of Toronto Press, Toronto/Buffalo/London, 1997 (RIME 3/2).

Frayne 2008

——D. Frayne, *The Royal Inscriptions of Mesopotamia, Early Periods, I: Presargonic Period (2700—2350 BC)*. University of Toronto Press, Toron-to/Buffalo/London, 2008 (RIME 1).

Gadd/Kramer 1966

—— C. J. Gadd/S. N. Kramer, *Ur Excavations VI. Literary and Religious Texts, Second Part*. Publications of the Joint Expedition of the British Museum, and of the University Museum, University of Pennsylvania, Philadelphia, to Mesopotamia, The Trustees of the Two Museums, 1966.

Gelb 1972

—— I. J. Gelb, "From Freedom to Slavery". D. O. Edzard (主编), *Gesellschaftsklassen im Alten Zweistromland und in den angrenzenden Gebieten*. Verlag der Bayerischen Akademie der Wissenschaften, München, 1972, 81–92.

Gelb 1973

—— I. J. Gelb, "Prisoners of War in Early Mesopotamia". *JNES* 32 (1973), 70–98.

Gelb 1976

—— I. J. Gelb, "Quantitative Evaluation of Slavery and Serfdom". B. L. Eichler/J. W. Heimerdinger/Å. W. Sjöberg (主编), *Cuneiform Studies in Honor of Samuel Noah Kramer. AOAT* 25. Neukirchener Verlag, Neukirchen-Vluyn, 1976, 195–207.

Gelb 1982

—— I. J. Gelb, "Terms for Slaves in Ancient Mesopotamia". M. A. Dandamayev 等（主编）, *Societies and Languages of the Ancient Near East, Studies in Honor of I. M. Diakonoff*. Aris & Phillips Ltd., Warminster, England, 1982, 81–98.

Gelb 1987
—— I. J. Gelb, "The Language of Ebla in the Light of the Sources from Ebla, Mari, and Babylo-nia". L. Cagni（主编）, *Ebla 1975—1985. Istituto Universitario Orientale, Dipartimento di Studi Asiatici, Series Minor XXVII*, Napoli, 1987, 49–74.

Geller 2003
—— M. J. Geller, "Music Lessons". G. J. Selz（主编）, *Festschrift für Burkhart Kienast zu seinem 70. Geburtstage, dargebracht von Freunden, Schülern und Kollegen. AOAT 274*, Ugarit-Verlag, Münster, 2003, 109–111.

George 1993
—— A. R. George, "Ninurta-Pāqidāt's Dog Bite, and Notes on Other Comic Tales". *Iraq* 55 (1993), 63–75.

George 2003
—— A. R. George, *The Babylonian Gilgamesh Epic: Introduction, Critical Edition and Cunei-form Texts*. Oxford University Press, New York, 2003.

George 2005
—— A. R. George, "In Search of the é. dub. ba. a: The Ancient Mesopotamian School in Literature and Reality". Y. Sefati 等（主编）, *An Experienced Scribe Who Neglects Nothing: Ancient Near Eastern Studies in Honor of Jacob Klein*. CDL Press, Bethesda, 2005, 127–137.

George 2007
—— A. R. George, "Gilgamesh and the Literary Traditions of Ancient Mesopotamia". G. Leick（主编）, *The Babylonian World*. Routledge, New York and London, 2007, 447–459（第31章）.

George 2011
—— A. R. George（主编）, *Cuneiform Royal Inscriptions and Related Texts in the Schøyen Collection*. Cornell University Studies in Assyriology and Sumerology (CUSAS) 17. CDL Press, Be-thesda, Maryland, 2011.

Gibson 2000
—— M. Gibson/D. P. Hansen/R. L. Zettler, "Nippur B. Archäologisch". *RlA* 9, 5/6 (2000), 546–565.

Glassner 2003
—— Jean-Jacques Glassner, *The Invention of Cuneiform — Writing in Sumer*. The Johns Hopkins University Press, Baltimore/London, 2003.（原著法文，英文版由 Zainab Bahrani 和 Marc van de Mieroop 翻译。）

Gong 2000
—— Yushu Gong, *Die Namen der Keilschriftzeichen*. Alter Orient und Altes Testament Band 268, Ugarit-Verlag, Münster, 2000.

Gordon 1959
—— E. I. Gordon, *Sumerian Proverbs, Glimpses of Everyday Life in Ancient Mesopotamia*. The Univershty Museum, Philadelphia, 1959.

Grayson 2000
—— A. Kirk Grayson, *Assyrian and Babylonian Chronicles*. Eisenbrauns, Winona Lake, Indiana, 2000（初版1975年）.

Green 1975
—— M. W. Green, *Eridu in Sumerian Literature*. A Dissertation Submitted to the Department of Near Eastern Languages and Civilizations, The University of Chicago, Chicago, 1975.

Green/Nissen 1987
—— M. W. Green/H. J. Nissen, *Zeichenliste der Archaischen Texte aus Uruk*. Gebr. Mann Verlag, Berlin, 1987 (ZATU 或 ATU 2).

Gurney 1956
—— O. R. Gurney, "The Sultantepe Tablets (Continued). V. The Tale of the Poor Man of Nippur". *Anatolian Studies* 6, Special Number in Honour and in Memory of Professor John Garstang (1956), 145–164.

Gurney 1972

—— O. R. Gurney, "The Tale of the Poor Man of Nippur and Its Folktale Parallels". *Anatolian Studies* 22, Special Number in Honour of the Seventieth Birthday of Professor Seton Lloyd (1972), 149–158.
Halévy 1874
—— J. Halévy, "Observations critiques sur les pretendus Touraniens de la Babylonie". *Journal Asiatique* III (1874), 461–536.
Hallo 1966
—— W. W. Hallo, "*Literary and Religious Texts, First Part, by C. J. Gadd and S. N. Kramer*" (Critical Review). *JCS* 20 (1966), 89–93.
Hallo 1971a
—— W. W. Hallo, "Gutium". *RlA* 3 (1957–1971), 708–720.
Hallo 1983
—— W. W. Hallo, "Lugalbanda Excavated". *JAOS* 103/1 (1983), 165–180.
Hallo 1996
—— W. W. Hallo, "Enki and the Theology of Eridu", review of S. N. Kramer and J. Maier, *Myths of Enki, The Crafty God*, New York/Oxford. Oxford University Press, 1989, *JAOS* 116 (1996), 231–234.
Hallock/Landsberger 1955
—— R. T. Hallock/B. Landsberger, *Materialien zum sumerischen Lexikon III. Das Syllabar A. Das Vokabular S^a. Das Vokabular S^b*. Pontificium In-stitutum Biblicum, Roma, 1955 (MSL 3).
Hansman 1978
—— J. F. Hansman, "The Question of Aratta". *JNES* 37 (1978), 331–336.
Haubold 2010
—— J. Haubold, "The World of Berossos: Introduction". J. Haubold/G. B. Lanfranchi/ R. Rollinger/J. Steele (主编), *The World of Berossos, Proceedings of the 4th International Colloquium on 'The Ancient Near East between Classical and Ancient Oriental Traditions'* (*Classica et Orientalia* 5). Harrassowitz Verlag,

Wiesbaden, 2013.
Hilprecht 1896
—— H. V. Hilprecht, *The Babylonian Expedition of the University of Pennsylvania, Series A: Cuneiform Texts. Volume I, Part II, Plates 51–100*. MacCalla & Company Incorporated, Printers D. Anson Partridge, Printers and Lithographer, Philadelphia, 1896.
Hornblower/Spawforth 2003
—— S. Hornblower/A. Spawforth (主编), *The Oxford Classical Dictionary*. Third Edition Revised, Oxford University Press, 2003.
Horsnell 1999
—— M. J. A. Horsnell, *The Year-Names of the Firsf Dynasty of Babylon, II: The Year-Names Reconstructed and Critically Annotated in Light of their Exemplars*. McMaster University Press, Hamilton, 1999.
Hrouda 1991
—— B. Hrouda, *Der Alte Orient — Geschichte und Kultur des alten Vorderasien*. C. Bertelsmann, München, 1991.
Hruška 1971
—— B. Hruška, "Die Reformtexte Urukaginas". *CRRAI* (Compte rendu, Rencontre Assyriologique Internationale) 19 (1971), 151–161.
Jacobsen 1939a
—— Th. Jacobsen, *The Sumerian King List*. The University of Chicago Press, Chicago, 1939 (*Assyriological Studies* No. 11).
Jacobsen 1939
——Th. Jacobsen, "The Assumed Conflict between Sumerians and Semites in Early Mesopota-mian History". *JAOS* 59 (1939), 485–495.
Jacobsen 1943
—— T. Jacobsen, "Primitive Democracy in Ancient Mesopotamia". *JNES* 2/3 (1943), 159–172.
Jacobsen 1957
—— Th. Jacobsen, "Early Political Development

in Mesopotamia". *ZA* 52 (1957), 91–140.

Jacobsen 1970
—— Th. Jacobsen, *Toward the Image of Tammuz and Other Essays on Mesopotamian History and Culture*. Harvard University Press, Cambridge, Massachusetts, 1970.

Jacobsen 1976
—— Th. Jacobsen, *The Treasures of Darkness: A History of Mesopotamian Religion*. Yale University Press, New Haven, 1976.

Jacobsen 1981
—— Th. Jacobsen, "The Eridu Genesis". *Journal of Biblical Literature* 100/4 (1981), 513–529.

Jacobsen 1987
—— Th. Jacobsen, *The Harps that once … — Sumerian Poetry in Translation*. Yale University Press, New Haven/London, 1987.

Jacobsen 1989
—— Th. Jacobsen, "The lil$_2$ of ^{d}En-lil$_2$". H. Behrens/D. Loding/M. T. Roth (主编), *DUMU-E$_2$-DUB-BA-A, Studies in Honor of Åke W. Sjöberg*. Occasional Publications of the Samuel Noah Kramer Fund 11, Philadelphia, 1989, 267–276.

Jacobsen 1991
—— Th. Jacobsen, "The Term Ensí". *Aula Orientalis* 9 (1991), 113–121.

Jason 1979
—— H. Jason, "The Poor Man of Nippur: An Ethnopoetic Analysis". *JCS* 31/4 (1979), 189–215.

Johnston 1893
—— C. Johnston, "The Sumero-Accadian Question". *JAOS* 15 (1893), 317–322.

Jones 1969
—— T. B. Jones, *The Sumerian Problem*. John Wiley & Sons, Inc., New York/London/Sydney/Toronto, 1969.

Kammerer/Metzler 2012
—— Thomas R. Kammerer/Kai A. Metzler, *Das babylonische Weltschöpfungsepos Enūma eliš*. Ugarit-Verlag, Münster, 2012.

Katz 1993
—— D. Katz, *Gilgamesh and Akka*. STYX Publications, Groningen, 1993.

Kent 1950
—— R. G. Kent, *Old Persian — Grammar, Texts, Lexicon*. American Oriental Society, New Haven, 1950 (American Oriental Series 33).

Kienast/Volk 1995
—— B. Kienast/K. Volk, *Die sumerische and akkadische Briefe des III Jahrtausends aus der Zeit vor der III. Dynastie von Ur* (FAOS 19). Franz Steiner Verlag, Stuttgart, 1995.

King 1910
—— L. W. King, *History of Sumer and Akkad*. London, 1910.

Klein 1976
—— J. Klein, "Šulgi and Gilgameš: Two Brother Peers (Šulgi O)". *AOAT* 25 (1976), 271–292.

Klein 1991
—— Jacob Klein, "A New Nippur Duplicate of the Sumerian King List in the Brochmon Collection, University of Haif". *Aula Orientalis* 9 (1991), 123–130.

Komoróczy 1975
—— G. Komoróczy, "Zur Atiologie der Schrift Erfindung im Enmerkar Epos". *Altorientalische Forschungen* 3 (1975), 19–24.

Kottsieper 1991
—— I. Kottsieper, "Weisheitstexte in aramäischer Sprache. Die Geschichte und die Sprüche des weisen Achiqar". *TUAT* III, Lieferung 2, 1991, 320–347.

Kramer 1942
—— S. N. Kramer, "The Oldest Literary Catalogue: A Sumerian List of Literary Compositions Compiled about 2000 B. C.". *Bulletin of the American Schools of Oriental Research* 88 (1942), 10–19.

Kramer 1943
—— S. N. Kramer, "Man's Golden Age: A

Sumerian Parallel to Genesis XI. 1". *JAOS* 63 (1943), 191–194.

Kramer 1944

—— S. N. Kramer, "The Death of Gilgamesh". *BASOR* 94 (1944), 2–12.

Kramer 1944a

—— S. N. Kramer, "Dilmun, The Land of the Living". *BASOR* 96 (1944), 18–28.

Kramer 1944b

—— S. N. Kramer, *Sumerian Literary Texts from Nippur in the Museum of the Ancient Orient at Istanbul. The Annual of the American Schools of Oriental Research 23*. American Schools of Oriental Research, New Haven, 1944.

Kramer 1948

—— S. N. Kramer, "New Light on the Early History of the Ancient Near Easr". *American Journal of Archaeology* LII (1948), 156–164. Jones 1969, 109–124页全文转载.

Kramer 1949

—— S. N. Kramer, "Schooldays: A Sumerian Composition Relating to the Education of a Scribe". *JAOS* 69/4 (1949), 199–215.

Kramer 1952

—— S. N. Kramer, *Enmerkar and the Lord of Aratta*. The University Museum, Philadelphia, 1952.

Kramer 1963

—— S. N. Kramer, *The Sumerians: Their History, Culture and Character*. The University of Chicago Press, Chicago/London, 1963.

Kramer 1967

—— S. N. Kramer, "The Death of Ur-Nammu and his Descent to the Netherworld". *JCS* 21 (1967), 104–122.

Kramer 1981

—— S. N. Kramer, *History Begins at Sumer — Thirty-Nine Firsts in Man's Recorded History*. The University of Pennsylvania Press, Philadelphia, 1981. 首版1956年，1959年第二修订版，1981年第三修订版。

Kramer 1983

—— S. N. Kramer, "The Sumerian Deluge Myth: Reviewed and Revised". *Anatolian Studies* 33 (1983, Special Number in Honour of the Seventy-Fifth Birthday of Dr. Richard Barnett), 115–121.

Kramer 1989

—— S. N. Kramer, "Ancient Sumer and Iran: Gleanings from Sumerian Literature". *Bulletin of the Asia Institute* 1 (1989), 9–16.

Kraus 1970

—— F. R. Kraus, *Sumerer und Akkader, ein Problem der altmesopotamischen Geschichte*. North-Holland Publishing Company, Amsterdam/London, 1970.

Krebernik 1986

—— M. Krebernik, "Die Götterlisten aus Fāra". *ZA* 76/2 (1986), 161–204.

Krebernik 1998

—— M. Krebernik, "Die Texte aus Fāra und Tell Abū Ṣalābīḫ". J. Bauer/R. K. Englund/ M. Krebernik, *Mesopotamien — Späturuk Zeit und Frühdynastische Zeit* (OBO 160/1). Universitätsverlag Freiburg Schweiz, Vandenhoeck & Ruprecht, Göttingen, 1998, 237–336.

Krebernik 2005

—— M. Krebernik, "Elamisch". M. P. Streck (主编), *Sprachen des Alten Orients*. Wissenschaftliche Buchgesellschaft, Darmstadt, 2005, 159–182.

Krecher 1980

—— J. Krecher, "Kataloge, literarische". *RlA* 5 (1980), 478–485.

Lambert 1960

—— W. G. Lambert, *Babylonian Wisdom Literature*. At the Clarendon Press, Oxford, 1960.

Lambert M. 1966

—— Maurice Lambert, "Pourquoi l'écriture est née en Mésopotamie". *Archeologie* 12 (1966), 24–31.

Lambert 1962

—— W. G. Lambert, "A Catalogue of Texts and Authors". *JCS* 16 (1962), 59–77.

Lambert 1969
—— W. G. Lambert/A. R. Millard/M. Civil, *Atra-Hasīs, The Babylonian Story of the Flood*. At the Clarendon Press, Oxford, 1969.
Lambert 1969/2
—— W. G. Lambert, "Götterlisten". *RlA* 3 (1969), 473–479.
Lambert 2013
—— W. G. Lambert, *The Babylonian Creation Myths* (MC 16). Eisenbrauns, Winona Lake, Indiana, 2013.
Lang 2013
—— M. Lang, "Book Two: Mesopotamian Early History and the Flood Story". J. Haubold/G. B. Lanfranchi/R. Rollinger/J. Steele (主编), *The World of Berossos, Proceedings of the 4th International Colloquium on 'The Ancient Near East between Classical and Ancient Oriental Traditions'* (Classica et Orientalia 5). Hatfield College, Durham 7th–9th July 2010, Harrassowitz Verlag, Wiesbaden, 2013, 47–60.
Langdon 1923
—— S. Langdon, *Historical Inscriptions, Containing Principally the Chronological Prism, W-B. 444*. Oxford Editions of Cuneiform Texts II (OECT II), Oxford University Press, London, 1923.
Landsberger 1926
—— B. Landsberger, "Die Eigenbegrifflichkeit der Babylonischen Welt". *Islamica* II (1926), 355–372.
Landsberger 1956
—— B. Landsberger/R. Hallocl/Th. Jacobsen/A. Falkenstein, *Part I: Emesal-Vocabulary; Part II : Old Babylonian Grammatical Texts; Part III: Neobabylonian Grammatical Texts*. Pontifici-um Institutum Biblicum, Roma, 1956 (MSL 4).
Landsberger 1960
—— B. Landsberger, "Scribal Concepts of Education". C. H. Kraeling/R. M. Adams (主编), *City Invincible: A Symposium on Urbanization and Cultural Development in the Ancient Near East.*

Chicago 1958. The University of Chicago Press, Chicago 1958, 94–101.
Lapinkivi 2010
—— Pirjo Lapinkivi, *The Neo-Assyrian Myth of Istar's Descent and Resurrection, Introduction, Cuneiform Text, and Transliteration with a Translation, Glossary, and Extensive Commentary*. State Archives of Assyria, Cuneiform Texts VI, The Neo- Assyrian Text Corpus Project, Helsinki, 2010.
Layard 1985
—— A. H. Layard, *Discoveries in the Ruins of Nineveh and Babylon*. New York, 1985.
Legrain 1936
—— L. Legrain, *Ur Excavations III, Archaic Seal-Impressions with an Introductory Note by Sir Leonard Woolley*. Oxford University Press, London, 1936 (UET 3).
Lehmann-Haupt 1938
—— F. F. K. Lehmann-Haupt, "Berososs". *RlA* 4 (1938), 1–17.
Lewis 1980
—— B. Lewis, *The Sargon Legend: A Study of the Akkadian Text and the Tale of the Hero Who was Exposed at Birth*. American Schools of Oriental Research, Dissertation Series 4, 1980.
Li 2021
—— Zhi Li, *Support for Messengers: Road Stations in the Ur III Period*. Ph. D. dissertation. University of Munich 2021 (尚未正式出版).
Lieberman 1980
—— S. J. Lieberman, "Of Clay Pebbles, Hollow Clay Balls, and Writing: A Sumerian View". *American Journal of Archaeology* 84 (1980), 339–358.
Lloyd 1955
—— S. Lloyd, *Foundations in the Dust*. Western Printing Services Ltd, Bristol, 1955.
Lloyd 1963
—— S. Lloyd, *Mounds of the Near East*. Edinburgh University Press, Edinburgh,

1963.
Lloyd 1984
—— S. Lloyd, *The Archaeology of Mesopotamia. From the Old Stone Age to the Per-sian Conquest*. Thames and Hudson, 1984.
Luckenbill 1930
—— D. D. Luckenbill, *Inscriptions from Adab*. The University of Chicago, Oriental Insti-tute Publications 14 (OIP 14), The University of Chicago Press, Chicago, 1930.
Maeda 1988
—— T. Maeda, "Two Rulers by the Name Ur-Ningirsu in Pre-Ur III Lagash". *ASJ* 10 (1988), 19–35.
Marchesi 2010
—— Gianni Marchesi, "The Sumerian King List and the Early History of Mesopotamia". *Vicino Oriente — Quaderno* V (2010), 231–248.
Martin 1988
—— H. P. Martin, *Fara — A Reconstruction of the Ancient Mesopotamian City of Shuruppak*. Chris Martin and Associates, Birmingham, 1988.
Marzahn 2008
—— J. Marzahn/G. Schauerte (主编), *Babylon, Wahrheit. Eine Ausstellung des Vorderasiatischen Museums, Staatliche Museen zu Berlin*. Hirmer Verlag GmbH, München, 2008.
Mathews 1993
—— R. J. Mathews, *Cities, Seals and Writing. Seal Impressions from Jemdet Nasr and Ur* (MSVO 2). Gebr. Mann Verlag, Berlin, 1993.
McCown/Haines 1967
—— D. McCown/R. Haines, *Nippur I: Temple of Enlil, Scribal Quarter, and Soundings*. University of Chicago Press, Chicago, 1967.
Meyer 1906
—— E. Meyer, *Sumerier und Semiten in Babylonien*. Berlin, 1906.
Michalowski 1989

—— P. Michalowski, *The Lamentation over the Destruction of Sumer and Ur*. Eisenbrauns, Winona Lake, 1989.
Michalowski 1993
——Piotr Michalowski, *Letters from Early Mesopotamia*. Scholars Press, Atlanta, Georgia, 1993.
Michalowski 1998
—— P. Michalowski, "The Unbearable Lightness of Enlil". J. Prosecky (主编), *Intellectual Life of the Ancient Near East — Papers Presented at the 43rd Rencontre assyr-ilogique internationale, Prague, Juli 1—5, 1996*. Oriental Institute, Prague 1998, 237–247.
Michalowski 2003
—— P. Michalowski, "A Man Called Enmebaragesi". W. Sallaberger/K. Volk/A. Zgoll (主编), *Literatur, Politik und Recht in Mesopotamien. Festschrift für Claus Wilcke*. Harrassowitz Verlag, Wiesbaden, 2003, 195–208.
Moorey 1984
—— P. R. S. Moorey, "Where Did They Bury the Kings of the IIIrd Dynasty of Ur?" *Iraq* 46 (1984), 1–18.
Nesselrath 1999
—— H. -G. Nesselrath, "Herodot und Babylon — Der Hauptort Mesopotamiens in den Augen eines Griechen des 5. JH. S V. Chr". J. Renger (主编), *Babylon: Focus Mesopotamischer Geschichte, Wiege Früher Gelehrsamkeit, Mythos in der Moderne, 2. Internationales Colloquium der Deutschen Orient-Gesellschaft, 24. –26. März 1998 in Berlin*. SDV Saarbrücken Druckerei und Verlag, 1999, 189–206.
Nissen 1986
—— H. J. Nissen, "The Archaic Texts from Uruk". *World Archaeology* 17, 317–334.
Nissen 1986a
——H. J. Nissen, "The Development of Writing and of Glyptic Art". W. Finkbeiner/ W. Röllig (主编), *Ğamdat Naṣr, Period or Regional Style?* Dr. Ludwig Reichert Verlag,

Wiesbaden, 1986, 316–331.

Nissen 1988

—— H. J. Nissen, *The Early History of the Ancient Near East, 9000—2000 B. C.* The University of Chicago Press, Chicago/London, 1988.

Nissen 1990

——H. J. Nissen/P. Damerow/R. K. Englund, *Frühe Schrift und Techniken der Wirtschaftsverwaltung im alten Vorderen Orient.* Verlag Franzbecker, 1990.

Oates 1960

—— Joan Oates, "Ur and Eridu, the Prehistory". *Iraq* 22 (1960) (*Ur in Retrospect. In Memory of Sir C. Leonard Woolley*), 32–50.

Oates/Oates 1976

—— David Oates/Joan Oates, *The Rise of Civilization.* Elsevier · Phaidon, New York, 1976.

Oberhuber 1963

—— Karl Oberhuber, "Der numinose Begriff ME im Sumerischen". *Innsbrucker Beiträge zur Kulturwissenschaft,* Sonderheft 17, AMOE, Innsbruck 1963, 3–16.

Oppenheim 1959

——A. Leo. Oppenheim, "On an Operational Device in Mesopotamian Bureaucracy". *JNES* 18 (1959), 121–128.

Orthmann 1985

—— Winfred Orthmann, *Der Alte Orient.* Propyläen Kunstgeschichte, Band 18. Prolyläen Verlag, Berlin, 1985.

Pallis 1956

—— S. A. Pallis, *The Antiquity of Iraq. A Handbook of Assyriology.* Ejnar Munksgaard, Ltd, Copenhagen, 1956.

Parrot 1961

——A. Parrot, *Sumer: The Dawn of Art.* Golden Press, New York, 1961.

Pettinato 1981

—— G. Pettinato, *Testi Lessicali Monolingui della Bibliothca L. 2769, Materiali Epigrafici di Ebla* 3 (MEE 3). Napoli, 1981.

Pettinato 1982

—— G. Pettinato, *Testi Lessicali Bilingui della Bibliothca L. 2769. Part I: Traslitterazione dei testi e riconstruzione del VE* (MEE 4). Napoli, 1982.

Pinches 1900

—— T. G. Pinches, "Sumerian or Cryptography". *Journal of the Royal Asiatic Society* 32 (1900), 75–96.

Poebel 1914

—— A. Poebel, *Historical and Grammatical Texts, Publications of the Babylonian Section* V (*PBS* V) *of the University Museum.* The University Museum, University of Pennsylvania, Philadelphia, 1914.

Pomponio 1994

——F. Pomponio, "The Hexapolis of Šuruppak. Political and Economic Relationships Between Šuruppak and the Other Towns of Central and Southern Mesopotamia". F. Pomponio/G. Visicato, *Early Dynastic Administrative Tablets of Šuruppak*, Napoli, 1994, 10–20.

Pongratz-Leisten 2006

—— B. Pongratz-Leisten, "Gudea and His Model of an Urban Utopia". *Baghdader Mittei-lungen* 37 (2006), 45–59.

Postgate 1992

—— J. N. Postgate, *Early Mesopotamia. Society and Economy at the Dawn of History.* Routledge, London/New York, 1992.

Potts 2012

—— D. T. Potts (主编), *A Companion to the Archaeology of the Ancient Near East.* Volume I. Wiley-Blackwell, A John Wiley & Sons, Ltd., West Sussex, 2012.

Powell 1981

—— M. A. Powelll, "Three Problems in the History of Cuneiform Writing : Origin, Direction of Script, Literacy". *Visible Language* 15/4 (1981), 419–440.

Pritchard 1969

—— J. B. Pritchard, *The Ancient Near East*

in Pictures. Princeton University Press, New Jersey, 1969.

Reade 1992

—— J. Reade, *Assyrian Sculpture*. British Museum Press, London, 1992.

Reiner 1986

—— E. Reiner, "Why do you cuss me?" *Proceedings of the American Philosophical Society* 130/1 (1986), 1–6.

Renger 1967

—— J. Renger, "Untersuchungen zum Priestertum in der altbabylonischen Zeit, I. Teil". *ZA* 58 (1967), 110–188.

Renger 1969

—— J. Renger, "Untersuchungen zum Priestertum in der altbabylonischen Zeit, II. Teil". *ZA* 59 (1969), 104–230.

Ritter 1965

——E. K. Ritter, "Magical-Expert (*āšipu*) and Physician (*asû*): Notes on Two Complementary Professions in Babylonian Medicine". H. G. Güterbock/Th. Jacobsen (主编), *Studies in Honor of Benno Landsberger on his Seventy-Fifth Birthday, April 21, 1965, Assyriological Studies* 16, Oriental Institute, University of Chicago, Chicago, 1965, 299–321.

Roaf 1998

—— M. Roaf, *Mesopotamien*: Kunst, Geschichte und Lebensformen. Bechtermünz Ver-lag, Augsburg, 1998.

Robson 2001

—— E. Robson, "The Tablet House: A Scribal School in Old Babylonian Nippur". *RA* 95 (2001), 39–66.

Roemer-und Pelizaeus-Museum 1978

——Roemer-und Pelizaeus-Museum, Sumer, Assur, Babylon: 7000 Jahre Kunst und Kultur zwischen Euphrat und Tigris. Hildesheim, 1978 (展览手册).

Rogers 1915

—— R. W. Rogers, *A History of Babylonia and Assyria*. I. Sixth Edition in Two Volumes, Revised, Largely Rewritten, and Illustrated. The Abingdon Press, New York, 1915.

Röllig 1971

—— W. Röllig, "Griechen". *RlA* 3 (1957–1971), 643–647.

Röllig 1975

—— W. Röllig, "Hipparchios". *RlA* 4 (1972–1975), 416–417.

Röllig 1983

—— W. Röllig, "Ktesias". *RlA* 6 (1980–1983), 253–254.

Rollinger 2010

—— R. Rollinger, "Berossos and the Monuments: City Walls, Sanctuaries, Palaces and the Hanging Garden". J. Haubold/G. B. Lanfranchi/R. Rollinger/J. Steele (主编), *The World of Berossos. Proceedings of the 4th International Colloquium on the Ancient Near East between Classical and Ancient Oriental Traditions, Hatfield College, Durham 7th—9th July 2010* (Classica et Orientalia 5). Harrassowitz Verlag, Wiesbaden, 137–162.

Römer 1980

—— W. H. Ph. Römer, *Das sumerische Kursepos 'Bilgameš und Akka'*. Verlag Butzon & Bercker Kevelaer/Neukirchener Verlag, Neukirchen-Vluyn, 1980.

Römer 1990

—— W. H. P. Romer/W. von Soden, *Weisheitstexte, Mythen und Epen: Mythen und Epen I* (TUAT III/I). Gutersloher Verlagshaus, Gerd Mohn, 1990.

Römer 1999

—— W. H. Ph. Römer, *Die Sumerologie. Einführung in die Forschung und Bibliographie in Auswahl*. 2. Aufl. Ugarit-Verlag, Münster, 1999.

Roth 1997

—— M. T. Roth, *Law Collections from Mesopotamia and Asia Minor, with a contribution by Harry A. Hoffner, Jr.* Scholars Press, Atlanta, Georgia, 1997.

Rubio 1999

—— G. Rubio, "On the Alleged 'Pre-Sumerian Substratum'". *JCS* 51 (1999), 1–16.

Safar 1981
—— F. Safar/M. Ali Mustafa/S. Lloyd, *Eridu*. Ministry of Culture and Information, State Organization of Antiquities and Heritage, Baghdad, 1981.

Saggs 1975
—— H. W. F. Saggs, "Herodot". *RlA* 4 (1972–1975), 331–333.

Sayce 1908
—— A. H. Sayce, *The Archaeology of the Cuneiform Inscriptions*. Richard Clay & Sons, Limited, London, 1908.

Schmandt-Besserat 1974
—— D. Schmandt-Besserat, "The Use of Clay before Pottery in the Zagros". *Expedition* 16 (1974), 10–17.

Schmandt-Besserat 1977
—— D. Schmandt-Besserat, "An Archaic Recording System and the Origin of Writing". *Syro-Mesopotamian Studies* 1/2 (1977), 1–32.

Schmandt-Besserat 1978
—— D. Schmandt-Besserat, "The Earliest Precursor of Writing". *Scientific American* 238, No. 6 (1978), 50–58.

Schmandt-Besserat 1979
—— D. Schmandt-Besserat, "An Archaic Recording System in the Uruk-Jemdet Nasr Period". *American Journal of Archaeology* 83 (1979), 19–48.

Schmandt-Besserat 1988
—— D. Schmandt-Besserat, "Tokens at Uruk". *Baghdader Mitteilungen* 19 (1988), 1–175.

Schmandt-Besserat 1992
—— D. Schmandt-Besserat, *Before Writing*. University of Texas Press, Austin, 1992.

Schmandt-Besserat 1996
—— D. Schmandt-Besserat, *How Writing Came About*. University of Texas Press, Austin, 1996. 中文翻译:《文字起源》(美)丹尼丝·施曼特-贝瑟拉 著,王乐洋 译,商务印书馆(珍藏本·增订本,纪念版),2024年。

Schmandt-Besserat 2009
—— D. Schmandt-Besserat, "Tokens and Writing: the Cognitive Development". *Scripta* 1 (2009), 145–154.

Schnabel 1923
—— P. Schnabel, *Berossos und die babylonisch-hellenistische Literatur*. Verlag und Druck von B. G. Teubner, Leipzig · Berlin, 1923.

Schrakamp 2010
—— I. Schrakamp, Review of Claus Wilcke, *Early Ancient Near Eastern Law. A History of Its Beginnings. The Early Dynastic and Sargonic Periods*. Eisenbrauns, Winona Lake, Indiana, 2007. *ZA* 100 (2010), 142–148.

Sigrist 1991
—— M. Sigrist/T. Gomi, *The Comprehensive Catalogue of Published Ur III Tablets*. CDL Press, Maryland, 1991.

Sjöberg 1969
—— Åke W. Sjöberg/E. Bergmann/G. B. Gragg, *The Collection of the Sumerian Temple Hymns*. Texts from Cunieiform Sources III, J. J. Augustin Publisher · Locust Valley, New York, 1969.

Sjöberg 1972
—— Åke W. Sjöberg, "In Praise of the Scribal Art". *JCS* 24 (1972), 126–131.

Sjöberg 1973
—— Åke W. Sjöberg, "Der Vater und sein missratener Sohn". *JCS* 25/3 (1973), 105–169.

Sjöberg 1975
—— A. Sjoberg, "Der Examenstext A". *ZA* 64 (1975), 137–176.

Sjöberg 1976
—— A. Sjöberg, "The Old Babylonian Eduba". *Assyriological Studies* 20 (1976), 159–179.

Smith 1876
—— G. Smith, *The Chaldean Account of*

Genesis. Scribner, Armstrong & Co., New York, 1876.

Sollberger 1956

—— E. Sollberger, *Corpus des Inscriptions "Royales" Présargoniques de Lagaš*. Librairie E. Droz, Genève, 1956.

Sollberger 1962

—— E. Sollberger, "The Tummal Inscription". *JCS* 16/2 (1962), 40–47.

Sollberger 1965

—— E. Sollberger (主编), *Ur Excavations, Texts VIII, Royal Inscriptions, Part II* (UET 8). Publications of the Joint Expedition of the British Museum, and of the University Museum, University of Pennsylvania, Philadelphia, to Mesopotamia, The Trustees of the British Museum, 1965.

Sollberger 1967

—— E. Sollberger, "The Rulers of Lagaš". *JCS* 21 (1967), 279–291.

Sollberger 1971

——E. Sollberger, "Gunidu and Gursar". *RlA* 3 (1957–1971), 700.

Sollberger 1971a

—— E. Sollberger, *The Babylonian Legend of the Flood*. University Press, Oxford, 1971.

Speiser 1930

—— E. A. Speiser, *Mesopotamian Origins*. Philadelphia, 1930.

Speiser 1939

—— E. A. Speiser, "The Beginnings of Civilization in Mesopotamia". *JAOS* LIX (1939), supplement IV, 17–31. Jones 1969, 第76–92页全文转载。

Speiser 1951

—— E. A. Speiser, "The Sumerian Problem Reviewed". *Hebrew Union College Annual* 23/1 (1950–1951), 339–355.

Starr 1939

—— R. F. S. Starr, *Nuzi*. I. Harvard University Press, Cambridge, 1939.

Steible 1982

—— H. Steible, *Die Altsumerischen Bau- und Weihinschriften Teil I. Inschriften aus 'Lagaš'. Freiburger Altorientalische Studien* (FAOS) 5/1, Franz Steiner Verlag GMBH, Wiesbaden, 1982.

Steible 1982a

—— H. Steible, *Die Altsumerischen Bau- und Weihinschriften Teil II. Kommentar zu den Inschriften aus 'Lagaš', Inschriften auserhalb von 'Lagaš'. Freiburger Altorientalische Studien* (FAOS) 5/2. Franz Steiner Verlag GMBH, Wiesbaden, 1982.

Steible 1991

—— Horst Steible, *Die Neusumerischen Bau- und Weihinschriften, Teil 1, Inschriften der II Dynastie von Lagaš, FAOS* 9/1. Franz Steiner Verlag, Stuttgart, 1991.

Steible 1993

—— H. Steible/F. Yildiz, "Ki'engi aus der Sicht von Šuruppak". *Istanbuler Mitteilungen* 43 (1993), 17–26.

Steinkeller 1982

—— P. Steinkeller, "The Question of Marhaši: A Contribution to the Historical Geography of Iran in the Third Millennium B. C.". *ZA* 72 (1982), 237–265.

Steinkeller 1988

—— P. Steinkeller, "The Date of Gudea and His Dynasty". *JCS* 40/1 (1988), 47–52.

Steinkeller 1999

—— P. Steinkeller, "On Rulers, Priests and Sacred Marriage: Tracing the Evolution of Early Sumerian Kingship". K. Watanabe (主编), *Priests and Officials in the Ancient Near East*. Universitätsverlag C. Winter, Heidelberg, 1999, 103–137.

Steinkeller 2002

—— P. Steinkeller, "Archaic City Seals and the Question of Early Babylonian Unity". Tzvi Abusch (主编), *Riches Hidden in Secret Places — Ancient Near Eastern Studies in Memory of Thorkild Jacobsen*. Eisenbrauns, Winona Lake, Indiana, 2002, 249–257.

Steinkeller 2003

—— P. Steinkeller, "An Ur III Manuscript of the Sumerian King List". W. Sallaberger/K. Volk/A. Zgoll (主编), *Literatur, Politik und Recht in Mesopotamien. Festschrift für Claus Wilcke*, Harrassowitz Verlag, Wiesbaden, 2003, 267–286.

Steinkeller/Westenholz 1999
—— P. Steinkeller/A. Westenholz, *Mesopotamien: Akkade-Zeit und Ur III*. Universitätsverlag Freiburg Schweiz, Vandenhoeck & Ruprecht, Göttingen, 1999.

Streck 2011
—M. P. Streck, "Šuruppag. A. Philologisch". *RlA* 13 1/2 (2011), 334–336.

Streck 2019
—— M. P. Streck, "Grüne Tempeltürme und die Hängenden Gärten von Babylon". M. Brose 等（主编）, *En Détail — Philologie und Archäologie im Diskurs. Festschrift für Hans-W. Fischer-Elfert*, De Gruyter, Berlin/Boston, 2019, 1113–1122.

Strommenger 1962
—— E. Strommenger, *Fünf Jahrtausende Mesopotamien. Die Kunst von den Anfängen um 5000 v. Chr. bis zu Alexander dem Grossen*. Hirmer Verlag, München, 1962.

Thomsen 1984
—— Marie-Louise Thomsen, *The Sumerian Language, An Introduction to its History and Grammatical Structure*. Mesopotamia 10, Akademisk Forlag, Copenhagen, 1984.

Thureau-Dangin 1898
—— F. Thureau-Dangin, *L'Origin de l'Ecriture Cunéiform*. Ernest Leroux, Éditeur, Paris, 1898.

Thureau-Dangin 1907
—— F. Thureau-Dangin, *Die Sumerische und Akkadische Königsinschriften*. J. C. Hinrichs'sche Buchhandlung, Leipzig, 1907.

Thureau-Dangin 1925
—— F. Thureau-Dangin, *Les Cylindres de Goudéa*. Librairie Orientaliste Paul Geuthner, Paris, 1925.

Vajman 1989
—— A. Vajman, "Die Bezeichnungen von Sklaven und Sklavinnen in der protosumerischen Schrift". *BaM* 20 (1989), 121–133.

van der Spek 2003
—— R. J. van der Spek, "Berossus as a Babylonian Chronicler and Greek Historian". B. van der Spek (主编), *Studies in Ancient Near Eastern World View and Society. Presented to Marten Stol on the Occasion of his 65th Birthday*, CDL Press, Bethesda, Maryland, 2008, 277–318.

van der Spek 2000
—— R. J. van der Spek, "The *Šatammus* of Esagila in the Seleucid and Arsacid Periods". J. Marzahn and H. Neumann (主编), *Assyriologica et Semitica. Festschrift für Joachim Oelsner* (AOAT 252). Ugarit-Verlag, Münster, 2000, 437–446.

Vanstiphout 1989
—— H. L. J. Vanstiphout, "Enmerkar's Invention of Writing Revisited". H. Behrens/D. Loding/M. T. Roth (主编), *DUMU-E₂-DUB-BA-A — Studies in Honor of Åke W. Sjöberg*, Occasional Publications of the Samuel Noah Kramer Fund, 11. The University Museum, Philadelphia, 1989, 515–524.

Vanstiphout 1999
—— H. L. J. Vanstiphout, "The Twin Tongues-Theory, Technique, and Practice of Bilingualism in Ancient Mesopotamia". H. L. J. Vanstiphout (主编), *All Those Nations ... Cultural Encounters within and with the Near East, Studies presented to Han Drijvers* (Commers/ICOG Com-munications 2). STYX Publications, Groningen, 1999, 141–159.

Vanstiphout 2003
—— H. L. J. Vanstiphout, *Epics of Sumerian Kings. The Matter of Aratta*. Society of Biblical Literature, Atlanta, 2003.

Veldhuis 1997
—— N. C. Veldhuis, *Elementary Education at Nippur. The Lists of Trees and Wooden*

Objects. Ph. D. Dissertation, University of Groningen, 1997.
Veldhuis 2001
—— Niek Veldhuis, "The Solution of the Dream: A New Interpretation of Bilgames's Death". *JCS* 53 (2001), 133–148.
Vincent 1904
—— G. E. Vincent, "The Laws of Hammurabi". *The American Journal of Sociology* 9/6 (1904), 737–754.
Volk 1996
——"Methoden altmesopotamischer Erziehung nach Quellen der altbabylonischen Zeit". *Saeculum* 47 (1996), 178–216.
von Soden 1985
—— W. von Soden, *Einführung in die Altorientalistik*. Wissenschaftliche Buchgesellschaft, Darmstadt, 1985.
Waetzoldt 2009
—— H. Waetzoldt, "Schreiber". *RlA* 12 (2009), 250–266.
Walker 1987
—— C. B. F. Walker, *Cuneiform*. British Museum Publications, London, 1989.
Westenholz 1997
—— J. G. Westenholz, *Legends of the Kings of Akkad*: *The Texts*. Eisenbrauns, Winona Lake, Indiana, 1997.
Wilcke 1969
—— C. Wilcke, *Das Lugalbandaepos*. Otto Harrassowotz, Wiesbaden, 1969.
Wilcke 1974
—— C. Wilcke, "Zum Königtum in der Ur III-Zeit". P. Garelli (主编), *Le Palais et la Royauté* (*RAI* 19). Librairie Orientaliste Paul Geuthner S. A., Paris, 1974, 177–232.
Wilcke 1976
—— C. Wilcke, "Formale Gesichtspunkte in der Sumerischen Literatur". *Sumerological Studies in Honor of Thorkild Jacobsen, Assyriological Studies Series* 20 The University of Chicago Press, 1976, 205–316.
Wilcke 1988

—— C. Wilcke, "Die Sumerische Königsliste und erzählte Vergangenheit". J. von Ungern-Sterberg/H. Reinau (主 编), *Vergangenheit in mündlicher Überlieferung*. Springer Fachmedien Wiesbaden GmbH, Stuttgart, 1988, 113–140.
Wilcke 1989
—— C. Wilcke, "Genealogical and Geographical Thought in the Sumerian King List". H. Behrens/D. Loding/M. T. Roth (主编), *DUMU-E₂-DUB-BA-A — Studies in Honor of Åke W. Sjöberg, Occasional Publications of the Samuel Noah Kramer Fund*, 11. The University Museum, Philadelphia, 1989, 557–571.
Wilcke 1990
—— C. Wilcke, "Lugalbanda". *RlA* 7 (1987–1990), 117–131.
Wilcke 1999
—— C. Wilcke, "Weltuntergang als Anfang, Theologische, anthropologische, politisch-historische und ästhetische Ebenen der Interpretation der Sintflutgeschichte im babylonischen *Atramhasīs*-Epos". A. Jones(主编), *Weltende, Beiträge zur Kultur- und Religionswissenschaft*. Harrassowitz Verlag, Wiesbaden, 1999, 63–112.
Wilcke 1998
—— C. Wilcke, "Zu 'Gilgamesh und Agga'". M. Dietrich/O. Loretz (主 编), *dubsar anta-men. Studien zur Altorientalistik: Festschrift für W. H. Ph. Römer zur Vollendung seines 70. Lebensjahr mit Beiträgen von Freunden, Schülern und Kollegen. AOAT* 253, Ugarit-Verlag, Münster, 1998, 457–385.
Wilcke 2002
—— C. Wilcke, "Der Kodex Urnamma (CU): Versuch einer Rekonstruktion". Tz. Abusch (主编), *Riches Hidden in Secret Places. Ancient Near Eastern Studies in Memory of Thorkild Ja-cobsen*. Eisenbrauns, Winona Lake, 2002, 291–333.
Wilcke 2007
—— C. Wilcke, *Early Ancient Near Eastern*

Law. A History of Its Beginnings. The Early Dynastic and Sargonic Periods. Eisenbrauns, Winona Lake, Indiana, 2007.

Wilcke 2012
—— C. Wilcke, *The Sumerian Poem Enmerkar and En-Suhkeš-Ana: Epic, Play, Or?* American Oriental Series, Essay 12, American Oriental Society, New Haven, Connecticut, 2012.

Wilcke 2014
—— C. Wilcke, "Gesetze in sumerischer Sprache", N. Koslova/E. Vizirova/G. Zólyomi (主编), *Studies in Sumerian Language and Literature: Festschrift für Joachim Krecher.* Eisenbrauns, Winona Lake, Indiana, 2014, 455–616.

Wilcke 2015
—— C. Wilcke, "Vom klugen Lugalbanda". K. Volk (主编), *Erzählungen aus dem Land Sumer.* Harrassowitz Verlag, Wiesbaden, 2015, 203–272.

Wilhelm 1990
——G. Wilhelm, "Marginalien zu Herodot Klio 199". T. Abusch/J. Huehnergard/P. Steinkeller (主编), *Lingering over Words: Studies in Ancient Near Eastern Literature in Honor of William L. Moran* (*Harvard Semitic Studies* 37). Scholars Press, Atlanta, Georgia, 1990, 505–524.

Wilhelm 1998
—— G. Wilhelm (主编), *Zwischen Tigris und Nil: 100 Jahre Ausgrabungen der Deutschen Orient-Gesellschaft in Vorderasien und Ägypten.* Verlag Philipp von Zabern, Mainz am Rhein, 1998.

Wilson 2008
—— M. Wilson, *Education in the Earliest Schools. Cuneiform Manuscripts in the Cotsen Col-lection.* Cotsen Occasional Press, Los Angeles, 2008.

Woolley 1928
—— C. L. Woolley, *The Sumerians.* Oxford, 1928.

Woolley 1934/1
—— C. L. Woolley, *Ur Excavations, I. The Royal Cemetery. A Report on the Predynastic and Sargonid Graves Excavated Between 1926 and 1931. Text.* Oxford University Press, London, 1934.

Woolley 1934/2
—— C. L. Woolley, *Ur Excavations, II. The Royal Cemetery. A Report on the Predynastic and Sargonid Graves Excavated Between 1926 and 1931. Plates.* Oxford University Press, London, 1934.

Woolley 1939
—— L. Woolley, *Ur Excavations V. The Ziggurat and its Surroundings.* The University Press, Oxford, 1939.

Woolley 1955
—— L. Woolley, *Spadework — Adventures in Archaeology.* London, 1955.

Woolley 1974
—— C. L. Woolley, *Ur Excavations, VI. The Buildings of the Third Dynasty.* Published by the Trustees of the Two Museums, London/Philadelphia, 1974.

Woolley 1976
—— L. Woolley, *Ur Excavations VII: The Old Babylonian Period.* British Museum Publications Limited, London, 1976.

Wu 1986
—— Wu Yuhong, "A horse-bone inscription copied from the Cyrus Cylinder (Line 18–21) in the Palace Museum in Beijing". *Journal of Ancient Civilizations* 1 (1986), 13–20.

Wu 1998
—— Wu Yuhong, "The Earliest War for the Water in Mesopotamia: Gilgameš and Agga". *Nouvelles Assyiologiques Brèves et Utilitaires* 1998, No. 4, 94.

Zhi Yang 1991
—— Zhi Yang, "King of Justice". *Aula Orientalis* 9 (1991), 243–249.

Yoffee 1993
—— N. Yoffee, "The Late Great Tradition in Ancient Mesopotamia". M. E. Cohen 等 (主编), *The Tablet and the Scroll: Near Eastern Studies in Honor of William W Hallo.* CDL Press, Bethesda, Maryland, 1993, 300–308.

中文参考文献

崔金戎（译）2019
—— 色诺芬著：《长征记》，崔金戎译，商务印书馆，北京，2019年。
《世界上古史纲》
——《世界上古史纲》编写组：《世界上古史纲》（上册），人民出版社，北京，1979。
拱玉书 1996
——"'做格'"与苏美尔语"，载《北京大学学报》东方文化研究专刊，1996年，第99—108页。
拱玉书 1997
——"楔形文字起源新论"，《世界历史》，1997年4期，第59—66页。
拱玉书 1998
——"《贝希斯敦铭文》与《历史》"，叶奕良（主编）：《伊朗学在中国论文集》（二），北京大学出版社，1998年，第29—38页。
拱玉书 2006
——《升起来吧！像太阳一样——解析苏美尔史诗〈恩美卡与阿拉塔之王〉》，昆仑出版社，2006年。
拱玉书 2007
——"古代两河流域文字起源神话传说"，《世界历史》2007年第2期，第103—112页。
拱玉书 2014
——"谈楔文文学的汉译"，《中国高校社会科学》2014年第5期，第87—101页。
拱玉书 2017
——"论苏美尔文明中的'道'"，《北京大学学报》哲学社会科学版，2017年第3期，第100—114页。
拱玉书 2021
——《吉尔伽美什史诗》（拱玉书译注），商务印书馆，北京，2021年。
拱玉书 2023
——"苏美尔神话史诗研究"，见辜正坤等著：《外国古代神话和史诗研究》（上册），商务印书馆，北京，2023年，第156—289页。
拱玉书、颜海英、葛英会 2009
——《苏美尔、埃及及中国古文字比较研究》，科学出版社，2009年。
国洪更、陈德正 2005
——"中国亚述学研究述略"，《世界历史》2005年第5期，第121—128页。
李红燕 2015
——"古代两河流域教谕文学"，见李政等著：《古代近东教谕文学》上卷，昆仑出版社，2015年，第3—90页。
李铁匠 1982（И.М. 贾可诺夫著，李铁匠译）
——"古代早期的奴隶、希洛人和农奴"，中国世界古代史研究会（编）：《世界古代史研究》第一辑，北京大学出版社，1982，第127—164页。
林志纯 1961
——"史诗《吉尔伽美什和阿伽》与军事民主制问题"，《历史研究》1961年第5期，第97—108页。收入《日知文集·第一卷》（张强、刘军整理，高等教育出版社，2012年）第297—310页。
周一良/吴于廑 1985
——周一良/吴于廑（主编）：《世界通史资料选集》上古部分（林志纯主编），商务印书馆，1985年。
饶宗颐 1998
——《近东开辟史诗》，辽宁教育出版社，1998年。
日知 1989
—— 日知主编：《古代城邦史研究》，人民出版社，1989年。
日知 1997
—— 日知著：《中西古典文明千年史》，吉林文史出版社，1997年。
王以铸 1997
—— 希罗多德：《历史——希腊波斯战争

史》上册，商务印书馆，北京，1997年。
施安昌 1987
——"故宫新收骨化石铭刻（楔形文字）的情况"，《故宫博物院院刊》1987年第2期，第30—36页。
吴宇虹（执笔）1982
——《苏美尔王表》和《吐马尔铭文》（东北师范大学历史系世界古代史研究班，吴宇虹执笔），见北京大学、东北师范大学历史系世界古代史教研室编:《世界古代史论丛》（第一集），生活·读书·新知三联书店，北京，1982，第222—233页。
吴宇虹 1987
——"北京故宫博物院所藏居鲁士泥圆柱（第18—21行）马骨化石铭文抄本（初稿）"，《故宫博物院院刊》1987年第2期，第34—36页。
吴宇虹 1997
——"'空中花园'不在巴比伦城而在尼尼微城"，《世界历史》1997年第1期，第114—117页。
吴宇虹 1997（2）
——"古代两河流域的长老会"，《世界历史》1997年第2期，第76—83页。
吴宇虹 2003
——"记述争夺文明命脉—水利资源的远古篇章—对苏美尔史诗《吉勒旮美什和阿旮》的最新解释"，《东北师大学报》（哲学社会科学版），2003第5期，第5—10页。
吴宇虹 2005
——"'乌如卡吉那改革'真实性质疑——拉旮什城邦行政档案研究札记"，《东北师大学报》（哲学社会科学版），2005年第6期，第5—10页。
杨炽 1982
——"关于乌鲁卡基那改革铭文的译注和评述"，载中国世界古代史研究会（编）:《世界古代史研究》，北京大学出版社，1982年，第1—11页。
杨炽 1992
——《汉穆拉比法典》（杨炽译），高等教育出版社，1992。
于殿利等 2023
——于殿利/郑殿华/李红燕，《古代美索不达米亚文明文献萃编》，华夏出版社，2023年。
赵彬宇 2021
——"阿达帕神话中的生与死——人类的成年礼"，载北京大学东方文学研究中心/教育部人文社会科学重点研究基地主办，《东方文学研究集刊》第9期，社会科学文献出版社，2021年，第260—274页。

"方尖碑"书系

第三帝国的兴亡:纳粹德国史
　　　　[美国] 威廉·夏伊勒

柏林日记:二战驻德记者见闻,1934—1941
　　　　[美国] 威廉·夏伊勒

第三共和国的崩溃:一九四〇年法国沦陷之研究
　　　　[美国] 威廉·夏伊勒

新月与蔷薇:波斯五千年
　　　　[伊朗] 霍马·卡图赞

海德里希传:从音乐家之子到希特勒的刽子手
　　　　[德国] 罗伯特·格瓦特

威尼斯史:向海而生的城市共和国
　　　　[英国] 约翰·朱利叶斯·诺里奇

巴黎传:法兰西的缩影
　　　　[英国] 科林·琼斯

末代沙皇:尼古拉二世的最后503天
　　　　[英国] 罗伯特·瑟维斯

巴巴罗萨行动:1941,绝对战争
　　　　[法国] 让·洛佩　　[格鲁吉亚] 拉沙·奥特赫梅祖里

帝国的铸就:1861—1871:改革三巨人与他们塑造的世界
　　　　[美国] 迈克尔·贝兰

罗马:一座城市的兴衰史
　　　　[英国] 克里斯托弗·希伯特

1914:世界终结之年
　　　　[澳大利亚] 保罗·哈姆

刺杀斐迪南：1914年的萨拉热窝与一桩改变世界的罗曼史
　　［美国］格雷格·金　［英国］休·伍尔曼斯

极北之地：西伯利亚史诗
　　［瑞士］埃里克·厄斯利

空中花园：追踪一座扑朔迷离的世界奇迹
　　［英国］斯蒂芬妮·达利

俄罗斯帝国史：从留里克到尼古拉二世
　　［法国］米歇尔·埃莱尔

魏玛共和国的兴亡：1918—1933
　　［德国］汉斯·蒙森

独立战争与世界重启：一部新的十八世纪晚期全球史
　　［美国］马修·洛克伍德

港口城市与解锁世界：一部新的蒸汽时代全球史
　　［英国］约翰·达尔文

战败者：1917—1923年欧洲的革命与暴力
　　［德国］罗伯特·格瓦特

盎格鲁-撒克逊人：英格兰的形成，400—1066
　　［英国］马克·莫里斯

巴比伦城：神话与奇迹之地
　　［英国］斯蒂芬妮·达利

吴哥王朝兴亡史
　　［日本］石泽良昭

伟大民族：从路易十五到拿破仑的法国史
　　［英国］科林·琼斯

穿破黑暗：灯塔的故事
　　　　［意大利］维罗妮卡·德拉·多拉

苏美尔文明
　　　　拱玉书

（更多资讯请关注新浪微博@译林方尖碑，
　　微信公众号"方尖碑书系"）

方尖碑微博　　方尖碑微信